KB245888

시·험·대·비·용

유병학의
통시적
PSAT

①

PSAT

시·험·대·비·용

유병학의
통시적
PSAT

1

유병학 지음

이담
Books

서문(序文)

　　과거 인재의 중요성을 강조한 무수한 사상가들이 존재했지만 오늘날처럼 강조된 적은 없었다. 이러한 현상은 단지 경쟁에서의 비교우위 확보를 위한 차원에서만 기인되는 것은 아니다. 인간 존엄성이 실현되고 나아가 인류 번영이라는 바람직한 상태를 이루는 데 결국 인간이 중요하다는 것을 새삼 인식하게 되었기 때문이다.

　　이러한 흐름에 따라 공공부문에서도 공공업무에 적합한 사유능력과 사고방식을 평가하여 인재를 선발하고 있다. 선발하는 정부의 입장에서 공공업무수행에 적합한 인재와 관련하여 '어떤 것을 측정하고, 그것을 어떠한 방법으로 측정할 것인가?'라는 측정대상과 도구에 대한 적절성과 타당성이 고민될 수 있지만, 이를 생략하고 시험을 대비하는 수험생의 입장에서 어떤 문제유형이 출제되어도 사유능력(생각하는 힘)과 사유방식(생각하는 방식)에 초점을 둔 측정이라는 점을 우선적으로 이해할 필요가 있다. 그렇기 때문에 업무수행에 요구되는 사유능력을 함양하고, 올바른 사유방식을 체득하는 데 전략을 가지고 효과적·체계적으로 준비할 필요가 있다.

　　현재 공공서비스적격성평가(PSAT)는 상황판단과 언어논리 및 자료해석의 세 영역으로 분리하여 이루어지고 있다. 이는 다음과 같은 맥락에서 각 영역이 분류되고 있음을

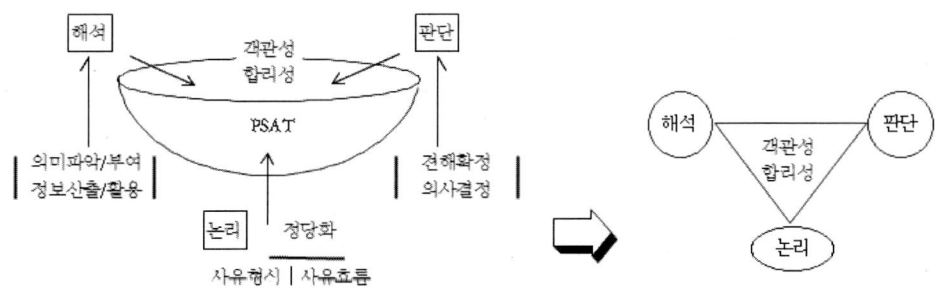

세 영역의 상호관계

이해할 필요가 있다.

앞의 그림에서 객관성과 합리성을 포섭하기 위해 해석과 판단 및 논리는 삼각관계를 가지고 있다. 즉, 해석과 판단은 객관성과 합리성을 가져야 하고, 이를 위해 생각하는 방식이 논리성을 갖추어야 한다. 이러한 삼각구조는 수험생의 입장에서 주지해야 할 내용이다. 논리와 해석 및 판단이란 영역으로 범주화하고 있지만 내용적으론 결국 해석과 판단에 관련하여 객관성과 합리성을 가진 올바른 사유방식에 관한 것이 된다. 따라서 세 영역의 연계성을 인식하고 통합적 사고를 통해 시험을 준비하는 것이 바람직하다.

본서는 전술된 내용들을 종합적으로 감안하였다. 그리하여 상황판단(론)을 중심으로 서술하고 논의하는 형식을 택했지만 내용적으론 언어논리와 자료해석이 통합된 단권화가 시도되었다. 해석과 판단의 접근사고에 대한 이해와 적용을 중시하였고 아울러 이러한 사고들을 체득함으로써 자연스레 사유능력이 함양될 수 있도록 하였다. 또한 가능한 한 관련된 학술적 차원의 논의들을 광범위하게 소개하여 시험이란 응용적 입장에서 배경지식이 확장되도록 노력하였다.

통시적 고찰											
언어논리				자료해석				상황판단			
1	2	3	4	5	6	7	8	9	10	11	12

제1편에서는 PSAT에 대한 입문(入門) 차원에서 개괄적 이해를 위해 개요(outline)를 서술하였다. 제2편에서는 PSAT 대비를 위한 Base Camp 구축을 위해 사유능력과 배경지식의 함양이 도모될 수 있도록 원론(原論) 차원에서 논리와 해석 및 판단에 대한 근원적 내용들을 철학적 관점으로 포섭하여 다루었다. 그리고 제3편에서는 PSAT의 영역별 각론(各論) 차원에서 해석과 합리적 판단, 그리고 불확실성 상황이란 주제들을 다루었다. 마지막으로 제4편에서는 위험관리 시각에서 총체적인 공공업무에 관련된 상황관리론을 논의하였다.

특히 배경지식에 부연하여 본서에서 다루어야 하는 범위와 내용의 채택에 고민했다. 수험생의 입장에서 시간 등의 제약조건 속에서 신속 정확한 답을 해내는 상대적 우월성을 보여야만 한다. 이때 배경지식을 가지고 있으면 해석과 판단에 상대적으로 유리하다. 하지만 출제자의 입장에서는 가능한 한 응시자들이 접해 보지 않은 글과 자료들을 통해 평가하려 할 것이다. 이러한 점에서 본서에서 채택된 분량과 내용에 있어 수험생 각각이 느끼는 체감도와 만족도가 다를 것이다.

본서에서 채택된 내용들은 다음의 영역별 측정(평가) 요소에 기초하여 이루어졌다. 언어논리영역의 경우, 문자(text)를 중심으로 한 진술을 토대로 그것을 이해하고 결론을 추론할 수 있는 논리적 사고력을 측정한다. 자료해석영역의 경우는 기본적으로 조사방법론과 통계적 기법에 의해 생산 또는 수집된 자료와 텍스트를 대상으로 자료에 대한 해석능력과 정보처리능력에 평가의 초점이 두어진다. 마지막으로 상황판단영역은 정부의 역할과 관련하여 정책의 형성과 집행에 관련되어 직면하는 다양한 상황에 대한 합리적 대응 또는 문제해결을 위한 선택·결정의 판단능력을 측정한다.

본서는 PSAT의 시험과 관련하여 올바른 사유방식에의 자기계발서(自己啓發書)적인 성격을 가지고 있다. 따라서 의견의 세계인 소설 등과는 다른 독서법이 필요하다. 다시 강조하지만 언어논리와 자료해석 및 상황판단에 대한 영역을 통합하는 종합적 또는 통섭적 사고로 접근할 필요가 있다. 또한 정보(지식)를 습득하고, 이를 생각하여 실제에 응용하는 반복적 독서가 요구된다. 현실의 세계는 인자(仁慈)하지도, 넉넉하지도 않다. 잘된 선택 또는 잘된 결정을 강요한다. 신속하고 정확한 판단을 위해서는 인식의 틀로서 판단기제가 필요하고, 이는 반복적인 학(學)·사(思)·행(行)이 필요하다. 행(行)을 중시하여 문제만 풀어보는 방식으로는 시험대비에 큰 도움이 되지 못한다. 논어의 한 구절을 인용하기로 한다. "배우지만 생각하지 않는다면 멍한 것이고, 생각하지만 배우지 아니하면 위태로운 것이다(學而不思則罔, 思而不學則殆)."

끝으로 개개인의 사유능력은 사람마다 차이가 난다. 이유는 마치 배 속의 태아를 보호하는 막(膜)처럼 사유능력을 감싸고 있는 껍질이 존재하는데 이것이 사람마다 다르기 때문이다. 무한한 자신의 사유능력을 온전히 발휘할 수 있기 위해선 이 껍질을 제거하여야 한다. 이것은 마치 어린아이가 자라면서 생각하는 능력이 성숙해지듯 점진적으로 벗겨지기도 하고(점수=漸修), 어느 순간 한 번에 깨지기도 한다(돈오=頓悟). 하지만 후자의 경우에도 그냥 저절로 이루어지지는 않는다. 관심과 생각이 집중된 의식적 사고가 장시간 지속적으로 이루어지는 과정에서 이루어진다. 이러한 점에서 보면 돈오도 점수와 다를 것이 없다. 꾸준하게 집중된 의식을 지속하는 사람이 향상된 사유능력의 경지에 올라갈 수 있기 때문이다. 아무쪼록 공직에 종사하여 국가발전과 인류번영에 업적을 이루는 큰 인물이 되길 기원하며, 그 토양 또는 입문서로서 본서가 일조하였으면 하는 마음이다.

2013. 5.

저자 유병학 씀

차례

제1편

PSAT의 개요
- The Outline of PSAT -

제1장 PSAT의 핵심적 사유

제1절 PSAT의 영역

Ⅰ. 생각의 중요성

인류 문명의 등장과 발전은 생각에서 비롯된 결과물이다. 그중 어떤 문명은 융성하고 어떤 문명은 쇠퇴했다. 우리가 현존하는 시대에서 가진 현대문명은 과거 문명들의 융성과 쇠퇴의 과정에서 살아남은 생각들로 탄생된 것이며, 미래의 문명 역시 그러하게 될 것이다. 국가 단위로 생각의 범주를 좁히면, 정부가 가진 생각은 정책에 반영되기 마련이고 정책이 실행되어 나타나는 효과는 국민 개개인에게 영향을 미친다. 정부의 잘못된 판단은 국가를 어려움에 처하게 만들 것이고 국민에게 고통을 안겨줄 것이다. 과거의 역사적 사례들은 얼마든지 찾아볼 수 있다. 개인단위에서도 마찬가지이다. 누군가 생각을 잘못하면 그 생각을 토대로 한 행위의 결과는 기대에 비추어 좋지 못할 것이다. 이러한 상황이 반복되면 그는 어려움에 처할 것이다. 이러한 악순환은 분명 그가 바라는 것이 아닐 것이다.

Ⅱ. PSAT의 좌표

공부하는 방향과 관련하여 "생각하고 싶은 것만 생각하는 것이 아니라 생각해야 할 것을 생각하는 태도"가 요구된다. 생각을 다루는 경우 자칫 심미주의(深味主義)에 빠질 수 있고, 불가지론으로 확정되거나 또는 신비주의(神秘主義)에 이를 가능성이 있다. 이러한 점에서 PSAT에서 요구되는 생각의 영역에 위치하는 좌표에 대해 언급하기로 한다.

생각을 외부로 드러내는 행동(act)과 대비되는 머릿속에서 관념물(idea)을 가지는 일체의 작용 또는 결과물이라 할 때, 무의식 세계를 고려하면 생각은 사실상 무한대 종류의 관념들을 가진다. 물론 인간이 가지는 생각은 컴퓨터라는 단어를 모르는 사람이 컴퓨터를 생각할 수 없듯, 자신이 가진 정보에 의해 그 경계를 가지는 것이지만, 그 경계인 정의역이 가변한다는 점에서 치역 값으로 가지는 관념물의 양은 무수하다. 일상에서 창의성이 강조된다. 창의(創意)가 무엇을 의미하는가는 관점과 논자에 따라 다양한 의미로 사용될 수 있겠지만, 글자 그대로 풀이하면 '새로운 관념을 만들어내는 것'이다(the invention an original idea). 인간은 사회화 과정을 통해 어떤 관념적 틀을 형성하고, 그 틀로 사고하여 관념을 만들어낸다. 이때 관념적 틀은 사회화 과정을 통해 형성된다는 점에서 사회적 통념과 언어적 관념에서 자유로울 수 없다. 그렇기 때문에 한편으로 누군가가 가진 관념적 틀은 창의에 방해가 되기도 한다. 하지만 좀 더 생각할 점이 있다. 기존에 가진 생각에서 어떤 틀을 벗어난 생각을 하는 경우, 자칫 허구의 것 또는 상상의 것으로 머물 가능성이 많다. 또한 독창성을 가질 수 있지만, 유용성은 가지기 어렵다. 가령 누군가 음악을 창작한다고 하는 경우, 그가 화음체계를 벗어난 관념 틀을 사용하여 작곡한다면 그 작곡은 유용성을 가지기 어렵다. 아마도 그것은 자기만의 것이 될 가능성이 높다. 이처럼 창의라는 개념 속에는 역설적이지만, 암묵적이든 공식적이든 사회에서 작동하는 어떤 방식 또는 형식을 전제하여 성립한다. PSAT에서 출제되는 문제들도 예외가 아니다. 문제 구성에 사회적 통념과 언어적 관념에서 자유로울 수 없고, 사회에서 작동하는 어떤 방식 또는 형식이 전제되어 있다. 이러한 이유로 문제들이 위치하는 좌표들의 군집으로

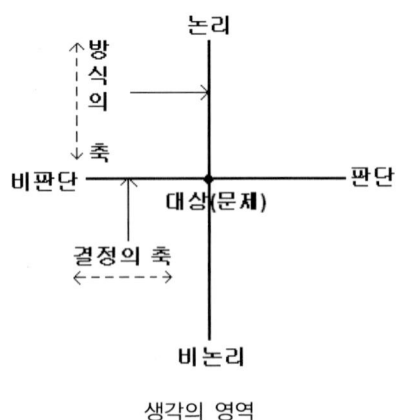

생각의 영역

서 어떤 영역을 가지게 된다.

생각의 영역은 대상(문제)을 원점으로 두 가지 축으로 구성된다. 하나는 논리/비논리의 축이며, 다른 하나는 판단/비판단의 축이다. 전자는 생각에서 방식의 지향성으로 가지는 축이며, 후자는 생각에서 식별하고 선택하는 결정의 지향성으로 가지는 축이다.

두 축을 형성하는 방식과 식별선 결정의 지향성은 있을 수도 있고 없을 수도 있다. 방식의 지향성은 [있다 ↔ 없다]라는 기준으로 각각 [논리 ↔ 비논리]로 구분된다. 또한 그 강도가 강할 수도 있고 약할 수도 있다. 이러한 강도를 잘게 쪼개면 하나의 위치에 관련된 점으로 나타낼 수 있고, 이것을 연결하면 선이 된다. 식별선의 결정 지향성도 마찬가지이다.

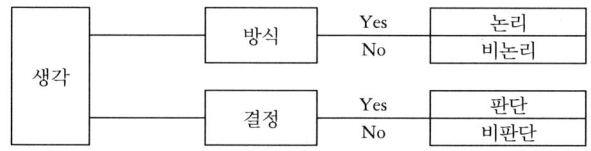

위의 그림에서 PSAT가 다루는 영역은 1사분면이다. 즉, 논리와 판단의 관계로 가지는 영역이다. 통속적으로 표현하면 상태 평가를 통한 선발시험이라는 성격에서 응시자들 간에 3사분면의 생각을 가진 사람과 4사분면(비논리, 판단)의 생각을 분별해내고, 1사분면의 생각을 가진 사람들 중에서 상대적으로 이해력과 추론력, 그리고 문제해결능력 등과 관련된 사고를 테스트한다. 한마디로 요약하면 논리적 판단력이라 말할 수 있을 것이다. 다만 논리적 판단력의 측정과 관련하여 대상을 언어, 자료, 상황을 가지고 평가하는 것뿐이다.

여기서 공부방향과 관련하여 좀 더 개념적 설명이 필요할 것 같다. 이에 대해서는 본서 곳곳에서 다루어지겠지만 다소 거칠게 개괄적으로 언급하기로 한다.

먼저 수직(종)축을 살펴보자. 이 축은 논리와 비논리의 강도들이 포진하는 점들을 연결한 선이다. 마치 함수에서 y축의 값들을 숫자로 표현하듯, 척도화하여 계량적으로 나타낼 수 있다. 난이도와 관련하여 문제(대상)를 푸는 과정에서 논리적 형식이 적용된 빈도수로 측정할 수 있을 것이다. 가령 동일한 조건에서 문제를 해결하는 방식에 삼단논증과 후건부정식 두 가지가 혼합 또는 복합된 논리구조로 연결되는 경우이다. 이러한 경우에는 형식이 두 개이다. 다만 논리의 형식과 관련하여 그 형식이 타당한 것일 수도 있고 타당하지 않은 형식일 수도 있다. 타당과 부당 자체를 판별하는 문제로 구성될 수 있다.

여기서 논리란 단어가 가지는 의미는 매우 다양하고 복잡하다. 이에 대해서는 끊임없이 수험생들을 괴롭힐 것이고, 그러한 과정에서 한층 성숙된 논리적 사고력을 가질 수 있을 것이다. 다만 공통적으로 그 개념 속에는 사고하는 방식이란 뜻을 함축하고 있다. 여기서 방식이란 사고하는 과정의 흐름은 알 수가 없다는 점에서 밖으로 드러난 형식 (form)을 가지고 말할 수밖에 없다. 형식은 포착이 가능하기 때문이다. 즉, [방식은 형식이다]라고 말할 수 있다. 가령 어떤 결론을 도출하는 삼단논증과 같은 형식이다. 이때의 형식은 마치 전술된 악보 작성에서 화음체계와 같이 생각하는 방식으로서의 체계성과 규칙성을 갖는 것이다. 반복적으로 재생 가능하여야 한다는 점에서 체계성과 규칙성을 가질 수밖에 없다. 어떤 형식이 [좋다, 나쁘다]의 평가적 차원을 떠나 형식은 매우 다양하다. 가령 사고하는 형식이 문화권마다 차이가 있다. 시간적으로도 가변한다. 개인 간에도 마찬가지이다. 만약 문제(대상)에 관련하여 사고하는 방식, 즉 형식이 포착되지 않으면 비논리이다.

다음으로 수평(횡)축을 살펴보자. 이 축 역시 판단과 비판단의 강도들이 포진하는 점들을 연결한 선이다. 이것 역시 마치 함수에서 y축의 값들을 숫자로 표현하듯, 계량적으로 나타낼 수 있다. 강도의 등급을 매우 잘게 쪼개면 측정할 수 있을 것이다. 여기서도 마찬가지로 문제되는 것은 판단과 비판단의 개념이다.

판단이란 단어 역시 그 의미는 매우 다양하고 복잡하다. 이에 대한 것도 수험생들을 괴롭힐 것이고, 그러한 과정에서 신속 정확하며 성숙된 판단력을 가질 수 있을 것이다. 이러한 내용은 필요한 곳곳에서 후술될 것이고, 여기서는 다소 거칠지만 개념을 언급하기로 하겠다. 판단의 개념 속에는 공통적으로 별선(別選)이라는 특이한 요소가 들어 있다. 별선(別選) 역시 사고하는 과정의 흐름은 알 수가 없다는 점에서 밖으로 드러난 현상을 가지고 추론(추리)할 수밖에 없다. 누구나 감각과 사유로 가지는 지각기관의 본능적 판단기제를 가지고 있지만, 우리가 판단이라 말하는 데에는 적어도 특정 대상에 대하여 의식적으로 분별 또는 선택을 통한 행위가 수행된 것이어야 한다. 만약 문제(대상)에 대한 답을 확정하거나 결정함에 있어 분별 또는 선택의 요소가 들어있지 않다면 비판단이다.

예를 들어 보자. [사람은 죽는다]라는 진술은 판단이다. 사람을 다른 동물들과 분별하는 요소를 담고 있기 때문이다. 하지만 논리는 아니다. 생각하는 방식으로서의 형식이 드러나 있지 않기 때문이다. 요컨대 우연 또는 무의식적으로 이러한 결정을 가질 수 있다. 그리하여 2사분면에 속하는 진술이 된다. 하지만 다음은 논리가 개입된 판단이다. [갑은 죽었다. 을도 죽었다. 따라서 사람은 죽는다.] 이러한 진술은 형식이 들어 있다. 소위 말하는 귀납적 형식이다. 여기서 귀납적 형식의 타당과 부당은 별개로 하고, 생각하는 방식으로서 일정한 형식이 들어 있다. 1사분면에 속하는 진술이다. 일상에서 논리력이 약한 사람은 형식 없이 판단만을 말하는 경향이 있다. 하지만 타인과의 관계에서 이러한 비논리적 판단은 용납되지 않는다. 특히 공적 업무수행에서의 판단에는 예외가 없다.

1사분면의 영역을 확실히 이해하기 위해 일상 대화에서 갑의 진술이 어느 영역에 속하는지 예를 들어 보기로 한다.

갑: 이것은 독버섯이야 먹으면 안 돼.

을: 비슷한데 어떻게 구별해요?

갑: 자세히 보면 색깔이 다르고 냄새도 다르지? 자 한번 보고 냄새를 맡아봐! 이건 먹으면 죽어.

위 대화에서 갑은 논리적 판단을 수행하고 있다. 결정에 식용버섯의 식별과 선택의 요소가 들어가 있으며, 방식에 귀납적 형식이 사용되고 있다. 부연하여 일상에서의 진술들은 생략되거나 또는 축약된 진술들이 많다. 서양에 비해 동양에서는 이러한 현상이 더욱 두드러진다. 동양에서는 이심전심(以心傳心)이란 속담처럼 말보다는 마음의 교류를 중요시했고, 말을 많이 하는 것은 경박한 인품으로 평가되는 문화적 배경을 가지고 있다. 그리하여 형식을 추출하는 경우, 생략된 진술을 보충하여 판별해야 하는 경우가 대부분이다.

참고로 논리는 있지만 판단이 없는 영역도 존재한다. 가령 프랙털과 같이 무한의 수렴과 발산에 관련된 진술 또는 순환하는 진술과 같은 영역이다(이러한 무한과 순환의 경우 어떤 조건을 도입하여야만 판단을 내릴 수 있게 된다). 반면 논리도 없고 판단도 없는 영역도 존재한다. 잡념(雜念) 또는 TV를 보고 느낌 그냥을 인지하는 경우이다. 물론 상상에서도 논리와 판단이 존재하는 경우가 있다. 소위 이데아(idea)라고 불리는 진술들이 예이다.

PSAT의 문제들이 포진하는 영역은 논리와 판단의 관계로 가지는 1사분면에 위치하는 것은 필연적이다. 논술형 시험과 달리 (상대적이지만) 객관식 시험에서는 문제와 답이 될 수 있는 선택지 간에 엄격한 타당성 또는 정당성을 가져야만 한다. 이러한 요건을 충족하기 위해서는 왜 그것이 답이 되는지에 대한 객관성과 필연성이 요구될 수밖에 없다. 그렇기 때문에 논리와 판단이 결합된 1사분면의 성격을 가진 문제가 구성되고 출제된다. 다양한 유형 또는 형태의 문제들로 구성되지만, 본질은 1사분면 영역에 속한다. 요컨대 측정요소의 핵심은 논리적 사고력과 판단력이다.

제2절 일반원리(객관성과 필연성)

Ⅰ. 객관성과 필연성 원리의 필요성

일상에서 자신의 주장이나 판단을 둘러싸고 서로 다투는 현상을 흔히 목격한다. 이러한 논쟁에서 합리적 토론을 통해 어느 것이 옳거나 또는 진실이라는 것을 밝혀나가면, 사회적으로 유익한 경험을 축적시키는 동시에 유용한 정보들을 제공할 수 있다. 때론 지식으로 전환될 수도 있다. 하지만 현실의 논쟁에서 사람들은 합리적 토론을 전개하는 것만은 아니다. 때론 비이성적인 방법으로 자신의 주장이나 판단을 관철시키려는 행태를 보이기도 한다. 이러한 행태가 소망스럽지 않다는 것은 누구나 인식하고 있지만, 실행은 잘 이루어지지 않는다. 이러한 이유는 다양하지만, 주된 것은 어느 것이 [옳다/그르다] 또는 [참/거짓]을 판명할 수 있는 명확한 기준이 없는 경우가 많고, 있어도 불완전하기 때문이다. 과학적 방법이 있지 않은가? 라는 반문을 할 수도 있지만, 과학적으로 판명이 불가능한 경우가 더 많은 것이 일반적이다. 한편 현실의 무수한 명제나 주장들을 일일이 과학적 방법으로 판명할 수도 없고, 오류 없는 판별을 담보하는 것도 아니다. 한편 이러한 문제는 이렇게 판단하자고 약속할 수 있지 않은가라고 반문할 수도 있다. 하지만 모든 문제를 사전에 예견하여 판단에 관련된 규범을 정해놓을 수도 없다. 이러한 제약에서 어떤 주장이나 판단을 정당화시키는 어떤 원리를 모색하지 않을 수 없다. 이에 등장하는 것이 객관성과 필연성 원리이다. 요컨대 만약 어떤 주장이나 판단이 객관적이고 필연적인 것이라면, 그것을 타당하거나 또는 정당성을 부여하여 해결하는 원리이다. PSAT도 예외는 아니다. 객관성과 필연성은 문제구성과 정답에 관련된 일반원리로 작동한다.

II. 객관성과 필연성의 의미

1. 객관성(objectivity)

객관성에 대해 살펴보자. 객관이라는 말이 간단한 개념 같지만, 사실 그렇지 않다. 객관이란 용어는 인식과 관련하여 크게 두 가지 관점에서 사용된다.

하나는 인식자에 관계없이 그 자체로 존재하는 물(物)을 지칭하는 경우이다. 요컨대 [물(대상)-인식자] 간에서 인식자에 상관없이 존재하는 물(物) 자체를 지칭하는 경우이다. 가령 지구가 태양을 공전하는 움직임은 우리가 그것을 인식하는가에 관계없이 그 자체로 존재한다. 후술되겠지만 이러한 관점에서의 논의들을 흔히 존재론이라 부르고 있다.

다른 하나는 인식자 관점에서의 객관이다. 이 관점에서의 객관은 통상 '어떤 대상에 대하여 인식자가 동일한 관념을 가지는 경우'를 지칭한다. 즉, 객관을 주관(主觀)과 다수결(多數決)에 대비하여 사용하는 관점이다. 가령 'A를 인지한 모든 인식자가 동일한 인상(印象) 또는 지각물을 가진다면, 이때 A에 대하여 객관적이다'라는 말을 한다. 오천만 명이 살아가는 사회가 있다고 하자. 어떤 사실 x에 대하여 오천만 명 중 다수의 사람들이 $x = y$라고 진술했다고 하자. 이러한 경우 다수의 견해와 소수의 견해가 존재하게 된다는 점에서 객관적이라고 말할 수 없다. 다수와 소수의 비율이 [9:1]의 경우라 할지라도 보편적이라는 말을 사용할 수는 있겠지만, 객관적인 것은 아니다. 하지만 이러한 개념정의에도 다음의 문제가 있다. 우선 한 사람도 다름이 없이 모든 사람이 동일한 지각물을 가진다는 것은 이상론일 것이다. 그리하여 통상 보편성을 객관성과 동일한 의미로 사용하게 되는 한계를 노정한다. 다른 하나는 인상 또는 지각물이 머릿속에 존재한다는 것이다. 다른 사람은 그것을 알 수가 없다. 그리하여 일치한 지각물인가를 판별할 방법이 없다. [나도 그러한 생각을 가졌으니 너도 그럴 것이다]라고 판단하는 것은 추측에 불과하다. 이에 인식자가 표현한 언어(진술)를 대상으로 이야기할 수밖에 없다. 이 과정에서 정확한 표현이 문제된다. 또한 언어가 가진 다의미성의 내재적 한계로 해석의 주관성이 문제된다. 그리하여 표현방식과 관련된 표준화가 문제된다. 부정확한 표현이거나 또는 각자 다른 방식으로 기술된다면, 그것이 일치하는지를 판별한 기준이 문제되기 때문이다. 이에 대응하여 과학적 태도에서는 객관을 '과학적 사실을 대상으로 모든 정상인이 동일하게 인식되는 것'을 지칭하여 사용한다. 여기서 말하는 과학적 사실이란 감각기관을 통한 어떤 사실에 대하여 사람들의 감각기관을 동일하게 자극하여 그것으로부터 일치하는 지각물을 가지도록 기법 또는 도구가 활용된 것을 말한다. 우리의 감각기관은 피로도, 나이, 건강상태, 환경적 조건 등 다양한 요인에 의해 영향을 받는다. 이러한 문제를 해결하기 위해 다양한 도구들을 개발하여 적용한다. 대표적인 것이 계량화이다. [갑은 키가 크다]라는 진술은 [갑의 키는 180㎝이다]와 같이 측정과 검증이 가능하도록 조작적 정의를 시도하는 경우이다. 한편 머릿속 지각물을 정확히 표현할 수 있는 표준화된 용어체계를 구축하려 노력한다. 이러한 점에서 개념 틀이 논의된다.

2. 필연성(inevitability)

필연성에 대하여 살펴보자. 우리는 무엇을 필연으로 부르는가? 이는 [p이면 q이다]의 인과적 법칙과 관련하여, 조건 p가 충족(전제)될 때 결과 q가 나타나는 것을 피할 수 없는 것(초자연적 숙명)을 지칭한다. 즉, 인과의 법칙성이 기계적으로 작동하며, 결정적이고, 확정적이다. 흔히 운명적인 것(정해진 것)을 지칭하여 사용되기도 한다. 요컨대 p이면 반드시 q가 되는 것을 의미한다. 이에 필연은 자율, 확률(가능성), 불확정, 우연 등과 구별된다.

참고로 우리는 일상에서 경험하는 복잡한 현상을 통해 필연성을 폄하하거나 또는 부정하는 경향이 있다. 하지만 우주의 작동이 무질서하다고 하면, 현존하는 지구와 생물체의 등장은 불가능했을 것이다. 지식도 존재하지 않을 것이다. 물질세계를 기계론적으로 본 뉴턴의 만유인력법칙을 토대로 물체(물질)의 운동법칙들을 발표했을 당시 신이 만물을 만든 원리를 뉴턴이 발견했다고 말하는 사람들이 있었다. 물질현상뿐만 아니라 정신현상에서도 인과적 필연성이 상정된다. 무의식 세계를 연구하는 많은 정신분석학자들은 무의식 세계가 마치 컴퓨터 프로그램과 같은 일정한 작동성을 가지고 있다고 본다.

Ⅲ. 객관성과 필연성의 확보

만약 어떤 주장이나 판단이 객관적이고 필연적인 것이라면, 그것을 타당하거나 또는 정당성을 부여하여 해결하는 원리를 설정했다면, 이를 확보할 수단적 방법이 요구된다. 이에 대하여 다양한 견해들이 있지만, 대표적인 두 가지 입장을 살펴보기로 한다.

우선 이성에 의한 객관성과 필연성을 확보하는 입장이다. 이 입장에서는 객관의 문제를 애꾸눈을 가진 사람이든 두 눈을 가진 사람이든 이성에 근거하여 가지는 정당성 또는 타당성에 관련된 인식에의 보편성에 관련되는 문제로 본다. 그렇기 때문에 이성적 사유가 아니면 확보될 수 없다고 본다. 여기서 이성적 사유는 두 가지로 구성된다. 하나는 수학적(기하적) 이성이며, 다른 하나는 도덕적 이성이다. 가령 1시간에 60㎞를 간 자동차의 속력은 시속 60㎞이다. 이때 자동차는 1시간 동안 동일한 속력으로 달리지는 않는다. 마치 지구가 공전하는 속도(속력에 방향이 포함된 개념)와 같이 어떤 때는 느리고 어떤 때는 빠르다. 등속운동을 하지 않는다. 즉, 매 순간마다 가지는 순간속도(미적분으로 순간속도를 계산)는 다르다. 그러나 우리는 평균적 개념으로 시속 60㎞라고 이해하고, 그것을 객관적으로 받아들인다. 이러한 이성을 수학적(기하학적) 이성이라 한다. 반면 도덕적 이성은 무엇이 바른 것인가를 판단하려는 본유적 관념으로서의 이성이다. 이러한 입장에서는 개념의 틀 또는 논리의 틀이 중시된다. 무엇이 바른 것인가를 판단하지 못하는 것은 왜곡된 정보와 부족한 정보로 인한 무지(無知) 또는 무식(無識)의 상태에서 발생한다고 본다. 그렇기 때문에 누구든지 정확하고 충분한 정보만 가지고 있다면 객관적이고 필연적인 지각물을 가질 수 있다고 본다.

다음으로 형식논리에 의한 객관성을 확보하는 입장이다. 이 입장은 경험적으로 관찰 가능한 감관에서 객관성을 확보하고 필연성은 논리적 사유에서 확보하자는 입장이다. 이에 대한 자세한 내용은 후술되는 형식논리학에서 상세히 살펴보겠지만, 인식자들 간에 관찰로 인해 가지는 포착의 일치를 통해 객관성을 확보할 수 있으며, 논리적 사유를 통해 가진 논증의 틀을 통해 필연성을 확보할 수 있다고 본다. 요컨대 어떤 주장이나 판단이 가진 내용에 대한 참/거짓의 판별과 관련된 인식의 관점으로는 객관적이고 필연성을 가질 수 없다는 점에서, 그것이 어떤 의미가 있는가에는 관심을 두지 않는 입장을 취한다.

【참고】 객관과 필연, 그리고 형식논리 관점에서의 확보

1. 우리는 어떤 것을 객관이라 부르는가?
◦ 인식자에 관계없이 인식 외부에 존재하는 그 무엇(초인식적 존재)
◦ 인식자들 간에 동일한 관념이 형성된 경우(동일한 대상에 대하여 일치된 지각물)
⇒ 확보수단: 관찰(감각기관)로 인해 가지는 포착의 일치(형식=모양의 특징과 관계)

2. 우리는 무엇을 필연으로 부르는가?

○ [p이면 q이다]의 인과적 법칙과 관련하여, 조건 p가 충족(전제)될 때 결과 q가 나타나는 것은 피할 수 없는 것(초자연적 숙명). 즉 인과의 기계적·결정적·확정적·운명적(정해진 것).

○ 자율, 확률(가능성), 불확정, 우연과의 대립 또는 적대.

⇒ 확보수단: 논리적 사유(논증의 틀)

제3절 파생원리

질문에 대응한 생각하는 방식으로서의 일반원리를 구현하기 위한 구체적 방법론과 관련하여 다음과 같은 파생적 원리(원칙)들이 존재한다. 이것들은 구체적 문제의 해결에 대응된 중요한 개별적 원리이다. 보다 자세하고 심도 있는 내용이 필요하다. 이에 대해서는 후술될 것이다. 여기서는 이것들 각각은 다양하고 복잡하다는 것만 언급하고, 핵심적 개념만 간략히 살펴본다.

Ⅰ. 추론의 원리

1. 추론의 의의

추론(inference)이란 생각하는 방식과 관련하여 '몇 가지 전제에서 결론을 이끌어내는 인간의 사유활동'으로 규정된다. 하지만 전제들로부터 결론을 이끌어내는 사유가 간단하지가 않다. 그리하여 통상 추론은 두 가지 의미로 사용되고 있다. 하나는 둘 이상의 명제를 전제로 하여 그들 상호 간의 관계로부터 판단을 이끌어내는 경우이고, 다른 하나는 어떤 사실(단서)들로부터 아직 밝혀지지 않은 사실을 미루어 헤아리는 경우이다. 후자의 성격을 가질 경우 추론을 추리라는 말과 동일한 의미로 사용하기도 한다.

추론(추리, inference)

- 몇 가지 전제에서 결론을 이끌어내는 인간의 사유활동을 의미.
  ⇔ 추리(推理)와 동의어로 사용되기도 함.
- ㉠ 둘 이상의 명제를 전제로 하여 그들 상호 간의 관계로부터 판단을 이끌어내는 사유활동
- ㉡ 여러 사실(단서)들로부터 아직 밝혀지지 않은 사실을 미루어 헤아리는 사유활동

두 경우는 결론을 이끌어내는 과정과 사유방식에 차이점이 있다. ㉠의 경우는 전제들로부터 결론이 도출된다. 하지만 ㉡의 경우 전제들로부터 아직 밝혀지지 않은 새로운 결론이 도출된다.

㉠의 경우 전제인 명제들 또는 진술들을 논리적 또는 체계적으로 연결함으로써 그 묶음으로 어떤 결론을 내리거나 도출하는 작업이 시도되는 경우이다. 가령 [A는 B이다. C는 A이다]라는 두 개의 명제를 연결하여 A=B=C=A라는 묶음에서 포위하고 있는 증명사 A를 소거하여 자연스레 C=B라는 결론을 도출할 수 있다. 여기서 C=B라는 역순을 가지게 되는 것은 필연성과 관련하여 연역(범주화)에 적합해야 하기 때문이라는 것은 전술되었다. 이 경우는 인식자의 태도에 따라 자신의 내면적 요인이나 다른 외부적 변수가 개입되지 않고 주어진 문제 또는 주어진 원형(原形)에서 결론이 도출될 수 있다. 문제에서 주어진 정보 또는 사실만으로 결론이 도출될 수 있다.

㉡의 경우는 그렇지 않다. 주어진 문제 속에서 답을 도출하는 경우가 아니다. 가령 [A는 B이다. C는 A이다]의 단서들을 p라고 하여, p를 가지고 q라는 새로운 결론을 도출하는 경우이다. 요컨대 주어진 문제 또는 주어진 원형(原形)에서 정보들을 추출하여 아직 밝혀지지 않은 새로운 결론이 도출된다. 이 경우는 비록 주어진 사실들을 단서로 하여 결론을 이끌어내지만, 새로운 사실을 밝혀내거나 도출한다는 점에서 추론에 오류가 발생할 여지가 크다. p(여러 단서들)→q(아직 밝혀지지 않은 사실)를 도출하는 경우 인식자의 내면적 요인과 같은 다른 외부적 변수가 개입될 여지가 크기 때문이다.

2. 추론에서 가지는 오류

추론에서 발생하는 오류들은 논리적으로 형식오류와 비형식오류로 대별할 수 있다. 다만 주의할 점은 형식논리학의 입장에서는 추론의 오류에 관심이 없다. 추론오류라는 말을 사용하지 않는다. 즉, 기호화된 언어적 표현에서 형식이 정확하면 타당, 부정확하면 부당으로 평가하면 그만이기 때문이다. 하지만 기호를 포함한 한국어, 영어 등과 같이 일상의 언어적 표현에서는 의미가 해석되어야 하고, 이때 논증이 가진 형식과 비형식적 측면에서 발생하는 오류가 문제된다. 가령 전제들로부터 점핑(jumping)하여 결론을 가지는 비약오류와 같은 경우이다(이러한 점에서 후술되는 부합과 적절의 원리가 등장한다).

여기서 추론의 오류란 '형식뿐만 아니라 형식 외적인 원인에 의해 잘못된 근거 또는 이유를 가지고 결론이 도출되는 진술'을 말한다. 즉 전제와 결론으로 사용되는 명제들의 관계에서 발생하는 오류뿐만 아니라 자료, 논리전개 심리, 언어 등 형식 외의 성격을 가진 오류들을 포괄하여 지칭된다. 추론의 오류들은 논자와 관점에 따라 다양한 것들이 소개되고 있고, 새로운 것들이 계속 발견되고 있다. 때론 오류를 명명한 명칭들이 합의되어 있지 않아 혼란을 주는 경우가 있다. 그렇기 때문에 오류의 유형에 대한 명칭에 연연(連延)할 필요는 없다(오류들에 대한 내용은 논리학적 논의에서 후술될 것이다). 오류의 원인과 성격에 대한 개념적 이해가 필요한 부분이다.

■ 자료에 의한 오류(자료오류)

자료오류란 그릇된 자료로 발생하는 추론오류를 말한다. 가령 잘못된 통계자료, 잘못 처리된 자료 등으로 발생하는 오류이다.

■ 심리적 요인에 의한 오류(심리오류)

심리오류란 심리적 요인에 기인되어 발생하는 추론오류를 말한다. 가령 이상심리상태, 방어기제의 발동(무의식작동), 감성 등 내적 요인에 의해 가지는 추론에서의 오류이다.

■ 언어에 내재된 요인에 의한 오류(언어오류)

언어오류란 언어의 내재적 속성에 기인하여 발생하는 추론오류를 말한다. 가령 언어체계(어법)가 지니는 가변성, 단어가 가진 다의미성 등으로 진술의 의미를 잘못 이해하고 그 잘못된 이해를 바탕으로 추론하는 경우이다.

■ 논리적 사유에 의한 오류(논리전개오류)

논리전개오류란 논리를 구성하고 펼치는 연속적 사유과정에서 발생하는 추론오류를 의미한다. 가령 논리를 전개하다 자기모순에 빠지거나 또는 관련성 없이 비약(점프, 도움닫기, 멀리뛰기)하는 경우 등이다.

II. 부합(附合)과 적절(適切)의 원리

1. 부합의 원리

부합(coincidence)의 원리란 '서로 다른 두 개 이상의 진술들의 관계가 서로 어긋나지 않고 들어맞아야 한다는 원칙'을 말한다. 즉, '서로 다른 두 개 이상의 진술들이 가지는 관계에서 서로 다르거나 상치되는 것 없이 꼭 들어맞아야 한다는 것'을 말한다.[1] 이는

---

1) 부합은 정합(整合)과 동의어로 사용되기도 하지만, 다음과 같은 약간의 의미적 차이가 있다. 부합은 A와 B 어떤 쌍이 서로 딱 들어맞아야 한다는 것을 의미하지만, 정합은 어떤 정리된 체계에 위배되거나 또는 상치되는 것이 없다는 소극적인 의미로 사용된다. 또한 부합은 모양 또는 형식에 보다 관심의 초점을 두지만, 정합은 의미 또는 내용을 보다 중시하는 관점에서 주로 사용된다.

동일한 공간과 시간에서 함께 공존하는 것들 간에 가지는 동소공재(同所共在)의 관계를 평가하는 원리이다. 가령 범인의 DNA와 용의자의 DNA가 매치되는 경우이다(correct match). 마치 여러 개의 톱니바퀴들이 서로 딱 들어맞아 돌아가듯 또는 퍼즐 맞추기와 같이 어떤 조각이 전체 그림에 딱 들어맞아야 한다는 이성에 근거한다.

다음의 글을 예로 부합의 개념에 대해 살펴보기로 한다.

우리나라의 경우 1977년 「해양오염방지법」이 제정되었다. 이 법률은 주로 선박 및 해양시설로부터 해양오염을 방지하는 데 치중한 것이다. 1995년 씨프린스 호의 기름유출사고가 발생했다. 이후 기름유출사고 등에 대비한 방제의무를 부과하는 등 사전적 대비책을 강화하여 법률을 개정했다. 그러던 중 1996년 해양수산부가 설치되고 해양환경보존활동을 강화하는 체계적이고 종합적인 법적 근거를 마련하기 위해 「해양환경관리법」을 제정하였고, 이때 오염총량관리제가 도입되었다.

위 글을 토대로 추출된 다음 두 진술이 부합하는지를 살펴보자.

[진술 1] 우리나라는 해양수산부 설치 이전에는 해양오염방지에 관련된 법률이 없었다.
[진술 2] 우리나라의 경우 오염총량관리제도가 도입된 법률은 해양환경관리법이다.

두 진술에서 [진술 1]은 주어진 글과 부합하지 않는다. 주어진 글의 [우리나라의 경우 1977년 해양오염방지법이 제정되었다. 이 법률은 주로 선박 및 해양시설로부터 해양오염을 방지하는 데 치중한 것이다]라는 것과 일치하지 않는다. 하지만 [진술 2]는 주어진 글 속에 들어 있는 [1996년 해양수산부가 설치되고 해양환경보존활동을 강화하는 체계적이고 종합적인 법적 근거를 마련하기 위해 해양환경관리법을 제정하였고, 이때 오염총량관리제가 도입되었다]라는 진술과 일치한다. [진술 1]과 같은 오류가 발생하는 주된 이유는 주관이 개입되거나 또는 포착을 잘못하여 부정확하게 이해된 경우에 발생한다.

부합의 오류 불일치한 관계	○ 주관의 개입 ○ 포착의 실수	부정합
		부정확

2. 적절의 원리

적절(appreciation)의 원리란 '서로 다른 두 개 이상의 것들이 가지는 관계가 서로 등가적 가치를 가져야 한다는 원칙'을 말한다. 즉 과잉 또는 과소되지 않은 동치(同値)를 의미한다. 부합과 달리 적절은 의미적 차원에서 가지는 용어이고, 수학적 사고로 말하면 두 개 이상의 진술들 간에 가지는 값이 동등한 항등개념이다. 예컨대 어떤 문제에서 가진 A의 의미와 그 문제에서 도출한 진술 B가 있을 때, A와 B 간에 서로 동등한 의미를 가져야 한다는 것을 말한다. 적절의 원리는 적당, 균등, 비례(과잉과소금지)의 개념들로 구성된다.

전술된 위 글의 예를 가지고 다음의 세 진술이 적절한지를 살펴보자.

[진술 1] 해양오염방지법과 해양환경관리법의 법률제정목적은 동일하다.
[진술 2] 해양환경관리법은 해양오염방지법에 비교해 관리의 대상이 확대되었다.
[진술 3] 해양오염방지법은 사전관리대책을 강구하는 데 미흡한 법률이다.
[진술 4] 해양오염은 육상으로부터의 오염보다 유조선 선박에 의한 경우가 더 심하다.

[진술 1]은 주어진 글 속에 들어 있는 내용에 적절하지 않다. 주어진 글의 [1996년 해양수산부가 설치되고 해양환경보존활동을 강화하는 체계적이고 종합적인 법적 근거를 마련하기 위해 해양환경관리법을 제정하였고, 이때 오염총량관리제가 도입되었다]라는 내용에서 법률제정 목적이 상이함을 밝히고 있기 때문이다. 반면 [진술 2]는 주어진 글 속에 들어 있는 내용에 비추어 적절하다. 한편 [진술 3]은 주어진 글을 가지고 새로운 판단을 이끌어낸 진술이다. 하지만 이는 부적절하다. 주어진 정보로는 이 같은 사실을 추론하는 데 부적절하다. 즉 판단을 이끌어내는 전제들을 추출할 수가 없다. [진술 4]에서도 마찬가지로 주어진 글(정보)로는 이러한 사실을 알 수가 없다. 관계성 없는 범위로 벗어난 진술이다. 예를 하나 더 들어보기로 한다.

| 과학기술분야에서는 할 수 있는 일과 할 수 없는 일의 경계 구분이 명확하지 않은 경우가 가끔 등장한다. |

⇒ 진술에 의하면 과학기술분야는 할 수 있는 일의 경계가 불확실한 경우가 대부분이라고 간주할 수 있다.

주어진 진술과 이해(추출)된 진술 간의 관계에서 후자는 의미가 과잉되고 있다. 이 같은 오류가 발생하는 주된 이유는 부합에서와 마찬가지로 주관이 개입된 해석 또는 포착을 잘못하여 부정확하게 이해된 경우에 발생한다.

| 적절의 오류
불대등한 관계 | ○ 주관의 개입
○ 포착의 실수 | 과잉 |
| | | 과소 |

Ⅲ. 타당(妥當)의 원리

타당의 원리란 '생각하는 방식과 관련하여 어떤 판단 또는 주장은 전제들과 결론이 가진 관계가 정확해야 유효한 것으로 인정하려는 원칙'을 말한다. 누군가 어떤 판단 또는 주장을 가진다면, 그것은 전제들로부터 가진 것이어야 하고, 전제들과 결론 간의 관계가 논리적으로 정확해야 할 것이다. 예를 들어 A는 B이고 B는 C라면, 이것들을 통해 A는 C라는 것을 도출할 수 있다. 또한 p→q이고, q→r이라면, 이 전제들을 가지고 p→r 이라는 결론을 도출하는 경우들이다.

주의할 점은 여기서 타당은 형식논리의 시각에서 가지는 개념이다. 이에 관련된 내용은 후술되는 논리학적 논의에서 자세히 다루어지겠지만, 간단히 언급하기로 한다. 전제와 결론으로 가지는 명제들이 참인지 거짓인지 내용에는 관심을 두지 않는다. 전제들과 결론이 가지는 관계에만 관심을 두어 타당성 여부를 평가한다. 즉, 객관적인 관계와 필연적인 결론 도출의 형식을 가진 경우를 지칭한다. 이에 관련하여 오해의 소지가 있어 부연하기로 한다. 출제자의 입장에서 문제는 언어적 진술로 표현할 수밖에 없다. 그리고 주어진 문제를 해결해야 하는 응시자는 질문에 적합한 답을 선택하기 위해 진술이 가지는 의미를 해석하고, 추론적 행위를 하게 될 것이다. 이때 추론에서 발생하는 오류는 문제가 될 수 있다(역으로 어떤 논증을 제시하고 추론의 오류를 발견하는 문제가 출제될 수 있다).

그런데 여기서 만약 응시자들에게 제시되는 지문(판단) 또는 정보들에 대한 내용이 참인가를 요구한다면, 어떻게 될까? 가령 지문 속에 [우주는 팽창한다]라는 진술이 있다고 하자. 이것이 참인가 거짓인가를 응시자에게 요구할 수는 없다. 요컨대 어떤 명제 또는 진술을 증명하라는 것을 문제로 출제하는 것이 아니다. 가령 [다음 글을 참이라 하면, 반드시 참이 되는 것은?]과 같은 문제가 출제되지, [다음 글이 참인지 거짓인지를 판별하라]와 같은 문제가 출제가 되는 것이 아니다. 즉, 어떤 조건(사실/정보)을 제시하여 증명적 성격을 가진 추론의 문제를 출제할 수는 있지만, 아무런 조건도 주지 않고 증명하라는 문제가 출제될 수는 없다. 이러한 점에서 문제 구성을 위한 진술들이 가진 내용의 진위에 대해서는 문제 삼지 말라는 의미이다. 흔히 응시자들은 주어진 조건에서 답을 도출하는 것이 아니라, 주관적 요소인 자신이 그동안 학습한 배경지식(이론/경험)을 이용하여 진술이 가진 의미에 대한 진위를 판별하려는 습성이 있다. 진정 필요한 배경지식은 지금 이해하고 있는 것과 같은 내용들이다.

다시 반복하여 말하면 논리, 해석, 판단에 관련된 PSAT와 관련하여 객관성과 필연성의 일반원리에 부합하기 위해 일차적으로 형식이 타당한가를 중심으로 평가한다. 즉, 타당의 원리를 기본으로 한다. 다만 문제 유형에 따라 의미적 해석에서 추론에 논리적 오류가 없는가를 검토한다. 전제와 결론들로 사용된 각 명제들의 참/거짓 여부에 대해서는 자명한 사실에 배치되거나 또는 명백한 반증이 존재하는 경우에만 적용한다.

부연하면, 추론을 몇 가지 전제에서 결론을 이끌어내는 인간의 사유활동이라 할 때, 어떤 결론을 가지기 위해서는 그것을 이끌어낼 수 있는 근거로서의 어떤 전제들을 가져야만 할 것이다. 여기서 주목해야 할 것이 관계이다. 관계는 두 차원에서 존재한다. 하나는 전제들로 사용되는 사실(정보)들 간에 가지는 관계이고, 다른 하나는 그 전제들과 결론 간에 가지는 관계이다. 흔히 후자의 관계에 초점을 두는 경향이 있다. 하지만 보다 까다로운 것은 전자의 관계이다. 즉, 전제들로 활용하는 사실 또는 정보들 간에 가지는 관계이다. 이때 전제들로 사용하는 사실(정보)들은 오로지 주어진 것들이어야 한다. 주어진 문제와 관련 없는 요소 또는 사실(정보)들이 개입되면 결론 도출에 장애를 초래하거나 오류를 야기하기 때문이다. 예를 들어 2,000원을 가지고 개당 300원인 x와 200원인 y를 남는 돈 없이 각각 몇 개씩 구입할 것인가라는 문제(상황)를 해결해야 한다고 하자. 그러면 $300x + 200y = 2,00$을 만족하는 x와 y의 상품조합은 [$(x, y) = (2, 7), (4, 4), (6, 1)$]의 세 가지가 있다. 이때 세 조합 중 하나를 선택하면 된다. 여기서 문제해결에 어떤 외부적 재료 없이 오직 문제에서 주어진 정보만으로 결론을 도출하고 있다. 예에서 필연성 문제를 잠시 살펴보자. 만족하는 x와 y의 상품조합은 [$(x, y = (2, 7), (4, 4), (6, 1)$]의 세 가지이다. 이때 세 가지 조합 중 어떤 것을 선택할 수 있다면, 객관성을 가질 수 없고 필연적이지도 않다. 하지만 x상품이 최소한 5개 이상이어야 한다는 조건이 부가되면, (6, 1)의 조합만이 선택될 수밖에 없다. 결론이 필연성을 가지게 된다.

PSAT와 원리들이 가지는 관계

추론과 부합 및 적절은 삼각관계를 형성하며 서로 영향을 주고받는다. 부합이 잘못되면 추론이 잘못되고, 추론이 잘못되면 부합이 잘못된다. 적절과의 관계도 마찬가지이다.

적절이 잘못되면 추론이 잘못되고 추론이 잘못되면 적절도 잘못되기 때문이다. 이러한 오류는 객관성과 필연성의 일반원리에 따라 타당의 원리로 평가된다.

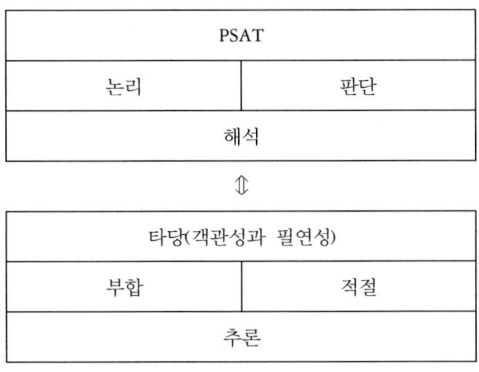

- 부합: [그 파편 조각(A)은 그 조각상(B)에 딱 들어맞아야 한다.]
- 적절: [파리(A)를 잡기 위해 대포(B)를 쏠 수 없다.]

타당의 원리에 관련하여 좀 더 살펴보기로 한다. 이미 잘 알고 있는 내용이겠지만, 생각하는 방식으로서 매우 중요하기에 주지 차원에서 고대 아테네의 피타고라스와 유클리드에 관련된 이야기를 간략히 언급하기로 한다.

피타고라스: 법칙 개념을 창안

통상 수학의 출발을 피타고라스에서 찾는다. 이집트 문명에서 수학이 탄생되었으나 그들은 법칙(order, law)이란 개념을 창안하지 못했기 때문이다. 기원전 2500년경 고대 아테네를 중심으로 한 그리스인들은 기원전 5000년경에 등장한 것으로 추정되는 이집트의 수학을 받아들여 자신의 것으로 만들고, 새로운 시각으로 발전시켰다. 당시 그들은 세계가 무엇으로 만들어졌는가에 대한 질문을 가지고 있었다. 피타고라스는 사물 뒤에 숨어 보이지 않는 세계에 대한 이해를 추구하고, 세계가 정수(定數)의 어떤 비의 관계로 구성되어 있다고 생각했다. 가령 거대한 규모의 파라미드도 피타고라스에게는 단순한 도형인 직각삼각형으로 추상화된다. 피타고라스의 정리로 잘 알려진 '삼각형 세 변의 길이가 $a^2 + b^2 = c^2$의 관계를 가질 때, 시공간을 초월하여 그것은 항상 직각삼각형을 이룬다'는 명제에서 변의 길이가 가지는 관계는 [3:4:5]의 비율을 가지고 있다. 세 숫자들의 조합으로 직각삼각형이 된다. 또한 그는 아름다운 소리의 비밀이 길이(수)라는 것을 발견했다. 어떤 물체가 가진 길이의 비가 [3:2]의 관계를 가지는 경우(2/3의 관계), 그 둘이 내는 소리는 듣기 좋은 화음을 이룬다는 사실을 발견한다. 그리하여 2/3의 비율을 유지하여 반복함으로써 [도레미파솔라시]라는 칠음계를 만들어냈다.

그런데 여기서 특히 우리가 주목해야 할 점은 명제에 대한 증명방식에 관련된 아이디어이다. 피타고라스는 $a^2 + b^2 = c^2$라는 명제를 어떤 방식으로 옳다는 것을 증명했을까? 증명 아이디어에 초점을 두고 살펴보기로 하자.

[명제] 직각 삼각형 △ABC의 세 선분 $\overline{AB}=a$, $\overline{BC}=b$, $\overline{AC}=c$의 관계는 $a^2 + b^2 = c^2$이다.

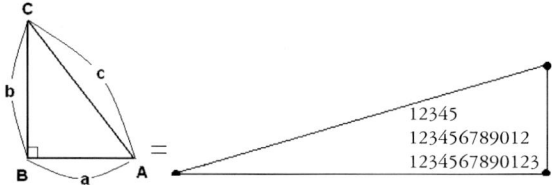

이 공식(관계식)은 간단히 기하적으로 증명된다. 즉, 선과 평행선 및 면적의 개념을 이용하면, 세 변의 길이가 가진 면적은 $a^2 + b^2 = c^2$가 된다.[2]

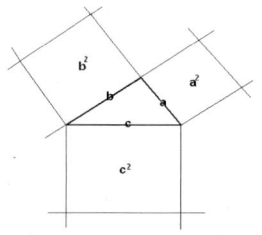

참고로 피타고라스 정리에 대한 증명은 지금까지 알려진 것만 해도 무려 400여 가지에 달한다. 하지만 증명방식의 원리는 본질적으로 동일하다. 기하적 정의와 공리에 의해

---

2) 관계식을 일상의 문제해결이란 응용의 관점에서 살펴보자. 우주공간은 평면이 아니다. 중력에 의해 휘어진 공간이 있다. 또한 지구의 표면은 평면이 아니다. 곡면에서는 $a^2 + b^2 = c^2$ 가 되지 않는다. 가령 지구본 위에 직각삼각형을 그린다고 하자. 그러면 세 내각의 합이 180°인 도형이 만들어지지 않는다. $a^2 + b^2 = c^2$의 관계가 성립하지 않는다. 이에 $a^2 + b^2 = c^2$의 관계식을 폐기할 것인가? 하지만 다음 경우를 생각해보자. 20m 높이의 건물에 이삿짐을 옮기려 한다. 그러면 사다리 길이가 얼마여야 하는지를 계측해야 한다. 이때 $a^2 + b^2 = c^2$을 활용할 수 있다. 물론 실제에서는 오차가 존재한다. 그러나 오차를 감안하여 유효한 사다리를 구하여 사용할 수 있다. 경험과 논리를 특징으로 하는 과학에서 수학적 도구가 없었다면, 오늘날의 과학시대는 불가능했다.

가지는 것이다. 다만 당시보다 정의와 공리들이 추가된 것뿐이다. 예를 들어 루트($\sqrt{}$)와 합동이란 정의를 추가하여 $a^2 + b^2 = c^2$의 관계식을 증명하면 다음과 같다.

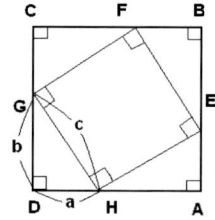

　가로·세로가 3인 □ABCD가 있고 면적은 9라고 하자. □ABCD의 선분에 각각 꼭짓점으로 마름모 ◇EFGH를 그리면 삼각형 네 개와 마름모가 나타난다. 이때 $\overline{DH} = a$이고, $\overline{CF} = b$이다. 따라서 삼각형 네 개는 합동이다. 이때 $a = 1$, $b = 2$이면 합동인 네 삼각형의 면적은 공식[밑변×높이×1/2]로 합이 4가 된다. 따라서 ◇EFGH 면적은 5가 되어야 한다. 그러므로 ◇EFGH의 한 변의 길이, 즉 c는 $\sqrt{5}$가 된다. 면적은 $\sqrt{5} \times \sqrt{5} = 5$이다. 그러므로 $a^2 + b^2 = c^2$는 참이다.

유클리드(Euclid): 공리와 연역적 증명방식의 창안

　피타고라스-플라톤-아리스토텔레스로 이어지는 수학(기하학)은 유클리드에 의해 새로운 전기를 맞는다. 그는 당시 여기저기 흩어져 있던 256개의 수학적 정리들을 다시 몇 개의 상위 범주에서 묶어 파라미드 형태와 같은 체계를 구축했다. 이러한 이유로 논리와 연역적 체계를 구축한 사람으로 평가받는다.[3] 유클리드에 의하면 질문에 대한 답과 그 답의 증명은 정의(定意)와 공리(公理)에 의해 이루어질 것이 요구된다. 즉, 문제의 답과 그 답의 증명은 정의와 공리에 위배되지 않는 것이어야 한다. 위배되는 경우 그것은 옳지 않은 것으로 간주되고, 논리적이지 못한 것으로 평가된다. 여기서 정의란 [명확히 그 개념이 가진 뜻을 정한 것]을 말하고, 공리란 [평행선은 영원히 만나지 않는다]라는 경우처럼 [증명할 수는 없지만 누구나 옳다고 생각할 수 있는 것]을 말한다. 예를 들어 다음의 질문에 답을 도출한다고 해보자.

---

3) 고대 그리스인들은 흰원주의에 입각하여 우주가 무잇으로 만들어섰는가에 관련하여 불, 물 등 다양한 주장들을 내세웠고, 논쟁들이 끊어지 않았다. 이러한 이유로 증명에 관심이 있게 되었다. 이에 아리스토텔레스는 오늘날 논리의 사유원칙으로 자리하고 있는 [동일률, 배중률, 비모순율]을 적용하여 진술의 참/거짓을 판단하는 형식논리학을 창안했으며, 알렉산더 대왕의 스승으로 활동하기도 했다. 참고로 오늘날 각 분과학문들에서 각기 지식체계가 구축되는 것도 이러한 맥락에 기인된다.

[문] 점과 선, 그리고 원을 이용하여 똑같은 면적을 가진 정삼각형을 두 개를 그려라.[4]

[해설] 예시 답안

수학적 사고(유클리드의 사유)에서는 오직 정의와 공리를 이용하여 문제를 해결해야 한다. 즉, 주어진 정의와 공리들만으로 답을 도출해야 한다. 다음과 같은 정의와 공리들이 주어져 있다고 할 때, 이것들만으로 문제를 해결해보자.

정의

○ 점이란 쪼갤 수 없는 것이다.
○ 선이란 두 점을 연결한 것이다.
○ 원이란 임의의 한 점에서 동일한 반지름을 가진 도형이다.

5개의 공리

[공리 1] 모든 점은 다른 모든 점으로 연결할 수 있다.
[공리 2] 유한한 직선은 무한히 늘릴 수 있다.
[공리 3] 임의의 한 점에서 동일한 반지름을 갖는 원을 그릴 수 있다.
[공리 4] 직각은 모두 같다.
[공리 5] 평행선은 영원히 만나지 않는다.

주어진 정의와 공리를 통해 문제해결은 다음과 같이 진행될 수 있다.
① [공리 3]에 의해 임의의 한 점에서 동일한 반지름을 가진 두 개의 원을 그린다.
② [공리 1]에 의해 점들을 연결한다.
도출된 그림은 컴퓨터프로그램을 이용하여 손으로 그린 것이라는 점에서 완벽히 오차 없이 동

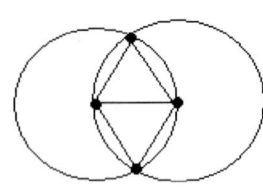

일한 세 각과 세 변의 길이로 만들어진 두 개의 정삼각형은 아니지만, 정의와 공리에 의해 가진 것이다. 위배되지 않는다. 반복하지만 수학적 사고에서의 논리와 연역은 정의와 공리의 체계를 이용하여 결론을 도출하는 것을 말한다. 이러한 경우 객관성과 필연성을 가질 수 있다. 인식자의 주관적 요소가 개입되지 않기 때문이다.

---

[4] 참고로 이것은 세계에서 가장 많이 읽힌 책 중 하나인 『유클리드의 원론』에 있는 첫 문제이다. 이 책은 당시 윤리, 철학, 논리, 수학을 학습한 왕의 수학교재로 활용되었다고 전해진다.

[문] 다음 글의 내용이 참이라 할 때, 반드시 참인 것은?

정책결정방식은 경로를 기준으로 두 가지인데, 정책은 두 가지 방식 중 하나로 만들어진다. 하나는 하향식이고, 다른 하나는 상향식이다. 가령 하향식은 주로 정책결정자의 의지에 의해 정책이 결정되어 집행이 일어난다. 이 방식은 법령과 여론에 부합되지 않는 경우가 있다. 반면 상향식은 일선 정책담당자들이 법령에 의거하여 정책이 입안되어 결정된다. 이 방식은 법령과 여론에 부합되는 경우가 많지만 정책결정자의 신념에 부합되지 않는 경우가 있다. 결정된 정책은 매우 다양한 모습으로 나타난다. 가령 법령, 사업, 프로그램, 프로젝트, 행정지도 등으로 불리는 것들이다. 이 중 법령의 형식은 하향식과 상향식 모두에서 나타난다. 하지만 장기간에 걸쳐 예산과 인력의 투입이 일어나 추진되는 국책사업의 경우는 주로 하향식으로 이루어진다. 우리나라 역대 행정부에서 국책사업으로 선정하여 추진한 사업들은 모두 하향식으로 밝혀졌다.

① 하향식 정책결정방식은 법령과 여론에 부합되지 않는다.
② 상향식 정책결정방식은 정책결정자의 의지와 상충된다.
③ 어떤 정책이 상향식으로 이루어졌다면 그 정책은 국책사업이 아니다.
④ 어떤 정책에 법령의 형태를 가지고 있다면 그것은 하향식이다.
⑤ 하향식으로 형성된 정책이라면 상향식이 아니다.

[해설] 답: ⑤

타당의 원리에 대한 이해문제이다. [정책결정방식은 경로를 기준으로 두 가지인데, 정책은 두 가지 방식 중 하나로 만들어진다. 하나는 하향식이고, 다른 하나는 상향식이다]라는 진술이 참이라면 선언지 ⑤는 양도논증으로 필연적이다.

[문] 다음 글의 내용을 토대로 추론할 수 없는 것은?

N부처 K사무관은 고령화된 농촌마을의 복지개선사업에 대하여 A와 B 두 계획안을 마련했다. A계획안은 출생지원정책을 포함하고, B계획안은 출생지원정책을 포함하지 않는다. 그리고 5개 마을을 시범사업대상으로 선정했다. 안 A를 채택하면 인구가 증가하지만 안 B를 채택하면 인구가 유지 또는 감소된다. 두 안 중 어느 것을 채택하더라도 삶의 질 지수는 증가한다. A안을 집행하는 경우 삶의 질 지수는 평균 2.0에서 3.5로 증가하고, B안을 실행하는 경우 평균 2.0에서 2.5로 증가한다. 만약 개개인이 가지는 삶의 질 지수가 1.0 미만이 되는 경우에는 그 사람은 살아갈 가치가 없다고 생각한다. A안을 채택하는 경우 5개 마을 중 두 곳의 마을에서 현재 삶의 질 지수에서 1.0 미만으로 떨어지는 사람의 수가 현재 각 마을 평균 5명에서 2명으로 감소하고, B안을 채택하는 경우 현재 상태가 유지된다. 사업에 소요되는 예산은 1년 회계연도 기준으로 A안이 B안에 비해 300억이 추가로 소요된다. K사무관은 A와 B 대안을 놓고 검토 중이다.

① B안에 비해 예산이 추가되는 A안을 선택하려는 경우 300억을 추가로 확보하는 방법이 존재하지 않는다면 시범마을 수를 줄이는 방안이 옳다.
② 대안 결정에 마을인구 수 증가를 제약조건으로 설정하면 A안을 채택하는 것이 옳다.
③ 소요예산의 일정한 투입 양을 제약조건으로 설정하면 확보되는 예산액에 따라 A안과 B안의 선택이 달라진다.
④ 삶의 질 지수와 소요예산액 간의 관계는 100억당 0.5로 증가하는 관계성을 가지고 있다.
⑤ 삶의 질 지수가 1.0 미만으로 떨어지는 것을 방지하는 것을 제약조건으로 설정하면 B안도 채택될 수 있다.

[해설] 답: ④

추론의 원리에 대한 이해문제이다. 추론에서 비약은 금지된다. 즉, 선언지 진술은 A안의 경우에는 타당하지만 B안의 경우는 부당하다. ⇔ 일반화 오류

[문] 다음 글의 내용과 서로 부합되지 않는 것은?

인류는 지식으로 대결한다. 지식은 논리이다. 논리로 활용되는 무기들은 다양하다. 하지만 가장 효과적인 것은 수학이라는 무기이다. 예를 들어 보자. 오늘날 지구촌에는 70억 이상의 사람들이 살고 있다. 개개인은 평균 2,300개의 단어를 가지고 약 7.5명과 대화한다. 하루 평균 약 19억 개의 이메일과 약 190억 개의 문자메시지를 주고받는다. 이러한 현상은 매우 복잡하다. 이해하기 어렵다. 그런데 70억 이상의 사람들을 각각 점으로 표현해보자. 그리고 이 점들을 연결하면 거대한 하나의 네트워크 형상이 드러난다. 70억 이상의 사람들을 어떻게 점으로 표현할 수 있느냐고 반문할지 모르겠다. 지구 표면(둥근 이차원)에서 살아가는 사람들은 모두 x축과 y축으로 그 위치를 표현할 수 있다. 마을단위-국가단위로 확장하면 전체적인 형상을 가질 수 있게 된다. 과학기술을 활용하여 인공위성과 컴퓨터를 활용하면 용이할 것이다. 그런데 복잡한 인간 현상을 단순하게 점과 선으로 추상하여 형상을 구축하고, 여러 개의 형상들을 비교 관찰하면 미묘한 규칙성이 있다는 것을 발견하게 된다. 사람들 개개를 지시하는 점들을 구분하기 위해 숫자로 대입하면 숫자들이 일정한 패턴 또는 열을 가진다는 점이다. 오늘날 우리가 가진 과학적 지식들에는 이와 같은 수학적 무기가 사용되고 있다.

참된 지식과 관련하여 주관과 객관의 문제는 인류가 오랜 기간 다루어온 주요 논제 중 하나이다. 주관을 중요하게 생각하는 사람들에게는 낯선 골목길 담벼락을 쌓아 올린 벽돌 하나하나에 문자나 기호 그리고 숫자로 표시된 나열은 유치하게 느껴질지 모른다. 하지만 역설적으로 만약 객관이 존재하지 않는다면, 주관은 존재할 수 없다. 숫자로 표시된 벽돌로 일정하게 쌓아올린 담벼락이 존재함으로써 제멋대로 흩어져 있는 벽돌들의 모습이 아름다워 보일 수 있다. 역으로 제멋대로 흩어진 벽돌들의 모습이 있어 쌓아올린 담벼락 벽돌이 아름다워 보일 수 있다. 만약 주관만이 존재하는 사회라면, 참된 지식의 문제는 수사학적인 설득력의 문제가 될 것이다. 그리고 나와 타자 간의 상호작용에서 신의성실의 원칙이 지켜지는 사회를 구성하지 못할 것이다. 이것들은 마치 교통신호등과 같이 모두에게 기대되고 적용되는 객관이 존재함으로써 비로소 가능해질 수 있다. 만약 당신의 주관이 인정받고 싶다면, 당신은 객관을 수용해야 한다. 당신이 객관의 존재를 부정한다면 다른 사람들 역시 당신의 주관을 객관적으로 인정하지 않을 것이기 때문이다

① 객관의 존재는 실재에 있지 않고 인간의 관념에서 존재하는 것으로 본다.
② 복잡한 현상은 수학적 도구를 사용하여 본질의 변화를 초래하지 않는 추상적 형상으로 전환이 가능하다.
③ 개인이 가지는 주관은 상호작용의 객관으로부터 존재한다.
④ 과학적 지식은 수학적 원리를 토대로 생성된다.

⑤ 주관만을 강조하는 경우 객관이 부정됨으로써 참된 지식이 부정된다.

[해설] 답: ①

부합의 원리에 대한 이해문제이다. 지문의 이해를 토대로 선언지 ①의 경우 세계의 작동에 사람들이 그것을 인식하는가에 관계없이 존재하는 어떤 규칙성이 있다는 지문 내용과 맞아떨어지지 않는다. 즉, 수학적 도구를 사용하면 규칙성을 유용하게 발견할 수 있다는 것을 진술하고 있다. 참고로 만약 누구나 규칙성이 포착된다면, 그것을 부정할 사람은 없을 것이다. 즉, 객관성은 저절로 확보된다.

[문] 다음 글의 전체적 맥락에서 빈칸에 들어갈 내용으로 가장 적절한 것은?

논리 전개의 단순화를 위해 65억 이상의 인구를 갑과 을 두 사람만으로 가정하자. 갑과 을이 동일한 문제(상황)를 대상으로 각기 어떤 지각물을 가졌다고 하자. 그리고 그것을 [A는 B이다]의 형식으로 진술했다고 하자. 그러면 두 사람의 진술은 서로 같거나 또는 서로 다른 경우 중 하나일 것이다. 서로 같은 경우를 살펴보자. 만약 진술이 서로 같다면 갑과 을의 인식물은 형식적으론 객관적이다. 그런데 갑과 을의 인식물이 동일하더라도 과정은 다를 수 있다. 가령 갑은 진술을 필연으로 가진 경우이지만, 을은 우연으로 가진 것일 수 있다. 서로 다른 과정으로 동일한 진술을 가진 경우 객관적이라 말할 수 있는가? 이때 대부분의 사람들은 객관적이지 않다고 말한다. 그렇다면 객관적이지 않다는 판단의 정당성은 어디에서 기인하는가? 이에 대하여 다음과 같은 논리에서 그 정당성을 찾을 수 있다. 결론 도출에서 가질 수 있는 오류나 고의가 확인될 가능성이 10이라 하자. 이때 50%의 사람이 우연이라면, 결론에의 오류 또는 부당을 확인할 기회는 반으로 줄어들어 5가 된다. 표상된 진술은 동일한 것이지만 내용 면에서 보면 진실 확인의 기회가 다르다. 모든 사람이 필연적인 과정으로 결론을 도출했다면, 서로 다른 경우보다 진실에 가까울 가능성이 크다. 따라서 오류검정의 기회를 상실하여 가진 인식물들과 동일시하여 객관적이라 말할 수 없다. 즉 객관적이라고 하기 위해서는 우연적 요소가 배제된 [우연배제원칙]이 적용될 때 가능하다.

그런데 여기서 주의할 점이 있다. 객관적이라 하여 그것이 반드시 참이라는 것을 보장하는 것은 아니라는 점이다. 즉 모든 사람이 우연적 요소 없이 [A는 B이다]라고 진술했다고 하여 그것이 참인 것은 아니다. 이에 참/거짓을 판별하는 작업이 필요하다. 진술을 가설로 설정하여 경험적 검증을 통해 참 또는 거짓을 확인하는 경우를 생각해보자. 갑과 을은 각자 검증을 통해 결과를 확인하여 반증을 경험하지 못했다면 가설을 채택하여 참으로 간주할 것이고, 반증을 경험했다면 가설을 기각하여 거짓으로 판정할 것이다. 이때 두 사람의 결과는 서로 같거나 또는 서로 다른 경우 중 하나일 것이다. 이때 결과가 서로 다른 경우는 객관적이라 말하지 않는다. 하지만 동일한 결과를 두고는 객관적이라 말한다. 그런데 이때 객관이라는 판단의 정당성은 어디에서 근거하는가? 이에 대하여도 전술된 논리로 그 정당성을 찾을 수 있다. 만약 실험자 모두에게서 동일한 결과가 나온다면 진실에 가까운 것이 될 가능성이 크다. 실험에서 가질 수 있는 오류와 반증사례의 발견 기회가 그만큼 늘어나기 때문이다. 이러한 점에서 어떤 실험결과를 두고 그것을 객관적이라 말하기 위해서는 검증은 혼자만의 단일검증이 아닌 타자에 의한 복수검증이 담보되어야 한다. 즉, 그 실험이 객관적이라고 말하기 위해서는 결과의 일치성과 더불어 [단일검증배제원칙]이 적용될 때 가능하다. 이처럼 [   ]

① 객관성의 원리는 형식에서의 타당성과 밀접한 관련성을 가진다.
② 필연성 원리는 단지 형식의 타당성 문제가 아니라 내용이 가진 참/거짓과 밀접한 관련성을 가진다.
③ 객관성과 필연성 원리는 형식의 타당성 문제뿐만 아니라 내용의 참/거짓과도 관련성을 가진다.
④ 객관성과 필연성 원리는 내용이 가진 참/거짓과 밀접한 관련성을 가진다.
⑤ 객관성과 필연성 원리는 내용이 가진 참/거짓에 의존되어 형식의 타당성을 소각한다.

[해설] 답: ③

부합, 적절, 추론, 타당의 원리가 복합된 문제이다. 전체적 맥락에서 글의 주제는 [객관성과 필연성의 원리와 참(진실) 간의 관련성]이다.

제2장 상황판단과 자료해석 및 언어논리

제1절 상황판단

I. 상황판단의 의미

PSAT를 구성하는 상황판단영역은 '상황을 대상으로 판단하는 영역'이다. 상황과 판단이란 두 단어가 가진 개념들의 관계로 그 영역의 경계가 획정(劃定)된다. 구체적으로 상황판단이 무엇을 의미하는가? 논자와 관점에 따라 다양하게 정의될 수 있겠지만, 상황판단이란 '현상으로서 문제라고 인식되는 사안에 대하여, 상태나 형편을 이해하고, 주어진 제약조건들을 고려하여 합리적 선택/확정의 행위를 통해 그 무엇을 결정하는 것'으로 정의하기로 한다. 이러한 정의에 의하면 상황판단의 개념은 대상 측면에서 <문제라고 인식되는 감지된 현상>, 인식자 측면에서 <이해와 선택 및 확정의 합리적 사유>가 가진 개념들의 관계로 이루어진다.[5]

---

5) 이와 같은 요소들의 개념들로 구성되는 합(合)으로서의 상황판단 개념은 자료해석과 언어논리와 중첩되는 영역을 가진다.

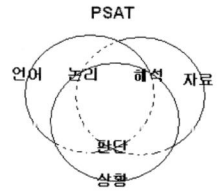

대상	○ 현상으로서 문제라고 인식되는 사안	상황판단
인식자	○ 지각기관: 감각과 사유	
	○ 이해 ○ 합리적 결정(선택 또는 확정)	

유사개념(類似槪念)

- 상황분석: 주어진 문제(상황)의 진행상태와 결과 예측을 합리적 절차나 과학적 방법을 사용하여 적합성과 적절성을 판단하는 것을 뜻한다. 객관성과 정확성 확보문제와 관련된다. 분석은 연구와 동일한 개념으로 사용되기도 한다.
- 상황관리: 바람직한 상태를 유지하거나 또는 이루기 위해 의미 있는 상황들에 대한 사전적 또는 사후적 활동을 뜻한다. 상황에 영향을 미칠 수 있는 변수들에 대하여 제거, 조성, 무력화, 강화 등의 유지 또는 기여 조치를 통해 성공적 목적 달성을 위한 관리적 활동과 관련된다.

이러한 개념을 토대로 상황판단영역에서 측정하려는 평가요소가 무엇이고 유형이 어떠할지를 가늠할 수 있다. 즉, 문제 사안에 대한 이해력과 합리적 결정에 관련된 해결능력이다. 이 영역에 대한 평가가 가지는 의미는 다음과 같다. 오늘날 인류는 거대한 위험(Big Hazards)이 도사리고 있는 위협적 삶을 살아가고 있다. 재난, 금융, 테러, 전쟁, 범죄, 부정부패, 환경오염, 지구의 이상기온 등 무수한 위험들에 노출되어 있다. 1997년 우리나라가 겪었던 경제 상황 중 외환보유고가 거의 바닥나 국가 부도위기(Debt crisis)를 맞은 외환위기가 있었다. 이러한 상황을 해소 또는 해결하기 위해서는 정부의 역할이 강조될 수밖에 없다. 정부의 신속하고 정확한 상황판단과 적합하고 적절하며 적시적인 정책결정과 집행이 매우 중요하기 때문이다.

【참고】 외환위기

1997년 우리나라는 국가부도라는 외환위기(Debt Crisis) 상황에 직면했다. 국가부도는 중대하고 심각한 사안이다. 정부는 당장 급한 부도 사태를 막기 위해 IMF(international monetary fund)로부터 자금을 차입하는 방법을 선택하고, IMF로부터 긴축재정과 경제정책에 대한 관리(통제)를 받겠다는 조건을 받아들여 자금을 차입한다.[6] 외환위기 상황은 정치, 경제, 사회, 문화 등 모든 분야에 영향을 미쳐 다양한 문제들을 발생시켰다. 정부는 국가 차원의 종합상황실이 설치되고, 각 부처마다 하위 단위의 상황실들이 설치되었다. 위기 극복에 관련된 정책결정과 집행에 최

---

6) 중요 경제정책에 대한 결정권이 IMF로 이양되는 것을 의미한다. 이러한 이유로 외환위기 상황을 IMF체제라고도 말한다. 정부는 경제정책의 결정인 주권문제와도 관련되는 IMF관리체제를 벗어나기 위해 노력하게 된다.

우선 순위가 주어지고 신속한 조치를 위해 단계적 절차가 간소화되었다. 인사 및 예산배정 등 관련 행정법규들이 탄력적으로 운용되었다. 피해를 최소화하기 위해 거의 모든 행정력이 집중되었다.

당시 외국 화폐에 대한 자국화폐의 비(比)인 환율은 상황진행국면에 중요한 변수였다. 외환시장은 매우 불안정했다. 미국 화폐인 1달러당 원화 가격이 1,300원~1,800원대로 널뛰기식 변화양상을 보이고 있었다. 논리적으로 환율상승은 수출을 증가시키고 수입을 감소시킨다. 수출의 증가는 외화를 벌어들여 위기 극복에 기여한다. 하지만 한편으로 부정적 효과도 야기한다. 이때 부정적 효과로 인한 피해를 최소화하는 대책들이 필요하다. 피해대책에 관련하여 농림부(농림축산식품부)의 예를 살펴보자. 축산사료의 원료 대부분은 수입에 의존되고 있었다. 환율상승은 사료가격을 인상시키고, 사료 값 인상 요인으로 작용했다. 가축들을 내다 팔려는 축산농가들이 많아지고, 소비도 위축되었다. 축산물 가격이 폭락하고, 축산농가들은 일시적 경영자금 부족으로 흑자도산이 발생하기 시작했다. 농업인들은 정부 대책을 요구하며 시위를 벌였다. 시위는 점점 격화되었다. 농림부는 피해를 최소화하는 대책이 필요했다. 이에 피해를 최소화하는 경영난 해소를 위한 긴급 재정지원문제 등 대안(아이디어)들이 전방위에서 광범위하게 탐색되었다. 여러 대안들 중 원료수입을 대체하는 방안으로 채택된 남은 음식을 가축사료로 활용하는 대안이 채택되었다. 과거에는 소에게 짚과 풀(깔)을 먹이로 주었고, 구정물(남은 음식물)로 돼지를 키웠던 시대가 있었다. 이러한 전통재래식 방법에서 착안한 것이다. 예산투입 없이도 당장 실행이 가능하고, 음식물 쓰레기로 인한 환경문제에도 기여할 수 있다는 일석이조의 방안이 될 수 있었다. 그리하여 사료원료의 수입대체 방안으로 남은 음식물(잔반)을 사료로 활용하는 대안이 채택되고 실행에 옮겨졌다. 그런데 여러 문제들이 등장했다. 하나는 남긴 음식물에 나무 이쑤시개 등 불순물들이 섞여 가축이 그것들을 섭취함으로써 발생하는 위험문제였다. 다른 하나는 남은 음식물에 있는 고기성분이 사료가 되면 채식성 소들이 육식을 하는 꼴이 되어 광우병의 원인이 될 수 있다는 논란이다. 농림부는 이러한 문제들을 해결하고자 나무 이쑤시개 대신 녹말로 만든 이쑤시개로 대체하는 방안을 수립하고, 음식점에서 녹말로 만든 이쑤시개를 의무적으로 사용하는 정책들을 시행했다. 채식동물이 육식을 함으로써 가질 수 있는 위험인자를 제거하기 위해 음식물 분리수거 홍보활동도 적극적으로 전개했다. 이처럼 어떤 정책의 시행은 또 다른 파생적 문제들을 발생시키고, 그 문제들을 해소하는 새로운 정책은 또다시 새로운 문제를 파생시킨다. 이처럼 문제는 늘 주어진다. 연속적이다. 이러한 일련의 연속적 과정에서 전체적인 경제상황이 호전되지 않으면, 소위 밑 빠진 독에 물 붓기 식의 정책현상이 나타난다. 일반적으로 정책문제(정부가 해결하기로 채택한 사회문제)는 정부의 대응, 사회적 분위기, 국제 경제적 여건 등 매우 복잡한 요인들로 다차원 국면을 형성하며 전개된다. 정책문제를 구성하는 개개의 국면 하나하나도 간단하지 않다. 특히 바람직하지 못한 상황은 한번 발생하면 해결이 어렵고, 완전한 복구가 사실상 불가능하다. 사전적 예방 차원의 중요성이 강조되지 않을 수 없다. 정확하고 신속한 상황판단은 사후적 대책에서뿐만 아니라 사전적 대책에서도 중요한 문제가 아닐 수 없다.

II. 상황

상황(situation)이란 구체적으로 무엇을 의미하는가? 이에 대해서 논자와 관점에 따라 다양하게 사용되고 있다. 잠시 주목할 만한 정의들을 살펴보자. 로봇의 응용기술 측면을 다루는 유비쿼터스 관점에서는 상황을 경험적 인지와 정보처리에 초점을 두어 '관념적 이데아가 아닌 경험적 실제세계의 존재물에 대한 상태를 특징화하기 위해 정보들을 추출하고 추론하여 형성된 것'이라 정의하고 있다. 행정현상을 탐구하는 행정학적 관점에서는 정부의 역할에 초점을 두어 '어떤 사회문제가 가진 상태 또는 진행의 형편이나 모습'으로 규정된다.

일체의 현상 모두를 상황으로 규정하는 경우, 그 범위가 너무 포괄적이고, 추상적이다. 우주 일체의 사건 모두가 판단의 대상이 되기 때문이다. 따라서 상황이란 '현상으로서 문제라고 인식되는 사안이 가진 상태 또는 진행의 형편이나 모습'으로 정의하기로 한다. 이러한 점에서 상황은 추상적인 환경(環境)과 구별되며 단순한 분위기(雰圍氣)와도 구별된다. 여기서 '문제(problem)'란 설명이 필요한 것, 해결책이 필요한 것, 대응할 가치가 있다고 생각되는 그 무엇을 말한다. 그렇기 때문에 결국 올바른 상황인식은 인식자 측면에서 문제인식에 대한 정상적 인지 또는 심리상태가 요구되고, 선입견과 편견 등으로부터 가질 수 있는 주관적 인식 문제가 중요하게 부각되지 않을 수 없다.

상황은 문제라는 점에서 인식자의 대응이란 의지적(意志的) 요소를 강요한다. 또한 대응의 관계에서 인식자에게 답을 요구하는 지적(知的) 요소를 요구한다. 그리하여 상황은 생각에의 논리와 판단을 의존시키는 성격을 가지게 된다. 이를 좀 더 구체적으로 살펴보자. 사람이 사망한 사건이 발생했다고 하자. 사건을 맡은 담당 검사 갑은 이러한 상황에서 답을 해야 하는 문제들을 가지게 된다. 가령 사망이 자살인지, 타살인지, 자연사인지, 사고사인지를 판단해야 한다. 이러한 판단을 위해 자료들을 수집하게 될 것이다. 그리고 수집된 자료들을 통해 죽음이 어떤 종류인지를 식별하여 선택하는 결정을 이루게 될 것이다. 이때 이러한 결정에는 논리적 사유가 요구된다. 그런데 만약 상황을 착각하거나 잘못 이해하는 경우, 즉 상황인식에 오류가 발생하면 판단에 오류를 발생시킨다. 사망 사건을 상해 사건으로 인식하는 경우이다. 이러한 경우 상황에서 가지는 문제는 전혀 다른 문제가 되며, 그에 대한 답은 엉뚱한 답이 되거나 답을 가지지 못하게 된다. 누군가 자기 집으로 들어오는 이웃집 사람을 인지하고 도둑이 들어오는 상황으로 착오하는 경우도 마찬가지이다. 정부 차원에서 발생하는 상황인식의 오류는 문제가 무엇이라는 정의가 달라져 회복할 수 없는 치명적 결과를 야기할 수 있다. 이러한 점에서 상황에 대한 인식은 정확한 문제해결에 중대한 의미를 가진다.

III. 판단

판단(judgement)이란 '대상을 이해하고, 분별을 통해 그 무엇을 선택하여 결정하는 일련의 사유활동(判者 識別選)'을 의미한다. 즉, 판단은 별(別)과 선(選)으로 가지는 식(識)이다. 상황을 대상으로 판단을 시도하는 경우, 상황은 문제를 잉태하고 있다는 점에서 문제가 가진 심각성과 중대성을 경험적 또는 감각적으로 직감하여 판단의 강도를 달리할 수 있다. 또한 논리와 결합하여 판단할 수도 있고 논리와 관계없이 비논리적으로 행할 수도 있다. 논리와 결합되는 경우를 분석적 또는 합리적 판단으로, 논리와 결합되지 않은 경우를 직관적 또는 직감적 판단으로 구분할 수 있을 것이다.

간략히 논리와 결합된 식별선에 대해 설명하기로 한다. 식(識)은 일반적으로 두 가지 질문을 통해 가진 답들을 종합하여 이룬다. 우선 하나는 '도대체 그것의 정체(identification)가 무엇인가?'라는 질문에 대한 답이다. 요컨대 그것이 가진 형태(형식)는 어떠하며 내용(의미)은 무엇인가에 대한 질문들에 대한 답이다. 가령 드러나는 모양과 범위(규모)는 어떠하고, 드러나지 않는 성질과 강도 및 속도 등에 관련된 것들이다. 그런데 이러한 것들은 대부분 그것과 관련된 대답들이 이미 주어져 있다. 측정하는 도구(또는 기법)나 측정기준, 그리고 표준화된 단위들이다. 판단자(인식자)는 단지 판단대상으로서의 문제가 어떤 것에 해당하는가를 분별하고 선택하는 작업을 행하게 될 뿐이다.

분별과 선택에 대해 좀 더 구체적으로 살펴보자. 의사가 환자를 진료한다고 하자. 그러면 이미 존재하는 측정도구나 검사방법들을 사용하여 검진하게 될 것이다. 이때 검사자료들을 가지고 정상인지, 비정상인지(병)를 판정하는 방법들도 이미 나와 있다. 만약 비정상인 경우 그 정도가 초기인지에 대해서도 이미 표준화된 판정방법이 나와 있다. 이때 의사는 모든 검사방법과 진단방법을 사용한 것은 아니다. 선진국과 후진국이 다를 수 있고, 병원마다 다를 수도 있다. 또한 의사가 가진 의학적 지식과 경험도 서로 다르다. 이러한 모든 방법들을 적용한 것은 아니다. 이러한 의미에서 선택이라는 성격을 가지게 된다.

다른 하나는 그것이 '왜(Why) 그런가?'라는 원인에 대한 질문과 그에 대한 설명적 답변이다.[7] 이러한 질문이 별도로 필요한 것은 다음의 이유 때문이다. 그것의 '정체 (identification)가 무엇인가?'라는 질문으로 가지는 답은 일반적으로 [A는 B이다]라는 진술들이 도출된다. 즉, 인과적 정보인 [p라면 q이다]라는 정보들이 아니다.[8] 그리하여 인과관계에 대한 질문이 요구되고 답변이 이루어진다. 좀 더 부연하여 설명하면, 수요와 공급이란 두 개의 사실이 독립적으로 존재하는 경우 정보(지식)로서 유용성이 없다. 그 것은 단지 관찰에 지나지 않기 때문이다. 하지만 두 사실에 대한 어떤 관계가 있다면 이야기는 달라진다. 그렇기 때문에 두 사실의 관계에 대한 정보가 필요하다. 가령 [수요가 공급을 창출한다] 또는 [공급이 수요를 창출한다]라는 관계적 정보이다. 또는 [수요가 감소하면 공급이 줄어든다] 또는 [공급이 감소하면 수요가 줄어든다] 등과 같은 진술 형태로 나타날 수도 있다.

그런데 사실들의 관계에서 인과관계가 있는지 없는지를 파악하는 것이 간단하지가 않다. 이에 대해서는 후술하기로 하고 관계도 상관관계와 필요충분조건관계 등 종류가 복잡하고, 이것들을 확인하는 방법도 통계기법과 논리적 인과추론 및 실험적 관찰 등 매우 다양하고 복잡하다는 것만 언급하기로 한다. 이 경우에도 대부분의 경우 인식자(판단자)는 분별과 선택이 행해진다. 물론 기존의 답이 문제를 충분히 설명하지 못하거나 또는 존재하지 않는 경우 창의적인 가설을 설정하고 검증(입증)이 필요해진다.

이처럼 판단에 관련하여 논리가 개입되는 경우 식별선에 관련하여 합리적 분별과 선택의 행위를 통해 그 무엇을 결정하게 된다. 부연하면 별(別)과 선(選)에서 판단기준이 중요한 문제로 부각된다. 어떤 기준을 적용하는가에 따라 결과가 달라진다는 점에서 타당성 또는 정당성과 관련된다. 이미 판단기준이 주어져 있는 경우가 대부분이지만, 이 경우에도 판단기준들 간에 서로 충돌하거나 또는 해석에 따른 판단 여지(다의미성으로 인해 재량을 가지는 성격) 등 다양한 측면에서 여러 문제들이 발생한다.

---

7) 과학적 입장(조사방법론의 관점)에서는 설명(explanatory)이란 [이해시키다, 납득시키다, 명료하게 기술하다] 등의 사전적 의미가 아니라, 기존 지식체계에 정합되거나 또는 그것으로부터 연역적으로 필연성이나 인과관계 등을 제시하는 것으로 사용하는 견해가 있다. 가령 과학적 인식에서 가지는 설명의 뜻은 사전적 의미가 아닌 후자의 뜻으로 사용한다. 하지만 이해 또는 납득이 중요하다는 점에서 설명에 사전적 의미를 포함시키는 것이 타당하다.

8) 이러한 특징은 자료해석영역의 문제에서 중요한 의미를 가진다. 이에 대해서는 후술될 것이지만, 간단히 언급하면 통상 '우리의 식(識)은 육하원칙에 얼마나?'라는 질문이 추가된 칠하원칙의 답변(정보)이 요구된다. 그런데 통상 자료들은 왜라는 인과정보를 가지고 있지 않다. 단지 현상을 표상하는 것들이 수집되기 때문이다. 그리하여 처방(문제해결)의 목적에서 왜라는 원인과 결과에 대한 정보를 얻기 위해 별도의 가설설정과 자료수집이 필요하다. 인과관계에 대한 입증논리는 후술될 것이다.

제2절 자료해석

Ⅰ. 자료해석의 의미

　PSAT를 구성하는 자료해석 영역은 '자료를 대상으로 해석하는 영역'이다. 자료와 해석이란 두 단어가 가진 개념들로 그 영역이 획정(劃定)된다.

　자료해석이 구체적으로 무엇을 의미하는가? 이에 대해 논자와 관점에 따라 다양하게 정의될 수 있지만, 여기서는 사회과학의 관점에서 '대상으로부터 수집된 양적·질적 자료를 통해 대상을 이해 또는 설명하는 것'으로 정의하기로 한다. 여기서 자료는 대상으로부터 감각기관으로 관찰된 감지물이며, 객관성과 측정가능성을 위해 통상 계량적 자료가 선호되지만, 내면적 심층의 질적 자료들도 포함된다. 그리고 이해는 채택된 자료들이 가진 형식과 내용에 대한 추론을 통해 인식물을 가지는 추상적 사고능력을 뜻한다. 이러한 개념을 토대로 하면, 자료해석영역에서 측정하려는 평가요소가 무엇이고 유형이 어떠할지를 가늠할 수 있다. 즉 자료에 대한 이해력과 합리적 해석에 관련된 추론능력이다.

　이 영역에 대한 평가가 가지는 의미는 다음과 같다. 자료는 매우 중요한 인식 수단이다. 거의 모든 영역에서 자료가 활용되고 있다. 가령 지적 영역에서 이론의 형성과 증명에 자료들이 활용된다. 또한 코스피지수를 가지고 국내 증권시장의 상태를 이해하듯, 경험적 세계에 대한 다양한 현상들에 대하여 각종 통계 자료들을 가지고 이해한다. 공적 영역에서도 업무수행에 자료를 활용하는 것은 필수적인 사항이 되고 있다.]

유사개념(類似槪念)

- 자료분석: 자료를 조작하거나 결합들의 행위를 통해 해석이 가능하도록 만드는 작업을 의미한다.
  - 기술적(記述的) 분석: 선정된 특성(표본)을 가지고 모집단을 기술하는 데 목적을 둔 분석
  - 설명적(說明的) 분석: 두 변수 간에 일차적 인과관계를 파악 또는 수립하는 데 목적을 둔 분석
- 언어해석: '진술에 담긴 개개의 내용(질료)들을 추출하여 그것들을 토대로 대상이 가진 의미를 발견하거나 또는 부여하는 행위를 통해 진술을 전체적 맥락에서 이해하거나 설명하는 인식활동'을 의미한다. 즉, 언어가 가진 형식과 내용을 이해 또는 설명하는 것을 뜻한다. 언어해석은 자료해석, 문자해석, 상징해석, 영상(그림)해석, 기호(부호)해석 등을 포괄하는 상위개념이다.

II. 자료

자료가 무엇인지에 대해서는 다양한 견해들이 있지만, 자료(data)란 '어떤 상황(현상)에 대한 보고서에 직접 또는 간접으로 이용되는 일체의 정보'를 말한다. 그것이 글자(글/말), 숫자, 표, 그림, 화상, 기호 등 어떤 방식으로 진술되고 있는가는 상관하지 않는다. 또한 조사를 통해 직접 수집한 자료를 활용하는 경우를 일차적 자료(original data)라고 하고, 다른 사람이 다른 목적을 위해 사용한 것을 다시 활용하는 경우를 이차적 자료(secondary data)로 구분하지만, 이것 역시 상관하지 않는다. 또한 통상 자료는 관찰, 면접, 질문지, 내용분석, 실험, 시뮬레이션(simulation) 등 다양한 방법으로 수집되는 일체의 것이다.

통상 자료는 정보와 동일한 개념으로 사용된다. 하지만 약간의 차이가 있다. 정보는 자료(data)에 의해 생산된다. 즉, 자료는 정보를 만들어내는 생산적 질료(matter)로서 기능한다. 자료는 인식자의 주관적 의미가 존재하지 않는 원시적 형태의 그 무엇이지만, 정보는 불확실성을 감소시키기 위한 목적, 또는 자료에 부가가치를 부여하는 등으로 가진 의미가 부여된 것이다. 그리하여 어떤 자료가 업무수행에 적합한 자료로 채택되지 않는 한, 자료 상태로 머문다. 반면 어떤 자료가 채택되어 조작적 처리를 통해 의미를 가지게 되면 정보로서 전환된다. 이에 정보가 가지는 정확성, 현실성, 완전성 등은 원천적으로 자료에 의존된다. 다만 어떤 자료가 채택되는가는 문제로 설정되는가에 의존된다는 점에서 넓은 의미에서 자료는 정보를 포괄하는 개념이 된다. 정보사회의 환경에서 정보의 중요성이 강조된다. 정보는 상황(현상, 문제)을 설명하고 예측하는 지식의 산출에 기초적 토대를 이룬다. 즉 정보는 상황(현상)이 가진 의의(의미, 의도, 가치 등)를 알려주거나 모름으로 발생하는 불확실성을 제거해주는 지식(knowledge)의 출처로 기능한다.

III. 해석

사람들은 일상에서 자료만을 대상으로 해석하지 않는다. 매우 다양한 것들을 대상으로 해석적 행위를 한다. 이에 해석은 다양한 관점에서 정의들이 존재한다. 주목되는 정의들을 살펴보면, 첫째 해석은 약속된 또는 사회적 통념인 언어체계의 적용으로 가지는 인식활동이란 점에서 '사회적으로 용인된 논리 틀 또는 언어적 체계를 이용하여 가지는 이해 또는 설명행위'로 규정된다. 가령 교통신호등의 상징물을 해석하는 경우 사회적 약속체계로 해석을 하게 된다. 한편 인간의 이해(인식)는 기본적으로 관심대상에서 획득된 인지물로 구현된 표상(表象)을 가지고 이해를 가지게 된다는 점에서 해석이란 '표상(表象)에 대한 의미를 규정 또는 확립하는 인식활동'으로 정의되기도 한다. 가령 각종 기호와 수식들이 가진 의미를 해석하는 경우이다.

그러나 해석의 핵심은 이해(comprehension)이다. 그리고 타자와의 관계에서 궁극적으로 진술을 대상으로 하게 된다. 가령 아인슈타인이 우주에 대해 가진 개념을 우리는 알 수가 없다. 단지 그가 표현한 진술들을 가지고 그것을 해석하여 이해할 수밖에 없다. 즉, 해석이란 '어떤 진술을 구성하는 개념들의 관계를 전체적 맥락에서 논리적으로 사유하여 타당한 의미를 발견하거나 또는 부여하는 행위를 통해 이해하는 인식활동'이다. 이러한 점에서 해석은 단지 진술을 구성하는 글자를 사전적 의미에서 바른 뜻(正意)을 찾아 그 뜻을 분명하게 밝히거나 알기 쉽게 풀어 설명하는 주해(註解)와 구별되고, 사람 대 사람 간 소통의 측면에서 상호 다른 언어로 전환하는 통역(通譯) 또는 번역(飜譯)과도 구분된다.

정책보고서가 만들어지는 과정과 타당성

1. 과정

① 목적 확인
ㅇ 정책에 대한 정보제공인가?
ㅇ 정책에 대한 책임확보인가?

② 사전적 · 예비적 평가(pre-evaluation)
ㅇ 문제의 정의와 범위를 확정
ㅇ 평가 가능한 모형 구축
- 적합한 모형의 채택
· 문서모형: 공식적인 문서에 나타난 사업을 모형화
· 관리자모형: 공식적 사업과 집행관리자가 추진하는 사업요소와의 인과관계를 모형화
· 집행현장모형: 면접과 관찰 등을 통해 집행현장에의 사업내용을 모형화
- 투입→[상위목표와 하위수단들 간의 관계]→산출 구조로 구축
- 실현 가능, 상위목표와 하위수단 간의 인과관계 묘사, 측정 가능한 모형 구축
ㅇ 평가성 검토결과와 활용방안 제시

③ 평가설계(evaluation design)
ㅇ 올바른 질문의 채택(답변 가능, 평가목적/필요한 정보 산출에 부합)
ㅇ 평가를 위해 제기된 질문에 대한 답을 찾기 위한 전략과 수단 및 연구의 구상
- 전략: 표본조사, 사례연구, 현지실험, 기존 자료조사(2차적 자료분석) 등
- 자료수집과 방법: 양적 방법, 질적 방법, 혼합 방법
- 연구: 횡단면, 패널, 단일(다종)사례, 실험(진실험/준실험), 혼합 연구 등

④ 자료의 수집과 처리 및 해석(협의의 분석)
ㅇ 통계적 방법 또는 모델링 방법 등
ㅇ 의미와 가치 등의 질적 방법과 수량의 양적 방법의 혼합적 분석

⑤ 의사교류 및 분석결과의 제시
  ○ 평가와 관련된 이해당사자들(평가자, 평가의뢰자 등)과의 의견 교환
  ○ 자의적 해석이나 개인적 의견의 교정(객관성 지향)

⑥ 분석결과의 산출(보고서 등) 및 결과의 활용

2. 타당성

누군가 어떤 정책문제를 분석한 결과보고서를 산출하였다고 하자. 그런데 권위 있는 전문가 또는 연구소에서 생산한 보고서라 하여, 그 보고서를 그대로 믿을 수는 없다. 신뢰할 수 있는 근거가 필요하다. 하지만 보고서를 검증하거나 입증하는 것이 용이하지 않다. 그리하여 통상 신뢰성 문제는 형식적 타당성 문제로 포섭된다. 타당성은 다음에 기초하여 평가된다. 첫째, 일관성이다. 안정성과 예측가능성에서 가지는 개념이다. 가령 이랬다 저랬다 하면 신뢰할 수 없다. 둘째, 정확성이다. 측정되고 있는 속성치가 정확한 것인가라는 관점에서 가지는 개념이다. 이는 유효성과 관련되는 개념이다. 만약 측정치가 유효한 값을 가지고 있지 않다면 신뢰성을 가지기 어렵다. 측정도구의 정밀성 또는 측정오차(확률오차)와 관련이 있다. 셋째, 증명성이다. 이는 분석결과물의 활용과 관련된다. 경험적 또는 논리적으로 반박이 가능하거나 경쟁적인 가설이 존재한다면 신뢰할 수 없다(이것들을 종합하면 일관성, 유효성, 경쟁가설의 부존재성을 구성요소로 하는 타당성 개념이다).

제3절 언어논리

Ⅰ. 언어논리의 의미

PSAT를 구성하는 언어논리영역은 '언어를 대상으로 한 논리영역'이다. 언어와 논리라는 두 단어가 가진 개념들로 그 영역의 경계가 획정(劃定)된다.

언어논리가 구체적으로 무엇을 의미하는가? 이에 대해서 논자와 관점에 따라 다양하게 정의될 수 있겠지만, 언어논리란 '집합적 진술을 대상으로 진술들의 관계를 통해 형식과 의미를 파악하여 어떤 결론을 추론하거나 또는 평가하는 추상적 사고능력'으로 정의하기로 한다. 이러한 정의에 의하면, 언어논리의 개념을 구성하는 요소는 대상 측면의 언어에서 <집합적 진술>과 인식측면의 논리에서 <추론과 평가에 관련된 사유>를 기본요소로 한다. 이러한 개념을 토대로 하면, 또한 언어논리영역에서 측정하려는 평가요소가 무엇이고, 유형이 어떠할지 그 범위(scope)를 짐작 또는 추론할 수 있다. 즉, 소통에 관련된 언어적 능력과 해석과 판단에 관련된 추론적 사유능력이다. 특히 언어논리영역은 자료해석과 상황판단영역에의 기초적 토대를 제공한다. 전술되었지만 타자와의 관계에서 궁극적으로 진술을 대상으로 해석하고, 판단하게 된다. 가령 자료도 하나의 언어이고, 경험적 포착물인 상황도 궁극적으로 언어로 진술된다. 또한 자료해석과 상황판단에 논리적 사유가 필요하다.

이 영역에 대한 평가가 가지는 의미는 다음과 같다. 우선 지적 영역과 관련하여 앎을 가지는 경우 언어적 도구와 논리적 사유를 필요로 한다. 일상의 많은 문제들은 언어적 소통매체(전달매체: 코드)와 생각하는 방식(사고방식)의 논리적 사유에 기인되어 가지게 되는 경우가 많다. 문제해결과 관련하여 토론과 합의에 논리적 사유가 필요하다. 정책대상자인 국민의 납득과 지지는 성공적 정책집행에 중요한 변수이고, 설득력과 관련하여 정확한 언어 사용과 타당한 논리적 사고가 요구된다.

진술의 정확성
다음 상황을 예로 생각해보자.

<甲과 乙의 주장>
甲: 닭이 알을 낳는 장면을 보고, [닭이 먼저이다]라고 주장한다.
乙: 알이 병아리로 부화되는 것을 보고 [알이 먼저이다]라고 주장한다.

<甲과 乙의 주장에 대한 丙과 丁의 주장>
丙: [甲과 乙의 진술들은 모순적 진술이다. 두 진술 중 하나는 반드시 거짓이다]라고 주장한다.
丁: [닭이 없으면 알이 있을 수 없다. 그러니 甲의 말은 맞다. 그런데 알이 없으면 닭이 존재할 수 없다. 그러니 乙의 말도 맞다. 따라서 둘 다 모두 옳다]라고 주장한다.

　　甲과 乙의 두 진술들의 관계를 두고 착각하기 쉬운 점이 있다. 순환오류라고 지적하는 경우이다. 하지만 엄밀히 말하면 부정확한 용어를 사용함으로써 가지는 언어적 오류이다. 가령 갑이 자신이 본 대로 [닭이 알을 낳는다]라고 말하고, 을도 자신이 본 대로 [알이 병아리로 부화된다]라고 말했다면, 논쟁이 발생하지 않는다. 논쟁이 발생해도 丁의 진술로 종결될 것이다. 둘 다 경험적으로 검증이 가능하기 때문이다. 요컨대 갑(甲)과 을(乙)의 [닭이 알보다 먼저이다], [알이 닭보다 먼저이다]라는 진술은 정확한 진술이 아님과 동시에 추론의 관점에서 비약적 오류로 형성된 진술들이다. [닭이 알을 낳는다], [알이 병아리로 부화된다]라는 것이 정확한 진술이다. [닭이 알을 낳는다], [알이 병아리로 부화된다]라는 진술들을 좀 더 살펴보자. 두 진술 간의 관계는 어떠한가? 모순관계라고 생각하기 쉽다. 하지만 모순관계가 아니라 주어가 다른 독립된 관계이다. 이들 간에는 부합될 수도 있고, 부합되지 않을 수도 있다. 경험의 현상세계는 변화의 세계이다. 그리고 그 변화가 항상 직선적 또는 일방향으로만 진행하는 것은 아니다. 생태계와 같이 변화에 연속적 순환도 존재한다. 그리하여 서로 무관하게 보였던 독립적 진술들이 서로 밀접한 관련성을 가지는 경우들이 있게 된다. 현상세계에서는 [닭은 알을 낳는다. → 알은 병아리가 된다. → 병아리는 닭이 된다.→ 닭은 알을 낳는다]와 같이 서로 무관한 진술들이 연속성에서 종합되면, 순환의 변화 관계가 일어난다. 즉, 현상적 차원에서 [닭은 알을 낳는다], [알은 병아리가 된다]라는 두 진술의 관계는 모순이 아니다.

　　부연하면 우리는 일상 언어생활에서 흔히 사실(fact)을 참(진실)으로 간주하는 경향이 있다. [그것은 사실이다]라는 것을 [그것은 진짜이다]라는 의미로 사용하거나 받아들인다. 일상의 논쟁에서 흔히 [나는 사실을 말하고 있다]라고 하여 주관적 의견이 아니라는 것을 강조하기도 한다. 하지만 사실적 진술이 참과 객관성을 담보하는 것은 아니다. 그것은 [나는 내가 현상으로부터 감지된 개념을 전달하고 있다]라는 것을 말하는 것뿐이다. 사실(fact)이란 놈은 우리의 머릿속에서 어떤 존재 또는 현상으로부터 감각에 포착된 인상(印象: figure)이다. 가령 [사람이 걸어간다]라는 진술은 하나 또는 둘 이상의 개별 감지물(感知物)들로 일반화를 이루어 구성된 것이다. 즉, [사람], [걸어간다] 등을 감지하여 머릿속에서 가진 관념들의 관계로 구성된 진술이다. 그렇기 때문에 사실적 진술을 뜯어보면, 그것은 개념들의 관계로 구성된 것이다. 이때 사실적 진술의 객관성과 진실성에 관련하여 '인식자가 물 자체를 정확히 개념(concepts)하였는가?'라는 문제가 등장한다. 요컨대 후술되겠지만 우리가 가지는 개념(concepts)은 인지된 개별적 사실(special fact)을 포집해 일반화(generalization)를 이룬 추상적 관념물이다. 이에 개념이 물 자체를 온전히 대표하고 있는가가 문제된다. 이러한 이유로 개념적 틀과 논리 틀이 다양한 관점에서 논의되고 있다.[9]

II. 언어

1. 언어의 개념

언어(言語)란 일반적으로 '나와 타 간의 의사소통 수단으로서 표현에 관한 약속 또는 규칙을 가진 체계적 도구'로 정의된다.[10] 이러한 정의에 의할 때 언어란 용어를 구성하는 개념적 요소는 두 가지이다. 하나는 의사소통성이다. 즉 나와 타자 간의 상호작용의 관계에서 가지는 메시지의 전달성과 수용성이다. 다른 하나는 체계성이다. 어법 또는 문법 등과 같은 공동체적 또는 사회적 약속의 틀이다. 만약 두 가지 요소 모두를 충족하고 있지 않다면, 비언어로 간주된다. 가령 물건이 떨어졌을 때 나는 [쿵]하는 자연적 음향과 의미 없는 단순한 기호의 나열 등은 언어가 아니다. 나무가 바람과 접촉하여 내는 소리도 언어가 아니다. 만약 누군가 혼자서 하늘을 행해 [야호]라고 소리치면 그것은 언어가 아니지만, [여보세요]라고 소리치면 언어이다.

그런데 언어의 개념을 구성하는 요소인 의사소통과 체계에 관련하여 일상에서 우리는 의사소통에서 유사언어(paralanguage)들을 통해 상대방과 상호 교류한다. 목소리의 강약, 고저, 얼굴표정, 외모, 외양, 상황 등과 같은 것들이다 가령 화자와 청자 간에 대화를 하

---

9) 틀이란 체계적으로 조직화된 구조(structure)를 말한다.
   • 좁은 의미의 틀: 개념적 틀(conceptual structure)과 논리적 틀(logical structure)을 지칭.
   • 넓은 의미의 틀: 구상, 아이디어, 착상, 영감, 직관 등 생각하는 일체의 방식.
10) 참고로 언어학자들에 의하면 약 65억 인구가 사용하는 인류의 문자 수를 대략 7,000여 개 정도로 추산하고 있다(2010년 기준).

는 도중 청자가 하품을 하거나 또는 시계를 들여다보는 행동을 하게 되면, 상대방은 그 몸짓과 표정 등을 통해 지루해하다거나 또는 대화를 종결하자는 의미로 해석되는 언어적 기능을 수행한다. 언어의 체계도 물질과 정신을 포괄하는 문화의 산파(産婆)이자 동시에 역으로 문화적 소산물(所産物)이기도 하다. 그리하여 고정된 것이 아니라 시간과 공간적으로 문화적 맥락에서 변동한다. 한편 인간은 언어를 통해 사물을 인식한다. 단순히 의사소통의 도구로만 활용하지 않는다. 누군가 보유한 언어의 양은 곧 그 사람이 가진 정보의 양이다. 새로운 언어의 취득은 새로운 정보를 잉태한다. 이러한 점을 감안하면 언어는 '인간의 상징적 관념 또는 사유를 담은 의미 전달과 수용의 체계적 매개체이자 동시에 인식에의 도구'이다.

동물들에게서도 의사소통을 위한 체계성을 가진 몸짓(gesture)과 소리(voice) 등을 통한 언어가 존재하지만 인간의 언어는 다음에서 차이가 있다.

첫째, 인간의 언어는 매우 다양하다. 가령 문자(text), 기호, 표상(sign, index, mark symbol, logo), 신체율동(body), 영상(그림), 수(數) 등이 그것이다. 특히 수(數)는 사유(관념) 언어로서 인간만이 가지는 언어형식이다.

둘째, 인간 언어는 뜻과 소리라는 이중적 구성요소로 이루어져 있고, 분절 가능의 특징을 가지고 있다. 우리말의 경우, '사람이 온다'라는 문장은 '사람이+온다'라는 뜻을 가진 것으로 분리(분할)할 수 있고, 이는 다시 '사람+이+오+ㄴ+다'라는 다섯 개의 더 작은 뜻인 형태소로 분절할 수 있다.

셋째, 인간의 언어는 인위성(人爲性)을 가진다. 1446년 반포된 훈민정음의 창제와 같이 창안자와 수용자라는 인위성을 가진다. 일상 습관, 문학, 그림, 음악 등 예술 등에서 창조와 파괴가 일어난다.

넷째, 인간의 언어는 역사성과 사회성이 반영되어 상대적으로 빠른 가변성(可變性)을 지닌다. 특정 지역 또는 시간에서 행해지는 다양한 언어들이 등장하고 소멸된다.

다섯째, 동물의 감각적 언어와 달리 인간의 언어는 사유를 담은 상징적 개념물이다. 고대 메소포타미아[11]의 쐐기문자, 중국의 갑골문자, 이집트의 상형문자 등에서와 같이 감각의 경험언어와 대조되는 논리적 체계를 바탕으로 한 사유 언어(관념 언어)는 영장류에서 오로지 인간 집단에서만 발견된다. 특히 사유 언어는 지식의 생산과 관련되어 문명

---

11) 바빌로니아와 아시리아 등지에서 발생한 문명.

발생과 밀접한 관련성을 가지고 있다.

2. 기초적 용어들의 정리

언어학적 측면에서 우리나라의 글자(문자)를 중심으로 기초적 용어들에 대한 개념들을 간략히 기술하기로 한다.

1) 단어와 어휘

(1) 단어(單語)

단어란 '뜻을 가진 최소단위'를 말한다. 일상에서 사용되는 단어의 수는 인간의 인식능력, 사회구조, 그리고 언어공동체의 구성원들이 가진 사회적 통념과 언어적 관념 등에 연계되어 변동한다.[12] 통상 단어들은 다음과 같은 두 관점에서 분류된다.

① 품사

국어의 경우 9개의 품사로 분류된다. 품사의 분류는 세 가지 관점에서 이루어진다. 형태적 관점(어근의 유무), 기능적 관점(문장에서 단어가 수행하는 역할), 그리고 의미적 관점이다. 형태와 기능이 우선적으로 분류에 적용된다.

9품사

- 체언으로 쓰이는 <u>명사, 대명사, 수사</u>
- 독립어로 쓰이는 <u>감탄사</u>
- 관계어로 쓰이는 <u>조사</u>
- 수식어로 사용되는 <u>관형사, 부사</u>
- 서술어로 쓰이는 <u>동사, 형용사</u>

특히 조사(助詞)는 한글(국어)이 가진 대표적 특징이다. 조사는 실질적인 뜻을 가진 단어들이 문법적 기능을 가진 것으로 변화된 것이 많다. 가령 [너부터, 날보고, 당신조차] 등의 경우에서 [부터]는 동사 [붙다]에서 형성되어 [비롯함]을 나타내고, [보고]는 동사 [보다]에서 형성되어 [더러]와 같은 뜻을 나타낸다. [조차]라는 조사는 [쫓다] 또는 [따르다]라는 동사에서 [덧보탬]을 나타내는 것으로 변이되었다. 이러한 이유로 조사에서 오류

---

12) 우리나라의 언어(국어)는 고유어(순수한글), 한자어(약 45%로 추산. 2010년 기준), 외래어로 구성되어 있다.

가 흔히 발생한다. 가령 [학교에서 여러분을 가르치는 <u>사람으로써</u> 한마디 하고 싶은 것은 지금 현재가 가장 중요하다는 사실입니다]라는 문장에서 [<u>사람으로써</u>]→[<u>사람으로서</u>]로 수정되어야 한다. 자격일 때는 [으로서]를 사용하고, 수단일 때는 [으로써]를 사용한다.

② 단일어와 복합어

단어가 가진 형태소를 분석하여 단어를 구성하는 성분의 수를 기준으로 단일어와 복합어로 구분된다. 형태소란 단어의 실질적인 뜻(어근)을 가진 기능적 요소와 문법적 역할(접두사와 접미사)을 담당하는 기능적 요소를 말한다. 전자를 실질 형태소라 하고, 후자를 형식형태소라 한다.

■ **단일어**: 단어를 구성하는 성분이 하나.
예) 흙(地), 물(水), 불(火), 바람(風) 등.

■ **복합어**: 단어를 구성하는 성분이 둘 이상. 파생어와 합성어로 세분됨.
○ **파생어**: 어느 하나의 구성성분이 의존적인 것(접두사와 접미사).
　예) 접두사: [풋-내기], [치-솟다] 등.
　　접미사: [벼슬-아치], [곱하-기] 등.
○ **합성어**: 각 구성성분이 의존적이지 않고 독립적인 단어.
　예) 학교(배우고 가르치다), 정보사회, 언어논리, 상황판단 등.

하지만 형태소 자체의 구별이 애매모호한 경우들이 많다. 실질형태소인지 형식형태소인지 구별하기가 애매하다. 가령 한자어 신(新)은 흔히 사용된다. 그런데 이것이 실질적인 뜻을 가진 어근(실질형태소)으로서 기능하는지, 아니면 문법적(형식형태소로서 접두사인지) 기능을 수행하는 것인지 분별이 애매하다. 이러한 경우 국어사전에 풀이되어 있는 것을 기준으로 한다. 그러나 이것도 애매한 경우가 있다. 이때에는 언어학자들에 의해 밝혀진 어원을 기준으로 하거나 또는 주어진 맥락에서 결정한다. 그런데도 애매한 경우가 있다. 이때에는 한글맞춤법, 표준어 규정, 외래어표기법, 로마법표기법 등 국어규범에 정해진 절차와 국어 전체적 맥락에 부합되는지 여부를 따져 정할 수밖에 없다.

(2) 어휘(語彙)

어휘란 '단어들의 무리 또는 집합'을 말한다. 개개인이 보유한 어휘력은 개인 간 언어능력의 차이를 만들며, 언어적 인식의 속도와 정확성에 중대한 영향을 미친다. 가령 언어를 통한 정확한 이해와 표현의 의사소통능력, 문서작성과 기획 능력, 토의 능력, 정보(지식) 창출의 능력, 고도의 사유를 해석하고 표현할 수 있는 능력, 학문탐구에 필요한 폭넓은 창안과 지식공유 능력 등이다. 이러한 점에서 일상용어뿐만 아니라 각 분야별 전문용어들에 대한 어휘력을 강화하는 것이 중요한 문제가 아닐 수 없다.

참고로 일상대화와 칼럼 등에 사용하는 문장은 일반 대중의 청자 또는 독자를 고려하여 가능한 외래어나 전문어 또는 잘 활용하지 않는 단어들을 배제하고, 고등학교 2학년 수준의 단어들을 사용하고, 단문형식의 글로 표현되는 경향이 있다. 하지만 이러한 방식을 사용한다 하여 그것이 글을 작성하는 목적에 반드시 부합되는 것은 아니다. 가령 단문 형식의 간결한 문장들로 하나의 글을 작성한다고 하여 반드시 그 의미가 명료하게 전해지는 것은 아니다. 가령 [A는 B이다. B는 C이다. 그러므로 A는 C이다]라는 삼단의 논증형식은 간결하지만 내용에 관련하여 의미 전달이 제대로 되지 않을 수 있다. 또한 독자로부터 관심을 유발하고 관심을 고조시킬 수 있는 글의 흐름(음율)에서 재미가 있어야만 할 때가 있고, 이를 위해 심층적인 전문적 정보 또는 지식을 전달하기 위해 전문적 어휘를 사용할 수밖에 없는 경우가 발생한다.

2) 문장과 어법

(1) 문장(文章)

문장이란 '어떤 사실이나 생각 또는 감정 따위를 완전한 형태로 표현하는 최소 언어 형식으로서 여러 성분의 단어들을 적절하게 조합하여 의미상 완결된 내용을 구성하는 문법단위'를 말한다.

① 문장을 구성하는 성분
■ 문장의 필수성분: 주어, 목적어, 보어, 서술어.
ㅇ 주어: 누가/무엇에 해당하는 문장성분.
주격조사: ~이/가/은/는 등.
예) 그 사람이 범인이다.
ㅇ 목적어: 동작의 대상이 되는 문장성분.

목적격조사: ~을/를 등.

예) 그 사람은 <u>범인을</u> 잘 잡는다.

- 보어: 불완전한 서술어 [되다/아니다]에서 누가/무엇에 해당하는 의미를 보충하는 문장성분.

보격조사: '체언+이/가' 등.

예) 그는 훌륭한 <u>사람이</u> 되었다. 그는 좋은 <u>공직자가</u> 되었다. 그는 <u>학생</u> 아니다(보격조사 '이' 생략).

※ 참고: 현재에는 서술어가 [되다/아니다]에 국한하여 보어로 규정되고 있음. [물이 <u>얼음으로</u> 되었다. 그 사람은 <u>범인과</u> 닮았다]에서 얼음과 범인이 보어인가에 대해 논란이 있음.

- 서술어: 주어의 움직임이나 상태 및 성질들을 나타내는 문장성분.

예) 움직이는 것은 <u>지구이다.</u> 그가 해야 하는 이유는 의미일 <u>것이야.</u>

■ 문장의 임의성분: 부사어와 관형어

예) 부사어: 그는 <u>강하게</u> 자신의 계획을 추진했다.

예) 관형어: 그는 <u>훌륭한</u> 계획을 밀어붙였다.

※ 참고: 관형어(문장에서 체언에 관형적 조사가 붙은 말)가 발달한 한글(영어와 비교).

예) 시퍼런, 파란, 파르스름한+바다.

예) 영어의 V+ing형 표현과 한글의 관형적 표현

[<u>studying</u> + N] ⟺ <u>공부하는, 공부하면서, 공부하느라</u> + N.

② 문장의 특징

문장은 의미상 완결된 내용을 가지기 위해 형식적으로 완전한 형태가 요구된다는 점에서 다음과 같은 특징들이 나타난다.

- 문장은 기본적으로 주어와 서술어로 구성되는 특징이 있다.
- 홑문장(단문): 주어와 서술어를 가진 문장이 하나로 나타나는 형식.
- 겹문장(복합문): 주어와 서술어를 가진 문장이 두 번 이상 나타나는 형식.
- 안은문장(내포문): 하나의 문장(주어와 서술어)이 전체의 문장 속에 들어가 있는 경우.
- 이어진 문장(접속문): 두 개가 이어지는 형식을 가지고 있는 경우.

※ 참고: 단문을 복합문(안은문장과 이어진 문장)으로 만드는 과정을 '문장의 확대', 반대의 경우를 '문장의 축소'라고 부른다. 문장의 재구성에는 의미상 동일성 유지가 필요하다.

■ 문장은 서술어에 의존되어 어떤 성분의 단어들이 필요해진 특징이 있다. 완전한 서술어는 주어만을 요구한다. 하지만 불완전한 서술어는 목적어(직접목적어), 보어, 필수적 부사어(간접목적이) 등을 요구한다. 이때 서술어가 요구하는 성분의 숫자를 자릿수라 한다.

■ 문장은 그 의미가 일의적이지 않고 다의적으로 해석될 수 있는 특징이 있다. 하나의 문장은 하나의 뜻을 가지는 것이 필요하지만, 단어 자체가 가지는 다의미성, 문장요소의 성분관계로 인한 애매함, 상황적 요인, 지시어의 남용 등 다양한 요인으로 의미가 다의적으로 해석될 여지가 있는 특징이 나타난다. 이러한 이유로 해석에 어법 적용과 문맥적 의미부여 등의 행위가 요구된다.

(2) 어법(語法)

① 어법의 의미

어법이란 '일상의 담화(말) 또는 문장(글)을 쓰는 데 있어 단어 또는 문장을 적절하게 사용하는 방법 또는 규칙'을 말한다. 만약 문장이 잘못되거나 또는 적절하지 않은 단어의 조합이 일어나면, 문장이 자연스럽지 않거나 또는 다의미성을 가지는 일이 발생한다.

의미가 명확하지 않은 문장	수정된 문장
그는 나보다 더 사과를 좋아한다.	= 그는 내가 사과를 좋아하는 것보다 더 사과를 좋아한다. = 그는 나보다 사과를 더 좋아한다.
젊은 사람들이 이기적 명리보다는 국가와 인류를 위해 일하겠다는 사람이 많은 것은 희망적이다.	= 이기적 명리보다는 국가와 인류를 위해 일하겠다는 젊은 사람이 많은 것은 미래에 희망적이다.
이분은 김○○라는 소설을 쓰는 사람입니다.	= 이분은 김○○라는 소설가입니다. = 이분은 김○○라는 소설을 쓴 소설가입니다.

② 문장의 오류와 식별

문장의 오류 식별은 다음과 같은 사항들을 점검함으로써 이룬다. ㉠ 주부와 술부 일치, ㉡ 성분 일치, ㉢ 시제 일치, ㉣ 명사화와 관형화 구성의 적합성, ㉤ 피동과 사동표현의 적합성, ㉥ 중복 등.

부적절한 문장	수정된 문장
내가 걱정하는 것은 네가 언어에 대한 편견을 가지고 있다.	내가 걱정하는 것은 네가 언어에 대한 편견을 가지고 있다는 점이다.
A회사는 새로운 신상품을 개발해서는 시장을 점령하겠다고 말하였다.	A회사는 새로운 신상품을 개발하여 시장을 점령하겠다고 말하였다.
기획재정부는 내년 경제성장률을 목표를 4%로 설정하였다.	기획재정부는 내년 경제성장률 목표를 4%로 설정하였다.
너는 학생이기 때문에 선생님의 말을 잘 새겨들어야 한다.	너는 학생이기 때문에 선생님의 말씀을 잘 새겨들어야 한다.
이 글에서는 글쓴이의 사상이 글속에 잘 드러나 있다.	이 글에서는 글쓴이의 사상이 잘 드러나 있다.
내 친구가 소개시켜준 사람은 그 사람의 친구였다.	내 친구가 소개해 준 그 사람은 소개시켜준 친구의 친구였다.
문장을 올바르게 정확하게 사용하는 것이 국어능력이다.	＝문장을 올바르게 사용하는 것이 국어능력이다. ＝문장을 정확하게 사용하는 것이 국어능력이다.

네 가지 표현

일상에서 우리는 '특칭'과 대비하여 '전칭'이란 말을 사용한다. 즉 개별에 대립되는 모두의 개념이다. 영어의 표현에서는 네 가지 호랑이가 있다. 단수인 경우 명사 앞에 정관사 '*the*' 또는 부정관사 '*a*'를 붙여 표현된다는 것을 잘 알고 있을 것이다. 그 호랑이(*the tiger*), 어떤 호랑이(*a tiger*)와 같은 표현이다. 그런데 복수일 때는 '*the*'와 '*a*'에 각각 대응하여 두 가지로 표현된다. '*the tigers*'와 '*tigers*'이다. 여기서 두 표현이 가지는 의미가 다르다. '*the tigers*'는 한 특정 그룹인 호랑이들을 지칭하는 의미이고, '*tigers*'는 호랑이들 전체를 뜻하는 의미이다. 이때 호랑이 전체를 표현한 경우, 즉 '*tigers*'는 통상 지적 영역과 관련하여 일반(generic)이라 말해진다. 과거 아리스토텔레스가 동식물들을 분류한 '종속과목강문계'에서 속(屬)의 범주를 지칭했으나 오늘날에는 종(種)의 범주로 지칭되고 있다. 종보다 범주가 큰 속(屬) 또는 과(科) 수준에서는 예외가 발견되는 경우가 많아 종(種) 단위를 사용한다. 가령 고양잇과에는 고양이, 호랑이, 치타 등 다양한 종(種)들이 속해 있다. 그러나 논자에 따라서는 종의 단위가 아닌 더 하위적인 단위를 사용하거나 또는 더 상위적인 범주로 사용하는 경우들이 있다. 종 단위에서 교집합에 해당하는 공통적 성질의 범위가 매우 협소하여 일반적 성질을 추출하는 것이 이론(지식) 체계에 별 의미가 없는 경우이다. 특히 인문사회, 예술 등의 장르 구분에서 [대체로] 또는 [전반적으로]라는 확률적 개념으로 사용되는 경우가 많다. 이러한 이유로 대분류, 중분류, 소분류 등으로 범주화 크기가 규정되고, 그 범주에 속하는 일반지들을 생산하고 있다.

III. 논리

1. 로고스(logos) 개념과 변천

생각하는 방식으로서의 논리란 구체적으로 무엇을 의미하는가? 논리(論理)란 용어는 근대(近代) 우리나라에 전파된 Logic을 번역한 말이다. Logic을 이해하기 위해 어원을 살펴볼 필요가 있다. Logic의 어원은 Logos로 알려져 있다. 로고스(logos)는 이성 또는 우주의 이치로 번역되지만, 구체적으로 다음의 개념적 요소들을 담고 있다.

첫째, 감성(sensation)과 대비되는 이성(reason)이다. 즉, 지각능력의 개념이다.

둘째, 진리 또는 우주의 법칙과 같은 것으로 증명이 가능한 참인 그 무엇이다(true knowledge ↔ opinion). 즉, 우주만물의 질서법칙(constant)의 개념이다.

셋째, 언어의 보편성(universal)이다. 즉, 만국공통어 개념이다.

하지만 논리의 어원인 로고스는 오늘날 거의 파괴되었다. 로고스 개념을 구성하는 하나하나가 변천되었다. 첫째 요소인 이성에 관련하여 구체적으로 이성이 무엇을 의미하는가에 대해서 다양한 관점에서 여러 견해들이 있다. 플라톤에 의하면 이성이란 기하학적 사유를 할 수 있는 정신능력이다. 칸트에 의하면 감각기관에 의해 포집된 자료들을 지성으로 정리하여 무엇을 결정하는 판단능력이 이성이다. 실천성을 강조하여 도덕적 판단과 행동을 할 수 있는 정신능력이 이성이다. 이러한 견해들이 종합되어 이성은 감성과 대비하여 수학적 사유능력과 규범적(도덕적) 판단능력을 지칭하여 사용하는 것이 일반적 경향이다. 하지만 이러한 견해에 반발도 만만치 않다. 이성은 제한적 인식능력만을 가진 것으로 간주된다. 그리고 이성의 심층에 자리한 무의식이 고려되어 규범적(도덕적) 판단능력의 신뢰성에 상당부분 회의를 가지고 있다. 한편 이성이란 척박한 환경에서 생명체가 생존을 위해 치열히 싹을 피우듯, 물리적 법칙에 역행하는 생명성의 의지와 창조적 행위를 할 수 있는 정신능력으로 보기도 한다. 둘째 요소인 우주의 질서적 법칙은 오늘날 상대성 또는 불확정성, 그리고 우연으로 비판된다. 또한 증명은 크게 연역과 귀납 두 방법으로 행해진다. 지각기관이 사유인가 경험인가에 따라 정의와 공리를 통한 논리적 증명방식(형식과학)과 경험적으로 검증 또는 입증하는 실증적 증명방식(경험과학)으로 구분되기도 한다. 하지만 후술되는 인식론에서 다루어지지만, 참/거짓 판별에 한계를 가지고 있다. 마지막 셋째 요소인 언어의 보편성 역시 오늘날 언어가 시간적 가변성과 언어공동체 간 상이성으로 보편성에 대한 문제가 지적된다.

2. 논리에 대한 현대적 패러다임(paradigm)

오늘날에는 과학의 발달과 맞물려 논리에 대한 개념이 관계(relation)와 추론(inference)을 핵심 요소로 관념하는 것이 지배적이다. 요컨대 논리란 생각하는 방식으로서 관계와 추론의 사유로 개념화된다. 이에 관련된 내용은 중요하므로 필요한 논의 곳곳에서 반복적으로 언급될 것이다. 여기서는 간략한 설명만을 하기로 한다. 관계란 둘 이상의 물(物) 또는 진술(陳述)들 간에 가지는 관련성을 말한다. 논리적 사고는 관계적 사고를 개념적 요소로 한다. 가령 누군가 지구, 달, 해를 관찰하여 수집된 정보들이 서로 전후좌우에서 들어맞지 않거나 또는 모순이 발생하면, 그는 논리적으로 어려움에 빠지게 될 것이다. 만약 어린아이가 배고파 우는데 엄마가 기저귀를 갈아준다면, 어린아이의 행동과 어머니의 행동 간에는 부정합이 발생한다. 이처럼 우리는 관계를 통해 전체적이고 정확한 정보 또는 지식을 얻어내고 있다. 이러한 점에서 오늘날 논리의 개념에 관계적 사고는 핵심적 구성 성분이다. 다음으로 추론적 사유는 [사람은 죽는다. 그는 사람이다. 따라서 그는 죽는다]에서와 같이 전제로부터 어떤 결론을 도출하는 사고(흐름)를 말한다. 추론도 결국 관계에 포섭된다. 즉, 전제들과 결론 간의 관계이다. 이러한 점에서 혹자는 논리란 관계라고 말한다.

3. 언어적 관점에서의 기초적 개념들과 논리

논리를 관계라고 할 때, 관계를 이루는 것은 궁극적으로 진술이다. 소통의 차원에서 언어를 분리할 수 없기 때문이다. 따라서 언어적 관점에서 논리는 진술들의 관계가 된다. 다시 말하면 논리란 '어떤 결론을 도출하는 데 사용된 전제로서의 진술들 간에 가지는 관계'가 된다. 여기서 전제들과 결론의 각각의 진술들을 명제라 하고, 이 명제들의 전체로서 묶음을 논증이라 하면, 논리는 '논증을 구성하는 명제들의 관계'가 된다.[13] 이에 명제, 논증과 같은 기초적 용어들에 대한 개념들을 살펴보기로 한다.

1) 명제(命題)

명제란 판단적 진술을 의미한다.[14] 가령 [A는 B이다] 또는 [p라면 q이다] 등과 같은

---

13) 오늘날 논리학은 '언어로 나타나는 논증에 대한 형식에의 객관적 법칙을 탐구하는 학문'으로 규정되는 것이 주류적이다. 즉, 전제로부터 가지는 결론 도출이 필연적일 수밖에 없는 타당한 논증 형식 또는 개념적 사유의 틀에 대한 연구이다.

14) 참고로 명제는 참/거짓의 판별가능성을 기준으로 사실명제, 가치명제, 혼합명제 등으로 구분되기도 한다. 하지만 논리의 문제를 증명의 문제로 보는 입장과 달리 설득력의 문제로 보는 설득의 논리학 입장에서는 이러한 구분이 큰 의미가 없다. 가령 [그 사람은 무죄이다]라는 명제가 있는 경우 가치명제와 다를 것이 없다. 또한 내용에는 관심이 없고 형식으로만 타당성을 평가하려는 형식논리학에서도 마찬가지이다. 가령 [우주는 팽창한다]는 명제가 가진 내용의 참/거짓을 판별하는 데 초점을 두는 것이 아니라, 그 명제가 어떤 전제로부터 도출되었는가라는 형식에만 초점을 둔다. 이에 대한 내용은 후술되는 논리학에서 자세히 논의될 것이지만, 부연하여 판단과 관련하여 객관성과 필연성의 원리를 생각할 필요가 있다. 이에 오늘날 형식논리학이 주류적이다. 명제 또는 논증이 가진 실체(본질)인 내용을 알 수가 없다. 다만 형식만을 논할 수 있을 뿐이라는 입장이 형식논리학의 기본적 태도이다. 즉, 형식(form)에만 관심을 둔다. 여기서 형식(form)이란 외관으로 드러나는 논증의 전체적 모습이나 형태(形態)로서, 논증의 내용

형식들이다. 의미상 의문문, 명령문, 감탄문 등은 명제의 범주에서 분리된다. 일상에서 나타나는 명제들은 매우 복잡하고 다양하다. 이러한 것들을 다음과 같이 분류할 수 있다.

(1) 문장구조에 따른 분류
① 단문명제: [주부＋술부]로 구성된 명제를 말한다. 주부(subject)란 문장의 주제가 되는 부분이고, 술부(predicate)란 주부에 대하여 설명하는 부분(서술/단언)을 지칭한다. 가령 [그 사람들은 공부하고 있다]라는 진술의 경우이다. 단문명제는 주부와 술부를 구성하는 명사를 각각 A와 B로 대체하여 [A는 B이다] 또는 [A＝B]로 표현된다.

② 중문명제: [단문＋단문]으로 구성된 명제를 말한다. 가령 [그리고, 그러나, 그런데, 또는, 왜냐하면, 그러므로] 등의 접속사로 연결된 명제이다. 가령 [그는 밝고 명랑하다], [A가 범인이거나 또는 B가 범인이다]와 같은 중문명제의 경우, 각 단문(문장)을 p, q, r 등으로 대체하여 [p&q] 또는 [p∨q]로 표현된다.

③ 복문명제: [주절 ＋ 종속절]로 구성된 문장을 말한다. 즉 종속접속사(if~)와 관계사 (that~) 등에 의해 이끌리는 문장 형식을 가진 명제이다. 가령 [A가 범인이라면, B는 범인이 아니다]이다. 복문명제의 경우 절의 형태를 가진 각 단문(문장)을 p, q, r 등으로 대체하여 표현된다. 종속접속사 if로 이끌리는 명제는 [p→q]로 표현된다. 일상에서 [나는 한국의 전통문화가 우수하다는 것을 안다]와 같이 3형식의 문장이 흔히 사용된다. 이는 [나는 안다. 그리고 한국의 전통문화는 우수하다]라는 두 문장이 복합된 안은문장이다. 이 경우 하나의 단문으로 표현하거나[p] 또는 중문명제의 방식으로 표현하여([p&q]) 처리한다.

④ 혼문명제: [단문, 중문, 복문]이 둘 이상 혼합된 명제이다.

(2) 문장이 가진 의미에 따른 분류
① 평서명제: 사실을 그대로 진술하는 명제이다. 서술 또는 설명의 의미를 가진 명제

(meaning)과 대비되어 사용되는 용어이다. 만약 어떤 판단 또는 결론이 그러한 전제들이면 그러한 결론이 항상 또는 반드시 도출되는 것이라면, 타당성을 부여하게 된다.

이다. 평서명제는 긍정명제와 부정명제로 구분된다.

② 조건(가정)명제: 만일이라는 종속접속사(if~)에 의해 이끌리는 명제를 말한다. 인과관계 의미를 가진 명제이다. 가령 [불이 나면 연기가 난다], [갑이라면 을을 좋아한다]라는 명제들이다. 조건명제는 인과관계가 가지는 성격에 의해 필요조건, 충분조건, 필요충분조건으로 구별된다. 또한 조건명제가 하나인가 둘인가를 기준으로 단일조건명제와 양조건명제로 구분된다. 가령 필요조건과 충분조건의 명제들은 단일조건명제이지만, [p라면 q이고, q라면 p이다]는 명제는 조건이 둘인 필요충분조건으로서 양조건명제이다.

③ 선언(선택)명제: [이거나, 또는]이라는 둘 중에 어느 하나를 선택하는 의미를 가진 명제이다. [whether A or B]로 구성된다. 선언명제는 다시 의미상 단순함언과 포괄함언으로 구분된다. 단순함언(양도명제)이란 둘 중에서 하나를 선택하는 의미를 가진 명제를 말하고, 포괄함언은 조건으로 열거된 것들 중 하나라도 포함되면 된다는 의미를 가진다. 단순과 함언의 의미는 문맥상으로 해석된다.

【참고】선언명제와 일상의 진술

1. 단순함언과 포괄함언의 선언명제
   ○ 단순함언: 갑이 범인이거나 을이 범인이다(둘 중 하나만 포함되어야 한다는 의미).
   ○ 포괄함언: 갑이 한국인든 외국인이든 상관없다(둘 중 어느 것에 해당되어도 무방하다는 의미).

2. 형식은 선언적이지만 의미에서 객관성과 필연성을 가지지 못하는 진술
   ○ 네가 유죄 또는 무죄에서 네가 무죄라면 너는 책임을 질 필요가 없다.
   ○ 네가 유죄 또는 무죄에서 네가 유죄이든 무죄이든, 너는 도의적 책임을 져야 한다.

3. 형식은 선언적이지만 의미는 연언(중문)적인 진술
   태양은 뜨거나 또는 지는 것이 아니다(둘 모두 포함). ⇔ 태양은 뜨고 진다.

2) 논증(論證)

(1) 논증의 의의

논증(argument)은 전통적으로 어떤 판단적 진술을 사물의 이치를 증거로 이끌어내거나 또는 주어진 판단적 진술에 대하여 근거를 들어 타당성 또는 정당성을 증명하는 언어적 진술방법을 말한다. 가령 [사람은 죽는다. 소크라테스는 사람이다. 그러므로 소크라테스는 죽는다]라는 삼단논법의 예가 그것이다. 하지만 오늘날에는 논증에 대하여 다양한 관점으로 접근되고 있다. 가령 인식의 문제에 관련하여 논증을 통한 어떤 판단을 사고방식에 의존하여 그것이 정당한 것인가를 규명하려는 입장이 있고, 논증을 타당성 관점에서 몇 가지 전제들을 바탕으로 결론을 이끌어내는 올바른 추론형식에서 접근되기도 한다. 한편 논증을 설득력의 입장에서 사리(事理)에 적합하게 자신의 의견 또는 판단을 전개하는 논변술 또는 수사술의 입장에서 접근되기도 한다.

여기서는 다양한 관점들이 가진 공통점으로 이것들을 포섭하여 논증이란 '전제와 결론으로 사용된 명제들의 묶음'의 의미로 사용하기로 한다. 즉, 논증은 전제(premise)들과 그것으로부터 이끌어낸 결론(conclusion)을 구성요소로 하는 집합적 진술이다. 가령 [사람은 동물이다. 동물은 식물이 아니다. 그러므로 사람은 식물이 아니다]에서 두 전제들로부터 하나의 결론이 도출되고 있다. 이러한 전제들과 결론의 묶음이 논증이다. 하나 더 예를 들면 [폭풍우가 계속된다면 그는 살아남기 어렵다. 폭풍우가 계속되고 있다. 따라서 그는 살아나기 어렵다]의 경우도 마찬가지이다. 전제들로부터 결론이 도출되고 있다.

일상의 진술들에서 논증의 성립요건과 관련하여 흔히 전제가 생략된 불충분한 논증들이 많다. 고의 또는 과실로 절차(단계)에서 어느 것이 생략되거나 또는 비약(jumping)하여 결론이 도출된 경우들이다. 하지만 마치 수학문제를 푸는 풀이과정에 어느 단계가 생략된다면, 객관성과 필연성에 문제가 발생한다. 그 결론(답)이 옳다고 해도 그것이 우연하게 도출된 것일 수도 있기 때문이다. 복잡한 현상을 다룬 보고서에서도 불충분한 논증이 흔히 나타난다. 결론을 이끌어내는 데 불충분한 논증의 경우 타당성을 부여할 수 없게 된다는 점에서 논증은 전제들과 결론 간에 가지는 필연적 관계가 중요하다.

(2) 논증을 구성하는 형식에 따른 분류

타당한 형식의 논증을 대상으로 다음과 같이 분류한다. 타당한 형식이란 전제들이 참이면 결론이 참이 되는 형식을 말한다.

① 삼단논증: 2개의 평서명제인 전제들로 하나의 결론이 도출되는 형식을 말한다.
다음 두 가지 형식은 타당한 논증이다.
예) [A=B, B=C. ∴A=C], [A=B, C=A. ∴C=B.]

② 조건(가언)논증: 조건(가정)명제를 통해 결론을 도출하는 형식을 말한다.
가정문의 전건(p)을 긍정하거나 또는 가정문의 결론(q)을 부정하여 결론을 도출하는
두 가지 타당한 형식이 있다.
예) 전건긍정식: [p→q, p. ∴q].
⇔ 그가 사람이라면 그는 죽는다. 사람이다. 따라서 그는 죽는다.
예) 후건부정식: [p→q, ~q. ∴~p].
⇔ 그것이 사람이라면 그것은 죽는다. 그것은 죽지 않는다. 따라서 그것은 사람이 아니다.

③ 양조건언논증: 두 개의 조건문(가정문)을 전제로 결론이 도출되는 형식을 말한다.
예) [p→q, q→p, ∴p↔q]
⇔ A가 변하면 B가 변화한다. B가 변하면 A가 변화한다. 따라서 A와 B는 서로 영향
  을 미친다.
※ 양조건언논증의 딜레마와 함정
- (비단장수와 우산장수 두 아들을 둔 엄마가 있다.) 비가 오면 비단장수 아들 때문에 걱정
  이다. 비가 오지 않으면 우산장수 아들 때문에 걱정이다. 따라서 엄마는 항상 걱정이다.

④ 선언논증: '또는(or)'이라는 문장을 통해 결론을 도출하는 형식.
○ 양도논증(담순함언): 열거된 것들 중 하나를 제거하여 결론을 도출하는 형식.
예) [p∨q. ~q, ∴p], [p∨q. ~p, ∴q]
⇔ 그것은 동물 아니면 식물이다. 식물이 아니다. 따라서 동물이다.
※ [또는]의 의미: 둘 중하나를 선택해야 하는 뜻을 가진다(배중률과 비모순율에 관련됨).
○ (포괄함언): 열거된 것들 중 하나라도 해당되는 경우 결론을 도출하는 형식.
예) [(p∨q)→r, q, ∴r]

⇔ 그 사람은 검사 또는 판사이다. 그는 판사이다. 따라서 그는 공무원이다(상위범주).

※ [또는]의 의미: 둘 중 하나라도 상관없다는 뜻을 가진다(범주와 관련됨).

⑤ 삼단가언논증: 두 개의 가언명제를 전제로 한 개의 가언명제(결론)를 도출하는 삼
   단형식을 말한다.

예) [p→q, q→r, ∴p→r]

⇔ A라면(p) B이다(q). B라면(q) C이다(r). 따라서 A라면(p) C이다(r).

【참고】기타 일상에서 흔히 사용하는 논증들의 예

1. 분류논증: 배중률의 긍정과 부정, 범주화의 분할과 통합 사고를 혼합하여 결론을 도출.
예) 그는 단지 컴퓨터를 한 대 가지고 있다. 컴퓨터는 부동산이 아니다. 따라서 그는 부동산을
   가지고 있지 않다.
⇒ 사유원칙과 범주화 사유의 틀.

2. 성립논증: 열거된 것들 중 모두를 충족하거나 또는 하나만이라도 충족하면 되는 조건에서의
   결론 도출.
⇒ 성립요건의 사유 틀.
○ 모두충족조건: 열거된 것들 모두를 충족해야 하는 성립요건.
예) 기초노령연금의 수령자 대상 자격은 다음과 같은 A, B, C, D, E에 해당해야 한다. 갑은 A,
   B, C, D, E에 해당한다. 따라서 갑은 대상자이다.
○ 개별충족조건: 열거된 것들 중 하나에 해당하는 경우라도 상관없는 성립요건.
예) 장학금 수령자 대상 자격은 다음과 같은 A, B, C, D, E에 해당해야 한다. 갑은 B에 해당한
   다. 따라서 갑은 대상자이다.

3. 반증/입증논증: 전칭인 입론에 대하여 입증 또는 반증 사례를 들어 긍정 또는 부정의 결론
   도출.
⇒ [가설-증명-채택/기각]의 과학연구의 논리 틀.
   [전칭의 p(입론), ~p(특칭의 반증). ∴~p(전칭부정)], [전칭 p(입론), 특칭(p). ∴p(전칭 긍정)]
예) 구석기인들은 불을 사용했다. 불을 사용한 흔적이 있다. 따라서 구석기인들은 불을 사용했
   다는 진술은 타당하다.

[문] (가), (나)의 내용을 잘못 설명한 것을 〈보기〉에서 모두 고르면?

(가) 근래에 와서 많은 사람들은 형식에만 주목하고, 의미에는 관심을 보이지 않습니다. 형식논리로 마치 기계처럼 진술들을 쏟아냅니다. 진리와 도리에 위배되는가라는 의미는 아랑곳하지 않습니다. 특히 수험생들은 더욱 그렇습니다. 좋은 점수를 받고픈 젊은이들로서는 의미에 대한 관심이 전혀 도움이 되지 않기 때문입니다. 오히려 묻고 생각하고 따져야 하는 골치 아픈 일만 생깁니다. 사람들이 형식논리만을 중시하고 있으니 나라가 걱정입니다. 형식과 실용을 강조하는 세상 탓으로만 돌려야 하겠습니까? 아니면 학자들의 책임으로 돌려야 하겠습니까? 당신에게 묻고 싶습니다.

만약 당신이 피아노를 구매하려 한다면, 당신은 형태만 보지 않을 것입니다. 소리를 들어볼 것입니다. 만약 당신이 형식에만 길들여진 사람이라면, 당신은 영원히 구매자로만 살아가지 생산자는 될 수 없을 것입니다. 피아노 형태만 갖추었다 하여 그것이 악기는 아닙니다. 필요한 음을 내는 소리의 조율이 필요합니다. 이것은 의미의 세계이지, 형식의 세계가 아닙니다. 아름다움의 소리를 판단할 수 있는 능력을 습득해야 하고, 보이지 않는 소리의 약속체계도 이해해야 합니다. 묻고 생각하고 따지는 골치 아픈 일들이 필요합니다. 그런데 이것을 회피하는 것에 길들여진 당신이 피아노를 만들 수 있겠습니까? 없을 것입니다.

(나) 진리(참된 지식)에 뜻을 두는 학문을 게을리하는 일이 있다면, 학자로서 무슨 이득이 있겠는가? 만약 학자가 출세와 허명에 전심하여 학문을 빙자하는 것이 아니라면, 형식만을 숭상할 리 없다. 하지만 진리에 대한 문제는 조급히 서두를 것만은 아니다. 또한 근세에서는 진리문제는 학자가 가져야 할 통규(通規)였지만, 그것이 가지는 폐단 역시 무시할 수 없다. 학자는 의미도 중요하지만, 정당한 것으로 받아들일 수 있는 판단의 방법들을 마련하는 형식도 중요하다. 한쪽으로만 치우쳐 보게 되면 세월만 부질없이 보내는 결과가 나타날 것이다. 그러나 학자는 항상 자신을 바로 세우고 행하여야 하지, 득실 때문에 지조를 잃거나 구차스럽게 의식(衣食)의 넉넉함을 추구해서는 안 될 것이다. 요즘 학자의 공통된 병폐는 태만하고 해이하여 글 읽기에 힘쓰지 않고, 스스로 진리를 추구한다고 하면서 실제로는 득실을 쫓으니, 부질없이 세월만 보내고 학문이고 공부고 모두 성취하지 못한다. 이를 경계해야 한다.

〈보기〉

ㄱ. (가)와 (나)는 학문이 형식논리로 전락하는 것을 경계하고 있다.
ㄴ. (가)는 형식논리의 폐지를 주장한다.
ㄷ. (나)에 의하면, 학자의 제일의 임무는 진리탐구이다.
ㄹ. (나)에 의하면, 의미와 형식이 조화될 수 있다.

① ㄱ   ② ㄷ
③ ㄱ, ㄹ   ④ ㄴ, ㄷ
⑤ ㄱ, ㄴ, ㄹ

[해설] 답: ④

주어진 정보에 대한 이해력 문제이다.

✔ 유사기출문제: 2010년 입법고시(언어논리영역, 가책형 08번)

[문] 누군가 휴대전화 자판의 영어와 한글 자모들의 배열을 다음과 같이 했다. 주어진 〈보기〉의 정보를 토대로 추론한 것으로 부적절한 것을 고르면?

휴대전화의 자음 배열

ㄱ	ㄴ	ㅏ ㅑ
ㄹ	ㅁ	ㅗ ㅜ
ㅅ	ㅇ	ㅣ
✳획추가	―	#쌍자음

	ABC	DEF
GHI	JKL	MNO
PQRS	TUV	WXYZ
✳		#

〈보기〉

■ 문자의 구분
○ 상형(象形)문자: 어떤 물체의 모양을 본떠 만든 문자. 일부의 한자, 고대의 이집트 문자 등.
○ 표음(表音)문자: 사람의 말소리를 기호로 나타내는 글자. 한글, 영어, 로마문자 등.
○ 표의(表意)문자: 사물(대상)의 형상/시각적 이미지와 의미를 전달하는 문자.

■ 자모(字母)란 표음문자(表音文字)의 음절을 이루는 단위를 말한다. 가령 ㄱ, ㄴ, 또는 A, B, 알파벳 낱자가 예이다. 한글 자모(字母) 체계는 다음과 같다(1990년 표준어 규정에 근거. 고어를 생략. 사전식 나열).
○ 초성: ㄱ ㄴ ㄷ ㄹ ㅁ ㅂ ㅅ ㅇ ㅈ ㅊ ㅋ ㅌ ㅍ ㅎ ㄲ ㄸ ㅃ ㅆ ㅉ
○ 중성: ㅏ ㅐ ㅑ ㅒ ㅓ ㅔ ㅕ ㅖ ㅗ ㅘ ㅙ ㅚ ㅛ ㅜ ㅝ ㅞ ㅟ ㅠ ㅡ ㅢ ㅣ
○ 종성: ㄱ ㄴ ㄷ ㄹ ㅁ ㅂ ㅅ ㅆ ㅇ ㅈ ㅊ ㅋ ㅌ ㅍ ㅎ
　　　 ㄲ ㄳ ㄵ ㄶ ㄺ ㄻ ㄼ ㄽ ㄿ ㅀ ㅄ

■ 한글의 어원과 품사
○ 어원: 한자어와 외래어 및 순수한글(고유어)
○ 품사: 명사, 의존명사, 대명사, 수사, 동사(자동사 타동사), 형용사, 관형사, 부사, 감탄사, 조사.
※ 의존명사: 자립성이 없어 다른 말에 기대어 쓰이는 명사. 예) 듯, 것. 바, 분, 마리 개 등
※ 수사(數詞): 사물의 수량이나 순서를 나타내는 말. 체언구실을 함. 양수사와 시수사로 구분.
※ 관형사(冠形詞): 수식언의 하나로 체언 앞에서 그 체언의 내용을 꾸미는 말. 예) 시퍼런 바다
※ 조사(助詞): 문장에서 자립형태소나 어미 등의 뒤에 붙어서 그 말과 다른 말과의 문법적 관계를 나타내거나 뜻을 더하여 주는 단어. 소위 토씨를 지칭. 문장에서 주체의 구실을 하는 체언(단어/구/절)은 조사의 도움을 통해 기능을 수행

① 휴대전화의 자음들은 한글과 영어가 표음문자라는 점에서 공통적으로 상형문자에 비해 상대적으로 배열이 용이하다.

② 한글의 경우 음절을 구성하는 자모의 수와 체계가 달라 영어 철자에 비해 상대적으로 배열에 복잡함을 가지지만, 초성과 중성 및 종성의 정리된 배열을 볼 때 사용자 측면이 고려되고 있다.

③ 한글과 영어 자판의 자모배열이 공통적으로 사전적 순서방식이 채택되고 있다.

④ 언어적 습관이 사고방식에 영향을 미친다고 하면, 휴대전화 자모의 배치는 휴대전화를 사용하는 사람의 사고에 영향을 미친다.

⑤ 표음문자의 경우 의미정보에 시각적 정보를 가진 이미지를 추가하는 경우 교류와 공감에 더 깊은 영향을 미친다.

[해설] 답: ③

주어진 정보를 이해하고, 활용하여 문제를 해결하는 유형이다. 정보이해력과 문제해결능력을 측정한다. 즉, 업무수행에 필요한 문제의 이해를 통해 관련 정보를 수집하고 응용하여 문제를 해결하는 PAST의 전형적 문제이다.

영어 자음 배열판은 사전식이지만, 한글 자음 배열판은 사전식이 아니다. <보기>에서 주어진 한글의 자음의 순서와는 다르다. 한글 자음 배열판은 정보처리의 간편성을 추구한 방식이다. 가령 문자를 구성하기 위해 휴대전화 자판을 두드리는 횟수가 단축되면 그만큼 정보처리가 빨라진다. 사전식 순서를 중시하여 배열하는 방법을 택하면 다양한 방식을 가질 수 있지만, 다음과 같은 유형의 자음 배열판이 만들어진다.

ㄱ ㄴ ㄷ	ㄹ ㅁ ㅂ	ㅏ ㅐ ㅑ ㅒ
ㅅ ㅇ ㅈ ㅊ	ㅋ ㅌ ㅍ ㅎ	ㅓ ㅔ ㅕ ㅖ
ㄲ ㄸ ㅃ ㅆ ㅉ	ㅜ ㅝ ㅞ ㅟ	ㅗ ㅘ ㅙ ㅚ
✳	ㅠ ㅡ ㅢ ㅣ	#

부연하면 문제를 통해 우리말인 한글의 자모체계와 영어가 가진 알파벳의 분절성에 관련된 특징을 인식할 필요가 있다. 이 방식은 횟수가 증가는 약점을 가지지만 논리적 사고 형성을 감안하면 사전식 배열이 보다 강점을 가진다는 것이 필자의 생각이다.

[문] 다음의 a, b, c, d 논증들에서 전제들이 참이라 할 때, 을이 국내 형법상 살인죄에 해당하는 경우를 고르면?(단 갑에게 다른 원인은 없고, 을은 살해의사가 있음을 가정한다)

a. 갑이 사망했다면 을이 범인이다. 갑이 사망했다. 따라서 을은 범인이다.
b. 갑이 사망했다면 을이 범인이다. 을이 범인이 아니다. 따라서 갑은 사망하지 않았다.
c. 갑이 사망했다면 을이 범인이다. 갑이 사망하지 않았다. 따라서 을은 범인이 아니다.
d. 갑이 사망했다면 을이 범인이다. 을은 범인이다. 따라서 갑은 사망했다

① a   ② a, b   ③ a, c   ④ b, c,   ⑤ b, d

[해설] 답: ①

타당한 형식과 관련된 전형적인 문제이다. 전건긍정식과 후건부정식의 타당한 형식을 암기하여 해결할 수 있겠지만, 논리란 관계라는 것을 상기하여 인과관계의 필요충분조건과 반증 개념을 이해할 필요가 있다. 문제에서 을이 원인(살해행위자)이고, 갑은 결과이다.

a. [결과가 발생했다면 원인이 존재한다] 사망이란 결과가 발생했다. 따라서 원인 을은 살인기수 죄가 성립한다.

b. [원인을 부정하면 결과가 부정된다] 즉, 원인인 을의 범인행위가 없다. 따라서 사망이란 결과가 발생하지 않는다(다른 원인이 없기 때문에). 을은 무죄 또는 살인예비(음모)죄에 해당할 수 있다.

c. [결과가 부정되어도 원인은 반드시 부정되지 않는다] 즉, 결과로서 죽지 않았다. 그러나 범인의 살해행위는 존재할 수 있다. 을은 살인미수죄가 성립한다.

d. [원인이 긍정되어도 결과가 반드시 긍정되지는 않는다] 살인행위가 있었다 하여 반드시 사망하는 것은 아니다. 을은 살인미수죄가 성립한다.

⇧

a. p→q라는 가언명제에서 전건(p)을 긍정하여 후건(q)을 도출하는 전건긍정식으로 타당한 형식이다. [p→q. p. q.] 이를 분석하면 가정에 의해 p→q는 참이다. 이에 p가 참이면 당연히 q도 참이다. p→q를 단지 분해하여 나열한 진술에 지나지 않는다.

b. p→q라는 가언명제에서 후건(p)을 부정하여 전건(p)을 부정하는 후건부정식으로 타당한 형식이다. [p→q. ~q. ~p] 이를 분석하면 가정에 의해 p→q는 참이다. 이에 q가 참이 아니면, 참과 거짓이 동시에 공존할 수 없으므로 p 역시 거짓이 된다. 후건부정식은 어떤 논증(입론)에 대한 반론의 방법으로 흔히 사용된다.

c. p→q라는 가언명제에서 전건(p)을 부정하여 후건(q)을 부정하는 형식이다. 이는 부당한 형식이다. 왜 그럴까? 필요충분조건에서 [결과가 부정되어도 원인이 반드시 부정되지는 않는다.]

d. p→q라는 가언명제에서 후건(q)을 긍정하여 전건(p)을 긍정하는 형식이다. 이는 부당한 형식이다. 왜 그럴까? 필요충분조건에서 [원인이 긍정되어도 결과가 반드시 긍정되지는 않는다.]

[문] 다음의 수식이 있다. 각 자모들은 0부터 9까지의 특정 숫자를 나타낸다. 각 낱자는 항상 같은 수를 표현한다. 각 낱자가 각기 다른 숫자를 나타낸다고 할 때, 다음의 덧셈을 가능하게 하는 각 낱자가 나타내는 숫자를 구한 것으로 {ㄴ, ㅣ, ㄱ} 세 낱자의 숫자가 옳게 연결된 것은? 단, 시작은 ㅁ=5이다.

```
    ㅁ ㅐ ㄱ ㅅ ㅣ ㅁ
  + ㄴ ㅗ ㅇ ㅅ ㅣ ㅁ
  ―――――――――――――――
    ㅇ ㅐ ㅎ ㅗ ㅓ
```

	ㄴ	ㅣ	ㄱ
①	1	3	5
②	1	8	6
③	1	8	7
④	2	8	4
⑤	2	3	9

[해설] 답: ②

주어진 문제를 이해하고, 주어진 조건을 적용하거나 또는 조건을 논리적으로 사유하여 문제를 해결하는 전형적 PSAT의 문제유형이다. 조건(전제)을 통해 결론을 도출하는 추론능력을 측정한다. 추론문제는 전제(조건)들로부터 결론을 도출하는 사유로 과정(순서, 절차)적 사고와 관계적 사고로 이루어진다는 것을 염두에 둘 필요가 있다.

✔ 유사기출문제: 2010년 행정(기술)·외무고시·견습직원선발시험(상황판단영역, 선책형 38번 등)

※ 풀이: 문제를 해결하기 위해서 경우의 수 개념을 도입하면 ㅁ을 제외한 9개의 낱자에서 가지는 경우의 수는 모두 9!=362,880이다. 해결불능이다. 따라서 이러한 문제를 해결하기 위해선 시작점과 끝점, 즉, 논리적 추론 사유로 결론을 도출하기 위한 과정의 추적이 필요하다. 논리적 추론과 관련한 두 가지 원칙은 다음과 같다.

첫째: 논리적 사유 ⇔ 2대 원칙의 적용: '모순배제와 배중률 및 동일률의 틀'과 '범주화의 틀'

둘째: 정보를 토대로 문제에 적합한 접근법 사용 ⇔ 과정(순서, 절차)과 관계를 생각.

(1) 전후맥락의 개념: 현재에서 전 단계와 다음 단계의 순서적인 전후관계를 고려. 가령 10진법에서 가지는 반올림의 연쇄적 움직임.

(2) 짝수와 홀수라는 숫자적 개념을 활용. 숫자의 정보처리에서 간단한 짝수와 홀수의 개념은 매우 유용. 짝수와 홀수의 개념 적용은 0과 1의 상징되는 디지털 신호체계와 관련된 정보처리에 응용성과 더불어 문제해결에의 활용성이 증대되고 있다(예: 위상수학).

(3) 영역을 축소시키는 소거로서 기하학적인 부등호 개념의 활용. 마치 범인을 추적하기 위해 용의자의 범위를 좁혀 나가듯 정의역에서 가질 수 있는 치역의 압축이다.

이제 문제를 풀어보기로 한다(시작점 끝점의 과정).

```
    끝  ㅁ ㅐ ㄱ ㅅ ㅣ ㅁ  시작
     +  ㄴ ㅗ ㅇ ㅅ ㅣ ㅁ
①  ─────────────────────
        ㅇ ㅐ ㅎ ㅗ ㅇ ㅓ │      에서 주어진 정보 ㅁ=5를 대입하면
```

```
    끝  5 ㅐ ㄱ ㅅ ㅣ 5  시작
     +  ㄴ ㅗ ㅇ ㅅ ㅣ 5
   ─────────────────────
        ㅇ ㅐ ㅎ ㅗ ㅇ 0 │      따라서 ㅓ=0이 됨.
```

② 끝점에서 역으로 추적하면 ㄴ이 가지는 영역은 1≤ㄴ≤3임.

⇔ 조건: 반올림되지 않아야 하고(ㄴ≤4), 전 단계에서 반올림 받아야 함(ㄴ≤3임).

즉, 반올림되지 않아야 하고 전 단계를 고려해야 하므로 4는 해당되지 않음. 전 단계인 ㅐ+ㅗ

=ㅐ에서, 이것이 성립하려면 반드시 반올림되는 상태여야 가능하기 때문이다. 즉, 어떤 수에 어떤 수를 더하여 그 숫자가 되려면 0밖에 없음. 그런데 이미 ㅓ=0이므로 ㅗ=9가 되어야 함. ㅗ=9 도출.

```
끝   5  ㅐ  ㄱ  ㅅ  ㅣ  5   시작
 +      ㄴ  9  ㅇ  ㅅ  ㅣ  5
─────────────────────────
        ㅇ  ㅐ  ㅎ  ㅗ  ㅇ  0
```

⇒ ㄴ이 1이라면: 5+1=ㅇ에서 ㅇ=6이 됨. 그런데 전 단계에서 반올림되었으므로 7이 됨. ㅇ=7.
⇒ ㄴ이 2라면: 5+2=ㅇ에서 ㅇ=7이 됨. 그런데 전 단계에서 반올림되었으므로 8이 됨. 그런데 시작점에서 1+1은 반드시 짝수만이 나올 수 있고, 이때 전 단계에서 반올림되었으므로 ㅇ은 반드시 홀수여야 함.
따라서 ㅇ=8은 모순.
⇒ ㄴ이 3이라면: 5+3=ㅇ에서 ㅇ=8이 됨. 그런데 전 단계에서 반올림되었으므로 9가 됨. 그런데 이는 ㅗ=9와 상충됨. ∴ ㄴ= 1이 도출. 이를 대입하면 ㅇ=7 을 도출.

```
끝   5  ㅐ  ㄱ  ㅅ  ㅣ  5   시작
 +      1  9  7  ㅅ  ㅣ  5
─────────────────────────
        7  ㅐ  ㅎ  9  7  0
```

지금까지의 과정을 정리하면 ㅁ=5, ㅓ=0, ㅗ=9, ㄴ=1, ㅇ=7이 도출.
그리고 남은 숫자는 2, 3, 4, 6, 8이고, 낱자는 ㅐ, ㄱ, ㅅ, ㅣ, ㅎ임.
③ ㅣ(이응)을 구하면,
⇔ 조건: 전 단계에서 반올림 받아 ㅣ+ㅣ=7이 되어야 함.
ㅣ+ㅣ=7이 되어야 하는 조건에 의하여 ㅣ은 남은 숫자 중 3 또는 8 중 하나가 됨.

⇒ ㅣ이 3이라면, 다음 단계인 ㅅ+ㅅ=9에 부합되는 숫자가 없음. ㅅ+ㅅ=9가 되려면 반올림되어야 하기 때문. 따라서 모순이 발생.
⇒ ㅣ이 8이라면, 반올림되어 다음 단계인 ㅅ+ㅅ=9에 부합되는 숫자가 4임.
∴ ㅣ=8이 도출되고 ㅅ=4가 도출.

```
끝   5  ㅐ ㄱ 4  8  5    시작
  +  1  9  7  4  8  5
        7  ㅐ ㅎ 9  7  0
```

남은 숫자는 2, 3, 6이고, 낱자는 ㅐ, ㄱ, ㅎ임,

④ ㄱ을 구하면,

⇔ 조건: 전 단계에서 반올림을 받지 않음. 다음 단계로 반올림되어야 함.

조건에 의하여 ㄱ은 3 또는 6이 되어야 함.

⇒ ㄱ이 3이라면, ㄱ+7=ㅎ에서 3+7=0이 됨. 이는 ㅓ=0과 상충. 따라서 ㄱ=6이 됨.

이에 ㄱ에 6을 대입하면 ㅎ=3이 되고 ㅐ=2가 됨.

```
끝   5  ㅐ ㄱ 4  8  5    시작         끝    526485    시작
  +  1  9  7  4  8  5        →       +    197485
        7  ㅐ ㅎ 9  7  0                     723970
```

⑤ 결론과 확인: 답 ②

0	1	2	3	4	5	6	7	8	9
ㅓ	ㄴ	ㅐ	ㅎ	ㅅ	ㅁ	ㄱ	ㅇ	ㅣ	ㅗ

```
     526485            ㅁ ㅐ ㄱ ㅅ ㅣ ㅁ
  +  197485         +  ㄴ ㅗ ㅇ ㅅ ㅣ ㅁ
     723970            ㅇ ㅐ ㅎ ㅗ ㅗ ㅓ
```

제2편

올바른 사유에 대한 제설(諸說)
— The Base Camp of PSAT —

※ PSAT Base Camp의 구축과 세 축

```
┌─────────────────────────────────────┐
│   ■ PSAT의 구성과 철학의 세 가지 축      │
│   ⇒ 영역: 언어논리, 자료해석, 상황판단    │
│ ⇒ 축: [존재론], [논리론·인식론], [가치론]  │
└─────────────────────────────────────┘
```

⇓

■ PSAT를 구성하는 철학의 세 축

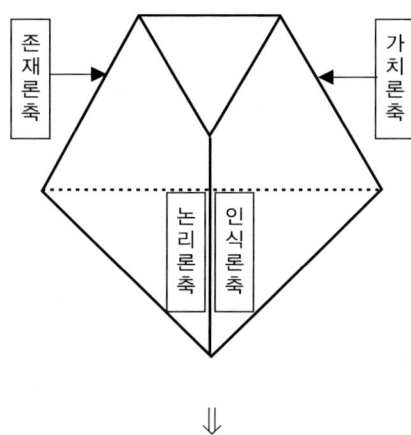

⇓

■ 세 축과 세 가지 영역의 관계

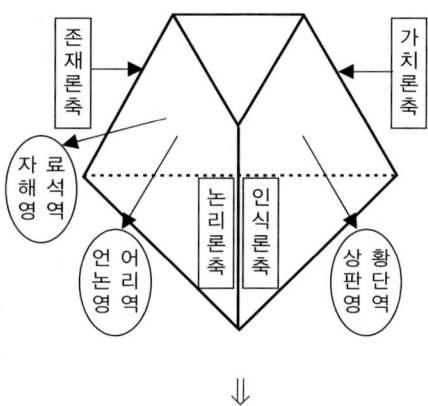

⇓

■ 세 축을 통한 세 영역의 자기 평가와 학습 방향의 설정

o 축의 상하길이(깊이), 축간 좌우길이(폭)는 점수와 연결.

o 각 영역별 점수와 종합점수를 통해 점수 응시자 간 상대 평가(합격에의 우월, 대등, 열등).

예) 언어논리영역의 점수가 열등인 경우.

⇔ [존재론], [논리론·인식론] 축의 함양 필요.

⇔ 대책: [존재론], [논리론·인식론] 관련 내용들의 학습 및 훈련.

※ [논리론·인식론]은 중요한 축이므로, 이해의 용이성을 위해 인식론과 논리론을 따로 분리하여 살펴볼 것이다.

제2편에서는 PSAT 대비를 위한 Base Camp의 구축에 목적이 있다. PSAT를 대비할 수 있는 사유능력과 배경지식의 함양이 도모될 수 있도록 논리와 해석 및 판단에 대한 근원적 내용들을 철학적 관점에서 포섭하여 다룬다. 이러한 점에서 PSAT의 원론(原論) 또는 기본설(基本說)이라 말할 수 있다.

철학적 논의들은 일반적으로 존재론, 인식론, 논리학, 가치론(규범론)의 네 부분으로 범주화되고 있다. 철학적 기반이 없는 사람에게는 좀 낯설고 생소한 내용이 될 수 있겠지만, 생각하는 사유방식에 대한 함양과 갖추어야 할 배경적 지식으로서의 기본 내용임을 주지할 필요가 있다. 네 범주 중 인식론적 논의가 중심이라 해도 과언이 아니다. 인식론을 중심으로 각 범주가 가지는 차이점을 간략히 살펴보기로 한다.

먼저 존재론과 인식론의 차이점이다. 존재론은 인식대상인 '물(物)'의 존재에 관심을 둔다. 즉, '문제 중심'이다. 반면 인식론은 존재하는 대상으로부터 어떻게 앎을 가지고, 그것이 참된 앎인가의 증명에 초점을 둔다. 즉, '인식자 중심'에서의 논의이다. 다음으로 논리학과 인식론적 논의의 차이점이다. 논자에 따라서는 논리학적 논의를 인식론적 범주에 포함시키기도 한다. 존재하는 대상으로부터 앎을 가지는 사고방식과 그 앎의 증명(참을 판별) 방법에 관심을 둔다는 점에서 공통적이기 때문이다. 하지만 인식론은 인간 내면의 인식활동에 초점을 두어 올바른 인식방법에 대해 관심을 가지지만, 논리학은 올바른 사유와 관련하여 추론방식과 논증에 주된 관심을 둔다는 점에서 차이가 있다. 특히 오늘날 논리학의 경향은 참/거짓을 어떻게 증명할 것인가라는 증명 방법에의 관심보다는 진술이 가진 타당성 평가 또는 설득력의 문제로 접근한다. 증명의 문제는 각 분과학문들의 몫으로 간주한다. 그리하여 인식론적 논의 자체를 하지 않는 경향도 있다. 마지막으로 가치론적 논의와 인식론의 차이점이다. 가치론적 논의는 인간의 생각과 행위에 관련하여 윤리적 또는 도덕적 측면의 규범문제에 관심을 둔다. 즉, 어떻게 사는 것이 인간답고, 잘사는 것인가에 대한 인생문제를 다룬다는 점에서 앎에 대한 올바른 획득방법과 관련된 인식론과 차이가 있다.

■ 사실적 접근: 대상 중심 　○ 존재론적 논의 　○ 사실성/정밀성	↩	■ 전략적 접근: 사람 중심 　○ 인식론적 논의 　○ 최적성/효율성
↕	PSAT Base Camp	↕
■ 확인적 접근: 추론 중심 　○ 논리학적 논의 　○ 유효성/정확성	↩	■ 평가적 접근: 가치 중심 　○ 규범론적 논의 　○ 윤리성/도덕성
객관(客觀)	타당성/정당성	주관(主觀)

■ 사실적 접근 : 대상 중심 : 존재론적 논의　■ 전략적 접근 : 사람 중심 : 인식론적 논의

■ 확인적 접근 : 추론 중심 : 논리학적 논의　■ 평가적 접근 : 가치 중심 : 규범론적 논의

⇩

접근(approach)	지향(oriented)	관심(interest)	초점(focus)
사실적 접근	분석 (객관)	사실	대상(문제)
전략적 접근		효율	인식자
확인적 접근	평가 (타당/정당)	유효	타당
가치적 접근		규범	정당

제1장 사실적 접근: 대상(문제) 중심

사실적 접근이란 '대상(문제)을 있는 그대로 접근하려는 태도'를 말한다. 즉, 사실 추구의 태도이다. 대상 (문제)으로부터 어떤 앎을 가질 때, 그것은 사실에 기초하여 가진 것이어야 한다. 통상 주관적 요소가 배제된 감각(경험)적으로 포착된 것을 지시하여 사실이란 말을 사용하고 있다. 하지만 사실이란 것을 분석해보면 개념들의 관계로 구성된 관념물이다. 그렇기 때문에 '사실이라 하여 그것이 옳은 것인가? 그리고 그것이 객관성을 가지는가?'라는 문제에서 자유롭지 못하다. 예를 들어 살펴보자. [강의실에 한 명의 학생이 있다]에서 장소, 수량, 사물(대상), 상태를 가리키는 성분들로 하나의 문장이 형성되고 있다. 이러한 문장은 두 가지 기준으로 사실적 진술이라 간주된다. 하나는 진술자의 소망 또는 당위적인 가치적 요소가 개입되어 있지 않다는 점이고, 다른 하나는 보통 정상인의 감각(경험)으로 관찰될 수 있는 사안이라는 측면이다.

먼저 진실과 관련하여 생각해보자. [강의실에 한 명의 학생이 있다]라는 진술에서 만약 오감각이 착각하여 누군가 있다고 착오할 수도 있다. 이때 한 사람만 착오한다면 큰 문제가 없겠지만, 모든 사람이 착각한다면 허상인 것이 실제로 존재하는 그 무엇이 되어버린다. 이때 감각으로부터 가진 인상(印象)을 있는 그대로 표현하게 되면, 그것은 사실적인 것이 되어버리는 문제가 있다. 다음으로 객관과 관련하여 생각해보자. [사실이란 것도 개념들의 관계로 구성된 관념물이다]라는 명제이다. ① [한 명의 학생이 있다]라는 진술로 간결하게 축약했다고 하자. 그런데 이 진술이 옳은가 그른가라는 판단을 위해서는 학생이란 용어가 가진 개념이 문제된다. 분명히 [한 명의 학생이 있다]라는 진술은 사실적 진술이지만, 개념의 문제가 되어버린다. 즉, 학생이란 개념이 무엇인가에 따라 [옳다/그르다]의 판별도 달라진다. 가령 학생의 범주를 고(故) 학생이란 말처럼 살아 생전 과거급제(벼슬을 못한 사람) 여부를 기준으로 할 것인지, 아니면 초·중·고·대학의 정규교육기관에서 학습하는 것을 여부로 할 것인지 등에 따라 달라진다. [신은 있다]라는 진술을 가지고 살펴보자. 이것도 마찬가지로 [신]이라는 사물(대상) 개념과 상태를 나타내는 [있다]라는 개념들로 결합된 진술이다. 이때 [신]과 [있다]라는 용어의 개념이 중요해진다. 이때 합의된 개념의 용어가 존재하여 통일적 사용을 한다면 객관성을 가지는 데 유효하겠지만, 현실에서는 그렇지 않다. 이것은 일상생활영역에서뿐만 아니라 지적 영역에서도 마찬가지이다. 이러한 문제는 논리, 해석, 판단의 전반에 걸쳐 중요한 사안이다. 특히 일상의 진술들에서 간결함이 추구되는 언어적 습관이 있다. 즉, 사물(주어)과 상태(서술어)만을 남기고 다른 성분들을 제거하여 간결함을 추구하는 언어적 관념이다. 이때 어떤 현상이 일어나는지를 보자. [강의실에]라는 장소를 나타내는 부사구가 제거되면, [한 명의 학생이 있다]라는 진술이 된다. 여기서 수량을 나타내는 [한 명]을 다시 제거하면 [학생 있다]가 된다. 이때 한 명인지, 여러 명인지 그 의미가 애매하다. 또한 부정을 생각해보자. [한 명의 학생이 없다]라는 것이 된다. 그런데 어떤 학생 한 명이 없다는 것인지, 학생이 한 명도 없다는 것인지 그 뜻이 애매하다. 이때 [한 명의 학생도 없다]라고 하면 보다 그 뜻이 분명하게 될 것이다. 이처럼 [강의실에 한 명의 학생이 있다]는 진술을 일상에서는 흔히 간결함이 추구되어 그 의미가 달라지거나 다의미성을 가지게 되어 사실적 진술이 주관성을 가지는 현상이 나타난다.

이하에서는 사실적 접근의 전제가 되는 [무엇이 있다/없다]라는 규명에 대한 철학적 관점에서의 존재론적 논의들을 살펴보고, 사실적 접근에의 사고방식과 관련된 분석(分析), 모형(模型), 그리고 현상과 본질에 대한 논의들을 살펴보게 될 것이다.

제1절 존재론적 논의

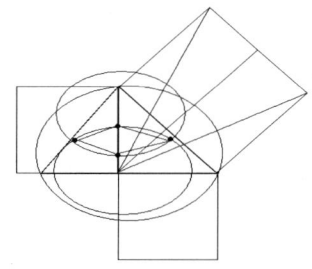

예를 들어 다음과 같은 두 진술이 있다고 하자.

① [종이가 있다(↔없다)]
② [하얀 색의 종이이다(↔아니다)]

두 진술은 다음과 같은 차이가 있다. ①의 진술은 존재의 [유무(有無)]에 대한 진술(판단)이다. 즉, 물(物) 자체가 '있는가? 없는가?'에 대한 진술이다. 반면 ②의 진술은 존재의 유(有)를 전제하여 [색이 하얗다/그렇지 않다]라는 판명에 대한 진술(판단)이다. 이처럼 두 진술 간에는 미묘한 차이점이 있다. 이에 전자의 논의를 총칭하여 존재론적 논의라 하고, 후자에 대한 논의들을 총칭하여 인식론(논리학 논의를 포함한)적 논의로 구분된다. 하지만 두 진술 간에는 우리의 감각기관인 눈(eyes)을 매개로 한 유기적 관련성을 가지고 있다.

우리가 어떤 앎을 어떻게 가지고 활용할 것인가라는 것은 생활의 양식과 내용을 결정한다. 단순히 지적 호기심의 질문을 해결하는 차원만은 아니다. 인류의 생존과 생존방식을 결정한다. 그런데 앎은 존재하는 것에서부터 가진다. 예를 들어 과학적 인식을 토대로 한 지식(이론)의 관점에서 수요라는 사실과 공급이라는 두 사실에서 [수요공급의 법칙]을 도출한다(어떤 조건에서 수요와 공급 간에 일정한 인과적 관련성을 가진다면 법칙이라 표현할 수 있을 것이다). 그리고 이것을 가지고 경제현상을 설명하고 예측에 활용한다. 그런데 만약 수요와 공급이란 두 사실이 존재하지 않는다면, 수요공급의 법칙은 생성될 수 없다. 위의 예에서 종이 자체가 없는데 하얀색이다, 하얀색이 아니라는 앎은 가질 수 없기 때문이다. 이러한 점에서 우리가 말하는 과학적 인식을 토대로 한 지식 또는 이론의 획득은 존재하는 그 무엇으로부터 출발한다.

그런데 ①과 같은 존재의 [유무(有無)]에 대한 판단이 간단할 것 같지만, 존재 여부를 규명하는 일이 쉽지 않다. 예를 하나 들면 '귀신이 존재하는가?'라는 질문을 했다고 하자. 그러면 과학으로 설명하기가 어렵다. [귀신은 존재한다]는 가설을 증명할 방법이 없거나 또는 불완전하기 때문이다. 이번에는 성격이 다른 예를 하나 더 들어보자. 갑이란 사람에게 100㎡의 면적을 가진 논이 있다고 하자. 그런데 갑이 논을 A와 B에게 이중으로 매매계약을 체결했다고 하자. 그러면 두 논을 100㎡, -100㎡와 같이 표현했다고 하자. 이때 [-100㎡는 존재하지 않는 가상의 수로서 허수이다]라고 말할 수 있을 것이다. 그리하여 A와 B 둘 중 한 명에게는 존재하지 않는 상상 또는 가상의 논을 판 것이라는 결론을 가질 수 있다. 소유권 다툼이 일어난다면, 등기를 먼저 한 사람에게 우선권이 있다는 등의 어떤 분쟁해결 기준을 규정해 해결하게 될 것이다. 그런데 이 같은 논리라면 실수 체계도 존재하지 않는 것이 된다. 현실세계에서 100㎡인 땅이 존재할 수 없기 때문이다. 대강 그런 논은 있어도 반드시 100㎡인 논은 존재할 수 없다. 측정에서 0.00001㎜의 오차라도 발생하기 때문이다. 그렇기 때문에 100㎡이든 -100㎡이든 그 본질은 머릿속 관념에서만 존재하는 이데아적인 허상이다. 그런데 이러한 것을 존재하지 않는다고 말할 수 있겠는가? 현실에서 우리는 수학적 원리를 통해 많은 문제들을 해결하고 세계와 인간에 관련된 현상들을 인식하고 있다. 한편 과학적 인식인 인과관계에 대한 진술에서 그 인과관계가 존재하는지를 명확히 증명하는 작업도 쉽지 않다. 이처럼 지식의 출발인 존재에 대하여 매우 다양하고 복잡한 논의들이 있다.

Ⅰ. 존재에 대한 헬라스적 사유

우리가 가진 앎은 존재(being, existence)하는 그 무엇으로부터 가지는 것이다. 가령 [그것은 우주이다]라는 판단 또는 앎은 [우주가 있다]라는 존재를 전제로 하여 가질 수 있다. 물론 지식이 구체적으로 무엇인가라는 개념에 따라 달리 말할 수 있겠지만, 적어도 우리의 지식은 감각과 사유로 지각되는 대상들의 유무가 시발점이 된다. 그런데 존재의 유무에 관련하여 논의가 일어난 배경은 감각(눈)으로부터 가지는 것이 진짜인가 가짜인가 하는 의문을 가진 것이 헬라스(희랍인)적 사유이다. 예를 들면 다음과 같다.

① [종이가 있다(↔없다)]
② [하얀 색의 종이이다(↔아니다)]

②에서 [하얀색의 종이이다, 하얀색의 종이가 아니다]라는 두 진술 중 어느 것이 참일까? 이러한 질문을 우문(愚問)이라 생각할 수 있다. 하지만 간단하지가 않다. 가령 우리가 보는 색은 빛의 광원인 Red, Green, Blue의 비율에 의해 달라진다. 카메라의 수동조절 기능을 생각하면 누구나 쉽게 생각할 수 있다. 동일한 대상(피사체)도 인위적으로 차가운 느낌 또는 따뜻한 느낌을 가지는 색상을 연출할 수 있다. 가령 태양광을 3,200K(켈빈)으로 조절하는 경우 붉은 색상으로 나타난다. 반면 5,200K(켈빈)으로 조절하여 촬영하면 자연스러운 색상으로 나타난다. 그렇다면 우리 눈에 보이는 물이 가진 색이 진짜 색이 아닐 수 있다는 생각을 하게 된다. 즉, 어느 색이 물이 가진 본래 색인가라는 의문이 들지 않을 수 없다. 고대 희랍인들은 이러한 질문을 갖고 있었다. 그리하여 이집트 문명에 기원을 둔 수학(기하학)을 받아들여 자신들의 수학으로 체계화시켜 보이지 않는 본질의 세계를 탐구하려 했다. 이러한 사유는 오늘날에도 [감각과 사유], 그리고 [현상과 본질]의 문제로 여전히 지속되고 있다.

1. 플라톤의 이원론(Platonic Dualism)

플라톤(B.C. 427~347)의 존재(Being)[15]에 대한 관념을 이해하는 데 있어 당시 시대적 상황을 언급할 필요성이 있을 것 같다. 고대 그리스시대로 시간을 이동하여, 폴리스들은 연합하여 페르시아를 물리친다. 그리고 폴리스들은 스파르타와 아테네를 중심으로 진영이 양분된다. 이들 간에 펠로폰네소스 전쟁(B.C. 431~404)이 벌어지고, 스파르타가 승리한다. 아테네는 패망한다. 이러한 상황들에서 소피스트(sophist)들과 소크라테스가 있었다. 이들은 진짜(real)가 무엇인가에 대해 서로 생각하는 것이 달랐다. 소피스트들은 각자가 보고 듣고 느껴 가지게 되는 경험적 앎이 참된 앎(진리)이라고 주장했다. 하지만 소크라테스는 참된 것은 반드시 참이기 때문에 거짓이 있을 수 없고, 누구에게나 객관적이며 반례가 존재할 수 없다고 주장했다. 그의 산파술(dialectic)[16]은 유명하다. A에게 질문을 던지고 A가 답을 하면, 다시 그 답에 반론을 하다. 다시 답하면 또다시 재반론한다. 이렇게 질문과 답을 계속해나감으로써 A가 스스로 참된 지식에 도달할 수 있게 도와주는 대화법(對話法)이다. 플라톤은 소크라테스의 제자이다. 그는 스승의 영향을 받아 불변하는 지식에 고민했고, 오감각이 아닌 기하학적 이성인 관념(idea)에서 그 답을 찾는다. 그는 아카데미아(Academia)라는 학원을 설립하고, 청년들을 교육했다. 수학(기하학)을 사유할 능력이 없는 사람은 수강생으로 받아들이지 않았다고 한다.[17] 한편 당시 희랍인들은 우주는 무엇으로 이루어져 있는가에 관련하여 가변이냐 불변이냐를 놓고 치열한 논쟁을 하기도 했다. 이러한 논쟁은 원자론(atomism)을 등장시켰고, 이것이 근세에 부활되어 자연과학의 발달 계기를 맞는다.[18]

---

15) 참고로 실존주의 철학에서 Being은 Existence로 표현된다.

16) 시민을 선동한다는 죄목의 빌미가 된 것이 대화법이다. 이는 참된 지식을 생산한다는 의미에서 흔히 아이 출산을 돕는 산파로 비유된다. 소크라테스는 미리 제자들이 손을 써 탈옥이 가능함에도 탈옥하지 않고 스스로 처형을 당한 일화는 유명하다.

17) 아카데미아는 창립 이후 900년간 지속된 것으로 알려져 있다. 플라톤은 기하학을 사유할 수 있는 능력을 중시했다는 점에서 흔히 플라톤의 이성은 기하학적 이성으로 평가된다.

18) 제2부에서 언급된 환원주의를 참고하길 바란다. 환원주의란 복잡 다양한 현상(phenomenon)을 그 근저에 있는 실체(substance)로 또는 근본으로 환원(reduce)하여 단순화하는 관념을 말한다. 원자론(atomism)은 가변과 불변을 절충하는 사유라고 볼 수 있다. 즉, 현상은 가변적이지만, 가변 속에서도 더 이상 분할할 수 없는 단위의 그 무엇은 본질 불변성을 가지고 있다는 생각이다. 원자론에 대해서는 후술되는 과학지식의 변천에서 다루어질 것이다. 한편 근세 데카르트의 함수에 의해 수학이 불변세계가 아닌 가변세계를 다루게 된다.

1) [사유의 대상＝지식] ↔ [감각의 대상＝의견]

존재하지 않는 그 무엇으로부터 어떤 앎을 가진 것이라면, 그것은 상상적 또는 허구적 앎이다. 70억 이상의 각자 개별적이고 특수적인 앎을 가질 수 있다. 그 앎은 참(진짜)이 아니다.

플라톤의 아이디어는 독특하다. 어떻게 보면 역설적이다. 그는 감각으로 보이는 것은 실제 있는 것이 아니고 사유로 보는 것이 실제로 있는 것이라 생각했다. 가령 누군가 이 집트의 피라미드를 눈으로 보았다고 하자. 그러면 감각으로부터 피라미드의 색과 모양 같은 것들이 인지하게 될 것이다. 그런데 플라톤은 이러한 인지물들은 실제로 있는 것이 아니라는 생각이다. 그런데 누군가 [삼각형이 가지는 세 내각의 합은 180도이다]와 같은 것을 보았다고 하자. 이는 사유로부터 가지는 것이다. 플라톤은 바로 이것이 실제로 있는 것이라고 생각했다. 우리가 가지는 앎 또는 지식(knowledge)은 존재로부터 가져야 한다면, 사유로부터 가지는 것에서 지식은 생성될 수 있다. 즉 있지도 않은 것에서 지식을 가질 수 없기 때문이다. 그리하여 그는 인식의 객체인 대상(사물)을 이원화한다. 하나는 사유의 대상이고, 다른 하나는 감각의 대상이다. 그리고 지식은 오직 사유의 대상에서만 가질 수 있다는 것을 강조한다. 요컨대 감각에 의해 가지는 피라미드의 색과 모양 같은 것들은 실재하는 것이 아니기 때문에 객관적이고 필연적이어야 할 지식의 생성점이 될 수 없고, 단지 의견(opinion)을 가질 수 있을 뿐이라고 보았다. 즉, 이성(기하학적 이성)에 의해 알게 된 앎이 지식이고, 오관(the function of the five senses)에 의해 알게 된 앎은 의견일 뿐이라고 주장했다.

플라톤의 이원론적 사유에서 주목해야 할 것은 [사유의 대상＝지식], [감각의 대상＝의견]으로 매치(mach)했다는 점이다. 즉, 지식과 의견을 구분했다는 점이다. 여기서 플라톤에게 있어 지식이란 [시간과 공간에서 불변적인 앎]이다. 만약 어떤 앎이 시간과 공간에서 변하는 것이라면, 그것은 지식이 아니라 의견(opinion)일 뿐이다. 불변적인 지식은 참 또는 거짓만이 있다. 하지만 가변적인 의견은 참 또는 거짓이 아니라 강한 주장과 약한 주장만이 있게 된다. 예를 들어 [$x^2 + 1 = 5$]와 같은 명제는 $x = \pm 2$가 필연적으로 결론이 된다. x에 대한 앎은 사유로 가지는 것이고, 시공간에서 참/거짓만이 존재한다. 이러한 점에서 시공간에서 변하지 않는 불변성을 가진 항진 명제가 된다. 이때 자연수, +, -, =, 제곱에 대한 정의(또는 공리)를 통해 앎에 대한 참/거짓의 증명이 가능하다. 그리고 그것은 객관적이다.[19] 플라톤의 이원주의를 현대적 시각에서 정리하면 다음과 같다.

---

19) 플라톤의 입장에서 눈으로 보아 알게 된 앎은 시간과 공간에서 가변적이다. 지금의 바다가 육지가 될 수 있다. 반대로 육지가 바다가 될 수도 있다. 그리고 각자 다르다. 그리하여 객관적이지도 못하다. 그리하여 사람들 각자 가진 앎들 간에 어느 것이 진짜

플라톤의 이원주의(platonic dualism)

■ <u>**지식**(knowledge)</u> = intelligence = episteme
- 시공간을 초월해 불변(immortal)=동일률
- 참/거짓만이 있음=배중률
- 논쟁 여지가 없음(반증불가)
- 이성에 의한 관념물(idea)
- 실재(real being)에 대한 앎
- 자기동일성(identity)=항진(恒眞) 명제
- 본체(noumena, substance)=드러나지 않은 것

↑

[사유(이성: reason)의 대상]

■ <u>**의견**(opinion)</u> = sensible = doxa
- 시공간에서 가변/전화(轉化: becoming)
- 강한 의견과 약한 의견만이 있음.
- 끝없는 논쟁(논박 가능).
- 오감각에 의한 경험물(sensation)
- 모사(模寫) 또는 복사된 허구(fiction)에 대한 앎.
- 생성과 소멸=경험(經驗)명제
- 현상(phenomenon)=드러난 것(appearance)

↑

[경험(감관: five senses)의 대상]

부연하면 (서양인들에게 철칙으로 준수되는 사고방식으로서) 사유에서 지켜야 할 세 가지 원칙(또는 원리)이 있다. 하나는 일관성, 자기동일성 등으로 말해지는 동일률(identity)이다. 시공간에서 불변하는 그 무엇이 있다. 시간과 공간에서 변하는 것은 Becoming이고, 시공간에서 변하지 않는 것은 Being이다. 수학적 사고로 말하면 전자는 변수이고, 후자는 상수이다. 이러한 동일률 사고는 현상(becoming의 가변세계)과 본질(being의 변하지 않는 세계)에 대한 사유의 뿌리이다. 다른 하나는 배중률이다. 가령 유죄이거나 무죄이다. 이것 아니면 저것으로 중간 것은 용납하지 않는 사유이다. 마지막으로 경쟁가설 또는 반론이 없어야 한다는 모순배제사유이다. 대립되거나 상충되는 것이 없어야 한다는 원칙이다. X, O 두 개 중에서(배중률), 하나가 X라면 다른 하나는 필연적으로 O이다. 이러한 사유는 현대 논리적 사고의 원칙의 토대를 이룬다. 오늘날 사유원칙으로서의 원형(原形)을 발견할 수 있다.

2) 이데아적 형상(form)

플라톤에게 있어 형상(form)은 존재(being)인 사유의 대상에 한정하여 사용했다. 즉, 의견 영역인 감각의 대상에 대해서는 사용하지 않았다.[20] 눈으로 본 원의 모양은 시공간에서 가변적이다. 형태가 A에서 B 또는 C 등의 다른 모습으로 전화(轉化)된다. 하지만 관념적 원은 불변이다. 가령 둥근 접시, 지구본, 동전을 보았다고 하자. 그러면 우리는 그것들을 원(圓) 모양이라 생각한다. 그런데 여기서 원(圓) 모양은 두 가지가 있다. 하나는

(real)인가를 두고 끝없는 논쟁이 발생한다. 그리하여 감각적 앎을 의견이라 하여 지식과 분리한다. 그런데 가변적인 것 그 자체가 진짜 세계라고 볼 수 있다. 하지만 플라톤은 이러한 생각을 단호히 거부한다. 불변성을 중시한다.

20) 플라톤의 Form은 사유의 대상인 존재(being)와 연계하여 사용했다. 형상이란 단어는 아리스토텔레스에게 이어져 사유에 중대한 영향을 미친다. 오늘날 형상(Form)이란 단어는 그 사용빈도 수가 매우 높은 단어 중 하나이다. 플라톤의 개념에 다른 개념들이 추가되어 외관으로 포착되는 형식, 모양, 형태, 윤곽, 패턴, 상(象), 틀, 방식, 모형 등 다양한 의미로 사용되고 있다.

눈으로 본 사물들이 가진 형태에서 추출된 원 모양이고, 다른 하나는 머릿속 관념에 들어 있는 원 모양이다. 이때 눈으로 보고 가진 원(圓)은 사유로 가진 관념적 원(圓)을 복사한 모방(模倣)에 불과하다. 즉, 사물들로 가진 원 모양은 사유활동으로 가진 원(圓) 모양이 반영되어 가진 것일 뿐이다. 이때 관념적 원(圓)을 지칭하여 Form이란 단어를 사용했고, 이것이 실제 존재(real being)하는 원이라고 보았다.

수학(기하학)과 접목하여 예를 들어 보기로 한다. [우주는 어떤 비율로 이루어져 있다]라는 명제를 받아들여 보자. 그러면 그 비율을 수로 표현할 수 있을 것이다. 이집트의 피라미드는 네 개의 삼각형과 하나의 사각형으로 이루어진 사각뿔 형상을 가지고 있다. 이때 한 면의 삼각형을 반으로 자르면, 두 개의 직각 삼각형이 나온다. 이때 삼각형의 세 변의 길이는 $[a^2+b^2=c]$의 관계를 가지고 있다. 이때 눈으로 보는 피라미드가 가진 진짜는 바로 이 비율이다. 이것은 드러난 것이 아니라 오감각으로는 알 수 없고, 사유(이성)로만 알 수 있다.

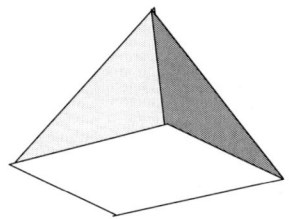

지금 당신이 지나가는 강아지를 보고 있는데, 누군가가 [당신이 보고 있는 저 고양이는 존재하는 것이 아니다]라고 말했다고 하자. 그러면 [미친 사람 아니야?]라고 생각할 수 있다. 눈으로 보고 있기 때문이다. 하지만 플라톤의 존재론적 사유에 의하면, 진짜로 존재하는 원물(原物: original)은 머릿속에 들어있는 [강아지]라는 당신의 관념이다.[21] 지금 당신이 보고 있는 이 책의 모양은 자기동일성(identity)을 유지하는 영원불변성을 가지고 있지 않다. 긴 시간이 지나면 책은 소멸하여 없는 것이 되어버릴 것이기 때문이다. 순간적 찰나인 아주 짧은 시간으로 보면 엄밀히 전에 본 책은 지금 본 책과 동일한 것이 아니다. 극단적으로 책을 본 순간이 0.00001초라 해도 전에 본 책과 지금 본 책은 엄연히 다른 것이다. 하지만 머릿속에 들어 있는 이 책은 그렇지 않다. 기억장치에 의해 망

---

21) 일상에서 흔히 [진실은 보이지 않는 법이다] 또는 [보이는 것이 다가 아니다]라는 말을 하곤 한다. 오감각의 대상은 참이 아니라는 플라톤의 생각은 불교사상과 맥락이 일치하는 점이 있다. 다만 플라톤은 관념 속에 있는 것이 존재이고, 이성을 통해 그것을 볼 수 있다고 한 반면, 불교에서는 모든 것이 마음(생각)이 만들어낸 것이라 하여 분별과 같은 이성적 사유조차 가지지 않을 때 참을 볼 수 있다는 점에서 근본적 차이가 있다.

각되지 않는 한 당신이 죽기 전까지는 시간과 공간을 초월하여 불변이다.

【참고】문제해결의 응용에서 가지는 수학적 사고의 특징

전제로부터 결론을 도출하는 문제해결의 사유와 관련하여 다음의 두 특징이 있다.

1. 연역주의(演繹主義)
   일반으로부터 개별을 이끌어내는 연역주의는 범주사고와 관계사고로 형성된다. 유클리드[22]는 다양한 수학적 정리들의 관계성을 통해 보다 상위범주로 묶어 체계화했다.
2. 원형주의(原形主義)
   약속된 문자와 기호를 사용하여 주어진 문제(상황)의 원형을 유지한 채 조작을 통해 결론을 도출한다. 즉, 항가성(恒價性) 유지가 중시된다. 만약 원형이 훼손된다면 주어진 문제에 대한 왜곡 또는 본질이 훼손된다는 것을 의미하기 때문이다. 가령 정사각형의 네 각을 각각 a, b, c, d라 할 때(이것을 주어진 문제로서 조건 또는 전제라 하자), 그러면 a+b=c+d는 성립한다. a+c=b+d 마찬가지이다. 또한 a×b=c×b의 값도 동치로서 성립한다. 이것을 양변에 동일한 b로 나누어주면 a=c가 된다. 따라서 모든 네 각은 동일한 크기의 각을 가지고 있다는 결론이 도출된다. 이러한 추론과정에서 추론자의 경험은 개입되지 않는다. 부연하여 조작이란 일반적으로 두 가지 의미를 가진다. 하나는 원형의 구축이다. 문제에 대한 주어진 문제(상황)를 적당한 문자와 기호를 도입하여 재구성하는 작업이다. 가령 수질오염의 정도를 나타내는 하나의 생물학적 지표를 생각할 때, 유색생물의 수=X, 무색생물의 수=Y라 하여, $\frac{Y}{X+Y}\times100\%$로 정의된다(이를 조작적 정의라고 부르기도 한다). 다른 하나는 정보처리과정에서의 조작이다. 가령 사칙연산, 배분, 교환, 결합 등의 법칙들을 활용하여 조작하는 경우이다. 혹자는 이러한 특징을 근거로 수학이란 약속된 체계 또는 규칙으로 결론을 이끌어내는 게임이라 말하기도 한다.

---

22) B.C. 3세기에 유클리드는 [기하학 원론]에서 피타고라스 정리와 같은 기존의 465개의 정리(이것들을 명제라 불러도 무방하다)들을 상위 단계의 5개 전제(상위명제)들에서 파생된 연결성을 포착하여 체계화했다. 그동안 상관없이 보이던 정리들이 상위 전제들로부터 파생된 것이라는 연관성을 밝혔다. 수학적 이론체계 형성에 기여했다는 점에서 오늘날에도 그의 업적이 조명받는다.

[보론] 헬라스적 사유와 수학의 변천

PSAT와 관련하여 헬라스적 사유를 논의하는 이유는 사유하는 방식과 관련되며, 특히 연역적 또는 논리적 사유와 분리될 수 없는 수학적 사고와 연관되기 때문이다. 이에 수학의 역사적 변천과정을 서양을 중심으로 간략히 언급하기로 한다. 수학자들이 어떤 문제들에 관심을 가지는가라는 현상을 통해 응용적(응용수학)이냐, 순수적(순수수학)이냐를 가지고 시대적 변천과정을 다음과 같이 정리하기로 한다.

(1) 플라톤은 참된 지식을 볼 수 있는 이성적 능력의 도구로서의 기하학을 상정한다(idea). 피타고라스, 유클리드 등은 만물의 근원을 수(數)와 도형(기하학)으로 찾으려 했다. 미(美)를 상징하는 비너스의 황금비율도 이 같은 맥락에서 창조된다.

(2) 지식사(知識史)의 암흑기인 중세를 지나 근세 또는 근대 수학은 과학과 인문학 및 예술 등에 접목되고 융합된다. 실용성이 가미되어 응용수학적 성격이 나타난다. 이를 신플라톤주의라 지칭한다. 특히 주목되는 점은 정적(停的)인 수학이 동적(動的)인 수학으로 패러다임 전환이 일어난다. 데카르트의 x축과 y축의 좌표 아이디어를 통해 연속적 흐름을 가진 물질의 움직임을 수량으로 파악할 수 있게 되었다. 즉 시간에서 가변하는 현상을 추적할 수 있게 되었다. 뉴턴은 물리학에 미적분의 수학적 개념을 접목시켜 순간속도와 가속도를 계산했다. 뉴턴과 동시대를 살았던 라이프니츠 역시 미적분을 통해 움직이는 물체의 순간속도를 계산해내는 방식을 발표했다.

"데카르트[23])는 x축과 y축으로 하여 물체의 위치를 (3, 5)처럼 숫자로 나타내 정확히 표현할 수 있는 좌표 개념을 생각했다. 특히 기하와 수가 결합되었다. 선은 모두 숫자로 표현된다. 좌표상의 연속된 점(x, y)들을 연결하면, 직선 또는 곡선을 도출할 수 있다. 원은 $x^2+y^2=r$으로 정의된다. 선들의 추세를 분석해 미래를 예측하는 데 활용되었다. 또한 물리학과 같은 다른 분과학문들에 분석적 도구의 틀을 제공했다. 가령 벡터(vector)의 경우 45도의 방향(기울기)으로 움직이는 물체는 x축과 y축의 개념을 도입하면, (좌우), (상하)의 직선적 운동으로 간단히 표현된다."

(3) 19세기 수학은 응용적 성격이 한층 강화된다. 수학의 황제라 지칭되는 가우스는 [비유클리드기하학], 가우스분포(정규분포), 실근과 허수의 복소수($\sqrt{-i}=1$) 개념을 통한 대수학(代數學) 기본정리, 산술평균과 기하평균(x, y가 있을 때 $\frac{x+y}{2} \geq \sqrt{xy}$ 등 많은 업적을 남겼다. 오늘날 자기장 단위는 가우스 단위가 사용되고 있다. 또한 오일러의 공식,[24] 컴퓨터에 활용되는 소수이론, 점과 선으로 추상화하여 출발지와 경유지 및 도착지에 관한 경로들을 추론하는 한붓그리기(경로맵) 법칙 등 업적을 남겼다. 이에 관련하여 위상수학(Topology)이 등장한다.

---

23) 함수(function)를 창안한 데카르트(R. Descartes, 1596~1650, 프랑스)는 [고로 생각한다. 나는 존재한다]는 유명한 말을 남긴 『방법서설』에서 공리(公理)란 개념을 도입하여 참/거짓 또는 존재/부존재의 판별 기준으로 삼아 참된 지식을 얻는 연역방법을 사용할 것을 강조했다. 그는 진리(참된 지식)의 판별에 대하여 데카르트는 공리(公理)를 강조하였고, 참된 지식의 획득 방법(진리발견의 방법)으로 연역적 추론방식을 강조하였다. 오늘날 공리는 다양한 의미로 사용되고 있지만, 수학에서의 공리란 "이론적 기초 또는 체계를 위해 전제되는 명제"라는 뜻으로 사용되고, 논리학에서는 "의미 또는 참/거짓이 증명될 필요가 없는 자명한 판단 또는 명제"라는 의미로 사용된다. 이때 최상위 판단기준으로 설정된 공리를 명증적 공리(公理)라 한다.

24) 오일러의 공식: $f+v-e=2$(f: 면의 개수, v: 꼭짓점의 개수, e: 선의 개수). 예) 정육면체의 경우 6+8-12=2.

(4) 20세기 수학은 응용이 그 절정에 이르는 형국이다. 주어진 문제(현실적 문제 또는 상황)를 해결하는 도구(수단)로 간주되는 경향을 보인다.

(5) 21세기에 들어서 수학의 역할과 관련하여 허수체계(복소수)가 수에 도입되고, 응용 도구적 경향에 반동하여 순수수학의 지향을 주창하는 움직임이 등장하고 있다.

부연하여 수학자는 문제를 만드는 사람이라 말할 수 있을 것이다. 끊임없이 문제를 만든다. 푼 문제보다 못 푼 문제가 훨씬 많다. 때론 문제 자체가 이해되지 않는 경우도 있다. 이러한 점에서 사유(이데아적 관념)를 기반으로 한 수학의 본질은 지속되는 셈이다.

【참고】 숫자 영(0)

1. 인류의 논리는 문명의 토대이다. 그리고 그 한 축을 수학이 담당하고 있다. 수학은 보이지 않는 세계 또는 볼 수 없는 세계를 사유를 통해 보려 한다. 이러한 학문적 성격으로 논리적 사유(추론적 사유)에 한 축을 형성하고 있다. 따라서 논리적 사고력 함양과 관련하여 수학에 관심을 가지는 것이 필요하다.

2. 수학의 정체성을 선명하게 드러내는 것은 숫자 영(0)이다. 영(0)은 순수학문과 응용학문의 성격을 동시에 가지고 있는 묘한 숫자이다. 서기 7세기 인도의 천문학자이자 수학자인 브라마굽타가 최초로 영(0)을 사용한 기록을 남겼다는 점에서 인도에서 최초로 창안된 숫자로 평가되고 있다.

3. 영(0)은 불교의 공(空)사상과 일맥상통한다. 서양의 직선적 사고와 달리 영(0)은 순환의 고리점이다. 0, 1, 2, 3, 4, 5, 6, 7, 8, 9, 10,11, 12…… 1부터 9의 숫자들은 영(0)이 있어 순환된다. 없는 것이지만 있다. 부재하지 않지만 실재한다. 또한 영(0)은 관념적이지만 실용성도 가지고 있다. 관념적인 영(0)이 실용성을 가지는 이중성은 서양에서 신주단지처럼 간주되는 배중률의 사유원칙에 위배되는 묘한 것이다. 우선 영(0)의 도입으로 계산이 간단해졌다. 가령 오십일 개 곱하기 열 개는 간단히 510이다. 참고로 인도에서 96×97을 계산하는 방식은 이렇다.

---

(1) 100-96=4, 100-97=3을 도출한다. ⇒ 4와 3 도출 …… ①
(2) 이들 숫자를 합한다. 4+3=7. 이때 나온 값 7을 가지고 다시 100-7=93을 도출 …… ②
(3) 이때 ①의 4와 3을 곱하면 4×3=12이다.
(4) ②의 93과 ③의 12를 나열하면 9312가 된다.

무한히 큰 숫자도 쉽게 표현할 수 있다. 이집트의 숫자, 로마숫자, 메소포타미아의 숫자, 음수를 사용한 중국의 숫자들은 모두 영(0)을 사용하지 않았다. 일일이 숫자들을 만들었다. 이러한 숫자 표현은 일조(一兆)와 같은 큰 숫자를 표현하는 것은 사실상 불가능하다. 하지만 영(0)이라는

숫자를 사용하게 되면 1,000,000,000,000라고 간단히 쓸 수 있게 된다. 없다는 영(0)이 무한히 큰 것을 표현할 수 있다는 것은 아이러니하다. 아리비아 숫자는 인도에서 아라비아를 거쳐 유럽에 전파되었지만, 영(0)이 유럽에서 받아들여진 것은 무려 800년이 지난 후였다. 오늘날 백삼십일을 숫자로 표기하는 경우 131로 쓴다. 하지만 당시 유럽인들은 모양이 같은 앞의 숫자 1과 뒤의 숫자 1이 가치가 다르다는 것을 받아들이기 어려웠다.

4. 수의 혁명을 일으킨 영(0)을 생각한 인도의 수학은 천문학의 보조도구로 사용되었다. 실제 측정이 불가능한 거리를 재기 위해서는 수학이 필요했기 때문이다. 이에 기하보다는 수가 발달한 것으로 평가되기도 하지만, 기하가 발달하지 않은 것은 아니다. 오늘날 에베레스트 산의 높이가 8,848m라는 것을 계산할 수 있는 것은 삼각함수 덕분이다. 삼각함수의 원형은 인도의 삼각법이다.
인도인들은 7세기에 사인(sin)과 코사인(cos) 값을 이용해 지구와 태양의 거리가 지구와 달의 거리의 400배라고 측정했다. 지구가 둥글다는 것을 알아 지구 둘레의 길이를 거의 100m에 불과한 오차로 계산하게도 했다.

5. 오늘날 영(0)은 어디서나 흔히 볼 수 있는 숫자이다. 그런데 흥미로운 것이 있다. 5초의 카운트다운 [5seconds-4seconds-3seconds-2seconds-1second-0seconds]에서 시간단위 second의 형태가 단수인 것은 오직 1이라는 숫자뿐이다. 자연수 1보다 작은 수인 영(0)이 복수 형태로 사용되고 있다.

[문] 글의 내용을 토대로 빈칸에 들어갈 추론으로서 가장 적절한 것은?

일상에서 동그랗다는 의미를 가진 원(圓)이란 말을 사용한다. 데카르트식으로 원을 정의하면 $x^2 + y^2 = r^2$이다. 이러한 원은 현실세계에서는 존재하지 않는다. 단지 생각함으로써 가지는 관념물이다. 그런데 플라톤은 바로 이러한 관념적 원이 실재(實在)라고 한다. 현실세계에서 관찰되는 축구공, 지구본과 같은 것들은 원이라는 관념으로부터 가진 투사(透寫)적인 것이라는 지적이다. 이러한 플라톤적 사유를 언어적 관점에서 생각해보자. 일상에서 우리는 흔히 일반명사들을 사용한다. [사람이 지나간다]고 말하지 특정 개체를 지적하여 [그 사람이 지나간다]라고 말하지 않는다. [오리]라는 단어를 생각해보자. 이때 당신이 생각한 오리는 현실에서는 존재하지 않는다. 개개의 특정 오리들은 현실에 존재하지만, 그 개개의 오리들을 모두 포함하는 오리란 것은 없다. 즉, 언어적 관념으로만 존재하는 것이다. 과학에서 사용하는 기호들은 모두 일반명사이다.

불교에 이런 말이 있다. '바다, 강, 호수, 개울가, 우물에 달들이 있다. 하지만 달은 본래 하나이다.' 말속에 담긴 의미대로 하면, 본래의 달을 제거하면 무수한 달들은 저절로 사라진다. 본래 달의 복사물들에 불과하기 때문이다. 본래 달이 진리를 의미하고 진리가 마음을 상징하고 있다고 하면, 플라톤에 있어서 본래 달은 진리이고, 이것은 ⎕⎕⎕⎕⎕⎕⎕⎕⎕⎕

① 항진명제로서 관념적인 이데아를 상징한다.
② 경험적으로 관찰되는 개개의 경험적 명제들을 상징한다.
③ 보편적인 일반명사를 상징한다.
④ 진리탐구의 대상을 상징한다.
⑤ 현실과 이상은 서로 대립하는 것을 상징한다.

[해설] 답: ①

대구를 이루는 호응관계. 참고로 이데아와 관련하여 만델브로는 컴퓨터를 활용하여 일정한 조건을 부여한 뒤 복소수(a+bi)를 좌표평면에 표시하는 방식으로 프랙털(fractal)이란 기하학적 도형을 만들었다. 최근에는 컴퓨터가 마치 인간처럼 스스로 예술가다운 세련된 그림을 만들어내고 있다. 이에 궁금증을 유발한다. 플라톤이 말한 이데아 세계의 구현 가능성 여부이다. 또 다른 것은 고등생명체 또는 인간의 전유물이었던 상상 또는 추론의 영역에서 가지는 컴퓨터의 등장 여부이다.

✔ 유사기출문제: 2009년 입법고시(언어논리영역, 경책형 24번)

2. 아리스토텔레스의 생성주의(Hylozoism)

1) 존재

아리스토텔레스는 플라톤의 이원론과 달리 앎(지식)에서 오감각과 사유의 대상으로 서로 분리될 수 없는 하나의 것으로 간주했다(일원론).[25] 그는 경험적인 현실세계의 생물에 지대한 관심을 가지고 생물이 가진 속성(본질)과 외관으로 드러나는 형상(현상)을 통합하여 [종속과목강문계]로 범주화함으로써 생물(분류)학의 체계를 구축했다. 이에 플라톤은 기하학자,[26] 아리스토텔레스는 생물학자[27]로 비견되기도 한다. 무수한 생물들의 분류는 일반을 다루는 연역적 사유와 개체를 다루는 귀납적 사유가 요구되는 작업이다.[28]

2) 생성주의(Hylozoism)

생성주의(Hylozoism)란 모든 만물의 생성에 대한 원리를 설명한 사유로서 통상 형상과 질료의 철학이라 불린다.[29] 모든 물(物)은 형상과 질료로 이루어진다. 형상과 질료는 분리될 수 없다. 가령 누군가 집을 만든다고 하자. 그러면 집을 만들려는 이성적 사유인 의도(목적)가 있어야 하고, 목재와 흙과 같은 재료가 있어야 한다(질료). 그리고 목적을 달성할 에너지(동력)가 필요하다. 이를 통해 집은 서서히 형태를 가지게 된다(형상).

여기서 집은 형상과 질료만 우리의 감관(感官)에 포착된다. 즉, 형상(form)은 오감각에 의해 포착되는 드러난 형태지만, 그 속에는 보이지 않는 목적과 동력이 함축되어 있다.

---

25) 아리스토텔레스에 의해 사유의 대상으로서 존재는 감각의 대상도 포함되는 개념으로 변화된다. 참고로 아리스토텔레스(B.C. 384~322)는 17세에 플라톤의 제자가 되었고 헬레니즘 시대를 태동시킨 알렉산더 대왕의 스승으로 활약했다. 마케도니아 출신인 알렉산더 대왕의 정복사업은 인류의 문명교류에 큰 영향을 미쳐 희랍문명(아테네, 터키, 이탈리아 등의 문명)이 동양에 전파되고 (예: 간다라 미술 등), 역으로 동양의 인도문명이 서양에 흡수되었다고 평가되고 있다. 이러한 이유로 서양 문화사에서 알렉산더 대왕 사망을 기준으로 전(前)을 헬라스(hellenic)시대, 알렉산더 사망에서 클레오파트라 사망까지 약 300년(B.C. 330~B.C. 30)간 을 헬레니즘(hellenism, hellenistic: 희랍문명과 동양문명이 융합된 문명을 지칭) 시대로 구분하고 있다. 알렉산더가 전쟁 중에 입은 상처가 악화되어 사망하자, 그의 위업을 계승할 두드러진 인물이 없어 수십 년에 걸쳐 후계자 전쟁이 발발하고, 결국 알렉산더 제국은 마케도니아, 이집트, 시리아라는 세 왕국으로 분열되었다. 이때 알렉산더에게 반감을 가졌던 정적(政敵)들은 알렉산더의 스승이었던 아리스토텔레스를 처형하려 했고, 이에 아리스토텔레스는 도피 생활 중 사망했다.

26) 사유, 관념, 연역추론의 과학.

27) 감각, 사실, 귀납추론의 과학.

28) 그는 사유의 원칙(동일률, 배중률, 비모순율)과 범주화(분류와 범위: 집합)를 통해 증명방법을 도입하는 형식논리학을 창시했다. 이는 집합개념을 사용한다는 점에서 수학적 원리가 차용되었지만, 정의와 공리를 이용해 증명하는 순수한 수학적 방식과는 구별되는 증명방식이다. 아리스토텔레스의 형식논리학은 후술되는 [논리학 논의]에서 논의된다.

29) 생성주의 사유는 흔히 형상과 질료의 철학이라 불린다. 이는 중세 시기 교부 철학과 스콜라 철학 등의 이론적 뼈대로 활용되었고, 절대이성 시대인 근세 헤겔(정반합)에게까지 사유의 맥이 흘렀다. 서양의 사고방식 또는 과학적 지식사에 큰 영향을 미쳤다. 오늘날에도 전통의 계승 속에서 영향이 여전히다. 수사학(修辭學), 논리학, 생물학, 윤리학, 성지학, 수학, 물리학 등 다양한 분과학문들에 영향을 미치고 있다. 이에 대하여 만물의 형상이 반드시 목적을 가졌다고 볼 수 없다는 점, 다이내믹(dynamic)한 형상의 변동과정이 순수형상으로 진보되는 과정이라고 볼 수 있는 확실한 증거가 없다는 점, 완성단계인 순수형상은 플라톤의 이데아와 동일한 관념적 세계라는 점에서 감관과 사유의 이원론적 사유에서 완전히 벗어나지 못하고 있다는 점 등 다양한 평가들이 존재한다.

결국 모든 만물은 우리에게 형상과 질료로 포착된다고 본다.

【참고】 아리스토텔레스의 형상과 질료의 철학

1. 형상과 질료설(4원인설, 가능태와 실현태설)
'물(物)은 네 가지 원인으로 이루어진다. 질료인(Material Cause), 형상인(Formal Cause), 동력인(Efficient Cause), 목적인(Final Cause)이다. 하지만 목적인과 동력인을 형상에 포섭시켜 질료인(Material Cause), 형상인(Formal Cause)으로 환원(단순화)된다.'
예) 도토리나무는 어떤 생김새인 형상을 가지고 있다. 그런데 도토리나무가 그 형상을 만들어내기 위해서는 도토리라는 씨앗이 필요하다. 여기서 형상은 실현태이고, 씨앗은 잠재성을 가진 가능태이다.
도토리나무가 가진 형상은 도토리가 가진 잠재성이 목적과 동력을 통해 구현된 것이다.

■ **질료**: 형상을 만드는 재료(가능태: potentiality)	도토리(질료)

↑

목적   동력

존재하는 모든 것은 목적이 있어 등장한다(Teleology: 목적에 의한 생성 철학).

↓

■ **형상**: 질료로 구현된 모양(실현태: actuality)	도토리나무(형상)

2. 형상의 과정과 엔텔레키(entelechy)
'물(物)은 질료(가능태)가 형상(실현태)을 얻어 보다 나은 완성의 과정을 지향한다.'
'엔텔레키(entelechy)[30]에 위계질서(hierarchy)가 존재한다.' 최상위 단계는 질료가 없는 형상인 순수형상(pure form)이 존재하고, 최하위층에는 형상이 없는 순수 질료(pure Material)가 있다.

〈엔텔러키(entelechy)의 지향과 구조〉

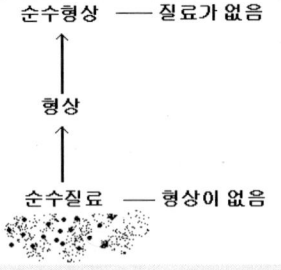

---

30) 엔텔레키(entelechy): 질료가 형상을 얻어 완성되거나 또는 완성해가는 과정.

【참고】 서양의 아리스토텔레스와 동양의 공자

아리스토텔레스와 공자는 각각 서양과 동양의 사고방식에 지대한 영향을 미쳤다. 오늘날 우리는 두 가지 종류의 지식을 가지고 살아간다. 하나는 과학적(사실적) 지식이며, 다른 하나는 규범적(가치적) 지식이다. 가령 전자는 [우주는 변한다]와 같이 존재론적 논의로부터 가지는 지식이고, 후자는 [진심이면 언젠가 서로 통한다], [수신제가치국평천하(修身齊家治國平天下)]와 같이 인생론적(가치론적) 논의로부터 가지는 지식이다. 이러한 이유로 혹자는 사유와 관련하여 동양에 공자(孔子)가 있다면 서양에는 아리스토텔레스가 있다고 말하기도 한다.

변화의 세계관: 노자와 주역

노자
→ 변하는 것이 진짜이다. 진리에 대한 고정불변의 관념을 경계하고 변화하는 세계를 강조.
→ '도를 도라고 말한 것은 이미 관념적인 것으로 그것은 진짜가 아니다(道可道 非常道).'
→ 상(常)의 의미: 변화 속의 지속성을 가지는 것을 뜻함.
※ 플라톤과의 비교: 노자는 세계를 상식(常識)[31]에 기초하여 보지만, 플라톤은 수학(기하학)적 모델을 통해 세계를 봄(고정불변의 진리).

주역(周易)
→ 음양의 조화 이치로 끊임없이 변화하는 세계의 법칙성을 상정.
→ 모든 것은 상생의 생성원리와 상극의 소멸원리가 작동한다.

II. 오늘날의 존재에 대한 사유

우리가 존재론을 살펴보는 이유는 지식(앎)과 관련되어 있다. 지식(앎)은 일차적으로 존재하는 그 무엇으로 가질 수 있는 것이기 때문이다. 가령 있지도 않은 허구의 것으로부터 지식을 가질 수는 없다. 지식은 상상과 허구와는 구별되는 앎이기 때문이다. 한편 처방성과도 관련이 있다. 가령 있지도 않은 사회문제를 해결하려고 정부가 정책을 입안하고 결정할 수는 없다.

여기서 존재의 유무와 관련하여 두 가지 문제를 생각하지 않을 수 없다. 하나는 존재로부터 가지는 판단(앎)이 옳은 것인가 하는 문제이다. 만약 어떤 판단(앎)에서 그것이 옳지 않은 것이라면, 그것을 받아들이라는 승복명령을 발효시키지 못한다. 그리하여 사

---

31) 상식(常識): 인식기관에 의해 나타나 알게 된 것으로 각자의 주관에도 불구하고 경험에 의해 사회구성원들 간에 공통적으로 가지는 인식물. 즉, 경험칙상 가지는 앎.

회적 관계에서 판단(앎)은 늘 증명의 문제가 뒤따른다. 다른 하나는 언어의 문제이다. 언어는 존재로부터 가지는 인상(印象) 또는 앎을 정확하게 표현하는 의사소통 차원에서만 문제되는 것은 아니다. 인식 과정 자체에서도 언어가 문제된다. 오늘날 우리는 대부분 언어로 어떤 앎을 학습하여 습득한다. 또한 언어를 도구로 사물을 인식한다. 예를 들어 당신이 어떤 대상에 대하여 알려고 한다고 해보자. 그러면 그 대상은 이름을 가지지 않은 경우와 이름을 가지고 있는 경우일 것이다. 만약 이름도 없는 무명(無名)의 어떤 대상에 대해 앎을 추구하는 경우 당신은 매우 혼란스럽다. 시간이 지난 후 전에 가졌던 그 대상을 떠올리는 것조차 어려운 경우가 발생할 수 있다. 그렇기 때문에 만약 무명의 대상이라면 이름을 붙이려 할 것이다. 이처럼 우리의 지식(앎)과 관련하여 언어의 문제는 중요하지 않을 수 없다.

오늘날에는 존재론에 관련하여 언어적 관점으로 접근된다. 두 가지 사유에 기초한다. 하나는 실존적 차원에서 언어를 통해 인간이 사유한다는 점이다. 가령 신(神)이란 존재에 대하여 [있다/없다]의 논쟁의 관점이 아니라 신이란 단어가 인간의 실존적 차원에서 영향을 미치고 있다면 탐구할 대상으로서 의미를 가진다고 본다. 다른 하나는 머릿속 관념으로서 가진 지식(앎)은 궁극적으로 언어로 진술될 때, 비로소 우리가 그것에 대하여 논의를 할 수 있다는 사유에 기초한다. 단지 머릿속에만 머물러 있는 지식(앎)에 대해서는 논의를 할 수 없기 때문이다. 여기서 존재는 대상(문제)을 지칭하는 명사(名詞)가 되며, 이러한 명사를 지칭하여 존재사(存在詞)라고 부르고 있다. 요컨대 우주, 동물, 인간, 사회, 국가, 정부, 인류, 함수, 무한, 수(數) 등과 같은 어떤 대상을 지칭하는 언어가 존재가 된다. 여기서 명사(名詞)란 인식대상을 지칭하는 것으로 형태상으로 고유명사(대한민국), 보통명사(학생), 물질명사(황금), 집합명사(가족), 추상명사(아름다움) 등과 더불어 부정사(To+동사원형), 동명사(ing), 구, 절 등 일체를 포함한다.

언어적 관점에서 존재에 대한 접근은 중요하므로 좀 더 언급하기로 한다. [우주는 있다]라는 진술과 [우주는 팽창한다]라는 두 진술을 생각해보자. 전자는 우주의 존재 유무에 관련된 진술이다. 하지만 후자는 다르다. 우주의 존재를 전제로 어떤 상태를 서술하고 있다. 여기서 후자에 대하여 참된 진술인가를 말하기 위해서는 전자인 [우주는 있다]라는 진술에 대하여 논의할 필요성이 있게 된다. 왜냐하면 이것으로부터 후자의 진술이 도출될 수 있기 때문이다. 이번에는 [신이 있다]라는 진술을 가지고 살펴보자. 만약 이러한 진술이 우리의 삶과 관련된 실존적 차원에서 영향을 미치는 진술이라면 관심을 가지지 않을 수 없다. 이에 대한 체계적 규명이 필요할 수 있다. 이번에는 성격이 다른 예를 살펴보자. 갑과 을이 어떤 방(a room)에 함께 들어갔다. 그리고 갑과 을은 각자 시각과 후각 등 감각기관을 통해 어떤 것들을 포착했다고 하자. 그런데 이렇게 가진 갑과 을의 인지물이 [객관적이다]라고 말할 수 있겠는가? 객관적이 되기 위해서는 갑과 을의 인지물이 똑같은 것이어야 한다. 하지만 갑과 을은 서로 상대방의 머릿속을 확인할 수 없다. 이때 그들은 [인간은 생물학적 공통성을 가지고 있기 때문에 상대방도 나와 똑같은 인지물을 가질 것이다]라는 전제를 통해 객관성을 생각한다. 하지만 엄밀히 갑과 을의 인지물은 [객관적이다]라고 말할 수 없다. 확인된 것이 아니기 때문이다. 정확하게 말하면 주관적인 것일 수 있다. 즉, 자신만의 것일 수 있다. 이때 갑과 을에게 각자 인지한 것을 서술하게 하여 비교할 수밖에 없다. 주어와 서술어에 주의하여 [그 학생들이 있다]라는 진술과 [그들은 학생이다]라는 진술을 비교해보자. 미묘한 차이를 가지고 있다는 것을 알 수 있다.

사유와 경험, 그리고 과학과 언어

플라톤은 기하학적 이성(사변적 이성)에 의한 정신활동을 강조하여 사유로 지칭했고, 데카르트는 정의와 공리를 통해 전제들로부터 어떤 필연적 결론을 이끌어내는 추론활동을 사유로 보았다. 하지만 프로이트의 무의식 세계와 언어를 도구로 인식을 수행하는 인간의 정신세계에서 경험과 사유를 명확히 구분하는 것은 어려운 일이다. 과학은 경험(empirical)과 논리(logic)를 특징으로 하는 인식의 한 조류를 말한다.[32] 다만 사유보다는 경험에 더 비중을 둔다. 예를 들어 보자. 사회과학의 연구방법을 다루는 조사방법론은 기본적으로 다음과 같은 입장을 견지한다. 직각삼각형의 추상명사, 숫자 2와 3 등과 같은 것들은 언뜻 경험과 관련성 없는 비경험적인 것으로 생각되지만, 사실은 경험적인 것들이라고 본다. 가령 삼각형이란 추상명사의 경우 경험적으로 포착된 것을 삼각형이란 말로 표현한 것뿐이고, 숫자 2와 3 역시 마찬가지이다. 경험적으로 포착된 어떤 것을 개수로 나타낸 것뿐이라고 본다. 이러한 입장에서는 행복이란 추상명사도 우리가 감각기관에 의해 경험한 개개의 사실(재료)들의 조합(組合)이다. 관료라는 추상적 명사도 구체적인 사실(재료)들로부터 집약되어 가진 표상물이며, 이를 해체하면 궁극적으로 경험적

---

32) 참고로 상황 판단과 자료 해석은 경험적 세계(현상)를 대상으로 하는 영역이다. 언어논리영역은 오늘날의 존재론적 논의의 패러다임과 연계성을 가진다.

이라고 본다.

과학적 조사의 기본 전제인 사실(fact)의 정체를 파고들어가 보면, 결국 개념으로 구성되어 있다. 과학자가 [나는 사실만을 말하고 있다]라고 하는 것은 사실 알고 보면 [내가 현상으로부터 감지된 나의 개념들을 전달하고 진술하고 있다]라는 의미를 가지고 있다. 가령 과학자가 관찰하여 [알이 부화되어 닭이 된다], [닭이 알을 낳는다]는 진술을 하는 경우, 이것은 주어와 서술어가 가진 개념들로 구성된다. 이때 개념이란 '어떤 현상을 대표할 수 있는 것으로 일반화함으로써 가진 추상화(抽象化)된 관념'이다. 이러한 개념은 그것이 무엇이고 개념들의 관계가 어떠한가? 등과 관련하여 외부로 나타난 진술을 토대로 [그의 머릿속에서 시현된 표상(表象)이 무엇이다]라는 것을 추론하여 말할 수밖에 없다.

과학적(학문적) 관점에서의 개념

개념(concepts)이란 일반적으로 경험적 세계를 다루는 과학적 견지에서 '어떤 현상(우주 일체의 사건)을 대표할 수 있는 것으로 일반화함으로써 가진 추상화(抽象化)된 관념'을 말한다. 가령 특정 현상에 대해 포착된 개개의 사실들로 일반화하여 가진 관념이다. 이때 다양한 오류가 잠복한다. 감각기관이 잘못 볼 수도 있다. 또한 개개의 자료들로 추상화된 관념이 대표성을 결여할 수 있다. 이에 개념에 관련하여 몇 가지 조건이 필요하다. 첫째는 명확성과 관련하여 한정성(determination)이다. 즉, 현상 또는 사실로부터 가지는 어떤 특징을 한정한 개념이다. 국어와 달리 영어는 한정용법이 발달되어 있다. 둘째는 의사소통 오류와 관련하여 통일성(uniformity)이다. 동일한 현상 또는 사실을 두고 다른 사람이 나와 다른 개념을 사용한다면 혼동이 야기된다. 셋째는 개념이 가지는 추상화 정도에 관련하여 범위(scope)의 적절성이다. 개념이 지시하는 범위가 크면 클수록 개념은 추상적이다. 해석에 다의미성을 가지게 되고 객관성을 가지기 어렵다. 반대로 지나치게 범위가 좁아도 분절에서 오는 오류와 유효성에 문제가 있다. 넷째는 개념의 형성과 평가기준에 관련하여 체계적 내포성(systemic import)이다. 개념은 명제 또는 논증과 분리되어 취급되어서는 안 된다. 즉, 개념형성은 이론체계와 부합되는가 여부이다. 개념도 궁극적으론 이론(지식)체계에 정합되는가를 가지고 평가할 수밖에 없기 때문이다.

존재에 대한 대화
甲: [그대는 있는가?] 乙: [있다.] 甲: [있다는 근거는 무엇인가?]

↓

대화의 두 경우

<乙이 물질론자인 경우>
乙: [지금 '공간(space)을 점유'하는 어떤 물질로 구성된 나라는 개체가 있다.] 甲: [X-레이가 당신을 투과한다. 그러면 당신이 점유하고 있는 공간은 없다는 것 아닌가?] 乙: [X-레이가 투과할 수 있는 공간을 가지고 있다 하여 공간을 가지지 못하는 것은 아니다.] 甲: [그렇다면 당신이 생각하는 공간 개념은 무엇인가?] 乙: [공간이란 안과 밖의 경계가 있어 그 경계 안에 있는 어떤 물질이 진행하는 운동에 걸림이 없는 장소를 말한다.] 甲: [그러면 당신과 다른 것과 구별 짓는 경계는 무엇인가?] 乙: [나를 구성하는 물질이다.] 甲: [그러니까 당신을 구성하고 있는 물질과 당신을 구성하고 있지 않는 물질을 구별하는 기준이 무엇이냐는 질문이다. 구분이 되어야 경계가 생길 것 아닌가?] 乙: [나의 감각기관으로 인지되는 형상을 구성하고 있는 물질이다.] 甲: [당신 발가락이 썩어 괴사한 그 발가락은 당신을 구성하는 물질인가 그렇지 않은가?] 乙: [나를 구성하는 물질이다.] 甲: [당신에게서 잘려져 나간 발가락은 당신을 구성하는 물질인가 아닌가?] 乙: [나를 구성하는 물질이 아니다.] 甲: [당신에게서 떨어져 나간 심장은 당신을 구성하는 물질인가 아닌가? 심장이 떨어져 나간 당신은 생명을 유지할 수 없을 것이다. 그런데 그것이 당신을 구성하는 물질이 아니란 말인가?]

<乙이 사유론자인 경우>
乙: [생각이다.] 甲: [지금 당신은 생각함으로써 존재한다는 것인가?] 乙: [그렇다.] 甲: [그렇다면 의식이 없는 당신은 부존재란 말인가?]

존재(being, existence)와 작명(作名)

어떤 것이 이름을 갖게 되면 [그것은 있다/없다]의 대상이 되어 존재가능성을 가지게 된다. 사람들은 어떤 것에 자기 마음대로 이름을 붙일 수 있을 것이다. 상형문자와 같이 존재물의 형체를 보고 이름을 붙이기도 하며, 표의문자와 같이 존재물이 가진 의미와 관련지어 이름을 붙이기도 한다. 하지만 사람들은 아무렇게나 작명하지 않는다. 언어공동체나마 나름의 일정한 방식이 추구된다. 옛 선조들의 박쥐라는 작명을 하나 예로 들어

보자. 선조들은 그 무엇에 박쥐라는 이름을 지었다. 언어학자들에 의하면 박쥐라는 이름에서 '박'의 어원은 '밝다'라는 의미를 가지고 있다. 그리하여 박쥐를 보지 않았어도 이름만으로 '박'에서 밤에도 환한 대낮처럼 잘 돌아다니는 것이고, '쥐'에서 쥐처럼 생겼다는 것을 유추할 수 있게 해준다. 오늘날 박쥐는 박쥣과의 포유류로 분류되는 동물이다. 박쥐의 눈(eyes)은 퇴화되었고 대신 "초음파"를 사용하여 사물을 인지하는 것으로 설명된다. 그런데 역설적이지만 이러한 과학적 설명이 오히려 박쥐에 대한 인식을 더 어렵게 한다. 진술이 개념들의 구성물이기 때문이다. 형체와 성질을 이해하는 데 더 용이한 선조의 작명(作名)에 지혜가 엿보인다.

일상(생활)언어와 관련하여 존재에 대해 생각해보자. 내가 지금 어떤 고양이(특칭) 한 마리를 안고 있다고 하자. 이것을 두고 타인과 대화를 하는 경우 [그 고양이]라는 말을 사용하지 않는다. 일반 범주를 가진 고양이(전칭)라는 단어를 사용한다. 가령 [나는 고양이를 안고 있다]라고 말한다. 이러한 진술로도 일상의 대화에서는 의사소통에 큰 문제가 없다. 하지만 논리적으로 보면 [내가 안고 있는 고양이]는 일반 범주의 고양이와는 다른 것이다. 즉, 내가 안고 있는 이 고양이는 세상에 유일한 특정의 고양이(the cat)이다. 하지만 일반의 고양이는 모든 고양이를 대표하여 표상된 관념적 물로서의 고양이(cats)이다. 전자의 그 고양이(the cat)는 오감각으로 보고 느낄 수 있지만, 후자의 고양이(cats)는 단지 머릿속에서만 존재한다.[33] 우리는 언어적 표현과 관련하여 고양이는 다섯 마리이다. 한 마리에서의 ① 어떤 고양이(a cat)와 ② 그 고양이(the cat), 그리고 그룹에서의 ③ 어떤(不定) 집단의 고양이들(a the cats)과 ④ 그 집단의 고양이들(the cats)이다. 마지막으로 ⑤ 모든 고양이들(cats)이다.

---

33) 언어적 표현과 관련하여 영어에서 고양이는 네 마리이다. ① 어떤 고양이(a cat), ② 그 고양이(the cats), ③ 그 집단의 고양이들 (the cats), ④ 모든 고양이들(cats)이다.

'X는 x이고, Y는 y이다'

'X는 x이고, Y는 y이다'라는 문장을 가지고 존재론적 논의와 관련하여 생각해보기로 한다. 이때 'X는 x이고, Y는 y이다'라는 것을 앎이라고 하자. 여기서 ① [x는 X에 대한 서술이고, y는 Y에 대한 서술이다]라고 말할 수 있을 것이다. 한편 이렇게도 말할 수 있을 것이다. ② [x는 X로부터 나온 것이고, y는 Y로부터 나온 것이다.]

분석철학은 지식과 관련하여 단지 우리가 판단 또는 말할 수 있는 것은 질문과 답에 대한 진술만을 대상으로 할 수밖에 없다고 본다. 이 입장에서는 우리는 서술할 존재를 갖고 있지 않고, 오직 서술할 언어만을 갖고 있다고 주장된다. ①의 입장이다(이는 영미의 주류적 사고이다). 반면 현상학의 입장에서는 ②의 입장이다. 존재하는 x는 X로부터의 도출이고, y는 Y로부터 도출이다(이는 유럽의 주류적 사고이다).

분석철학의 입장에서는 'X는 x이고, Y는 y이다'라는 서술에만 관심을 가진다. 존재론적 논의뿐만 아니라 인식론적 논의도 거의 하지 않는다. 오직 언어에 관심을 가진다. 다만 언어를 생각하는 대상으로 삼지만 언어학과 차별성을 둔다. 언어학은 언어의 기원, 왜 특정한 기호, 발음, 문법을 갖게 되었는지 등을 알려고 한다. 가령 신라 이두(吏讀)가 토(조사와 종결어미)를 단 체계로서 한자체계와 다르다는 것을 설명하거나 한글의 변천과정을 설명한다. 또는 이집트의 상형문자(사물의 형상을 본떠 글자)와 한글과 영어의 표음문자(소리와 의미로 구성하는 글자) 및 한자인 표의문자(시각적인 형상과 의미를 부여한 글자)로 구분하고 오늘날 표음과 표의가 종합된 형태로 문자가 진보되고 있다고 설명하는 경우들이다. 하지만 이러한 것들에는 관심을 두지 않는다. 'X는 x이고, Y는 y이다'가 가진 의미를 밝히고자 한다. 이에 철학의 기능을 언어가 갖고 있는 개념을 해명하고 이해하는 데 있다고 본다. 개념 분석에 지나지 않는다. 참/거짓 판별 또는 증명적 도구를 제공하는 학문이 아니라, 언어를 대상으로 분과학문들에 언어적/논리적 체계를 제공하는 학문으로 간주된다. 과거 참/거짓 판별 또는 증명을 각 분과학문들의 몫으로 돌린다.

현상학의 입장에서는 다르다. 'X는 x이고, Y는 y이다'에서 존재하는 X와 그것을 의식하여 가지게 된 x 사이에는 근본적인 구별이 있어야 한다고 본다. 가령 X에 물(水)을 대입하고, Y에 산(山)을 대입하면, 누가 그것들을 의식하든 말든 그것들은 있고, 그것들에서 일어나는 여러 가지 물리적 현상(사건)도 누가 의식하든 말든 그대로 있는 것이라고 사유한다. 그렇다면 존재하는 X와 그것을 의식하는 것과의 관계는 다른 차원이다. 의식 이전의 산과 의식 이후의 산은 다른 관점의 문제이고, 이는 존재차원과 의식차원으로 구별될 필요가 있다고 본다. 어떤 단어가 가지는 개념은 어떤 존재하는 대상을 표상(表象)하는 경우가 많다. 가령 [관료제]라는 단어와 같은 경우이다. 하지만 존재와 그것을 의미하는 개념 사이에 아무런 관계도 없을 수 있다. 가령

'산해진미'라는 말의 의미, 즉 그 말의 개념을 충분히 그리고 명확히 이해할 수 있다. 그러나 세상에는 그와 같은 산해진미가 존재하지 않는다는 사실도 알고 있다. 이와 같이 언어의 의미, 즉 어떤 언어가 갖고 있는 개념은 인식의 대상이 될 수 없고, 오직 이해의 대상이 될 뿐이다. 그러므로 인식하는 것과 이해하는 것은 전혀 별개의 지적 활동이라고 생각한다.

현상학에 관련하여 보충적으로 설명하기로 한다. 현상학은 19세기 말에서 20세기 초에 유럽에서 등장했다. 1920년대 당시 자연과학의 발달로 인문과 사회과학에서도 그 영향을 받아 행태주의[34]가 성행했다. 하지만 다양한 비판이 등장하고 1960년대에 다시 현상학이 관심을 받기 시작하여 오늘날 분석철학과 함께 양축을 형성하는 있는 사조이다. 현상학의 특징은 다음으로 요약할 수 있다. 첫째 지식의 내용이 존재(being)하는 그 무엇으로부터 창출된다는 생각에서 드러나는 현상을 통해 배후에 있는 본질(실체)을 볼 수 있다는 입장을 취한다. 즉, [현상과 본질의 이원론적 사고(thought)로 어떤 현상(phenomenon)이 있다고 할 때 현상은 본질에 의해 드러난 것으로 이해된다.] 여기서 본질(substance)은 현상을 만들어내는 본체 또는 실체로서 현상의 원인이 되는 그 무엇으로 이해된다. 그리하여 '사상(事象) 그 자체로'라는 모토를 내걸고 인식이 되는 무수한 질료들 간의 관계성을 파악하여 심층적인 본질(substance)에 대한 파악을 시도한다. 둘째 [사회과학의 연구대상인 사회현상은 인간의 행위로 환원된다. 인간의 행위를 이해하기 위해 인간의 동기와 같은 내면적 심층을 이해하여 본질을 파악하여야 한다.] 이것은 계량화할 수 없는 의식의 세계에 존재하는 것으로 해석 등의 방법이 필요하다. 그런데 인간의 내면은 주관적이다. 과학의 본질은 객관성과 타당성에 있다. 따라서 객관성과 타당성을 가지는 것이 중요하다. 후설(Husserl)은 주관적 의미에 대한 설명(이해)이 객관적이고 타당하면 되는 것이라 본다. 즉, 누구나 그렇고 유효하다고 생각할 수 있는 설명만 있으면 된다고 본다. '이것이 가능할까?'라는 질문에 사람들은 나와 다른 사람 간의 관계에서 [<우리> 없는 <나>는 없다]는 것을 선험적으로 인식하여 <우리>가 <나>에 선행되는 인식활동이 이루어진다고 본다. 이러한 상호주관성 의식으로 사회적으로 의사소통에 관련된 통념적 해석이 가능하여 설명에 객관성과 타당성을 가질 수 있다고 본다.

---

34) 논리실증주의(경험과 합리)에 인식근거에 기초한 행태주의의 연구경향은 시대적으로 변천을 해왔지만, 주요 특징을 열거하면 ① 규칙성을 발견하여 일반화시도, ② 경험적 입증을 중시, ③ 엄격한 자료 측정과 조작을 통한 계량화(계량분석), ④ 가치중립성, ⑤ 순수과학의 지향이란 것으로 요약할 수 있다. 하지만 반론이 제기되고 역사주의, 비판이론 등이 등장한다. 특히 사회과학의 계량적 방법에 한계가 드러나면서 현상학적 방법론에 대한 관심이 재조명되기 시작했다.
- 역사주의(historicism): 사회가 발전하는 법칙을 발견하여 미래예측을 사회과학의 과제로 삼고, 인간의 지식은 시간과 공간에서 상대적이란 입장을 견지, 이를 이스틴은 후기행태주의(post-behaviorism)라고 불렀고, 1960년대 말 미국사회의 문제를 해결하기 위한 정책학이 성장하는 계기가 되었다.
- 비판이론: 현대사회를 비판하고 변화시킬 수 있는 무엇을 분명하게 드러내는 것을 과제로 삼아 사회과학 연구가 가치중립적(value-free)이어야 한다고 하지만 몰가치(valueless)여서는 안 된다는 입장을 견지한다.

[문] 다음 글을 읽고 추론한 것으로 가장 적절하지 않은 것은?

칸트와 포퍼는 인식차원에서 사유하는 방식인 논리에 대하여 그 기능과 한계에 대해 고민했지만, 비트겐슈타인은 인식의 대상인 존재의 문제를 언어(서술/의미)로 관심을 돌리자고 주장한다. 그리하여 언어가 가진 어법(문법) 체계를 파고들어 언어를 통한 논리적 가능성을 확인하려 했다. 즉, 인식에의 언어적 기능과 한계를 고찰하려 한 것이다. 한편 그는 철학은 그 역할과 관련하여 분과학문들에 언어적 개념 체계를 제공하는 학문이어야 한다고 주장한다. 심리학, 물리학, 사회학, 언어학, 경제학, 인류학, 역사학 등 다양한 분과학문들에게 개념적(논리적) 체계를 제공하는 학문으로서의 철학을 상정한다. 증명문제는 각 분과학문들이 해야 할 몫이라는 입장이다.

유럽의 대륙과 달리 실용적 경향이 강한 영미에서는 언어가 가진 개념의 모호성과 비논리로 나타나는 소통에 관심을 가진다. 그리하여 인공언어들(artificial languages)을 만들고, 의미가 애매모호한 일상 언어를 인공언어로 바꾸는 노력을 경주한다. 다양한 기호학의 기호들이 그 예들이다(일반언어학 또는 기호학에서 말하는 기호는 신호・증상・이름・도상・지표・상징 등 유형의 모든 것들을 포괄한다. 하지만 인지주의자들은 기호를 뜻과 형태를 가진 표상물인 상징과 전자적 비트를 의미하는 신호로 한정하여 사용하고 있다). 특히 인공문자는 컴퓨터(HCI기술), 로봇공학(HRI기술, 인공지능), 의학, 인체공학 등 다양한 분과학문과 융합되고, 인지로봇과 무인우주선 등 상황판단 응용기술들과 상호 영향을 통해 비약적으로 발전하고 있다. 오늘날 일상에서 많은 사람들이 슬픔, 기쁨 등의 의미를 가진 메시지(인공문자)를 사용하고 있다.

① 비트겐슈타인은 지식의 증명은 수학과 물리학 등 분과학문에서 다루어야 하고, 철학은 언어의 서술과 의미에 관련된 사유방식으로서의 개념적(논리적) 틀을 제공하는 역할을 주장한다.
② 비트겐슈타인의 주장은 철학적 논의들은 사변적이고 관념적이고, 다른 분과학문들과 역할이 중복되거나 경계가 애매한 경우가 많다는 문제의식에 기초한다.
③ 인식에의 언어적 기능과 한계에서 등장한 인공적 언어와 제공되는 개념적 틀은 오늘날 사고하는 방식에 영향을 미치고 있다.
④ 실용성을 중시하는 영미에서는 언어와 논리가 중요한 관심대상이 되고 있고, 인공적 언어와 논리적 틀이 컴퓨터 관련 응용기술들과 상호작용 속에 발전하고 있다.
⑤ 칸트와 포퍼는 인식차원에서 사유하는 방식인 논리에 대하여 일반지(一般知)의 생산방식과 진실성에 관심을 두었다.

[해설] 답: ③

②와 ⑤는 [증명문제는 각 분과학문들이 해야 할 몫이라는 입장이다]라는 문장에서 함축된 의미를 찾아 도출될 여지가 있다(참고로 엄격한 형식논리입장을 취하면 이같이 명확하지 않는 해석은 용납되지 않는다). 그러나 선택지 ③은 주어진 글에서 도출될 수 없는 무관한 다른 성격의 진술이다. 따라서 가장 부적절한 진술이 된다. 부연하여 비트겐슈타인의 주장에 관련하여 문화사적 흐름에 두 가지 배경적 이유가 있다. 하나는 철학의 위기이다. 철학적 논의들은 사변적이고 관념적인 내용이 많다. 또한 다른 분과학문들과 역할이 중복되거나 경계가 애매한 논의들이 많다. 학문적 체계에서 철학 영역이 필요한가라는 회의론 등장이다. 다른 하나는 일반지는 언어로 진술되지 않는 한 우리는 그 앎에 대해 말할 수 없다는 현실적 이유이다. 진술이 가진 서술형식과 의미 해석을 통해 비로소 앎에 대해 말할 수 있게 된다.

[문] 다음 글의 〈가〉~〈라〉에 들어갈 진술을 〈보기〉에서 골라 연결한 것으로 적절한 것은?

{ 가 }. 인간의 인식과 무관하게 존재하는 x가 있다고 하자. 그것은 우리에게 [있다/없다]의 존재에 대한 문제가 되지 않는다. 아예 생각을 할 수 없기 때문이다. 그런데 갑이 x를 생각했다고 하자. 그런데 그가 x라는 진술을 하지 않는 한, 여전히 존재에 대한 문제가 등장하지 않는다. 갑이 x를 진술하여 x가 세상에 드러남으로써 존재성이 다른 사람에게도 포착된다. 예를 들어 오늘날에는 우주를 구성하는 물질 중 하나인 힉스에 관련하여 [힉스는 있다/없다]라는 존재의 유무에 대한 실험과 논의들을 하고 있지만, 얼마 전에만 하더라도 힉스라는 물질은 아예 존재에 대한 논의의 대상이 아니었다. 만약 힉스가 존재성이 부정되면, 즉 존재하지 않는 것으로 밝혀지면 잘못 인식한 것이라는 이야기가 될 것이다. 반면 힉스의 존재성이 밝혀지면, 인간의 인식과 관계없이 그 물질이 있었다는 이야기가 된다. 그리고 이것으로부터 지식(앎)이 생성될 가능성을 가지게 될 것이다.

그런데 존재의 유무에 관련된 판단에서 문제되는 것은 존재사(명사)가 가진 개념이다. 가령 [힉스가 있다]에서 존재사(명사)인 힉스라는 것이 구체적으로 무엇을 말하느냐는 개념정의와 관련된 문제이다. 그것이 가진 개념이 무엇인가에 따라 판단이 달라지기 때문이다. 구체적으로 다음의 문제들이 발생한다. 하나는 { 나 }. 가령 힉스라는 명사의 개념을 창안한 사람과 그 창안된 개념을 받아들이는 수용자 양측 모두에서의 일치성 문제이다. 개념은 단일한 의미를 가지는 것이 옳다. 중의적 또는 다의적인 경우 규정자 자신뿐만 아니라 수용자에게도 혼란을 야기하기 때문이다. 다른 하나는 { 다 } 예컨대 어떤 단어가 생성되면 시간이 지남에 따라 새로운 개념이 추가되거나 또는 전혀 다른 개념으로 전화(轉化)된다. 그리하여 해석에 간극이 발생하기 쉽다. 공간적으로도 마찬가지이다. 문화적 전파를 통해 특정 단어가 도입되는 경우 개념이 변질되는 경우가 많다. 이러한 문제들에 대응하여 다음의 언어적 현상이 나타난다. { 라 }

〈보기〉

ㄱ. 존재의 창조자는 인간이다.

ㄴ. 소통에의 객관성이다.

ㄷ. 시간과 공간의 간극에서 발생하는 해석에의 일치성이다.

ㄹ. 일의적인 의미를 가진 인공적 언어들이다.

	가	나	다	라
①	ㄱ.	ㄴ.	ㄷ.	ㄹ.
②	ㄱ.	ㄷ.	ㄴ.	ㄹ.
③	ㄱ.	ㄴ.	ㄹ.	ㄷ.
④	ㄴ.	ㄷ	ㄹ.	ㄱ.
⑤	ㄴ.	ㄷ.	ㄹ.	ㄱ.

[해설] 답: ①

✔ 유사기출문제: 2009년 입법고시(언어논리영역, 가책형 16번)

제2절 분석

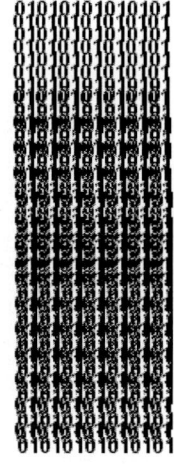

010101010101
010101010101
010101010101
010101010101
010101010101
010101010101
010101010111

이 절에서는 대상(문제)에 대한 사실적 접근과 관련하여 분석적 사유를 살펴보게 될 것이다. 분석적 사유는 연구라는 말과 동일시될 정도로 어떤 대상을 해석하고 판단하는 데 요구되는 기초적 사유이다. 후술되는 연역과 귀납의 인식(사유) 방식과 관련되어 있다. 또한 범주와 관련하여 심리학과 사회학이 존재하고, 경제학에서 미시경제학과 거시경제학이 존재하는 등 지적인 영역은 분석적 사유에 기초한다고 해도 과언이 아니다. 또한 일상 진술들에서도 대부분의 경우들에 분석적 사유가 스며들어 있다. 가령 아래의 진술들은 평범해 보이지만, 정도에 차이가 있을 뿐이다.

(1) 현실에서의 언어적 현상은 현실에서 매우 복잡하다. [문은 무보다 강하다]라는 말처럼 보통 명사를 추상명사로 사용하기도 한다. 따라서 약속된 체계 또는 규칙에 근거해 해석되고, 그것을 통해 타당성을 평가해야 한다.

(2) 인간의 인식능력을 언어능력으로 결정해 버릴 위험성을 가지고 있다. 갑이 언어능력이 탁월하다고 하여 그가 곧 생각하는 능력이 정확하고 탁월하다는 것을 의미하지는 않는다.

(3) 오늘날에는 God을 문장의 주어로 사용한다. 하지만 고대 희랍인들은 God을 주어로 사용하지 않고 술어로만 사용했다. "God is infinite"라는 말은 사용하지 않았다. "Infinite is God"으로 사용했다. 즉, 신은 형상이 없는 것으로 주어로 사용하지 않았다. [같나]라는 alike를 서술어로 사용하고 'like'를 사용하지 않는 관념과 마찬가지 맥락이다. 이처럼 언어는 문화적 산물이다. 문화권마다 상대적이고

동시대의 사회적 관념이 반영된다.

(4) 언어에 매몰되어 일체의 경험적 느낌과 신호들을 배척하는 태도가 나타난다. 이러한 현상은 참된 지식
을 탐구하는 학문영역은 물론 일상영역에서의 판단에 위험성을 초래할 수 있다. 언어체계에 의해 형식
논리 사유가 고착될 수 있기 때문이다.

Ⅰ. 분석(分析)의 의의(意義)

분석(analysis)이란 복합된 사물 또는 현상을 그 요소나 성질을 나누거나 또는 분해하
는 것을 지칭하여 사용된다. 여기서는 방법론에 초점을 두어 '주어진 문제에 대한 판단
의 질을 높이기 위해 경험적(empirical)으로 사실들을 추출하고, 그것들을 논리적(logic) 틀
에 근거해 검토하여 결론을 도출하는 일련의 작업 또는 과정'을 의미하여 사용하기로 한
다.[35] 예를 들어 보기로 한다. 오감각으로 [사람, 돌, 양, 구름, 나무, 강아지, 꽃, 해……]
등 무수한 것들을 포착했다고 하자. 그러면 이것들은 무질서하고 혼란스러운 상황을 연
출한다. 이에 다양한 방식으로 정리를 시도한다. ① [하늘에 있는 것과 땅에 있는 것]으
로 구분하기도 하고, ② [먹을 수 있는 것과 먹을 수 없는 것]으로 구분하기도 한다. 그
리고 ③ [죽은 것과 살아 있는 것]으로 구분하기도 한다. 이러한 방법들은 생명체에게
필수적으로 요구되는 생존능력이다. 만약 이러한 능력을 가지고 있지 못한다면, 자연 상
태에서 살아남기 어려울 것이다. 상대적 우열의 차이가 있지만 생명체들은 선천적인 판
단기제에 의해 이러한 능력을 가지고 있다. 하지만 인간에게서만 나타나는 현상이 있다.
숫자를 가지고 구분하는 방식이다. 가령 ④ [1, 2, 3……] 등으로 사물들을 구분하는 경우
이다. 소 다섯 마리, 양 일곱 마리 등과 같이 소위 계량화를 사용한다. 사물에 수가 대입
됨으로써 애매모호함이 사라지고 객관적이고 정확한 지(知)를 얻어낸다. 이러한 방법은
수에 대한 개념이 있어야만 가능하다. 갓 태어난 어린아이의 경우와 같이 수에 대한 개
념을 획득하지 못한 사람은 적용할 수 없는 방법이다. 즉, 개념적 또는 논리적 틀을 보
유하고 있어야만 가능하다. 따라서 분석은 경험적 자료들을 체계적인 논리 틀에 근거해
정리하거나 또는 검토하는 일련의 작업과정으로서 반사적 또는 직감적으로 어떤 결론을

---

[35] 분석이란 용어는 광범위한 영역에서 관점과 논자에 따라 다양한 의미로 사용한다. 분석은 연구와 동일한 개념으로 사용되기도 하
고, '자료를 조작하거나 결합들의 행위를 통해 해석(설명)이 가능하도록 만드는 작업' 또는 '가설이나 이론에 비추어 자료를 검토
하거나 또는 이론 형성에 용이하도록 결론을 도출하는 것' 등이 예이다.

도출하는 것과는 구별된다.

 분석은 대상을 있는 그대로 파악하려는 방법론적 차원에서 등장한 문명의 산물이다. 21세기 오늘날 다양한 전자현미경과 같은 과학적 기기와 개념적 도구들로 분석이 행해진다. 과거 어느 문명보다 정밀한 설명을 해내고 있다. 분석은 기술적(記述的) 분석과 설명적(說明的) 분석으로 대별된다. 전자는 주로 형식(form, style) 분석과 연관되며 자료가 가진 특성(속성 또는 속성치) 또는 특징을 묘사(descriptive)하는 것을 목적으로 한 분석을 말한다. 육하원칙에 [얼마나]가 추가된 칠하원칙을 중심으로 한 진술이 주된 산출물이다. 반면 후자는 주로 내용(meaning, content) 분석36)과 연관되며 변수들 간에 관계를 해석(explanatory)하는 것을 목적으로 한 분석을 말한다. 논리적 사유를 통해 인과, 상관, 범주, 모순 필요충분 등의 진술이 주된 산출물이다. 하지만 분석을 시도하는 주된 목적이 설명에 있다는 점에서 기술적 분석은 설명적 분석에 포섭될 수 있다. 한편 분석은 단지 지적 영역에서만 의미를 가지는 것은 아니다. 분석은 공동체 사회의 형성에 중요한 기능을 수행한다. 언뜻 분석은 가치적 또는 윤리적 개념과는 관련성이 없어 보인다. 하지만 정의(正義)는 분석에 의해 확보된다. 동일한 작업을 하는 10명의 사람들에게 7개의 빵을 나누어주려고 한다. 만약 공평한 분배가 행해지지 않는다면 승복하지 않는 사람이 나올 것이다. 분쟁이 발생하면 사회가 혼란스러워지고 공동체가 붕괴된다. 분쟁을 해결하는 재판에서도 판결에 승복할 수 있는 타당한 근거가 요구된다. 합리적 근거가 요구되고 증거주의가 채택된다. 국가정책이 공정성을 가지고 있지 않다면, 정책이 성공적으로 실행되기 어렵다.

---

36) 내용분석은 보통 시간과 경비가 요구되고, 정확성과 객관성을 가지는 것이 용이하지 않다. 이러한 내용은 후술되는 해석에서 자세히 논의될 것이다. 여기서는 내용분석의 일관성과 관련하여 카테고리(category)만을 참고적으로 언급하기로 한다.
 • 무엇을 말하고 있는가? 주제(기본적 문제, 話題), 방향(찬반태도), 기준(기초, 배경), 가치(원함, 구하는 것), 방법(달성수단), 속성(능력, 자질), 권위(원천), 기원(정보발생지) 등.
 • 왜 말하고 있는가? 의도, 목표(target) 등.
 • 어떻게 말하고 있는가? 커뮤니케이션 수단(책, 보고서, 언론매체, 상징물), 발언성격(선호, 사실), 강도, 장치 등.

【참고】 분석의 필요성, 그리고 논리적 도구

〈사례 1〉 다음과 같은 경우를 생각해보자. 당신은 지금 둥근 모양의 부지에 공원을 조성하려 한다. 그런데 공원을 좌우로 가로지르는 폭 5m인 길을 내려고 한다. 하나는 길을 수평으로 내고, 다른 하나는 곡선으로 길을 만드는 두 가지 경우가 있을 때, 도로가 차지하는 전체부지 중 면적의 크기를 판단해야 한다.

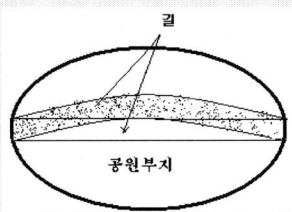

이 두 경우 적분이란 분석도구(기법)를 이용하여 각 도로들의 면적을 계산하면 동일하다. 하지만 우리의 시각은 구부러진 곡선의 길 면적이 더 크게 보인다. 즉, 직선보다 곡선으로 길을 내는 경우가 전체 면적을 더 차지하는 것으로 착시 현상을 일으킨다. 이처럼 오감각에 의한 직감적 판단은 오류가능성이 늘 잠복되어 있다.

〈사례 2〉 A는 다른 탐험대원들과 함께 동굴을 탐험하고 있다. 동굴 속을 탐험하던 중 여러 작고 큰 동굴들이 옹기종기 모여 있는 것을 발견했다. 그런데 그중 한 동굴의 깊이를 알 수 없었다. 그리하여 가지고 있던 줄을 연결하여 넣어보았으나 바닥에 닿지 않았다. 어떻게 그 동굴의 깊이를 가늠할 것인가를 고민하던 A는 이런 생각을 했다. '동굴 속으로 돌을 떨어트리면 바닥에 닿는 소리가 날 것이고, 그 시간이 얼마인가를 측정해서 동굴의 길이를 알아내야겠다.' 그리하여 A는 실험의 통제집단과 실험집단으로 구분하여 비교하듯 동일한 무게를 가진 돌을 두 개 찾았다. 그리고 동시에 하나는 깊이가 얕은 동굴에 떨어뜨리고 다른 하나는 깊은 동굴에 떨어트렸다. 깊이가 얕은 동굴에 돌을 떨어뜨리고 바닥에 닿는 소리가 나는 시간대를 측정했더니 2초였다. 그리고 가지고 있던 밧줄을 집어넣어 보니 바닥까지 약 40m이었다. 다른 깊은 동굴의 시간은 4초이었다. 소리의 속력(속도)은 온도와 매질 등에 의해 달라질 수 있다. A는 이러한 영향을 생각했지만 그 영향이 미비할 것이라 생각하고 시간 측정 결과를 가지고 동굴 깊이를 계산했다. 두 동굴에서 돌이 바닥에 닿은 시간대가 2초와 4초로 각각 시간이 측정되었으니 깊은 동굴은 2배이고 바닥에 내려가기 위해서 40m의 2배인 80m의 길이를 가진 밧줄이 필요할 것이라 생각하여 80m의 밧줄을 가지고 동굴을 내려갔다면, 오도 가도 못하는 큰 낭패에 처할 것이다. 왜냐하면 소리는 분명 2배의 차를 보였지만, 실제 깊이는 2배가 아니기 때문이다. 중력 가속도는 9.8㎧이다. 즉, 초당 제곱의 9.8미터로 변화한다. 이에 거리는 (가)속도×시간이므로, 거리를 S라 하면 각각 두 동굴의 깊이는 $S=9.8m/2^2$과 $S=9.8m/2^4$이 된다. 이는 9.8m×4, 9.8m×16이므로 곧 네 배가 된다. 따라서 40m×4=160m인 밧줄이 필요하기 때문이다. 사실 낙하속도를 계산하는 것은 간단하지 않다. 함수와 수열이란 수학적 개념을 필요로 한다. 예를 들어 물체의 질량을 m이라고 하고, 낙하거리를 y, 시간을 t라 하면, y= m · 9.8x^2관계식이 성립한다(단 공기와 다른 것의 저항이 없는 진공상태를 가정). 여기서 편의상 질량을 1이라 가정하면, 이차함수가 된다. 즉, y= 9.8x^2이다. 이때 x가 1초, 2초, 2초, 3초……로 변화할 때 낙하거리 값 y는 (9.8 · 1^2), (9.8 · 2^2), (9.8 · 3^2)……로 증가하는 변화가 일어난다. 여기서 <사례 1>은 감각기관에 의해 인식하는 경우인 데 반해 <사례 2>는 나름 실험논리의 분석적 기법을 가지고 판단한 경우이다. 예컨대 전자는 인지기관의 착오로 오류가 발생한 경우이고, 후자는 분석을 시도했지만 오류가 발생한 경우이다. <사례 2>에서 분석은 정확한 지(知)와도 관련된다는 점을 시사한다.

<사례 3> 분석은 설명력과 관련하여 설득력에 중요한 영향을 미친다. 다음과 같은 간단한 예들을 가지고 생각해보기로 한다.

> "두 개의 나무판이 있다. 하나는 표면이 매끄럽고, 다른 하나는 표면이 거친 나무판이다. 이 두 나무판 위에서 탁구공을 동일한 힘으로 굴릴 때, 어느 나무판 위에서 탁구공이 더 잘 굴러갈까?"

이 질문에 답하고자 甲은 직접 나무판을 가지고 실험했다. 그랬더니 매끄러운 나무판 위에서 탁구공이 더 잘 굴러갔다. 반복적 실행에도 동일한 결과가 나왔다. 그래서 [매끄러운 나무판 위에서 탁구공이 더 잘 굴러간다]라는 결론을 내렸다고 하자. 그런데 乙은 직감적으로 [당연히 매끄러운 나무판 위에서 탁구공이 더 잘 구른다]고 답했다. 甲과 乙의 답변은 동일하다.

> 어느 날 100㎏ 정도 나가는 사람이 달에서는 그 무게가 얼마일까를 두고 논란이 발생한다. 마을 사람들이 왈가불가하고 있는 사이 신(神)의 대리자로 권위를 인정받는 甲이 나서서 이렇게 말한다. [달에서도 그 사람의 체중은 똑같다.] 그런데 17세의 소년인 乙이 [그 사람의 무게가 크게 줄어들어 17㎏이 된다]라 주장한다.

두 사례 중 당신은 누구 말에 더 믿음이 가는가? 즉 누구 판단을 더 신뢰하겠는가?
우선 전자의 사례에서 사람들은 감(感)에 의한 판단보다는 반복적인 실험을 통한 판단을 더 신뢰하게 된다. '신뢰성에 차이를 두는 것은 왜 그런가?'라는 질문에 답을 할 수 있는가 여부이다. 직감에 의한 경우에는 '왜?'라는 질문에 잘 설명하지 못한다. 반면 실험을 통한 경우에는 마찰력과 같은 원인을 발견하는 사유작용을 하게 만들고 그리하여 원인을 통한 결과라는 설명을 가능하게 한다.

다음으로 후자의 사례에서 15세 소년은 물리학적 지식체계를 근거(판단기준)로 한 주장이다(과학에서 말하는 설명이란 개념이다). 물론 소년이 말한 무게는 근삿값이다. 하지만 신의 대리자로 권위를 인정받는 사람이 [달에서도 그 사람의 체중은 똑같다]에 비교하면 더 진실에 가까운 정확한 진술이다. 하지만 아마도 마을 사람들은 소년의 말보다는 신을 대리한 권위 있는 갑(甲)의 말을 더 신뢰했을지 모른다. 하지만 결정적으로 갑(甲)은 설명성을 가지지 못한다. 그리하여 그의 진술은 시간이 지남에 따라 의심을 받게 된다.

참고로 소년 을(乙)이 분석한 것을 살펴보자. 오늘날 질량(물체 또는 물질이 가지는 고유한 양) 은 무게와 다른 의미를 가진다. 무게가 없다고 하여 질량이 없는 것은 아니다. 가령 무중력 상태에서는 무게가 없지만 질량은 가진다. 질량은 밀도×부피라 하고, 무게는 지구가 물체에 작용하는 중력 크기라는 정의에 동의하고 있다[무게= 질량×지구중력(9.8)]. 그런데 중력은 지구에서 뿐만 아니라, 다른 행성 또는 달에서도 작용한다는 것을 알고 있다(만유인력). 그리고 행성들의 크기와 질량이 서로 달라 지구에서 무게를 측정한 것과 달라진다는 것도 알고 있다. 지구와 달, 그리고 금성 간의 상대적 중력(물체 또는 물질을 중심으로 끌어당기는 힘) 값은 다음과 같다.

행성	중력 값(중력의 상대적 크기)
지구	1.00
달	0.17
금성	0.91

II. 원형(原形): 종합주의와 개체주의

분석의 원형(original form)을 발견할 수 있는 종합주의(holism)와 개체주의(individualism) 에 대해 살펴보기로 한다. 우주를 생각할 때 투박하지만 다음의 두 생각을 할 수 있다. 하나는 세계를 하나의 덩어리로 생각하는 것이고, 다른 하나는 세계를 조각들의 모임으로 생각하는 것이다. 전자를 통합주의, 후자를 개체주의라고 지칭한다. 과거 동양인(한국, 중국, 일본 중심의 아시아인)들은 세계를 통합적으로 이해했다. 독립된 개체들로 세계를 보는 것이 아니라 하나의 전체적인 것으로 보려 했다. 유가의 역(易: 흔히 주역이라 지칭)에서 세계는 끊임없이 변화하고, 생멸이 일어나는 하나의 유기체이다. 장자는 『도덕경』에서 [다섯 가지 색으로만 묶으면 우리 눈은 멀게 되고, 다섯 가지 소리로만 묶으면 우리 귀는 멀게 된다. 다섯 가지 맛으로만 묶으면 우리 입맛은 짧아진다]고 말하고 있다. 불교의 연기적 세계관에서는 세계의 모든 것들은 마치 하나의 돗자리의 매듭들처럼 서로 연계되어 있다고 생각한다. 그렇기 때문에 매듭 하나만을 보게 되면 참을 보지 못한다고 생각했다. 하지만 전체적 흐름에서 볼 때, 통합주의에 머물렀다. 연역적 사고로 지칭되는 일반에서 개별로 나아가는 체계적인 논리체계를 정립하지 못했다. 역으로 개별에서 일반으로 나아가는 방향의 귀납사고를 접목하여 연역과 귀납의 체계적 논리체계로 발전하지 못했다. 반면 과거 그리스인들은 세계를 개체적으로 생각했다. 세계를 독립된 개체들로 구성된 집합적 개념으로 이해했다. 아리스토텔레스는 개체를 중심으로 [종<속<과<목<강<문<계]와 같은 동식물들을 분류해나갔다. 개체를 출발점으로 하여 개체들을 모아 점점 더 큰 덩어리로 확장하는 방식으로 세계를 이해하고자 했다. 오늘날 개별(특칭)에서 일반(전칭)으로 나아가는 귀납적 사고로 지칭되는 사유방식이다. 그런데 이러한 사유도 하나의 개체에서 더 이상 쪼개질 수 없는 독립 단위인 원자론(Atom)과 점이란 쪼갤 수 없는 것이라는 기하적 사고와 그 맥을 같이한다. 반면 귀납적 사유방식과 더불어 연역적 사고도 등장했다. 일반으로부터 개별을 이끌어내는 논리체계이다.

오늘날 시각에서 통합주의와 개체주의적 시각은 사유하는 방식과 결과물을 달리할 수밖에 없다. 상대적이지만 전자는 거대(巨大)하다. 선험적인 방법으로 생각할 수밖에 없다. 큰 대상에 대한 인식물은 관념적이고 추상적일 수밖에 없다. 때론 애매모호함과 신비성을 가질 수 있다. 반면 후자는 미소(微小)하다. 후험적인 방법으로 생각할 수 있다. 작은 대상에 대한 인식물은 사실적이고 구체적일 수 있다. 상대적이지만 증명 가능성이 높다. 이러한 차이로 서로 대비되는 장단점을 가지고 있다. 외환위기와 금융위기 등과 같은 문제에 직면하여 처방(해결/해소)을 목적으로 하는 판단에서 개체주의적 시각은 각 경제주체들의 관점에서 문제를 바라보기 때문에 각 개체가 가진 개별적 특성 또는 상황이 고려되는 장점이 있다. 하지만 전체적 맥락이 무시되거나 이해관계로 대안 결정이 어렵게 되는 단점이 있다. 통합주의는 이와 대비되는 장단점을 가지고 있다. 또한 지(知)와 관련하여 개체주의 시각은 정밀한 지식을 얻어내는 데 유리하지만 경우에 따라 무한 하향과 상향이 이루어져야 하는 단점을 가진다. 반면 통합적 방식은 무한 하향하거나 무한 상향할 필요가 없지만, 정밀하고 검증된 지(知)를 얻기 어렵다.

【참고】 한글과 영어를 통해 본 통합주의와 개체주의

언어에는 언어공동체의 생활양식과 사상 그리고 사고방식 등에 관련된 다양한 정보들이 농축되어 있다. 한글과 영어를 비교해보면 동양의 통합주의와 서양의 개체주의가 포착된다. 영어에서는 세계를 구성하는 개체들 중심에서 고찰된다. 이에 문장이 개체(주어) 중심으로 이루어진다. 개체를 지칭하는 주어(존재사)가 중요하다. 그러나 한글에서는 세계를 구성하는 전체적 또는 공동체적 사고에서 각 개체들은 분리될 수 없는 것들이고, 이에 통합적인 것으로 고찰된다. 그리하여 문장에서 개체(주어)들이 중심이 되기보다는 서술어가 중심이 되는 경우가 많다. 주어(개체)가 생략되는 경우가 많다. 예를 들어 보자.

이 책은 재미있다. 그래서 나는 재미있다.	This book is interesting, and I'm interested.

각각 두 문장으로 구성된 진술에서 문장들이 가진 술어(술부) 형태가 다르다. 한글의 경우 주어가 [이 책]과 [나]로 다른 경우에도 [재미있다]라는 동일한 형태이다. 하지만 영어의 경우 [This book]과 [I]로 각 주어에 의존되어 호응하는 술어 형태가 다르다(능동태와 수동태로 표현되고 있다).
예를 하나 더 들어 보자.

이 책은 감동적이다. 그래서 (나는) 감동적이다.	This book is touching, and I'm touched.

역시 영어는 개체 중심적이다. 개체를 중심으로 문장이 형성된다. 그런데 여기서 한 가지 더 주목되는 점이 있다. 영어 두 문장에서 각각 주어인 [This book]과 [I]라는 개체들이 가지는 관계이다. 즉, 개체와 개체 간의 관계이다. 만약 이러한 관련성이 없다면, 이는 독립된 문장이다. 하지만 어떤 관련성을 가지고 있다면, 두 문장은 통합적인 시각에서 맥락을 통해 해석되어야 한다.

III. 분석을 실현하는 수단

1. 분석적 사고가 요구되는 상황과 적용

1) 분해와 집적

하나의 대상을 구성요소로 잘게 분할하거나 또는 잘게 분할된 것을 집적할 필요성이 있는 문제이다. 분해와 집적은 이는 공간과 시간 모두에서 이루어진다. 우선 공간에 대해 살펴보자. 어떤 그릇이 있고 그 속에 담을 물(水)의 양을 알고 싶을 때 어떻게 할까? 그릇의 면적을 분해하여 각각의 크기를 파악하고, 이를 나중에 집적하면 되지 않는가 하는 생각을 할 수 있다. 가령 면적과 부피를 계산하려는 경우를 생각해보자. 원점에서 동일한 반지름의 길이를 가진 원이 있다고 할 경우, 이 도형의 부피를 구하는 경우 밑변의 넓이를 h만큼 쌓아 놓은 것으로 생각할 수 있다. 그렇기 때문에 밑면적에 해당하는 면적을 높이만큼 모두 합하면 전체 부피가 된다. 즉, [밑면적($r^2\pi$)×높이(h)]가 된다.

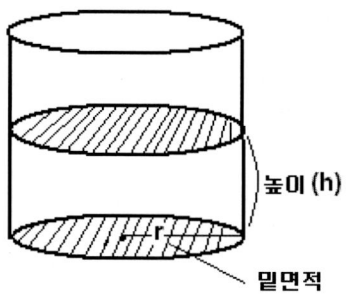

<밑면적>

<높이 (h)>

<분해와 집적을 통한 부피 구하기>

다음으로 시간(time)에 대해 살펴보자. 어떤 자동차가 시속 60㎞로 주행한다. 그런데 그 자동차는 매시간 같은 속도로만 달리지 않는다. 평균적 속도이기 때문이다. 그러면 특정 시점에서의 속도는 어떻게 계산할 수 있을까? 난제(puzzle)이다. 여기서 평균속도는 집적(적분) 개념이다. 마치 정지된 화면 하나하나가 모여 동영상을 이루듯 정지된 시간들의 합이 가지는 속도이다. 즉, 시속 60㎞는 측정 시점들이 모두 집적된 개념이다.[37] 그런데 시간을 다시 잘게 쪼개면 움직임이 멈춘 상태라는 정지(停止)라는 개념이 등장한다. 정확한 것은 아니지만 특정 시점에서 가지는 아주 근사치 속도 값을 얻을 수 있다. 이러한 생각으로 등장한 것이 미분(微分)이다.

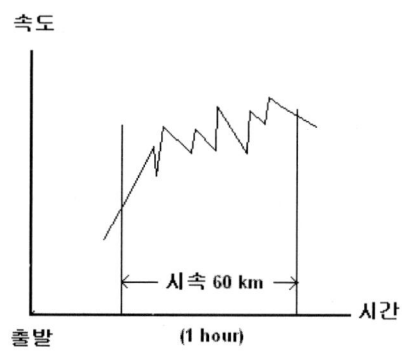

속도

시속 60 km

시간

출발   (1 hour)

다른 예를 살펴보자. <인수분해>의 예이다. 다음과 같은 식이 있다고 하자.

$$[a^3 + 3a^2b + 3ab^2 + b^3]$$

---

37) 정지된 그 무엇을 이해하는 분석의 경우를 정태적 분석[예: 좌표표면상에서의 특정 점(點)을 분석], 변화의 그 무엇을 이해하는 분석을 동태적[예: 좌표표면상의 직선 또는 곡선의 선(線)] 분석이라 말한다.

그런데 어떤 수를 최소 단위로 분해하면, 1 또는 자기 자신 외의 숫자(또는 문자)로는 더 이상 분할할 수 없는 단위가 있을 수 있다. 즉, 인수(因數)이다. 이러한 생각으로 다항식 $[a^3+3a^2b+3ab^2+b^3]$를 공통인수로 더 이상 쪼갤 수 없는 상태로 만들면, $[(a+b)×(a+b)×(a+b)]$가 되고, 이를 간단히 표현하면 $[(a+b)^3]$가 된다. 간결하게 응축된 식은 이해에 용이성을 주는 한편 연산의 횟수를 줄여 계산 속도를 향상시킬 수 있다. 가령 컴퓨터가 작업하는 경우 $[(a+b)^3]$는 a+b 더하기 한 번과 그 값을 세 번 곱하는 네 번의 연산으로 결과 값이 나오지만, $[a^3+3a^2b+3ab^2+b^3]$의 경우는 훨씬 많은 횟수의 연산이 필요하다.

2) 분리와 조합

섞여 있는 것에서 각각을 떼어내거나 또는 떼어져 있는 것들을 결합해야 하는 문제이다. 매일 아침 약수터에서 가져오는 물(水)은 건강에 유익할까? 아니면 유해할까? 이러한 질문에 물의 맛, 냄새, 촉감 등을 이용해 판단할 수 있을 것이다. 하지만 그 물을 구성하고 있는 다양한 물질들을 서로 분리하여 살펴본다면, 보다 정밀하고 정확한 판단을 할 수 있다. 부연하여 분리는 어떤 개체로부터 이탈(off)을 말하고, 조합은 두 개 이상의 개체를 어떤 것으로 합체하는 것을 말한다. 가령 어떤 장치를 떼어내거나 합체하는 경우, 독립과 병합 같은 경우들이다.

이때 주의할 것은 원형이 훼손되지 않아야 한다. 즉, 본래 문제가 가진 값이 달라지면 안 된다. 예를 들어 2000×2003의 값은 4,006,000이다. 이때 주어진 문제를 2000을 기준으로 하여 (2000×2000)+(2000×3)으로 분리/조합하면 4,006,000의 동일한 값을 구할 수 있다. 24×23을 계산하는 경우에도 마찬가지로 원형을 훼손하지 않고 20을 기준으로 하여, (20×20)+{(20×4)+(20×3)}+(4×3)으로 조작하여 동일한 값인 552를 도출할 수 있다.

3) 분산과 집중

한 곳에 모여 있는 것들을 여러 곳으로 흩트리거나 또는 여러 곳에 산재해 있는 것들을 모아 결속해야 하는 문제이다. 위험이 한 곳에 집중되면 치명적 결과를 야기할 수 있다. 이러한 경우 위험을 분산시킬 필요가 있다. 반면 [구슬이 서 말이라도 꿰어야 보배]라는 말이 있듯이 어지럽게 널려져 있는 자료들은 그 자체로 아무런 효용성이 없다. 끝마무리 또는 정리를 통해 전체적인 모습을 갖추는 작업이 필요하다. 가령 퍼즐 맞추기 또는 논제(논증되어야 할 주제)에 대하여 입론(定立, thesis: 正)과 반론(反定立, antithesis)

이 있을 경우, 이를 종합(synthesis: 合)하는 추론의 경우이다.

2. 분석의 수단(means)

분석은 통상 [분류, 범주, 비교, 관계]의 사고들로 실현된다. 이때 산출되는 정보는 [X는 x이어야 한다]라는 당위적 진술이 아니라, [X는 x이다]라는 설명적(서술적) 진술이다. 남극의 수만 년 된 얼음이 아무런 의미를 가지지 못한 채 존재하다가 그 속에 보관하고 있던 기포(氣泡)들이 [분류, 비교, 범주, 관계]의 사고들과 만나게 되면, 그것은 당시 대기와 기온 등을 설명하고 지구변화에 대한 귀중한 정보들로 제공하는 보배로 탈바꿈한다.[38]

분석의 아이디어를 실현시키는 수단(means)		
분류		정리 ⇒ 체계적 정리가능성의 실현
범주	↕	영역화 ⇒ 일반지 생산가능성과 필연적 추론가능성 실현
비교		대조와 식별 ⇒ 이해가능성과 선택가능성 실현
관계		관련/연결 식별 ⇒ 미래적 예측가능성과 객관적 평가가능성 실현

<가상적 상황>의 예

[상황 1] 죽간에 적힌 문서들을 운반하던 중 수레가 절벽으로 굴러 떨어져 죽간들이 여기저기 흩어져 버렸다. 죽간들을 원래대로 묶어 다시 정리하여야 한다.

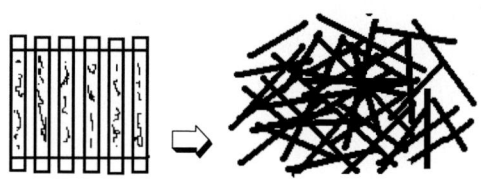

---

38) 분석은 ① 분류, ② 범주, ③ 비교, ④ 관계의 사고들을 실현도구로, 이것들 중 하나 또는 둘 이상이 혼합되어 정보를 산출한다(이러한 산출물은 사유원칙인 동일률, 배중률, 비모순율에 의해 평가된다). 이러한 분석의 idea는 지식 창출에 기초적인 사고방식이다. 이에 분석은 연구라는 용어와 동일한 개념으로 사용되기도 한다. 연구도 [① 분류, ② 범주, ③ 비교, ④ 관계]의 사고들을 수단으로 실현되기 때문이다.

[상황 2] 방 안에 온갖 다른 종류의 퍼즐 조각들이 서로 한데 뒤섞여 있다. 퍼즐조각들을 맞추어 3가지 그림을 완성해야 한다.

[상황 3] 자료들이 무질서하게 시시각각 상황실로 들어오고 있다. 이것들을 정리하여 전체적 스토리를 완성해야 한다.

세 가지 상황들은 [분류, 범주, 비교, 관계]의 사고들 중 하나 또는 둘 이상의 사고들이 혼합되어야만 문제를 해결할 수 있다. 공통적으로 한 곳에 모여 있는 것들을 여러 곳으로 흩트리거나 또는 여러 곳에 산재해 있는 것들을 모아 결속해야 하는 문제들이다. 하지만 성격이 다르다. [상황 1]의 경우 동일한 범주에 속하는 죽간들이다. 반면 [상황 2]는 세 범주의 조각들이 섞여 있다. 마지막으로 [상황 3]은 자료들의 범주가 동태적(動態的)이다. 자료들의 내용도 불확실성을 가지고 있다.

1) 분류(classify)

세 가지 상황에서 분석적 활동은 수집된 자료들을 분류하는 작업에서부터 시작된다. 만약 분류가 잘못되는 경우 문제해결에 오류를 면할 수 없다. 이때 흔히 놓치기 쉬운 점이 있다. 분류의 기준이다. 가장 일반적인 것이 오감각 중 시각에 의한 방법이다. 즉, 자료들이 가진 형태(형체/모양)로 구분하는 방법이다. 가령 일차적으로 오감각에 의해 획득되는 정보들의 비교를 통해 분류해야 할 것이다. 가령 형태, 소리, 재질(촉감), 맛, 냄새 등으로 공통적인 것끼리 묶는 방법이다. 그런데 외연적 형태로 분류가 가능하지 않은 경우가 있다. 시각적으로 형태(외양)에 이러한 차이가 없거나 또는 차이가 애매모호한 경우라면 모양을 가지고 구별할 수가 없다. 특히 [상황 1]과 같은 단순한 상황에서도 죽간에 쓰인 글의 내용을 파악해야 전후 순서를 추론하여 정리할 수 있게 된다. 이러한 경우 죽간에 쓰인 내용을 아는 사람만이 문서화 작업을 수행할 수 있게 된다. 때론 문자를 알고 있는 경우에도 전후 글의 맥락을 통해 해석된 내용을 가지고 순서대로 정리하기가 쉽지 않은 경우가 많다. [상황 2]와 [상황 3]의 경우에도 마찬가지이다. 상대적이지만 오감각에 의해 자료들이 가진 공통점과 차이점을 분별할 수 없는 경우들이 많다. 조각들 속에서 관련 조각들을 찾아 그림을 완성해야 하는 [상황 2]의 경우도 형태적 분별이 어려운 경우 결국 스토리를 완성해야 하기 때문이다. 이러한 이유로 내용적 측면에서 가지는 속성과 의미 같은 것들이 분류기준으로 작용된다. 이에 때론 분석의 목적에 따라 시간, 공간 등의 분류 기준들이 활용되기도 한다.

2) 범주(categorization)

통상 범주는 분류가 이루어지면 만들어진다. 범주화 작업에 분류는 필수적이지만, 분류를 행한다 하여 반드시 범주가 반드시 만들어지는 것은 아니다. 범주는 그 영역에 속하는 개개의 원소들을 포섭하는 일반지를 산출한다는 점에서 중요한 기능을 수행한다. 분석을 실현시키는 핵심적 사고라 할 수 있고, 범주에 관련하여 분석의 단위가 늘 문제된다.

예를 들어 동일 범주에 속한 개개의 원소들 일체를 포함하는 [모든]을 지칭하는 것을 [일반]이라 할 때, [일반]은 수직적/수평적 피라미드 구조의 지식체계에서 상대적이다. 가령 A가 {A: a, b, c, d, e, f, g}라는 원소들로 구성되어 있다고 할 경우, 이를 {X: a, b, c}, {Y: d, e f, g}의 두 개의 범주로 세분화할 수 있다. 이때 A의 관점에서는 X, Y는 부분집합에 해당한다. 역으로 만약 A를 포함하는 더 큰 범주의 U라는 집합이 존재한다고 가정하면, U는 A의 상위범주이고, A는 U의 하위범주로서 부분집합이 된다. 이처럼 X와 Y에 대한 진술, A의 진술, U의 진술들은 각기 일반지 성격을 가지지만 지식체계의 관점에선 그 의미들이 피라미드 구조를 가지게 된다. 이러한 점에서 분석을 어느 범주로 할 것인가에 관련된 단위가 늘 문제가 된다.

범주의 크기

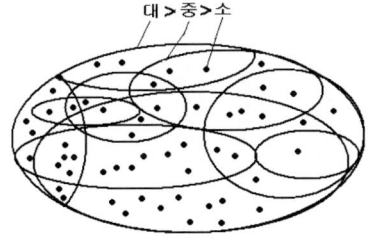

부연하면, 범주화(categorization) 수단은 앎(지식과 정보)과 관련하여 다음과 같은 기능을 수행한다. 첫째, 이해의 수단성이다. 가령 동식물을 종속과목강문계로 범주화하면 체계적이고 요약적으로 이해하는 데 용이하다. 둘째, 타당성 판별의 수단성이다 예를 들어 100여 마리 정도의 곰을 관찰해보니, 그 곰들은 모두 겨울잠을 자는 습성을 지니고 있다는 사실을 알았다고 하자. 이러한 습성을 모든 곰들에게 적용할 수 있다면,[39] 그 앒은 곰 전체에 대한 일반지로서, 이를 통해 특정 A라는 곰에 대하여 [그 곰은 겨울잠을 잔다]라는 개별적 진술의 타당성을 평가할 수 있게 된다. 이러한 이유로 논리학에서 범주사고는 논증의 타당성 평가에 중요한 수단이다. 간단한 예로 아래의 표(table), 막대그래프, 파이 차트(pie chart)는 우리나라 국민이 정보를 취득하는 출처에 대한 2차 평면적 진술의 예이다. 이는 분류와 범주사고의 수단들로 가지게 된 것이다.

취득출처	취득비율(백분율)
TV	31%
탐구	3%
사람	24%
책	15%
인터넷	22%
신문	15%

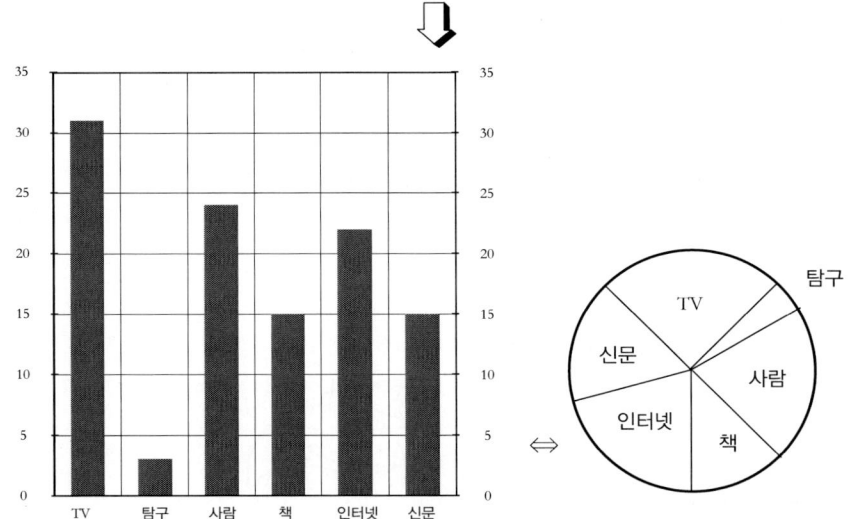

3) 비교

통상 비교는 복수의 물(物)들 간에 가지는 형태와 내용 면에서 공통점/차이점, 장점/단점, 강점/약점 등을 식별하는 작업으로 이루어진다. 비교는 보다 명확한 이해가능성과 비교를 통해 산출된 정보를 토대로 선택가능성을 실현하는 기능을 수행한다. 서로 비교

---

39) 주의할 점은 경험에 의한 지식의 생산은 귀납적 추론으로서 다른 것에도 일반화하여 적용할 수 있는가라는 외적 타당성이 문제된다. 즉, 특정 사례를 연구하여 도출된 앒(개별적 지식)을 다른 사례에도 적용할 수 있는가라는 문제이다.

될 수 있는 상대적인 것이 존재하면 이해가 보다 명료해진다. 가령 무작위로 동질성을 갖는 두 집단을 구성하고 한 집단에 일정한 작용을 가함으로써 나타나는 결과에 대한 차이점을 포착하면 이해가 보다 확실해진다. 두 가지 이상의 대상들을 견주어보면, 보다 나은 것 또는 쓸 만한 것을 선택할 수 있는 가능성을 높일 수 있다. 가령 선택은 기회비용을 수반하는 성질을 가진다. 선택으로 나타날 결과들을 견주어봄으로써 보다 나은 결과를 가져올 가능성을 실현할 수 있다.

4) 관계

통상 관계는 복수의 물(物)들 간에 가지는 형태와 내용 면에 상호작용과 관련하여 연결성(connection), 연관성(influence) 등을 식별하는 작업으로 이루어진다. 관계 정보는 미래적 예측가능성과 객관적 평가가능성을 실현해주는 기능을 수행한다. 오늘날 분석의 주된 관심은 관계라 해도 과언이 아니다. 만물은 가변적이며, 개개의 물들은 상호 영향을 주고받는다. 우주 일체의 사건(일)은 관계로서 접근된다. 생명체이든 비생명체이든 또는 정신이든 물질이든 독립적으로 존재할 수 없으며, 마치 고구마 줄기처럼 관계로 존재하는 것으로 사유되고 있다.

기원전 1650년경 이집트 아메스가 생각한 원의 면적과 사각형 면적이 가지는 관계

'토지 측량과 조세의 공평과세를 위해 아메스는 지름이 x 길이인 원의 면적을 어떻게 계산할까?'라는 문제를 고민했다. 당시에는 파이(π)를 알지 못했다. 이에 아메스는 원과 사각형의 관계를 이용해 가로와 세로의 길이를 각각 $x-1$로 구하여 $(x-1) \times (x-1)$의 방법으로 계산했다. 오늘날 파이(π) 값을 대입하여 구한 값과는 오차가 있지만, 매우 근사치를 구했다. 지름이 9m인 경우에 이 같은 방법을 적용하면, 오차가 1㎡도 되지 않는다.

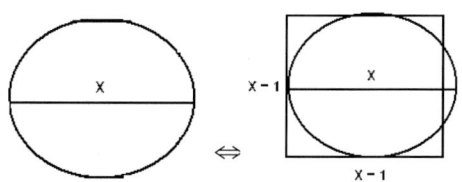

○ 지름이 5m인 원의 넓이 2.5×2.5×3.14=19.625

한 변의 길이가 4m인 정사각형 면적 4×4=16

⇒ 오차: 3.625

○ 지름이 6m인 원의 넓이 3×3×3.14=28.26

한 변의 길이가 5m인 정사각형 면적: 5×5= 25

⇒ 오차: 3.26

○ 지름이 7m인 원의 넓이 3.5×3.5×3.14=38.465

한 변의 길이가 6m인 정사각형 면적: 6×6= 36

⇒ 오차: 2.465

○ 지름이 8m인 원의 넓이 4×4×3.14=50.24

한 변의 길이가 7m인 정사각형 면적: 7×7= 49

⇒ 오차: 1.24

○ 지름이 9m인 원의 넓이 4.5×4.5×3.14=63.585

한 변의 길이가 8m인 정사각형과 같은 면적: 8×8=64

⇒ 오차: 0.415

○ 지름이 10m인 원의 넓이 5×5×3.14=78.5

한 변의 길이가 9m인 정사각형과 같은 면적: 9×9=81

⇒ 오차: 2.5

○ 지름이 11m인 원의 넓이 5.5×5.5×3.14=94.985

한 변의 길이가 10m인 정사각형과 같은 면적: 10×10=100

⇒ 오차: 5.015

주역(周易)과 관계

○ 주역(周易)이란 주나라 시절에 만들어진 유학의 사서삼경 중 역(易)경의 하나를 지칭하는 말이다.[40]

○ 역(易)이란 음양의 조화로 일어나는 변화를 의미한다.

○ 음양(陰陽)의 조화란 음양이 섞여 있는 상(象)으로 현상을 만들어내는 원초적 상(象)을 말한다.

---

40) 참고로 은나라 시절의 역인 은역, 조선에서 만든 정역 등 다양한 호칭의 역(易)들이 있다.

- 음: 차가운 성질. 하향하는 성질. 예) 물(水), 고추냉이.
    표현(figure):[▬ ▬] Cutting lines.
- 양: 따스한 성질. 상향하는 성질. 예) 불(火), 부추.
    표현(figure): [▬▬▬] Continuing line.

ㅇ 생멸(生滅), 그리고 효(爻)와 괘(卦)
- 효: 음 또는 양을 표현한 가로로 그은 획. [▬ ▬] 또는 [▬▬▬]
- 괘: 음과 양 6개의 효로 이루어진 것. 64개의 괘로 우주만물을 상징.

아래 그림에서 순수한 양의 괘(좌)와 순수한 음의 괘(우)의 중간에 음양이 섞인(조합) 62개의 괘가 존재. ⇔ 상괘, 하괘 각각 6개의 조합이 존재. 따라서 $2^6 = 64$개.

※ 음과 양의 섞임으로 가지는 생사 괘: 태괘(生)와 비괘(死)
⇒ 생명의 역동성: 양(불)이 하괘에 위치하여 상향하는 섞임 상태를 가지면 생(生)하지만, 상괘에 위치하면 사(死)가 일어남(예: 머리로 화가 치밀면 死).

예) 태극기: 생명 탄생을 상징하는 태극을 중심으로 좌의 상하로 3(건: 하늘을 상징), 4, 우의 상하로 5와 6(곤: 땅)의 괘를 상징.

ㅇ 태극음양오행
주역에 기반을 두어 음양의 성질로 가지는 생명탄생(태극)과 만물의 구성요소를 토를 중심으로 화목수금토(불, 나무, 물, 쇠, 흙)로 환원(reduction)하여 상생과 상극 관계를 설명.

분류와 범주 및 선택, 그리고 관계

A가 {A: a, b, c, d, e, f, g}라는 원소들로 구성되어 있을 때, 이를 {X: a, b, c}, {Y: d, e f, g}의 두 범주로 다시 세분화했다고 가정하자. 이때 A 범주 관점에서 X, Y의 두 범주는 전체 집합 A의 부분집합이다. 이때 X와 Y 간에는 서로 소(疏)의 관계(무관계)가 되는 경우가 있다. 즉, A에 속하는 어떤 원소가 반드시 X 또는 Y 둘 중 하나에 속하게 되는 경우이다. 이때의 진술을 단순함언이라 한다. 가령 {A: a, b, c, d, e, f, g}={X: a, b, c}, {Y: d, e f, g}일 때, 원소 a는 X 또는 Y 둘 중 하나에 속한다. 즉, [a는 X이거나 또는 Y이다]라는 진술에서 둘 중에 하나는 제거되어야 한다.

그런데 전체집합 A에서 X, Y로 분류한 경우 X와 Y 두 범주 모두에 속하는 어떤 원소가 존재할 수 있다. 즉, 교집합적 성격을 가지는 원소이다. 가령 {A: a, b, c, d, e, f, g}={X: a, b, c}, {Y: a, d, e f, g}로 분류될 때, 이때의 a이다. a는 A에 속하고 동시에 B에 속한다. 이러한 경우를 포괄함언이라 한다. 이에 대해서는 논리학 강의에서 상세히 후술될 것이다. 부연하여 이러한 단순함언과 포괄함언의 사고는 일상에서 인과적 사고인 조건과 결과 사고와 혼합되어 올바른 정책(법규/지침 등)의 제정과 해석에서 중요한 의미를 가진다. 가령 자격요건에서 열거된 사항들 중에서 하나만 충족해도 되는 경우가 있을 수 있고, 이와 반대로 모든 사항을 충족해야 자격이 발생하는 경우이다. 이는 진술자(제정자)가 그 의미를 명확하게 표현하는 것이 바람직하지만, 간혹 애매모호한 경우가 있다. 이러한 경우 전체적 관점에서 정책의 목적과 취지 등에 비추어 문맥상 해석될 수밖에 없다.

개체들의 관계를 통한 종합적 분석

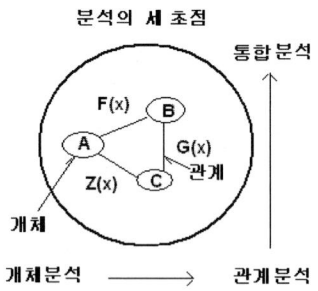

위 그림은 분석을 하는 세 초점을 나타낸 것이다. 개체란 하나의 유한성을 가진 독립

적 경계를 가진 물(物)로서 단독자를 말한다. 반면 관계란 개체들 간의 영향을 주고받는 상관성 또는 인과성 등의 관련성을 말한다. 만약 개체들의 관계에 규칙성이 발견되면 함수(식)로 표현할 수 있다. 종합적 분석이란 위의 그림에서 3개의 개체들이 가지는 각각의 형태와 속성을 파악하고, 이것들이 가진 상호작용 관계를 통해 전체적으로 고찰하는 방식을 말한다. 예를 들어 한 가족의 구성이 부모와 한 명의 자식으로 구성된 3명의 식구들로 구성되어 있다고 할 경우, 아버지와 어머니 그리고 자녀의 각각의 속성과 이들 각각이 상대방과 가지는 관계를 고찰하여 가정을 분석하는 방식이다.

[문] 다음 글의 내용을 토대로 〈보기〉의 진술에서 참과 거짓을 각각 고르면?

바이러스의 감염방식은 두 가지이다. 하나는 A방식이고 다른 하나는 B방식이다. A방식에 의해 감염되는 바이러스는 주로 호흡기에 감염되지만 중추신경계에는 감염되지 않는다. 반면 B방식으로 감염되는 바이러스는 주로 중추신경계에 감염되지만 호흡기에 감염되는 종류도 있다. 바이러스의 형태는 핵산을 둘러싸고 있는 캡시드의 모양으로 구별된다. 형태들 중에서 많이 발견되는 것이 0형태, V형태, W형태이다. 0형태 바이러스는 모두 A방식으로 감염되고, V형태 바이러스는 모두 B방식으로 감염된다. 그러나 W형태 바이러스는 때론 A방식으로 때론 B방식으로 감염된다. 최근 유행했던 바이러스 X는 W형태가 아닌 것으로 밝혀졌고, B방식으로 감염되었다. 그런데 바이러스 Y는 바이러스 X의 변종이다. 그 감염방식은 X와 동일하다.

〈보기〉

ㄱ. 바이러스 Y는 W형태가 아니다.

ㄴ. 바이러스 Y는 호흡기에도 감염된다.

ㄷ. 바이러스 Y는 V형태이다.

ㄹ. 바이러스 Y는 중추신경계에 감염된다.

ㅁ. 바이러스 Y는 0형태이다.

① ㄱ, ㄴ.   ② ㄱ, ㅁ.

③ ㄴ, ㄷ.   ④ ㄴ, ㄹ.

⑤ ㄴ, ㅁ.

[해설] 답: ⑤

```
    ╭─────────────────────╮          ╭──────────────────────╮
    │    형태: O, W        │          │     형태 W. V         │
    │  성질: 주로 호흡기로 감염 │          │  성질: 주로 중추신경계로  │
    ╰─────────────────────╯          │  감염. 호흡기에도 감염   │
                    A감염방식 ⇔ B감염방식   ╰──────────────────────╯
                              ↕
```

= 바이러스 X와 바이러스 Y는 <B감염방식>. 단, 바이러스 X는 W형태가 아닌 것으로 이미 밝
혀졌다.

ㄱ. 바이러스 Y는 W형태가 아니다. ⇒ 주어진 정보로는 판단할 수 없다(불가지론). 지문 하단에
서 감염방식만 말할 뿐 형태에 대해서는 언급이 없다.

ㄴ. 바이러스 Y는 호흡기에도 감염된다. ⇒ 참이다.

ㄷ. 바이러스 Y는 V형태이다. ⇒ 주어진 정보로는 판단할 수 없다(불가지론). 지문 하단에서 감
염방식만 말할 뿐 형태에 대해서는 언급이 없다.

ㄹ. 바이러스 Y는 중추신경계에 감염된다. ⇒ 개연진술이다. 지문에서 호흡기에도 감염되는 경
우가 있다.

ㅁ. 바이러스 Y는 0형태이다 ⇒ 거짓이다. 지문에서 0형태 바이러스는 모두 A방식으로 감염
된다.

✔ 유사기출문제: 2010년도 행정(기술)·외무고시·견습직원선발시험(언어논리영역, 수책형 31번)

[문] 다음과 같은 자료로 다음 〈보고서〉가 작성된 경우, 〈보기〉에서 반드시 필요한 자료가 아닌 것은?

〈보고서〉

■ A시 전체 노인요양시설 1일 평균 수용인원은 2010년에 51,234명으로 가장 많았고, 2011년 이후 감소하여 현재 43.210명이다.

■ 국가 전체 어린이집 수용인원 대비 A시의 1년 평균 수용인원의 비율은 2000~2011년 0.25~0.33%를 유지하고 있다.

■ 2000년부터 2009년까지 매년도말 기준 65세 여성 평균 수용인원은 전체 수용자의 45~57%를 유지하고 있다. 남성의 비율은 2006년에 55%로 가장 높았고, 2009년에 43%로 가장 낮았다.

〈보기〉

ㄱ. 2000년부터 2011까지 A시 연도별 노인요양시설 수용인원 자료

ㄴ. 2000년부터 2011까지 A시 연도별 총가구수 자료

ㄷ. 2000년부터 2011까지 A시 연도별 노인요양시설 성별 수용 인원 자료

ㄹ. 2000년부터 2011까지 연도별 국가 총인구 대비 65세 이상 인구 비(比)자료

ㅁ. 2000년부터 2011까지 국가 전체 노인요양시설 수용인원 자료

ㅂ. 2000년부터 2011까지 국가 전체 노인요양시설 운영시설 수 자료

① ㄱ, ㄷ, ㅂ ② ㄱ, ㄴ, ㄹ
③ ㄴ, ㄷ, ㄹ ④ ㄴ, ㄹ, ㅁ
⑤ ㄴ, ㄹ, ㅂ

[해설] 답: ④

p(자료)→정보추출→q(보고서 진술). ㄴ, ㄹ, ㅂ의 자료들은 보고서 작성에 꼭 있어야 할 자료는 아니다.

✔ 유사기출문제: 2010년 행정(기술)·외무고시·견습직원선발시험(자료해석영역, 인책형 36~38번)

[문] 다음 글의 (가), (나)를 〈보기〉의 속담들이 가진 의미에 부합되는 것을 골라 연결한 것으로 가장 적절한 것은?

경제이론은 수학, 기호, 그림, 문자 등을 도구(tools)로 하여 경제현상에 존재하는 법칙을 구명(究明)하고, 그 법칙을 활용하여 미래의 경제현상을 설명하려 한다. 반면 경제정책론은 어떤 경제상태가 바람직하며 그 바람직한 상태를 어떻게 효율적으로 달성할 것인가를 다룬다. 여기서 경제이론은 일반적으로 가설을 설정하고, 복잡 다양한 경제현상을 가정을 통해 단순화된 모형을 구축한다. 그리고 모형을 검증하여 타당성이 인정됨으로써 만들어진다. 하지만 타당성이 인정되었다 하여 그것이 영구불변의 것은 아니다. 시간과 공간에서 상대적이고, 시대에 따라 혹은 경제체제 등에 따라 그 유효성을 상실하기도 한다.

다른 학문들에서도 마찬가지지만 경제이론에서 인과관계를 밝히는 것은 중요한 과제이다. 이때 [A가 변하자 B가 변한다], [A가 변하면 B도 변해야 한다], [B가 변했다면 A도 변해 있어야 한다]는 사실들을 충족한다 하여 A가 B의 원인이라 단언하기 어렵다. 다른 숨어 있는 제3의 변수가 A와 B 모두를 움직일 수 있기 때문이다. 이를 ㉠ 인과의 오류라고 한다. 또한 경제이론에 있어 적용되는 사유는 주지의 사실로 연역법과 귀납법이다. 즉, 개별에서 일반법칙을 이끌어내고 일반법칙에서 개별을 추론한다. 하지만 범하기 쉬운 오류가 하나 있다. 부분이 참이라 하여 전체에 대하여 참인 것이 많다. 하지만 이것이 항상 참이지는 않다는 점이다. 가령 영화관에서 한 사람만 일어서 보면 스크린을 잘 볼 수 있을 것이다. 하지만 모든 관람객이 일어선다면 종전과 동일한 상황이 된다. 이와 같은 이치로 X산업의 원자재 가격이 낮아지면 X산업의 기업이윤은 증가한다고 말할 수 있다. 하지만 모든 산업의 원자재 가격이 상승한다면 X산업의 기업이윤은 증가한다고 말할 수 없다. 이러한 오류를 ㉡ 구성의 오류라고 한다. 이처럼 거시경제이론과 미시경제이론이 서로 맞아떨어지지 않고 어울리지 않는 경우가 있어 서로 분리하여 체계를 구성하는 이유가 바로 이것 때문이다.

〈보기〉

ㄱ. 까마귀 날자 배 떨어진다.　　ㄴ. 고양이와 개다.

ㄷ. 곧은 나무 먼저 찍힌다.　　　ㄹ. 논 이기듯 신 이기듯 한다.

ㅁ. 하나를 보면 열을 안다.　　　ㅂ. 벌거벗고 환도차기.

	⊙ 인과의 오류	ⓒ 구성의 오류
①	ㄱ	ㄹ
②	ㄱ	ㅁ
③	ㄱ	ㅂ
④	ㄴ	ㅁ
⑤	ㄴ	ㅂ

[해설] 답: ③

ㄱ: 어떤 일이 다른 어떤 일과 공교롭게도 때가 같아 마치 관계가 있는 것처럼 생각된다.

ㄴ: 서로 앙숙인 관계를 말함.

ㄷ: 똑똑하거나 정직한 사람이 남의 모함을 받기 쉽다.

ㄹ: 한 말을 자꾸 되풀이하여 잘 알아듣도록 한다.

ㅁ: 부분을 보고 전체를 미루어 알 수 있다.

ㅂ: 서로 어울리지 않아 어색하게 보인다. ⇔ 인과오류와 구성(관계)오류를 말하는 속담으로 각각 ㄱ, ㅂ이 가장 적절.

[문] 다음 보고서 내용을 참이라 할 때, 반드시 참인 것은?

서양인 집단과 동양인 집단을 구성하여 조사한 결과에 의하면, 서양인 집단에서는 대부분의 실험자들이 개인의 목적 또는 성취를 중시했지만, 동양인 집단에서는 실험자 거의 공동의 목적 또는 성취를 추구하는 성향을 보였다. 또한 서양인은 주로 사물의 형태와 속성을 기준으로 사물들을 범주화하는 경향을 보였지만, 동양인은 주로 사물들의 관계를 중시하여 형태와 속성이 다른 사물 간에도 범주를 같이 보는 사고를 가지고 있다. 가령 총기사건에서 그 원인을 서양인들은 범인의 성격과 같은 개인적 요소에 관점을 두고 바라보았지만, 동양인들은 사회적 상황에서 바라보았다. 한편 서양인 집단에서는 모든 실험자가 원숭이와 바나나 간의 관계를 무관계로 생각했다. 동물범주와 식물범주로서 서로 다른 소(召)의 관계로 인식했다. 그런데 많은 동양인은 원숭이와 바나나 간의 관계를 유(有)관계로 생각했다. 원숭이가 바나나를 좋아한다는 관계로 바라보았다.

① 갑이 동양인이라면 그는 개인의 목적을 중시하지 않는다.
② 갑이 서양인이라면 그는 관계를 중시한다.
③ 갑이 서양인이라면 그는 범죄 사건에서 범인의 성격 또는 심리에 주로 관심을 집중한다.
④ 갑이 서양인이라면 그는 동물범주와 식물범주는 서로 다른 소(召)의 관계로 인식한다.
⑤ 갑이 동양이라면 그는 원숭이가 바나나를 좋아한다는 이유로 유관계로 생각한다.

[해설] 답: ④

범주에 관련하여 [거의], [대부분], [모든]과 같은 용어들에 주의. 개연적 진술 또는 거짓진술이 될 수 있다. ④의 경우 [서양인 집단에서는 모든 실험자가 원숭이와 바나나 간의 관계를 무관계로 생각했다. 동물범주와 식물범주로서 서로 다른 소(召)의 관계로 인식했다]라는 지문을 근거로 필연적으로 참인 진술이다.

[문] 다음의 〈보기〉는 글에서 추출한 진술들이다. 옳지 않은 것을 고르면?

사람들은 판단에 보상을 바란다. 판단에 필요한 정확한 앎을 추구한다. 이에 지식과 관련하여 분석기법들이 상승적으로 발달과정을 밟아 왔다. 감각기관의 능력 확장을 위해 망원경과 현미경 같은 기기(器機)들이 발명되고, 개념적 또는 논리적 틀들이 고안되었다. 인류는 이러한 분석기법들을 통해 견고하고 확실한 지식을 산출하는 것이 가능하고, 이 지식을 근거로 판단에의 보상을 확실히 담보할 수 있다는 믿음을 가진 때가 있었다. 이러한 믿음을 제공한 대표적인 사람이 뉴턴, 다윈, 헤겔, 마르크스, 칸트 등이다.

뉴턴은 만유인력(gravity)에 기초한 관성의 법칙, 속도와 가속도의 법칙, 작용과 반작용의 법칙들로 세계를 설명했다. 자연과학에 수학의 원리를 도입하여 다양한 물리적 현상들을 설명하고 예측하는 방법을 제시했다. 가령 그는 물체의 운동은 어떤 힘(Force)이 존재해야 가능하고, 그 힘(F)은 질량(m)×가속도(a)라는 간단한 관계식을 제시했다. 다윈은 세상 이곳저곳에 서식하는 생명체들을 관찰하고 변화하는 생물들의 생명성에 대한 현상을 설명하고 예측할 수 있는 진화론을 주창했다. 헤겔은 정반합의 역사적 진행의 필연성을 제시했고, 마르크스는 생산양식에 기초한 사회변동의 법칙성을 주창했다. 칸트는 인간 이성의 한계를 통찰하면서 객관적이고 필연적인 지식 생산의 방법에 대한 통찰적 지식을 제공했다. 점차 인류의 지식창고에 엄청난 속도로 쌓여가는 지식을 보고, 인간이 세계를 의도한 대로 통제할 수 있는 능력은 시간상의 문제라고 간주하는 사람들이 늘어났다. 인간도 호르몬과 같은 물질의 조작을 통해 성격과 행동을 제어할 수 있으며, 어떤 골치 아픈 문제라도 해결책이 가능하고, 인류가 추구하는 공공의 선(善)도 얼마든지 조작 또는 조성해낼 수 있다는 가능성이다. 이러한 생각은 19세기에 절정에 이른다.

그러나 이러한 생각은 20세기 들어 강력한 도전을 받는다. 물리학에서 입자세계를 다루는 하이젠베르크 등의 양자역학이 등장하고, 아인슈타인의 상대성 이론이 등장했다. 프로이트가 주창한 무의식세계가 조명되면서 인간 정신에 대한 새로운 생각들이 등장하였다. 21세기 오늘날은 어떠한가? 역설적이지만 분석적 사고가 더욱 요구되는 시대가 되었다. 매일같이 새로운 것들이 쏟아져 나온다. 어떤 정보가 최신이고, 어떤 기술이 첨단인지 분간하기 어려운 시대이다. 인터넷과 정보통신기술은 인류 곳곳을 마치 거미가 거미줄 치듯 연관성을 고도화시키고 있다. 컴퓨터는 나노 단위(10^{-9})의 계산을 이제 일도 아닌 것으로 만들었다. 엄청난 양의 자료들이 인류의 기억체제에 차곡차곡 저장되고 있다. 이러한 현상은 한편으로 정밀하고 정확함의 요구들을 강화시킨다. 일상에서 대단히 분석적 진술들을 사용한다. 한 TV 뉴스프로그램 앵커가 야구게임을 즐기는 사람들의 잦은 부상을 보도하며 다음과 같이 말한다. '70 kg의 체중을 가진 사람이 시속 10㎞ 속도로 돌진해오는 경우 그 힘은 황소 한 마리가 몸을 누르는 힘과 같으니 경기 중 충돌에 조심하시기 바랍니다.' 이제는 분석적 진술이 아니면 설득력을 가질 수 없는 시대가 되었다.

① 인간이 어떤 문제라도 해결책이 가능하다는 믿음은 19세기에 절정에 이른다.

② 20세기 들어 새로운 사실들이 속속 발견되면서 기존 지식들의 유효성이 소멸되었다.

③ 분석적 진술은 설명성을 담고 있어 설득력과 관련성이 있다.

④ 분석은 경험과 논리를 수단으로 하는 과학적 특징을 가지고 있다.

⑤ 21세기에 들어 분석의 필요성이 강화되었다.

[해설] 답: ②

지문을 근거로 옳지 않은 진술이다(확장 또는 확대 진술).

IV. 분석에서 가지는 문제들

1. 진실성과 유효수준

우리는 온전한 진실을 알 수 없고, 단지 얼마나 진실에 가까운 것을 알았는가라는 것만을 이야기할 수 있을 뿐이라는 것을 전제로 진실이란 용어를 타당이란 말로 대체하여 사용하기도 한다. 이때의 타당성은 크게 세 가지 경우에 사용되고 있다. 하나는 분석과 관련하여 측정하려는 것을 제대로 측정하는가에 관련하여 사용되는 경우이다. 가령 누군가 어떤 물의 길이를 측정한다고 하자. 그런데 자가 아닌 저울로 잰다고 하면 [그 분석은 타당성이 없다]라고 말하는 경우이다. 다른 하나는 결론에 관련하여 사용하는 경우이다. 예를 들면 연구설계를 통해 결론(보고서)을 도출한다.[41] 이때 연구설계가 논리적으로 오류가 없으면 [내적 타당성[42]을 가진다]고 말한다. 그리고 산출된 결론이 다른 사례들에도 적용될 수 있는가에 관련하여 일반화가 가능하다면 외적 타당성[43]을 가진다고 말하는 경우이다. 그리고 마지막으로 연역적 추론에서 가지는 필연성에 관련하여 사용하는 경우이다. 가령 연역적 추론에서 [모든 사람은 죽는다. 갑은 사람이다. 그러므로 갑은 죽는다]라는 논증을 구사한 경우 [타당하다]라는 말을 하는 경우이다. 이처럼 타당성은 정확성, 유효성, 결론의 필연성 등의 의미로 사용된다.

여기서 진실은 인간이 타당성 의식과 관련 없이 그 자체로 존재하는 참인 그 무엇이기 때문에 진실은 타당성과 구분하여 사용될 필요가 있을 것이다. 하지만 현실적으로 우리는 오차 없는 진정한 참의 모습을 보지 못한다. 다만 진실에 가까운 그 어떤 것을 보게 될 수 있을 뿐이다. 이러한 이유로 타당성과 관련하여 오차의 범위가 문제된다. 즉, 오차의 한계 또는 근삿값에 관련된 유효수준 문제이다. 이는 과학적 조사방법에서 타당한 기준이 되기 때문에 매우 중요한 것일 수밖에 없다. 예를 들어 보자.

---

41) 조사방법론에서의 논리 틀: {문제의 인지-[가설 설정]-조사 설계-자료 수집과 분석-(자료 해석)-정보 산출-내적/외적 타당성 평가-채택/기각-결론(보고서 작성)}.

42) 내적 타당성: 진실에 가까운 것을 본 것인가에 관련되는 타당성.

43) 외적 타당성: 분석결과물(연구결과물)의 일반화에 관련된 타당성.

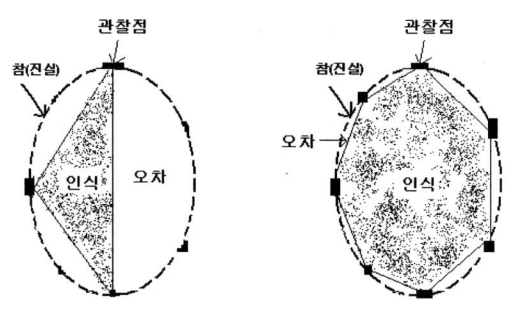

<그림> 관찰(정보획득 양)과 오차

　　왼쪽 그림은 3개의 관찰점(정보 획득의 양)으로 참(진실)인 타원형 모습을 삼각형으로 인식하고 있다. 원형의 진실과 전혀 다른 삼각형의 모습을 보고 있다. 하지만 오른쪽 그림에서는 관찰점이 7개(정보 획득의 양=7개)로 진실에 가까운 모습을 인식하고 있다. 하지만 완전한 참의 모습은 아니다. 일반적으로 오차의 크기는 관찰점의 수(획득한 정보의 양)와 반비례 관계를 가지고 있다. 왼쪽의 경우 오른쪽 경우와 동등한 오차 범위로 나아가기 위해서는 더 많은 횟수의 관찰을 해야 한다. 그런데 오차영역이 영(0)으로 수렴은 되지만, 결코 영(0)이 되지는 않는다. 정밀한 전자현미경을 사용하거나 컴퓨터 작업을 수행하더라도 약간의 오차영역은 존재하기 마련이다.

　　이러한 이유로 유효수준의 결정이 필요하다. 이때 유효수준은 획일적이 아니라 사안별로 규정할 수밖에 없다. 가령 범죄의 판결과 같이 오류의 결과가 중대한 경우에는 마치 유전자 검사가 99.9%의 정확도를 가질 수 있는 경우처럼 오차의 값이 0.1%에 불과하도록 유효수준 범위가 엄격히 축소 통제되어야 한다. 99명의 범인을 놓치더라도 억울한 사람이 나와서는 안 된다는 법 적용 원칙 또는 가치를 지향해야 하기 때문이다.

2. 분석단위

　　분석과 관련하여 항상 등장하는 문제가 분석단위이다. 분석단위는 원자론적 사유(atomism)에 기초한 분석적 사고에 내재하여 가지는 문제이다. 가령 수소와 산소가 있다고 할 경우 이들 개개의 원소(원자)들은 그 자체로 하나의 사실을 이룬다. 하지만 두 원소들이 어떤 조건에서 어떤 형태로 모이는가에 따라 물이 만들어지기도 하고, 만들어지지 않기도 한다. 이처럼 개별과 종합의 관계에서 서로 다른 결과가 나타난다. 더 이상 쪼개질 수 없는 단위를 찾아 무한분할이 이루어지고(미적분 개념이 등장, 물질의 기본단위에의 추적), 개별들을 종합하는 무한통합이 발생한다.

예를 들어 보자. 개체주의 입장에서 사회는 사회구성원들인 개개인들의 합이 된다. 그렇기 때문에 개체(사회구성원으로서의 개인)를 연구단위로 설정하여 이를 확장하여 사회(Society)를 분석한다.

$$S = \sum_{n=1} P_n = p_1 + p_2 + ... + p_i \quad (p = \text{사회구성원으로서의 개인}, \; n: \text{구성원 수})$$

반면 종합주의에서는 사회는 개체들의 유기체적 집합체로 간주되어 개체들의 합 그이상 또는 그 이하의 무엇으로 간주된다.

$$S \geq \sum_{n=1} P_n = p_1 + p_2 + ... + p_i \quad \text{또는} \quad S \leq \sum_{n=1} P_n = p_1 + p_2 + ... + p_i$$

개체주의 입장은 개개의 개체를 분석단위로 설정하면 되지만, 종합주의 입장은 개개의 개체가 아닌 사회 전체의 분석단위가 필요하다. 하지만 어떤 것이 부분에서는 맞지만, 그것이 전체에도 항상 맞는 것은 아니다. 반대로 전체에 맞는다 하여 부분에도 반드시 맞는 것은 아니다. 이러한 이유로 흔히 미시분석과 거시분석이 병존하는 현상을 가지게 된다.

한편 거시와 미시의 단위도 애매모호한 경우가 많다. 가령 미시를 개인단위, 거시를 사회단위로 규정하는 경우에도 계층, 세대와 같이 중간 위치에 있는 것들이다. 이에 중범위가 분석단위로 설정되기도 한다. 분석단위의 결정은 연구목적과 여건 등으로 구성된 상황에 따라 전략적 사고로 결정될 수밖에 없다.

3. 분석에 소요되는 비용과 시간 및 노력

정책분석은 시간과 비용 및 노력이 소요되기 때문에 효율성 측면에서 예비분석을 통해 정밀분석이 이루어진다. 예비분석이란 인지된 상황에 대해 본격적으로 분석할 것인지 등을 결정하기 위해 간략한 방법으로 분석을 시도하는 것을 의미한다. 예컨대 현황파악→문제의 파악→대안의 탐색과 개발→대안의 결과 예측 및 비교/평가→최선 대안선택의 과정을 과감히 생략하여 단순화하거나 심층적이 아닌 개략적으로 키포인트(핵심)만 보는 식의 분석이다.

예비분석은 일반적으로 두 가지 목적으로 행해진다. 분석에는 전술되었듯이 많은 자원과 시간 및 노력이 수반되기 때문에 미리 분석이 필요한지 스크린(screen)하는 목적이다. 다른 하나는 예비분석의 기본 목적인 문제에 대한 간략한 정보를 산출하려는 목적이다. 동시 다발적으로 문제들이 산재해 있는 경우 어떤 문제를 우선하여 분석할 것인가를 결정하거나 또는 하나의 문제에 대하여 정밀분석이 필요한지 그렇지 않은지를 판정하는 데 주로 활용된다.

아래의 그림은 보안상황을 나타내는 침입경보장치를 간략한 형태로 나타낸 것이다. 각 게이트는 문자로 상황이 구현되어 있고, 새로운 물체가 포착되면 상황이 변화되어 소리를 내거나 혹은 해당 게이트에 깜박거림이 작동한다.

<보안상황을 나타내는 시스템: 침입경보장치의예(모니터)>

| gate/ass/11110001010 | 1. gate |
| gate/bss/11010010101 | 2. gate |

만약 1번 게이트에 작동신호가 잡히면, 이를 확인하는 작업이 있어야만 한다. 이러한 작업은 정밀분석이 아닌 예비분석을 통해 이루어질 수 있다. 만약 중대한 문제라고 판단되면 그때 전문가에 의해 정밀분석을 행한다. 정밀분석이란 체계적이고 객관적인 방법(method) 또는 도구(tool)를 사용하여 이루어지는 분석을 말한다. 통상 구체적인 개별들을 분석하고, 이를 전체적으로 분석하는 종합적 분석이 이루어진다. 또한 증명이 포함된 논리적 틀인 작업과정 또는 절차로 분석이 행해진다.

4. 자료수집의 중단과 결정

처방성과 관련하여 분석은 신속성과 정확성이 요구된다. 이에 '자료수집의 지속과 중단의 결정' 문제가 발생한다. 분석은 목적에 따라 디자인된 조사설계 또는 연구설계에 의해 자료들이 수집되고, 수집된 자료들을 통해 분석이 이루어진다. 이때 수집되는 자료들은 일반적으로 양적 자료와 질적 자료들이 혼합적으로 수집되고, 통계적 방법과 해석적 방법이 동원된다. 그런데 위급한 상황에서 무한정 자료 수집만 할 수는 없다. 예를 들어 2011년 일본에서 발생한 규모 9.0의 대지진의 발생과 원자력 발전소가 파괴되어 방사능 물질들이 누출되는 상황에서 이에 대한 정확하고 신속한 사태 파악을 토대로 대책들을 마련해야 한다. 이러한 핵 사고는 비단 일본에만 국한되는 문제는 아니다. 우리나라를 비롯한 많은 국가들도 각기 대책들을 조속히 강구해야 한다. 이때 정확성을 위해서는 보다 많은 시간을 들여 다량의 자료들을 획득하는 것이 유리하다. 하지만 신속성이 훼손된다. 이에 분석자는 정확성만을 고집하여 무한정 자료수집 활동만 할 수 없고, 그렇다고 섣부른 자료들을 가지고 부정확한 정보를 산출할 수도 없다. 이러한 경우 적절한 자료 획득의 양이 얼마인가를 판정할 표준화된 척도(scale) 또는 기준(criteria)이 있다면 유용할 것이다.

이에 다음과 같은 세 가지 방법이 고려될 수 있다. ① 규칙발견 여부를 기준으로 결정한다. 이것이 안 되면 → ② 필연적 추론 가능성을 척도로 하여 결정한다. 이것도 여의치 않다면 → ③ 사회의식을 반영하여 결정한다.

1) 규칙의 발견[44]을 통한 자료수집 중단의 결정

만약 획득된 자료(data)들로부터 문제에 대한 어떤 규칙이 발견 또는 추출되었다면, 정보획득의 중단 요건을 충족한 것으로 간주해도 무방하다. 왜냐하면 확보된 자료들로 현재의 상태와 미래에 대한 예측적 설명이 가능하기 때문이다. 규칙은 개체와 다른 무엇과의 관계(relation)에 의해 나타나는 현상으로 각 개체들이 가진 속성이 관여되어 일어나기 때문에 단기간에 잘 변하지 않는다. 따라서 규칙이 발견된 경우 정보획득에 대한 작업을 중단하는 것이 바람직하다. 제약된 인적/물적 자원에서 계속 자료수집에 자원을 투입하는 경우, 다른 작업에 자원을 투입할 기회가 상실되어 비효율을 유발한다.

최근에는 규칙발견에 컴퓨터 관련 기술들의 발전이 크게 기여하고 있다. 가령 연속적으로 수집되는 자료들이 컴퓨터에 실시간 입력됨으로써 어느 순간 규칙성이 드러난다.

---

[44] 규칙과 관련하여 그 의미는 영역에 따라 다양하게 사용된다. 중요한 두 가지만 언급하기로 한다. 우선 하나는 철학적 배경을 가진 내용이 되겠지만 질서(order)의 의미로 사용하는 경우이다. 질서적 의미에서의 규칙 유무는 학문영역에서 지식(이론)체계가 성립하는 전제적 조건이기도 하다. 기본적으로 지적 영역은 세계는 규칙성을 가지고 있다는 전제가 가정된다. 즉, 변화가 무질서하지도 않고 무작위적이지도 않다는 전제이다. 다만 자연현상과 달리 인간에 관련된 사회현상에도 이러한 전제 또는 가정이 건전(sound)한가라는 질문이 대두된다. 하지만 인간의 심리와 행위도 규칙성을 가지고 있다고 본다. 규칙성에 예외가 있더라도 적어도 확률적으로 일반유형의 규칙성을 가지고 있다고 본다. 가령 일정한 조건에서는 두 사실 또는 두 사물 간의 관계가 p→q이고, 이것이 보편적(universal)으로 관찰되는 경우이다. 이러한 경우 흔히 수요공급의 법칙과 같이 법칙(law)이란 말을 사용하기도 한다. 다른 하나는 규칙은 형식(form)의 의미로 사용되기도 한다. 가령 소리의 장단, 고저, 속도 등을 악보에 표현, 크기 등에 관련된 단위의 사용, 어법, 삼단논증을 사용하여 어떤 결론을 도출하는 논증 등과 같이 소통과 사고하는 방식에서의 규칙(rule)이다.

하지만 규칙발견이 이루어지지 않는 경우들이 있다. 이는 크게 세 가지 측면에서 생각할 수 있다. 첫째는 문제 자체가 가지는 형태와 속성에 의한 경우이고, 둘째는 자료수집 측면에서 측정기기에 문제가 있거나 측정에서 오류가 존재하는 경우이다. 각종 과학적 측정기기와 컴퓨터가 만능 도구는 아니다. 부정확한 측정과 관찰이 일어날 수 있다. 셋째는 분석자 측면에서 발생하는 경우이다. 심리적 요인으로 선택적 관찰과 선택적 자료채택이 일어날 수 있고, 비논리적 추론을 통해 자료와 모순되는 결론을 도출할 수 있다. 또한 이미 자료는 규칙을 보여줬지만 분석자가 해석을 잘못했거나 또는 포착하지 못하여 발생한 경우일 수도 있다. 여기서 첫째 경우에서 만약 현상에 규칙성이 존재하지 않는다면, 규칙이 발견되지 않는 불능의 경우이다. 그런데 이러한 경우는 드물다. 시간이 지나면서 자료가 충분하게 획득되어 저절로 해결될 수 있다. 하지만 둘째와 셋째의 경우는 다르다. 이것들은 인간적 요인으로 가지는 문제들이기 때문이다. 측정기기와 도구가 가지는 오류도 결국은 인간에 의해 창안된 것이기에 인간적 요인에서 비롯되는 문제이다. 결국 규칙성 발견 여부는 분석자의 능력에 크게 의존된다. 예컨대 현상에 관련된 전문지식과 배경지식(경험지식과 이론지식), 그리고 창의력 및 통찰력이 요구된다. 현실에서 획득하는 자료들은 분석의 목적과 수단에 따라 다양한 것들이 수집된다. 일반적으로 측정가능성을 위해 주로 계량적 정보가 지향되지만, 사회문화 현상의 경우 질적 자료들도 수집된다.

양적 자료(data)로부터 추출하는 규칙성

측정도구(기기와 단위)를 통해 수치화된 계량적 정보인 양적 자료에서의 규칙성 발견을 살펴보기로 하자. 양적 자료는 규칙성 발견이 상대적으로 질적 자료보다 용이하다고 생각할 수 있을 것이다. 하지만 훈련되지 않은 경우 쉽지 않다. 다음 문제로 생각해보자. 어떤 대상을 관측하였더니 다음과 같은 숫자(측정 수치)들의 자료들이 나타났다고 하자. 규칙성(패턴)이 존재하는가? 그렇다면 빈 칸 □에 들어갈 숫자를 추론하고 이를 바탕으로 5행을 추정해보자.

1	3	5	3	1
10	13	15	13	10
20	23	25	23	20
30	33	35	33	□

<1>

1	3	5	7	9
9	12	16	21	27
27	34	41	49	54
54	62	71	81	□

<2>

<1> 규칙: 각 행이 대칭구조 = 정규분포 모습.
⇒ 4행 5열의 □=30.
⇔ 제5행 예측: 40, 43, 45, 43, 40.
<2> 규칙: 각 행에서 다시 시작
    1행: 2씩 증가
    2행: 9에서 다시 시작하여, 3, 4, 5, 6으로 증가
    3행: 27에서 다시 시작하여 7씩 증가.
    4행: 54에서 다시 8, 9, 10, 11로 증가
⇒ □=92
⇔ 5행 예측: 92, 104, 116, 128, 140(12씩 증가)

<1>의 경우 관찰된 4행까지의 자료들을 살펴보면, 정규분포형의 형태로 규칙적 패턴을 보이고 있다. 이 규칙성을 근거로 네 번째 행의 다섯 번째 열에 위치한 값을 추정할 수 있다.

<2>는 약간 다른 규칙성을 보이고 있다. 패턴양상이 1행에서는 열로 2씩 일정하고, 새로운 2행에서는 열로 4, 5, 6씩 증가한다. 다시 3행에서는 열로 7씩 일정하게 증가하다 4행에서는 다시 열로 8, 9, 10, 11씩 증가한다. 이때 규칙성(패턴)을 근거로 4행 5열은 92가 됨을 추정할 수 있다. 여기서 두 경우 모두 4행에서 규칙성이 발견되었다. 이러한 경우 일단 규칙성이 발견되었다고 간주할 수 있다.

질적 자료(data)로부터 추출하는 규칙성

현지답사, 참여, 면접, 설문지 등의 방법으로 얻어진 비계량적 정보인 질적 자료의 경우, 양적 자료와는 달리 우월적 정보를 선별하거나 포착해내는 작업이 필요하다. 만약 우월적 정보를 통해 행동에 일정한 양식 또는 패턴을 발견하는 경우, 보다 용이하게 의미(동기, 목적 등)의 규칙성을 발견할 수 있다. 여기서 우월적 정보란 n개의 질적 자료들 중에서 빈도가 가장 높게 나오는 정보를 말한다. 예를 들어 많은 사람을 인터뷰하여 자료를 수집한 경우(특정 사건에 관련된 연루자들의 생각 또는 의식에 대한 질문과 답)에

는 가장 많은 답변이 우월적 정보가 된다. 통계학적 용어로 말하면 최빈값을 가지는 답변이다.

좀 더 구체적으로 예를 들어 보자. A와 B 두 사람이 있다고 하자. A는 5만 원을 들고 시장에 나간다. 그러나 B는 사용 한도가 무제한인 카드를 들고 나간다고 가정하자. 이들이 필요한 상품을 구매한다고 할 경우 카드를 들고 나간 사람은 구매액에 제약을 받지 않아 닥치는 대로 상품을 구매할 수도 있을 것이다. 지불하는 화폐에 거의 구속을 받지 않을 수 있기 때문이다. 하지만 A와 B 두 사람의 물건구입은 그들이 가진 선호성이 반영된다. 이때 선호성은 필요성, 동기 등 다양한 내면적인 것이지만 그들이 구입하는 우월적 상품을 통해 선호가 가진 규칙성을 포착할 수 있다. 현실에서 생명체이든 무생명체이든 또는 정상심리이든 비정상심리이든 모든 물(物)은 제약(환경적 여건)을 가지고 있다. 이러한 제약성으로 물(物)은 우월적 행동양식을 가지게 되고 그로 인해 우월적 정보를 노출한다.

기타 정보에 의한 규칙성 발견

인간이 획득하는 자료는 대상에 따라 기호·문자(text), 그림(이미지), 소리, 냄새, 촉감, 맛 등 다양한 것들이 있을 수 있다. 이러한 경우에도 마찬가지로 일정한 패턴을 발견할 수 있다. 가령 심장이 뛰는 소리, 건물의 흔들림(진동) 등이 예이다. 만약 패턴이 발견되었다면 규칙성이 발견되었다고 간주할 수 있고, 정보획득 작업은 중단하는 것이 바람직하다. 제약된 자원과 한정된 인식능력으로 신속히 원인과 의미 등을 밝히는 분석에 집중하는 것이 필요하기 때문이다.

【참고】규칙(법칙)발견의 실패

규칙발견의 실패는 크게 세 가지 경우로 나눠볼 수 있다. 첫째, 규칙이 존재하지만 발견되지 않은 경우, 둘째, 규칙이 아예 존재하지 않는 경우, 그리고 셋째, 규칙이 관점에 따라 복수로 해석될 여지가 있는 경우 등이다. 첫째 경우에는 분석자와 관계된다. 게으름, 타성, 편견, 선입견, 이해관계 등 규칙성 발견을 방해하는 것들을 스스로 통제하여야 한다. 둘째의 경우는 성격이 다르다. 아무리 노력해도 규칙성을 발견하지 못하기 때문이다. 그렇다면 규칙성이 존재하는 경우와 그렇지 않은 경우를 어떻게 알 수 있는가? 이에 대한 답변은 불가지론, 카오스론 등 다분히 철학적 내용이 될 것이다. 우리는 아직 이에 대해 단언적 답을 내릴 만한 판단기준을 보유하고 있지 못하다. 아는 만큼 보이고, 보이는 만큼 안다고 말한 독일의 철학자 괴테의 말을 상기하면, 인식자는 암묵적으로 규칙성이 존재한다는 것을 전제하고 아직 발견되지 않았다는 것을 가정하여 분석 작업에 임해야 한다. 관찰해야 할 것 중 모든 것을 관찰했고 그럼에도 규칙성이 발견되지 않은 경우라 해도 그것을 불규칙한 것으로 확언하여 판단해서는 안 된다. 무지에 호소하는 오류[45]가 존재할 수 있기 때문이다. 마지막 셋째의 경우는 잘못된 문제로 인해 가지게 되는 경우이다. 흔히 규칙발견에 대한 사고력(논리력 또는 추리력) 테스트와 관련해 문제를 구성하는 사람이 미처 생각하지 못한 다른 문제풀이 방법이 존재하거나 또는 문제를 잘못 구성하여 가질 수 있다.

[보론] 패턴과 인식: 혼돈 속에 질서가 있고 변화 속에 패턴이 있다

오늘날 패턴(Pattern)이란 용어는 광범한 영역에서 다양한 개념으로 사용되고 있지만, 수학자 가우스의 패턴인식과 관련하여 Pattern이란 '주어진 문제(인식대상)에서 원형을 추출하여 그것이 반복적으로 가지는 형 또는 양식'을 의미한다. 이러한 정의에 의하면, 패턴은 인위성과 반복성의 형(型)이 핵심적 개념을 구성한다. 가령 문제로부터 원형(原型)을 구축하여, 그 구축된 원형이 가지는 반복성이 포착된 양식 또는 방식이다. Pattern은 인공적이란 점에서 인공적 물(형식)과 자연적 모양(형상)을 포함하여 사용하는 Form과 구분되며, 인식자 관점(심미적 관점)에서 사물을 인지하여 받아들인 이미지가 가진 모양(인상)을 의미하는 Figure와도 구별된다. 이러한 패턴을 통해 문제를 해결하는 방법을 패턴인식이라 한다. 오늘날 패턴인식은 객관적이고 정확한 추론을 이끌어낼 수 있다는 강점으로 형식과학에서뿐만 아니라 경험과학에서도 인식의 한 방법으로 널리 활용되고 있다. 특히 문제해결의 응용도구로 널리 이용된다.

---

45) 무지에 호소하는 오류란 "어떤 것에 대하여 아직 알지 못하는 것을 사실로 전제하여 자신의 견해(주장)를 도출하는 데서 발하는 오류"를 말한다. 예로 타살된 흔적이 없다는 것을 전제로 자살이라고 판단하거나(반증의 부재) 또는 귀신이 발견되지 않았다는 사실을 전제로 귀신은 존재하지 않는다고 판단(입증의 부재)하는 경우들이다.

수학자 가우스의 패턴인식의 예

■ 질문: 1부터 100까지의 합을 구하면?
■ 패턴분석: 1부터 100까지의 숫자들의 합이 가지는 수들의 관계에서 다음과 같은 패턴들이 나타남.

(1) $100 + (1+99, \ 2+98, \ 3+97 \cdots\cdots \ 49+51) + 50$
　괄호의 쌍들이 가지는 값의 합은 4900(100씩 증가하는 등차수열의 합). 이에 100과 50을 더하면 5050이 됨.

(2) $(1+100, \ 2+99, \ 3+98 \cdots\cdots \ 50+51)$
　괄호 안의 쌍들이 가지는 값의 합은 5050(101씩 증가하는 등차수열의 합).

패턴포착의 절차적 과정

■ 문제로부터 원형(原型)의 구축
원형(原型)이란 문제(상황)가 가진 원래형(the original form)을 인공적으로 조작하여 가진 표준 또는 기본적인 형(the prototype or model)을 말한다.[46]

※ 수학적 원형(原型)의 예: $\displaystyle\sum_{k=1}^{90}\left(\frac{1}{k} - \frac{1}{k+1}\right)$

■ 구축된 원형이 가지는 반복성 포착

※ $\left(\dfrac{1}{1} - \dfrac{1}{2}\right) + \left(\dfrac{1}{2} - \dfrac{1}{3}\right) + \left(\dfrac{1}{3} - \dfrac{1}{4}\right) + ... + \left(\dfrac{1}{90} - \dfrac{1}{91}\right)$

　인식과 관련하여 대상은 사람의 사고나 행위가 될 수도 있고, 자연적 사물이 가지는 상태와 움직임이 될 수도 있다. 하지만 대상이 무엇이든 패턴은 규칙성(닮은꼴의 반복성)을 전제로 성립하는 개념이다. 규칙성을 전제로 성립한다면 점에서 패턴의 포착은 규칙성 발견과 본질적으로 동일한 성질을 가진다. 그렇기 때문에 요령이 필요하고, 때론 쉽게 포착되지 않아 끈기와 인내를 요구한다. 가령 일상에서 흔히 적용하는 정규분포[47]라는 것이 하나의 예이다. 특히 인간현상에서의 패턴 발견은 더욱 혼미해진다. 자연과 달리 인간의 사고는 복잡하고, 행위에 있어 위조하거나 꾸며내는 페이크(fake) 행위들을 갖기 때문이다.

---

46) 참고로 원래형(the original form)을 原形, 기본형(the prototype: 표준형 또는 모범형)을 原型으로 한문 글자 형을 구분하여 번역되기도 한다. 하지만 오늘날 혼용하여 사용되는 경향이 강하다. 원래형의 조작에서 원형주의를 가지는 경우, 즉 주관적 또는 문제 외의 외부적 요소들을 개입시키지 않고 있는 그대로를 가지고 조작하여 표현 또는 기술하는 경우 그 가치가 동일하다고 보기 때문이다.

47) 여론조사, 시험난이도 조정 등 다방면에서 활용되는 정규분포에 관련하여 이런 이야기가 전해진다. 파스칼이 달과의 거리를 망원경으로 측정할 때마다 오차가 생겨나 고민하던 중 측정오차들이 어떤 규칙적인 형태를 가지고 있는 것을 발견했고, 이를 통해 연속확률밀도함수로서의 정규분포를 생각해냈다고 전해진다.

【참고】 패턴의 활용

오늘날 기업들은 고객에 대한 다량의 자료들을 확보하여 개인은 물론 그룹별 소비와 행동패턴 등의 정보들을 산출해 고객관리와 경영에 필요한 의사결정(판단)에 활용하고 있다. 가령 은행들은 소위 데이터마이닝(data mining)이라 불리는 기법을 통해 카드 사용에 관련된 승인 여부 시스템을 활용하고 있는 경우를 살펴보자. 고객 甲은 평소 음식점과 일상 생활용품을 구입하는 등 소액 카드사용 양상을 가지고 있다. 그런데 200만 원이란 금액의 카드사용 승인요청이 들어온다고 하자. 그러면 시스템은 이 요구를 이상 수치로 구분하고 승인하지 않는다. 이상치인 경우 직원이 본인에게 직접 승인 여부를 물어 보게 된다. 이때 분실되었거나 또는 불법 취득한 카드 사용 여부가 드러나 범죄가 적발되기도 한다.

다른 예를 살펴보자. 동일 차종과 도로 등의 조건 등을 감안한 반복적 실험을 통해 차량속도와 제동거리 간의 관계를 조사한 자료가 다음과 같다고 가정하자.

차량속력	40	50	60	70
정지거리	19.0	28.0	34.7	42.3

※ 속력: ㎞/h＝시간당 주행거리, 정지(제동)거리: m

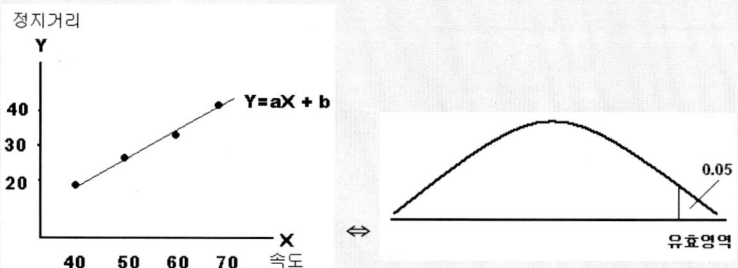

차량속도와 제동거리 간에 가지는 자료들은 패턴(x값의 변화와 y의 값의 변화가 자기는 양상)을 가지고 있다. 이를 통해 기울기 a의 값과 y의 절편 b의 값을 계산할 수 있고, $Y = ax \pm b$라는 식(선형회귀식 또는 단순회귀식)이 도출될 수 있다. 여기서 단순회귀모형은 규칙성이 전제되어야만 가질 수 있다.

모형을 일반지로 적용할 수 있기 위해서는 모형을 사용할 수 있는 유용성이 검정되어야 한다(기울기 a와 y의 절편 값인 b의 검정은 측정된 자료들이 기하학적으로 정규분포를 이루고 전체 1의 넓이 중 0.05부분의 영역에 결정계수 값이 존재할 때 유용하다고 판정된다). 만약 유용성이 검정되었다면, 동일한 차종과 유사한 도로 등의 조건을 가진 차량사고에 응용하여 문제(상황)를 이해하고 해결하는 데 도움을 받을 수 있다. 다만 모형은 속도(속력에 방향성이 가미된 개념)와 정지거리라는 변수 둘로 이루어진 단순한 모형이라는 점에서 현실에서 개별적 사건에 적용하는 데에는 신중함이 요구된다.

2) 필연적 추론이 가능한가 여부를 통한 자료수집 중단의 결정

추론과 추리

- 추론: (몇 가지) 전제에서 결론을 이끌어내는 사유활동을 의미. ⇔ 추리(推理)를 기초.
- 추리: 둘 이상의 판단(명제/진술)을 전제로 하여 그들 상호 간의 관계로부터 새로운 판단을 이끌어내는 사유활동(형식추리). 또는 참으로 밝혀진 사실로부터 아직 밝혀지지 않은 사실 또는 일을 미루어 헤아리는 사유활동을 의미(비형식추리).

---

(1) 만약 관찰된 사실(facts)들로부터 필연적으로 어떤 결론이 도출될 수 있는 자격을 가지는 상태라면, 정보획득 작업을 충족한 것으로 판정해도 무방할 것이다. 더 이상의 정보 없이도 분석물의 산출이 가능해지기 때문이다. 이 방법은 논리적 사고를 갖춘 사람에게는 비교적 단순하면서도 간단한 방법이 될 수 있지만 그렇지 못한 사람에게는 적용이 불가능하다는 단점이 있다.

논리적 추론 가능성에 관련하여 다음과 같은 <문제>에 대하여 <질문>과 <가정>을 통해 어떤 정보를 얼마만큼 수집해야 하는가에 대해 생각해보기로 하자.

<문제>

정수 1부터 30까지 숫자가 새겨진 공들이 있다. 누군가에게 임의로 그 공들 중 하나를 집게 하고, 그가 어떤 숫자가 새겨진 공을 잡았는가를 맞히려 한다. 단, 다음의 규칙(룰)을 가정한다.

- 공을 집은 사람에게 질문하여 정보를 산출할 수 있다.
- 동일한 질문내용은 반복하지 않는다.
- 공을 잡은 사람은 질문에 진실한 답변만을 한다.

<질문>

[1] 필요한 최소 정보의 양은 얼마인가?
[2] 필요한 정보의 양이 3개 이하가 되도록 하려고 한다. 어떤 질문들이 필요한가?

누군가가 집은 공에 새겨진 숫자를 x라 하면 x의 숫자가 새겨진 공을 잡을 사건은 하나이다. 사건이 발생할 모든 경우의 수는 30가지가 존재한다. 그렇기 때문에 직감으로 답을 말하는 경우, 그것이 참일 확률은 $P(x)=1/30$이 된다(답이 개연적이다). 이 확률은 너무나 낮다. 그렇기 때문에 확률을 끌어올려야 한다. 그러려면 1부터 30의 범위를 마치 포위망을 좁혀가듯 범위를 좁혀 가야 한다. 즉, 어떤 것이 x인가를 추적해 들어가야 한

다. 추적은 x값만을 가질 때까지이다. 이에 무엇보다 어떤 질문을 하느냐가 중요하다. 영역을 좁혀가는 데 적합(適合)하고 적절(適切)한 질문을 해야 한다.

그러면 x가 포함된 영역을 골라내거나 또는 $\sim x$인 영역을 잘라내는 방법이 적용되어야 할 것이다. 이는 다양한 방식으로 질문할 수 있다. 가령 홀수인가? 혹은 짝수인가? 2의 배수인가? 3의 제곱 값인가? 또한 15를 기준으로 이하인가? 혹은 이상인가? 등과 같은 것들이다. 반면 각각의 질문들을 순서적으로 사용할 수도 있다. 그러면 답변은 Yes와 No로 나올 것이고, 이를 통해 x을 추적해나갈 수 있다.

이때 어떤 질문을 어떤 순서로 하느냐에 따라 영역이 달라진다. 다음 두 경우는 동일한 질문을 순서만 바꾼 것이 되기 때문에 영역은 동등하게 남는다.

질문과 순서

① [홀수인가?] 질문하고, [15 이하인가?]를 나중에 질문하는 경우
② [15 이하인가?] 질문하고, [홀수인가?]를 나중에 질문하는 경우

여기서 질문은 두 가지이고, 질문에 대한 답변이 예(Yes) 또는 아니오(No) 두 가지이므로 ①의 경우 답변들이 가지는 조합은 $\begin{pmatrix} Y_y & N_y \\ Y_n & N_n \end{pmatrix}$이 된다. 즉, (예/예), (아니오/예), (예/아니오), (아니오/아니오)의 답변 중 하나가 된다. 이 네 가지 답변의 쌍들을 통해 남는 숫자들에 대한 정보를 산출하면 다음과 같다.

- (예/예): $Y_y = 1.3.5.7.9.11.13.1$
- (아니오/예): $N_y = 2.4.6.8.10.12.1$
- (예/아니오): $Y_n = 17.19.21.23.25.27.29$
- (아니오/아니오): $N_n = 16.18.20.22.24.26.28.30$

각각의 네 가지 답변의 쌍들에서 x를 맞힐 확률(특정사건/전체 사건)은 $\begin{pmatrix} 1/8 & 1/7 \\ 1/7 & 1/8 \end{pmatrix}$이 된다. 여기서 두 개의 질문을 사용하여 x를 맞히는 확률이 1/7 또는 1/8로 변화되었다. 예컨대 (예/예)의 답변인 경우가 나왔다면, $Y_y = 1.3.5.7.9.11.13.1$이 되고, 이에 8개 중 하나가 x가 된다. 결국 두 질문을 통해 최초의 1/30의 확률을 1/7 또는 1/8로 높인 것이다. 이는 x가 존재하는 범위인 $1 \le x \le 30$의 영역을 22개에서 23개를 제거한 영역으로 좁힌 것이 된다. ②의 경우도 마찬가지의 확률분포를 가진다. 하지만 이 확률은 여전히 만족

스럽지 못하다. 6개 또는 7개를 제거하여 x만이 남는 또 다른 질문이 필요하다. 이와 같이 적합한 질문을 적절하게 사용함으로써 점차 범위를 좁혀나갈 수 있다.

여기서 만약 Y_y = 1.3.5.7.9.11.13.1가 나왔다고 가정하자. 이때 '정수의 세제곱인가?'라는 질문을 던지고 Yes라는 답변이 나왔다면 x는 $1^3 = 1$, $3^3 = 27$ 두 숫자가 남아 질문은 종결되지 않고 계속되어야만 한다. 즉, 정보가 더 필요하다. 하지만 N_y = 2.4.6.8.10.12.1인 경우에는 $2^2 = 4$ 하나밖에 없으므로 질문은 종결된다. 더 이상 x을 알기 위한 정보가 필요치 않게 된다. 필연성을 가지기 때문이다 그러므로 후자의 경우에는 x를 알기 위해 필요한 질문은 3개가 되고 이 질문으로 획득되는 정보량은 3개가 된다. 더 이상의 정보획득은 의미가 없다.

그런데 만약 홀수이냐는 질문에 No가 나오면 이때는 [2, 4, 6, 8, 10, 12, 14, 16, 18, 20, 22, 24, 26, 28, 30]의 숫자가 남고, 두 번째 질문으로 '어떤 정수의 네제곱 값인가?'라는 질문에 답변이 Yes가 나오면 이때는 $2^4 = 16$인 숫자 하나만이 남기에 질문은 여기서 종결된다. 이러한 경우 두 개의 질문이 되며, 이때 획득되는 정보량은 2개이다. 더 이상의 정보 획득은 필요하지 않다. 이처럼 논리적으로 추론이 가능한 정보를 획득한 경우 더 이상의 정보획득은 비효율적이고, 정보획득은 중단되어야 한다. 이처럼 적절한 질문을 통해 전략적으로 정보를 얻으면 정보획득 작업은 효과적이다.

(2) 추론가능성과 관련하여 주목해야 할 것이 있다. 각 분야는 나름 형성된 논리체계를 가지고 있다. 가령 물리학적 체계, 법학적 체계 등이 예이다. 이러한 분야별 논리체계는 특정 업무 수행에 따른 정보획득과 관련하여 '획득할 정보가 무엇이고, 얼마만큼 수집해야 하는지'에 대한 기준으로 기능한다. 즉, 필연적 추론가능성을 설정해준다. 또한 공식적으로 결정된 정책 지침도 마찬가지이다.

① 이해를 위한 사고방식이 자료수집에 미치는 영향

분석의 결과물은 언어(기호) 또는 진술(명제)들로 산출된다. 이때 기본적으로 필요한 진술들이 있다. [언제? 어디서? 누가? 무엇을? 왜? 어떻게?] 등에 관련된 육하원칙과 [얼마나?]라는 정보이다. 예를 들어 [1200톤급 초계함인 천안함이 2010. 1, 12, 0시 0분에 침몰했다]와 같은 명제이다. 이는 인간이 무엇을 이해하는 사고방식과 관련되어 가지는 현상이다. 이러한 사고방식은 자료 수집의 영역과 대상을 설정하는 기능을 수행한다.

② 법적 논리체계가 자료수집에 미치는 영향

법적 성립요건은 형식/내용/절차 등에서 요구되는 조건이다. 만약 성립요건을 충족하지 못하면 오류(흠)가 있는 경우가 되고, 그 흠의 정도에 따라 무효, 취소, 철회 등의 사유가 된다. 이러한 성립요건을 충족하면 일정한 효력을 가지게 되는데, 이때 어떤 효력을 가지는가를 규정한 것이 효력요건이다. 만약 성립요건을 충족하는 자료들이 획득되어 있다면, 더 이상 성립에 대한 자료들을 수집하는 것은 비효율적이다.

③ 정책지침이 자료수집에 미치는 영향

서울시가 보금자리 주택을 건설하여 보급하는 정책의 내용 중 성립요건에 관련된 간단한 예이다. 선정될 수 있는 정책대상으로서의 주체(대상/자격)에 대하여 ㉠ 공고일 현재 서울, 인천, 경기의 수도권 거주자, ㉡ 미성년(20세 미만) 자녀를 3명 이상을 둔 가구주, ㉢ 무주택자가 된다. 이러한 성립요건은 세 조건을 모두 충족해야 성립하는 요건이다. 이러한 요건의 규정은 자료수집의 범주 또는 영역을 결정해주는 역할을 수행한다.

3) 사회적 의식의 반영

사회적 의식의 반영이란 '자료 획득의 중단 여부를 분석자의 생각이 아닌 사회구성원들이 가지는 지배적 의식을 반영하여 결정하는 것'을 말한다. 즉, 보통의 일반 국민들이 가진 사회적 통념을 기준으로 적절한 정보획득 양을 판단하는 방법이다. 이 방법은 이해관계자 또는 국민의 참여가 보장되고, 민주적 결정이란 강점을 가지고 있다. 하지만 정확성에 배치될 수 있는 치명적 단점을 가지고 있다. 가령 분위기에 편승된 결정이 일어날 수 있다. 이러한 결점으로 전술된 두 방법에 후순위격인 보충적 방법으로 적용하는 것이 바람직하다.

일반적으로 사람들이 가지는 분석에의 정확도 기대치(EC)는 '분석에 필요한 자료의 양'에 반비례하고, '분석에 채택된 자료의 양'에 비례적인 관계를 가진다. 요컨대 분석에 필요한 자료의 양에 대응하여 분석에 채택된 자료의 양이 많을수록 분석의 정확성이 높을 것이라고 기대한다.

$$* \ EC = \frac{D_c}{D_n} \quad (I_n \neq 0) \ \text{...............................}※$$

■ EC(Expectable Correction): 분석의 정확성에 대한 기대

■ D_c(choice Data): 분석에 채택된 자료의 양

■ D_n(need Data): 분석에 필요한 자료의 양

가령 코끼리의 모습을 이해하기 위해선 적어도 코끼리의 전체 몸 중 2/3 이상을 알아야 모습을 추론할 수 있다고 생각한다. 누군가 하나의 꼭짓점만으로 그것이 삼각형이라 판단하였다면, 그 판단이 참이라 해도 사람들은 그것을 신뢰하지 않는 경향을 보인다. 이러한 경향을 반영하면, $\frac{2}{3} \geq \frac{D_c}{D_n}$의 조건이 충족되어야 한다. 만약 이것이 충족되지 못할 경우 정확성에 관련하여 터무니없는 것, 주의 깊지 못한 것으로 간주될 가능성이 크다. 여기서 분석에 필요한 자료의 양(D_n)을 계산하는 방법과 관련하여 매년 우리나라가 직면하는 태풍상황을 예를 들어 보자. 중앙안전대책본부는 태풍의 사전적/사후적 대책들을 실행한다. 태풍상황은 진행국면, 대응국면, 피해국면, 복구국면으로 형성된다. 상황을 분석하기 위해서는 각 국면들에 대한 파악을 통해 국면마다 정보들을 산출해야 한다. 가령 사전적으로 진행국면을 파악하기 위해서는 기본적으로 태풍의 속도(크기와 방향을 포함개념)에 대한 자료가 있어야 가능하다. 반면 시간의 경과로 사후적인 복구국면이 등장하면 피해 정도, 투입자원, 작업난이도, 작업진척도 등에 대한 자료들이 있어야 한다. 따라서 각 국면에서 요구되는 자료들의 총합이 분석에 필요한 자료 양(D_n)이 된다.

5. 분석가의 윤리

분석은 다양한 목적으로 행해진다. 이러한 목적들은 판단의 질을 높이려는 목적으로 환원할 수 있을 것이다. 그런데 사실적으로 문제(현상)를 보는 분석 작업과 그 분석결과를 토대로 대안을 마련하고 해결하는 등의 처방적 수단을 마련하는 분석 작업은 성질이 다르다. 후자는 가치적이다. 이에 관련하여 가치문제를 제기한 대표적인 사람이 베버(M. Weber)이다. 그는 자연현상과 달리 사회현상은 경험적이고 개별적인 것이어서 객관적으로 어떤 것을 파악하는 데 문제가 있으므로 이론(지식)과 정책(문제해결의 처방)을 구분하여 이론 형성에 있어서는 몰가치적인 태도가 필요함을 주장했다. 사회를 하나의 유기체로 보는 기능론의 대표적 학자인 파슨스(K. parsons)는 인간의 행위는 어떤 동기나 가치를 지향하여 나타난 외부적 표현이다. 그렇기 때문에 사회현상에 대한 분석적 활동 자체가 가치판단적이니, 판단과정에서 몰가치적 태도를 견지하는 것이 어렵다고 본다. 그

렇기 때문에 가치로부터 멀리하는 가치중립적인 태도가 필요하다고 주장했다. 하지만 몰가치 또는 가치중립적 태도를 주장하는 견해들과는 대조적으로 참여적인 (사회)과학을 주장하는 입장들이 있다. 이들은 사회과학자의 경우 어떤 특정의 가치를 가져야 한다고 주장한다. 즉, 사회과학자는 현실의 문제를 처방할 수 있는 공공의 요청에 부응하는 태도가 필요하다는 입장이다. 가치배제적인 사회과학은 이데아적 생각에 불과할 뿐이고, 사회과학자에게 어떤 연구목적과 관점을 필요로 하며, 이에 가치를 반영하는 것이 오히려 처방에 관련하여 필요하다는 주장이다.

통상 조사연구에서 분석의 오류는 세 가지 경우로 분류된다. 하나는 분석자가 가설 또는 문제를 잘못 정의함으로써 발생하는 [제3종 오류]이고, 다른 하나는 가설 또는 문제는 제대로 정의했지만 가설 또는 대안이 효과가 없는데 있다고 잘못 평가하여 발생하는 [제2종 오류]이다. 그리고 마지막으로 가설 또는 대안이 효과가 있는데 없다고 잘못 평가하는 [제1종 오류]이다. 이러한 세 가지 오류들은 다양한 요인들로 일어난다. 우선 인간적 측면에서 요인들을 찾아볼 수 있다. ① 인간이 가진 인식능력의 한계로 발생하는 오류이다. 인간의 인식능력은 한계를 가지고 있다. ② 실수(mistake)로 발생하는 오류이다. 가령 분석도구 또는 분석기법을 잘못 다루거나 착오하여 잘못 추론하여 정보를 산출한 경우이다. 이러한 오류는 검증의 과정을 통해 상대적으로 통제가 가능하다. ③ 의도적 또는 고의에 의한 오류를 발생시키는 경우이다. 이는 성격이 근본적으로 다르다. 물론 이러한 오류 역시 검증의 과정을 통해 상대적으로 통제가 가능하지만 실제에 있어 그 증명과정이 용이하지 않다. 특히 이것은 오류 발견 자체가 어렵다는 점이 더욱 큰 문제이다. 인간의 의도적인 생각과 행위들로 가려져 있거나 또는 가려지기 때문이다. 이러한 이유로 분석가에게 윤리의식은 중요하다.

[문] 다음은 정책결정의 사례이다. 글에서 빈칸에 들어갈 진술로 가장 부적절한 것은?

정부가 로또 복권 발매 사업을 추진하려 하자, 이를 두고 국민의 의견이 분분했다. 국민 사이에 찬반 의견들이 첨예하게 대립했다. 이에 정책입안을 추진하는 관련부처에서는 다양한 의견들을 조사하여, 공통점과 차이점을 비교하여 의견들을 찬반으로 분류하였는데, 두 범주에 속한 주장들을 요약하면 다음과 같다.

■ 반대 입장: 로또 복권은 당첨확률이 매우 낮은 도박적인 성격을 가진다는 점에서 국민을 상대로 한 기만적 상업행위이며, 정부가 해야 할 역할에 부합되지 않는다. 국민에게 부정적 영향을 미쳐 사회적으로 사행성을 조장할 것이다.

■ 찬성 입장: 국민 각자는 로또 당첨확률이 매우 낮다는 것을 스스로 알고 있다. 복권을 구입할 것인가 말 것인가의 판단은 국민 각자의 몫이지, 정부가 국민의 판단까지 유도해서는 안 된다. 로또로 인해 한탕주의와 행운을 좇는 심리에 영향을 미치는 것은 미비하다. 오히려 로또를 통해 당첨 가능성에 대한 기대감에 소소한 일상적 기쁨을 가질 수 있다. 또한 정부는 복권을 통해 조성된 자원을 가지고 다른 공익적 사업에 투자함으로써 공공복리를 증진시킬 수 있다. 따라서 국가를 건강하게 이끌어가고 유지해야 할 정부 역할에 벗어나지 않는다.

이에 정부는 [＿＿＿＿＿＿＿＿＿＿], 1인당 구매액 상한선을 설정하고 낮은 가격의 복권 판매액을 조건으로 하여 로또 복권 발매 사업을 결정하였다.

① 복권시장의 활성화를 위해 대안으로
② 반대와 찬성 의견을 종합적으로 고려하여 대안으로
③ 두 범주에서 부정은 최소화하고, 긍정은 최대화하기 위한 대안으로
④ 로또 사업을 포기할 수 없다는 것을 제약조건으로 설정하고 대안으로
⑤ 복권(lottery)사업의 외국 사례들을 참조하여 대안으로

[해설] 답: ①

진술의 호응관계(전후의 흐름에 어울리는 관계). 호응관계를 가지려면 형식적 또는 의미적으로 전후를 매개하는 것이 있어야 함. ①은 논점일탈(생뚱맞은 진술) 오류이다. 복권 활성화는 관련이 없다.

예) 갑과 을의 대화에서 갑의 진술에 대응하여 을의 진술로 가장 호응관계를 가지는 것은?

갑: 흥미로운 책을 막 읽고, 너에게 빌려주기 위해 가져오려 했는데 깜빡하고 가져오지 않았다.

을: …….

---

① 어떤 책인데? ② 어떤 문제인데? ③ 어떤 일인데? ④ 어떤 사람인데? ⑤ 어떤 공부인데?

답 ①. 호응의 매개물 = 책

[문] 다음 제시된 글은 사회적 상황(현상)을 분석하려는 경우, 분석단위를 결정함에 있어 고려할 사항에 관한 일반적 요건들이다. 이를 구현하기 위해 방법론적 측면에서 〈보기〉의 진술들이 주어져 있다. 요건 (가), (나), (다), (라)와 〈보기〉의 각 진술들을 가장 적절하게 짝지은 것은?

분석단위의 결정에 있어 고려되어야 할 요건

분석의 단위(unit)는 탐구할 대상 또는 영역을 말한다. 환언하면 분석단위는 탐구의 대상이자 서술범주이다. 분석단위는 활용 측면에서 적절하며 적시성이 고려되어 전략적으로 설정될 필요가 있다. 다만 기본적으로 객관적이고 필연적이어야 한다는 점에서 다음의 요건들이 고려되어야 한다.

(가) 적합성: 목적에 비추어 유용한 정보를 산출해낼 수 있는 단위이어야 한다. 목적과 단위가 논리적으로 필연성을 가져야 한다.

(라) 비교가능성: 사실과 사실의 관계를 비교할 수 있는 단위 설정이 필요하다. 무엇을 비교할 것인가라는 관점(관심비교대상)에 대응되어야 한다.

(다) 측정가능성: 인식의 객관성과 보편타당성 확보를 위해 측정 가능해야 한다. 주의할 점은 측정의 용이성을 위해 시계로 시간을 측정하는 도구로 사용하는 것은 타당성에 논박 여지를 가진다. 아인슈타인 이후 시간은 빛의 속도를 표준으로 하고 있기 때문이다.

(나) 명확성: 객관적으로 단위가 인식될 수 있어야 한다. 즉, 다의적이고 애매모호해서는 안 된다. 사람들이 같은 의미로 해석될 수 있어야 한다.

〈보기〉

㉠ 경지면적의 증감 추세를 분석하려는 경우, 설정된 농가의 수는 분석단위로 목적과 어울리지 않는다(unfit). 즉 어울리지 않아 충분히 감당할 수 없다. 또한 가계생계비를 조사하는 경우 소비자가격이 도매가격보다 더 적당(proper)하다.

㉡ 평균과 표준편차 등을 활용하거나 또는 백분율과 지수 및 등급 등 다양한 형태로 이루어진다.

㉢ 대부분의 사람이 동일한 반응을 할 수 있는 단위를 적용한다. 지능, 지위, 계층, 속도(시간), 크기 등에 대한 단위들이다.

㉣ 범죄, 정상, 천재 등과 같은 추상적 언어들에 대한 의미가 일의적으로 정의된다. 기호 또는 인공 언어들이 사용될 수 있다.

	(가)	(나)	(다)	(라)
①	㉠	㉡	㉢	㉣
②	㉠	㉢	㉡	㉣
③	㉡	㉠	㉢	㉣
④	㉡	㉣	㉠	㉢
⑤	㉡	㉣	㉢	㉠

[해설] 답: ①

분석의 타당성과 관련된 글에 대한 이해력 문제.

㉠ 적합성(appropriateness), ㉡ 비교가능성(comparability), ㉢ 측정가능성(measurability), ㉣ 명확성(clarity)

[문] 현상을 인지하는 우주 일체의 사건이라 할 때, 이를 이해하기 위한 분석과 관련하여 무용론을 주장하는 입장만으로 짝지은 것은?

(가) 분석적 사유는 지식생산의 일등공신이다. 만일 분석적 사유가 없었더라면 오늘날 인류가 보유한 지식이란 것들이 존재하지 않는다 해도 과언이 아니다. 한편 생산된 지식은 인류에게 세계에 대한 이해와 합리적인 판단을 제고시키는 데 기여하고 있다. 오늘날 분석 자체는 급속히 진보되고 있다. 다양한 첨단 기기(器機)들과 기법들이 등장하고, 사고하는 논리체계를 성숙시키고 있다. 특히 현대인들은 마치 영화 <매트릭스>와 같은 가상적 현상들과 더불어 살아가고 있다. 이에 대한 직감의 주먹구구식 이해가 아닌 이성적 사유로 받아들일 수 있는 이해가 필요하다.

(나) 실체를 둘러싼 현상은 가변적이고 동태적이며, 상대적이다. 그리고 이해할 수 없거나 설명될 수 없는 신비스러운 것들이 무수히 존재한다. 이것들을 분류하여 파악하고 종합하려는 그 자체가 지혜롭지 못한 생각이다. 오감각의 대상을 배제한 플라톤의 사유처럼, 동일한 현상에 대해 서로 상충된 연구결과들이 늘 존재하고, 논쟁이 발생한다. 하나의 의견에 불과한 것이 되기 때문이다. 오늘날 각종 자료들을 활용한 분석정보들이 난무하는 상황에서 강한 주장과 약한 주장만이 있게 될 때, 지식을 활용해야 할 입장에서 어떤 주장을 채택해야 하는가에 대한 문제에 직면하게 된다. 이에 대한 옥석을 가릴 필요가 발생하게 되고, 그러면 다시 분석을 하게 되는 분석의 무한 진행이 일어나는 모순이 발생한다.

(다) 세계의 모든 것은 변화한다. 단지 인간이 그것을 느리게 또는 빠르게 인식하고, 아예 움직임이 없거나 불변의 정지된 것으로 인식할 뿐이다. 특히 모든 것이 변하는 세계에서 살아가는 인간에게 실존적 차원에서 현상은 삶에 관련하여 매우 중대한 의미를 가지지 않을 수 없다. 설령 현상의 근원적 원리 또는 원인을 발견하지 못하거나 또는 변화에 대한 일반적 법칙을 추출할 수 없다고 하더라도 자아를 실현하고, 삶에서 추구하는 목적을 이루기 위해서 현상에 대한 객관적이고 체계적인 이해는 반드시 필요하다.

(라) 분석은 인간에게 목적과 수단을 도치시키는 왜곡을 야기한다. 자료들을 수집하여 계량화 또는 척도화하는 과정에서 계산적 또는 통계적 처리 등을 필요로 한다. 이에 측정기기와 기법 같은 도구들에 대한 활용법을 익혀야만 한다. 이에 정신이 가진 에너지를 학습에 다 소진시키고 정녕 알아야 할 것을 파악하는 데 필요한 힘은 남지 않게 되는 모순적 상황이 발생한다. 더욱 심각한 것은 오감각이 가진 능력의 쇠퇴이다. 다양한 첨단적 분석도구들의 활용은 역설적으로 인간의 감각기관을 퇴화시켜 총체적인 인간의 지각능력을 저하시킨다. 혀의 기능이 화학적 성분분석으로 대체된다면 혀는 퇴화되고 말 것이다. 눈 대신 현미경과 망원경을 사용한다면 눈 역시 퇴화될 것이다. 촉각의 경우도

마찬가지이다. 하지만 인간의 신체(body)는 신비하다. 아직 모르는 것이 너무나 많다. 신체를 구성하는 세포들은 각기 선천적인 기억과 더불어 후천적으로 학습되거나 경험된 것들을 기억한다. 여기서 기억이 존재한다는 것은 생각할 수 있는 능력이 있다는 것을 뜻하고, 이는 바로 무엇을 지각할 수 있다는 것을 의미한다. 즉, 세포가 뇌와 같은 정신 활동을 한다는 의미가 된다. 이처럼 신체가 가진 지각능력은 아직 우리가 모르는 것이 많고, 이것들을 퇴화시킨다면 이것은 불행이다.

① (가), (다)　　② (가), (다)　　③ (나), (다)　　④ (나), (라)　　⑤ (다), (라)

[해설] 답: ④

(가), (다)는 유용론 입장. (나), (라)는 무용론 입장.

제3절 모형

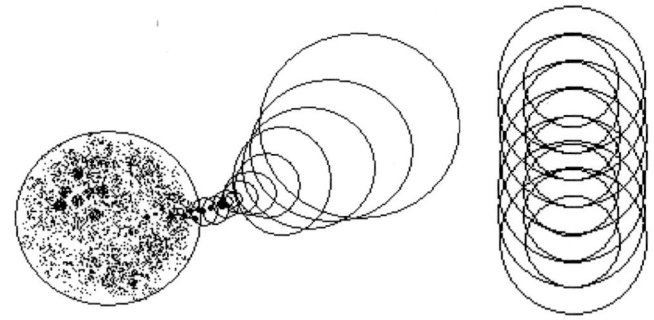

어떤 결론 또는 판단을 내리는 경우, 그것은 사실에 근거한 것이어야 한다는 정당성을 요구받는다. 이러한 요구에 대응하는 과제를 신뢰도 문제라고 할 때, 신뢰도를 높이는 대표적 방법이 모형이다. 이러한 점에서 모형과 관련된 내용들을 살펴보게 될 것이다.

Ⅰ. 모형의 의의

1. 모형의 의미

일상에서 모형(模型)이란 말을 흔히 사용한다. 그리고 그 의미도 매우 다양하게 사용된다. 사전적 의미로는 모형이란 어떤 현상 또는 물을 본떠 만든 틀 또는 본보기를 지칭한다. 가령 어떤 실물 또는 상황의 축소품, 확대품, 견품(샘플), 모조품, 재현품 등과 같은 것들이다. 한편 모형은 현실을 이해하는 분석기, 현실을 추상화한 표상물, 이론을 정식화하거나 또는 설득력을 가지게 하는 수단 등 다양한 의미로 사용된다. 여기서는 모형(model)이란 '대상으로부터 사실들을 추출하여 논리적으로 추상화한 집약적 표상물로서 분석기 기능을 가진 것'을 의미하여 사용하기로 한다. 가령 어떤 현상 또는 사건의 분석을 위해 구축된 컴퓨터 시뮬레이션 모형, 이론 생산을 위한 경제학에서의 가격모형(이론) 등과 같은 것들이 이에 해당한다. 모형은 분석기로서 마치 자동판매기와 같이 어떤 자료를 투입하면 그 결과가 산출되는 소프트웨어와 같은 기능을 가지고 있다. 설명과 예측 기능을 수행한다. 이에 모형은 과학적 방법으로 구축된다. 이러한 점에서 단순히 어떤 계획 또는 실물을 묘사하거나 재현한 지도, 지구본, 아파트 모델하우스, 모형비행기 등과 같은 것들과 구별된다.

이에 관련하여 보충적 설명이 필요할 것 같다. 우선 과학적 방법이란 구체적으로 무엇을 말하는가? 이에 대해서는 후술되는 인식론적 논의에서 상세히 논의되겠지만, 일단 현상—개념—가설—검증의 과정을 거치는 것이라고 말할 수 있다. 즉, 체계적인 자료수집과 경험적인 실험과정을 통해 일반법칙 또는 원리를 밝혀내는 방법이다. 모형을 구축하고 활용함에 있어 과학적 방법을 중시하는 주된 이유는 보다 진실에 가까운 것을 알아내고, 그 알아낸 인식물에 객관성을 확보하기 위해서이다. 이는 곧 신뢰도 문제가 된다. 만약 어떤 모형이 진실성이 결여되거나(이를 흔히 내적 타당성이라 한다) 또는 객관성을 가지고 있지 못하다면(이를 흔히 외적 타당성이라 한다), 그 모형을 통해 도출된 결론 또는 판단은 신뢰성에 문제가 발생할 것이다. 물론 과학적이라 하여 반드시 진실성과 객관성을 확보할 수 있는 것은 아니지만, 과학적 절차나 기법들이 적용된 모형이라면 이것들을 높이는 데 기여할 것이다.

다음으로 집약적 표상물이 구체적으로 무엇을 의미하는가? 하는 개념이다. 집약적 표상물이란 복잡한 현상 또는 문제가 가진 메커니즘(원리)이나 또는 인과적 법칙성을 설명하기 위해 환원되거나 또는 가정을 통해 단순화되어 함축적으로 나타난 진술을 말한다. 가령 경제학 이론에서의 효용함수$\{U=U(x,\ y)=x\cdot y\}$, 태양과 달, 그리고 지구 간의 관계를 나타낸 천체모형의 경우이다. 이에 대해서는 후술되는 모형이 가지는 주관성 문제에서 따로 논의되겠지만, 여기서 표상이란 경험적 인지를 통해 얻어지는 자료들을 토대로 가진 어떤 관념물이 외부로 시현된 것을 말한다. 이에 표상은 외부로부터 투입되어 관념물을 형성하는 재료로서 사실(fact)을 표현한 사상(事象)과 구별된다. 그런데 모형은 단지 복잡한 현상을 표상한 지표, 지수 등과 구별된다. 또한 자료를 처리하기 위한 수단으로서 수학적 계산식과도 구별된다. 설명과 결과 예측의 분석기 기능을 가진 집약적 표상물로 한정된다.

2. 모형의 성격

1) 과학성

모형의 구축은 기본적으로 과학적 조사 방식을 따른다는 점에서 모형은 과학(science)의 재생산가능성과 경험주의, 그리고 논리적이란 제 특징을 포섭한 성격을 가지고 있다.

(1) 재생산가능성(reproducibility)이란 모형을 가지고 일정한 절차 또는 방법을 되풀이 했을 때 같은 결론을 내릴 수 있는 가능성을 의미한다. 즉, 모형을 가지고 반복적 시행을 하는 경우 동일한 결과물을 가질 수 있는 가능성이다.

(2) 경험주의(empirical)란 모형이 궁극적으로 감각기관에 의해 지각될 수 있는 것을 지 향하는 태도를 말한다. 경험주의는 객관성(objectivity)과 관련된다. 여기서 객관성 이란 보통 일반의 사람들을 기준으로 모형을 통해 얻어지는 인상(figure)의 일치됨 을 의미한다. 즉, 모형을 통해 얻어지는 동일한 사상(事象)을 가지는 경우이다. 하 지만 건전한 지각기관을 가진 사람들 간에도 인식되는 인상에 차이가 있을 수 있 다. 이는 다음과 같은 이유들을 열거할 수 있다. 하나는 인간의 지각기관은 환경적 또는 상황적 여건에서 자유롭지 못하다. 즉, 개개인이 처한 심리적 상태에 따라 지 각물이 달라질 수 있다. 다른 하나는 지각은 후천적인 훈련과 경험들이 축적되어 형성된 사고체계로 얻어진다. 이때 후천적인 지각체제로 차이가 발생할 수 있다. 마지막으로 모형에 의해 인지된 과정과 결과에 대한 해석에서 차이가 발생할 수 있다. 해석은 개인의 내면적 속성치와 더불어 언어적 관념과 사회적 통념이 반영 되어 행해지기 때문이다. 이러한 점에서 선입견, 편견 등 가치문제가 중요한 문제 로 부각된다. 특히 객관성과 관련하여 구분해야 할 것은 다수결이다. 대다수의 사 람들이 그렇다고 하여 그것이 객관적이라고는 말할 수 없다. 이에 객관성 확보를 위해 계량화, 표준화, 척도화, 논리적 틀 등 객관화 도구들을 사용하게 된다.
경험성에 관해 몇 가지 논란이 있다. 첫째는 감각기관에 의한 인식물을 믿을 수 있 는 것인가 하는 점이다. 둘째는 인간과 사회현상에 관련해 추상적인 개념들이 흔 히 사용하는데 '이것들을 감각기관으로 지각하기 곤란한 것이 아닌가?'라는 문제 이다. 여기서 첫째 의문에 관련해서는 [제2장 분석]에서 감각기관의 불완전으로 인한 분석에서 오차와 유효성의 문제, 세계는 인과율의 규칙성으로 움직인다는 것 을 전제로 규칙성 발견의 문제로 전술되었다. 둘째 의문에 관련하여 추상적 용어 의 지각가능성의 문제에 대해서는 여러 견해와 입장들이 존재한다는 점도 전술되 었다. 셋째는 보이지 않는 세계에 대한 문제이다. 이것은 경험적 방법만으론 정확 한 대상에 대한 실체를 파악할 수 없는 치명적 문제이기도 하다. 가령 감각기관에 포착되지 않는 현상에 대한 원인변수를 포착하거나 또는 그것이 원인의 요소

(factor)라는 것을 증명하기 위해서는 경험으로는 한계가 있다.

(3) 논리성(logical)은 모형의 신뢰 또는 유효성과 관련하여 첫째 구축에 있어 연구설계를 통한 일정한 절차 또는 개념적 틀을 통해 내적 타당성과 외적 타당성이 고려되고, 둘째 모형을 통한 결과물이 지식(이론)체계에 정합되고 필연적인가와 관련된다.

2) 모형의 다(多)관련성

모형은 그림에서와 같이 개념과 사실 및 이론과 관련된다. 또한 변수와 표상과도 관련된다.

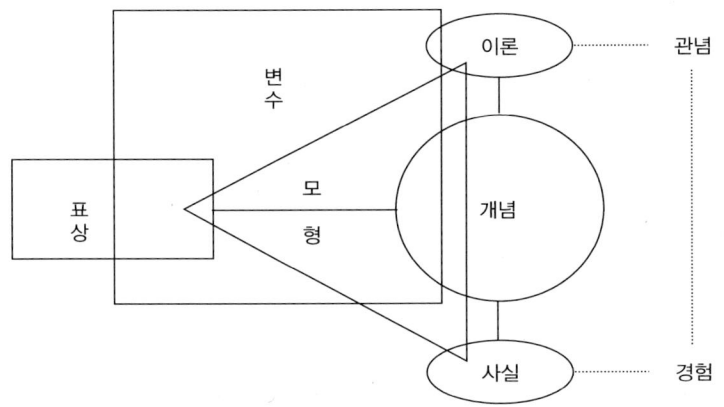

이러한 용어들은 과학적 사고방식과 관련하여 중요한 것들이다. 개념과 사실에 대해서는 이미 전술되었다. 나머지 용어들에 대해서는 관련 논의에서 다루어질 것이다. 여기서는 사이언스(science) 관점에서 간단히 개념만을 언급하기로 한다.

- 개념(concepts): 어떤 현상을 대표할 수 있는 일반화로 가진 추상화(抽象化)된 관념.
- 사실(fact): 현상으로부터 가지게 된 감각에 포착된 인상(印象: figure) = 개념들의 관계로 구성.
- 이론(theory): 특정 현상을 설명하고 예측하기 위해 연역과 귀납으로 개념들의 관계를 체계화한 일련의 진술 또는 명제들로 구성된 진술.
- 변수(variables): 수학적 개념(정의역에서 임의의 치역 값을 가지는 것)이 사회과학에 차용.

<과학적 조사방법론의 관점에서 가지는 변수의 의미>

- 넓은 의미로 변수: 현상의 구성요소(factor) 또는 속성(property[48])을 의미.
- 좁은 의미로 변수는 일정한 <u>경험적 속성을 대표</u>하는 것으로 그 속성을 측정단위로 <u>계량화가 가능한 것</u>을 뜻함. 계량화가 중시. 가령 책상을 예로 무게, 길이, 높이 등이 예임. 행위를 예로 하면 속성에 대한 계량화는 결과에 대한 보상, 결과에 대한 성공기대치, 해야 된다고 생각하는 신념 등과 같은 것들을 추출하여 1부터 10까지 척도화하거나 또는 수적(數的) 단위로 표현. 요컨대 변수란 사상(事象)에 대한 계량적 수치 또는 계량적 가치가 부여된 속성을 의미.

<처방성을 지닌 상황판단의 관점에서 가지는 변수의 의미>

- 문제해결의 상황판단 관점에서 변수란 관계적 사고를 통해 어떤 문제(상황)를 구성하고 있는 요소들과 상호작용하여 문제(상황)가 가지는 현재 상태 또는 미래 상태에 영향을 미치는 조건적 또는 인과적 요인들을 의미.

■ 표상(presentment): 의식과 무의식의 지각적 활동으로 어떤 의미를 담은 인간의 관념적 형상물(形象物)로서 머릿속 내면에서 존재하거나 또는 외부로 표현된 것을 말한다. 즉 머릿속 내면에 존재하는 어떤 관념물 또는 그 관념물을 원형으로 하여 외부로 표현된 것을 지칭한다. 이러한 표상은 표형(형상)과 표의(의미)로 구성된다.

토네이도 상황의 모형 예(例)				
■ 경험	상하/좌우/전후, 내부/외부에서 자료 습득 - 크기, 속도, 질량, 기압, 온도, 고도, 음향 등의 재료 -			
↕			⇒	※[모형]
■ 사유	변수들을 추출하고, 변수들의 관계를 파악 - 개념적 또는 논리적 틀의 활용 -			

★ 문제해결에의 분석기로서 구축된 모형이다. 경험적 자료와 논리적 개념 틀이 혼합되어 구축된다. 모형은 컴퓨터와 영상 등 관련 기술들을 접목하여 시현(示顯)되는 경우가 많다.

한계효용이론(미시경제학의 소비자 이론)의 모형 예(例)
① 소비자들은 선호(효용)체계를 가지고 있다는 가설(假說)을 설정. ② 모형(模型)의 작성(구축): 집약적 표현물로서 글자, 수식, 그림 등으로 표현.

---

48) property(속성): 변화 속에 불변적인 어떤 고유한 것을 대표하는 성질(불변적인 고유성).

※ [수식 모형] 효용함수 : $U=U(x, y)=x \cdot y$
= 특정 상품묶음 X가 주어져 있을 때, 이것이 주는 만족감 정도를 실수(real number)로 나타낸 함수.
= 현실에서 사람들이 가지는 모든 선호관계를 대표할 수 있는가에 관련하여 가정을 도입하여 도출.
예) 선호체계의 완비성, 이행성, 연속성을 가정.
= 표상에 숫자를 대입하면 분석기로 기능. 정의와 공리에 의한 수학적 증명이 가능.
※ [그림/그래프 모형] 무차별곡선과 예산선
= 가정을 토대로 대수와 기하학적 방법을 적용하여 2차원 평면의 x축과 y축의 좌표로 표현된 그림.
• 무차별곡선: 소비자에 똑같은 수준의 효용을 주는 상품묶음의 집합을 그림(선분)으로 나타낸 것.
• 예산선: 주어진 소득을 전부 사용할 때 구입할 수 있는 상품묶음의 집합을 그림(선분)으로 나타낸 것.

★ 사유(thought)를 통해 문제(상황)가 가진 변수들의 관계를 바탕으로 조작하여 구축된 모형이다. 이념적(idea) 모형이라 할 수 있다. 이론 형성에 관련하여 흔히 구축된다. 부연하면 이론은 [① 가설 → ② 가정을 통한 모형 구축 → ③ 모형의 유효성 검정 ④ 이론 채택]의 과정으로 이루어진다. 여기서 이론은 유효성이 검정 또는 검증되어 채택된 모형이라 말할 수 있다. 즉, 이론은 ②에서 구축된 모형은 현실 설명과 예측의 내적 타당성과 외적 타당성을 검증하여 수정과 보완 등의 작업을 거쳐 완성된 모형이다. 이러한 점에서 모형은 이론과 동일한 것으로 간주되기도 한다.

II. 모형(model)의 원형: 이데아적 형상주의

경험주의를 특징으로 하는 모형은 아이러니하게도 그 원형이 고대 그리스인들이 가졌던 이데아적 형상주의에서 찾아볼 수 있다. 전술된 플라톤의 사유와 감각의 이원론적 존재 논의는 아리스토텔레스의 형상과 질료의 철학에 의해 사유와 경험의 통합적 관념이 시도된다. 이들의 맥에서 공통적으로 발견되는 것이 완벽한 형상론이다. 인간 세계는 세 개의 기둥들로 구성되어 있다. [진실-거짓], [선-악], [미-추]이다. 이것들은 각각 실재(본질)적 개념, 윤리적 개념, 심미적 개념들을 파생시킨다. [진, 선, 미] 세 기둥에는 완벽한 형상(form)이 존재한다. 이러한 세계관적 사고 또는 태도가 이데아적 형상주의이다.[49] 그리스인들은 완벽한 형상으로서 소위 황금비율들을 찾기 시작했다. 피타고라스는 직각삼각형에서 가지는 세 변의 길이가 가지는 3:4:5의 비(比)를 찾아내고, 소리들이 가지는 2:3의 비는 아름다움을 만드는 완벽한 소리의 형상을 찾아낸다. 아르키메데스는 기원전 3세기 원주율 계산법을 고안한다. 우연히 발견된 비너스 조각상이 가진 신체적 비율은 완벽한 미의 형상으로 간주되었다.

10개의 선들이 가지는 형상

두 소리가 섞여 아름다운 소리를 내는 선들은 [2/3, 4/6, 6/9, 8/12, 10/15, 12/18, 14/21, 16/24,

---

49) 이데아적 형상주의는 '[강한 진리는 있어도 완벽한 진리는 없다], [대단한 미는 있어도 완벽한 미는 없다], [충분한 도덕은 있어도 완벽한 도덕은 없다]'라는 존재의 불완전성 또는 상대성을 부정한다. 완벽한 형상의 존재를 가정한다.

18/27]의 관계를 가지고 있다. 즉, 모두 2:3의 관계이다. 만약 10개의 선들이 존재하는 경우 그 길이들은 [2:3:4.5:6.75:10.125:15.1875:22.78125:34.171875:51.2578125:76.88671875]가 된다. 이를 선으로 나타나면 다음과 같은 형상(form)이 나타난다.

2:3 ⇒ 2/3 ⇒0.666666666······ 무한소수의 값

이데아적 형상은 물리적 또는 실제적 모형으로 구현하기 위한 노력들이 시도된다. 예를 들면, 로마의 무역선으로 추정되는 한 난파선에서 하나의 기계가 발견되었다. 이것은 27개의 크고 작은 톱니바퀴들로 전체 구조를 이루고 있다. 어떤 톱니바퀴는 홈이 223개이고, 어떤 것은 53개로 다양하다. 이것은 후에 지구를 중심으로(천동설) 해와 달의 운행 메커니즘을 구현한 기계로 밝혀졌다.[50] 당시 태양의 일부 또는 전부가 가려지는 일식은 왕국의 흉조로 여겨졌고, 이에 주기적으로 나타나는 일월식을 예측하기 위해 천체의 형상을 본떠 만든 축소형 모형이다.

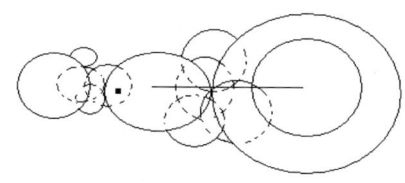

오늘날에도 이데아적 형상에 대한 아이디어는 모형에 적용되고, 컴퓨터 등 관련기술을 활용하여 보다 완벽한 형상을 가진 모형구축에 활용되고 있다.

III. 모형이 요구되는 상황

유효한 모형을 통해 판단을 내리는 것은 신뢰와 신망을 높일 수 있다는 짐에서 바람

---

50) 이에 대한 내용은 KBS2 TV '세계 최초의 컴퓨터'(2013. 1월 방송)를 참조.

직한 방법이 아닐 수 없다. 분석적 의사결정과 관련하여 모형의 유용성과 역할이 확대될 것이라는 것을 예측할 수 있다. 그러나 모형을 통한 결정 또는 판단이 반드시 진실에 가까운 것이고, 객관성을 가지는 것은 아니다. 한편 과학기술의 발달로 모형의 편이성이 증진되고 있지만, 모든 문제에 대하여 일일이 모형을 구축하여 판단한다는 것도 현실적으로 불가능하다. 특히 정부활동과 관련하여 모형구축에 소요되는 자원 낭비를 최소화하는 노력이 필요하다. 홍수, 태풍, 지진 등과 같이 매년 반복적으로 발생하는 문제에 대해서는 상황발생 시 신속히 분석기로 기능할 수 있는 표준모형을 사전에 마련하여 활용하고, 정부부처 간 또는 중앙정부와 지방자치단체들 간 중복 또는 반복적 모형구축에 소요되는 자원을 최소화하는 노력이다. 이러한 점에서 모형의 요구되는 상황과 관련하여 생각해볼 필요가 있다. 모형의 구축과 활용의 예를 상황모형과 이론모형의 두 경우로 구분하여 살펴보기로 한다.

1. 상황모형

[상황] 일본에서 발생한 지진과 해일, 원전파괴와 방사능 누출상황의 예

↓

<상황게시판>

- **발생**: 현재 00일.
- **원인**: 사건/사고. 인재/천재(天災)
- **피해**: 각각에 대한 현재--. 누계 --.
  - ○ 사망자, 부상자 ○ 재산 ○ 사회간접시설 ○ 환경 ○ 지역
- **대책**

  - ○ 자원: 각각에 대한 현재--. 누계--.
  - - 인적 자원: 전문요원, 비전문요원
  - - 물적 자원: 예산, 설비

  - ○ 조치: 각각에 대한 현재--. 누계--.
  - - 경계경보 발효
  - - 대피: 사람, 동물(가축), 문화재
  - - 구조: 인명--, 치료병원 --.
  - - 사회간접시설: 도로, 전기, 상수도, 통신 등
  - - 환경오염: 토양, 공기, 수질 조사
  - - 공개브리핑, 기자회견

상황게시판은 문자모형이다. 모형구축에 특별한 전문성이 없어도 누구나 진술할 수 있고, 이해가 가능하다는 점에서 강점이 있다. 하지만 모형이 가져야 할 분석기로서 기능이 미비하다는 치명적 단점이 있다. 가령 각 국면들이 가지는 현재 상태와 향후 전망에 대한 정보, 적절한 자원투입과 대안의 선택에 대한 분석기능이 미흡하다. 그리하여 수집된 자료 또는 정보의 나열에 불과하다는 점에서 모형이라 말하기도 애매하다.

이번에는 다른 예를 살펴보자.

[가상상황] 혜성 하나가 지구로 돌진해오는 상황

혜성 하나가 궤도를 이탈해 지구로 돌진해오고 있는 상황이다. 피해가 현실화되지 않은 상황이지만 직관적으로 결과가 미칠 영향이 중대할 수 있다는 점에서 사전적 조치가 강요된 문제이다.

객관적이고 정확한 분석을 위해 모형이 요구된다. 상황분석기로서 모형이 산출해야 하는 시급한 정보는 발생과 진행에 대한 국면정보이다. 발생은 원인과 관련된 것이고, 진행은 혜성이 지구와 가까워지는 상태이다. 그런데 혜성이 궤도를 이탈한 원인을 정확히 규명하는 것이 불가능할 수 있고, 가능하다 해도 시간이 많이 소요된다. 급한 것은 진행에 대한 정보이다. 즉, 궤도를 이탈한 혜성이 '과연 지구와 충돌할 것인가?'에 대한 정확한 정보이다. 이를 위해 자료들을 획득해야 한다. 가령 지구에 대한 공전주기(T)와 질량(M), 반지름(R), 만유인력의 계수(G), 중력가속도(g) 등의 자료이다. 그리고 혜성에 대한 자료이다. 즉, 질량(m), 부피(V, 밀도, 힘(F), 방향, 속도(v: vector: 크기와 방향을 함께 나타내는 물리량), 속력(v: scalar＝크기만으로 나타내는 물리량), 이동거리(s), 가속도($a = \dfrac{\triangle v}{t}$, g＝중력가속도), 온도(K) 등의 자료들이다. 기존 자료들을 활용할 수 있다. 만약 자료를 수집할 관측 장비가 없거나 또는 불가능한 경우 투입과 산출기능을 가진 모형구축은 불가능해진다. 모형(분석기)을 구축하기 위해서는 경험 많은 전문가와 물리학·천체학·우주항공 등 관련지식을 보유한 팀이 필요하다. 정책적 측면에서 국가안보담당자, 군사전문가, 재난전문가 등도 필요하다.[51]

---

51) 참고로 영화 <아마겟돈>에서는 혜성과의 충돌로 인류가 멸망할지도 모르는 위기상황을 소재로 지구를 구하는 인간 모습을 다루고 있다. 오늘날 인류는 우주시대를 맞고 있다. 7,500개 정도의 인공위성이 지구를 돌고 있다(2011년 현재). 우주기업들은 무중력 상태와 같은 우주체험을 제공하는 미래의 서비스 산업으로서뿐만 아니라 관련된 로켓엔진 등 부가가치를 창출할 수 있는 핵심 미래 기술 산업으로 간주하여 과감한 투자를 하고 있다. 일부 기업은 우주를 여행할 고객들의 예약을 받고 있다. 미국 등 일부 국가는 우주에

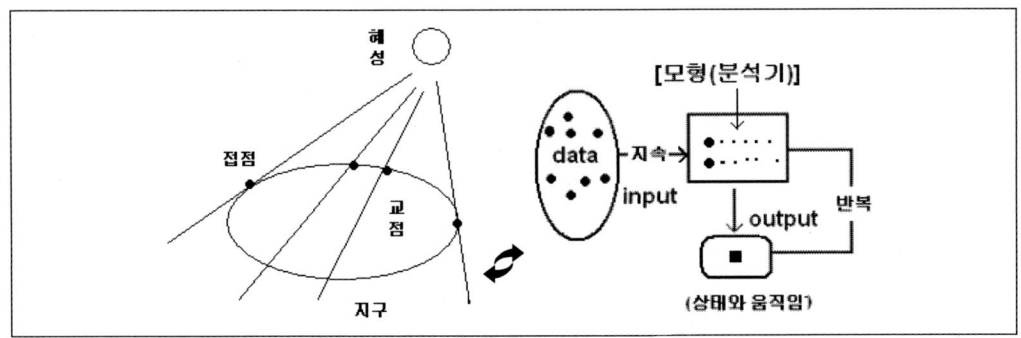

    다음으로 수집된 자료들로 모형을 구축하여 충돌(clash)로 결과가 나왔다면 충격량과 충돌지점(인구밀도가 높은 도시인가 아니면 바다인가에 따라 피해가 다름) 등에 대한 정보들을 추가로 생산해야 한다.

【참고】

자주 사용하는 물리학의 기초용어들에 대해 상기 차원에서 간략히 기술하기로 한다.

> ○ 에너지: 일(work)을 할 수 있는 능력.
> ○ 일(W): 어떤 물체(물질)가 힘의 방향으로 이동한 거리.
> ○ 일의 계산식(관계식): $W = Fs\cos\theta$ (F=힘, s=이동거리, 방향: 코사인 값)

(1) 역학적 에너지(E)
○ 운동에너지(E_k)와 위치에너지(E_p)를 지칭.
○ 역학적 에너지보존법칙: $E = E_k + E_p$ (단, 공기저항이나 마찰이 없는 조건에서 성립)
○ 운동에너지(E_k): $E_k = \dfrac{1}{2}mv^2$ ($m=$ 질량, $v^2=$가속도)
○ 위치에너지(E_p): 세 가지
- 중력(g)에 의한 위치에너지: 중력에 의해 얻게 되는 에너지
  계산식(관계식): mgh, [$m=$질량, $g=$중력가속도(9.8㎨) $h=$ 높이]
- 탄성력(k)에 의한 위치에너지: 탄성력에 의해 얻게 되는 에너지
  계산식(관계식): $\dfrac{1}{2}kx^2$ ($x=$잡아당기는 힘)
- 만유인력에 의한 에너지(관계식): $-\dfrac{GmM}{R}$

관한 법적 제도들을 정비하고 있고, 상업적 목적에서 우주선을 발사할 수 있는 허가권(license)을 기업에게 부여하고 있다.

(관계식 = G: 만유인력계수, m: 혜성질량, M: 지구질량, R: 반지름)
※ 인공위성을 발사하는 경우 지구의 반지름 r=6,400㎞, π= 근삿값인 3.141592로 계산해도 유효한 것으로 알려져 있음.

(2) 열에너지(Q)
○ 열역학 제1법칙: 에너지 보존의 일반법칙(마찰력과 공기 저항력을 고려한 에너지 보존법칙)
계산식(관계식): $Q = \triangle v + W$(Q= 열, $\triangle v$: 내부에너지 변화량, W= 일)
예) 엔진 작동: (기체) 온도↑→ 분자(입자)들의 운동↑→ 내부에너지↑→ 일
○ 열역학 제2법칙: 자연현상에서 에너지 흐름에 비가역성이 존재한다는 법칙.
- 자연 상태에서 에너지는 일방향으로만 흐른다. 쌍방향으로 흐르지 않는다. 자연 상태에서 한번 깨어진 그릇은 다시 원래대로 돌아가지 않는다.
- 엔트로피: 자연현상에서의 무질서도(입자들의 무질서 정도)를 나타내는 물리량. 자연은 엔트로피가 증가하는 방향으로(만) 진행한다(예: 부식 또는 부패 현상).

2. 이론모형

다음은 동물들의 무늬방정식을 만들어내는 이론화 과정에서의 모형구축과 활용의 예이다.

<얼룩말동물 범주 무늬방정식>

① 지적 질문(과제): 얼룩말의 무늬는 어떻게 해서 만들어질까?
② 관찰과 상상을 통한 가설의 획득: 귀납을 통한 일반명제 설정[귀납추론].
○ 관찰: 얼룩말 무늬는 줄무늬를 가지고 있다. 규칙성(패턴)이 관찰된다.
○ 가설: 얼룩말 무늬는 멜라닌 색소의 확장과 반응이 일어나는 공간 크기에 의해 만들어진다.
③ 임시 모형 형성: 무늬 형성을 표상하는 무늬방정식 설정
④ 모형의 검정(검증): 무늬방정식은 유효한가? ⇔ ※ 내적 타당성
○ 통계와 귀납적 증명(검증): 충분한 표본 수의 얼룩말들의 동물무늬를 대입하여 검정.
⇒ 무늬방정식의 수정/보완 및 반복적 검증.
○ 채택: 관찰된 사실들에서 예외가 관찰되지 않는다면 채택(반증주의) → 모형 완성
⑤ 모형의 일반화: 얼룩말 일반에 적용가능한가? [일반화] ⇔ ※ 외적 타당성
○ 채택 또는 기각: 자연 상태에서 얼룩말무늬의 예외가 관찰되지 않는다면 채택(반증주의적용).
⇒ 무늬방정식의 수정/보완 및 반복적 검증. → 모형완성
⑥ 모형의 활용(얼룩말무늬방정식) → 무늬형성에 대한 설명 및 예측[연역추론]
　모형을 가지고 개개의 얼룩말들이 가지는 무늬형성의 현상을 설명하고 예측에 활용.

↕

\<포유류동물 범주 무늬방정식\>

① 질문(과제) → 얼룩말무늬방정식이 포유류 동물에도 타당한가?
② 모형의 검정(검증)
  ○ 통계와 귀납적 증명(검증): 충분한 표본 수의 치타, 기린, 호랑이, 표범 등의 무늬를 대입하여 검정.
  ○ 채택 또는 기각: 자연 상태에서 예외가 관찰되지 않는다면 채택(반증주의 적용).
⇒ 무늬방정식의 수정/보완 및 반복적 검증. → 모형완성

↕

\<모든 동물 범주 무늬방정식\>

① 질문(과제) → 포유류 무늬방정식이 동물 일반에 타당한가?
② 모형의 검정(검증)
  ○ 통계와 귀납적 증명(검증): 충분한 표본 수의 파충류, 조류 등을 대입하여 검정.
  ○ 채택 또는 기각: 자연 상태에서 예외가 관찰되지 않는다면 채택(반증주의 적용).
⇒ 무늬방정식의 수정/보완 및 반복적 검증 → 모형 완성

　　이론이 만들어지는 과정에서 가지는 각 용어들 하나하나는 개념적 논란들을 지니고 있다. 이러한 점에서 복잡한 논의들이 존재하는 배경을 가지고 있다. 이러한 것들은 일부 진술된 것도 있고, 후술되는 것들도 있을 것이다. 그리고 반복적으로 언급되는 경우도 있게 될 것이다. 이론(지식)의 형성에서 가지는 사유방식은 합리적 사유에 관련된 절차와 방법의 집합적 요체이기 때문이다.

　　여기서 모형과 관련하여 주목할 점이 있다. 편의상 이론 형성의 과정을 [① 가설 → ② 가정을 통한 모형 구축 → ③ 모형의 유효성 검정 → ④ 이론화]로 구분하기로 하고, 이때 모형이 가지는 범주 문제이다. 위의 예에서 무늬방정식이 가진 범주는 자료들에 의존되어 결정된다. 얼룩말(piebald horses) 범주, 포유동물 범주, 모든 동물(all animals) 범주이다. 이때 범주 확장에는 그때마다 일반화가 필요하다. 얼룩말 → 포유동물 → 모든 동물로 확장되는 단계마다 일반화가 필요하다. 얼룩말 범주에 한정된 모형보다 동물 전체에 적용되는 모형이 유용성이 크다는 점에서 일반적 모형을 끌어내는 작업을 하게 된다. 이때 모형은 모집단 전체가 아닌 표본의 자료들만으로 구축된다는 점에서 일반화에 내적 타당성과 더불어 외적 타당성이 문제된다. 여기서 내적 타당성이란 '진실을 측정 또는 보고 있는가?'라는 문제이고, 외적 타당성이란 모형이 다른 동물들에게도 적용될 수 있는가라는 문제이다. 타당성 검증과정을 통해 완성된 모형은 그 범주에 해당하는 일

반지와 동일한 성격을 가지게 된다.

Ⅳ. 모형구축에의 논리적 절차와 원칙들

1. 논리적 절차(節次)

1) 일반적 절차

모형의 구축은 일반적으로 과학적 조사방법에서 가지는 가설설정→검증→채택이란 기본적 사유를 바탕으로 다음과 같은 절차 또는 논리적 구조로 이루어진다. ① 목적의 확인과 문제 인지, ② 자료의 수집과 정리 및 해석, ③ 문제(상황)를 구성하는 요소들의 추출과 구성요소들의 관계를 분석하여 국면형상화, ④ 국면을 종합하여 공간을 형상화, ⑤ 자료들로 시뮬레이션을 실행하여 모형의 검정 및 수정/보완, ⑥ 모형의 확정, ⑦ 모형의 활용이다.

①→②→③→④에서 스타일링 모형을 만들고 ⑤→⑥의 과정으로 최종 모형을 완성한다. 이러한 기본적 절차를 따르는 경우 모형 구축에 따르는 노력과 시간의 낭비나 혼란을 방지할 수 있고, 체계적으로 진행되기 때문에 모형 활용 과정에서 발생할 수 있는 오류가 있는 경우에도 어느 단계에서 잘못되었는지를 용이하게 점검할 수 있다. 특히 모형이 가진 유효성에 관련하여 타인을 설득하는 데 강점을 가질 수 있다.

> ■ 목적의 확인과 문제 인지
> ■ 자료의 수집과 정리 및 해석
> ■ 문제(상황)의 구성요소 추출과 국면 형상화
> ■ 국면종합을 통한 공간형상화
> ⇒ 스타일링 모형 산출(가설적/임시적 모형)
> ■ 스타일링 모형의 검정 및 수정/보완
> ■ 모형의 확정
> ⇒ 최종모형 산출(활용모형)
> ■ 모형의 활용
> ⇒ 보고서 산출

■ **구성요소**(element): 문제(상황)를 형성하는 기본 개체 또는 성분으로서 입체적 모형에서 각각의 상태(위치)를 통해 전체적 모습을 형성하는 꼭짓점으로 나타내진다(**구**

성변수). 개체들 간의 관계성은 직선 또는 곡선과 같은 선분으로서 여기서 개체란 상황을 구성하는 요소로서 인간의 감각과 지각이 인지할 수 있는 경계를 가진 독립적 유무형의 물(物)을 말한다. 개체들 간의 관계성은 개체들 간에 가지는 힘(영향력) 또는 운동 등의 관련성을 뜻한다.

- **국면**(aspect): 구성요소들이 상호관계로 나타나는 맥락으로서 입체형에서 각 면으로 나타내진다(국면변수). 이러한 국면은 상황이 가진 한 단면의 내용들을 담는 것으로 운동방향과 크기에 의해 면적을 가지게 되고, 면적의 변동은 상황구성요소들의 관계변화에 의존된다.

- **공간**(space): 문제(상황)의 영향범위로서 입체형에서 부피로 나타내진다(상황변수). 공간은 문제의 종합적 내용을 담는다. 이때 공간에 포함되는 연루 대상의 개체들이 받는 각각의 영향을 측정하여 모두 합한 자료는 문제(상황)가 가진 중대성 또는 심각성에 대한 해석 근거로서 의미를 가진다. 외생적 변수들이 일정하다고 할 때, 공간의 크기와 형태는 국면변화에 의해 의존된다. 따라서 국면별로 대안이 모색되고 실행하는 것이 중요하다.

2) 변수들의 추출

(1) 모형은 기본적으로 조건 p를 가질 때 산출 q를 도출하는 분석기 기능을 가져야 한다. 이때 가장 문제되는 것이 조건 p를 형성하는 요소 또는 변수들을 추출하는 작업이다.[52] 예를 들어 [우주를 비행하는 승무원(crew)들의 생명기간에 대한 정보를 산출해주는 모형]을 가정해보자. 승무원들의 생명을 유지하기 위해서는 일정한 환경(circumstance)이 필요하고, 이때 환경을 형성하는 변수들은 무수하다. 가령 선원들의 신체적 상태가 가지는 국면, 우주선 상태가 가진 국면, 우주상태가 가지는 국면 등 다국면으로 하나의 환경을 이룬다. 승무원(crew)들의 생명기간을 분석하는 모형은 이러한 환경을 이루는 모든 변수들로 구축하는 것이 바람직할 것이다(마치 영화에서 인공지능을 가진 컴퓨터가 자료들을 수집하여 정보를 자동적으로 산출해주는 것처럼).

하지만 현재 우리가 가진 과학지식과 기술로는 우주공간에서 생존에 필요한 환경을 구성하는 완벽한 모형을 구축하는 것에 한계가 있다. 변수들 중에는 이미 알려진 것들도

---

52) 변수에 대한 상세한 내용들은 실험논리와 관련하여 자세히 후술될 것이다.

있지만 알려지지 않은 것들도 있기 때문이다. 또한 어떤 상황(situation)이 발생할지에 대해서도 예상이 가능한 경우와 예상이 전혀 불가능한 경우도 있을 수 있다. 그리하여 모형의 구축은 다음과 같은 세 가지 경우에서 이루어진다.

	예상이 가능한 상황(F)	예상이 불가능한 상황(U)
알려진 변수	F1	U
알려져 있지 않은 변수	F2	

먼저 U의 경우를 살펴보자. 만약 앞으로 어떤 일이 일어날지 예상조차 하지 못하는 상황에 대비하여 모형을 구축하는 것은 사실상 불가능하다. 미약하지만 발생 가능성을 예견할 수 있는 상황이어야 한다. 만약 예측하지 못한 일이 실제로 발생하면, 그때는 직면한 상황이자 동시에 실제적 환경이 된다. 이때 변수에 관련하여 두 가지 경우를 가지게 된다. 하나는 상황을 구성하는 변수들이 이미 알려진 경우로서 F1의 경우이고, 알려져 있지 않은 변수를 가진 F2의 경우이다.

F1의 경우를 생각해보자. 예상이 가능한 상황에서 승무원들에게 어떤 일이 발생하는가를 분석하는 경우이다. 가령 순항 중인 현재 상태가 유지되는 상황이라고 가정하여, 이때 승무원들의 생명기간의 원인인 조건 p를 형성하는 조건변수들로 산소, 식량, 온도를 채택했다고 하자. 그러면 이 변수들의 측정값을 대입하면 생명기간인 결과 q를 산출할 수 있다.

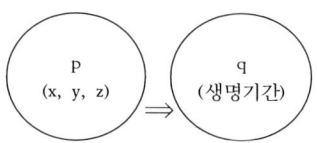

F2의 경우를 생각해보자. 좀 더 정밀한 모형을 구축하기 위해 현재 알고 있는 변수 외에 알려져 있지 않은 변수들을 추적하여 모형에 삽입하려는 경우이다. 이러한 경우 인과관계에 원인이 될 만한 요소(factor) 또는 변수들을 광범위하게 탐색해야 한다. 이때 변수로 간주 또는 추정할 만한 것을 판별하는 방식은 연역적 논리로 추론하여 변수들을 선정할 수 있겠지만, 여기서는 귀납적 방법으로 채택하는 경우를 살펴보기로 한다. 이에 관련하여 매우 단순한 논리지민 밀(J. S. Mill)이 인과관계의 입증논리로 제시한 것들을 간략히 소개하기로 한다.

첫째, 합의방법(method of agreement)이다. 이것은 둘 이상의 서로 다른 변수들로 구성된 조건 p_1과 p_2에서 동일한 결과 q가 나타난다면, 이때 두 조건에 공통적으로 들어 있는 요소(변수)는 원인으로 추정될 만한 가치가 있다고 생각하는 방식이다. 아래의 도식에서 두 개의 조건들은 구성하는 요소들은 c만 같고 나머지는 서로 다르다. 그런데 결과는 동일하다. 이러한 경우 c를 q를 발생시키는 원인으로서의 조건변수로 간주할 수 있다는 논리이다.

| p_1 (abc) | $\rightarrow$ | q |
| p_2 (cde) | | |

이러한 논리로 만약 서로 다른 변수들로 구성된 조건 p_1과 p_2에서 동일한 결과 q가 나타나지 않는다면, c는 결과 q의 원인변수로 간주하지 않아도 될 만하다고 추정할 수 있다. 여기서 $\bar{q}$는 결과 q가 나타나지 않는다는 것을 표시한 것이다.

| p_1 (abc) | $\rightarrow$ | q |
| p_2 (cde) | | $\bar{q}$ |

둘째, 차이방법(method of difference)이다. 차이법은 실험집단과 비교집단의 차이를 구별하여 추론하는 전형적인 고전적 실험논리이다. 아래 도식과 같이 각각 서로 다른 구성요소들을 가지고 있다고 할 때, c는 원인의 변수로 간주될 수 없다는 논리이다. 여기서 $\bar{c}$는 부정을 의미한다. 즉, 활동하지 않은 상태이다. $\bar{q}$의 경우도 결과 q가 나타나지 않는다는 것을 표시한 것이다.

| p_1 (abc) | $\rightarrow$ | q |
| p_2 ($\bar{c}$de) | | $\bar{q}$ |

셋째, 상건변량방법(相件變量法, method of variation)이다. 이것은 조건이 변하면 결과가 변하고, 반대로 결과가 변하면 조건도 변해 있을 때, 원인 변수로 간주할 수 있다고 보는 추정논리이다. 흔히 동시이행가변성이라고도 불린다. 예를 들면 아래의 도식에서처럼 조건을 구성하는 변수들의 변화에 따라 결과로 나타나는 현상이 달라진다. 이때 A와 a는 서로 인과관계가 있다고 추정하는 방식이다.

p	$\rightarrow$	q
p_1 (A B C)		q_1(a b c)
p_2 (A+BC)		q_2(a+bc)
p_3 (A-BC)		q_3(a-bc)

넷째, 잉여방법(剩餘法: method of residues)이다. 이것은 직각삼각형의 세 변의 길이가 가지는 관계를 알고 있을 때 두 변의 길이를 알면 다른 한 변의 길이를 추론할 수 있듯이, 어떤 조건 p와 그로 인한 결과 q를 알고 있을 때, 어떤 현상이 가진 나머지 부분은 조건 p를 구성하는 나머지 요소에 의한 것으로 추정할 수 있다는 논리이다. 가령 조건 p를 구성하는 요소 (A, B, C)와 결과 q인 (a, b, c)에서 A는 a의 원인이고 B는 b의 원인이고, C는 c의 원인이라는 것을 알고 있다고 하자. 이때 B와 C만 알면 A의 원인을 추정할 수 있고, A가 가진 영향의 정도를 추정할 수 있다는 논리이다.

(2) 그런데 인과적 관계의 변수들을 추출하는 경우 궁극적으로 생존기간이라는 한계치를 예측하는 데 조건과 결과의 필요충분조건적인 논리적 관계를 생각하지 않을 수 없다. 이에 관련하여 살펴보기로 한다. 편의상 전술된 [우주를 비행하는 승무원(crew)들의 생명기간에 대한 정보를 산출해주는 모형]을 예로 하여, [생명기간]에 영향을 주는 조건 p를 형성하는 변수들로 [산소, 식량, 온도]의 세 변수만을 가정하기로 한다.

여기서 [생명기간]을 [사망]이라 하고, 이를 Y라 하자. 그리고 [사망]이란 결과를 야기하는 조건(원인) [x_1(산소), x_2(식량), x_3(온도)]를 X라고 하자. 이때 X는 Y의 필요조건이다.[53] 왜냐하면 X와 Y의 관계에서 X 없이는 Y가 일어나지 않기 때문이다(주의할 점은 X를 구성하는 다른 변수는 일체 고려하지 않고 오직 세 가지 변수로만 가정되었다). 즉 사망이라면 반드시 X가 있어야 한다.

---

53) 필요조건: [X와 Y의 관계에서 X가 필요 조건적 변수이면 X 없이는 Y가 일어나지 않는다.]
　　하나의 사상(事象)이 일어나는 데 없어서는 안 될 원인적 조건을 말한다. 즉 어떤 사상이 일어나는 데 반드시 필요한 조건이다. 가령 경험적으로 감지하여 [시험에서 일등]이란 사상(事象)에 없어서는 안 될 원인은 공부이다(단, 우연은 배제한다. 즉, [공부]라는 것이 반드시 필요하다. 이때 [X: 공부]라는 변수는 [Y: 일등]의 필요조건이다. 다른 예로 [Y: 인터넷게임중독]은 [인터넷게임하기]라는 것이 반드시 필요하다. 이때 게임하기는 게임중독에 대하여 필요조건이다.

$$\text{필요조건: } [X \overset{\times}{\underset{0}{\Longleftarrow}} Y]$$

여기서 다음과 같은 사실을 알 수 있다. 무수한 변수들을 단순화하기 위해 흔히 가정을 하게 되는데, 이때 지나친 단순화가 진행되어 많은 변수들이 통제되는 경우 모형이 가진 현실 설명력이 떨어진다는 점이다. 실제로 승무원들이 사망하는 원인은 이 세 가지 변수 외에 무수한 것들이 존재한다. 이러한 문제로 모형구축에 필요한 변수들은 실질적으로 충분조건의 성질을 갖는 변수들을 탐색하는 과정을 가지게 된다. 예를 들어 조건 X를 구성하고 있는 [x_1(산소), x_2(식량), x_3(온도)]의 변수들은 각각 충분조건 성격을 가지고 있다. 산소가 결핍되면 반드시 사망한다. 식량부족도 마찬가지이다. 온도의 경우도 마찬가지이다. 만약 섭씨 영하 300도의 우주에서 적정한 온도를 유지하지 못한다면 반드시 사망에 이르게 되기 때문이다. 즉, x_1(산소), x_2(식량), x_3(온도)의 세 변수는 모두 각각 Y에 대하여 충분조건의 관계를 가진다.[54]

$$\text{충분조건: } [x_1 \overset{0}{\underset{\times}{\Longrightarrow}} Y], \quad [x_2 \overset{0}{\underset{\times}{\Longrightarrow}} Y], \quad [x_3 \overset{0}{\underset{\times}{\Longrightarrow}} Y]$$

여기서 각 변수들은 측정이 가능해야 한다. 예를 들면 산소의 경우 우주선에 있는 사용 가능한 총 산소량을 O라 하고, 승무원 1인이 시간당 소비하는 산소량을 B라 하면 $x_1 = \frac{O}{B}$가 된다. 다른 변수들도 이와 마찬가지로 계산할 수 있다.

- $x_1 = \frac{O}{B}$(O: 우주선에 있는 사용 가능한 총 산소의 양. B: 승무원 1인이 시간당 소비하는 산소의 양)
- $x_2 = \frac{F}{S}$(F: 우주선에 있는 사용 가능한 총 식량의 양. S: 승무원 1인이 1일간 소비하는 식량의 양)
- $x_3 = W$(W: 기내온도)

---

54) 충분조건: [X와 Y의 관계에서 X가 충분조건일 때, X가 일어나면 항상 Y가 일어난다.]
어떤 조건을 이루는 변수를 A라고 하자. 이때 A가 일어나면 결과로서 항상 어떤 사상(事象)이 나타날 수 있다. 가령 [산소가 없는 상태]와 [사망]의 관계에서 산소 없는 상태 A는 사망이란 사건발생에 대하여 충분조건이다. 즉, 산소가 없는 상태에서는 반드시 사망이란 결과가 발생한다. 하지만 사망이 발생한다고 하여 반드시 산소가 없는 상태인 것은 아니다. 다른 요인으로 사망할 수 있다. 부연하여 만약 X와 Y의 관계에서 X가 일어나면 Y가 일어나고, Y가 일어나면 X가 일어나는 경우는 필요충분조건이다. 이는 필요조건과 충분조건을 동시에 만족시키는 경우로서 동치를 말한다. 만약 뇌사상태가 아닌 심장정지 상태를 사망이라고 하는 경우, [심장정지]와 [사망]이 가지는 관계가 이에 해당한다. 특히 경험적 세계를 다루는 과학적 조사에서 필요조건과 충분조건의 구분은 상대적이다. 그리고 변수 역시 절대적이 아니라 상대적이다. 변수들 간에는 계층적 구조를 가지며, 상위와 하위의 관계에서 특정 변수가 가지는 위상이 상대적이다.

※ 이들 각각을 시간 단위로 측정한 값은 2차원적 좌표개념을 도입하여 표현하면 가변하는 직선 또는 곡선의 형태를 가진 이차원적 도형으로 나타낼 수 있다. 즉, 시간 흐름에 대응된 값들로서 함수적 관계이다.

$<x_1 = \dfrac{O}{B}$: 산소량 변화의 예$>$

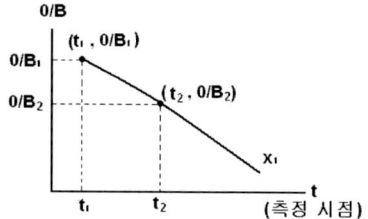

이것들은 각각 하나의 국면들을 형성하는 국면변수들이다. 즉, 산소국면, 식량국면, 온도국면들을 표상(figure)한다. 국면변수들의 표상은 단순모형이며, 이러한 표상들이 체계적으로 조직화되면 하나의 생존기간 또는 생존가능성 분석시스템이 만들어진다. 이는 상황을 보다 전체적으로 표상해주는 상황모형이 된다. 상황모형을 표상하는 상황변수는 생존기간의 최솟값과 최댓값이 계산될 수 있는 변수이다. 예를 들면 산소의 경우 승무원들이 생존 유지에 필요한 최소의 산소 소비량이다. 활동을 줄이면 소비량이 감소한다. 다른 변수들도 마찬가지이다. 가령 온도(W)의 경우도 [$W_o \leq W \leq W_1$]와 같은 범위를 가진다. 이러한 자료들을 종합적으로 처리하여 생존기간의 최솟값과 최댓값에 대한 정보를 추정한다.

그런데 여기서 다음과 같은 경우가 발생할 수도 있다. X를 구성하는 [x_1(산소), x_2(식량), x_3(온도)]의 변수들은 독립적으로 충분조건 성격을 가지고 있지만, 이들이 상호작용하여 복합적으로 사망을 발생시키는 경우이다. 가령 산소가 부족하여 소비량을 줄이기 위해 활동량을 최대한 줄이고, 식량도 아껴 영양 상태도 좋지 않고, 그리고 온도도 적당하지 않아 이것들이 누적적 또는 복합적으로 건강 상태에 영향을 미쳐 사망을 발생시키는 경우이다. 그리하여 조건을 기여조건, 부수조건, 대체조건으로 구분하기도 한다. 기여조건(contributory condition)이란 어떤 현상이 일어날 수 있는 가능성을 증가시켜주는 조건을 말한다. 이것은 논리적으로 특정 현상이 일어날 가능성만을 기여하는 역할을 수행한다는 점에서 구별된다. 가령 생존을 달성하기 위해 더 이상 위기 상황을 초래하지 않게 기여하는 팀워크 같은 조건이다. 또한 부수조건(contingent condition)이란 어떤 현상(결과)을 야기하는 조건을 구성하는 본질적 요소가 아니라 부수적으로 기여하는 것을 말한다. 논리적으로 A에게는 기여하지만, B에게는 그렇지 못한 경우 부수조건으로 구별된다. 가령 승무원 A와 B가 사랑하는 경우이다. 대체조건(alternative condition)이란 기여조건이 여럿 있을 때, 어떤 기여조건을 다른 기여조건으로 대신할 수 있는 조건을 말한다. 즉, 어떤 기여조건이든 선택이 가능한 경우이다. 한편 기여조건과 대비되는 억제조건

(restraint condition)으로 구분되기도 한다. 둘 이상의 조건 또는 어떤 조건을 구성하는 둘 이상의 요소들(a, b, c)이 있을 때, 이것들 중 하나 또는 둘 이상의 조건 또는 요소(속성)를 제약하거나 또는 발현을 제지하는 조건이다. 가령 [감기바이러스]에 대응된 [면역력]과 같은 경우이다.

2. 원칙(原則)들

현실을 추상(抽象: 뽑아 형상화하는 것)한 모형은 광범위한 영역에서 활용되고 있다. 지적 영역에서는 모형은 이론과 동일한 개념으로 취급된다. 일상의 영역에서도 다양한 형태로 모형이 활용된다. 기상상태, 화산폭발로 인한 화산재 영향, 천안함 침몰 원인을 규명하기 위한 시뮬레이션(컴퓨터 모의실험) 등과 같은 경우들이다. 오늘날에는 컴퓨터와 그래픽 등 기술들이 접목되면서 입체적 영상 모형을 통해 이해의 용이성을 제공한다. 변화하는 세계에 대한 실시간 정보를 산출한다. 모형의 유용성과 활용에 대한 요구는 더욱 강화될 것이다. 하지만 그와 비례하여 역설적이지만 모형에 대한 위험성이 증가한다. 만일 잘못된 모형을 활용한다면 치명적 결과를 야기할 수 있다. 그러므로 활용하는 모형은 내적 타당성과 외적 타당성을 가져야만 한다. 즉, 특정모형이 현실을 얼마나 정확하고 신속히 산출해주는가, 그리고 그 모형이 일반적으로 적용될 수 있는 것인가 하는 문제이다. 이러한 점에서 모형을 구축하고 활용함에 있어 고려해야 할 몇 가지 원칙들을 논의하기로 한다.

1) 의심스러운 자료(data) 배제 원칙

의심스러운 자료 배제원칙은 '모형에 사용되는 일체의 자료(정보)들은 사실 여부가 확인된 것 또는 확인이 가능한 것을 활용해야 한다'는 것을 말한다. 즉, 자료수집방법, 자료출처(source), 자료수집자 등에서 의혹이 있거나 결점이 있을 만한 자료는 사용에서 배제되어야 한다. 그리고 채택된 자료는 언제든지 사실 여부에 대한 확인이 가능한 자료여야 한다.

이 원칙은 당연하게 지켜야 할 것으로 받아들여지지만, 현실에서 이것을 놓치는 경우가 많다. 통상 분석자는 시간과 비용에 제약을 받고, 신속하게 유효한 모형을 구축해야 한다는 심리적 압박을 받게 된다. 그리하여 확인되지 않은 자료를 사용하게 되거나 또는 이차적 자료(기존자료)를 사용하게 된다. 특히 이차적 자료의 경우 동일한 문제에 대한 자료들이 생산한 기관마다 서로 다른 경우가 있다. 사회현상의 경우 수집된 양적/질적 자료들은 무성의, 의사소통의 착오, 허위적 진술 등 다양한 요인으로 데이터를 신뢰하기 어렵다. 잘못된 자료가 가진 위험을 고려한다면, 차라리 불충분한 양이지만 확인 또는 검증된 것들을 활용하는 것이 오히려 바람직하다.

자료 수집은 어떤 자료를, 얼마만큼, 언제까지, 어떻게 수집하겠다는 개괄적 설계(계획)로 이루어지는 것이 바람직하지만, 막상 실행에 옮기면 계획대로 진행되지 않는 경우가 많다. 자료 채택에 관련하여 확인 방법은 크게 두 가지로 대별할 수 있다. 하나는 수집된 자료를 분석자가 직접 경험적으로 사실 여부를 가리는 경우이다. 이때 실험은 가장 확실한 방법이 될 수 있다. 하지만 자료들을 경험적으로 일일이 확인하는 것이 용이하지 않다. 다른 하나는 수집된 자료들을 이성적 사유로 논리적 타당성을 평가하여 미혹(distrust)을 제거하는 방법이다. 가령 수집된 자료들이 동일률(일관성), 배중률(상충), 비모순(대립) 등의 사유원칙에 위배되지는 않는가, 또는 신뢰할 만한 기존 지식들에 부합되는가 등을 검토하는 방식이다. 하지만 현실에서 의심스러운 자료(data)를 검증 또는 확인하는 것이 용이하지 않다.

심리와 포착훼방에의 대응

자료 채택과 관련하여 가장 위험한 두 적(敵)은 분석자가 가진 심리와 이해관계인의 포착훼방이다. 초보자 또는 아마추어들에게는 가장 취약점이기도 하다. 이에 대한 적절한 대응이 필요하다.

먼저 심리에 관련하여 분석자가 겪어야만 하는 현상이 하나 있다. 요동(搖動)현상이다. 통상 자료들이 수집되면서 초심의 심리상태가 흔들리면서 다른 심리상태로 전이(轉移)되는 현상이다. 일반적으로 복잡하고 동태적이며 중대한 문제(상황)일수록 요동현상은 비례하여 강화된다. 이러한 요동현상이 진행되면 될수록 논리적인 이성적 사유는 제대로 작동하지 못한다. 그리하여 포착장애가 발생한다. 포착장애가 존재하면 분석자는 요동현상이 심화되어 마치 짙은 안개가 자욱한 숲속 길을 걷는 것처럼, 방향과 위치감각이 무뎌지고 분별능력이 크게 저하된다. 평상적 심리상태에서는 있을 수 없는 착각과 착오 등 어이없는 실수를 저지르거나 또는 자신의 잘못된 행위를 시정하기보다는 무의식의 방어기제가 작동하여 왜곡과 부정직(不正直)을 정당화하는 합리화에 골몰하게 된다. 심리에 대처하는 것은 분석가(판단자) 몫이다. 다른 사람이 도와줄 수 있는 것은 한계가 있다.

분석가는 분석력 강화를 위해 반복적 경험으로 훈련된 논리적 사고체계를 갈고닦을 필요가 있고, 이를 통해 요동현상과 포착장애에 크게 당황하지 않고, 부정적인 무의식 작용에도 반사적 대응능력을 높일 수 있는 판단기제의 업그레이드 노력이 필요하다.[55]

다음으로 복잡한 이해관계가 걸려 있는 경우 수집되는 자료들 중에는 허위자료와 함정자료들이 섞여 있을 수 있다. 즉, 문제의 실체를 파악하는 훼방을 목적으로 산포되는 자료들이다. 이것들은 정확한 자료 포착을 훼방할 의도로 산포되는 것들이라는 점에서 자연 상태에서 가지는 포착의 어려움인 포착장애와는 또 다른 성격을 가진다. 정책과 관련하여 이에 대응하여 두 가지 방법이 활용될 수 있다. 하나는 쉽게 수집된 자료일수록 의심스러운 자료로 분류하여 확인하는 방법이다. 소위 주운 자료에 대한 의심이다. 다른 하나는 여러 자료수집 채널을 통해 각각 자료들을 독립적으로 수집하고, 각 채널에서 수집된 자료들의 공통 영역에 속하는 것들을 우선적으로 진위 여부를 확인하는 방법이다.

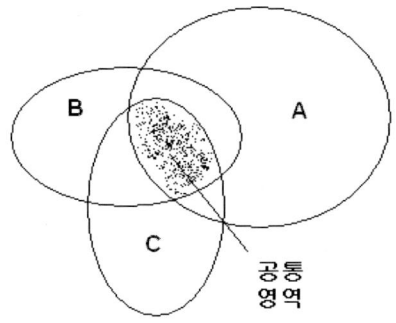

<자료수집의 다채널을 통한 자료 포착>

그림에서 서로 다른 세 채널들이 각각 공통 주제에 대해 자료들을 수집하고 있다. 이때 세 채널 모두에서 포착되는 공통영역에 포함되는 자료들이 있다. 그런데 공통영역에 속한 자료는 세 채널 모두 포착훼방에 성공한 자료이거나 또는 순수한 자료일 가능성이 크다. 즉, 거짓이거나 참 둘 중 하나일 가능성을 가진다. 그리고 상대적으로 참/거짓 확인이 용이하게 이루어질 수 있다.

---

55) 인간의 일생을 통한 인지능력을 종단연구(↓)한 보고서들에 의하면 현대인들의 인식능력(지각, 계산, 기억, 문제해결 등)은 태어나 점차 발달하다 40세에서 50세에 이르러 최고점을 지나 점차 약화되는 [∩]패턴을 보인다. 그런데 주목되는 것이 있다. 계산능력이 감소한 70세에서 오히려 젊은 시절보다 지적 호기심이 더욱 왕성하게 작용한다는 점이다. 즉, 배움에 대한 열정이다.

2) 원형(原形)의 원칙

원형의 원칙이란 '문제(현상)로부터 수집된 자료들만으로 구현한다'[56]는 것을 말한다. 예를 들어 다음은 국내총생산액(GNP)과 교육 간의 관계가 어떠한가를 5개 국가를 대상으로 1951년부터 2000년까지 조사하여 정리된 3차원(상하, 좌우, 전후) 자료들이 가진 [3차원 자료행렬]의 예이다. 이러한 자료행렬을 토대로 국내총생산액과 교육 간의 관계에 대한 모형을 함수(관계식)로 구현한다.

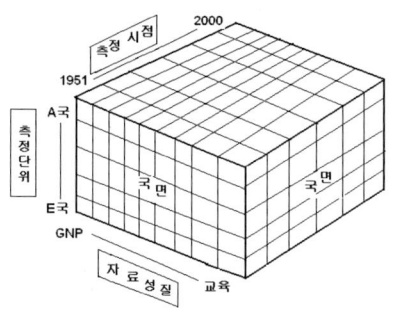

모형은 문제에 대한 형체와 내용에 대한 정보들을 산출할 수 있어야 한다. 형체는 외형으로 드러나는 문제에 대한 진술이고, 내용은 문제가 가진 의미와 성질 등에 관련된 해석적 진술이다. 이때 해석과 관련하여 원형의 원칙이 중요하다. 해석적 진술들은 논리체계에 부합되어야 한다. 여기서 논리적 체계란 모형을 통해 추출된 진술들의 단순한 나열이 아니라, 상하좌우의 모순 또는 대립되는 것 없이 연관관계를 이루는 것을 말한다. 만약 진술들 간에 논리체계에 부합되지 않는 경우 모형의 현실 설명력이 의심되고, 해석의 통일성을 저해하여 모형을 통한 결과보고서의 활용가능성을 약화시킨다.

<논리적 체계>

개관(전체 상: overview)											
부분 1(part one)				부분 2(part two)				부분 3(part three)			
항목(item)1	2	3	4	5	6	7	8	9	10	11	12

---

56) 수학적 의미에서의 차원(次元)을 예로 하면, 위치를 나타내는 숫자의 개수를 가지고 분별된다. 직선은 일차원이다(하나의 숫자로 위치를 표현). 직선 위에 위치는 하나의 숫자들로 나타낼 수 있다. 가령 아파트 높이를 나타내는 층수의 경우이다(x). 반면 면적은 이차원(두 개의 숫자로 위치를 표현)이다. 가령 독도의 위치는 동경(E)과 북위(N)로 나타낼 수 있다(x, y). 이와 같이 만약 위치를 나타내는 숫자가 10개이면 10차원이다. 우리가 살고 있는 세계는 3차원(세계의 숫자로 표현)이다. 가령 공간은 상하좌우와 전후의 3개의 숫자들로 위치가 나타내진다(x, y, z).

도식에서 문제를 구성하는 요소들에 대한 진술이 일차원적 진술(항목 1-항목 12)이고, 일정 요소들로 이루어진 국면에 대한 진술이 이차원적 진술이며(부분 1-부분 3), 국면들로 형성된 공간에 대한 진술이 삼차원적 진술이다(개관). 즉, 공간(상위범주)↔국면(중간범주)↔문제구성요소(하위범주)의 체계이다. 만약 모형에 외부적 자료들이 개입되어 있을 경우 모형의 결과물인 진술들 간에 논리적으로 부합되지 않는 경우가 발생할 가능성이 매우 높다.

3) 연속적 원칙

연속적 원칙이란 '모형은 문제(현상/상황)가 가진 동선(動線)에 대한 정보가 산출될 수 있어야 한다'는 것을 말한다. 여기서 동선(動線)이란 시작점과 끝점의 연속적 움직임을 갖는 대상이 가진 패턴에 대한 정보이다. 지구공전의 예를 들어 보기로 한다.

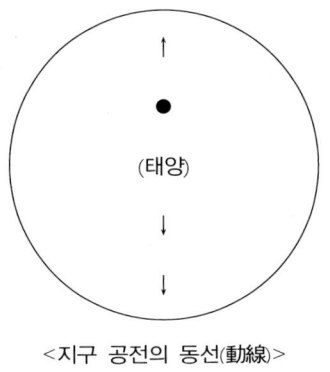

<지구 공전의 동선(動線)>

지구의 공전속도는 일정하지 않다. 태양과 일정한 거리로 돌지도 않는다.[57] 만약 천문학자 케플러가 연속적 원칙을 사용하지 않았다면 공전이 가지는 동선은 물론이고, 공전속도에 대해 제대로 파악하지 못했을 것이다. 소위 케플러 행성법칙으로 불리는 '태양계 행성이 동일한 시간(거리=시간×속도)으로 만드는 태양을 중심(원점)으로 한 공전의 부채꼴 면적은 언제나 같다'는 현상을 발견하지 못했을 것이다.

---

57) 공전궤도에 관련하여 중력으로 설명되고 있다. 해와 지구 간 중력의 작용으로 거리가 먼 지점에서는 상대적으로 느리게 움직이고, 거리가 짧은 지점에서는 빠르게 움직인다고 설명된다.

【참고】 동선(動線)

가상상황을 하나 예로 들어 보자. A가 은행에서 대기하다 자기 순서가 되자 직원이 앉아 있는 데스크로 다가갔다. 그때 데스크에 있던 직원이 돈다발을 꺼내고는 A에게 은행 밖으로 나가고 있는 B란 사람을 가리키며 전해줄 것을 부탁했다. 이에 A는 직원의 부탁을 들어주기 위해 돈을 받아 문밖을 나서려는 B란 사람에게 다가갔다. 그런데 그때 은행 경비원이 A의 은행에서의 시작점과 끝점을 파악하지 못하고 단지 A가 돈을 들고 급한 걸음으로 문밖으로 가고 있는 장면만을 포착하여 A를 체포하려 한다면 어떻게 될까? 만약 은행의 CCTV가 이러한 상황을 촬영하지 못했고, 데스크에 있던 은행직원이 A에게 돈을 전달해줄 것을 부탁한 사실을 부인하거나 또는 A의 협박으로 돈을 내주었다고 진술한다면, A는 난감한 상황에 빠질 것이다.

다음과 같은 네 개의 동선을 가지고 공범이 존재해야만 가능한 동선은 어떠한 경우인가?

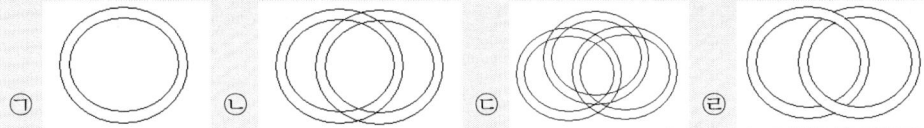

네 개의 동선 중에서 ㉣과 같이 서로 꼬인 동선의 경우는 단독범행이 불가능하다. 서로 다른 방향성과 크기를 가진 별개의 움직임이 있어야만 가능하다. 즉, 독립된 두 개의 동선(動線)으로 만들어진 공동협력물이다. 자연현상에서 가지는 에너지 흐름은 비가역성[58]을 가진다. 그렇다면 하나의 에너지로 도넛 모양의 서로 꼬인 동선은 만들어질 수 없다. 즉, ㉣과 같은 동선은 한 사람이 물리적으로 만들어 낼 수 없다 다른 것들은 가능하다. 간단하게 논리적으로 떼지 않고(불연속이지 않고), 중복되지 않게 한 번으로 그리기가 가능하다. 소위 한붓그리기가 가능하다.

---

58) 자연상태에서 에너지는 일방향으로만 흐른다는 법칙(열역학 제2법칙) ⇔ 한번 깨진 그릇은 자연상태에서 깨지지 않은 상태로 돌아가지 않는다.

[문] 다음 〈수집된 자료〉들을 〈단순화 규칙〉을 토대로 단순화할 때 옳지 않은 것은?

〈수집된 자료〉

1, 0, 1, 3, -100, 5, 2,
1, 1, 4, 7, 7, 8, 9,
2, 5, 100, 8……

〈단순화 규칙〉

1. 수집된 자료들의 중복 정도를 기준으로 분류하여 등급화가 이루어진다.

2. 등급화는 '강, 중, 약'의 세 등급으로 한다.

3. 단순화가 약한 등급은 수집된 자료들을 모두 포함하는 등급이고, 강한 등급은 중복된 자료들 중에서 중복 횟수가 많은 것들만으로 추출된 등급이다.

---

① '약'의 등급으로 단순화한다면, 채택되는 자료는 [-100, 0, 1, 2, 3, 4, 5, 7, 8, 9, 100]이다.

② '중'의 등급으로 단순화한다면 채택되는 자료는 [2, 5, 7, 8]이다.

③ '강'의 등급으로 단순화한다면 채택되는 자료는 [1]이다.

④ 수집된 자료를 살펴보면 모두 18개이다. 이것들 속에서 중복에 초점을 두어 각각의 자료들의 중복 수를 관찰하면, 가장 많은 중복자료는 [1]이다.

⑤ 단순화를 가장 약하게 한 경우는 1개라도 존재하면 채택하는 경우가 된다.

[해설] 답: ②

주어진 자료들은 중복(공통)된 것들이 관찰된다. 주어진 규칙에 의해 강, 중, 약으로 척도화해야 한다. 획득된 자료는 모두 18개이다. 중복 수는 0=1개, 1=4개, 2=2개, 3=1개, 4=1개, 5=2개, 7=1개, 8=2개, 100=1개, -100=1개이다. 여기서 중복을 기준으로 3등급으로 나누면, 중복이 없는 경우와 2개 중복인 경우 및 4개 중복인 경우로 구분된다. [■ 4개가 중복=1. ■ 2개가 중복=2, 5, 7, 8. ■ 1개 존재=-100, 0, 1, 2, 3, 4, 5, 7, 8, 9, 100.] 따라서 중복된 것이 2개 존재한 경우가 중의 등급이 된다. 여기서 중의 등급으로 단순화하는 경우 [1]은 모든 경우에 포함되므로 [1, 2, 5, 7, 8]이다. ②는 옳지 않다. 부연하여 모형(이론)의 형성에서 단순화는 두 측면에서 발생한다. 하나는 가정 또는 원칙에 의거해 이루어지는 변수들의 단순화이고, 다른 하나는 변수들에 대한 측정치의 자료들에 대한 단순화이다. 전자는 현실 적합성과 관련되고, 후자는 수집된 자료들이 가진 원형에 대해 표현되는 형상(figure)에 관련된다. 가령 이상치를 제거하는 경우 평균값과 표준편차 등이 달라져 형상이 달라진다.

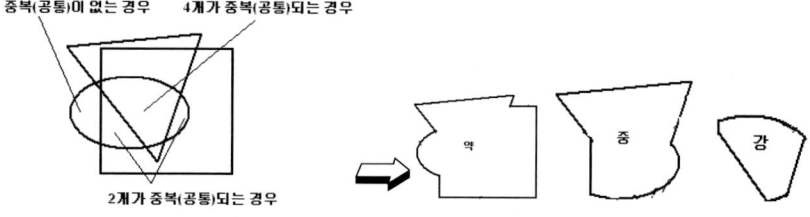

[문] 정부가 다양한 문제들에서 특정 문제를 해결하기로 채택하는 것을 정책문제라 할 때, 정책문제의 채택은 일차적으로 문제를 해결할 정책대안을 스크린(screen)하여 가지는 인식을 토대로 다음과 같은 함수에 의해 결정된다고 한다. 〈표〉는 특정 문제 X에 대한 A부처 정책결정자인 甲과 정책실무자가 乙이 동일한 두 개의 대안을 각자 스크린(screen)하여 가진 요소 값이다. 이를 바탕으로 판단한다고 할 때 다음 중 옳지 않은 것은?

정책문제의 채택에 있어서의 결정함수(PD)

- $PD = p \times \Sigma(A \times S)$
- p = 선호: 안정을 지향하는 선호에 부합되는 가치(-1 ~ -10, 1 ~10).

(-1~-10)은 부정적인 가치를 나타내고 -10은 가장 높은 부정적 수치를 나타냄.

(1~ 10)은 긍정적인 가치를 나타내고 10은 가장 긍정적인 가치를 나타냄.

부정과 긍정이 애매한 가치를 가지는 경우(0인 경우)는 1로 취급함.

- A = 대안을 마련할 수 있는 난이도에 대한 값(0~1).
- S = 대안의 마련을 성공할 수 있는 확률(0~1).

<표> X문제의 채택에 있어서의 대안들이 가진 요소 값(측정치)

	대안	p	기술적 측면		자원조달 측면		법적 측면	
			A	S	A	S	A	S
甲 (정책결정자)	1	5	0.9	1	1	1	1	1
	2	5	0.6	1	0.5	1	1	1
乙 (정책실무자)	1	-2	1	0.9	1	1	1	1
	2	5	0.9	0.9	0.9	0.8	1	1

① 정책의 결정자 甲과 실무자 乙은 X문제를 정책문제로 채택하는 것에 긍정적으로 생각한다.

② 정책결정자 甲은 X문제를 해결하는 방안으로 대안 2보다는 대안 1이 좋은 것으로 생각한다.

③ 정책의 결정자 甲과 실무자 乙은 X문제에 대한 두 대안에 대하여 법적 측면에서 문제될 것이 없다고 생각하고 있다.

④ 만약 정책결정자 甲이 X문제에 대하여 대안 1을 결정하고 지시한다면 실무자는 저항적인 업무 행태를 가질 수 있다.

⑤ 만약 정책결정자 甲이 X문제를 해결하기로 결정하고, 대안에서 실무자 乙 간의 마찰을 피하려고 한다면, 대안 2로 결정할 것이다.

[해설] 답: ①

측정된 요소(변수) 값에 의하면, 선택지 ①의 경우 정책의 결정자 甲과 실무자 乙 간에 대안 2에서는 선호도가 동일하지만, 대안 1에서는 긍정과 부정으로 상호 대립하고 있다. 정책실무자 乙은 대안 2를 전제로 X문제를 정책문제로 채택하려 할 것이다. 나머지 선택지들은 <정책문제의 채택에 있어서의 결정함수(모형)>에 관찰된 수치들을 대입하여 가진 결과를 가지고 추론할 수 있다. 참고로 함수적 아이디어는 모형 구축에 가장 일반적으로 활용되는 방법이다.

✔ 유사기출문제: 2009년 입법고시(상황판단영역, 가책형 28번)

제4절 현상(phenomenon)과 본질(substance)

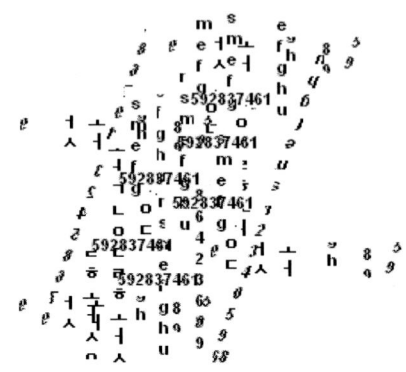

경험적 세계에 대한 사유와 관련하여 빠뜨릴 수 없는 것이 현상과 본질론이다. 오늘날 다양한 분과학문들에서 현상을 중시한다. 가령 물리학은 물리현상을, 심리학은 심리현상을, 경제학은 경제현상을, 정치학은 정치현상을, 행정학은 행정현상을 다루는 학문이라 말해지기도 한다. 또한 일상의 생활 속에서 감지(感知)되는 일체의 사건/사고들에 대해서 그것이 가진 의미를 규정하고, 처방책을 마련하는 등의 행위들을 흔히 관찰한다. 이하에서는 생활 전반에 폭넓게 자리 잡은 현상과 본질에 대한 사유에 관련된 기본적 내용들을 살펴보게 될 것이다.

I. 존재와 경험적 세계

전술되었듯이 플라톤의 이원주의에 의하면 지식이란 시간과 공간에서 불변(permanent changelessness)이고 누구에게나 객관성을 가지는 앎이다.[59] '내가 그러니 너도 그럴 것이다'라는 기대적 또는 유추적 앎은 지식이 될 수 없다. 어떤 앎이 '사회구성원들 다수가 그렇다고 하면 객관적이라고 볼 수 있지 않느냐?'라는 입장에도 플라톤주의에서는 단호히 배척된다. 다수결이라 하여 그것이 객관성을 의미하는 것은 아니다. 지식은 단일하고 (a single) 누구에게나 같아야 한다. 이러한 점에서 감각의 대상인 현상은 본질로부터 나

---

59) 소피스트: 기원전 5세기에서 4세기에 걸쳐 지식 또는 전문적 기술을 가지고 그리스에 들어온 사람들. 대표적 인물인 프로타고라스(Protagoras)는 '인간이 만물의 척도'라고 하여 진리의 주관성 또는 상대성을 주장했다. 극단적 주관성으로 '내가 가진 앎이 진리라고 생각하는 것을 유아론(唯我論, solipsism)'이라 한다.

타난 모사품이자 복사물들에 불과하다. 실제로 존재하는 것이 아니었다.

그러나 근대에 들어 현실성이 강조되고, 관념적 이데아 세계에서 경험적 세계로 관심이 고조된다. 수학에서 큰 변화가 일어났다. 데카르트는 좌표 아이디어를 통해 연속적 흐름을 가진 움직임을 수량으로 파악하는 함수를 창안했다. 가변적인 경험적 세계에 대한 수학적 패러다임의 전환이 촉진되었다. 자연과학을 대표하는 물리학에서 뉴턴은 미적분의 수학적 개념을 접목시켜 순간속도와 가속도를 계산했다. 뉴턴과 동시대를 살았던 라이프니츠 역시 미적분을 통해 움직이는 물체의 순간속도를 계산했다. 오늘날 우리가 사용하는 미적분 기호는 라이프니츠가 사용한 것들이다. 한편 자연철학적 원자론(atomism)이 다시 부활된다. 더 이상 쪼개질 수 없는 물질의 구성단위를 발견하기 위한 노력으로 화학이 발달한다. 감각의 경험적 세계인 현상은 단순한 모사품이자 복사물들이 아니었다. 가령 책상 위에 있는 한 권의 책을 보았다고 하자. 이때 감관에 포착된 책은 허구가 아니다. 책은 분명 어떤 존재의 형상이 드러난 것(appearance)이다. 이에 형상이 진짜인가에 대한 본질이 탐구되었다. 현상은 지식의 중요한 단서이자 실마리이고, 현상은 그 자체로 실재물로 접근되었다. 이를 신플라톤주의로 지칭한다.

한편 동양(한국, 중국, 일본)에서는 경험적 세계에 대한 관념이 어떠했을까? 동양인들의 사고방식에 가장 영향을 미친 유가와 불교 및 도가의 사상을 살펴보면, 아예 현상과 본질의 분별 자체에 부정적이다. 유가(儒家)의 역(易)사상은 '변화(becoming)의 세계'가 상정된다. 변하지 않는 것은 존재하지 않는다. 불교(佛敎)의 경우 제법무상(諸法無常),[60] 제법무아(諸法無我),[61] 일체유심조(一切唯心造)[62]로 그 사상을 축약한다고 하면, 현상과 본질세계를 구별하는 사유는 발견되지 않는다. 화엄불교의 경우 세계를 현상계·원리계·불대등계·조화계로 구별하지만, 이것들 각각에서 인식되는 상(象)들은 하나라고 강조한다(一則多, 多則一: 하나가 다요, 다가 하나이다). 도가(道家)의 노자사상도 마찬가지이다. 그는 도덕경에서 만물을 구별하고 쪼개는 분류로는 도(道)를 알 수 없다고 주장했다.

하지만 현상과 본질의 사유가 없는 것은 아니다. 한의학계에 온병학파라는 학파가 있다. 그 학파 성립에 기초를 마련한 사람이 대천장이란 사람이다. 그는 병의 실체는 볼 수 없지만 실체가 빚어내는 현상을 통해 실체를 가늠할 수 있다고 주장했다. 그리하여

---

60) 제법무상(諸法無常): 변하지 않는 것은 없다. 모든 존재자는 생겨나 흔적도 없이 사라진다.→항상(恒常)의 물(物)은 없다.

61) 제법무아(諸法無我): 모든 존재자들은 영원불멸한 자아(아트만)를 가지고 있지 않다.

62) 일체유심조(一切唯心造): 모든 것은 전부 마음이 만든다.

혀, 얼굴, 변, 맥, 의식의 자각증세를 통해 병을 판별하는 5가지 변별법을 제시했다. 즉, 경험적으로 감지되는 드러나는 현상을 가지고 보이지 않는 신체의 구성요소(기관 또는 장기)들의 기능을 진단하는 방법이다.

II. 현상과 본질의 개념

1. 현상(phenomenon)

우리가 존재를 사물 또는 존재사라 할 때, 그 존재를 사유하는 대상은 두 가지로 대별할 수 있다. 하나는 경험적 대상이고, 다른 하나는 관념적 대상이다. 전자를 감각의 세계라고 한다면 후자는 그것을 사유의 세계라고 말할 수 있다. 여기서 전자를 현상이라 하고, 후자를 본질이란 용어로 지칭하고 있다. 여기서 현상이란 사유와 대비되는 감각(感覺)에 의한 인지물로서 우주 일체의 사건 또는 사상(事象)을 말한다. 감지(感知)한 것은 그것이 자연적인 것, 인간적인 것, 사물, 진술 등을 가리지 않는다. 경험에 의해 감지되거나 될 수 있는 우주 일체의 사건이다. 즉, 진짜인 그 무엇(본질)으로부터 드러난 것(appearance)이란 뜻을 함축하고 있다. 현상은 복잡하고 다양하며, 가변적인 것으로 규정된다. 그리하여 일반적으로 단수 phenomena가 아닌 복수 phenomenon으로 사용된다.

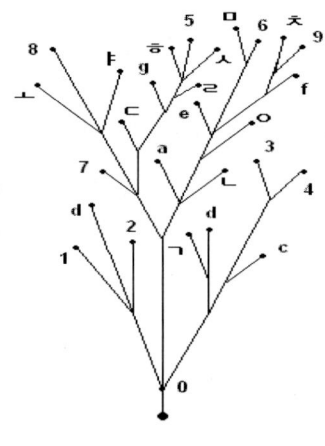

<현상도(現象圖)>

<현상, 모형, 표상의 차이>

○ 현상: 감관(感官)에 의해 인지되는 일체의 사건 ⇒ 자연(自然), 현실(現實), 사상(事象)

○ 모형: 대상으로부터 사실들을 추출하여 논리적으로 추상화한 집약적 표상물로서 분석기 기능을 가진 것 ⇒ 인공(人工), 추상(抽象), 분석(分析)

○ 표상(presentment): 형상과 의미를 담은 관념물 ⇒ 심리적 물(物)과 실제적 물(物). 예) 관념적 사과(형상과 의미)

존재			예) 경험적 세계에 대한 진술		
모형	표상	표형	형식(드러난 형태)	경험적 감지事象	現象(외연)
		표의	의미(개념들 간의 관계로 가지는 뜻)	논리적 인지抽象	本質(내포)

2. 본질(substance)

(1) 본질(本質)이란 용어는 현상의 sub(아래)라는 접두사에 stance(놓여 있다)가 복합된 파생어이다. 즉 현상과의 관계에서 현상의 근저(根底)에 위치하여 겉모양, 겉치레, 징조, 기색, 양상, 형세, 상황 등과 같은 것을 드러나게 만든 것(make an appearance)이다. 가령 누군가 지진이 일어난 사건을 감지하였다면, 그것은 현상이고, 지진 사건을 드러낸 것이 본질이다. 본질을 실체(實體), 본체(本體), 정체성(identity)이란 말로 사용하기도 한다.

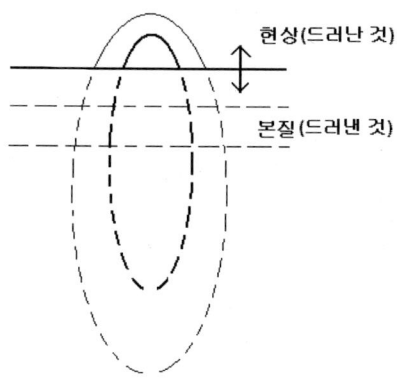

현상(드러난 것)

본질(드러낸 것)

(2) 현상과 본질은 [본질이 있다면 어떤 현상이 출현 또는 나타난다(p→q).] 그리고 대

우로 [어떤 현상이 출현 또는 나타나지 않았다면, 본질은 없다(~q→~p)]는 인과적 사유에 기초한다.[63] 경험적으로 관찰되는 자연에서 현상은 가변적이다. 해가 뜨고 지고, 꽃이 피고 지고, 사람이 태어나 자라다 늙는다. 누구나 관찰할 수 있다. 만약 콩을 심었는데 팥이 나오거나, 행성들의 궤도가 규칙적이지 않다면, 세계는 그야말로 혼돈이거나 또는 아마겟돈[64]일 것이다. 하지만 세계는 그리 혼돈이지도 않고, 아마겟돈이지도 않다. 인과적 질서(order)를 가지고 있다. 즉, 사상(事象)인 현상들은 시공간에서 가변적이지만, 그 변화를 만들어내는 안정적 실체가 존재한다는 논리적 추리가 가능하다.

(3) 일상에서 언론매체들은 매일같이 유가 폭등, 핵개발, 자유무역 체결, 나로호 발사 성공, 기업의 신입사원 채용계획 등과 같은 사건사고들을 보도한다. 이러한 일련의 현상들을 이해하기 위해서는 그것들의 이면(裏面)을 아는 것이 필요하다. 이를 두고 흔히 [보이는 것이 전부가 아니다]라고 말하기도 한다. 甲이란 사람이 乙이란 사람을 알려고 할 때, 甲이 乙의 용모와 말투 등을 파악했다고 하여 乙을 알았다고 말할 수 없다. 乙이 乙답게 만드는 실질적인 그 무엇으로서 내면의 성질, 인격 등과 같은 것들에 대한 앎이 필요하다. 특히 처방적 측면에서는 본질에 대한 정보가 필요하다. 예를 들어 물가가 폭등하고 있는 상황(현상)을 감지(感知)했다면, 직관으로도 문제라고 판단할 수 있다. 문제를 해결하기 위해서는 그 현상을 만들어낸 실체 또는 실질을 알아야 올바른 대응책을 만들 수 있다.

III. 본질에 대한 견해

본질을 '현상의 근저에 있는 그 무엇'이라 할 때, 그것을 생각하는 것은 사람마다 다를 수 있다. 동일한 현상을 두고 사람마다 본질에 대해 각자 다른 해석을 하는 경우들을 흔히 목격한다. 매일같이 언론매체들이 보도하는 [리히터 규모 9.0의 지진 발생, 나로호의 궤도 진입 성공, 노량진 고시촌 떡밥 노점상들의 철거 위기] 등과 같은 현상들의 본질에 대하여

---

63) 참고로 [특정 세균 또는 바이러스가 아무런 현상을 발현시키지 않는 잠복기를 거쳐 특정 시점에 증상이 나타날 수 있다. 따라서 본질이 없다면 현상이 나타나지 않는다는 명제는 참이 아니다. 잠복기에는 아무런 증세가 없기 때문이다]라고 말할 수 있을 것이다. 하지만 잠복 상태에서도 어떤 징조가 있는데, 현재의 과학기술로는 그것을 경험적으로 감지 못하고 있는 경우일 수도 있다.

64) 요한 계시록에 나오는 말로 세계의 종말이 올 때 선과 악이 최후의 일전을 벌일 싸움터.

다양한 생각을 할 수 있다. 어떤 지구의 공전과 자전 현상을 두고 그 본질을 만유인력이라 생각할 수도 있고, 생명성의 징후라고 생각할 수도 있다. 콩 심은 데 콩이 나는 본질을 유전자의 승계라고 생각할 수도 있고, 콩이 발현되는 제 조건들이 본질이라 생각할 수도 있다. 본질에 대한 생각을 다양한 관점에서 생각할 수 있다. 이에 본질에 대하여 논자와 관점에 따라 다양한 개념들이 혼재되어 사용되고 있는 실정이다. 사회현상에 대해서는 이러한 다양성이 더욱 크게 부각된다. 즉, 본질은 겉과 구별되는 속, 물(物) 자체가 가진 정수, 실체, 본체, 정체, 성질, 현상이 발현되는 원리(메커니즘) 등과 같은 것들이다.

그러나 어떤 현상의 본질을 알기 위해서 그 현상이 자연적인 것이든 사회적인 것이든 핵심적으로 파악해야 할 본질로서의 핵(nucleus-substance)을 상정할 수 있을 것이다. 우리가 어떤 것을 이해하기 위해 사유하고, 그 사유를 통해 가진 어떤 진술이 있다고 하면, 그것은 현상과 본질의 둘 중 하나를 진술한 것이다(또는 이것들의 혼합적 진술이다). 만약 본질을 진술한다고 하면, 그 진술에서 갖추어야 할 필수적 진술이다. 이러한 점에서 현상을 만들어내는 '본질의 핵 또는 토대가 무엇인가?'에 대한 답변이다. 부연하면 본질에 관련하여 전술된 환원주의적 사고로 접근할 수 있을 것이다. 이때 본질을 무엇으로 환원하는가가 문제된다. 이에 관련된 두 가지 견해를 살펴보기로 한다.

1. 성질설(性質說)

성질설은 본질의 핵(nucleus)을 질료(original stuff)가 가진 고유한 속성으로 보는 입장이다. 우리가 경험적으로 포착하는 현상은 드러난 형상(form)이며, 그 형상은 그것을 가능하게 만드는 질료의 성질에 의해 발현되는 것이 현상이라는 입장이다. 여기서 질료는 개체주의에 입각하여 다른 것과 경계를 가지거나 확정할 수 있는 우주 일체의 것으로 유형과 무형의 물(物)[65]이란 단어로 대체되기도 한다. 가령 수소와 산소들의 결합으로 물(水)이 만들어진다. 이때 물(水)은 원소들이 가진 속성이 투영되어 만들어진 것이다. 즉, 수소와 산소가 가진 고유한 속성이 발현되어 물(水)이란 형상(form)으로서의 현상을 만들어낸다는 생각이다.[66] 만약 불(火)과 물(水), 또는 고양이와 곰의 성질을 알게 되면, 그 범

---

65) 후술되는 과학적 지식에서 자세히 이야기되겠지만, 자연현상을 다루는 자연과학에서 물(物)은 통상 물질적인 것과 비물질적인 것으로 구분되고, 우주만물은 물질적인 것과 비물질적인 것으로 이루어져 있는 것으로 관념된다. 가령 원소와 소립자 등은 물질이고, 파동(波動)과 중력 등은 비물질이다. 전통적인 자연과학에서 물질은 시간과 공간(질량)이 있어야 만들어질 수 있다는 점에서 비물질과 구별된다. 하지만 오늘날에는 소립자 세계에서 질량 없는 물질의 존재에 대해 논의되고 있다. 암흑물질, 또는 힉스와 같은 것들이다.

주에 속한 현상을 이해하고 예측이 가능하다고 본다.

성질설은 지식에 미친 영향이 매우 크다. 가령 동식물분류학의 종속과목강문계의 분류기준, 화학에서 원소들의 성질, 물리학에서의 만유인력과 자기력 등이 가진 성질 등과 같이 자연과학 분야에 미친 영향이 크다. 일상에서도 불과 물은 서로 성질이 다르다. 곰은 겨울잠을 자는 습성(성질)이 있다. 이러한 성질들을 토대로 이해하고 예측하는 유용한 정보로 사용할 수 있다.

하지만 현상은 홀로 독립된 개체가 가진 성질만으로 나타나는 것이 아니다. 물(物)들은 독립적인 고유한 속성을 가지고 있지만, 현상은 하나의 물로만 나타나는 경우는 거의 존재하지 않는다. 만물은 홀로 존재하지 않기 때문이다. 늘 다른 물과의 관계 속에 존재한다. 이러한 관계성에서 A라는 현상이 있을 때, 그 현상은 단순히 하나의 개체가 가진 성질만으로 발현되는 것이 아니다. 그 현상에는 α, β, γ 등과 같은 다른 물이 가진 또 다른 성질들과 상호작용으로 가진다. 이때 개체들이 가진 성질들의 단순한 합(+) 또는 마이너스(-)로 현상을 가질 수 있지만, 그렇지 않은 경우들이 있다. 이러한 점에서 현상에 대한 관계적 사유가 필요하고, 이에 현상을 구성하는 개체(요소)들이 가진 성질들의 종합적 고찰이 필요하다. 이에 본질을 고유한 어떤 속성으로 이해하는 경우 현상의 단위가 문제된다. 예컨대 원소, 소립자 단위 등과 같은 문제이다. 하지만 물(物)의 무한한 분할의 문제점에도 불구하고 성질은 현상을 이해하고 예측할 수 있는 본질에 대한 유효한 접근방법임에는 분명하다. 예를 들면, 만유인력과 자기력[67]의 성질에 대한 완전한 이해를 가지고 있지 못하더라도, 그 성질에 대한 정보는 현상을 이해할 수 있는 유용한 핵심적 정보이다.

<현상과 본질의 관계>

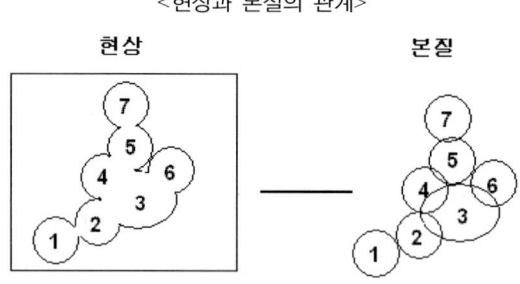

---

66) 참고로 수학을 상기해보자. 행렬의 성질, 함수 등의 성질들을 이용하여 문제를 해결한다. 여기서 행렬 또는 함수 등의 개념은 용어 정의와 함께 성질로 구성된다.

67) 자기력: 자석과 자석 또는 자석과 다른 물질 사이에서 작용하는 힘으로 -와 +의 전기력과 유한 N극과 S극의 사이에서 인력과 척력이 작용하는 힘.

그림은 여러 성질들로 하나의 현상을 구성하는 예를 나타낸 것이다. 여기서 [1, 2, 3, 4, 5, 6, 7]은 현상을 만들어 가능태로서 본질 영역이 되고, [형상]은 그것들이 가진 성질로 만들어진 실현태로서 현상 영역이 된다. 본질 영역을 구성하는 개개의 성질들은 서로 유사한 것도 있고, 서로 다른 것도 있다.

여기서 만약 현상영역과 본질영역이 필요충분조건관계를 가진 동치(同値)인 경우라면 (서로 딱 들어맞는 경우), [현상은 본질을 결정하며, 역으로 본질은 현상을 결정한다]는 명제가 성립한다. 이때 현상은 곧 본질이 되고, 본질이 곧 현상이 된다. 이때 현상은 개개의 성질 [1, 2, 3, 4, 5, 6, 7]들에 대하여 충분 조건적 변수이다. 즉, 이러한 현상이 나타나면 [1, 2, 3, 4, 5, 6, 7]의 반드시 개개의 성질들로 하는 본질을 가진다. 반면 개개의 성질들은 현상을 만들어내는 필요 조건적 변수들이다.

이와 같은 논리는 자연현상이 아닌 인간현상에도 적용된다. 가령 [A: 극장에서 갑이란 청년이 무차별로 총기를 난사해 수십 명의 사상자가 발생했다]는 현상에 대하여 본질은 갑이란 사람이 가진 속성을 중심으로 다른 속성들의 관계로 발현된 것으로 이해(해석)된다. 여기서 갑이란 개체가 다른 개체들과의 관계에서 일정한 반응패턴을 가지거나 또는 안정적인 양상이 나타나는 것이 습성이다. 사회현상에도 마찬가지이다. [B: 부동산 가격이 폭락하여 부동산을 담보로 대출한 금융기업들의 부실화가 초래되고, 미국 금융시장에 혼란이 일고 있다]와 같은 현상(상황)을 분석하는 경우에도 동일한 논리가 적용된다.

2. 조건설(條件說)

조건설은 일체의 현상에서 동일한 것은 존재하지 않으며, 단지 동일하게 보일 뿐이다. 그렇기 때문에 현상의 본질은 개별적으로 파악될 수밖에 없으며, 인과(因果)의 관계적 사고로 접근하여 특정 현상에서 어떤 것을 제거하거나 또는 부정해버리면, 그 존재가 소멸되는 것을 본질로 생각하자는 견해이다. 가령 어떤 현상이 있고 그 현상에서 어떤 x를 제거해버리면, 그 현상 자체가 소멸하는 경우에, 이때 x가 본질의 핵이란 생각이다. 예로 수소 또는 산소를 제거하면 물은 존재를 상실한다. 이때 수소 또는 산소가 본질이 된다. 사전검열제도는 언론과 표현의 자유에서 권리를 소멸시키게 된다는 점에서 본질 훼손이 된다. 만약 불필요한 사상이라면 본질로 간주하지 않는다.

좀 더 구체적으로 예를 들면 [한 마을 가구 전체가 경매에 들어간 사건(2012.2.2일,

MBC TV)]을 A현상이라 하자. A현상은 다음과 같은 사상(事象)들로 구성되어 있다.

1. 甲(개발회사)은 부동산 소유주들 乙과 부동산 소유 여부와 관계없는 마을 주민들 丙을 상대로 각각 부동산 매매와 이주보상에 대한 계약 체결.
2. 甲은 부동산 소유주들 乙에게 매매대금을 지급하고, 소유권 이전 등기를 완료.
3. 甲은 丙과의 이전보상비를 지급하지 못한 상태.
4. 甲의 파산과 청산절차 진행.
5. 甲 명의로 된 마을 부동산들에 경매절차 착수.
6. 丙은 이전보상비를 받지 못한 상태에서 마을을 떠나야 할 처지에 놓임.

여기서 만약 이러한 것들 중 하나라도 결여된다면 A현상은 나타나지 않는다. 그러므로 사상 각자가 현상의 본질이라는 논리이다. 이러한 본질관은 성질로 접근하는 것이 아니라, 조건 결과적 사고로 접근된다는 점에서 물질현상과 비물질 현상에도 적용이 용이하다는 강점이 있다. 또한 현상이 가지는 문제를 명확히 파악할 수 있다는 분석에도 용이하게 적용될 수 있는 장점이 있다.

하지만 어떤 경우를 제거하면 현상이 나타나지 않는가에 대한 명확한 기준이 없다는 점에서 문제가 있다. 가령 갑이 수술 중 [사망]한 사건이 있고, 사인을 [저혈량성(과다출혈)]이라고 진단했다고 하자. 여기서 [저혈량성(과다출혈)]은 또다시 조건을 가진다. 이에 조건의 경계가 분석의 목적과 관점에 따라 상대적이 되어버린다. 또한 경험적 검증이 어렵다는 점에서 단점이 있다. 그리하여 어느 것이 필요한 사상이고, 어느 것이 불필요한 사상인지에 대한 판별에 주관성이 문제된다. 현상학 입장은 어떤 사회현상이 있다고 할 때, 본질을 파악하기 위해 인간의 내면 또는 심층을 파악해야 한다고 본다. 가령 물가현상이 있을 때, 그 본질은 단지 사상만으로는 본질을 파악할 수 없다고 본다. 경제현상의 주된 주체는 인간이고, 인간의 내면인 심층적 고찰이 필요하다고 본다. 특히 객관성과 관련하여 인간 내면의 심층적인 것들은 계량적으로 측정될 수 없다는 점에서 사상(事象)의 계량화에도 반대한다. 계량적 통계적 자료들로는 본질을 파악할 수 없다고 본다. 하지만 현상학 자체가 나와 다른 사람 간의 관계에서 가지는 상호주관성 의식으로 객관성이 확보될 수 있다고 본다는 점에서 사상(事象)들의 조건성 역시 논리적으로 평가할 수 있을 것이다. 예컨대 현상학에서는 사람들은 [<우리> 없는 <나>는 없다]는 것을 선험적으로 인식하여 <우리>가 <나>에 선행되는 인식활동이 이루어진다고 본다. 따라서 사회적으로 의사소통에 관련된 통념적 해석이 가능하여 보편성 또는 객관성을 가지게 된다고 본다. 이러한 논리가 조건판별에도 적용될 수 있다.

IV. 본질에 대한 사유의 경향과 이해(설명)

1. 경향(傾向)

본질의 문제에서 분명하게 관찰되는 두 가지 경향이 있다. 하나는 본질의 현상화(現象化) 경향이고, 다른 하나는 본질의 상대성의 강화 경향이다.

(1) 본질의 현상화(現象化)란 본질이 현상으로 전환되는 경향을 말한다. 예를 들어 보자. 상자를 뜯지 않고 상자 안에 들어 있는 물건이 무엇인가를 어떻게 알 수 있을까?

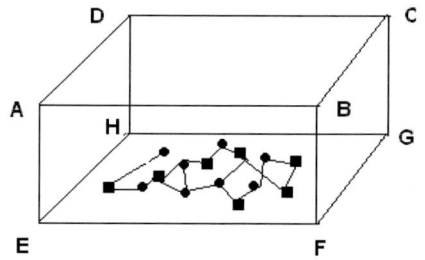

상자 안을 무척이나 알고 싶었던 인류에게 과거에는 상자를 뜯지 않고는 도저히 속을 들여다볼 수 없었다. 상자를 흔들어 소리를 들어 보고, 냄새를 맡는 등의 방법을 사용하여 추리할 수는 있었겠지만 속을 볼 수는 없었다. 인류에게 상자 안은 경험적으로 관찰할 수 없는 본질계였다. 하지만 1895년 뢴트겐은 X-ray(X광선)를 발견한다. 그는 X광선이 인체의 뼈는 투과하지 못하지만 살은 투과하는 차별적 투과의 성질이 있다는 것을 알아낸다. 오늘날에는 컴퓨터단층촬영(CT: computed tomography), MRI(magnetic resonance imaging) 등과 같은 기기들이 있어 인류는 상자를 뜯지 않고 안을 볼 수 있게 되었다. 안이 바깥과 마찬가지로 경험적으로 감지할 수 있는 현상계가 된 것이다. 오늘날에는 지구 땅속 깊은 곳도 지진파인 P파와 S파를 이용해 들여다본다. 한편 과거 도저히 경험적으로 감지할 수 없던 세계에 숨어 있던 요소(elements)들이 추적되고, 조건적 논리의 틀로 각기 화학적 성질을 가지고 분리되고 결합하여 물질을 낳게 한다는 수많은 사실들을 밝혀낸다. 오늘날에는 92개 원소들의 분리결합의 과정에 일정한 반복성, 즉 주기를 가진다는 주기율이 작성되고, 이 원소들의 주기에 중성자가 개입되어 있다는 사실이 알려지면서 더욱 정교한 주기율표가 작성되어 있다. 화학구조 또는 화학반응식을 통해 광합성 작용과 같은 원리(성질들의 관계적 합)들을 설명하고 있다.

이와 같은 일련의 역사적 과정을 보면, 결국 본질의 문제는 본질을 경험적으로 증명하여 현상을 만드는 문제라고 말할 수 있다. 현상을 경험적으로 인지된 우주 일체의 사건이라 할 때, 과학적으로 검증된 명제들은 모두 현상이 된다. 왜냐하면 본질에 대한 앎도 궁극적으로 실증적으로 검증되어야 하고, 실증적 검증은 경험으로 관찰되는 것을 의미하기 때문이다. 결국 증명과정에서 눈으로 확인되었기 때문에 드러난 현상이 되어버린다. 역설적으로 증명이 안 된 가설들이 본질이 되는 경우가 발생한다. 요컨대 본질 영역에 있던 어떤 가설이 검증과 동시에 채택이 되면, 본질에서 현상영역으로 포섭된다.

(2) 본질의 상대성 강화란 현상과 본질 간의 관계에서 가지는 상대성 인식이 강화되는 것을 말한다. 본질이란 개념은 현상과 본질의 관계적 사유로 등장한 아이디어이다. 그것은 시공간과 인식자 측면에서 상대성을 가지고 있다. 본질은 현상과 달리 안정성(stability)이 상정된다는 점에서 차이가 있을 뿐 명확히 구별되지 않는 경우가 많다. 사실 안정성이란 가정 자체도 시공간에서 상대적이다.

인과 관계에서 현상과 본질을 살펴보자. 하나의 현상에 원인이 있고, 그 원인은 다시 또 원인이 있다. 원인에 원인이 연속적으로 등장한다. 가령 내가 있다는 사건의 원인은 부모, 부모의 부모 등으로 한없이 추적되어야 한다. 이론 영역에서도 마찬가지이다. 기상학자이자 지구물리학자인 앨프레드 베게너는 1915년『대륙과 해양의 기원』의 저서를 통해 대륙이 분리되었고, 대륙이 이동한다는 것을 주장했다. 소위 [대륙이동설]이다. 이는 [지진현상]에 대한 원인적 성격을 가진 진술이다. 그러므로 현상에 대한 원인을 본질이라고 하면, [대륙이동설]은 본질이다. 그런데 당시 사람들이 가진 과학적 지식체계로는 그의 주장을 받아들이기 어려웠다. 사람들은 대륙이 이동한다는 것을 인내를 갖고 관찰하지 않으면 감각기관으로 감지할 수 없고, 주장을 뒷받침할 만한 뚜렷한 증거도 가지고 있지 못했다. 이러한 이유로 그의 진술은 입증되지 않은 수많은 가설 중 하나에 불과했다. 그러던 중 세계대전이 일어나 전쟁 수행에 필요한 해양지도를 만들던 중 해저의 지각이 변동한다는 사실을 알게 된다. 마그마가 분출되어 새로운 지각을 만들어내고, 기존 지각을 밀어내어 대륙이 이동한다는 [해저지각변동설]이다. 이는 대륙이동설에 대한 원인을 설명하는 성격을 가진 진술이다. 오늘날에는 [지구 내부의 열(에너지)에 의해 대륙이 이동한다]는 것이 정설로 받아들여지고 있다. 여기서 [대륙이동설]은 지진현상에서는 본질차원이지만, [해저지각변동설]과의 관계에서는 현상차원의 성격을 가진다. 또한 판구조론, 자기장이론, 지구내부구조이론 등 다양한 것들이 서로 밀접한 관련성을 가지고 있다. 입증과 인과적 설명을 상호보완하고 있다. 이처럼 본질은 역사적 흐름에서 관계에 의한 상대성이 강화되고 있다 .

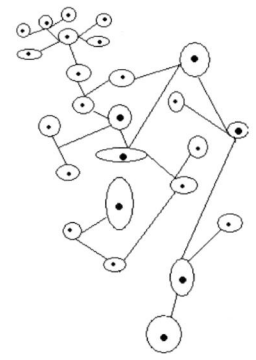

<이론들의 관계도(relation-map)>

2. 이해(설명)

오늘날 본질에 대한 지각의 문제는 설명[68]의 문제로 인식되고 있다. 이러한 배경은 다음과 같다. 우리의 인식능력은 제한적이다. 한번에 모든 것을 꿰뚫어볼 수 있는 도사는 존재하지 않았고, 앞으로도 존재하지 않을 것이다. 이러한 인식능력에 관련된 문제는 언어적 표현 또는 진술 측면에서도 한몫하지만, 근원적으로 인간이 가진 지각(知覺) 능력에서 발생한다. 제한된 인식능력으로 인식대상에 대한 본질에 대한 이해는 경험적 현상

---

68) 과학적 입장(조사방법론의 관점)에서는 설명(explanatory)이란 기존 지식체계에 정합되거나 또는 그것으로부터 연역적으로 필연성이나 인과관계 능을 세시하는 깃으로 사용하는 견해기 있다는 점은 언급되었다. 즉, [과학적 설명이란 말에서 설명이란 사전적 의미와 다르게 사용한다. 또한 이러한 주된 이유는 인식과 해석에서 가지는 타당성 문제 때문이지만, 사전적 의미로서의 이해 또는 납득이 중요하다는 점에서 설명에 사전적 의미를 포함시키는 것이 타당하다는 것은 전술되었다.

으로부터 이성적 사유의 틀을 통해 가질 수밖에 없다.

여기서 이해는 객관적(경험적) 사실이 이성적 사유에 부합되는 필연성(논리적)이 요구된다. 만약 이러한 요건을 충족시키지 못한 이해라면, 의심을 발동시키고 틀림없다는 확신을 할 수가 없다. 가령 태양을 중심으로 한 8개 행성들의 움직임은 뉴턴의 중력 법칙으로 이해되었다. 그러나 수성은 궤도가 약간씩 변화하는 현상이 목격된다. 이러한 현상을 두고 사고실험을 하게 되면, 다른 행성들과 달리 변화하는 수성의 궤도는 논리적 모순이 존재하여 이해에 혼란을 야기한다. 이에 아인슈타인의 상대성 이론이 등장한다. 엄청난 중력은 우주 공간을 휘어놓고, 공간의 휘어짐으로 마치 그릇 속에 담긴 구슬이 곡면을 따라 빙빙 돌아 점점 중심으로 굴러가듯 수성의 궤도가 조금씩 변화한다는 설명이다. 빛의 속도인 시간도 평면 공간이 아닌 휘어진 공간에서는 느리거나 빨라진다는 아인슈타인의 설명이다. 이러한 아인슈타인적 설명을 사고하면, 논리적 모순이 존재하지 않는다.

현상	■ 자연: 예) [대륙이 이동한다] ■ 인간/사회: 예) [그는 인터넷에 중독되었다]	경험(사실)	객관	※ 이해 (설명)
본질	■ 성질, 기능, 인과, 구조 ⇔ 원리, 법칙	사유(논리)	필연	

부연하여 본질을 존재하는 대상으로서의 물(物) 자체가 가진 진수(眞髓)라 할 때, 개개의 물 자체가 가진 진수는 인간과 세계를 작동시키는 참된 원리 또는 법칙들을 내포하고 있다. 그리하여 본질세계는 상상할 수 있는 그 이상으로 훨씬 더 심오하다. 우리가 현상을 통해 본질을 지각할 때, 그 현상이 경험적으로 인지되는 진술이든 사건이든, 또는 사물이든 간에, 설명하는 방식과 더불어 얼마나 진실에 가까운 것을 보고 있는가라는 문제를 고민할 필요가 있다. 본질이 뿜어내는 현상은 매우 복잡하고 광대하다. 오늘날 과학기술의 발달은 현상에 대한 시야를 깊고 넓게 확장시키고 있지만, 우리가 경험적으로 감지(感知)하는 현상은 극히 일부에 불과하다. 파고들면 들수록 새로운 현상들이 발견된다. 가령 생명의 사슬(chain)에 대한 진수(眞髓)는 멘델의 유전법칙에서 염색체와 유전자(gene)의 구조가 밝혀져 2,000년 유전자 게놈(genome) 지도가 만들어지기까지 오랜 시간이 흘렀다. 염색체와 유전자의 합성어인 게놈 지도가 만들어졌다고 하여, 생명의 진수가 완전히 밝혀진 것은 아니다. 아직도 풀리지 않은 생명의 비밀들은 너무도 많다. 우리가 알고 있는 우주에 대한 지식도 극히 일부분이다. 새로운 현상들이 무한히 발견되고

있다. 이러한 현상의 특징으로 때론 마치 나뭇잎에 가려 나무의 가지들을 볼 수 없듯, 현상에 가려 본질에 대한 접근이 중단되거나 또는 배척되는 경향이 나타나기도 한다.

[보론] 현상과 본질의 정리

■ 제1정리: 형태와 내용은 필요충분조건의 상관성을 가진다.

○ [형태는 내용(부피)에 의해 결정된다]는 명제는 관점에 따라 역명제인 [내용은 형태에 의해 결정된다]는 진술도 성립한다.
○ 시작점과 끝점이 연결된 선은 x와 y의 좌표 개념을 사용하여 나타낼 수 있다. 좌우, 전후, 상하의 축을 갖는(변수가 세 개) 삼차원 입체형의 경우, 시각적으로 포착되는 직선(또는 곡선)과 원의 방정식으로 나타낼 수 있다.
예) 높이가 2인 원기둥을 가진 형태는 $\{y = x + a, \ y = x + b\}$라는 두 개의 직선의 방정식과 $x^2 + y^2 = r^2$라는 원의 방정식으로 나타낼 수 있다. 아래 그림에서 $\{(x^2 + y^2 = r^2) : [h]_0^2\}$의 식이 가지는 의미는 원이 기준점 0부터 2까지 누적적(연속적)이라는 것을 의미한다.

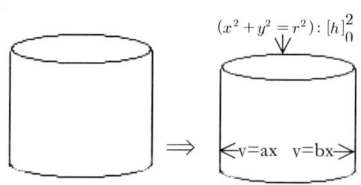

◆ 다음과 같은 도자기 형태의 시각적 형상은 두 개의 곡선방정식과 하나의 원의 방정식으로 표현할 수 있고, 부피는 기준점으로부터 높이만큼 가지는 다양한 원의 방정식들로 나타낼 수 있다.

◆ 내용(부피)과 형태를 결정짓는 핵: 외부로 표출되는 형상(형태/형체)은 누적적이며 연속적인 원들이 가진 크기에 의존된다. 이때 누적적 원들에 의해 내용(부피)이 결정되고, 외형이 결정된다는 점에서 핵이 된다.

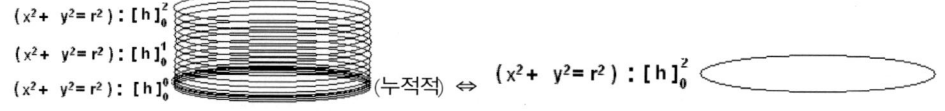

■ **제2정리: 누구에게나 객관적이고 시공간에서 불변인 본질 개념은 언어적 문제로 귀결된다.**

○ 제1정리에 의해 형태와 내용(부피)은 서로 필요충분조건의 상관성을 가지고 있다. 내용으로서의 부피는 사유로만 인식할 수 있고, 외형은 보이는 세계로 생각하기 쉽다. 하지만 부피도 정확한 양을 측정할 수는 없지만, 대강 그 양을 감각적으로 가늠할 수 있다. 그리하여 주관성을 가진다.

○ 부피(내용)와 형태(형상)를 결정짓는 핵을 본질로 착각하기 쉽다. 그러나 형태와 내용(부피)의 크기 값은 모두 가변이다. 불변성을 가지지 못한다.

○ 따라서 누구에게나 객관적이고 시공간에서 불변의 본질을 상정하는 경우 언어적 문제로 귀결된다. 가령 부피를 생각하는 개념 그 자체는 이데아(ideal)적 관념에서 존재사(단어)에 대한 정의에 의해 객관성을 가진다. 또한 시공간에서 불변성을 가질 수 있다.

[문] 다음 〈상황〉을 설명하는 〈보기〉의 (가), (나), (다)에 대하여 적절하지 않은 진술은?

〈상황〉

A라는 사람이 있다. 이 사람은 매일같이 도박을 한다. 가정이 파탄되고 대인관계마저 엉망이 되었다. 그럼에도 A는 도박을 끊지 못한다.

〈보기〉

(가) 지속적으로 도박을 하는 사람은 두 가지 두드러진 특징이 있다. 하나는 결과에 대하여 질 경우보다는 이길 경우만을 생각하는 경향이다. 도박에 졌을 경우 자신에게 닥칠 위험을 생각하기보다는 이길 경우에 가지는 좋은 결과에 대한 상상을 주로 한다. 또한 도박에서 질 경우도 있다는 것을 안다. 하지만 승률(이길 확률)이 누적되는 것으로 착각하는 경향이 있다. 예를 들어 (사기도박과 같은 행위는 없는 것으로 가정하고) 이길 경우와 질 경우가 반반이라고 할 때, 만약 이번에 졌다면 다음에는 이길 것이라 생각한다. 하지만 매번 도박에서 가지는 이길 확률은 1/2이다. 따라서 어제도 오늘도 내일도 이길 확률은 1/2이다. 오늘 벌어지는 도박에서 가지는 매 한판마다 승률은 독립적이다. 이러한 심리적 경향성이 지속적인 도박행위를 부추긴다.

(나) 지속적으로 도박을 하는 사람은 뇌의 작용에서 특징이 나타난다. 도박자와 정상인에게 도박을 하게 하고 그에 반응하는 뇌의 변화를 관찰하면, 도박자의 경우에 쾌락을 관장하는 중뇌가 활성화되는 것을 관찰할 수 있다. 이는 정상인의 뇌 작용에 비해 인지기능이 저하되고 충동에 쉽게 반응한다는 것을 의미한다.

(다) 누구나 편안함과 즐거움의 쾌락을 추구한다. 쾌락은 자극의 강화를 점점 요구하는 속성이 있다. 그리하여 쾌락을 추구하는 수단의 횟수와 그 수단의 강도를 점차 강화시켜 나간다. 만약 누군가 쾌락을 추구하는 수단이 한 가지에만 의존하는 경우 나타나는 것이 중독이다. 중독의 원인은 신체적 요구로 가지는 경우와 정신적 요구로 가지는 경우로 구분할 수 있지만, 그 본질은 하나이다. 쾌락이고, 쾌락 충족수단의 단일성(불대체성)에서 기인된다.

① (가)를 근거로 하면, 만약 도박에서 이길 경우만을 생각하는 심리적 경향과 승률(이길 확률)이 누적되는 것으로 착각하는 심리적 경향성이 해소되면, 상습적 도박행위가 상당부분 완화될 수 있다는 추론이 도출될 수 있다.

② (나)를 근거로 하면, 만약 뇌의 기능이 정상화되는 경우 판단력이 향상되어 베팅 액수에 민감해지고, 계속적인 도박행위가 상당히 완화될 수 있다는 추론이 가능하다.

③ (다)를 근거로 하면, 만약 도박이 아닌 다른 욕망충족수단으로 대체되고, 그 수단에 의한 쾌

락의 정도가 증진된다면 상습적 도박행위는 중단된다는 처방책이 도출될 수 있다.

④ 상습적 도박행위에 관련된 원인에 대하여 (가)와 (나)는 관찰되는 현상을 통해 본질에 접근하는 방식을 취하고 있지만, (다)는 쾌락으로 환원하여 본질에 접근하는 특징이 나타난다.

⑤ (가), (나), (다)는 개인적 차원과 사회적 차원에서 도박행위를 설명하고 있다.

[해설] 답: ⑤

(가)와 (나) 모두 개인적 차원에서 도박행위의 현상에 대해 원인을 설명하고 있다. 참고로 만일 사행성이 조장되고 있는 사회적 분위기라면 A는 도박을 계속하게 될 가능성이 커진다. 부연하여 ④에서 (가)와 (나)는 지식(이론)체계에 입각한 (과학적) 설명방식을 취하고 있는 특징이 있다.

[문] 다음 글의 (가), (나), (다), (라)와 〈보기〉의 진술 간에 부합되는 것끼리 짝지은 것은?

우리가 [우주가 팽창하고 있다]는 명제를 받아들이면, 10년 전의 우주와 지금의 우주는 서로 다른 것이라는 것을 추론할 수 있다. 또 10년 후의 우주는 지금과 또 다른 형태의 우주가 되어 있을 것이란 것도 예측할 수 있다. 그렇다면 우주에 대한 불변의 지식은 존재할 수 없다는 것은 명백하다. 지금 알게 된 우주의 형태를 말하는 순간 그 우주는 이미 다른 형태가 되어 있기 때문이다. 그렇다면 우리는 우주에 대하여 어떻게 불변의 지식을 가질 수 있을까? 이 질문을 처리하는 네 가지 방식이 있다.

(가) 플라톤적 사유로 처리하는 이데아 방식이다. 감각으로 보는 대상은 지식의 대상이 될 수 없고, 머릿속에 들어 있는 우주라는 관념과 같이 사유의 대상만이 지식의 대상이 될 수 있다는 처리방식이다. (나) 현상과 본질로 구분하여 가변적인 현상과 달리 본질은 불변이라고 생각하는 방식이다. 아리스토텔레스는 모든 물(物)의 형상은 변하지만, 그 형상을 실현하는 가능태로서의 질료는 불변적이라고 생각했다. (다) 변화하는 그 자체가 가진 법칙성이 불변이라면, 그 변화의 법칙성에서 불변의 지식이 존재할 수 있다. 물리적 현상이 가지는 법칙과 같은 경우이다. 마지막으로 (라) 불변적 지식 자체를 부정하는 방식이다. 이는 다시 두 가지로 구분할 수 있다. 하나는 지식 자체의 존재에 대해 부정적인 경우이다. 회의론의 입장이다. 다른 하나는 지식 자체의 존재성은 인정하지만 인간으로는 그것을 잘 알 수가 없다는 입장이다. 극단적으로 불가지론이 존재한다.

〈보기〉

ㄱ. 甲은 경험적 세계에 대한 앎을 배제한다.

ㄴ. 乙은 우주를 형상은 변화해도 우주를 이루는 근본적인 것을 물질로 환원하여 앎을 규정한다.

ㄷ. 丙은 자연상태에서 엔트로피(무질서의 정도)가 증가하는 법칙을 앎으로 추구한다.

ㄹ. 丁은 지식을 강한 지식과 약한 지식으로 구분하여, 적용에 있어 상대적으로 그 범위가 넓을수록, 반증적 예외가 발견되지 않는 상태를 유지하고 있는 것일수록 강한 지식으로 간주한다.

① ㄱ, ㄴ.　　② ㄱ, ㅁ.　　③ ㄴ, ㄷ.　　④ ㄴ, ㄹ.　　⑤ ㄴ, ㅁ.

[해설] 답: ①
(ㄹ)의 경우, 지식 자체의 존재를 인정하면서, 지식을 가설적 성격을 가진 것으로 간주하는 태도이다.

[문] 다음 글에서 (가), (나), (다)와 〈보기〉의 ㉠, ㉡, ㉢ 간에 부합되는 것끼리 올바르게 짝지은 것은?

유한(有限)과 무한(無限)의 구별은 시간에서 [시작과 끝], 그리고 공간에서 [안과 밖의 경계]가 있는가 아니면 없는가를 가지고 분별된다. 이것들이 있다면 유한이고, 없다면 무한이다. 신(神)을 무한한 존재라고 하면, 과학자들에게 신은 우주에 존재할 수 없다. 우주는 시작과 끝이 있고, 안과 밖의 경계가 있기 때문이다. 신이 우주에 있다고 말하기 위해서는 신이 유한한 존재이거나 또는 우주가 무한이어야 한다. 이는 모순이다. 따라서 신은 우주 안에는 존재하지 않는다. 그런데 [(가)   ] 무한의 세계에서 유한한 우주는 하나의 점에 불과하다. 시작과 끝, 안과 밖의 경계가 있는 유한한 점을 포함하고 있는 무한한 존재가 있을 수 있기 때문이다.

(나) 사람들은 유한(有限)과 무한(無限)을 동시에 관념하는 경향이 있다. 하지만 현실에서 시간과 공간에서 무한한 것은 존재하지 않는다. 태양도 무한히 존재할 것이라고 생각하는 것은 명백한 잘못이다. 무한으로 착각하여 어제도 태양이 뜨고 오늘도 태양이 떴으니 내일도 태양이 뜰 것이라 판단한다면, 잘못이다. 마치 '0과 1' 사이에 '0,000000……'으로 무한한 수가 존재할 수 있는 수(數)처럼 무한세계는 이데아(idea)적 세계 또는 관념적 세계에서나 존재한다. [(나)   ]

(다) 시간의 유한성과 관련하여 처리하는 사고방식에 두 가지가 발견된다. 하나는 물질적 관점으로 처리하는 방식이고 다른 하나는 정신적으로 처리하는 방식이다. 전자는 세계는 무엇인가라는 자연과학철학을 전개시키는 동력으로 작용했고, 후자는 실존적 차원에서 어떻게 삶을 살아야 할 것인가라는 인생철학에 대한 논의를 활성화시켰다. 물질은 시작과 끝을 가진 연속적 직선 또는 곡선의 문제로 나타난다. 반면 정신은 현재가 중시되어 점의 문제로 나타난다. 점이 확대되면 원이 된다. 원은 순환을 상징한다. [(다)   ]

〈보기〉

㉠ 우리가 경험하는 세계는 유한의 세계이다.
㉡ 과학자들은 신이 없다고 확신하지 않는다.
㉢ 시작과 끝이 없는 표상들을 만들어냈다.

	(가)	(나)	(다)
①	㉠	㉡	㉢
②	㉠	㉢	㉡
③	㉡	㉠	㉢
④	㉡	㉢	㉠
⑤	㉢	㉡	㉠

[해설] 답: ③

전후 맥락에서 가지는 문장의 호응관계와 논리적 원칙(동일률, 배중률, 비모순율)의 적용.

[문] 다음의 (가)와 (나)의 빈 칸에 들어갈 알맞은 진술들의 쌍은?

(가) 오감각으로 포착되는 모든 물(物)은 변하지 않는 것이 없다. 시간과 공간, 그리고 누구라도 그것을 관찰할 수 있다. 그리하여 [변하지 않는 것이 없다]라는 말에 누구도 의심하기 어렵다. 그런데 과거 플라톤은 불변인 자기 정체성(identity)을 가진 사유의 대상만이 존재의 대상이 될 수 있고, 그 존재로부터 지식을 가질 수 있다고 생각했다. 그에게 있어 어떤 앎이 시간과 공간에서 동일성을 가지고 있지 않거나 또는 누구에게나 객관적이지 않다면, 그 앎은 지식이 아니다. 그에게 있어 지식이란 [＿＿＿(가)＿＿＿] 그가 주장하는 지식으로서의 조건인 시간과 공간에서 동일성, 그리고 인식자 측면에서의 객관성은 변화하는 현상에서 변화하지 않는 그 무엇을 발견하려는 지식사에 심대한 영향을 끼치고 있다.

(나) [본질이 변한다면 현상은 변화한다]라는 조건언 진술을 생각해보자. 이때 현상은 외형으로 드러나는 것을 의미하기 때문에 [물(物)의 본질이 변한다면 물(物)의 모양은 변한다]라는 말로 대체할 수 있다. 이를 편의상 p→q로 기호화하고, p를 전건, q를 후건이라고 지칭하자. p→q가 필요충분조건 관계를 성립한다고 가정해보자. 그러면 대우는 전건과 후건의 위치가 바뀌고 부정이 되어 ~q→~p가 된다. 이를 진술로 리코딩하면, [물(物)의 모양이 변하지 않는다면 물(物)의 본질은 변화하지 않는다]라는 진술이 된다. 여기서 ~q인 [물(物)의 모습은 변화하지 않는다]라는 진술은 경험적으로 거짓이라고 판명할 수 있다. 왜냐하면 모든 물은 변화하기 때문이다. 하지만 ~p는 경험적으로 참/거짓의 판명이 불가능하거나 어렵다. 본질은 감각으로 감지되기 어렵기 때문이다. 그러나 논리적으로 보면, 필요충분조건을 충족한다는 가정에 의해 [물(物)의 본질은 변하지 않는다]라는 진술은 [＿＿＿(나)＿＿＿] 여기서 우리는 논리적으로 다음을 생각할 수 있다. p→q가 필요충분조건을 충족한다는 가정에 문제가 있거나 또는 p→q라는 조건안 자체가 참이 아닐 수 있다는 점이다. 또는 참/거짓 또는 긍정/부정으로만 생각하는 배중률 사고가 현실세계와 부합하지 않을 수 있다는 생각이다.

	(가)	(나)
①	시간과 공간에서 동일하고 사람에 따라 객관적인 앎이어야 한다.	거짓이다.
②	시간과 공간에서 동일하지 않고 사람에 따라 주관적인 앎이어야 한다.	참 또는 거짓이다.
③	시간과 공간에서 동일하고 사람에 따라 주관적인 앎이어야 한다.	거짓이다.
④	시간과 공간에서 동일하지 않고 사람에 따라 객관적인 앎이어야 한다.	참 또는 거짓이다.
⑤	시간과 공간에서 동일하고 사람에 따라 객관적인 앎이어야 한다.	참이다.

[해설] 답: ①

p→q에 관련된 내용은 인과관계의 추론조건과 후술되는 명제논리학 등에서 설명된다. 여기서는 생략하기로 한다. 정답과 관련하여 (가)는 두 조건을 모두 충족해야 하는 연역적 진술이어야 하고, (나)는 필요충분조건의 가정에 의해 거짓이라는 진술이 타당하다. 필요충분조건은 개념적으로 서로 같은 값을 가진 동치(同値) 관계이기 때문이다.

[문] 다음 글의 내용을 토대로 추론한 진술로 가장 부적절한 것은?

실존적 차원에서 인간다움은 현실과 상호 조화될 때 가능하다. 현실과 부조화된 생각은 자칫 인간답지 못한 삶을 살아가는 존재로 전락시킬 가능성이 있다. 그리하여 늘 현상(phenomenon)이 '언제, 어디서, 왜, 어떻게, 얼마나 변화하고 있는가?'라는 질문들에 대한 답들이 요구된다. 그런데 현상은 복잡하고 동태적이다. 이해할만 하면 또 다른 현상으로 변질되거나 소멸되어 버린다. 새로운 현상들과 융합되어 전혀 새로운 성격을 가진 또 다른 현상이 되어버린다. 그리하여 사실상 이해하고 있다 자부하는 특정 현상들도 얼마 지나지 않아 매우 혼란한 이해 상태가 만들어진다. 이러한 이유로 현상들을 명료하게 이해하기가 힘들다. 특히 현상에 대하여 '왜?'라는 의심을 해결하면 그에 따른 성취감이 크다. 하지만 '왜?'라는 질문에 속 시원한 설명을 찾는 것이 용이하지 않다. 이것은 인과관계에 대한 이해이고, 그것이 간단하지가 않기 때문이다. 가령 10년 전의 현상과 지금의 현상을 비교하여 어떤 것이라면 어떤 것이 되더라는 경험적 앎을 통해 인과를 파악한다면, 그것은 엄밀히 현상 간의 공통점과 차이점에 대한 이해이지 원인에 대한 이해는 아니다. 즉, 10년 전과 지금이 왜 달라졌는가에 대한 정보를 산출하지 못하기 때문이다. 단지 실험을 통해 그것이 원인일 것이라는 추정만 할 수 있을 뿐이다. 그럴 것이라는 것이지 반드시 그렇다는 것은 아니다. 발견된 실험에의 다양한 오류들이 있고, 아직 발견되지 않은 오류들도 있기 때문이다. 내가 지금 있는 나의 현상적 존재(A)의 원인을 추적하면, 부모(B)-부모의 부모(C)……로 무한히 추적되어야 한다. 내가 존재하는 이유는 나의 부모가 원인이라는 식의 이해라면, 궁극적인 원인에 대한 의심이 여전히 남게 된다. 결국 한정된 인지능력과 제약된 물리적 제약 등으로 상당인과관계로 규정하거나 또는 연관관계의 고리를 잘라 한정된 범주에서 파악할 수밖에 없다. 그렇지 않다면 창조자 신(神)을 통해 본원적 원인으로 처리하거나 우연으로 처리할 수밖에 없다.

우리가 감지하는 현상세계는 두 가지 분명한 사실을 가진다. 하나는 생과 사의 생멸성(生滅性)을 가진 유한의 세계라는 점이다. 시간과 공간에서 새로운 문명이 등장하고, 기존 문명은 퇴장한다. 별이 만들어지고 별이 소멸한다. 이러한 일체의 것들을 담은 세계이다. 다른 하나는 눈으로 볼 수 있는 가시적 세계라는 점이다. 만약 볼 수 없다면 그것은 현상이 아니다. 이러한 사실들은 인간이 보유한 생명의 영원성과 자유라는 욕망에 부합되지 않는다. 그리하여 현상세계에 대비되는 본질(substance)의 세계가 창안된다. 불변의 세계이고, 불가시적인 세계이다. 본질을 관념함으로써 인간은 무한의 세계를 획득하고 영원불멸의 순환적 삶을 생각할 수 있게 되었다. 불가시적인 세계가 상정됨으로써 자유로운 사유의 세계를 가질 수 있게 되었다.

① 본질의 관념은 현실과 인간이 지닌 욕망 간의 충돌문제를 처리하는 데 기여한다.

② 만약 어떤 것이 시간과 공간에서 생멸(生滅)이 포착된다면 그것은 현상이다.

③ 사회변동의 원인을 과학기술로 보는 것은 무한히 원인이 추적되어야 한다.

④ 만약 비교의 방법으로 가진 정보라면, 공통점과 차이점과 같은 정보산출은 가능하지만 원인에 대한 정보는 산출할 수 없다. 단지 추정만 할 수 있을 뿐이다.

⑤ 현상에 대한 질문과 답을 갖는 것은 본질에 대한 이해를 어렵게 한다.

[해설] 답: ⑤

③의 경우 사회변동의 원인을 과학기술로 보는 것은 무한히 원인이 추적되어야 한다. 즉, 그 기술들은 만들어진 원인에 대한 왜라는 질문이 또 등장한다. 선택지 ⑤는 글의 내용을 전제로 도출될 수 없는 부적절한 진술이다. 무관계한 진술이다.

제2장 전략적 접근: 인식자 중심

전략적 접근(戰略的 接近)이란 '인식자 관점에서 대상(문제)으로부터 앎을 가지는 지각적 행위에 관련하여 기본 방침을 수립해 모색하는 태도'를 말한다. 예컨대 인식자가 문제에 대하여 어떤 앎을 어떻게 가질 것인가에 관련하여 예견되는 문제는 무엇이며 대책이 무엇인가 등을 사전에 고려하여 수립된 기본적 사유방침 또는 행동방침을 통해 접근하는 태도이다. 이러한 점에서 전략적 접근은 문제에 대한 주먹구구식 또는 상황에 따라 일관성 없이 인식활동을 수행하는 것이 아니라, 앎을 얻는 방법 또는 프로세서의 전략을 사전에 수립(plan)하여 효과적 또는 효율적으로 문제를 인식하려는 것을 말한다.

인식을 존재로부터 어떤 앎을 가지는 일체의 정신 또는 사유활동이라 할 때, 어떤 앎을 가지는 방법은 관습, 통념, 권위, 직관, 경험, 사유 등 매우 다양하다. 하지만 어떤 앎을 가졌을 때, 그것은 옳은 것이어야 한다는 당위성에 부합해야 한다. 이러한 목적에 부합하기 위해서 과학적 접근태도가 지향된다. 과학적 접근태도는 성격에 따라 두 가지로 대별될 수 있다. 하나는 좁은 의미에서의 과학적 태도이다. 앎은 재생 가능(reproducibility)하고, 경험적(empiricism)이며, 객관적(objectivity)인 지식이어야 한다는 기본적 입장을 취한다. 그리하여 가설을 설정하고, 이를 증명(검증=입증/반증)하여 가설을 채택하거나 기각하는 논리적 틀을 바탕으로 앎이 추구된다. 다른 하나는 사유적 태도이다. 일반적으로 감관(관찰)으로 볼 수 없는 세계에 대한 앎이 추구된다. 앎은 논리적 또는 개념적 도구를 통해 도출하는 지식이어야 한다는 기본 입장을 취한다. 여기서 도구란 앎을 도출하기 위해 고안(착상)된 장치를 말한다. 가령 정의와 공리에 의해 구축된 논리체계에 입각하여 문제가 가진 원형을 훼손하지 않고 유지한 채 원형을 단순하게 추상화하거나 변형하여 인식물(결론)을 얻어내려는 조작적 처리를 위한 수단이다.

| X
(문제) | 과학적 태도 | 경험과학 | 과학적 인식물(앎) |
| | 사유적 태도 | 형식과학 | |

이하에서는 전략적 접근과 관련하여 배경지식의 확충을 위해 철학적 관점에서 인식론적 논의들을 살펴보고, 심리(心理)에 대한 기초적 논의들과 경쟁적 상황에서 가지는 전략과 관련하여 경제학의 게임이론을 살펴보게 될 것이다.

제1절 인식론적 논의

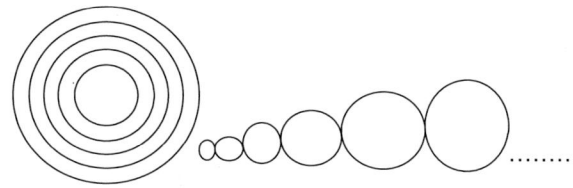

전술된 존재론에 연계하여 인식론을 살펴보기로 한다. 인식론은 그 초점이 존재하는 대상 그 자체가 아니라 그것을 인지하는 '인식자 중심'에 초점을 둔 논의이다. 즉, 대상을 바라보는 인간 측면에서 어떻게 앎을 가지는가? 그리고 '어떻게 해야 참된 앎을 가질 수 있는가?'라는 질문들이 중심적 관심사이다.

Ⅰ. 인식론의 의의(意義)

인식론이란 말은 통상 인간이 지각(知覺)하는 정신활동에 대한 논의들을 통칭하여 사용되고 있다. 오감각과 사유의 능력과 한계, 지식의 기원과 패러다임, 지식의 참/거짓 판별 가능성과 한계, 지식(이론) 체계의 구축과 논리의 틀 등 다양한 논의들이 그것이다. 인간이 어떤 방식으로 인식하고, 그 인식물이 참인가라는 증명의 문제 등을 근원적으로 따지고 들어간다. 이에 흔히 인식론은 복잡하며 난해하다는 평가를 받는다.

하지만 인식에 대한 논의들을 살펴보는 것은 중요하다. 우리는 앎과 관련하여 근원적 문제를 생각할 필요가 있고, 이에 관련된 연구 또는 논의들을 참고할 필요가 있기 때문이다. 요컨대 어떻게 인식할 것이고, 어떤 인식물을 신뢰(trust, credibility)할 것인가라는 질문은 단지 지적 호기심에서 가지는 관념적인 것만은 아니다. 현실적이다. 앎을 '인간의 인식활동으로 어떤 존재를 규명한 식별의 지각물'이라 할 때, 우리는 앎을 통해 판단하고, 행위를 한다. 그리고 그것들의 효과는 삶에 영향을 미친다. 기령 [모든 사람은 죽는다]라는 것을 알고 있는 사람과 그렇지 않은 사람은 판단과 살아가는 방식이 달라질 수밖에 없다. 그렇기 때문에 우리에게 있어 앎이란 중요한 실존적 관심의 대상이 아닐 수 없다. 개인 차원의 판단이 아닌 공적 판단에서는 더욱 그 중요성이 강조된다. 그리하여 정책담당자(정책입안자와 결정자 및 집행자)는 앎을 어떻게 가질 것인가, 그리고 그 앎은 진짜인가 등에 관련하여 때론 집요하고 고리타분할 정도로 의심에 의심을 가져야만 한다. 이에 관련하여 데카르트는 '나는 모든 것을 의심한다. 그러나 의심할 수 없는 분명한 것이 있다. 나는 생각한다. 고로 존재한다는 사실이다'라는 유명한 말을 남기기도 했다. 인식의 문제를 생각한 것은 지구상의 동물들에서 유일하게 인간뿐이다. 그리고 그 고민으로부터 오늘날 현대문명이 이룩되어 왔다는 점은 누구도 부인하기 어렵다.

II. 인식의 개념

1. 의미

인식(cognition)의 개념은 매우 복잡하고 다양하다. 일반적으로 넓은 의미에서 인식이란 '인간이 그 무엇에 대한 앎을 가지는 일체의 지각활동'을 지칭하여 사용된다. 단순한 예로 지금 당신은 글을 읽으며 마음에 어떤 지각(知覺)의 심리적 상태를 가지게 될 것이다. 이러한 마음 또는 정신적 활동을 지시하여 인식이라는 말을 사용한다.[69] 반면 좁은 의미에서는 인식의 개념을 '존재로부터 앎을 획득하는 사유활동'으로 정의한다. 개념을 구성하는 핵심적 요소는 존재와 앎(지각)이다. 여기서 존재에 대해서는 존재론적 논의에서 언급되었듯이, 오늘날 존재사로 간주된다. 그런데 구성요소인 앎에 관해서는 개념이 복잡하다. 가령 앎을 가지는 과정은 매우 복잡하다. 감각과 사유라는 지각기관이 작동하고, 내면에 탑재된 언어기제가 동원되고, 식별선과 관련되는 판단기제도 동원된다. 의식적 요소와 무의식적 요소도 결합된다. 이러한 복잡한 과정을 가진 지각물은 느낌적인 것도 있고, 논리적인 것도 있고, 가치평가적인 것도 있다. 그리하여 어떤 지각물을 생성하는 활동 또는 과정을 지칭하여 사용할 것인가가 문제된다. 이러한 문제에도 불구하고,

---

69) 심리 또는 정신적 활동과 관련된다는 점에서 인식론적 논의들이 주관적이고 심미적인 경향으로 흐르는 데 대한 반동으로 인식의 문제를 사실과 가치를 분리하여 사실의 문제를 다루는 과학적 인식론과 언어적 관점에서 접근되는 언어적 인식론이 등장한다. 이에 대해서는 후술될 것이다.

여기서는 좁은 의미의 '존재로부터 앎을 획득하는 사유활동'을 인식의 개념으로 사용할 것이다. 인식은 언어와 무관하지 않으며, 경험과 사유가 서로 분리되어 행할 수 없기 때문이다. 이러한 개념정의에 의하면, 일체의 존재사로부터 감각과 사유로 앎을 가지는 일련의 사유활동이 인식의 범주에 해당한다.

부연하면 과학적 태도에서 앎이란 심리적 요소가 가지는 주관성 문제와 관련하여 가치를 구별하여 '어떤 사실에 대하여 그것이 무엇인가를 규명하여 식별된 상태'를 말한다. 즉 객관적으로 관찰할 수 있는 사실적 현상(상황)을 통해 가진 지각물(知覺物)이다. 여기서 사실이란 현상(상황)을 의미한다. 즉, 경험(감각)으로 포착되는 우주 일체의 사건을 말한다. 자기 내부에서 일어나는 사건과 외부에서 일어나는 사건 일체가 포함된다. 가령 아랫배가 더부룩하던 것이 사라져 쾌적하고 편한 느낌을 받는 것을 인지하는 것도 하나의 사건이며, 어떤 사회문제를 포착하는 것도 하나의 사건이다. 하지만 이러한 경우에도 앎의 성격과 식별은 간단하지 않다. 우선 앎은 감각(경험)을 통해 가질 수도 있지만, 사유로도 가질 수 있다. 그리고 앎은 완전한 것일 수도 있고, 불완전한 것일 수도 있다. 또한 진짜일 수도 있고 가짜일 수도 있다. 우리는 일상에서 흔히 배중률사고에 의거해 [안다/모른다]라는 이분(二分)의 구분법을 사용한다. 하지만 정수 0과 1 사이를 분할하면 무한의 수가 존재하듯, [안다 ↔ 모른다]의 사이에도 무한의 앎들이 존재한다. 이러한 점에서 우리가 가진 안다는 의미가 다양한 형상을 가질 수 있고, 이에 앎이란 것도 극한 개념을 가지고 최솟값과 최댓값을 가질 수 있다는 것을 생각할 수 있을 것이다. 이처럼 앎 자체가 매우 복잡하다. 이러한 이유로 경험을 중시하는 과학적 태도에서도 논자와 관점에 따라 인식의 개념이 다양하게 사용되고 있다.

2. 성질

첫째, 인식은 자기 존재성을 함축하고 있다. 자기 존재는 다른 것과 확실히 구별되는 의식 또는 무의식적 자아에 대한 지각을 말한다. 즉, 나와 타를 구별하는 경계에 대한 지각이다. 가령 데카르트의 [나는 생각한다. 고로 존재한다]라는 말은 자기 존재 의식에 대한 상징적 진술이다. 만약 인간이 자기 존재성을 전제하지 않는다면, 인식은 세상에 존재할 수 없다. 자기가 세상에 존재한다는 자각을 전제로 인식이 존재할 수 있게 된다. 가령 음악이 연주되는 상황에서 갑은 소리, 연주자, 악기, 무대, 조명, 관중 등 다양한 것들을 감지한다. 이때 그가 자기 존재성을 관념하지 않고 있다면, 그는 감지된 재료들과 자신이 분별되지 않는다. 자신의 숨소리와 악기가 내는 소리 모두 동질의 것이다. 자신이 앉아 있는 의자와 자신도 서로 다른 것이 아니라 하나이다. 소위 물아일체(物我一體)의 상태이다. 하지만 '자기 존재의 전제'는 의식세계뿐만 아니라 깊은 무의식 세계에서 저절로 이루어진다. 신체를 구성하고, 사유에 관련된 지각기관을 형성하는 개개의 세포들은 상대적 차이만 있을 뿐 각기 자각적 기능을 가지고 있으며, 그 기능은 선천적으로 가지는 본능적인 것이다. 감각의 작용 또는 사유의 작용 양측 모두에서 이루어진다. 이러한 이유로 인식의 부존재성을 발견하기 어렵다. 인간은 자기존재가 소멸된 물아일체(物我一體)의 상태를 가지기 어렵기 때문이다.

둘째, 인식은 '목적성과 과정성'을 가진다. 목적성은 앎의 추구이며, 과정성은 인지한 재료들을 수집하고 저장하고, 획득된 재료들을 맞추고, 조합하는 등의 처리과정을 통해 어떤 결정을 만들어내는 작업으로서의 절차를 말한다. 의도적이든 본능적이든 목적 없는 인식은 존재하지 않으며, 과정 없는 인식은 존재할 수 없다. 목적성은 욕망론과 가치론적 논의들과 연계되며, 과정성은 사고하는 방식으로서의 개념적 틀 또는 논리적 틀에 대한 방법론적 논의들과 관련성을 가진다.

셋째, 인식은 지각물을 가지기 위해 어떤 틀(frame)이 적용되는 성질을 가진다. 틀은 유전적 요인으로 가지는 선천적인 장치일 수도 있고, 환경적 요인으로 가지는 고안되고 학습된 후천적 장치일 수도 있다. 일반적으로 두 요인이 혼합되어 가진다.

III. 인식의 구조

인식에 관련하여 분명히 두 가지 경향을 관찰할 수 있다. 하나는 인식에 선천적으로 가져지는 것으로 물리적 법칙성이며, 다른 하나는 후천적으로 가져지는 학습된 인위적(인공적) 방식의 적용성이다. 가령 동물의 뇌에서 전두엽을 제거하면 특정 정보를 인지하지 못한다. 수학을 학습하지 않은 사람은 그 개념 틀을 적용하여 정보를 처리하지 않는다. 다른 방식으로 처리한다. 영(0)이란 숫자가 가진 개념을 습득한 사람과 습득하지 않은 사람, A라는 문자체계를 습득한 사람과 B라는 문자체계를 습득한 사람은 정보를 처리하는 방식이 다르다. 특히 인간의 인식은 시공간에서 비교적 안정적인 일정한 패턴을 가진 지각물을 가진다는 점도 포착된다. 실제 관찰되는 보통 일반인들의 인식 결과물인 지각물들은 시공간에서 무질서하지도 않고, 급변하지도 않는다. 비교적 안정적인 지각물들을 산출한다. 이에 일정한 방식은 문화와 밀접한 관련성을 가지고 있다는 사실을 추론할 수 있다. 역사적 사례들을 통해 500년 전의 사람들과 오늘날의 사람들이 인식하는 방법은 공통점과 차이점이 발견된다. 오지의 숲속 공동체에서 살아가는 사람과 수많은 빌딩들 속에서 살아가는 사람들 간에도 인식하는 공통성과 차이성이 발견된다. 각자 자신이 처한 물질과 정신을 포괄한 개념으로서의 문화적 배경 속에 나름 적합한 사고체계로서의 인식구조를 가지고 있다는 것을 추론할 수 있다.

인식의 구조는 복잡하다. 무의식 세계를 감안하면 포착되는 요소들은 빙산의 일각이다. 여기서는 '감각과 사유가 결합되어 환경과의 관계에서 인지층과 이해층 및 판단층을 형성하는 일정한 틀'로 정의하여 살펴보기로 한다. 여기서의 환경이란 인식대상으로서의 일체의 모든 것을 의미한다. 가령 인식자 주체가 가진 자신의 내면에 탑재된 욕망과 같은 심리적 상태는 물론이고, 자기 존재성을 전제로 자신과 구분되는 자연적 환경과 사회적 환경 모두가 포함된다. 인식의 구조와 관련하여 감각과 사유의 구성요소만으로 단순화하여 정의된 개념을 토대로 다음의 예를 살펴보기로 한다.

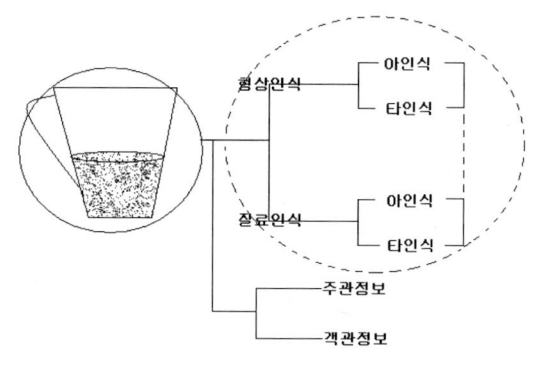

<컵 속에 든 물(水)과 인식>

누군가 [컵에 담긴 물]을 인식한다고 하자. 그러면 어떻게 할까? 감각과 사유의 두 요소들은 [컵에 담긴 물]이란 외부적 환경에 대응하여 다음과 같은 기능을 수행한다. 하나는 형상에 대한 지각물이고(이하에서는 형상인식이라 칭하기로 한다), 다른 하나는 질료에 대한 지각물(이하에서는 질료인식이라 칭하기로 한다)의 산출이다.

우선 형상인식을 살펴보자. 형상인식이란 면적, 크기, 부피 등과 같은 상(象: 모양, 형태)을 인식하는 것을 말한다. 즉, 컵 속에 물이 얼마나 담겨 있는가를 그 정도를 인식하는 것이다. 형상인식을 통해 대상에 대해 크다/작다, 많다/적다, 높다/낮다, 넓다/좁다, 두껍다/얇다, 적당/부적당(과잉과소) 등의 정보를 산출한다. 이러한 형상인식은 방법을 기준으로 두 가지로 세분할 수 있다. 하나는 아(我)인식이고, 다른 하나는 타(他)인식이다.

아(我) 인식은 자신이 직접 컵 속에 든 물을 인식하는 것을 말한다. 아(我) 인식의 방법은 두 가지이다. 하나는 시각(eye)으로 물의 양을 관찰하여 정보를 직관으로 획득하는 방법이고, 다른 하나는 시각 외의 다른 감각기관으로 정보를 획득하여 물의 정도를 가늠하는 방법이다. 시각에 장애가 존재한다면(Blind), 흔들어 소리를 얻거나 또는 들어 보아 무게를 얻거나 또는 컵에 손을 넣어 촉감으로 정보를 획득하여 그 정보를 가지고 물의 정도를 가늠할 수밖에 없다. 반면 타(他)인식은 자신이 직접 컵 속에 든 물을 인식하는 것이 아니라 타(他)가 획득한 정보를 통해 물의 정도를 추정하는 방식이다. 여기서 타(他)는 타인과 분석도구 일체의 것들이 포함된다. 가령 타인의 진술인 전언(傳言), 측정기기를 통한 정보획득이다.

다음으로 질료인식을 살펴보자. 질료인식이란 성분, 성질, 기능 등을 인식하는 것을 말한다. 즉, 컵 속에 물이 가진 성분, 성질, 기능 등을 인식하는 것이다. 질료인식을 통해 유해/무해, 맛있다/맛없다, 뜨거움/차가움, 적합/부적합, 유리/불리 등에 관련된 정보들을 산출한다. 질료인식도 형상인식과 마찬가지로 아(我) 인식과 타(他) 인식의 두 방법이 존재한다.

여기서 형상인식과 질료인식으로 가지는 정보들은 성격과 관련하여 주관정보와 객관정보로 구분할 수 있다. 주관정보는 상식적 성격을 가진다. 상식(常識)이란 인식기관에 의해 알게 된 정보로서 각자의 경험에 의해 사회구성원들 간에 보편적으로 가지는 인식물을 말한다. 주관정보는 시공간과 인식자 관점에서 상대성을 가진다. 가령 컵 속의 물의 온도는 동일해도 추운지방과 더운 지방 간에는 상대적이다. 또한 체온이 높은 사람과 낮은 사람은 각기 물의 온도에 대해 다른 정보를 획득한다. 반면 객관정보는 조작적 정보를 말한다. 즉, 약속된 표준화된 계량화 단위와 <가설-증명-기각/채택>의 논리 틀을 이용하여 가공 처리된 정보이다. 객관 정보 그 자체는 시공간에서 절대성을 가진다. 가령 컵 속의 물의 온도가 섭씨 10도라는 정보는 우주에서, 추운 지방과 더운 지방에서 모두 동일하다. 또한 인식자 측면에서 객관성을 가진다. 일반적으로 감각의 주관정보들은 좋음/싫음, 옳음/그름의 판단재료로서 사용되며, 사유의 객관정보는 참/거짓, 타당/정당

의 판단재료로서 활용된다. 이러한 사례는 다른 경우들에서도 마찬가지이다. 가령 甲이
乙을 인식하는 대인 지각의 경우에도 형상인식과 질료인식을 수행하며, 주관정보와 객관
정보를 생산한다. 특정 상황(문제)을 인지하는 경우에도 마찬가지이다. 어떤 예술작품을
인지하는 경우에도 마찬가지이다.

[보론] 구조주의(構造主義)

대상을 이해하는 하나의 방식으로 구조주의적 접근이 광범한 학문적 영역에서 시도된다. 그런데 구
체적으로 구조란 무엇인가? 이에 대해서는 논자와 관점에 따라 다양한 의미로 사용되고 있다. 일반적으
로 구조란 '인식대상을 구성하는 여러 요소들의 상호관계에서 가지는 일정한 관계 또는 방식'을 뜻하여
사용된다. 이러한 점에서 구조주의적 접근은 문제(대상)에 어떤 요소들이 있고, 그 요소들 간에 어떤 상
호작용의 방식이 존재하는가를 탐지하는 것이 그 핵심이다. 이는 대상에 대한 분할과 분류 및 관계적
사고로 앎을 산출하려는 접근방법이라 말할 수 있다. 만약 어떤 대상에 구조가 존재하여 그 구조를 파
악할 수 있다면, 즉 요소들이 존재하고 일정한 방식을 가지고 있다면, 이해(설명)와 예측에 유용한 앎을
가질 수 있을 것이다.

그런데 대상이 가진 요소들을 어떻게 추출할 것인가? 요소를 추출하는 방식은 크게 두 가지로 이루
어진다. 하나는 독자적 기능을 수행하는 물리적 단위를 파악하여 요소들을 추출하는 방법이다. 가령 원
소 또는 분자 단위의 화학구조식 또는 여러 독립적 기능을 가진 요소(부속품)들이 모여 하나의 전체적
차원에서 특정 기능을 수행하는 시스템(체제)과 같은 경우들이다. 인지이론, 정신신경학 등 뇌와 신체
의 지각에 대한 다양한 모형(이론)들도 이에 해당하는 예이다. 다른 하나는 인식자가 추상화한 관념물
로서의 개념을 토대로 요소로 취하는 방법이다. 가령 개념형으로서 추상적인 존재를 대상으로 하는 경
우에 흔히 사용된다. 예를 들어 사회학에서 베버는 추상적인 사회를 귀납적 사유를 통해 개인 단위에서
의 개념적 요소들을 추출하여 접근한다. 이러한 귀납적 방법을 통한 사회의 이해는 필연을 담보하는
것은 아니다. 일반화 오류 또는 구성의 오류가 존재하기 때문이다. 반면 사회학의 체계이론을 구축한
루만은 연역적으로 사회체계의 단위에서 개념적 요소들을 추출하여 체계에 존재하는 개인의 기능과 의
미를 이해(설명)한다. 루만은 베버와 달리 사회는 의사소통에 의해 구성되는 포괄적인 체계성을 가진
존재로 전제된다. 즉, 이미 사회의 존재는 증명할 필요성이 없는 주어져 있는 실체로서의 그 무엇으로
간주된다.[70]

만약 요소들이 추출되었다면 요소들 간 상호작용에 어떤 방식이 존재하는가를 포착한다. 가령 인식
체계는 감각기관, 사유, 기억의 세 요소들의 결합으로 구성된 것이라 하자. 그러면 요소들이 상호작용
을 통해 지각물을 산출하는 방식의 포착이다. 그런데 일정한 방식이 있을 수도 있고, 없을 수도 있다.
일정한 방식이 존재하는 경우에도 강한 경우와 약한 경우가 존재할 수 있다. 이러한 상호작용의 방식을
어떻게 추출할까? 이에 대한 방법 역시 경험적 방법과 사유적 방법 두 방식으로 이루어질 수 있다. 전

---

70) 참고로 논리적 다당성의 관점에서 부당한 형식을 가지기 때문에 베버는 사회라는 개념을 가지지 않는다고 해석되기도 한다. 하지
   만 이러한 해석은 지나친 형식 논리적 사유이다. 내용적으로 보면 메비 역시 루만과 마찬가지로 사회를 구성하는 요소들의 관계
   로 일어나는 사회 개념을 전제한다. 다만 베버는 연역적인 정의 또는 공리적 전제에서 가지는 추론방식에서 정의 또는 공리의 실
   정에 인식자의 가치 개입을 배제하는 입장에서 사실에 입각한 귀납적 방식으로 사회를 접근한 것일 뿐이다.

자는 경험적으로 개개의 사실을 포착하여 귀납적으로 입증하는 방식이다. 이 방식은 입론(가설)을 채택하는 찬증의 경우, 기각의 반증 경우와 달리 아직 발견되지 않은 반증(evidence of contrary)이 존재할 수 있다는 점에서 단정적으로 판별할 수 없다는 논박(refute)이 가능한 약점을 가지고 있다. 후자는 요소들의 상호작용관계를 논리적 틀에 의해 추론하는 방법이 동시에 활용된다. 이 방식 역시 논리 틀이 가진 불완전한 약점을 가지고 있다. 이러한 이유로 흔히 경험과 사유를 혼합하여 상호 보완적으로 적용된다(이에 대해서는 지식의 참/거짓 판별방법과 관련하여 후술된다).

Ⅳ. 인식과 지식의 관계

1. 지식은 인간의 창조물인가 발견물인가?

다양한 목적들로 가지는 지각물(앎)들에 관련하여, 그것들 중 일부의 앎을 따로 떼어내어 지식[71]이라 명명하고, 방법과 증명 문제를 다루는 이유는 다음과 같다. 인간은 판단을 통해 살아가는 존재이고, 어떤 좋은 결과를 가져오는 목적 달성에 판단의 효율성을 추구한다. 이에 어떤 지식을 활용한다. 지식(knowledge)은 눈에 보이지 않고, 무게도 없고, 만질 수도 없다. 사람들 맘먹기에 따라 지식은 세계 곳곳을 누비며 수많은 사람들의 생명을 유지시켜주고, 보다 인간다운 삶을 살아가게 도와줄 수 있다. 사소한 질병이지만, 그것을 치료할 지식을 가지고 있지 못한 사람에게는 치명적이 될 수 있다. 진짜 범인을 가려낼 수 있는 지식을 가지고 있다면, 무고한 사람을 범인으로 만들어내는 오류를 막아낼 수 있다. 하지만 그 지식은 참된 것이어야 한다. 즉, 진실한 것 또는 진짜인 것이어야 한다. 그렇기 때문에 지식은 의심에 의심을 가져 획득되어야 하고, 한편 그러한 앎인가를 가려내 활용해야 한다. 따라서 지식은 두 가지 조건이 요구된다. 하나는 그것이 진실(眞實)한 것이어야 하고, 다른 하나는 그것이 일반지(一般知)로서 현재의 설명과 미래에 대한 예측적 정보를 제공할 수 있는 것이다.

이에 관련하여 중요한 질문이 등장한다. '지식은 인간의 창조물인가? 아니면 주어져

---

71) 참고로 지식은 논자와 관점에 따라 다양한 정의와 유형들이 존재한다. 가령 존재론적 논의에서 전술되었듯이 플라톤은 지식을 의견과 구분하여 시공간과 인식자 측면에서 참과 거짓을 가지는 고정불변의 앎으로 규정된다. 이러한 플라톤적 지식개념은 오늘날 시대적 패러다임(paradigm)이 반영되어 다양하게 규정된다. 일반적으로 지식은 '확인된 정보'로 규정되고, 다음과 같이 유형화된다.
  ○ 속성(attributes)에 관한 지식: 드러나지 않은 본질에 대한 앎이다.
    예) 근면성, 질, 메커니즘(mechanisms), 상징, 기준(standard), 인증(certificates) 등.
  ○ 양상(appearances)에 관한 지식: 드러난 현상에 대한 앎이다.
    예) 생김새, 양, 사상(事象), 지표(통계자료) 등.
  ○ 응용(technology)에 관한 지식: 순수와 구별되는 문제해결적인 앎이다.
    예) 방법, 노하우, 솔루션, 기술(technic) 등.

있는 것을 단지 인간이 발견한 것인가?'라는 질문이다. 창조와 발견은 완전히 성질이 다른 것이다. 가령 당신 책상을 만드는 것과 발견하는 것은 질적으로 다르다. 이러한 질문을 던지고 인간의 인식과정과 능력을 고찰하고, 그 한계를 지적하려 했던 대표적인 사람이 칸트이다.

칸트[72]에 의하면 지식은 인간의 창조물이다. 지식은 인간에 의해 만들어진 것이다. 이러한 그의 주장을 지식의 입법설(구성설)이라 부르고 있다. 요지는 다음과 같다. [인간의 인식능력은 제한적이어서 현상계에만 국한되고 본질인 '물(物) 자체'는 인식할 수 없다. 인식은 물(物)과 나의 정신 간 상호작용에서 '감각기관 → 오감각에 의한 자료의 수집/획득(감성)→ 자료들의 정리/체계화(지성) → 인식물의 산출(이성)'이란 과정으로 이루어진다. 그렇기 때문에 산출된 인식물은 감성과 지성 및 오성(이성)으로 정리/체계화된 관념물이다. 이것은 물 자체인 실재물과 동일한 것이 아니다. 따라서 지식은 인간에 의해 창조된 것이며, 인간이 바로 우주의 법칙을 창안하는 입법자이다.]

칸트의 주장이 등장한 시대적 배경을 살펴보기로 한다. 현대의 지식체계(이론체계)의 기초적 틀이 되고 있는 17세기에서 19세기 서양 지식사에 주목되는 현상이 일어난다. 과학적 연구방법의 패러다임 등장이고, 그 주요 특징은 사변적 세계를 다루는 수학적 원리와 자연과학에의 융합이다. 가령 뉴턴은 자연과학에 미적분 등 수학적 원리를 도입하여 우주에 대한 이해(설명)를 중력(만유인력) 개념을 중심으로 물질의 운동에 관한 속도와 가속도, 관성, 작용과 반작용 법칙 등을 체계화했다. 라이프니치 역시 미적분과 역학적 에너지보존법칙[73]을 통해 물체의 운동법칙을 체계화하려 했다.

오늘날 시점에서 칸트의 지식구성설을 바라보면, 지극히 당연한 이야기를 한 것뿐이다. 인류의 지식은 고정불변이 아니다. 수정되고 보완되어 왔다. 때론 특정 지식이 또 다른 지식을 창조하는 밑거름이 되기도 했다. 이러한 지식을 얻기 위해서 인간은 어떤 형태로든 작업을 할 수밖에 없고, 이러한 점에서 지식은 인간이 만들어낸 창조물이 될 수

---

72) 칸트(Kant, 1724~1804): 독일의 쾨니히스베르크 대학의 교수와 총장을 지냈으며, 영국의 경험론과 대륙의 합리론을 통합하여 비판철학을 세웠다. 『순수이성비판』, 『실천이성비판』, 『판단력 비판』 등의 저서들을 남겼다. 그는 뉴턴의 논문을 정밀하게 고찰한 것으로 전해진다.

73) 라이프니치(1646~1716)는 역학적 에너지보존법칙은 시계추가 외부와 차단된 공간에서 좌우 운동을 지속하듯, 물체의 운동에서 위치에너지가 감소하면 그만큼 운동에너지는 증가하고 반대로 운동에너지가 감소하면 그만큼 위치에너지가 증가하여 그 합은 항상 일정하다는 물리적 법칙을 말한다. 가령 지상 10m 높이에서 떨어지는 질량 10kg의 물체가 땅에 떨어졌을 때 운동에너지는 10m×9.8×10kg=980J(줄)이 된다. 10m 높이에서의 위치에너지가 중력에 의해 땅에 떨어지면서 모두 운동에너지로 전환되기 때문이다. 이는 물체가 낙하 줌에 공기 저항력이 있을 경우, 마찰에 의해 열에너지로 전환되고 방출되어 결과가 달라진다는 사실이 추가됨으로써 에너지보존법칙인 열역학 제1법칙이 탄생되는 계기를 만든다. 이것은 모든 에너지늘을 포괄하는 보존에 관련된 확장된 범주의 지식이다.

밖에 없다. 그럼에도 오늘날 많은 사람들이 칸트의 구성설을 인용하는 것은 인간의 인식능력은 전지전능(全知全能)하지 않다는 자명한 공리에 입각하여 지식의 획득과 관련한 올바른 작업절차가 중요하다는 점을 강조하기 위해서이다. 즉, 우리가 어떤 지식을 받아들이기 위해서는 그 구성이 객관적이고 필연적인 것이어야 할 필요가 있다는 태도의 표명이다. 다시 말하면 무질서하고 다양한 개개의 재료들로 만들어지는 지식은 경험으로 객관적이고, 사유로 논리적 필연성을 가진 구성물일 때, 그것을 정당한 것으로 받아들이겠다는 태도 표명으로서 메시지(message)이다.

지식이란 인간의 인식 작업으로 만들어지는 창조물이다. 따라서 지식은 인식활동의 질과 양에 의존되어 탄생되는 것이고, 내용과 형태가 달라진다. 예컨대 우리가 우주에 대하여 어떤 앎을 가졌다는 것은 우주를 대상으로 인식활동이 있었다는 것을 뜻한다. 우주를 대상으로 인식활동이 없었다면 그 앎을 가질 수 없다. 또한 모든 대상에 질적으로 양적으로 획일적인 인식활동을 하지 않는다. 어떤 경우에는 인식활동을 아주 강도 있게 하지만, 어떤 경우에는 그렇지 않다. 또한 어떤 경우에는 동일한 대상을 반복적으로 여러 번 인식활동을 수행하지만, 어떤 경우에는 그렇게 하지 않는다. 이에 동일한 대상에 대한 앎(지식)도 인식활동의 질과 양에 따라 그것이 가진 내용과 형식이 달라진다. 인간의 인식과정에서 맨 처음 모든 것은 불확실하다. 인식활동이 진척되면 점차 이해의 상태로 이동한다. 그런데 이때 두 가지 경우를 가진다. 하나는 명료한 이해를 얻어내는 상태이고, 다른 하나는 인식에 불확실성이 증가되는 상태이다. 가령 몰랐던 새로운 자료들 또는 연관관계를 가진 새로운 대상들이 출몰하여 마치 아는 것이 아무것도 없는 혼돈 상태로 접어드는 경우이다. 만약 전자의 경우라면, 즉 명료한 이해를 가진 상태라면 인식활동이 중단되겠지만, 후자의 경우는 다르다. 이때 인식활동을 포기하지 않고 계속하면 다시 이해의 접근 상태로 이동한다. 만약 이러한 반복적 인식과정을 하게 되면, 인식 폭이 넓어지고 대상에 대한 보다 심층적인 내용들을 얻게 된다. 즉, 인식활동의 양이 증가하고, 질이 강화되면서 점차 물 자체(진실)에 가까운 인식물을 얻게 된다. 비록 완전한 인식대상인 물(物) 자체를 볼 수는 없다 해도, 물(物)을 오류 없이 이해하는 데 필요한 물(物) 자체에 가까운 앎을 가질 수 있는 기회를 얻게 된다.

【참고】 참된 지식을 가지기 위한 인식방법에 대한 견해들

1. 16세기 후반 실증적 사유에 토대를 둔 경험론자, 베이컨
[신의 계시나 경전에 의하지 않고 인식대상의 객관적 사실에 기초하여 자료를 수집 → 그것을 토대로 대상의 존재론적 의미를 면밀히 해석하여 결과를 도출 → 실험의 과정]을 거쳐야만 인식대상에 대한 참된 지식을 발견할 수 있다.

2. 합리론자 데카르트
인식은 궁극적으로 [A는 B이다]라는 명제를 산출하는 것이다. 경험(감각)으로 산출된 지식은 감각기관들의 오류 요인들이 많아 그것이 곧 정당성을 가지는 것은 아니다. 철학적 사유에 기초한 인식의 논리적 틀이 있어야 하고, 지식을 발견하는 방법에서 가져야 할 다음의 네 가지 규칙(원칙)들이 필요하다. ① 인식의 투명성 조건으로 명증성 충족, ② 인식의 정밀성을 위한 조건으로 분석적 접근, ③ 인식의 용이성을 위한 조건으로 쉬운 것부터 점진적으로 어려운 것을 해결, ④ 인식의 정확성 조건으로 빠진 것이 없는가에 대한 검토이다(『방법서설』).

3. 20세기 후설
모든 인식에 적용될 수 있는 보편적 절차(節次)와 기준(基準)을 제시하려 현상학을 주창했다. 인식에서 가지는 상대주의 문제와 자연과학에서 가지는 경험(감각)의 불확실성 문제를 극복하기 위해서는 데카르트의 명증성 조건을 충족해야 하며, 그러한 요구를 충족시킬 수 있는 엄격하고 체계적인 절차(과정, 순서 등에 관련된 사유의 틀)가 있어야 한다.

4. 딜타이의 다원적 연구방법론[74]
인식은 보편적 방법이 아니라 개별적 방법이 필요하다. 자연과학, 사회과학, 인문학 등은 서로 다른 연구방법이 적용되어야 한다.
예) 인식대상이 가지는 성격을 기준으로 정신과학과 자연과학의 두 범주로 구분하여 대비. 그리고 여러 학문들을 각각 두 범주 속에 포함시킴. 가령 정신과학은 철학, 문학, 역사학, 인류학, 심리학, 사회학, 예술 등이 포함. 자연과학은 인간을 제외한 모든 현상들을 탐구하는 학문으로서 물리학, 식물학, 동물학, 화학, 지리학, 천문학 등을 포함. 전자의 정신과학은 인식에 이르는 방법이 해석학적 성격을 가지고 있고, 이해의 양상을 가진다. 반면 후자의 자연과학은 인식의 이르는 방법이 인과적 성격을 가지고 설명의 양상을 가진다고 주장.

⇔ 다원적 연구방법론에 대한 지지
정신과학은 자연과학과 달리 이성적 사유, 감정의 정서, 사건의 동기, 상호 교감의 관계, 사건과 이야기의 흐름 등과 같이 인식대상이 가진 속성이 다르다. 이러한 것들을 물리적인 것으로 환원하여 계량화하거나 수학적 언어로 서술하는 것은 적절하지 못하다. 나아가 정신과학 범주에 속한 철학, 사회학, 역사학, 문학(언어학), 예술 등 학문 간에도 동일한 연구방법이 아니라 연구목적과 연구대상이 가진 속성에 적합한 연구방법이 필요하고, 자연과학 내에서도 마찬가지로 물리학, 식물학, 화학 등의 연구방법이 같을 수 없다.

⇔ 다원적 연구방법론에 대한 비판

인식에서 가져야 할 중요한 두 가지가 있다. 하나는 정리된 체계성(↔무질서성)이고, 다른 하나는 앎의 일반성(↔전문성)이다. 만약 어떤 인식물이 이러한 두 조건을 모두 결여하고 있다면, 그 인식은 오히려 우리에게 혼란만 가중시킬 것이다. 그런데 오늘날 우리는 어떠한가? 인식에 혼란을 야기하는 다양하고 복잡한 이해와 설명들이 얽혀 있다. 체계성 구축에 장애를 초래한다. 또한 마치 무수한 생명체들 속에 바다 속 새우밖에 모르는 박사처럼, 깊이는 있지만 일반성이 빈약한 단편적 인식물들이 난무한다.

2. 지식의 생성 메커니즘

오늘날 지식(이론)에 관련된 전반적 메커니즘에 대한 설명을 하기로 한다. 요컨대 지식을 어떻게 가지고(일반지의 생산), 그 지식의 진위가 판별되며(지식의 진위판별방법), 지식을 어떻게 활용하는가(지식을 활용한 판단에의 응용) 등에 대한 내용이다.

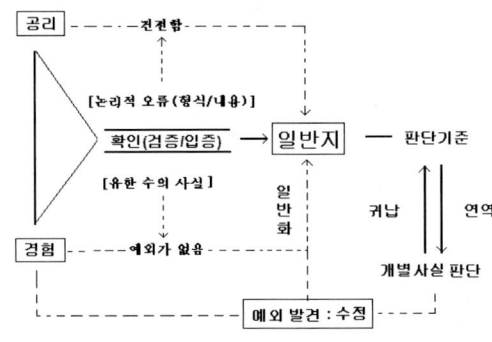

<사유와 감각(경험), 연역과 귀납의 메커니즘>

1) 일반지의 생산

지식은 일반지(一般知)가 추구된다. 일반지를 가질 때 유용성을 가지기 때문이다. 만약 [모든 사람은 면역체를 가지고 있다]라는 일반명제가 참이라면, [철수와 영희도 면역체를 가지고 있다]는 판단을 할 수 있게 된다. 이러한 일반지는 두 가지 방법(사고)으로 얻어진다. 하나는 사유에 의한 경우로서 정의와 공리(公理)를 도입하여 만들어진다. 다른 하나는 개개의 경험적 사실들로 일반화한 경우이다. 이렇게 만들어진 일반지는 귀납과

---

74) 보편적 인식(연구)방법을 일원적 연구방법론, 개별적 인식(연구)방법을 다원적 연구방법론이라 지칭.

연역으로 진위가 판별된다. 진위 판별에 대해서는 따로 목차로 설정하여 설명될 것이다. 문제점만 간단히 언급하기로 한다. 귀납적 방법으로의 증명은 일반에 포함되는 모든 것을 일일이 확인해야 하는데, 이는 사실상 불가능하다. 반증되는 사례가 존재하는가라는 확인 차원에 그친다. 반면 연역적 방법 역시 마찬가지로 어떤 공리를 증명하기 위해서는 더 큰 범주의 공리가 상정되어야 하고, 그것을 증명하기 위해서는 더 큰 공리가 상정되어야 한다. 이는 무한히 큰 범주의 공리가 있어야 한다. 하지만 만약 연역과 귀납 측면 모두에서 일단 문제가 발견되지 않으면 참으로 간주된다. 이러한 점에서 참으로 간주된 지식이라 해도 그것이 완전한 참이라는 것을 담보하는 것은 아니다. 증명의 한계를 내포하고 있기 때문이다. 지식(일반지)은 어떤 지식의 참/거짓을 판단하는 기준으로 활용된다.

일반지(또는 보편지식)를 지향하는가에 대해 보충적으로 살펴보자.[75] 지식(앎)은 '그것이 지시하는 대상의 범주화'에 관련하여 크게 두 가지로 구분된다. 모든(all)이란 지식과 특정 사실만을 지칭하는 어떤(a, the)의 지식이다. 현실에서 범주화사고와 관련된 집합개념을 통해 많은 명제들의 참/거짓 판별문제들을 해결하고 있다는 점에서 수학적인 집합개념(대상이 확실하여 구별이 가능한 집단 또는 그룹)을 빌려오면, 집합 전체에 대한 앎이 일반지(一般知)이고, 그 집합을 구성하는 원소 개개에 대한 앎이 개별지(個別知)가 된다. 예컨대 사람에 대한 지식이 있을 때, 그것을 일반지(一般知)라고 부르고, 사람이란 범주에 속하는 철수라는 특정 사람에 대한 앎을 개별지(個別知)라고 부른다.

그런데 지식 영역에서는 개별지(특칭명제)보다 일반지(전칭명제)에 관심이 있다. 이유는 크게 세 가지로 말할 수 있다. 첫째, 일반지는 개별지와 달리 어떤 문제에 대한 현재의 상태를 설명하는 것뿐만 아니라, 결과를 예단(豫斷)하는 기능을 가진다. 즉, 일반지를 얻게 되면, 그 범주에 속하는 다른 개별적인 것들에 대하여 예단적 앎을 가질 수 있다. 가령 '모든 사람은 죽는다'라는 사람 일반에 해당되는 지식을 가지고 있고, 이것이 참이라면 개별인 '철수는 죽을 것이다'라는 예단적 판단이 가능하다. '모든 사람은 죽는다.→철수는 사람이다.→철수는 죽는다'가 필연적으로 도출될 수 있기 때문이다.

---

75) 일반의 범주에 대해서는 전술되었다. 가령 호랑이(tigers), 집단의 호랑이(the tigers), 그 호랑이(the tiger), 어떤 호랑이(a tiger)의 네 마리 언어적 호랑이다. 상기 차원에서 다시 언급하면, 일반적으로 모든(all)의 범주는 생물의 분류학상 <종속과목강문계>의 체계에서 가장 하위범주인 종(種)에 해당하는 범주로 흔히 사용된다. 즉, 인간(human) 또는 고래(Whales)와 같은 범주이다. 사람, 고래 등과 같이 종(種)의 범주를 사용하는 이유는 범주가 크면 예외적인 것이 많고, 너무 작으면 일반지로서 기능을 가지기 어렵다. 다른 것들과 분별되는 근본 속성 또는 원인으로서 '씨'라는 의미를 가지는 종(種)의 단위가 가장 적당하기 때문이다. 주의할 점은 사람 종, 고래 종 등을 모두 포함하는 상위범주인 포유류 또는 척추동물과 같은 범주에 관련된 앎도 일반지이다. 범주가 큰 것뿐이다. 이에 일반지들 간의 범주에 관련하여 [모든]은 상대적이나. 상위 명제에 내해서 하위명제가 되고, 하위명제에 내해서는 상위명제가 된다.

둘째, 어떤 지식을 판단하는 증명도구로서의 요구이다. 가령 '삼각형의 세 내각의 합은 180°이다'라는 삼각형에 대한 지식을 가지고 있으면, 이를 토대로 특정 삼각형에서 두 각을 알면 다른 한 각을 저절로 알 수 있고, 몰랐던 다른 한 각을 추론한 것이 옳은지를 판단할 수 있다. 일반지에 정합하면 참으로, 정합되지 않으면 거짓으로 판정할 수 있기 때문이다.

셋째, 이것은 약간 성격이 다르지만 언어적 측면에서 가지는 요구이다. 사람들은 흔히 특칭명사보다 전칭명사를 사용한다. 예를 들면 생일파티 케이크에 꽂힌 다섯 개의 양초에 불이 붙인 것을 보고, [양초에 불을 붙였다]라고 말하지 [케이크에 꽂힌 다섯 개의 양초에 불을 붙였다]라고 말하지 않는다. 여기서 양초(candles)는 형태상으로 일반명사이다. 하지만 의미상으로 세상에 있는 모든 양초 전부를 말하는 것은 아니다. 양초 위에 있는 다섯 개의 촛불(the candles: 다섯 개로 한정된 집단을 이룬 양초들)을 의미한다. 하지만 이렇게 말하지 않는다. 일반명사로 이야기한다.

실제의 현실에서 일반지가 만들어지는 경우들은 과정이 단순하지 않다. 연역 또는 귀납으로 단순 명확하게 구별되지는 않는 경우가 많다. 수학(기하학) 영역에서도 과거와 달리 이데아에서 탈피된 현실성(실제성)이 고려되어 이 같은 현상이 노정되고 있다. 현상을 통한 본질에 대한 앎을 추구하는 경우에도 복잡한 현실을 단순화하기 위해 암묵적 가정들이 전제되어 일반지가 도출된다. 가령 애덤 스미스의 '상품의 수요량과 공급량은 시장의 가격에 의해 조정된다'를 예로 하면, 이것이 사유인 공리인지 경험에 의한 일반화한 명제인지 구분하기 애매하다. 그가 가진 경험, 영감, 관찰력, 통찰력, 사고방식 등이 한데 어울려 나온 관념적 사유물이기 때문이다. 또한 이것은 인간의 이기성, 현실에서는 존재하기 어려운 완전경쟁시장 등을 암묵적으로 가정하여 도출된 것이기도 하다. 한편 지식의 생산에 비논리적이라 볼 수 있는 예술가적 직감과 영감, 상상과 창의적 발상 등도 중요한 영향을 미친다.

2) 연역적 방법과 귀납적 방법이 가지는 일반지에 대한 진위판별(증명)의 문제

(1) 연역과 귀납을 통한 판별

일반(전칭명제)에서 개별(특칭명제)로 나아가는 방식이 연역이고, 반대로 개별(특칭명제)에서 일반(전칭명제)으로 나가는 방식을 귀납이라 한다. 사고 흐름의 방향이 서로 상

반되는 직선적 관계성을 가지고 있다. 예를 들면 '모든 사람은 죽는다.→(영희와 철수는 사람이다)→영희와 철수는 죽는다'의 방식은 연역이고, '철수와 영희는 죽었다.→(그들은 사람이다)→모든 사람은 죽는다'의 방식은 귀납이다.

또한 연역과 귀납은 증명의 방법에도 보완적으로 적용된다. 예를 들면 [사람은 죽는다]라는 명제를 참으로 판단한다. 이때 '왜 참인가?'라고 근거에 대해 다시 질문을 했다고 하자. 이에 甲은 [모든 생물은 죽기 때문이다]라고 답했고, 乙은 [소크라테스와 아리스토텔레스는 죽었다]라고 답했다고 가정하자. 甲는 범주화 사고로 판별한 것이다. 생물이란 범주에는 사람 범주가 포함되고, 이에 생물이 죽는다면 필연적으로 생물의 원소인 사람도 죽기 때문이다. 모순이 없다. 반면 乙은 개개의 사실에 의해 판별한 것이다.

(2) 진위판별의 논리적 구조와 문제

연역과 귀납의 진위판별의 논리는 전술된 [범주화 틀]과 [동일률, 배중률, 비모순율]의 사유원칙을 통해 이루어진다. 하지만 이와 같은 진위판별 논리적 구조는 다음과 같은 문제를 가지고 있다.

진위 판별	일반지	
	연역	귀납
	범주화 + 사유원칙	

우선 甲의 진술을 생각해보자. [사람은 죽는다]라는 명제를 [생물은 죽는다. 따라서 사람은 죽는다는 명제는 참이다]라고 답한 경우이다. 그러면 판단기준으로 활용한 상위범주의 [생물은 죽는다]는 명제가 참이어야 정당성을 가진다. 그러기 위해서 생물범주보다 더 큰 또 다른 범주가 필요하다. 이처럼 한없이 범주가 큰 명제가 연속하여 필요해진다. 하지만 궁극적으로 최상위 명제는 진위 판별이 이루어지지 않은 채 남게 된다. 이러한 체계는 일상에서 비일비재하다. 가령 법적체계에서 헌법→법률→대통령령→부령의 체계를 가지고 있다. 이들 각 체계는 하위 체계에 대한 해석과 판단의 기준으로 작용한다. 하지만 최상위 헌법은 판단할 기준을 가지고 있지 않다. 결국 위헌적 판단에 관련하여 헌법재판관 9인 중 6인 이상의 위헌 견해와 같은 방식으로 해결하고 있다.

다음으로 乙의 진술을 생각해보자. [사람은 죽는다]라는 명제를 [소크라테스와 아리스토텔레스는 죽었다. 따라서 사람은 죽는다는 명제는 참이다]라고 답한 경우이다. 그러나 을은 모든 사람을 관찰하여 확인된 사실을 가지고 판단한 것이 아니다. 예외가 있거나 발견되지 않은 사실이 있을 수 있다. 미래에 예외가 발생할 수 있다. 요컨대 을이 관찰한 표본이 전체를 대표할 수 있는가가 문제된다.

이러한 이유로 [사람은 죽는다]라는 명제에 대하여 참인가의 판별은 결국 [아직 죽지 않은 사람이 발견되지 않았기 때문에 참으로 간주할 수 있다]라는 진술로 귀결된다. 만약 반증적 사례가 발견되거나 등장하면, 지식의 수정 또는 보완이 일어난다. 이러한 점에서 연역과 귀납, [범주화 틀]과 [동일률, 배중률, 비모순율]의 사유원칙을 통한 진위판별방법은 불가피하게 지식을 가설적 성격으로 간주되게 된다.

① 연역적 증명의 문제(공리체계의 문제)

$2 \times 5 = 10$이라 했을 경우, 우리는 이것을 참으로 간주한다. 이때 어떤 근거로 참이라 판단하는가? 수학적 정의를 판단기준으로 한다. 원의 방정식 $x^2 + y^2 = r^2$을 가지고 많은 문제들을 해결한다. 이때 이 명제가 참인가는 정의와 공리에 의해 증명된다. 즉, [선이란 점들의 연결]이라는 정의와 모든 선(직선, 곡선)은 x와 y의 좌표상의 점들로 나타낼 수 있다는 개념적 공리이다. 그런데 여기서 정의와 공리는 증명이 필요 없는 것으로 간주된다. 그런데 문제는 '정의와 공리를 증명 없이 받아들일 것인가?'라는 문제이다. 가령 '모든 삼각형의 세 내각의 합은 180°이다'라는 명제를 증명하려는 생각을 해보자. 한 각을 더 넓힌 사각형으로 이것이 참이란 것을 증명할 수 있다. 즉, '사각형의 네 내각의 합은 360°이다'라는 상위 개념을 도입하는 방법이다. 사각형을 대각선으로 쪼개면 두 개의 합동인 삼각형이 되고, 두 개의 합이 360°가 되어야 하기 때문에 한 개의 삼각형은 필연적으로 180도가 될 수밖에 없다. 그런데 '사각형의 네 내각의 합은 360도이다'라는 판단기준은 또 증명되어야 한다. 그러려면 다시 더 넓은 범주의 도형이 필요해진다. 이처럼 수학적 명제들은 마치 옥상에 옥상을 쌓듯 무한히 확장된다. 이에 공리(公理) 역시 무한히 팽창되어야 한다.

② 귀납적 증명의 문제(포괄성의 문제)

귀납 증명은 역으로 '모든 생물은 진화한다'라는 명제에 대하여 귀납적(경험적) 방법으로 증명하려는 생각을 해보자. 모든 생물을 일일이 확인해야 한다. 이때 계→문→강→

목→과→속·종으로 분할하여 각각을 확인하고 다시 이것들을 종합하여 판별하는 경우에도 맨 밑 하위범주인 종에 속한 모든 개체들을 일일이 확인해야 한다. 특히 어떤 경우에는 경계가 애매한 생물체도 존재한다. 이러한 점에서 한계에 부딪힌다.

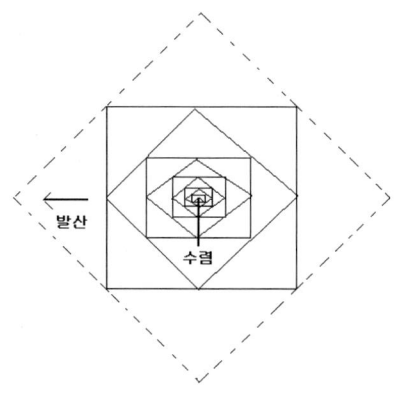

<연역의 무한발산과 귀납의 무한수렴>

【참고】 괴델의 불완전성 정리와 자기언급의 진술

- ■ 제1정리: 공리체계로 구성된 명제들은 반드시 하나는 진위를 판별하는 것이 불가능하다.
- ■ 제2정리: 귀납적 진술들(특칭)의 관계에서 진위판별이 불가능한 경우들이 존재한다.

예) [갑: 을은 거짓말쟁이이다. 을: 갑은 정직한 사람이다.]
배중률에 의해 만약 갑의 진술이 참이라면 을의 진술은 거짓이다. 그런데 을의 진술이 거짓이기 때문에 갑의 진술 역시 거짓이 되는 모순관계가 발생한다. (진술이란 용어를 생략한다) 반대로 을이 참이라면 갑은 참이다. 그런데 갑이 참이기 때문에 을은 거짓이 된다. 이때에도 역시 모순이 발생한다. 이러한 경우 진위판별이 불가능해진다. 결국 논리구조의 한계 또는 봉착으로 자기를 대상으로 [그것은 그것이다]라는 자기를 언급하는 결과를 가지게 된다. 가령 [색즉시공(色卽是空) 공즉시색(空卽是色)]과 같은 진술이다.

---

3. 참된 지식의 판별에 대한 제(諸) 견해들

1) 서어(序語)

지식은 지각기관을 통해 가진 인간의 추상적 관념물이다. 그런데 단순히 감각에 의해 얻은 느낌으로 무엇인가를 알았다 하여 그 앎을 지식이라고 말할 수 없다. 왜냐하면 감각의 인식 틀은 가변적이다. 동일한 대상에도 느낌이 순간순간 다를 수 있으며, 인식할 때마다 다를 수 있다. 순간순간 다르고 매번 다른 앎은 증명성도 유용성도 가질 수 없기 때문이다. 지식은 관찰에 의해 가진 앎이든, 공리로 가진 앎이든, 그것들은 대상에 대한 오감각에 의한 단서와 사유로 어떤 추론을 이끈 인식활동의 결과물이다. 즉, 목적에서 인식대상의 현재를 설명하는 것뿐 아니라, 예단적 기능을 가진 앎을 생산하려는 것과 과정에서 일정한 개념적 틀과 논리적 틀(이하에서는 편의를 위해 개념적 틀은 논리적 틀로 포섭하여 사용하기로 한다)을 개입시킨 의도적 인식활동으로 가진 앎이다. 가령 가설-증명-채택/기각의 논리 틀을 적용하는 과학적 연구방법에 의해 가진 지식이 대표적인 예이다.

그런데 과정에서 적용하는 논리적 틀은 시간과 공간, 그리고 인식자 측면에서 그 방식과 내용 면에서 상대적이다. 100년 전의 사람들과 오늘날의 사람들이 가진 논리적 틀이 다르며, 지역에 따라 다르다. 동시대적이고, 동공간적인 경우에도 사람들 간에 서로 다르다. 이러한 이유로 어떤 추론을 이끈 인식활동의 결과물은 다양성과 동일성을 동시에 가지는 현상이 나타난다. 지식을 맹목적으로 신뢰하는 것은 이성에 합치되지 않는다. 만약 과거 프로타고라스가 말한 것처럼 '인간이 만물의 척도'라는 상대적 진리관을 받아들이면, 지식과 관련된 골치 아픈 복잡한 문제들을 상당부분 해소할 수 있을 것이다. 하지만 개개인이 가지는 앎이 진리라는 것을 받아들이는 것 역시 이성에 부합되지 않는다. 왜냐하면 각자가 느끼는 것 또는 생각한 것이 참된 지식(진리)이라고 하면, 인간은 다른 동물과 하등 다를 것이 없게 된다. 소크라테스의 말을 빌리면 돼지의 앎이나, 인간이 앎이나 다를 것이 없게 된다. 오히려 동물들 중에는 인간보다 탁월한 감각능력을 가진 것들이 있다. 그렇다면 이들이 인간에 비해 더 정확하고 우수한 앎을 가지고 있다는 것을 받아들여야 한다. 또한 개개인이 가지는 주관적 앎이 진리라고 간주하여 진리 또는 참된 지식은 존재하지 않는다는 것을 받아들이게 되면, 진실은 사라지고 인간 사회의 판단은 강한 주장으로 결정될 것이다. 이 역시 인간 이성에 부합되지 않는다. 이러한 이유들로 어떤 지식이 참(truth)/거짓(untruth)인가에 대한 판별의 필요성을 발생시킨다. 누구에게나 정당성을 가질 수 있어 객관성을 확보할 수 있는 판단기준에 대한 모색을 포기할 수 없게 만든다.

하지만 전술된 [지식의 생산 메커니즘]에서 살펴본 것처럼 진위판별의 논리구조는 한계를 지니고 있다. 이러한 문제는 참된 지식에 대한 회의적 시각과 부존재 입장 등 다양한 견해들을 존치시키는 하나의 이유가 되기도 한다. 이하에서는 어떤 지식이 참인가를 어떻게 판별할 것인가에 대한 입장들을 살펴보기로 한다. 부연하여 이러한 견해들의 집합은 인식론을 구성하는 핵심적 내용이라 해도 과언이 아니다. 지식의 참을 판별하기 위해서는 필연적으로 어떻게 지식이 창조 또는 획득되는가에 대한 인식론적 내용들이 통시적으로 검토될 수밖에 없기 때문이다. 또한 의사소통 측면에서 표현의 진술인 언어적 문제를 포섭하지 않을 수 없다. 이러한 점에서 논의되는 내용들은 오늘날 지식이 어떻게 생산되고 있는지를 이해하는 데 기초적 내용이며, 학자적 또는 교육적(scholastic) 기본 소양으로서 요구되는 내용이기도 하다.

2) 판별방법에 대한 견해들

(1) 대응설(감각적 모사설과 이성적 사유설)

① 내용

대응설은 경험과 사유의 두 인식 방법을 통합하여 어떤 지식이 [대상=경험, 대상=사유, 실재물(實在物)=관념물(觀念物)]이 일어난 경우, 참된 지식으로 판단하자는 주장이다. 세 가지 측면에서 일치(一致) 여부를 참/거짓의 판단기준으로 하기 때문에 일치설(一致說)이라고도 하며, 인식이 대상을 있는 그대로 경험과 사유가 마치 사진을 찍듯 베끼거나 옮겨놓았다는 의미에서 모사설(模寫說)이라고도 한다. 여기서 있는 그대로라는 것은 무전제적이고 무평가적인 태도의 인식상태를 말한다. 예를 들면 인간과 물(物) 간에 가지는 인식의 상호관계에서 물(物)을 A라고 하면, 경험(오감각)이 A를 A로, 사유(이성)가 A를 A로, 실제로 존재하는 A와 관념물이 A인 경우를 참된 앎(지식)이라는 입장이다.

대상 물(物)	감각일치	지각 (감각, 사유)		관념물(인식물) (개별지, 일반지)
	사유일치			
↓→		일치		←↓

어떤 물(物)을 인식하는 경우(앎을 가지는 경우), 인식자는 자신의 감각기관을 통해 대상인 물(物)이 자료들을 획득한다. 그리고 획득된 자료들은 이때 인식자는 자신이 가진

이성적 사유 또는 논리적 틀에 의해 편집되고 정리되는 조작적 인식활동이 행해진다. 이러한 과정을 통해 관념물을 형성하게 되고, 이를 통해 대상에 대한 앎을 가진다. 이때 가지는 앎은 크게 개별지와 일반지로 구별할 수 있다. 이러한 일련의 인식과정에서 [대상=경험, 대상=사유, 실재물(대상)=관념물(인식물)]이라면 참된 지식으로 판별하고, 만약 세 가지 중 하나라도 일치되지 않는 경우라면 거짓으로 판별하자는 것이 대응설의 입장이다. 여기서 대응설은 감각기관에 의해 [대상=경험]의 일치를 강조하는 입장을 감각적 모사설이라 하고, 사유에 의해 [대상=사유]의 일치를 중시하는 입장을 이성적 모사설이라고도 한다.

② 평가

논의의 편의상 일치 수단이 경험과 사유인가에 따른 [대상=경험]의 감각적 모사설과 [대상=사유]의 이성적 모사설로 분해하여 살펴보기로 한다.

먼저 [대상=경험]을 살펴보자. 어떤 앎이 참이기 위해서는 [대상=경험]이 되어야 한다는 당위성은 분명하다. 가령 어떤 지식이 눈에 보이는 A의 모습을 다르게 서술하고 있는 명제이거나 또는 A의 촉감을 다르게 서술하고 있는 명제라면, 그것을 거짓으로 판단할 수 있다. 하지만 이에 관련하여 두 가지 의문이 등장한다. 하나는 우리의 감각기관이 과연 A를 A로 볼 수 있는가? 즉, 있는 그대로 모사(模寫)할 수 있는가라는 것이고, 다른 하나는 그렇다면 A=A라는 것을 어떻게 판별할 수 있는가라는 의문이다. 예로 '태양은 수명이 있고, 수명이 다하면 빛을 잃게 된다'라는 진술을 감각적 모사설의 입장에서 생각해보자. [대상=경험]이 일치하는 것으로 판단할 수 있는가? 고도의 망원경을 통해 오랜 기간 관찰한 자료들을 토대로 일치 여부를 확인할 수는 있을 것이다. 하지만 엄청난 시간과 노력, 비용 등의 문제가 발생한다. 현실적으로 사실상 불가능하다.

그런데 만약 '태양 중심의 온도가 1억 도를 넘으면 헬륨이 탄소로 바뀌기 시작한다'라는 앎이라면, [대상=경험]의 판별은 불가능하다. 실험을 통한 관찰의 방법이 있지 않는가 라고 반문할 수 있다. 하지만 동일한 조건을 설정하여 실험한다는 것은 사실상 불가능하다. 동일한 조건이 아닌 유사한 조건을 설정하여 반복적 실험을 통해 [대상=경험]의 일치 여부를 추정할 수 있을 뿐이다. 오차가 존재할 수 있다. 또한 실험에서 다양한 요인에 의해 오류가 발생할 수도 있다.

오감각의 능력은 가시(可視)거리가 있고, 가청(可聽)거리도 있다. 착시와 환청 등과 같은 오류 가능성을 가지고 있다. 감각기관의 보편성으로 누구에게나 일치 여부를 인지할 수 있는 경우도 있지만, 인지가 반드시 객관적이지는 않다. 설령 사람들이 가진 생물체적 속성에 의해 보편적 인식물을 가지는 경우에도 그것은 어디까지나 객관성의 문제이지 참인 진실성 차원의 문제는 아니다. 누구에게라도 그렇게 보이는 그 무엇이 실제 물(物)이 가진 참이 아닐 수 있다. 가령 나의 감관과 컵 속에 든 물의 온도가 정확히 일치할 수 있는가? 설령 물의 온도와 감관(感官)이 느낀 것이 일치하는 경우에도 사람마다 다를 수 있다. 다수결에 의해 진위가 결정될 가능성이 크다. 우리가 지식을 원하는 이유는 단지 무엇을 이해하는 것만이 아니다. 미래를 예측하여 좋은 결과를 기대하는 활용 목적도 배제할 수 없다. 잘된 판단을 수행하고, 그에 따른 보상이다. 그런데 감각적 모사설을 통해 얻게 된 지식은 개별(특칭)지이다. 이러한 개별지는 예단(豫斷) 기능을 가져다주지 못한다. 하나의 특정 꽃에 대한 앎이 아니라 그 꽃 품종 전체를 포함하는 일반지가 필요하다. 그런데 이러한 일반지는 오감각에 의해서 창조될 수 없다. 오감각에 의해 획득된 재료들을 추론하여 일반화하는 사유가 필요하다. 이때 다음 진술을 예로 하나 들어 보자. [M4 총은 모든 방탄복을 뚫을 수 있다]라는 진술의 경우, 모든 경우를 실험하는 전수조사를 하는 것이 현실적으로 매우 어렵다. 할 수 없다. 이에 [대상=경험]이 일치한다는 것을 확인할 수 없기에 진위판별이 불가능한 진술이 된다.

다음으로 이성적 모사설의 [대상=사유]를 살펴보자. 어떤 앎의 참을 판단하는 기준으로 [대상=사유]가 되어야 한다는 것 역시 당위성을 가진다. 즉, A를 A로 사고한 것이어야 하기 때문이다. 그렇다면 어떤 논리 틀이 있어야 한다. 그런데 적용하는 논리적/개념적 틀 자체가 가진 정당성이 문제된다. 가령 전술되었듯이 우리가 가진 연역과 귀납, 그리고 범주화와 사유의 원칙을 적용한 판별은 문제가 있으며, 동서양 등 문화권마다 사고방식이 다르다는 점에서도 객관성이 문제된다. 주관성을 극복하고자 이성적 사유가 접목될 수 있다. 예컨대 일정한 척도 또는 단위와 같은 약속된 단위로 측정하는 기법이다. 가령 [태양은 뜨겁다]라는 표현이 아니라, [현재 태양은 약 1.67억 도이다]와 같은 인식물의 도출이다. 이러한 점에서 이성적 사유는 요긴하다. 그런데 문제는 이것은 완전한 참 값이 아니라는 점이다. 오차가 있는 추정치에 불과하다. 이에 유효수준이 문제된다.

이제는 감각적 모사설과 이성적 모사설을 포섭하여 [실재물=관념물]을 살펴보자. 감각과 사유가 가지는 일치성에 문제가 있다는 것을 살펴보았다. 하지만 이런 경우는 극히 예외적이겠지만 감각 또는 사유에서 물(物)과 불일치하는 경우에도 우연히 실재물과 관념물이 일치하는 경우가 있을 수 있다. 그런데 일치와 불일치를 어떻게 판별할 것인가? 즉, A를 A로 관념하는 것에 대한 판별이다. 이에 대해서 논리적으로 필요충분조건의 관계를 따져 판별할 수 있을 것이다. 가령 [A는 B이다]라는 진술에서 [B는 A이다]가 성립하는 관계를 확인하여 판별하는 방식이다. 이는 결국 [A는 A이다]라는 자기언급의 진술과 동일한 것이다. 자기가 자기를 언급하는 진술이 일치로 판별되는 아이러니가 발생한다.

③ 결어

지금까지 살펴본 내용들을 토대로 하면, 대응설은 참된 지식을 판별하는 기준으로 여러 가지 문제들을 가지고 있다. 특히 오늘날 보편적 지식을 지향하는 지적 패러다임 상황에서 참된 지식을 판단할 기준으로 대응설은 치명적 문제를 가지고 있다. 하지만 참된 지식에 대한 근원적 사유에 대한 통찰과 문제점을 인식하는 계기를 제공하고, 지식의 참/거짓 판별에 대한 방법론을 발전시키려는 모티프(motif)를 제공한다는 점에서 의미를 가지고 있다.

(2) 정합설(整合說)

① 의의

정합설은 어떤 지식이 지식(이론)체계에 정합(整合)되면 참으로, 부정합(不整合)되면 거짓으로 판별하자는 입장을 말한다. 즉, 지식체계를 판단기준으로 하여 어떤 앎이 부합(附合)하면(들어맞으면) 채택하고, 부합(附合)하지 않으면(들어맞지 않으면) 기각하는 방식이다. 가령 [태양은 수명을 가지고 있다. 수명을 다하면 빛을 잃게 될 것이다], 또는 [물체가 가진 힘(F)은 질량(m)과 가속도(a)에 비례한다($F = ma$)] 등과 같은 지식(앎/명제)이 있을 경우, 이것들이 물리학 지식체계에 부합하면 참, 부합하지 않으면 거짓으로 판별하는 방식이다.[76]

정합설은 전술된 <괴델의 불완전성 정리>에서와 같이 연역적 증명과 귀납적 증명이 가진 문제에 대응하여 등장한 판별방법이다. 오늘날 정합설은 참된 지식의 증명문제를

---

76) 정합설에 의하면, 두 명제들은 물리학 지식체계에 부합되어 참으로 판별된다. 여기서 물리학 지식체계는 충격량(I), 힘(F), 시간(t), 질량 등의 개념들을 함축하는 여러 명제들로 구축된다. 참고로 $F = ma$가 도출되는 과정에 대한 자세한 내용은 {제1편 주어진 문제와 판단(상황판단)→제2장 상황(狀況)→제3절 상황의 분류(유형)→Ⅲ. 위협단계모형(상황인식진단모형)→보론(물리학의 기초개념: 운동량과 충격량 및 운동량보존법칙)}을 참조.

어떻게 해결할 것인가에 관련하여 주된 해결방식으로서 다수설 또는 통설적 위치를 차지하는 견해이다. 이러한 점에서 정합설은 오늘날 지식의 창조와 증명과 관련된 전체적 메커니즘의 기초적 토대를 제공하고 있다는 점에서 의미를 가지고 있다.

② 구체적 내용(內容)

㉠ 지식(이론) 체계의 의미

지식(이론) 체계가 무엇을 지칭하는 용어인지에 대해 살펴보자. 지식체계란 '일반지↔연관관계↔덩어리 지식(큰 범주)↔연관관계↔더 큰 덩어리 지식(더 큰 범주)'으로 통합되어 마치 피라미드 구조와 같은 전체적 체계를 말한다. 즉, 일반지들을 논리적으로 사유하여 연관적 관계로 구축된 관념에 의한 사변적 체계이다. 이는 개별 지식(particular knowledge)이 아닌 보편 지식(universal knowledge)을 지향하여 가지게 된다. 이러한 지식체계는 마치 피라미드가 하나가 아니고 다수의 피라미드들이 존재하듯, 여러 개가 구축되어 존재한다. 가령 각 분과학문들에서 각기 지식체계들이 있고, 하나의 분과학문 내에서도 여러 지식체계가 존재한다.

좀 더 살펴보자. 수학이란 분과학문은 기하학, 대수학, 함수 등의 피라미드들로 전체를 이룬다. 전체를 관통하는 수(數)의 파리미드를 예로 하면, 수는 실수와 허수로 크게 대별되고, 이 중 실수는 유리수(정수 또는 분수로 나타낼 수 있는 수)와 무리수(분수형식으로 나타낼 수 없고 순환하지 않는 무한소수로 나타나는 수)로 다시 분류된다. 다시 유리수는 음과 양의 정수로 분해되며, 양의 정수는 다시 자연수로 나타내진다. 이처럼 [수＞실수/허수＞유리수/무리수＞음/양 정수＞자연수]와 같은 구조를 가진다.

생물학에서 생물분류의 파라미드는 [계-문-강-목-과-속-종]의 구조를 가진다. 이 중 진화론의 피라미드를 예로 하면, '모든 생물의 기관은 환경에 적응하여 변화한다'는 상위 명제를 중심으로 구축된 체계이다. 이는 ① '파충류에서 조류가 진화되었다', ② '척추동물은 공통된 조상에서 진화되었다' 등과 같은 하위 명제들로 구성된다. 이때 ①의 경우는 다시 파충류와 조류의 구분은 형태로 구분되는데, [시조새의 경우 파충류가 조류로 변화되었다]라는 더 작은 범주의 지식들로 이루어진다. ②의 경우 역시 [모든 말(horses)은 발굽 수가 4개-3개-1개로 변화했다], [말은 몸체가 개의 크기에서 현재 크기로 변했다], [말은 어금니가 주름이 많아지고 넓적한 모양으로 변화되었다] 등의 하위 지식들로 체계를 이룬다.

오늘날 물리학에도 세 개의 큰 피라미드가 있다. 고전역학체계, 상대성이론체계, 양자역학체계 등이다. 이 중 고전역학체계를 살펴보면 만유인력(중력)을 중심으로 관성의 법칙, 속도/가속도법칙, 작용/반작용 등과 같은 각각의 상하좌우의 구조를 가지고 있다.

인문사회 분야에서도 마찬가지이다. 경제학, 심리학, 법학, 행정학, 정치학 등 각 분과학문들은 각각의 여러 피라미드들로 하나의 통합적 지식체계를 각각 구축하고 있다. 서로 상하좌우의 연관관계를 통해 마치 피라미드와 같은 구조를 가진 명제들의 체계이다. 이처럼 피라미드를 구축하는 재료가 되는 일반명제 또는 지식들로 이루어진 것을 지식체계라고 부르고 있다.

현실에서 암묵적 또는 공식적으로 어느 지식이 더 좋은 것인가라는 평가가 행해진다. 즉, 지식 간에도 더 좋은 지식이란 평가가 이루어진다. 일반적으로 평가는 다음과 같은 기준들로 평가된다. 하나는 단순성이다. 단순한 것일수록 좋은 지식으로 평가된다. 다른 하나는 이해의 용이성이다. 알기 쉬울수록 좋은 지식으로 평가된다. 그리고 마지막으로 범주가 큰 지식일수록 좋은 지식으로 평가한다. 즉, 개인보다는 인간범주, 인간보다는 포유류범주, 포유류보다는 동물범주, 동물보다는 생명범주에 대한 지식이 더 좋은 것으로 평가된다. 소위 모든 것을 설명할 수 있는 만물이론을 지향한다. 이에 점차 상위로 올라갈수록 지식들은 추상적이 되고 실증적이 아닌 사변적인 이론적 성격을 가지게 된다. 이러한 이유로 지식체계를 이론체계라고 말한다.

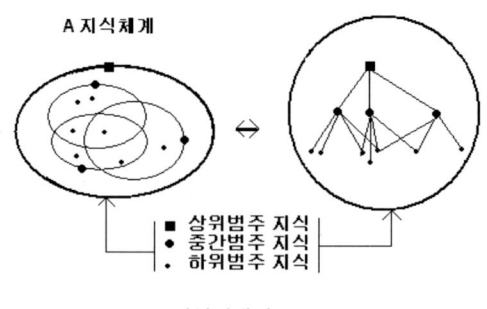

<지식체계의 구조>

ⓛ 지식체계를 통한 진위 판별
지식체계를 이용한 판별은 이미 우리들에게 학습을 통해 익숙하게 된 방법이다. 가령

표준적인 문법과 어법의 체계를 기준으로 어떤 문장 또는 언어적 사용에 대해 옳고/그름, 적절/부적절 등을 판별하는 예이다. 일상에서도 흔히 다양한 명제들에 대해 지식체계를 기준으로 진위 여부를 판별한다. 가령 [고릴라는 사람이다]라는 명제(지식)가 있다고 하자. 그러면 우리는 이것을 거짓 또는 옳지 못한 것이라 판정한다. 이때 판정은 [사람은 고릴라와 다르기 때문이다]라는 사유에 기초한다. 이때 다르다는 것은 종속과목강문계의 생물 분류체계에 기초한다. 이때 생물분류체계는 동식물분류학이 가지는 하나의 지식체계이다. 이처럼 이미 많은 사람들은 의식적 또는 무의식적으로 지식체계를 기준으로 진위 여부를 판별하고 있다.

③ 정합설의 평가

지식체계를 기준으로 참된 지식을 판별하자는 정합설 역시 다양한 관점에서 문제점들이 지적되고 있다. 이는 전술된 지식생산의 메커니즘에서 언급된 내용들과 중복된다. 여기서는 핵심적인 것만 살펴보기로 한다.

㉠ 참/거짓이 불확실한 일반지들로 구축된 지식체계를 판단기준으로 활용하는 문제

지식체계는 일반지들로 구축된다. 만약 잘못된 일반지로 형성된 지식체계를 판단기준으로 이에 부합되면(들어맞으면) 참, 부합되지 않으면(들어맞지 않으면) 거짓으로 판별한다는 것은 모순이 아닐 수 없다. 가령 귀납(일반화)으로 생산된 일반지에서 가질 수 있는 대표적인 오류가 비약오류(fallacy of leap)이다. 즉, 부분(표본)에서 전체(모집단)를 추정하는 일반화에서 가지는 오류이다. 통상 모든 것을 관찰할 수 없기 때문에 개개의 사실들에서 전체에 대한 앎을 도출한다. 이 과정에서 점프(도약)하는 오류가 발생한다. 귀납적으로 증명하는 방법에는 한계가 있다. 모든 것을 일일이 확인할 수가 없기 때문이다. 반면 연역적(공리)으로 가지는 일반지로 지식체계를 구축하는 경우에도 오류가 발생할 수 있다. 가령 부분이 맞는다고 하여 전체에 맞는 것은 아니다(비약오류 또는 구성오류). 역으로 전체에 맞는다고 하여 부분이 들어맞지 않을 수도 있다. 이에 대한 자세한 내용은 후술되는 [추론의 오류]에서 설명될 것이다.

㉡ 지식 체계 자체가 가지는 가변성으로 인한 문제

지식(이론) 체계를 구성하는 개개의 이론 또는 일반지들은 한정된 인식능력을 가진 인

간의 작품으로서 오류를 가질 수 있는 개연성을 늘 가지고 있다. 수정과 보완, 그리고 새로운 지식체계가 등장하여 각 지식체계들은 마치 살아 있는 유기체와 같이 늘 변동한다. 이러한 가변적인 것을 가지고 판단기준으로 하는 경우 문제가 아닐 수 없다. 지식체계가 변하기 전과 변한 후에 적용되어 가지는 판별결과가 달라지기 때문이다.

특히 어떤 지식체계의 맨 상위에 위치한 상위지식에 오류가 발견되었다면, 그 지식체계는 전반적 변화가 불가피하다. 예를 하나 살펴보자. [자연 상태에서 에너지의 흐름은 일방향으로만 흐르고 스스로 역인 본래 상태로 돌아가지 않는다(열역학 제2법칙)]라는 명제에 대하여 과연 이것이 참일까라는 의문이 들었다고 하자. 그러면 물리학적 지식체계의 정합 여부를 근거로 판별한다고 하자. 즉, 기존 양자역학의 지식체계를 근거로 판별하는 방식이다. 그런데 기존 지식체계에 부합하는 경우에 실증을 중시하여 실험실에서의 검증과정에서 반증적 사례가 나온다면, 기존 지식체계에 대혼란이 야기될 수도 있다.

인류는 대혼란을 경험한 적이 있다. 과거 서양의 중세시기에 천동설의 지식체계가 지동설로 근본적 변화가 일어나는 혁명(기존 지식체계가 완전히 새로운 지식들로 전복되는 현상)적 변화가 일어났다. 당시 중세 사람들은 천동설을 하위 범주의 지식으로 하여 세계를 이해했고 개별적 지식들에 대한 참/거짓의 판단기준으로 적용했다. 이에 토마스 새뮤얼 쿤은 『과학혁명의 구조』에서 과학적 지식을 판단하는 방법이 객관적 실체가 아니라 이론적/관념적 패러다임에 비추어 판정된다는 것을 지적하고 있다. 이러한 패러다임의 기준선은 단지 과학적 지식에 국한되어 나타나는 것만은 아니다. 수학(기하학)과 같은 사변적 지식에도 마찬가지로 나타난다. 가령 이데아의 문제를 극복하기 위해 현실성을 가미한 수학의 패러다임에서 피타고라스 정리는 '직각 삼각형의 세 변의 길이를 a, b, c라 할 때 $a^2 + b^2 = c^2$ 가 성립한다'라는 명제이다. 그런데 현실성을 추구하여 삼각형이 반듯한 명면이 아닌 울퉁불퉁하거나 둥그런 면에서는 이것이 성립하지 않는다는 것이 수학적으로 증명되고, 이에 '평면에서 직각 삼각형의 세 변의 길이를 a, b, c라 할 때 $a^2 + b^2 = c^2$ 가 성립한다'와 같이 평면이란 조건이 추가된 명제로 수정된다.

이에 관련하여 과학자들은 일반적으로 지식체계는 급격한 변동이 이루어지지 않고, 지식체계의 완전한 전복은 오늘날 실제로 일어나기 어렵다는 것을 주장하지만, 오늘날 지식체계의 변화속도가 빨라지고 있고, 혁명적 변화가 일어날 수 있는 개연성을 완전히 배제할 수 없다는 점에서 문제를 지니고 있다.

ⓒ 공통기준으로서의 문제

지식(이론) 체계가 복수로 존재하고 서로 상충하는 경우에 어떤 지식(이론) 체계를 적용해야 할 것인가라는 문제가 발생한다. 물리학의 예에서 뉴턴의 고전역학체계는 인과의 법칙적 세계가 상정된다. 필연적이고 결정론적이다. 반면 양자역학체계에서는 인과의 법칙성에 불확실성을 상정한다. 확률적이고 불확정적이다. 반면 이들 중간적 성격을 가진 상대성 이론체계도 존재한다.[77] 이런 경우 어떤 체계로 접근하는가에 따라 해석(설명)이 달라지고, 정합 여부에 대한 판별이 달라진다. 이때 복수의 지식(이론) 체계에서 어느 것을 선택해야 하는 경우, 적용할 기준이 문제된다.

거시적으로 지식체계 전체를 보게 되면, 분과학문 간에도 마찬가지로 상충되는 경우들이 존재한다. 가령 물리학적 시간과 심리학적 시간은 서로 다른 지식체계들을 가지고 있다. 그리하여 동일한 시간에 관한 지식이 물리학(matter) 관점에서의 판별과 심리학(mind) 관점에서의 정합성 여부가 서로 다른 경우가 발생한다. 인문사회 분야에서는 이러한 현상이 더욱 심화된다. 소위 학파별로 서로 다른 지식체계들을 구축하고 있다. 이로 인해 어떤 지식(이론) 체계를 적용할 것인가 선택이 일어나고, 선택에서 가치(주관성)가 개입되는 문제가 발생한다. 가령 법적 지식(이론) 체계의 경우 영미식과 유럽식(독일식)의 체계가 서로 다르다. 각 국가마다 또한 다르다. 법률적 해석과 법적 판단이 달라질 수 있다. 이에 강제성을 가진 특정 체계로 판단하자는 사회적 약속을 가진 경우에 객관성을 가질 수 있을지 몰라도 이것이 정당한가라는 또 다른 문제를 발생시킨다.

④ 결어(結語)

지식 체계의 정합성 여부를 따져 진위를 판별하는 방식에 관련하여 여러 문제들을 가지고 있다는 것을 살펴보았다. 우주기원에 관련된 빅뱅이론의 예에서, 한 점에서의 대폭발이란 명제는 오늘날 다양한 논쟁과정을 통해 정설로 확립되었다. 그런데 만약 경쟁가

---

77) 참고로 물리학 지식체계는 배중률 사고를 도입하여 논자와 관점에 따라 다음과 같이 양축으로 구분되기도 한다.
　① 고전물리학: 뉴턴역학체계 ↔ 현대물리학(상대성이론과 양자역학): 뉴턴의 고전역학을 보완했다는 관점에서 분류
　② 고전역학: 뉴턴역학체계와 상대성이론 ↔ 양자역학: 인과적 법칙성의 필연성 여부와 연구단위의 비교
　　■ 물리적 현상에서 가지는 인과적 법칙성(p→q)에 대한 차이
　　　- 뉴턴 역학과 상대성 이론: 필연적·확정적·결정적 시각
　　　- 양자역학: 개연적·불확정적·확률적 시각
　　■ 연구단위의 차이: 분자단위를 기준으로 거시와 미시로 구분.
　　　- 고전역학: 거시물리학.
　　　- 양자역학: 미시문리학
　　※ 양자역학에서는 입자의 속도와 위치를 동시에 정확하게 측정하여 설명할 수 없다고 본다.

설적인 서로 다른 이론들이 치열하게 경쟁하는 과정이라면 어떤 지식체계를 적용할 것인가에 의존되어 진위 판별이 달라진다. 오늘날의 정설인 빅뱅이론도 또 다른 이론의 등장으로 그 자리를 내줄 수도 있다. 하지만 대응설보다는 비교적 진위판별에 용이하고, 간편하다. 또한 지식체계의 혁명적 대변동은 극히 드문 일이고, 현대적 지식체계를 구성하는 지식들은 실증적 검증 또는 입증을 통해 지식체계에 본격 편입된 것이라는 점에서 보다 신뢰할 수 있다. 따라서 진위판별의 일차적 기준으로 적용되어야 한다. 다만 진위에 대한 확정판단이 아니라 간주판단이 타당하다.

(3) 논리적 평가설

① 의의

논리적 평가설은 연역적 방법이 가지는 공리문제를 해결하기 위해 등장한 수학적 증명방법에서 등장했지만, 오늘날에는 이론과 관련된 영역에서 흔히 증명방식으로 사용된다. 부연하여 논리적 평가설은 넓은 의미로 후술되는 논리학적 논의에서 말하는 형식논리[78]적 평가방법을 포함한다. 다만 여기서는 좁은 의미에서 평가방법에 대한 내용을 살펴보기로 한다.

② 내용

[p는 참이거나 거짓이다. q는 참이다. 따라서 만약 p가 q라면 p는 참이 되고, p가 q가 아니라면 p는 거짓이 된다. 그런데 p가 q이다. 따라서 p는 참이다.]

진술이 약간 복잡한 것 같지만 사실 간단하다. 기호를 문자로 코딩하여 대입해보자. [A이론은 참이거나 거짓이다. B이론은 참이다. 따라서 만약 A이론이 B이론과 같다면 A이론은 참이 되고, A이론이 B이론과 같지 않다면 A이론은 거짓이다. 그런데 A이론은 B이론과 같다. 따라서 A이론은 참이다]라는 논증이 된다. 여기서 증명 역할을 하는, 즉 판단 기준으로 작용하는 것은 B이론이다. 만약 B이론이 참인 것이 증명되었고, B이론을 변형

---

78) 형식논리의 평가방식에 대한 상세한 내용은 후술하기로 하고, 여기서는 간략히 형식논리학이 가지는 입장 또는 성격만을 언급하기로 한다. 입자물리학에서 누군가 [우주에 암흑물질이란 입자가 존재한다]라고 진술한다고 하자. 그러면 이 진술을 믿을 만한 것으로 받아들일 수 있느냐는 정당성과 관련하여, 형식논리의 입장은 타당성만을 평가한다. 즉, 진술이 유효한가라는 평가이다. 예컨대 그 진술을 이끌어낸 과정으로서 전제들(실험결과에 대한 자료들)과 결론과의 관계를 논리적으로 평가하여 타당성 여부를 판별한다. 전제들과 결론의 진술들이 가진 내용이 과연 참인가 아니면 거짓인가를 판별하지 않는다. 전제와 결론의 관계인 형식만을 논리적으로 검토하여 받아들일 것인지 여부를 평가한다.

할 때 A이론과 같은 것이 성립한다는 것이 증명되면, A이론도 참이 된다. 반대로 B이론 또는 A이론을 아무리 변형해도 서로 같은 것이 되지 않는다면 A이론은 거짓이 된다.

　결국 어떤 이론(명제)의 증명을 자명하게 받아들일 수 있는 다른 이론(명제)을 끌어들여 증명하는 셈이다. 요컨대 공리가 아닌 다른 이론으로 대체하여 판단방법으로 사용하는 아이디어이다. 이때 동일률(A이론은 B이론이다)과 배중률(참 아니면 거짓) 및 비모순율이 적용된다는 것을 알 수 있다.

　③ 평가

　논리적 평가설은 연역적 증명에서 가지는 공리의 문제를 이론으로 대체시켜 증명하는 아이디어를 제공한다는 점에서 의미를 가지고 있다. 가령 어느 이념적 모형인 방정식을 산출한 경우에 이미 수학적으로 증명된 다른 방정식으로 변형하여 새롭게 창안한 방정식도 [옳다 또는 그르다]라는 것을 판별할 수 있다. 하지만 근본적으로 이론을 이론으로 증명한다는 점에서 연역적 문제를 가지고 있다는 한계를 지니고 있다. 또한 증명방법이 형식논리에 입각한다는 점에서 지식을 형해화(形骸化)하는 문제점이 있고, 사유원칙에 합당한 타당한 형식이라 하여 그것이 반드시 내용적으로 참이란 것을 보장하는 것은 아니라는 약점을 가지고 있다.

　(4) 기타 견해

　① 분리설

　분리설은 지식의 참/거짓의 판단기준에 관련하여 획일적으로 적용하는 것이 아니라, 지식의 생산목적과 연구대상 및 수단 등에 따라 획일적 판단기준이 아니라, 지식이 가진 특성 또는 성격에 적합한 판단기준이 필요하다고 본다. 가령 자연과학 지식과 인문사회 지식은 별도의 판단기준이 필요하다는 입장이다. 전자는 실증을 통해 진위가 판별되어야 하지만, 후자는 보편성을 갖는 사회적 통념을 기준으로 해석적 방법을 통해 판별되어야 한다는 입장이다.

존재시	자연과학	실증적 방법
	인문사회, 법학 등	해석적 방법

② 설득력설

설득력설은 진술의 형식과 내용의 참/거짓 판별은 그 지식이 얼마나 설득력을 가지고 있는가의 문제로 귀결될 수밖에 없다는 입장이다. 현실에서 존재하는 다양한 지식(진술)들은 어디까지가 주장(opinion)적 서술이고, 판단(judgement)적 서술인지 구분이 애매한 경우가 많다. 어디까지가 소설(fiction)이고, 사실(fact)인지 그 경계가 모호한 경우도 많다. 이러한 애매모호는 학문분야에서도 마찬가지이다. 학설 또는 가설 등의 이름으로 지적 영역에 광범위하고 깊숙이 포진하고 있다. 이데아적인 형이상학적 진술은 말할 것도 없고, 경험적인 형이하학적 진술들에서도 마찬가지이다. [신은 존재한다]와 같은 참/거짓을 판단할 기준을 가지지 못한 진술들도 많다. 이러한 점에서 지식의 진위판별은 그것을 판별할 객관적이고 필연적인 증거의 존재 여부에 의해 강한 진술(간주)과 약한 진술(추정)로 설득력의 문제가 될 수밖에 없다고 본다. 그리하여 모든 지식에 간주와 추정의 원칙을 적용하여 가설적 성격을 가진 명제로 파악하자는 입장을 취한다.

③ 본능설

본능설은 누구나 선천적으로 참/거짓의 판별 감관을 지니고 있으며, 참된 지식은 각자가 느끼는 본능에 의해 저절로 판별된다는 입장이다. 이는 양심설(본연으로 옳은 것을 알게 된다는 본연지성설), 욕망분별설(욕망의 선호에 의해 참이 저절로 분별된다는 설)과 맥을 같이한다. 한편 극단적 상대주의(프로타고라스의 인간은 만물의 척도. 'Man is the measure of all things.'), 반(反)이성을 표방하는 주정주의(主情主義: 지성에 의해 참이 판별되는 것이 감성에 의해 참이 판별되는 것이라는 입장)와도 일맥상통하는 측면이 있다.

④ 불가지설과 회의설

불가지설(agnosticism)은 참된 지식(진리)이 존재하는지, 그리고 어떤 것이 참된 지식인지 인간은 알 수가 없다는 입장이다. 반면 회의설(skepticism)은 진리 부존재론 견지에서 참된 지식은 존재하지 않는다는 입장을 취한다.

(5) 종합주의설(진위판별에 관한 결어)

① 의의(意義)

종합주의설은 지식의 진위판별에 관련하여 과학주의를 지향하여 경험주의를 중심으로 다양한 견해들을 종합하여 강점은 취하고, 약점은 보완하는 방식으로 판단에서 발생할 수 있는 오류를 최소화하자는 입장이다. 특히 언어적 진술에 주목한다. 진술(지식)이 지칭하는 범주에 관련하여 다음과 같이 네 가지로 분류하고, 진위판별을 시도한다.

예를 들어 다음과 같은 네 가지 범주[79]를 가진 진술이 있다고 하자. [오리는 날개가 있다, 그 집단의 오리는 날개가 있다. 어떤 오리는 날개가 있다, 그 오리는 날개가 있다.] 통상 배중률의 사유로 전칭을 일반지로, 특칭을 개별지로 부르고 있다.

존재사	복칭	전칭(일반지)	집단칭
		ducks	a 또는 the ducks
	단칭	불특정	특정(개별지)
		a duck	the duck

네 가지 진술은 진위판별에 있어 서로 상관성을 가지고 있다. 먼저 복칭을 살펴보자. 전칭은 [모든 오리]를 의미한다. 그러나 집단칭에서의 오리들은 특정 집단에 속한 오리들을 의미한다. 이때 서로 다른 맥락적 내용을 가진다. 사람들은 [모든 오리]를 다양한 기준으로 집단을 분류한다. 가령 야생오리(wild ducks)만을 지칭할 수 있고, 집오리 떼를 지칭할 수도 있다. 또한 특정 시대 또는 지역에 서식하는 오리 떼만을 지칭할 수도 있다. 이때 전칭과 집단칭의 관계에서 집단칭은 표본적 성격을 가진다. 만약 집단에 속한 개체들의 수가 적은 경우에는 전칭 진술에 관한 대표성이 문제된다. 다음으로 단칭을 살펴보자. 불특칭과 특칭은 서로 다른 맥락적 내용을 가진다. 가령 어떤 임의의 오리에 대한 앎과 특정 오리 한 마리에 대한 앎은 서로 다른 맥락적 의미를 가진다. 이때 각각의 진술에 대하여 다른 판단방법을 사용하여 참/거짓을 판별하려는 입장을 취한다. 이때 불특

---

79) 일상적 표현이 가지는 의미는 전술되었듯이 그 지시 범주가 다섯 가지이다. 다만 여기서는 논의의 편의상 집단칭에 대해서는 특정집단과 불특정 집단을 함께 취급하기로 한다.

<다섯 범주의 고양이>
■ 한 마리에서의 ① 어떤 고양이(a cat)와 ② 그 고양이(the cat)
■ 그룹에서의 ③ 어떤(不定) 집단의 고양이들(a the cats)과 ④ 그 집단의 고양이들(the cats)
■ 전체로서의 ⑤ 모든 고양이들(cats).

칭과 특칭의 관계에서 불특칭은 무작위적 성격을 가진다. 반면 특칭은 채택된 인위적 성격을 가진다. 단칭은 표본의 원초적 씨앗으로서 무작위로 어떤 것들을 선출하여 집단칭을 만들 수도 있고, 특정의 것들로 집단칭이 구성될 수도 있다.

② 내용(內容)

㉠ 일반지(전칭/집단칭)의 성격을 가진 진술의 경우

복칭진술로 행해진 지식인 경우, 그 지식은 확률적(통계적) 앎이거나 또는 그 범주에 속한 대상들의 공통적 특성을 개념화한 성격을 가진 앎으로 간주된다. 그리하여 표본이 가지는 모집단의 대표성과 예외가 존재할 수 있는 가능성이 상존하는 지식으로서 필연적이 아닌 개연적 진위 판별만이 가능하다고 본다. 즉, 대표성이 검정되고, 예외(반증)가 발견되지 않는 경우에 일단 참으로 판별하되, 그것은 간주(看做) 또는 추정(推定)적 확인에 불과한 것이라고 본다. 간주는 강한 참된 지식, 추정은 약한 참된 지식이라고 보아도 무방할 것이다. 복칭진술은 그 지식이 참인지 거짓인지 귀납적으로 판별이 불가능하다. 범주에 속한 모든 개체들을 일일이 확인해야 하는데 이것이 사실상 불가능하기 때문이다. 다만 집단칭의 경우 집단에 속한 개체들의 수가 적은 경우에는 확인이 가능한 경우가 있을 것이다. 하지만 집단칭은 전칭에 대한 표본적 성격을 가진다는 점에서 다른 사례에도 적용할 수 있는가가 문제된다.

그런데 전칭과 집단칭의 진술에 관련하여 그것을 가설로 설정하여 경험적 증명이 어려운 경우가 있다. 이러한 경우 가설적 성격을 가진 것이어서 그것이 참된 지식인지 거짓 지식인지 알 수 없는 것이다. 이러한 경우 잠정적으로 지식체계에 부합하는지를 통해 판별한다. 그런데 지식체계로 판별하는 것이 어렵거나 불가능한 것이라면, 진술이 기존 논리적 형식만을 가지고 타당성을 평가할 수밖에 없다고 본다. 요컨대 ① 반증의 유무→② 지식체계에의 정합 여부(정합설)→③ 논리적 타당성 평가(타당한 형식 여부)의 순서로 판단한다.

예를 들어 보자. '미국에서 발생한 광우병은 비정형 광우병이 아니다'라는 진술에 대해 참/거짓을 판단한다고 해보자. 우선 진술은 일반지적 성격을 가진다. 또한 복칭으로서 미국의 소에 한정된 집단칭이지만, 미국에 존재하는 소의 수가 많다는 점에서 사실상 전칭과 다름이 없다. 이에 ① 진술에 대한 반증의 유무→② 지식체계에의 정합 여부(정합설)→③ 논리적 타당성 평가(타당한 형식 여부)의 순서로 판단한다. 즉, ① 광우병 발병 소들을 경험적으로 검증하여 반증이 존재한다면, 이 진술은 거짓이 된다. 그런데 반증이 발견되지 않은 경우라면 ② 지식 체계에의 정합 여부(정합설)로 판별한다. 그런데 지식 체계를 판별에 적용하기 어려운 경우라면, ③ 진술이 도출된 추론 형식을 논리적 타당성 평가를 통해 판별한다. 주의할 점은 입론(가설)에 대한 반증의 유무에 있어 판별은 일상적 경험은 신뢰할 수 없기 때문에 과학적 방법을 통한 실증적 검증방법으로 확인된 것으로 행한다는 점이다.

보충하면, 미국에서 2012년 4월 광우병이 발생하자 소고기 수입금지 조치에 대한 정책결정과정에서 등장한 찬반입장의 두 논증이다.

[논증 1] 소고기 수입금지조치가 필요 없다는 입장 ○ 광우병은 정형이거나 또는 비정형적이다. ○ 정형이 아니다. ○ 따라서 (미국에서 발생한 광우병은) 비정형 광우병이다.	[논증 2] 소고기 수입금지가 필요하다는 입장 ○ 광우병이 비정형만 존재한다면 정형 광우병은 존재하지 않는다. ○ 정형 광우병이 존재한다. ○ 따라서 (미국에서 발생한) 광우병은 비정형만 존재하는 것이 아니다.

※ 정형: 음식물 등으로 야기되고, 병원성(전염성)을 가지는 광우병.
※ 비정형: 돌연변이 등으로 야기되고, 병원성(전염성)을 가지지 않은 광우병.

두 논증이 가진 형식은 모두 타당하다. 즉, 전제들이 참이면 결론은 필연적이다(이에 대해서는 후술되는 논리학 강의에서 상세히 살펴보게 될 것이다). 두 진술은 내용적으론 상반된 경쟁적 관계이지만, 형식면으로 타당하다. 이러한 점에서 경쟁적 관계에서 반증 유무는 선택에 결정적 영향을 미치게 된다. 하지만 반증이 없거나 또는 반증 여부를 확인할 시간적 여유가 없는 경우, 타당한 형식만을 가지고 판단하게 되는 경우가 있다. 이 때 가치적인 목적이 고려되어 선택될 수밖에 없게 된다. 선호성의 반영은 판단의 결정으로 나타날 결과를 예측하는 것이 바람직하다. 가령 국민 안전과 국내 축산업계의 안정을 목적으로 해야 하는 정부의 역할을 생각하면, 위험인자에 대한 우려가 해소되기 전까지 소고기 수입금지 조치 결정을 할 수밖에 없게 된다.

ⓒ 개별지(특칭/불특칭)의 성격을 가진 진술의 판단
개별지 성격을 가진 단칭(특칭과 불특칭) 진술로 행해진 지식인 경우에도 기본적으로 ① 반증의 유무→② 지식체계의 정합 여부(정합설)→③ 논리적 타당성 평가(타당한 형

식 여부)의 순서로 판단한다는 논리는 동일하다. 다만 단칭 진술은 참인지 거짓인지보다 귀납적으로 판별이 가능하다. 간단한 실험과 관찰로 확인이 가능한 경우가 많다. 가령 [그 오리는 발이 네 개이다]라고 할 때, 진술(가설)에 합치되거나 합치되지 않는 명증근거를 통해 밝히는 방법이다.

[보론] 명증근거의 의의와 조건

1. 의의

명증근거란 '어떤 진술(판단)을 진실(true)한 것으로 확인하는 근거'를 말한다. 즉, 어떤 근거가 진술의 참을 증명하는 자명한 성질이다. 명증성은 인식(판단)과 관련하여 두 가지 기능을 수행한다. 하나는 추론과정에서 결론을 도출하는 근거로서의 기능이며, 다른 하나는 진술이 가진 진위를 판별하는 기능이다. 가령 A라는 사람은 자신의 아이를 잃어버렸고, B라는 사람은 어릴 적 입양되었다. 이러한 단서들을 통해 'A와 B는 친자관계이다'라는 가설을 가졌다고 하자. 이때 'A와 B는 서로 친자관계이다'라는 판단을 도출하는 근거로서의 명증과 이 진술에 대한 진위판별에의 명증이다.

2. 조건

판단에 어떤 근거가 명증성을 가지기 위해서는 다음과 같은 요건들이 모두 충족될 때, 비로소 증명력이 발생된다.

첫째, 근거는 경험적인 것으로서 언제 어디서 누구에게든지 반복적 증명이 허락된 상태에서 가지는 것이어야 한다. 즉, 증명에 대한 접근 가능성이 개방되어 근거 도출과정에서 발생할 수 있는 오류(error)가 발견된 기회를 가져야만 한다. 실수, 부지불식(不知不息)적 편견과 고정관념의 개입, 고의적 왜곡 및 위조(fate) 등 의혹이 해소되어야 하기 때문이다.

둘째, 근거는 판단과 필연적 연결관계(conjunctive relation)를 가지고 있어야 한다. 근거를 p라 하고, 판단을 q라 하면, 이는 [p이면 q이다]라는 인과관계에서 오직 q는 근거에 의해서만 설명될 수 있어야 한다. 만약 q가 아닌 다른 것이 가능한 개연성을 가지거나 또는 다른 p로도 q가 설명되어서는 안 된다.

전술된 'A와 B는 친자관계이다'라는 진술을 가지고 유전자검사와 거짓말탐지기 결과인 두 근거들로 'A와 B는 친자관계이다'의 진위를 판별한다고 가정해보자. 유전자 검사와 거짓말탐지기 검사 모두 오류가 없는 것을 가정한다. 이때 거짓말탐지기의 결과는 명증근거가 될 수 없다. 이것은 A와 B의 진술에 대한 진실 여부를 현시하는 것이지, 친자관계를 드러내는 자료가 아니기 때문이다. 즉, '진술=상황'과 관련성을 가지는 것이지 'A와 B=친자관계'라는 것을 의미하는 것은 아니다. 또한 거짓말탐지기 결과를 근거로 'A와 B가 친자관계이다'라는 앎에 진위 여부를 판별하는 것은 필연적이 아니다. 필연이란 상태는 강한 근거가 약한 근거를 물리치는 비교(부등호)의 상대적 개념이 아니라, 근거인 p가 참이면 반드시 q도 참이 되는 속박관계를 가지는 상태를 말한다. 그런데 거짓말 탐지기는 이러한 속박을 담보하지 못한다. 가령 진실한 진술을 거짓 진술로 판단하거나, 반대로 거짓진술을 진실한 진술로 판별하는 오류들을 발생시킨다.

V. 과학적 인식

1. 과학적 인식의 의의

과학적 인식이란 '[가설-증명(검증/입증)-채택/기각]의 논리적 틀을 적용해 어떤 앎을 얻거나 또는 판단을 시도하는 사유 또는 태도'를 말한다.[80] 예를 들어 여름날 갑이란 사람이 사망했다. A는 갑의 사망원인이 무엇인가 밝혀야 하는 상황이다. 사망 현장에는 선풍기가 돌아가고 있었다. 이때 A가 저체온증으로 사람이 사망에 이를 수 있다는 지식을 가지고 있었다. A는 사망 현장에는 선풍기가 돌아가고 있었다는 단서로 사망 원인을 '선풍기로 인한 저체온증으로 사망했다'는 가설을 세웠다. 그런데 선풍기로 저체온증이 나타나려면 선풍기가 돌아가는 시간이 2시간으론 불가능하다는 지식을 가지게 되었다. 그리하여 사망 시간과 선풍기 가동시간을 확인하니 2시간이 채 못 되었다. 이에 A는 '선풍기로 인한 저체온증으로 사망했다'라는 가설을 기각하고, 새로운 가설을 설정해야 한다. 사례에서 A는 과학적 인식을 토대로 문제해결을 시도하고 있다. 과학적 인식은 두 가지 경향성을 가진다. 하나는 [가설-증명(검증/입증)-채택/기각]의 논리적 틀의 적용이다. 다른 하나는 지각기관인 경험과 사유의 결합이다. 이때 감각과 사유의 결합은 단순한 끼어 맞추기식의 기계적 차원에서의 조립적 방식이 아니다. 인식의 신중성(prudence)[81]에 기초하여 약점을 보완하는 상호작용적 관계차원에서의 화학적 방식이다. 마치 수소와 산소가 결합하여 물(水)이라는 새로운 물질을 만들어 내듯, 경험의 한계를 논리로 보완하고 논리의 불완전성을 경험으로 보완하여 객관적이고 필연적인 인식물을 만들어내려는 경향성이다.

과학적 인식에 관심을 가지는 주된 이유는 어떻게 지식을 획득하고, 활용하는가의 문제의식 때문이다.[82] 특히 공공의 정책결정과정에서 과학적 인식을 토대로 산출된 과학적 지식의 활용은 선택적 사안이 아니라 필수적 사안이 되고 있다. 정부의 판단은 과학

---

80) 오늘날 과학이란 공리를 전제로 연역적 방법을 사용하여 지식을 생성하는 형식과학을 통합하여 사용하지만, 원래 과학은 전통적으로 물리학, 생물학, 화학, 의학 등으로 대표되는 자연과학에서 등장한 용어이다. 이하에서는 경험과학적 인식을 자연과학적 시각에서 과학적 인식이라 표현하기로 한다.

81) 신중(prudence): 세심, 조심, 사려 ↔ opposite: 열정(passion)

82) 사람들이 판단에 활용하는 앎(지식)을 얻는 방법은 매우 다양하지만, 크게 다섯 가지로 열거할 수 있을 것이다. 첫째는 신(神), 영매(靈媒) 등과 같은 초자연적 출처로부터 얻는 앎이다. 가령 영적 체험 또는 점(占) 등과 같은 방법이다. 둘째는 권위자로부터 얻는 방법이다. 가령 공자, 아리스토텔레스, 석학, 공식 또는 비공식적으로 지식을 생산할 자격이 있는 자 또는 기관으로부터 얻는 앎이다. 셋째는 감각으로부터 가지는 앎이다. 가령 자신의 눈과 귀 등의 오감각을 통해 얻는 후험적 앎이다. 넷째는 사유로부터 가지는 앎이다. 가령 사고실험을 한다거나 또는 순수한 사유로 얻는 선험적 앎이다. 다섯째는 감각과 사유가 결합된 출처로부터 가지는 앎이다. 다섯 번째 경우로 가지는 앎을 넓은 의미에서 과학적 지식이라 지칭하고 있다.

적 근거를 토대로 이루어질 것이 강요된다. 가령 공동주택에서 발생하는 층간소음으로 사회문제가 발생하는 사안에서 주택규제와 관련하여 낮에는 35데시벨(dB), 밤에는 40데시벨(dB)을 기준으로 결정한다. 다양한 이해관계인들이 얽혀 타협과 협상을 통한 정치적 정책결정과정에서도 과학적 근거는 의사결정과정에 중대한 영향을 미친다. 나아가 과학의 발달 정도는 특정 국가의 국제적 위상을 결정짓는 주요 변수로서 기능하고 있다. 과학적 지식을 얼마나 창조하고, 보유하며, 활용하는가라는 지표는 중요한 국가 평가의 항목이다.[83] 이러한 시대적 상황에서 과학적 인식과 그것을 통해 얻은 과학적 지식에 대한 이해는 중요한 의미를 가진다.

2. 과학의 변천(물리학 중심)

인류와 함께 존속되어 온 기나긴 역사를 가진 보편적 인식방법이 있다. 대상을 듣고 보고, 그것을 생각하여 이해하고, 이해된 것을 실행하여, 법(원리, 이치)을 알게 되는 방식이다.[84] 이와 같은 방법은 문명의 생사고락과 함께 매우 다양한 변천을 해왔다. 이 과정에서 가장 진화적 형태인 과학(science)이란 하나의 갈래를 등장시켰다. 과학(science)의 등장과 그것이 가진 원형적 의미에 관련하여 자연과학의 변천과정을 살펴보기로 한다.

자연과학의 변천과정을 살펴보기 전에 언급할 것이 있다. 자연과학의 역사는 물리학을 중심으로 변천을 이해하는 것이 편리하다. 자연과학의 범주는 다양한 분과 학문들이 포진되어 있다. 이것을 물질로 환원하면, 물리학으로 요약될 수 있다. 그런데 물리학은 [물질의 구성요소]와 [물질을 구성하는 구성요소들의 상호작용]에 대한 탐구가 어떻게 진행되어 왔는가에 초점을 두고 고찰하는 것이 유용하다. 하지만 문제가 있다. 현대 물리학에서 물질의 구성요소들의 상호작용(interaction)에 대해서는 아직 이해하지 못하고 있는 것들이 많다. 물질들의 상호관계는 매우 복잡하기 때문이다. 가령 20세기를 거쳐 21세기 오늘날 물리학에서 물질들의 상호작용에 관련하는 다양한 힘(force)을 네 가지 종류로 구분하여 이해하고 있다. 전자(電磁) 힘의 상호작용, 약한(weak) 힘의 상호작용, 강한(strong) 힘의 상호작용, 만유인력(중력) 힘이 그것이다. 그런데 이것들 중 전자기 힘(-, +)과

---

83) 오늘날 세계 각국들은 과학적 지식의 생산과 활용능력을 배가시키는 노력을 정책적으로 추진하고 있다. 한편 국가의 존립과 성장을 위한 치열한 전쟁을 벌이고 있다. 기업들도 마찬가지이다. 지적재산권을 둘러싼 경쟁과 법정 싸움을 벌인다. 시장을 독점하는 수단이자, 부가가치를 극대화시키는 이윤증가방식으로 지식만큼 유용한 도구는 없기 때문이다.

84) 문(聞)/견(見)→사(思)→용(用)→법(法).

약한 힘에 대해서는 비교적 자세한 물리적 지식을 가지고 있는 것으로 평가되지만(통제 가능성 정도가 우월하다는 것을 근거로 함), 강한 힘과 만유인력에 대해서는 아직 명료하게 이해하지 못하고 있다. 특히 뉴턴의 만유인력은 익숙한 용어이지만, 아직 그 힘의 정체가 무엇인지 완전하게 규명되지 못한 상태이다. 이에 [물질의 구성요소]만을 중심으로 살펴보는 것이 이해에 간편함을 준다. 따라서 '물질의 구성요소'에 중심을 두고 언급하기로 한다.

1) 17세기와 18세기(과학 용어의 등장과 자연과학의 기초적 체계 구축)

17세기와 18세기는 현대적 의미의 과학이 태동한 시기이다. 과학(science)이란 용어가 등장하여 사용되기 시작한 시기는 서양의 중세를 지나 인간 중심의 르네상스[85] 시대로 접어든 17세기로 알려져 있다. 17세기 뉴턴,[86] 라이프니츠 등 다양한 학자들의 논문들이 발표되면서 자연과학의 기틀이 마련되어 18세기 자연과학이라 지칭되는 학문체계가 구축된다.

과학(물리학)의 성립에 다음 두 가지 사유가 중대한 영향을 미쳤다.

하나는 고대 희랍인들이 가졌던 환원주의(還元主義) 사고이다. 복잡한 현상세계를 물질(matter)로 단순화했다. 물질에 대한 원리를 알면 세계를 이해할 수 있을 것이라는 토대이다.

다른 하나는 인과(因果) 사고이다. 당시 뉴턴은 세계를 인과적 법칙으로 돌아가는 기계적 또는 결정론적인 필연적 세계를 상정했다. 가령 물질(물체)은 인간의 인식과 관계없이 객관적으로 실재하는 것이며, 물질의 위치와 속도를 정확히 파악할 수 있고, 그 결과도 정확히 예측할 수 있다고 보았다. 이러한 사고는 인문사회분야에도 영향을 미쳐 정의와 공리에 의한 논리적 증명방법을 지양하고, 사실을 대상으로 실험과 관찰의 경험적 증명을 중시하는 실증주의를 등장시켰다. 가령 가치문제를 배격하는 행태주의 사조가 그 예이다.

---

85) 르네상스(14~17세기): 14~15세기 유럽의 봉건체제가 붕괴되고 교회의 세력이 퇴화하는 한편 새로운 문화가 급격히 일어났다. 신(神) 중심에서 인간(人間) 중심으로의 문화변동이다. 특히 자연에 대한 실험과 관찰이 중시되는 경향이 등장했다. 1534년 캘빈의 종교개혁, 1582년 천문학의 발달로 오늘날의 태양력인 그레고리우스역 등장, 경험론의 대표적 인물인 베이컨(Francis Bacon, 1561~1626)의 활동, 1632년 갈릴레오 갈릴레이(Galileo Galilei, 1564~1643)의 종교재판 사건이 있었던 시기이다.

86) 17세기와 18세기 절대주의 시대에서 강력한 국가 또는 왕권의 보호와 지지를 받으며 자연과학은 더욱 발달 속도를 가지게 된다. 17세기 뉴턴(Newton, 1642~1727)은 천체와 지상의 운동원리인 만유인력의 법칙을 통해 관성법칙, 속도와 가속도 법칙, 작용과 반작용의 법칙들을 도출하여 물(物)의 운동을 체계적으로 설명했다. 오늘날 일상 영역의 물체운동에 대한 현상은 대부분 뉴턴의 이론으로 설명되고 있다. 그는 1687년 '자연철학과 수학적 원리(프린키피아)'에서 태양을 중심으로 공전하는 행성들의 속도가 일정하지 않다는 케플러의 발견에 관련하여 순간속도를 계산하는 미적분 개념을 창안하여 적용하는 등 수학을 물리학(과학)과 접목시켜 자연과학 진보에 큰 업적을 남겼다. 요컨대 자연현상을 수리적 법칙(또는 관계식)으로 환원(단순화)하고, 이 법칙(관계식)에 의거해 현상을 설명하고 예측하는 역학적·기계적 자연과학관을 성립시켰다(고전역학체계의 성립). 물체의 위치와 속도를 계산하는 참고로 과거 미적분 창안과 관련하여 라이프니츠와 뉴턴 중 누가 먼저 그것을 생각했느냐를 가지고 논쟁이 일어나고, 영국왕립협회의 조사위원회에서 뉴턴이 최초 발견자로 확정되는 일이 있었지만, 오늘날에는 라이프니츠와 뉴턴이 서로 다른 공간에서 동일한 생각을 했던 것으로 평가되고 있다.

2) 19세기와 20세기(상대성이론과 양자역학의 등장)

19세기 영국의 화학/물리학자인 돌턴(dalton: 1788~1844)은 우주와 생명도 결국 물질로 구성되어 있다는 물질적 일원론에 입각하여 물질은 더 이상 쪼개질 수 없는 기본단위인 '구성요소'가 있다는 원자론(atomism)[87]에 착안하여 물질을 구성하는 기본단위를 추적했다. 그리고 그는 오늘날에는 원소단위로 지칭되지만, 원자(atom)가 일정한 비율로 구조를 이루고 있다는 것을 발표했다. 가령 물(H_2O)은 수소 2개와 산소 1개로 결합비율이 일정하다는 내용이다. 그의 연구는 근대 화학(chemic)의 기초를 마련하는 한편 복잡한 현상세계에 대한 설명이 원소주기율표(the periodic law of the elements)와 같은 몇 개의 원소들의 상호작용을 이해함으로써 가능할 것으로 간주되었다. 이러한 쪼개기 경향은 생명체인 동식물에게도 적용되었다. 사람의 경우 폐, 심장, 뇌 위, 뼈, 소장과 대장, 근육 등의 기관들로 분할되고, 이것들은 다시 세포들로 쪼개진다. 세포는 다시 지방,[88] 단백질, 탄수화물, 비타민, 호르몬, DNA(염색체에 들어 있는 이중나선형 구조를 가진 정보창고. 유전에 관여)와 RNA(DNA의 정보를 전달하는 전사체), 핵산 등으로 쪼개졌다.

20세기에 들어 오늘날 물리학의 한 축을 형성하는 양자역학체계가 등장한다.[89] 양자역학체계는 소립자 세계를 연구한 인식물들로 구축된 물리적 지식체계이다. 물(水) 분자는 수소와 산소 원소들로 이루어져 있고, 원소는 다시 중심에 핵이 있고 둘레에 전자가 존재하는 구조가 밝혀진다. 핵은 다시 중성자(neutron)와 양성자(proton)로 분할되었다. 쿼크[90]로 불리는 물질의 상호작용으로 중성자가 되기도 하고 양성자가 되기도 한다는 가설이 실증적으로 검증되기도 했다. 한편 거시적인 관점에서 우주에 대하여 20세기 뉴턴의 물리학 체계와 별도로 아인슈타인의 상대성 이론이 등장한다. 아인슈타인(1879~1955)은 원자론 사유를 우주론에 융합하여 에너지는 질량과 빛의 속도의 제곱과 같다는 $E=MC^2$ 관계식을 통해 에너지 법칙을 이해(설명)했다. 한편 우주 생성과 태양계의 형성과 관련하여 빅뱅이론이 등장한다. 약 90억 년 전 거대한 폭발이 일어났고, 거대한 8개의 잔해들(행성)의 형성 과정은 만유인력 법칙과 상대성 이론으로 설명되었다.

---

87) 기원전 4세기경 데모크리토스는 물질을 쪼개어 가면 결국 더 이상 쪼개지지 않는 불변의 입자(원소)가 있다고 생각했다(원자 =Atom). 오늘날 물리학자들에서 과거 분해될 수 없는 불변적 원자 개념을 받아들이는 견해는 없다고 보아도 무방하지만, 근대에 다시 부활한 원자론이 과학발달에 미친 영향은 지대하다. 특히 물질적 일원론과 동승하여 물리학(physics)을 자연과학의 대표적 분과학문으로 인식하게 만드는 데 결정적 영향을 미친 것으로 평가되고 있다.

88) 지방분자는 다시 탄소, 수소, 산소 등의 원소로 이루어져 있고 단백질은 질소가 하나 더 있는 것으로 밝혀졌다.

89) 분자단위 이하의 미시세계를 다루는 양자역학 체계에서는 입자의 속도와 위치를 동시에 측정하여 설명할 수 없다는 점에서 확률적 인과론을 바탕으로 개연성(가능성)을 기본 인식으로 하고 있다.

90) 쿼크는 6개 종류가 알려져 있고, 더 쪼개질 수 있는 물질 단위로 간주된다.

3) 21세기

21세기 과학은 경험과학, 형식과학, 형상과학, 이론과학 등으로 다양하게 유형화되어 불리고 있다. 그리고 다양한 연구들이 진행되고 있다. 가령 2011년 NASA는 우주에 대한 정보를 얻기 위해 큐리오시티 로비호를 발사했다. 한국의 국가핵융합연구소에서는 인공태양이 연구, 개발된다. 더 이상 쪼개질 수 없는 기본 단위인 물질에 대한 추적은 시간을 초월하는 빛의 속도보다 더 빠른 물질과 우주공간이 없어도 존재가 가능한 질량 없는 물질들에 대한 연구들이 진행되고 있다.

물리학 중심의 과학은 태동기인 17세기에서부터 20세기까지 그 변천과정을 살펴보면, 복잡한 양상을 가지고 있다. 하지만 두 가지 두드러진 특징이 있다. 하나는 경험과 논리의 총합적 사고를 통한 일반에 적용될 수 있는 또는 일반을 설명할 수 있는 지식의 획득 경향이다. 이러한 점에서 과학적 인식은 논리실증주의 태도를 견지하고 있다고 말할 수 있을 것이다. 다른 하나는 환원주의로의 회귀 경향이다. 한때 세분화되었던 분과학문들이 통합 또는 융합되는 현상이 나타나고 있다. 생명물리, 화학물리, 천체물리, 지구물리, 의학물리 등이 예이다. 하나의 종합적 지식체계를 이루려는 소위 만물(萬物) 이론[91]이 추구된다.

[보론] 아인슈타인을 통해서 본 과학적 인식의 특징(인과관계, 사유적 논리, 경험적 실증)

■ 상대성 이론

태양을 중심으로 한 8개 행성들의 움직임은 뉴턴의 중력 법칙으로 이해되었다. 그러나 수성은 궤도가 약간씩 변화하는 현상이 목격된다. 다른 행성들과 달리 왜 수성의 궤도는 변화할까? 우주에 일정한 법칙이 존재한다면, 이러한 현상에 대해 논리적으로 이해(설명)할 수 없다. 그렇다면 우주에 법칙이 존재하지 않는 것일까? 아니면 우주의 절대적 법칙성을 상정한 뉴턴의 인식과 달리 또 다른 법칙이 존재하는 것일까? 아인슈타인은 20세기 초(1905년) 엄청난 질량을 가진 물체는 우주 공간을 휘어놓고, 공간의 휘어짐으로 수성의 궤도가 변화한다고 이해(설명)했다. 굽은 공간에서는 자연스레 빛도 직선 형태가 아닌 곡선 형태의 방향성을 가진다. 그러므로 빛의 속도인 시간은 평면 공간이 아닌 휘어진 공간에서는 느리거나 빨라진다고 이해(설명)했다. 공간과 시간이 절대적인 것이 아니라 무거운 질량에 의해 휘어지는 것으로 이해하는 아인슈타인적 인식은 상대성 이론이라 명명되었다. 이러한 상대성 이론은 뉴턴역학에서의 시간과 공간의 절대성을 상대적 개념으로 인식을 전환하는 데 영향을 미쳤다. 특히 인문사회 분야에서의 인식에도 중요한 영향을 미쳤다. 가령 A와 B가 상호작용을 하는 관계에서 A의 관점에서 보는 것과 B의 관점에서 보는 것은 상대적이 될 수밖에 없다.

---

91) 하나의 원리를 주축으로 지식체계를 구축하여 물질과 정신 현상 등 모든 것을 설명할 수 있는 이론(체계).

■ $E = MC^2$

태양은 무엇으로 이루어졌는가? 그리고 어떻게 빛과 에너지를 만들어낼까? 만약 태양이 존재하지 않는다면, 지구의 모든 생명체는 사라질 것이다. 이러한 점에서 태양에 대한 이해(설명)에 대한 욕망은 자연스러운 현상이다. 물질 단위인 각 원소들은 독특한 스펙트럼을 가진다는 현상을 활용하여 태양 빛이 가지는 스펙트럼을 통해 수소와 헬륨 등의 구성요소들을 알아낸다. 아인슈타인은 태양의 에너지 원리를 $E = MC^2$ 관계식(에너지는 질량과 빛의 속도의 제곱)으로 이해(설명)했다. 아인슈타인에 의하면 태양을 구성하는 수소가 분열되어 핵융합이 일어나 헬륨으로 변화할 때 질량의 차이가 발생하는데, 이러한 질량의 차이로 에너지가 만들어진다는 이해(설명)이다. 진공 상태에서 태양의 중심부에 있는 엄청난 고열로 수소 네 개와 헬륨이 반응(핵융합)할 때, 수소 네 개의 질량이 헬륨보다 커 그 차이와 빛의 속도의 제곱만큼 비례하여 에너지가 발생한다는 설명이다. 에너지 법칙에 관련된 에너지 발생 원리는 원리가 검증되고, 원자핵의 분열 또는 융합에서 발생하는 에너지를 이용한 핵폭탄과 원자력발전소 등이 만들어졌다.

3. 과학적 인식의 불완전성

과학적 인식이 불완전하다는 것은 누구나 알 수 있는 사항이다. 만약 과학적 인식방법이 완벽하다면, 인간은 아마도 전지전능한 신이 되어 있거나 아니면 신에 가까운 존재가 되어 있을 것이기 때문이다. 하지만 구체적으로 무엇이 불완전한가? 질문을 받으면 설명할 수 없는 경우가 많다. 또한 현실에서 매우 다양한 과학적 진술들이 존재한다. 그것들 중에는 논박(refute)할 수 없는 자명한 것도 존재한다. 이때 우리는 강한 지식과 약한 지식을 구별할 수밖에 없는 상황에 처하고, 이를 판별하기 위한 과학적 인식물에 대한 이해의 필요성이 대두된다. 가령 범죄사건을 해결하는 과정에서 왜 거짓말탐지기는 법정에서 증거력이 부정되며, 유전자 검사는 긍정되는가라는 질문에 대한 답이다. 만약 재판관이 과학적 인식물을 제대로 이해하고 있지 않다면 문제가 발생할 것이다. 정책을 담당하고 결정하는 정책담당자들에게서도 마찬가지이다. 정책 판단의 근거로 사용하는 과학적 인식으로 가진 지식들에 대한 이해가 요구된다. 이러한 맥락에서 과학적 인식에 대한 이해와 해결해야 할 여러 과제들을 안고 있다는 주지(周知) 차원에서 불완전성을 살펴보기로 한다. 다만 여기서는 과학적 인식물(진술)들은 공통적으로 경험성과 논리성의 특징을 가진다는 점에 착안하여 ① 경험에 기초한 실증적 태도와 ② 사유에 기초한 개념적 틀과 논리적 틀에 초점을 두어 한계 또는 문제를 고찰하겠다.

1) 경험에서 가지는 한계(실증에서의 불완전성)

(1) 증명방법의 구조(입증과 검증의 구조)와 명증근거의 판별

[가설-증명(검증/입증)-채택/기각]의 논리 틀에서 증명과 관련된 검증과 입증의 개념을 살펴보기로 한다. 일상에서 흔히 검증과 입증을 혼용하여 사용하고 있다. 그리하여 때론 증명에 관련하여 혼란이 야기된다. 일반적으로 입증은 진실한 것 또는 정당한 것이라는 믿을 만한 증거(proof)를 제시하는 것을 말한다. 반면 검증은 실험을 통한 확인(verification)을 말한다. 가령 [그 사람이 범인이다]라는 진술을 가지고 살펴보자. 검사가 피고인의 유죄를 증명하기 위해서 증거를 찾아내야 한다. 그리하여 제시된 자료를 제시하는 것이 입증이다. 반면 검증은 현장실험(현장검증)을 통해 범죄 사실을 확인하는 경우이다. 이러한 점에서 입증은 주장(의견)에 관련하여 증거를 발견하는 작업 차원이지만, 검증은 실증적 확인 차원이다.

특칭진술	[그 고양이는 잡식이다]	
증명 (증거주의)	입증(立證) = 증거를 찾아라 = 성공(찬증) ↔ 실패(반증)	채택 ↕ 기각
	검증(檢證) = 확인하라 = 0(찬증)↔X(반증)	

여기서 채택은 가설이 진실한 것(정당한 것)으로 믿을 만한 것으로 근거를 얻은 경우이다. 찬증을 얻은 경우이다. 기각은 거짓된 것(정당하지 못한 것)이란 근거를 얻는 경우가 있다. 반증을 얻은 경우이다. 만약 가설이 진실한 것(정당한 것) 또는 거짓인 것(정당하지 못한 것)이란 근거를 얻지 못한 경우에는 가설적 성격에 머물게 된다. 즉, 찬증과 반증을 발견하지 못한 경우이다. 이 경우에는 증명이 불가능한 경우가 되어 판단이 보류된다.

그런데 전술되었지만 채택(찬증)과 기각(반증)의 근거는 명증성을 가진 것이어야 한다. 즉, '어떤 진술(판단)이 진실(true)하다'는 것을 분명하게 드러내는 것이어야 한다. 하지만 무엇이 명증성을 판별하는 것 자체가 문제이다. 가령 [태양 중심에서는 높은 온도와 압력으로 수소가 헬륨으로 바뀌는 핵융합 반응이 일어난다]라는 진술(명제)을 대상으로 실험을 통해 어떤 결과를 얻었다고 하자. 그러면 감각기관과 실험적 논리를 통해 수집된 자료들이 진짜여서 명증성을 가진 것이라고 판단할 수 있는가? 이에 대하여 인간이 지

닌 본유감각(경험적 인식)과 본유관념(논리적 이성인식)으로 판별할 수 있다는 것이 일반적으로 받아들여진다. 하지만 실험과정에서 다양한 요인에 의해 오류가 발생할 수 있고, 감각기관이 가지는 인식능력의 한계로 미처 포착하지 못하거나 착각하여 가진 자료일 수도 있다. 이러한 오류들을 감안하면, 찬증과 반증을 확정할 수 없고 증명이 불가능한 것이 되어버린다.[92] 그렇게 되면 판단이 보류될 수밖에 없다. 그리하여 전술된 정합설에 의해 지식체계에 의해 판별하거나 또는 논리적 평가설에 의해 전제들로부터 결론 간에 가지는 진술들의 관계를 평가하여 판별할 수밖에 없게 된다.[93]

(2) 귀납에 따른 일반화 오류

위의 내용과 연계하여 개별 진술이 아닌 일반 진술을 가지고 살펴보자. 일반 범주를 가진 진술은 좀 더 복잡한 양상들을 가진다. 만약 어떤 특칭명제가 실험/관찰을 통해 채택되었다고 하자. 그러면 개별지가 탄생한다. 이때 개별지는 지식의 유용성과 관련하여 일반지로의 승격이 필요하다. 가령 [그 고양이는 잡식이다]라는 명제보다 [모든 고양이는 잡식이다]라는 명제가 훨씬 유용하다.

$$p(\text{개별 진술}) \rightarrow (\text{증명}) \rightarrow q(\text{개별지}) \Rightarrow P(\text{일반 진술}) \rightarrow (\text{증명}) \rightarrow Q(\text{일반지})$$

[고양이는 잡식이다]라는 가설을 예로 들어 보자. 이것은 일반 진술(전칭)이다. 이때 이것이 참인가 거짓인가를 실험하여 증명할 수 있는가? 우선 검증을 시도하여 실험을 하는 경우 모든 고양이를 대상으로 실험하는 작업은 사실상 불가능하다. 그리하여 표본만을 가지고 증명(찬증 또는 반증)할 수밖에 없다. 즉, 표본을 가지고 실험하여 모집단을 추정하는 방식이다. 하지만 이러한 귀납적 방식은 필연성을 담보하지 못한다. 예외가 존재하는데 발견되지 않았거나 또는 향후 예외가 발생하여 발견될 수 있기 때문이다. 물론 통계적 처리를 통해 표본이 모집단을 대표하는가를 검정하는 수단이 활용되지만, 그렇다고 표본과 모집단이 동치(同値)라는 것을 확인하는 방법은 아니다. 단지 표본을 통해

---

92) 이러한 이유로 참된 지식이 존재하는지 또는 어떤 것이 참된 지식인지 인간의 인식능력으론 알 수 없다는 불가지론(不可知論)이 등장한다.

93) 이러한 실증(實證)이 가지는 한계로 논리도 필요하다는 논리실증주의가 등장하고, 이 입장에 의하면 어떤 진술의 참/거짓 판단에는 기준이 필요하고, 만약 [신은 존재한다]와 같이 참/거짓을 판단할 기준을 가지고 있지 못한 것이라면 그것은 무의미한 명제로 간주된다. 하지만 과학적 인식이 아닌 영적(靈的) 인식의 관점에서 전술된 정합설을 적용하면, 진술이 영적인 지식체계에 정합(整合)하면 참으로 판단될 것이다.

모집단이 그렇다는 것을 추정하는 근거를 산출하는 작업에 불과하다.

좀 더 구체적인 예를 가지고 살펴보자. AIDS에 걸린 갑이란 소아를 대상으로 A라는 약을 임상 실험한 결과 기능성 완치[94]라는 결과를 얻었다. 하지만 사람마다 면역체계가 다르다. 소아와 성인 간에도 면역체계가 다르다. 따라서 소아(집단칭)를 상대로 한 임상실험과 성인에게도 임상실험을 통해 A라는 약이 모든 사람에게 적용되는가를 확인해야 한다(전칭).

 ㉠ [A약은 갑이란 AIDS 소아 환자에 기능성 완치효과를 가지고 있다] = 특칭
 ㉡ [A약은 모든 AIDS 소아 환자에 기능성 완치효과를 가지고 있다] = 집단칭
 ㉢ [A약은 모든 AIDS 성인 환자에 기능성 완치효과를 가지고 있다] = 집단칭
 ㉣ [A약은 모든 AIDS 환자에 기능성 완치효과를 가지고 있다] = 전칭

편의상 추출된 표본이 모집단을 완전하게 대표한다고 가정하자. ㉡ [A약은 모든 AIDS 소아 환자에 기능성 완치효과를 가지고 있다]라는 가설을 예로 살펴보자. 이는 엄밀히 모든 사람이 아닌 사람이란 범주의 부분으로서 집단칭이다. 임상 실험한 결과는 크게 찬증과 반증의 두 가지 경우가 있을 수 있다. 실험집단의 모든 소아들(집단칭)에게서 찬증이 나오는 경우와 반증이 나오는 경우이다. 그렇게 되면 가설이 채택(입증)되거나 또는 기각될 것이다.

그런데 표본으로 추출된 실험집단(집단칭)에서 찬증 또는 반증의 두 결과가 나오지 않는 경우들이 있다. 즉, 표본으로 추출된 실험집단의 소수가 찬증이거나 또는 반대로 소수만이 반증인 경우이다. 가령 실험대상을 500명 소아로 구성한 경우, 10명의 어린이만이 치료효과가 있거나 반대로 10명만이 치료효과를 가지지 않은 경우이다. 이러한 경우 [A약은 모든 AIDS 소아 환자에 기능성 완치효과를 가지고 있다]라는 진술을 받아들여야 하는가, 아니면 받아들이지 말아야 하는가?

생명체에 관련된 현상에서는 이러한 실험결과를 가지는 경우가 많다.[95] 엄격히 두 경우 모두 가설은 참이 아니다. 진술이 기각되어야 한다. 하지만 환자의 치료라는 처방성

---

94) 기능성 완치: 에이즈 바이러스를 보유하지만 활성화 억제를 위해 약을 먹지 않아도 되는 상태를 가지는 치료.

95) 관찰된 자료들을 통계처리를 통해 이상치를 제거거나(이때 평균값이 달라짐) 또는 95% 또는 99%와 같이 확률적 문제로 접근되는 경우들이 예이다. 그리하여 필연성이 소각되고 신뢰의 문제가 된다. 한편 [고양이는 잡식이다]라는 진술이 [대부분의 고양이는 잡식이다]와 같은 진술로 수정되어 채택되기도 한다.

관점에서 500명 중 10명만이 치료효과를 가지지 않는 경우 A약이 치료효과가 없다고 단정하여 A약을 승인하지 않는 것은 문제이다. 이러한 경우 유효수준 책정이 문제된다. ㉢과 ㉣의 경우에서도 마찬가지이다. 특히 ㉣의 경우인 전칭(全稱)에서는 이러한 문제에 봉착하는 것이 일반적이다. A약이 가지는 부작용 문제를 고려하여 적절한 유효수준이 책정될 필요가 있다. 이러한 유효수준의 책정은 목적과 사안에 의존되는 가치판단적 성질을 가진다.

(3) 근사치 값의 문제(유효수준의 문제)

과학적 인식은 증명에 관련하여 실험/관찰 등의 경험적 확인을 요구한다. 하지만 실험적 증명이 어려운 경우가 많다. 특히 자연현상과 달리 인간에 관련된 문제는 도덕적(윤리적) 문제가 등장하고, 동일한 상황을 구현하기도 어렵다. 이러한 이유로 인문사회 분야에서는 자연과학의 실험논리를 준용한 준실험(사회실험)이 행해진다. 이러한 사회실험은 상대적으로 실험과정에서 발생하는 오류들을 통제하는 것이 사실상 불가능하다.

한편 일상의 일반 진술들에서 그것이 참이라는 찬증이 불가능한 것들이 많다. 예를 들어 보자. [생물은 진화한다]라는 일반 명제가 있다고 하자. 그런데 모든 생물을 대상으로 실험하는 것은 불가능하다. 일부의 생물을 무작위로 추출하여 실험을 하는 것 역시 매우 어려운 작업이고, 전술된 것과 같이 문제를 지니고 있다. 이러한 진술의 경우 찬증을 발견하는 것은 불가능하다. 그리하여 단지 반증을 찾아 [거짓이다. 거짓이 아니다]만을 증명할 수밖에 없게 된다.[96] 가령 입증의 형태로 화석을 발견하여 근거로 제시하는 경우이다. 하지만 이때의 입증은 [생물은 진화한다]는 진술이 생판 거짓은 아니라는 의미를 가질 뿐이다. 화석을 통한 근거는 개별적인 근거로서 모든 생물이 진화한 것이라는 전체적인 연역적 근거가 아니기 때문이다. 즉, 단지 모든 생물 중에서 진화한 것이 있다는 것을 말하는 것이다. 이러한 이유들로 과학적 인식은 '우리는 얼마나 진실에 가까운 것(근사치)을 보는가? 또는 보았는가?'라는 문제로 귀착된다.

---

96) 포퍼와 같은 반증주의자들에게 있어 과학적 지식은 언제나 예외적 반증 사례가 존재하는 가설적인 것으로 간주된다. 언제나 논쟁적이며, 번복될 수 있는 것이고, 시공간과 인식자에게 객관적이지도 필연적이지도 않다. 즉, 반증주의 입장에 의하면, 귀납적 방법으로 채택된 지식은 가설적 성격을 가진 명제로 간주된다. 한편 지식을 신뢰(설득)의 문제로 보는 입장에서는 만약 어떤 지식이 공존하는 경쟁가설을 물리치는 우월적 근거를 가지고 있고, 그 기간이 장기간 지속되는 명제라면 강한 지식으로 그렇지 못한 경우라면 약한 지식으로 평가한다.

2) 논리적 사유에서 가지는 한계(개념적 틀과 논리적 틀의 불완전성)

오늘날 과학적 인식에서 타당성과 관련하여 개념적 틀과 논리적 틀이 논의된다. 이러한 논의는 사유하는 방식과 관련하여 중요하다는 점에서 그 배경에 대해 이해가 필요하기에 우선 언급하기로 한다.

통상 우리는 어떤 물(物)을 (그것이 상황이든, 현상이든) 보고 듣고 느낀 것을 있는 그대로 서술한 경우를 지칭하여 사실 또는 사실적 진술이라 한다. 반면 이와 대비하여 누군가 자신의 주장이나 견해를 표방한 진술을 의견 또는 의견적 진술로 구분한다. 그리고 사실은 객관적이고 의견은 주관적이라 말한다. 그런데 [사실은 객관적이고 의견은 주관적이다]라는 명제가 옳은 것이라면, 사실이 객관적이고, 의견은 주관적이라는 근거(뒷받침하는 것)가 있어야 할 것이다. 이러한 근거를 찾기 위한 노력들에서 사실이 반드시 객관적이지 않고, 반대로 의견이라 하여 사실과 두드러진 주관성을 가진 것도 아니라는 점을 발견하게 된다.

여기서 객관성이 무엇인가에 따라 판단은 달라질 수 있다. 가령 갑이 X(상황 또는 현상)라는 대상을 인식하여 가진 지각물을 Y라고 할 때, 엄격한 의미에서의 객관성은 누구나 Y 지각물을 가지고, Y는 시공간에서 불변적인 것을 말한다. 반면 약한 의미에서의 객관성은 보통 일반인을 기준으로 대부분의 사람이 Y 지각물을 가지고, Y가 시공간에서 상대적인 것을 말한다. 그런데 전자의 엄격한 의미의 객관성은 존재할 수 없다는 것이 실증적 사례들로 입증된다. 후자에 대해서도 논란이 있다. [보통 일반인]이라는 말이 가지는 의미와 [대부분]이라는 비율 또는 빈도가 가지는 애매성 때문이다. 이러한 이유로 과학적 인식에서는 [가설-증명(검증/입증)-채택/기각]의 틀이 적용되고, 이때 가설의 구성에 명료성(clarity)과 더불어 연구목적에의 적합성, 측정가능성, 증명가능성, 비교가능성 등을 고려하여 조작적 정의가 이루어진다. 하지만 조작적 정의 역시 엄격한 의미의 객관성을 확보하는 데에는 다양한 측면에서 문제들을 가지고 있다(후술되는 <참고>의 네 가지 정의방식을 참조).

좀 더 구체적으로 살펴보자. 아주 단순하게 영국의 뉴턴이 사과나무에서 사과가 떨어지는 사건을 인지했다고 하자. 그러면 뉴턴은 그 사건을 인지하고, 인지하여 가진 재료들로 머릿속에서 그 사건에 대한 어떤 상(象)을 가지게 될 것이다(이때 우리는 이것을 사실에 대한 상이라 하여 흔히 事象이라 지칭한다). 이러한 상(象)은 궁극적으로 언어로 전환되어 기록되거나 진술을 표현하게 될 것이다(이것을 내부의 상이 외부로 표현되었다

는 의미에서 흔히 표상이라 한다).[97)]

사건	⇌	인지	⇌	상(象)	⇌	표상(表象)
	(재료)				(언어화)	

만약 사람들이 이러한 과정을 거쳐 인식이 이루어진다면 동일한 사건에도 사람들이 가지는 표상은 객관적일 수 없다. 인간의 인식은 자신이 존재하는 동시대가 가진 사회적 통념과 언어적 관념에서 자유로울 수 없고, 이것들은 시공간에서 가변적이고 사람마다 다르기 때문이다. 그렇다면 표상이 객관성을 가지기 위해서는 역으로 인식과정에 엄격한 틀이 필요하다. 어떤 틀이 공통적으로 적용되는 경우 표상이 공통성을 가질 수 있기 때문이다. 이러한 이유로 인식에서 개념적 틀과 논리적 틀이 논의된다.

그렇다면 개념적 틀이 무엇이고 논리적 틀이 무엇인지 살펴보기로 하자. 누군가 우주 일체에서 일어나는 어떤 사건인 현상(상황, 문제)을 인지하여, 그것을 나름대로 있는 그대로 묘사하거나 표현하여 표상물을 산출했다고 하자. 이때 표상물은 (그것이 그림이든 기호이든, 문자이든 숫자이든) 언어적 형태로 나타난다. 이때 문자로 나타났다고 가정하면 그 표상물은 글(또는 말)이 될 것이다. 이때 그 글은 하나의 문장으로 구성되는 경우는 극히 예외적일 것이다. 있는 그대로를 기술 또는 서술하는 경우, 축약이나 생략이 용납되지 않기 때문이다. 특히 인간의 인식이 가지는 특성상 형체와 내용이 언급되어야 하고, 이해를 위해 육하원칙과 얼마나라는 등의 질문에 대한 부분적 또는 잠재적 답들이 구성되어야 할 때는 주어와 서술어로 구성된 여러 문장들로 기술될 수밖에 없다.

논의의 편의상 간단하게 p와 q, 두 문장으로 구성되었다고 하자. p와 q 각 문장은 언어적 형식에 의해 기본적으로 주부와 술부의 구조를 가진다. 가령 시제(완료와 진행형태)를 무시하고, $\{x_n$는 y_n이다]라는 형식이다.

---

97) 다양한 인지과학 등의 실험조사들에 의하면 사건을 인지하는 과정에서 언어화가 이루어지기도 한다. 즉, 언어화 또는 비언어화(순수한 감각적 재료) 상태로 인지한다. 즉, 언어는 단순히 의사소통의 도구로만 기능하는 것이 아니라 인식에도 깊이 관여한다. 특히 표상에 대해서는 매우 복잡하고 다양한 논의들이 존재한다. 이러한 언어적 인식과 표상의 문제에 대해서는 후술되는 [해석]에서 다루기로 한다.

현상 (사건)	문장	주어(존재사)	서술어			
	p	x_1	y_1	⇔	관계	논리적 틀
	q	x_2	y_2			

　이때 두 문장은 우선 현상(사건)과 서로 관계가 있어야 한다. 만약 무관계라면 동일한 대상에 대한 표상물이 아니다. 이것을 현상이 아닌 두 문장에만 초점을 두어 관계를 생각해보자. 만약 두 문장들이 가진 관계가 있는가, 없는가, 그리고 그 관계가 논리적으로 타당한가, 부당한가 등을 살펴 표상물과 인식대상인 현상(사건) 간에 가지는 일치성을 따져 볼 수 있을 것이다. 만약 두 진술이 가진 관계에서 관련성이 없거나 또는 모순이 발견된다면 사건(존재물)과 표상(인식물) 간에 불일치를 생각할 수 있고, 표상이 잘못된 것이라는 것을 추론할 수 있을 것이다. 이와 같은 이유로 논리적 틀이 논의된다.

　그런데 문장을 점도 분석(분해)해 보자. {x_n는 y_n이다]라는 사실적 진술은 단어들로 구성되어 있다. 즉, x와 y 단어들이다. 이를 [사람은 죽는다]라는 말로 대체해보자. 사람과 죽음이란 단어는 형태와 의미를 함축하고 있다. 즉, 사람, 죽음의 단어들은 각각 형태와 의미를 함축하고 있다. 결국 하나의 문장으로 기술된 사실적 진술들로 개념들의 관계로 형성된다. 여기서 형태는 글자가 가진 모양으로서의 형체이고, 의미는 표상한 사람이 자신의 머릿속 관념으로 가진 개념에 해당한다. 그렇기 때문에 단어들의 결합으로 가진 하나의 문장도 결국 개념들의 관계로 구성된다.

현상 (사건)	문장	주어(존재사)	서술어			
	p	x_1 (형태와 의미) 지시어	y_1 (형태와 의미) 지시어 설명	⇔	관계	개념적틀

　이때도 마찬가지로 문장에만 초점을 두어 단어들의 관계를 생각할 수 있다. 즉 문장을 구성하는 단어들의 관계를 살펴 표상이 가진 서술의 지시성과 함축성 등의 타당성을 따져 볼 수 있을 것이다. 만약 흔히 오타(誤打)라고 말해지는 사회적으로 약속된 단어 형태에서 잘못되면 뜻이 달라지거나 애매모호함을 가진다. 오타라는 것이 분명하면 큰 문제는 발생하지 않을 것이다. 하지만 의미가 문제된다. 물론 이때 올바른 뜻을 가진 단어를 선택하어 사용히고 있는가의 문제가 등장하고, 오타와 같이 단순한 실수로 간주될 수도 있을 것이다. 하지만 형식에서 가지는 착오와는 성질이 다르다. 가령 달러라는 용어를

사용했는데, 이것이 미국달러인지 아니면 다른 나라의 화폐단위인 달러인지의 문제는 오타와는 다른 성격의 문제를 발생하기 때문이다. 이러한 이유로 개념적 틀이 논의된다.

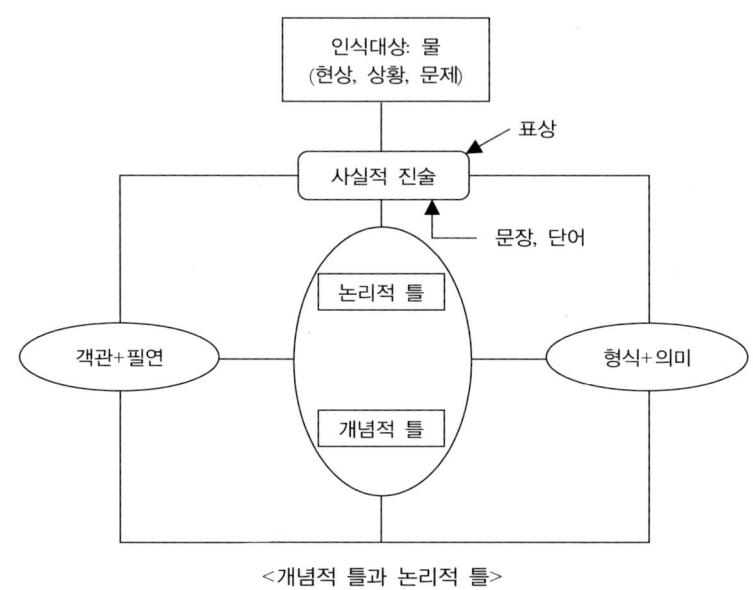

<개념적 틀과 논리적 틀>

(1) 개념적 틀의 한계

과학적 방법에서 변수들이 도입되는 것은 개념 전달에서 가지는 애매모호성을 제거하여 정확성을 확보하기 위한 방법으로 도입된다. 즉, 조작적 정의의 수단이다. 그러나 사회현상들에서 인간의 심리적 현상이 많으며, 이것을 계량적 또는 계량적인 가치 부여를 통한 조작의 가능성에는 한계가 있다. 특히 도덕과 같은 언어들은 가치적 문제를 지니고 있어 개념이 정립되기 어렵고, 인터넷과 관련된 신종언어들이 등장하는 경우 그 현상을 지칭하는 언어들이 가진 개념이 정립되지 못한 경우가 많다. 즉, 조작적 정의가 구성되지 못한 가설적 개념들이다. 그리하여 개념화된 언어 자체가 다시 개념화되는 재(再)개념화가 이루어지며 가변하는 것이 일반적이다. 이러한 이유로 개념은 항상 동시대적인 언어적 관념이 반영된다는 점에서 과거의 개념과 미래의 개념을 확정하는 것이 한계가 있다.

(2) 논리적 틀의 한계

과학적 방법에서 가지는 [가설—증명—채택/기각] 논리적 틀을 적용한 자료들의 평가는 동일률, 배중률, 비모순율에 근거하여 판단된다. 그런데 이러한 세 원칙들 자체가 문제가 있다. 이에 대한 내용은 전술된 연역과 귀납의 추론에서 가지는 논리적 사유의 한계에서도 살펴보았고, 후술되는 논리학적 논의에서 보다 자세히 고찰될 것이다. 간단하게 언급하면, 세계는 복잡하다. 가령 때론 모순적인 것 같은 서로 대립된 마이너스극과 플러스극이 공존하듯, 다양한 것들의 상호작용의 총합으로 구성되어 있다. 관계적 사유로 보는 논리적 사유에 대하여 다양한 관점에서 비판이 제기되고 있다. 관계적 사유가 가지는 문제를 간략히 살펴보기로 한다.

과학적 인식은 객관성과 관계적 사유를 바탕으로 이해(설명)가 추구된다. 예를 들어 일상에서 우리는 어떤 금반지가 순금인지를 판단하는 경우 부피/밀도의 관계를 가지고 판별한다. $E = MC^2$의 경우도 마찬가지이다. 관계식이다. 여기서 이러한 판단의 바탕은 물리적(또는 화학적) 지식체계에 근거한다. 관계적 사고에서 가지는 과학적 인식의 장치(tools)들을 좀 더 들여다보자.

우선 객관화 장치를 살펴보자. 화학에서 물질을 구성하는 성분과 관련하여 객관적 측정을 위해 원자량, 분자량이 측정된다. 가령 이산화탄소(co_2)의 분자량은 12+12=44라고 하는 경우이다. 이때 mal(몰)이란 단위[98]를 사용한다. 1mal(몰)=질량(xg)/개수(x)이다. 예를 들어 금의 질량이 10이고 개수가 1이라하면, 10몰이 된다. 그런데 여기서 개수(x)는 비(比)의 개념이다. 즉, 화학적 개념 체계에서 가지는 화학식량이다. 이것은 원자의 실제 개수(양)가 아니라 상대적 비(比)로서 가지는 개수(양)이다. 이때 [x:2]와 같이 어떤 비(比)의 개념을 적용하기 위해서는 기준이 되는 표준(standard)의 결정이 이루어져야 한다. 기준인 x를 수소로 할 수도 있고, 탄소 등과 같은 다른 것으로 할 수도 있다. 일반적으로 수소를 기준으로 하고 있다. 여기서 표준과 관련된 기준에 대한 암묵적 동의 또는 공식적 합의가 필요하다. 동의 또는 합의는 언제든지 바뀔 수 있다. 이러한 기준의 문제는 코스피지수(주식), 물가지수 등과 같이 일상에서 흔히 사용하는 통계적 표상들에서도 마찬가지이다. 표준의 결정과정에서 누가 주도하는가, 또는 누구의 주장 또는 제안이 표준이 되는가 등에 관련된 문제가 발생하기도 한다.

다른 하나는 원자와 분자의 분류는 개체주의를 토대로 하고 있다. 일반적으로 원소들의 결합인 경우 분자로 구별한다. 가령 이산화탄소(CO_2)는 2개이므로 분자가 된다. 그런데 원자와 분자의 구별이 애매한 물질들이 존재한다. 헬륨 등과 같은 물질은 혼자서도 분자를 구

---

98) $1mal = 6.02 \times 10^{23}$을 의미.

성한다. 물질을 구성하는 구성 성분에 대한 무한 분할이 시도될수록 분별의 애매함이 더욱 강화되는 문제를 노정한다. 수학에서의 집합 정의는 대상이 확실하여 구별될 수 있는 원소들의 집단으로 규정된다. 하지만 현실에서 구별이 애매모호한 경우들이 많다. 이처럼 어떤 것을 다른 것과 구별하는 개체주의를 토대로 한 분류와 단위 등의 객관화 장치들은 그 한계를 가지고 있으며, 경험적이고 구체적인 과학적 인식물을 추상적이고 사변적으로 만든다.

【참고】 정의 방식

일상에서의 정의는 두 가지 차원에서 사용된다. 하나는 약속으로서의 정의이다. 대표적인 것이 수학(기하학)에서의 점, 선, 면, 평행선 등과 같은 정의들이다. [A는 B라고 하자]라는 약속 의미에서의 정의이다. 다른 하나는 본질에 대한 규정 또는 규명으로서의 정의이다. 즉, [A는 B이다]라는 판단적 의미에서의 정의이다. 이하에서 설명되는 네 가지 방식의 정의는 후자에 해당한다.

1. 명목적 정의

   단순히 이름 짓는 것과는 구별하여 어떤 개념의 내용이나 용어의 뜻을 다른 것과 구별할 수 있도록 범주를 한정하여 규정 또는 결정하는 방식.
   예) 사전적 정의의 예: 인간이란? ① 사람 또는 인류 ② 사람의 됨됨이 ③ 마음에 마땅치 않은 사람을 얕잡아 이르는 말.
   예) 명목적 정의의 예: 인간은 호모사피엔스(sapiens)이다. ⇔ 종속과목강문계의 분류체계(형식)에 근거

2. 실질적 정의

   어떤 실체의 성격이나 속성에 대해 서술하는 방식. 예) 인간은 언어적 도구를 사용하고 수학적 이성과 도덕적 이성으로 사유하는 존재이다.

3. 조작적 정의(operational definition)

   과학적 인식에서 시험(test) 가능성(feasibility)을 염두에 두고 규정하는 방식. 즉, 시험을 위해 진술을 조작하여 진술하는 방식 ⇔ [가설 설정- 검증(test)]에서 올바른 가설을 구성하는 사유로 적용되는 방식으로 과학적 이론 형성에 영향을 미침.
   예) [쇠가 나무보다 더 강하다] ⇒ (조작) [쇠와 나무가 동일한 상황에서 쇠가 부러지지 않는 경우에 더 강하다.]
   예) [부모의 교육열이 자녀학생의 자기주도 학습태도를 결정한다.]
   　　⇒ 교육열과 자녀의 자기주도의 학습태도를 측정이 가능하도록 조작. 이때 다양하게 조작될 수 있음. 가령 교육열의 경우 부모가 투입하는 교육비(돈), 수입에 대한 교육비 지출의 비율, 자녀의 성적과 벌점에 대하여 알고 있는 정도, 부모가 학교에 나타나는 빈도와 시간과 같은 방식임. 자기주도의 학습태도 역시 마찬가지임. 자기주도의 학습

태도는 조작하지 않는 경우를 가정하여 조작된 진술들의 예들은 다음과 같은 경우들임.

(조작 1) [부모의 교육비 지출이 클수록 자녀학생의 자기주도 학습시간이 적다.]

(조작 2) [부모의 수입에 대한 교육비 지출의 비율이 높을수록 자녀학생의 자기주도 학습태도가 강하다.]

(조작 3) [부모가 자녀의 성적과 벌점에 대하여 알고 있는 경우에 자녀학생의 자기주도 학습태도가 강하다.]

(조작 4) [부모가 학교에 나타나는 빈도와 시간이 클수록 자녀학생의 자기주도 학습태도가 강하다.]

다양한 조작과 관련하여 어떻게 조작하는가에 따라 특정방법과 시간 및 용이성 정도에 차이가 발생. 조작과 관련하여 원래의 개념을 얼마나 정확히 대체(substitution)하였고, 대표(representation)의 문제가 등장. 가령 (조작 1)의 경우 자녀학생의 자기주도 학습시간의 많고 적음은 교육비 외에 다른 여러 변수들이 개입되어 나타날 수 있음. 이에 정의(가설구성)에 관련하여 좋은 것과 그렇지 못한 것이란 평가 문제가 등장.[99]

4. 맥락적 정의

관계로 정의하는 방식(관계식). 논리학 또는 수학에서 function(함수)이라 지칭.

예) 거리는 시간과 속력에 비례한다.

예) x의 평균밀도는 gram으로 표시한 x양에 비례하고 cc로 표시한 x의 부피에 반비례한다.

⇒ [x평균밀도 = gram으로 표시한 x양/cc로 표시한 x의 부피]

수학과 물리학 등에서 주로 사용되는 방식. 가령 $E = mc^2$. 오늘날 인문사회분야에서도 널리 사용.

[보론] 개념들의 구조(상위개념과 하위개념)

어떤 대상에 대하여 가진 개념(언어)은 그 본질이 추상적(抽象的)이고, 상징성(象徵性)을 가진 관념물이다. 우리의 지각기관은 물 자체가 가진 모든 재료를 수집하지 않는다. 또한 수집된 모든 재료들을 가지고 생각하는 것도 아니다. 물(物)의 부분 또는 의미 있는 재료들만으로 생각을 형성한다. 가령 특정 사과나무에서 특정 사과가 떨어지는 것을 경험하거나 또는 특정 총알이 날아가는 것을 관찰했다고 하자. 우리는 이것을 하나의 사건(the event)으로 개념화한다. 하지만 시간을 분할하면 무한히 쪼개질 수 있다. 쪼개진 개개의 시간대들은 각기 하나의 사건(a event)이다. 그렇기 때문에 무수한 다수의 사건들이 존재하고, 이들 각각에 개념(언어)들을 가질 수 있다. 한편 사유가 개입되어 중력(gravity), 함수(function) 등과 같은 일반의 성격을 가진 개념(언어)들로 일반화된다. 일상 언어(ordinary language)에서도 마찬가지이다.

---

99) 조작적 정의(1960년대에 주창)에 대한 자세한 내용을 알고 싶은 경우에는 시중에 나와 있는 소사닝빕콘 교과서들에서 '가석의 구성' 부분을 참조하기 바람. 부연하여 2000년 이후 언어가 가진 다의미 문제와 관련하여 일의적인 뜻을 가진 특정 기호의 창안 또는 컴퓨터상의 언어들과 같이 다양한 형태의 인공언어들이 등장한 배경과 연계하여 생각할 필요성이 있다.

그 사건들 (the events)	무한발산		사유	중력, 함수	
	일반화			상위 ↑ 개념 ↓ 하위	언어
그 사건 (The event)	↑ • 특정 사과나무에서 특정 사과가 떨어진다. • 특정 총알이 날아간다. ↓		관찰		
그 사건에 대한 무수한 사건들	분석(시간과 공간의 분할)		사유	(가)속도, 거리, 질량, 밀도, 부피, 무게, 미적분, 수렴, 발산, 극한 등	
	무한수렴				

이러한 경향으로 때론 사용자가 정확한 개념(concept)을 이해하지 못한 단어들을 사용하는 경우들이 발생한다. 예를 들어 사회(society), 인권(human rights), 행복(happiness) 등과 같은 단어들은 일상에서 흔히 사용하고 접하는 용어들이다. 그런데 사용자가 개념을 정확히 모르고 사용하는 경우가 많다. 그렇게 되면 수용자가 그 진술을 제대로 이해할 리 없다. 수용자는 나름 주관적이며 애매모호한 상태로 이해하게 될 것이다. 이러한 상황이 반복되고 사회 전체로 확산되면 다양한 문제들이 야기된다. 이에 오늘날 소통의 문제가 중시되고, 한편으로 개념에 대한 정확한 진술을 위해 재개념화, 조작적 정의 등이 적용되는 현상들이 나타나고 있다. 한편 특정 단어가 가진 개념을 제대로 이해하기 위해 어원과 개념의 변천과정에 대한 추적이 시도된다. 개념족보(族譜)를 만들어내는 작업이다. 족보를 구축하기 위해서는 역사, 사상, 문화 등의 지식이 필요해진다. 만약 어떤 개념이 서양에서 등장한 것이라면, 동양인은 그 개념을 이해하기 위해 서양에 대한 공부가 필요하게 될 것이다. 그런데 모든 역사의 서술이 그렇듯, 서술자는 현대적 시각에서 과거를 바라본다. 역설적이지만 현대적 시간과 공간을 담은 관념을 가지고 들여다보기 때문이다. 이에 시간적 간극이 발생하여 정당성이 문제된다.

[보론] 변수(variable)의 의미와 다양한 용어들

■ 개념과 변수의 차이

변수는 수학에서의 함수를 생각하면 이해가 빠를 것이다. 전술되었지만, 데카르트에 의하면 세계는 가변적이다. 그리고 변화하는 방향성은 선(직선과 곡선)으로 나타낼 수 있고, 그 선들은 좌표 개념을 통해 숫자로 전달할 수 있다. 가령 x와 y의 두 변수들은 계량적으로 표현하는 방법이다. 이러한 아이디어가 사회과학에 도입된다. 즉 소득, 동기 등과 같은 개념들의 애매모호성을 제거하여 객관성을 확보하기 위한 수단이다. 하나의 예를 들어 컴퓨터라는 단어를 생각해보자. 이것은 일반의 의미를 나타내는 관념적인 것이다. 이러한 추상적 개념을 좌표개념을 사용하면 형상(모양)을 계량적인 숫자로 표현할 수 있고, 그것이 가진 무게와 크기 등과 같은 어떤 속성치들도 마찬가지이다. 이러한 것이 변수이다.

부연하여 인문사회 현상에서 가지는 개념들은 심리적 요소로 인해 계량적이거나 또는 계량적 가치부여를 통한 조작적 정의에 한계가 있다. 그리하여 재(再)개념화[100] 수단이 주창된다. 하지만 특정 개념을 재(再)개념화하는 경우에도 개념 자체는 시공간적으로 변화한다. 가령 동일한 천문현상에 대해 갑골문자를 사용하던 시대의 사람들이 가진 개념과 현대인이 가진 개념이 다를 수 있다. 또한 서양적 개념과 동양적 개념이 다를 수 있다. 과거 개념과 분석자의 재개념화 사이에 시간적 또는 공간적 간극이 발생하여 원형적 개념을 명료하게 만드는 데 한계가 있다. 분석자는 동시대적인 사회적 통념과 언어적 관념에서 자유로울 수 없다. 그렇기 때문에 현대(동시대적) 시각에서 재개념화가 이루어질 개연성을 가진다. 그렇게 되면 원형적 개념과 재개념화된 개념 사이에 괴리가 있을 수 있다. 이러한 이유들로 분석자에 따라 다양한 재개념화가 이루어질 수 있다.

■ 변수에 대한 다양한 용어들의 정리
① 독립변수(independent variable)와 종속변수(dependent variable)
- 독립변수: 일정한 원인 기능을 안정적으로 수행하는 것. 원인(causal)변수 또는 가설변수라고도 함.
- 종속변수: 일정한 원인을 받아 안정적 결과를 가지는 것. 결과(effect)변수라고도 함.
※ 두 변수는 정책결정(대안의 채택)과 정책평가(대안의 효과측정)에의 주요 변수들이다.
② 제3의 변수: 독립변수와 종속변수의 변수 외의 다른 변수
- 개입변수(intervening variable): 매개변수, 조정변수, 증가(부가)변수, 감소(제약)변수
- 일방에서만 영향을 미치는 변수와 쌍방 모두에 영향을 미치는 변수
- 영향을 미치는 것 같지만 실제는 영향을 미치지 않는 변수(일방에만 허위변수와 쌍방허위상관변수)
③ 통제 가능한 변수(controllable variable)와 통제 불가능한 변수(uncontrollable variable)
- 관찰 가능한 변수: 통제가 가능/불가능한 변수
- 관찰되지 않은 변수: 독립변수와 종속변수에서도 발생. 숨어 있는 변수.
④ 문제변수(문제파악 과정에서 발생하는 변수)와 집행변수(집행과정에서 가지는 변수)

4. 과학적 인식물과 신뢰

인류의 가장 위대한 작품 중 하나가 과학이다. 과학은 도처에서 놀라운 일들을 만들고 있다. 마술사처럼 상상으로만 가능한 일들을 실현해준다. 또한 과학적 지식(knowledge)은 일상 전역에서 활용된다. 다양한 문제들을 해결하는 첨병 역할을 톡톡히 수행하고 있

---

100) <참고> Robert K. Merton 등에 의해 제시. 재개념화(re-specification of a concept 또는 re- conceptualization)란 개념의 내용을 정밀하게 분석하여 명백히 재규정하는 작업을 의미. 일반적 절차로서 ① 개념의 목록작성, ② 개념을 구성하는 제 요소들을 분석하여 추출하고, 그것들이 어디에 사용되는지 등을 해명. 이 과정에서 어떤 요소에 치중하는지를 규명하고 구성요소 중 몇 가지 요소를 가지고 주개념으로 받아들일 것인지 여부를 결정. ③ 관계문헌들을 통한 개념의 용법을 파악. 동일한 개념이 존재하는지 문헌을 조사하고 개념이 어떻게 적용되는지를 조사. ④ 조사된 개념들(유사한 개념들을 포함)이 현재 실제에서 어떠한가를 비교검토. ⑤ 상위개념과 하위개념들과 결부시켜 파악하여 고차원적인 정의와 저차원적인 정의들을 시도하여 명백성에 기여하는 재개념화 시도. 이에 대한 자세한 내용은 시중에 나와 있는 [조사방법론]을 참고. 1960년대에 등장한 재개념화= 계량적 조작화가 어려운 개념문제를 명료하게 구성하려는 의도로 주창된 것이지만, (해석의 방법론적 성격을 가진다) 객관화를 위해서는 변수(계량화)가 추구된다.

다. 하지만 분명한 것은 과학은 인간의 창조물이라는 점이다. 유한적이며 불완전한 인간의 작품이 완전할 리 없다. 이러한 점에서 과학은 불완전하다. 그리하여 과학적 인식물에 대하여 얼마만큼 신뢰할 것이냐는 질문을 남긴다.

결론부터 이야기하면 과학적 인식물(지식)은 보다 신뢰할 수 있는 앎이지만, 비판적 태도를 견지한 신뢰가 필요하다. 사회학자 머튼(Robert Merton)에 의하면, 과학적 지식은 다른 지식과 달리 다음과 같은 4가지 대표적 규범이 존재하기 때문에 가장 신뢰할 수 있는 것이라 주장한다. 첫째, 보편주의(universalism)이다. 과학적 지식은 시간과 공간, 그리고 인종과 성별에 관계없이 대등적인 특성을 가진다는 점을 든다. 둘째, 공유주의(communalism)이다. 과학적 지식은 과학자들 간에는 유기적인 비판 문화가 형성되어 있고 공개적(公開的)이란 점을 든다. 셋째, 과학자들의 무사무욕(無私無慾 disinterestedness)이다. 과학적 지식은 사유(私有)가 가능하지 않아 과학자들이 이해관계에서 자유롭고, 그리하여 과학자는 물질적 이해관계보다 존경과 명예를 추구하게 된다고 본다. 넷째, 유기적으로 조직화된 회의주의(organized skepticism)이다. 과학자들은 누군가의 주장을 쉽게 믿지 않는 경향이 있고, 이러한 경향으로 공개적인 토론과 검증절차를 통해 오류가 걸러질 수 있다는 점을 든다. 그러나 모든 과학적 지식이 보편적인 것이 아니고, 공유되는 것도 아니다. 과학자들이 무사무욕하지만도 않다. 또한 과학계가 조직화된 유기적 관계를 가지고 있지 않은 경우도 관찰된다. 그렇게 때문에 누군가 과학적 지식을 맹목적으로 신뢰한다면, 이성이 성숙하지 못한 인간의 단면을 보이는 것과 다를 바가 없다. 마치 점쟁이의 말을 확신하는 것과 마찬가지일 것이다.

실증을 중시하는 자연과학의 대표적 분과학문의 물리학적 지식을 예로 생각해보자. 일상에서 흔히 나침판으로 사용하는 하나의 자석이 있다고 하자. 이것은 N극과 S극이 존재한다. 그런데 이것을 반으로 잘라 관찰하면 이때에도 N극과 S극이 존재한다. 이러한 절단을 반복해서 시행하고 관찰해도 마찬가지로 N극과 S극이 존재한다고 하자. 그런데 시행을 계속해서 할 수가 없다. 인간의 육체는 한계가 있어 더 이상 절단할 수 없는 상태가 되기도 하지만, 육안으로 관찰할 수 없는 상태가 되기 때문이다. 그렇기 때문에 더 이상 경험적으로 관찰할 수 없는 한계치를 가지게 된다. 이후의 과정은 경험으로 확인할 수 없는 영역이 되어버린다. 이때 인간의 감각능력을 확대해주는 기기(器機)가 개발되어 또다시 진행될 수도 있을 것이다. 하지만 기기를 사용하는 경우에도 한계치는 여전히 존재한다. 여기서 앎의 행위를 중단할 수 있을 것이다. 만약 그렇지 않다면 이제는 사유가 문제된다. 그 영역은 인간의 손이 미치지 않아 논리적으로 추정할 수밖에 없는 영역이기 때문이다. 그렇기 때문에 과학적 지식은 크게 세 가지 지식들이 존재하게 된다. 하나는 경험적 성격을 가진 지식이고, 다른 하나는 논리적 성격을 가진 지식이다. 그리고 마지막으로 경험적이며 논리적인 성격을 동시에 가진 지식이다(반대로 자석의 크기를 계속 확대하는 경우에도 마찬가지이다. 더 이상 자석을 크게 할 수 없는 한계치가 있고, 그 이후의 영역은 경험의 문제를 떠나 논리의 문제가 된다).

여기서 경험(empirical)의 영역과 논리(logic)의 영역이 등장하는 것을 알 수 있다. 세계의 작동에 이치 또는 규칙성을 가정한다면(마치 정규분포의 양상을 가지는 경우처럼), 경험적 지식은 상대적으로 논리적 지식보다는 신뢰성을 가질 것이다. 전자는 반복적으로 확인할 수 있어 간주(看做) 판단이 가능하지만, 논리적 지식은 논리적 틀이 문제되고, 그로부터 가진 결론은 추정(推定) 판단의 성격을 가지기 때문이다.

그런데 통상 과학적 지식은 경험과 논리가 혼합되고, 일반의 성격을 가진 앎이 추구된다. 왜냐하면 지식은 하나보다는 많은 것들을 설명할 수 있는 앎이 더 유용하고, 현재를 설명할 수 있을 뿐만 아니라 미래를 예측할 수 있는 앎이 더 좋기 때문이다.[101] 그리하여 일부 관찰된 자료를 바탕으로 논리적 사유를 통해 경험적으로 관찰할 수 없는 영역에 대한 앎 또는 일부의 경험만으로 전체를 추정하는 앎을 가지게 된다. 요컨대 귀납을 통한 일반지의 생성이다. 이에 관련된 귀납의 문제[102]는 전술되었다.

여기서는 약간 초점을 돌려 증명의 문제를 살펴보자. 우리가 일반의 성격을 가진 과학적 명제들을 경험(실험/관찰)만으로 증명이 가능한가라는 문제이다. 예를 하나 들어 보자. [불이 나면 연기가 난다(p→q)]라는 일반 진술을 관찰이나 실험으로 증명한다고 해보자. 즉, 귀납적으로 증명하는 경우이다. 그러면 이 진술이 가진 일반의 범주를 쪼갤 수밖에 없다(이를 분할적 또는 분석적 진술이라고 부르기도 한다). 이때 [불이 나면 연기가 난다(p→q)]는 진술과 분할된 진술들의 합은 같아야 한다. 그래야 범주에 동일성(동일률)

---

101) 전자를 좁은 의미의 경험과학 또는 순수 경험과학으로, 후자를 형식과학 또는 순수 형식과학(예: 수학)으로 구별하기도 한다. 실증주의 입장에서는 논리적 지식인 순수 형식과학은 배척된다. 반면 논리실증주의는 실증하기 위해 실행하는 실험/관찰에서도 판단기준이 필요하고, 지식의 범주가 클수록 유용성이 증가한다는 점에서 경험과 논리 양자를 모두 포괄하는 것이 필요하다는 입장을 취한다. 현대의 자연과학은 일반적으로 논리실증주의 입장이 견지된다. 즉, 경험과학과 형식과학의 혼합적 성격이다. 가령 대표적 예로 뉴턴은 [자연과학과 수학적 원리]를 접목하여 만유인력의 법칙을 중심으로 물리적 지식의 한 축을 형성했다는 것은 전술되었다.

102) 특정 관찰이나 실험 결과를 서술한 단칭 진술로부터 이론과 같은 전칭의 보편진술로 나아갈 경우, 그런 추론을 귀납적이라고 하고, 반대의 경우를 연역적이라 한다. 사회현상을 예로 하면 귀납은 개개인의 행위로부터 사회에 대한 분석(진술)을 시도하는 경우이고, 연역은 사회에서 개개인의 행위에 대한 분석(진술)을 시도한다. 귀납에서 가진 보편적 긴술이 어떤 조건에서 정당화될 수 있는지에 대한 문제를 흔히 '귀납의 문제'라고 부른다. 가령 통계학에서 말하는 표본과 모집단의 대표성 문제이다. 만약 정규분포를 가지고 있다면, 정당성을 가질 수 있다고 본다.

이 확보된다. 가령 [북한산(삼각산)에 산불이 나자 연기가 났다]라는 것과 같은 특칭의 진술들의 합이다(북한산은 하나밖에 없다).

그런데 이러한 특칭진술들로 쪼개려면 무한대의 분할(분석) 진술들이 나오게 된다. 시간과 공간에서 발생하는 모든 불들은 개개의 특정 불이다. 이것들은 시간과 공간의 분할에서 무한대이다. 특히 위의 예인 북한산(삼각산)의 산불의 경우에서 북한산(삼각산)은 이 세상에 하나 밖에 없는 특칭의 존재사이지만, 언제 어디서 난 불인가에 관련하여 무한의 진술이 등장한다. 즉, 어제 12시에 발생한 동쪽에서의 A산불, 오늘 발생한 서쪽에서의 B산불 등과 같은 경우들이다. 그러므로 [불이 나면 연기가 난다($p{\rightarrow}q$)]는 일반 진술에 대한 귀납적 증명은 사실상 불가능해진다. 즉, 경우의 수들을 열거하기도 어렵지만, 모든 경우의 수를 찾았다 해도 전수조사(全數調査)가 불가능하다. 역설적이지만 개별(귀납)로 일반을 증명하는 것은 무한의 경우 수를 창조하여 증명을 불가능하게 만든다. 이에 무한을 유한으로 만드는, 마치 수학에서 π(파이) 또는 루트($\sqrt{\ }$)와 같은 개념이 필요해진다. 경험적 증명(실험/관찰에 의한 증명)이 아닌 논리적 증명(정의/공리에 의한 증명)이 되어버린다.

이러한 이유로 일반을 귀납(개별)으로 증명하기 위해서는 반증 사례를 통해 그것이 거짓이라는 것만을 증명할 수밖에 없게 된다. 즉, 관찰된 사실들에서 연기가 나는 경우가 있는지를 조사하여 반대를 증명하는 경우이다. 이때 만약 반증이 발견되지 않는 경우에는 일반 진술은 기각될 수 없다. 하지만 그것을 참이라 판단하는 것도 문제가 있다. 반증의 사실이 있지만 발견되지 않은 경우가 있을 수 있고 또한 향후 반증의 사례(예외)가 발견될 수도 있기 때문이다. 그리하여 반증적 사례가 없다고 하여 그것이 참이라고 판단할 수는 없다. 가령 원고가 유죄라는 주장에 피고가 그 주장에 반증을 댈 수 없다 하여 피고를 유죄로 판단할 수 없는 것과 마찬가지이다(피고가 무죄라는 것을 입증하는 것이 원고가 유죄를 입증하는 것보다 더 어려운 경우가 많다). 이러한 이유로 반증을 통한 증명을 시도하는 경우, 일반 또는 보편 진술의 과학적 지식은 가설로 간주할 수밖에 없게 된다.[103]

---

103) 만약 귀납의 문제에 관련하여 논리적으로 받아들일 수 있게 해주는 타당한 논리원리를 확립해야 하는 것이 아니라면, 귀납의 문제는 논리적으로 따질 이유가 없게 될 것이다. 가령 범주화와 사유원칙(동일률, 배중률, 비모순률)의 틀을 무시하는 경우라면, 논리적으로 받아들일 수 있는가에 대한 귀납원리의 문제는 고려될 이유가 없다. 간단히 말하면 보는 것만을 믿겠다는 태도이다. 기출문제 참고: 2010년도 행정(기술)·외무고시·견습직원선발시험(언어논리영역, 수책형 18, 19번).

[보론] 입증의 맹점과 활용술

일상의 진술들에서 검증과 입증을 혼용하여 사용하기도 하지만, 검증(檢證)은 입론(가설)에 대응하여 부정(contrary)과 긍정을 가리기 위한 증거 모두를 포괄하는 시험(test) 의미를 가진다. 반면 입증은 입론(가설)이 참이란 것을 증명하는 증거를 의미한다는 점에서 약간 성격이 다르다. 입증에 관련하여 좀 더 내용을 살펴보기로 한다.

입론을 받아들이는 증거로서의 입증은 입론으로서 제기되는 명제가 진술 자체가 가진 추상성 또는 애매모호함으로 입증 자체가 정당성을 가질 수 없는 경우는 별도로 하고, 긍정하는 증거가 가진 명백성(clarity)과 관련하여 두 가지 점에서 문제가 있다. 하나는 입증하는 근거가 가지는 증명력의 문제이다. 가령 [그 고양이는 잡식이다]라는 가설(특칭명제)에 대한 입증 자료로 사진을 제시했다고 하자. 이것이 참인가 거짓인가를 증명해야 한다. 즉, 검증이 필요해진다(이에 검증은 두 측면에서 이루어진다. 진술 자체에 대한 검사와 입증 근거에 대한 검사이다). 다른 하나는 입증이 가진 귀납적 성격에서 가지는 문제이다. 가령 [고양이는 잡식이다]라는 가설(전칭명제)을 입증하는 근거로 모든 고양이들을 담은 사진을 제시할 수 없다. 이러한 경우 표본을 통해 행할 수밖에 없고, 이때 표본에서 가진 근거가 모집단을 대표할 수 있는가가 문제된다.

이와 같은 이유로 다음과 같은 현상을 노정시킨다. 우선 [고양이는 잡식이다]의 증명에서 서로 모순적인 찬증과 반증이 동시에 존재하게 만드는 경우이다. 즉, 찬증 사진과 반증 사진이 모두 공존하는 경우이다. 논리적으론 반증이 존재하기 때문에 진술(입론)은 기각되어야 하지만, 현실에서는 그렇지 않다. 찬증과 반증이 가진 명증성 문제가 발동하여 서로 경쟁한다. 그런데 이러한 경쟁 상황에서 통상 적용되는 원칙이 하나 있다. 반증이 증명력을 가지지 못한 경우 입론을 배격하지 못하고 입론이 그냥 유지되는 경우이다. 예컨대 지구를 중심으로 한 천동설을 채택하고 있는 지식체계에서 명증성을 갖지 않은 반증의 존재만으로는 천동설 명제를 포기하지 않는다. 어떤 지식(이론)이 포기되거나 또는 상반된 다른 지식(이론)으로 대체되는 것에는 보수적이다. 이는 지식의 안정성과 관련되어 있다.[104]

이러한 맹점을 교묘히 활용하는 진술들이 현실에서 비일비재하다. 하나의 예로 [1919년 3·1운동은 일제 식민정책을 헌병경찰통치에서 문화정치로 정책을 수정하였다]는 진술(입론)을 가지고 살펴보자. 찬증의 근거는 다음과 같다. 총독에 문관(文官)도 임명될 수 있고, 헌병경찰제도 대신 일반경찰제도로 전환했으며, 언론 통제를 완화하여 허가제를 신고제로 전환하여 한글로 된 신문간행이 허락되었다는 정책들을 든다(이러한 사실에 대한 반증을 대는 것은 간단하지 않다. 용기도 필요하지만, 개인이 비용과 시간 및 노력 등을 투자하여 실행하기가 어렵기 때문이다. 때론 반증을 제시하지 못하도록 은밀히 조사 작업을 방해하거나 공식적으로 차단하는 일들이 행해지기도 한다). 이에 대해 반증은 다음과 같다. 1945년 한국에서 축출되기까지 한 명의 문관도 총독으로 임명된 적이 없고, 경찰기구와 인원이 확대되었고, 감옥이 증설되고 투옥시킨 사상범의 수가 증가하였으며, 동아와 조선 및 시대일보 등 한국 신문이 창간되었지만 검열제도가 강화되어 정간과 폐간 등으로 제 구실을 하지 못했고, 특히 1920년 봉오동 전투와 청산리 대첩의 무력진압을 시도하면서 만주의 한국인 부락들을 습격하여 대학살이 벌어진 경신참변, 1923년 일본에서 발생한 관동대지진 때 많은 한국인을 학살하는 비인도적 행위들을 든다.

---

104) 이러한 신중성의 원칙은 판단과 관련된 다양한 영역에서 작동한다. 가령 억울한 사람을 만들어서는 안 된다는 법사상과 관련하여 형사사건에서 [그는 유죄이다]라는 입증은 원칙적으로 검사에게 주어지고, 만약 검사가 제시하는 입증에 관련된 찬증 근거가 명증성을 가지지 못할 때, 즉 증거가 의심스러울 때 피고인의 이익으로 판단하는 원칙이 작동한다.

반증으로 진술(입론)을 판단하면, 그것은 과잉/과소의 판단문제가 아닌 완전(생) 거짓말이다.

[보론] 사회실험과 모의실험

실험은 자연과학실험, 사고실험(논리실험), 통계적 확률실험(예: 반복적 시행으로 수학적 확률과 동일해지는 것을 확인), 모의실험(가상실험) 등이 있다. 여기서는 정책결정과 관련하여 흔히 행해지는 자연과학적인 실험논리를 응용하는 사회실험(진실험과 준실험)과 모의실험(가상실험)에 대해 언급하기로 한다.

■ 사회실험

사회실험은 자연과학적 실험논리를 인문사회 분야에서 적용한 실험을 지칭한다. 인문사회 영역에 실험논리를 응용하는 경우, 실험의 타당성과 관련하여 동질성 확보가 중요한 기술적 문제로 등장한다. 여기서 동질성은 크게 두 가지 측면에서 논의된다. 하나는 실험집단을 표본으로 구성하는 경우, 표본과 모집단이 서로 동질한 것인가의 측면이다. 가령 요리사가 찌개의 간을 보는데 한 숟가락으로 맛을 보고 찌개 전체가 짠지 매운지 등을 추정한다. 이때 만약 찌개 속에 들어 있는 성분들이 골고루 균형 있게 잘 섞여 있다면 한 숟가락으로 간을 보아도 괜찮을 것이다. 하지만 찌개성분들이 잘 섞여져 있지 않다면, 한 숟가락으로 전체 찌개 맛을 추정하는 것은 대표성에 문제가 있다. 통계학에서는 동질성의 문제를 표본 수의 크기 문제보다는 찌개 맛을 보는 것과 같이, 잘 섞어져 있는가에 의해 결정된다고 본다. 가령 여론조사의 경우 연령별, 성별, 지역별 등과 같이 층화(層化)가 문제된다. 또한 조사에 응한 사람보다 무응답자의 비율이 높으면 표본이 모집단을 대표하지 못한다. 다른 하나는 집단을 구성하는 대상들이 양적·질적으로 같아야 하는 동질성의 문제이다. 예컨대 학업성적이 우수한 100명의 학생들로 한 집단을 구성하고, 학업성적이 우수하지 못한 50명의 학생들로 각각 두 집단을 구성하고, 특정 교육프로그램을 한 집단에만 실시하고 일정기간 후 그 차이를 비교한다면 문제가 있다. 동질성 확보를 위해 일반적으로 무작위(random) 방식이 이루어진다.

진실험과 준실험은 통상 후자인 실험집단과 통제집단의 동질성 여부를 기준으로 구별된다. 즉, 무작위로 두 집단을 구성하였다면 진실험(true experiment)이다. 그리고 무작위(random) 배정이 아니라면 준실험(quasi experiment)이라 구분하고 있다. 준실험이 등장하는 이유는 사회실험의 경우 두 집단을 무작위 방식으로 구성하기 어려운 경우가 많기 때문이다. 그리하여 비슷한 두 대상을 찾아 하나는 실험 집단으로 다른 하나는 통제집단으로 선정하는 짝짓기(matching)를 통해 집단을 구성한다. 가령 서울과 유사한 다른 도시를 선정하여 실험집단과 통제집단으로 구성하고, 실험집단에 정책을 실행하여 통제집단과의 차이를 통해 정책이 가진 효과를 실험하는 경우이다. 준실험의 경우 진실험 방법에 비해 상대적으로 정확한 분석결과를 담보하지는 못한다. 하지만 진실험 방식이라 해도 진실성 또는 신뢰성 문제가 완전히 사라지는 것은 아니다. 실험과정에서 다양한 오류가 발생하여 참값-근삿값=오차가 발생할 수 있다. 이때 오차의 유효범위가 문제된다.

■ 모의실험(가상실험)

모의실험이란 실제 또는 현장에서의 실험실행이 어려운 한계로 가상적인 모형을 통해 행해지는 실험을 지칭한다. 가령 전술된 [모형]에 대한 논의에서 천안함 침몰 사태의 경우 컴퓨터 시뮬레이션을 통해 모형을 구축하고 침몰을 일으킨 원인(수단)을 추정하는 경우이다. 하지만 이러한 모의실험의 경우 실제로 존재하는 상황과 모형 간의 동질성이 문제된다. 특히 "지진" 상황을 예로 들면 상황을 구성하는 국면들은 지진활동국면과 사회질서국면 등이 있다. 그런데 지진국면과 달리 사회질서국면은 성격이 다르다. 만약 충분한 자료들을 가지고 있다면 지진활동국면은 상대적으로 동질성을 가진 모형을 구축하기 용이하다. 하지만 사회질서 국면은 동질성이 확보된 모형을 구축하는 것이 어렵다.

[보론] 과학적 인식의 유효성, 그리고 정책과 신뢰

오늘날 문명사적 흐름에서 과학적 인식은 얼마나 진실에 가까운 것을 보고 있는가라는 유효성 문제로 간주되는 것이 주류적 경향이다. 인식대상인 일어난 현상에 대하여 오직 확률적으로만 말할 수 있으며, 앞으로 일어날 현상에 대해서도 마찬가지로 확률적으로만 전망할 수 있다고 본다. 유효성 여부는 구체적으로 근사치와 추론의 타당성 문제와 관련된다. 한편 동시대에 존재하는 사회적 통념으로서 가지는 유효성에 대한 사회구성원들이 가진 주관적 신뢰도와 밀접한 관련성을 가진다.

■ 근사치(近似値)와 타당성(妥當性)

과거 선조들은 천문학적 정보들을 통해 달력을 만들고, 춘하추동 4계절을 24절기로 구분하여 농사일에 필요한 정보들을 얻어 왔다. 오늘날 인류는 프랑스의 수학자 라프라스(Laplace)의 말을 빌리면, 유효한 지식을 얻을 수 있는 과학이란 도구를 가지고 있다. 계산할 수 있는 자료와 시간만 있으면 과거와 현재 및 미래에 대한 유효한(근사치) 이해와 설명이 가능하다. 다만 제약들로 인해 이것이 실현되지 못하는 것뿐이다. 다음을 생각해보자. 갑은 오후 9시에 달이 뜨는 것을 목격했다. 그러자 '내일은 몇 시에 달이 뜰 것인가?'라는 것이 궁금했다. 갑은 두 가지 방법을 생각했다. 하나는 내일 달이 뜰 때까지 기다리다 관찰하는 방법이고, 다른 하나는 현재 가지고 있는 지식을 활용하여 예측하는 방법이다. 갑은 후자를 택하고 정보를 검색하여 신뢰할 수 있는 정보들을 채택하여 해를 중심으로 지구가 자전과 공전을 하고, 달이 지구를 공전하는 것을 알았다. 지구 자전 각도는 약 1시간에 15도로 움직이고, 지구 중심에서 달의 공전으로 움직이는 각도는 약 1시간에 13도로 이동한다. 정보들을 토대로 상대속도에 의해 동일한 관찰지점에서 달이 뜨는 것이 느려지게 되어 내일은 오후 9시 50분에서 ±10분의 오차범위 내에서 달이 뜰 것이라는 값을 계산했다. 갑의 인식방법을 확장하면, 해·달·지구가 일직선을 가져 나타나는 일식(개기일식과 부분일식)이 일어나는 시간도 근사치를 계산할 수 있을 것이다.

<현생인류의 등장에 관하여 진화인류학적 시나리오를 통한 설명과 타당성>

Fact (확인된 사실)	· 17C: 생명의 기본단위 세포발견(로버트 훅: 벌집 모양의 식물세포) · 19C: ▶ 생명의 기본단위인 동물세포와 식물세포가 동일하다는 것을 확인 → 광학 현미경으로 루만은 동물세포를 관찰, 슬라이덴은 식물세포를 관찰. → 17세기 이후 세포는 식물만이 가진 것으로 생각했던 인식에 변화. ▶ 진화론 등장: 다윈의 『the original of species: 종의 기원』[105] · 20C: 세포 속 염색체(유전기능) 관찰과 확인 → DNA 관찰과 정보 저장기능 확인 → RNA 관찰과 정보 전달기능 확인{DNA의 정보와 리보솜(단백질 생성기능)의 매개}

---

105) 『종의 기원』의 메시지: 모든 종(생명 개체)은 하나에서 출발한다. 그 씨앗이 같다. 따라서 모든 생명은 가치가 동일하다. 입증을

이해 (설명)	현생인류의 등장 시나리오(Scenario) 구성 • 무산소 상태에서 원핵세포[106]인 박테리아 생성(무기질에서 유기질의 생성). • 원핵세포인 박테리아에 미토콘드리아[107] 생성. • 단세포에서 다세포로 진화 • 약 6,500만 년 전(백악기 시대) 지름 10㎞의 운석과 지구의 충돌로 지구 생태계 변화 → 엄청난 충격력으로 지각이 변동하고 산성비가 내리는 등 지구환경의 급격한 변화. → 지구를 지배하던 포식자 공룡을 비롯한 다양한 종들이 단기간에 대량 멸종. → 위협의 반전: 살아남은 소수의 약한 종들에게는 생존과 발달의 기회를 제공. • 포유류의 다양화와 발달 → 고도의 지능을 가진 호모사피엔스(현생인류)가 등장

■ 정책과 신뢰

2010년 서해안에서 해군 초계함이 침몰한 사건이 발생하고 한반도에 군사적 긴장관계가 고조되는 상황이 전개되었다. 국방부 장관은 기자들에게 다음과 같이 말한다. "천안함이 침몰한 원인을 과학적 방법을 통해 분석한 결과에 대하여 서양 사람들은 거의 다 믿는데, 우리나라 사람들은 75%만 믿는다." 국방부 장관은 75%의 수치를 가지고 불만적인 심기를 표출하지만, 사실 이러한 수치는 대단한 수치이다. 100%는 존재할 수 없기 때문이다. 여기서 정책과 관련하여 양적인 수치와 더불어 질적인 신뢰상태도 고려되어야 한다. 정책에 대한 지지와 반대의 행태가 노정되기 때문이다. 만약 75%의 국민이 모두 확신상태라면, 정책의 의제설정과 결정 및 집행에 어려움이 발생되지 않는다.

정부가 사회문제(상황) A를 판단한다면, 국민 역시 A를 판단한다. 그리고 정부와 국민 각기 자신의 판단과 그 판단에 대한 믿음 정도를 가지게 된다. 이때 쌍방 간에 가지는 신뢰 상태의 관계가 어떠한가에 따라 정책환경의 양상과 내용이 달라진다. 이러한 신뢰상태는 신뢰정도를 조사하여 가늠할 수 있다. 판단하는 방법을 과학적 방법과 비과학적 방법으로 구분하고, 신뢰의 정도를 불신과 준확신 및 확신의 세 등급으로 구분하면, 모두 6가지 경우들을 각각 가지게 된다.

둘러싸고 화석에 대한 논란을 야기→ 삼엽충 등 다양한 종류의 화석들이 계속해서 발견.

106) 원핵세포: 단백질 덩어리, 핵 없는 하나의 염색체를 가진 것(단세포).

107) 미토콘드리아: 광합성을 통해 에너지 획득 기능을 수행 → 산소 배출. 잘 변하지 않는 독자적 DNA를 가지고 어머니를 통해서만 유전되는 성질을 가지고 있어 조상 추적 단서로 활용.

■ 정부와 국민이 가지는 신뢰상태와 관계

구분방법

정부 또는 국민이 각각 가지는 신뢰상태: 여섯 가지로 구분

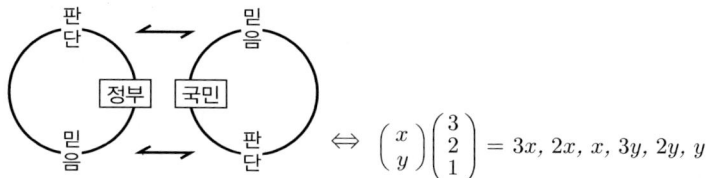

$$\Leftrightarrow \begin{pmatrix} x \\ y \end{pmatrix} \begin{pmatrix} 3 \\ 2 \\ 1 \end{pmatrix} = 3x, 2x, x, 3y, 2y, y$$

- 판단의 방법: $x =$ 과학적 방법, $y =$ 비과학적 방법
- 신뢰적 심리상태: 1=확신, 0=준확신, -1=의심
$$\Downarrow$$
- 과학적 방법 세 가지: $1x, 0x, -1x$.
- 비과학적 방법 세 가지: $1y, 0y, -1y$.

신뢰상태의 의미

- 확신 상태(1): 전적인 믿음=납득(convincing)(수용 가능)
- 준확신 상태(0): 오류 등 의심의 믿음=조건적 납득(조건부적 수용)
- 불신 상태(-1): 의심적 상태(unconvincing)=비납득(수용 불능)

만약 정부(G)와 국민(P)의 신뢰상태 관계에서 합이 양(+)의 값을 가지는 경우는 (1, 0), (1, 1), (0, 1) 세 가지이다. 반대로 음의 값을 가지는 경우는 (0, -1), (-1, 0)의 두 가지이다. 중간인 영(0)의 값을 가지는 경우는 (0, 0), (1, -1), (1, -1)의 세 가지이다. 만약 (1, -1)인 경우, 즉 정부는 확신 상태지만 국민은 불신 상태인 경우라면 정부는 국민이 불신하는 요인을 찾아 이를 해소하는 별도의 관리수단들이 필요하다. 가령 판단에 외부 참여, 투명한 절차와 정보공개, 홍보(PR) 등과 같은 수단들이다.

[문] 다음 (가)와 (나)를 모두 포섭하는 공통적 전제로 적절한 것은?

(가) 사람들은 지식의 참인가 거짓인가에는 큰 관심을 두지 않는다. 이미 지식이란 단어 속에 진실함이 주어져 있는 것으로 치부해버리는 걸까? 지식이 진짜인지 가짜인지를 따져서는 안 되는 불문율 같은 것이 작동한다. 그들은 지식을 습득하고, 습득한 지식을 이용하여 문제를 푸는 조작적 수단을 익히는 데에 바쁠 뿐이다. 그러나 만약 당신은 무죄인데 범죄 혐의를 받고 유무죄를 가리는 재판을 받는다고 하자. 그러면 당신은 경험 많고 노련한 검사의 논리적 주장보다 더 강한 논리적 주장을 내세우기는 쉽지 않다. 검사보다 더 유능한 변호사를 고용하는 것도 용이한 일이 아니다. 이에 진위가 아닌 논리만으로 유무죄를 판단한다면, 아마도 당신은 십중팔구 꼼짝없이 유죄로 판결될 것이다. 주장의 의견 세계에서 약한 주장은 강한 주장에 항상 묵살되거나 배척당하기 때문이다. 그렇게 되면 아마도 당신은 실체적 진실을 토대로 재판이 행해져야 한다고 주장하게 될 것이다.

(나) 만약 당신이 정책을 결정할 권한이 있는 사람이라고 하자. 당신이 매우 현명하여 특정 사회문제에 정확한 판단을 내린 참된 인식물이 있다고 하자. 그런데 당신이 정책을 결정하는 데 여론이나 강한 주장을 생각하지 않을 수 없다. 민주주의 정치체제를 가지고 있기 때문이다. 만약 당신의 판단과 여론이 서로 배척점을 가진다면 당신은 어떻게 처리할 것인가? 이러한 상황을 회피할 다른 수단이 없다면, 당신은 다음 둘 중 하나를 선택해야 한다. 하나는 당신이 여론을 좇아 정책을 결정하는 경우이다. 그러면 당신은 민주주의자라는 평가를 받을 가능성이 크다. 물론 당신이 가진 이성적 자존감은 희생된다. 다른 하나는 반대로 여론을 무시하고 당신의 판단으로 정책을 결정하는 경우이다. 그러면 당신은 독재자란 말을 듣게 될 가능성이 크다. 대신 당신의 이성적 자존감은 지킬 수 있다. 당신의 선택에 민주정치의 진정한 뜻을 헤아릴 필요가 있다. 진정한 민주정은 다수 의견으로 정책을 결정해야 한다는 것을 의미하는 것은 아니다. 민주정(民主政)은 정책결정자에게 이성적 판단을 실행하라는 명령이 함축되어 있다. 만일 정책결정자인 당신이 여론만으로 정책을 결정한다면, 당신은 필요하지 않다. 여론조사를 통해 정책을 결정하면 되기 때문이다. 국가마다 차이는 있지만 발달된 정보통신매체 환경에서 실시간 여론조사는 일도 아니다. 이러한 정치체제에서는 여론 형성에 영향을 미칠 수 있는 소수에 의해 농락당한 다수의 바보들에 의한 통치가 이루어질 가능성이 매우 높다. 당신이 여론을 반영하여야 하는 것은 당신이 가진 인식물이 참이라는 확신을 가질 수 없거나 또는 참/거짓을 따지기 어려운 가치 평가적 사안에 국한된다. 민주주의를 지향하면서 한편으로 왜 법치주의를 작동하는지 이유를 생각해야 한다.

① 참된 인식에 관련된 문제는 단지 지적인 스콜라적(scholastic)인 것만은 아니다. 현실적인 문제이다.

② 실용적 관점에서 지식이 참된 것인지 거짓인지는 크게 중요하지 않다.

③ 정책결정자는 정책결정에서 진정한 민주정을 실행할 의무가 있다.

④ 지식은 일상의 문제를 해결하는 유용성을 가져야 한다.

⑤ 다수결 의견에 따르는 의사결정은 인식의 불완전성으로 필요하다.

[해설] 답: ①

① ①을 전제로 (가)와 (나)의 글들이 모두 전개(추론)될 수 있다.

② 상충(비모순율에 근거하여 타당하지 않은 진술)

③ (나)에만 해당(범주에 근거하여 타당하지 않은 진술)

④ 부적절

⑤ (나)에만 해당(범주에 근거하여 타당하지 못한 진술), 내용적으로도 전제로서 부석질.

[문] 다음 글에서 필자가 관념물을 거짓이라고 생각하는 근거를 추론한 것으로 적절한 것은?

유클리드 기하학(B.C. 3C)에서 [삼각형의 세 내각의 합은 180°이다]라는 명제를 생각해봅시다. 이 명제는 참인가요? 거짓인가요? 근대 영국의 뉴턴에 이르기까지 약 2,000여 년 동안, 이것은 의심할 수 없는 참된 지식으로 간주되어 왔습니다. 정의와 공리체계로 참이 증명될 수 있기 때문입니다. 하지만 수학자 리만은 다르게 생각했습니다. 만약 어떤 삼각형의 세 각의 합이 180°라면 평면에서의 삼각형일 때만 성립합니다. 만약 면이 찌그러지거나 둥그런 경우라면 180°보다 큰 삼각형이 됩니다. 예컨대 지구표면 위에 삼각형을 그린다면 면이 구형(球形)이기 때문에 180°보다 큰 각을 가진 삼각형이 될 수밖에 없습니다. 평면에서만 성립합니다. 그러나 현실에서 그러한 평면은 존재하지 않습니다. 다만 관념 속에서만 존재하는 것이지요. 실제에서는 거짓이 됩니다. 그런데 어떤 사람은 실제 세계와 동떨어진 관념의 세계를 마치 그것이 실제의 세계에서 참된 것을 알게 된 것인 양 주장하는 사람이 있습니다.

① 명제가 참이기 위해서는 대상과 사유가 일치해야 한다.
② 명제가 참이기 위해서는 대상과 경험이 일치해야 한다.
③ 명제가 논리적 증명을 통해서 참이 판별되어야 한다.
④ 명제가 참이기 위해서는 최소한 논리적 또는 경험적 둘 중 하나로 증명되어야 한다.
⑤ 명제가 논리적으로 참이 증명된 경우에도 그것이 참이 되기 위해서는 대상인 경험적 실재물과 관념물이 일치해야 한다.

[해설] 답: ⑤

주장의 요지(논지): 어떤 명제가 논리적으로 참이 증명된 경우에도 경험적인 실재물과 관념물이 일치해야 한다(논리실증주의 태도). 즉, 단순한 이데아적 인식을 지양.

[문] 다음 글에서 빈칸에 들어갈 가장 적절한 것은?

많은 사람들이 사실(fact)이란 단어를 실재, 객관, 진실 등과 같은 의미로 사용한다. 그렇지만 그 속에는 언어적 함정이 숨어 있는 예리함을 짚은 예를 예술 영역에서 찾아볼 수 있다. 사실주의(realism)는 화가가 오감각으로 인지되는 것을 있는 그대로 묘사 또는 표현하는 사조를 말한다. 즉, 사물을 있는 그대로 표현하려는 예술의 한 경향을 지칭한다. 조선시대 겸재 정선은 사실주의화가로 알려져 있다. 그는 금강산 전경을 그린 진경산수화로 유명하다. 사실주의적인 김홍도와 신윤복으로 이어지는 고봉이자 원류라는 평가를 받고 있다. 그런데 풍속도로 유명한 김홍도 역시 금강산을 그린 그림이 전해진다. 그런데 이 두 화가에 차이가 있다. 김홍도는 금강산을 한 시각(각도)에서 표현하고 있다. 하지만 정선은 금강산을 다각도에서 본 모습을 종합하여 하나의 화폭에 담고 있다. 즉, 동서남북/상하의 여러 각도에서 본 모습을 종합하여 화폭에 담았다. 이러한 정선의 사실주의 기법 또는 표현방식을 두고 성리학의 주역(周易: 방위와 음양의 조화)을 도입한 것이란 해석이 가해진다. 이에 그는 성리학의 높은 경지에 있었던 학자적 화가로도 평가되고 있다.

한편 서양에서는 19C 후반 프랑스를 중심으로 근대 미술의 한 사조인 인상주의가 등장한다. 빛의 변화에 따라 시시각각 달라지는 사물의 형상을 순간 포착하여 그 순간에 가진 작가의 느낌을 가미하여 표현했다. 이후 더욱 주관적 인상을 개입시켜 물(物)을 개성화하고 재구성하여 표현하는 후기인상주의가 등장한다. 사물을 점·선·면과 색깔·빛깔(명암) 따위로 재구성(회화)하여 표현한다. 곧이어 관념적인 이데아 세계를 표현하는 초현실주의도 등장한다. 특히 주목되는 것은 입체파 피카소이다. 겸재 정선보다 훨씬 후의 인물이지만, 그도 다(多)관점에서 사물을 재구성하여 그림을 표현했다.

여기서 화가의 감각기관에 투영된 피사체를 있는 그대로 표현했다 하여, 그 피사체가 실재하는 것이고, 객관적이며 진실한 것이라 말할 수 없다는 것을 알 수 있다. 우리가 일상에서 말하는 사실이란 단어는 글자 그대로 그냥 사실일 뿐이다. 사실이 가진 의미는 인식자가 감각으로 가진 대상에 대한 인상(印象: figure)일 뿐이다. ⬚⬚⬚⬚⬚⬚⬚⬚⬚⬚⬚⬚⬚⬚⬚⬚.

① 사실의 의미는 시대적인 사회적 통념에 의존된다.

② 인식자의 감각기관에 투영된 피사체를 엄격한 사유 틀로 통제하지 않으면 그것은 사실이 아니다.

③ 실재하는 것도 객관적인 것도 진실한 것도 아니다.

④ 종합적 시각이 가미되지 않으면 사실이 아니다.

⑤ 역설적으로 관념적인 사유로 가진 이데아 형상이 사실이다.

[해설] 답: ③

전후 내용상 어울리는(호응하는) 진술은 ③이다. ⑤의 경우는 근거 없는 비약(jumping) 진술이다. → 글의 전체적 내용은 감각기관에 의한 인식의 실재, 객관, 진실의 문제를 서술하고 있음.

[문] 다음 글에서 알 수 없는 것은?

만약 당신이 오감각(five senses)의 경험과 의식적 사유(thought)로 어떤 앎을 가졌다고 하자. 그러면 그것이 올바른 것인지에 관련하여 두 가지 증명 방법을 생각할 수 있다. 하나는 귀납적 방법이고, 다른 하나는 연역적 방법이다. 그런데 두 방법 모두 증명방법으로 문제를 가지고 있다는 점이다. 간단한 예를 들어 보자. [모든 사람은 면역체를 가지고 있다]라는 앎은 일반지이다. 즉, 개인이 아닌 모든 사람을 포섭하는 앎이다.

귀납적 증명방법을 사용하면, 우선 가설-검증-채택/기각의 논리를 적용하여 판별할 수 있을 것이다. 실험/관찰을 통해 그 결과를 토대로 참/거짓 여부를 판별하는 방법이다. 그런데 실험/관찰에서 오류가 있을 수 있다(이를 흔히 내적 타당성의 문제라고 한다). 이런 오류를 예방하기 위해 엄격한 실험설계를 통해 검정하고, 충분한 횟수로 반복적 실험을 할 수 있다. 하지만 모든 사람을 실험/관찰하는 것은 아니다. 예외 또는 반증 사례가 발견되지 않은 경우가 있을 수 있다. 즉, 표본을 가지고 모집단으로 일반화하여 판별할 수밖에 없다. 이때 이것을 참이라 할 수 있느냐는 것이 문제가 된다(이를 흔히 외적 타당성 문제라고 한다). 이처럼 귀납적 방법은 한계를 가지고 있다.

연역적 증명방법을 사용하면, 우선 [모든 사람은 면역체를 가지고 있다]라는 명제를 증명하기 위해서는 이것을 포함하는 더 큰 범주가 필요하다. 가령 [포유류는 면역체를 가지고 있다]라는 일반지이다. 만약 이것이 참이라면 사람은 포유류에 속하기 때문에 참으로 판정된다. 그런데 여기서 [포유류는 면역체를 가지고 있다]라는 것을 어떻게 증명할 것인가? 만약 이것이 거짓이라면 문제가 발생하기 때문이다. 그러면 다시 더 큰 범주인 척추동물과 같은 일반지가 필요하다. 물론 이것 역시 [모든 생물은 면역체를 가지고 있다]라는 또 다른 참인 명제가 필요하다. 결국 무한 진행할 수밖에 없다. 궁극적으로 맨 꼭대기에 있는 명제는 늘 판별이 안 된 상태로 남게 된다.

① 인간이 가지는 앎은 오감각의 경험(five senses)과 사유(thought)로 이루어진다.
② 일반지는 귀납과 연역의 방법으로 참/거짓을 증명할 수 없다.
③ 연역적 방법은 참/거짓의 판별이 안 된 최상위 명제가 늘 존재하게 되는 문제가 있다.
④ 귀납적 방법은 내적 타당성과 외적 타당성이 문제된다.
⑤ 인간은 앎의 참/거짓을 완벽히 판별할 수 있는 방법을 가지고 있지 못하다.

[해설] 답: ⑤

글은 연역과 귀납에 대한 증명에의 불완전성 또는 한계를 서술(설명)하고 있다. 선택지 ⑤는 주어진 글만으론 알 수가 없는 내용이다. 추리 또는 사유의 비약이다. 즉, 인류가 사용하는 모든 증명 방식들을 모두 서술하는 글이 아니다. 그중 연역과 귀납만을 진술하고 있다. 부연하면 어떤 글을 이해하는 과정에서 부분과 전체를 간과하여 부분에 매몰되어 그것이 전체에 해당하는 것으로 착각하는 경향이 있다. 특히 오늘날 참된 지식을 판별하는 것이 불완전하다는 배경지식을 가지고 있는 사람이라면, 일종의 사전정보 효과가 발동하여 이러한 경향을 더욱 발동시킬 수 있다. 하지만 신중함을 가진 사람이라면. 사전정보를 가지고 있다고 해도, 글을 읽고 참된 지식이 연역과 귀납 외의 다른 방식으로는 증명될 수 없는가를 검토해야 한다고 생각하게 될 것이다. 나아가 그러한 증명방식에 대한 고민을 하는 계기가 마련될 것이다.

[문] 다음 글의 입장과 친화될 수 있는 진술을 〈보기〉의 (가), (나), (다), (라), (마)에서 모두 고르면?

반증주의자들은 어떤 지식 또는 진술의 참/거짓 판별 문제를 추상적인 거대담론이 아닌 구체적인 접근방법을 주장한다. 가령 어떤 지식 또는 진술은 참이며 동시에 거짓일 수 없다. 따라서 참이거나 또는 거짓을 실증적으로 검증하여 판별하려는 태도를 취하자는 입장이다. 가령 통상 지식은 일반지이다. '그 고양이(the cat)'가 아닌 '모든 고양이(cats)' 범주에 관련된 지식이다. 그리하여 참을 증명하는 것이 사실상 불가능하다. 모든 고양이들을 일일이 전부 확인할 수 없다. 이에 '모든'의 범주에서 반대되는 예외적 또는 반대적 사실을 통해 거짓임을 증명하는 방법을 사용하자는 입장이다. 하지만 반증적인 예외적 사례를 발견하지 못했을 수도 있고, 아직 발견하지 못한 경우일 수도 있다. 이에 반증주의 칼 포퍼(K. Popper)는 이론체계에서 가지는 모든 과학적 지식은 반증될 가능성이 있는 가설적 성격을 지닌 것으로 간주된다. 반증주의에 의하면 역설적으로 반증 가능성을 가지지 못한 지식은 지식이 아니다. 그리고 반증에 오래 버티는 강한 지식일수록 좋은 지식이다.

〈보기〉

(가) 어떤 이론을 다른 이론으로 반증하는 것은 문제이다. 즉 이론을 이론으로 증명할 수는 없다.

(나) 과학적 이론(지식)이 가설적 성격을 가지고 있다고 주장한다면, 우리는 과학적 지식을 적용하여 어떤 문제를 해결해서는 안 된다. 왜냐하면 가설을 근거로 누군가를 살인범으로 판단할 수는 없기 때문이다. 그렇다면 우리는 문제들을 운에 맡겨야 한단 말인가? 귀납적으로 얻은 자료들을 논리적 틀에 의해 일반지를 만들어내는 경우, 귀납을 정당화할 수 있는 도구가 필요하다. 이에 표본을 가지고 모집단의 어떤 속성을 추정하는 통계적 도구가 사용된다. 하지만 통계적 도구는 필연성을 담보하지 못한다. 가령 [가격이 오르면 공급량이 증가하고 수요량은 감소한다]는 명제에서 반례는 얼마든지 존재한다. 하지만 문제해결에 유용성을 가지지 못할까? 때론 평균적 또는 확률적으로 볼 때 그렇다는 앎도 유용하게 사용될 수 있다.

(다) 사회학자 루만은 연역적 시각에서 이미 사회는 주어진 것이고, 그 사회에서 구성원들이 어떻게 행동하고 왜 그런 행동을 하는지 이유를 설명하고 예측하는 이론을 추구한다. 여기서 이론을 구성하는 요소는 개체인 사람 개개인이 아니라, 변수(variables)이다. 즉, 논리적 틀을 적용하여 가진 변수들의 관계들로 구축된다. 이러한 개념적 또는 논리적 틀의 문제를 경험적으로 증명하는 것은 검증도구로서 타당성을 가지지 못한다. 논리적 문제는 논리로 해결되어야 한다. 경험은 단지 특정 이론이 얼마만큼 유효한가만을 확인

하는 정보를 산출하는 데 활용되어야 한다.

(라) 어떤 지식을 증명하는 경우에 우리는 진술을 대상으로 평가해야 한다. 가령 [이산화탄소 양이 증가하면 지구의 기온이 상승한다. 이산화탄소가 증가한다. 그러므로 지구기온은 상승한다]라는 논증에서 언어들이 가진 다의미성을 제거하여 객관성을 확보하고, 전제 들로부터 가진 결론이 참이 되는가라는 필연성 여부로 평가하는 방식이다.

① (가)　　　　② (가), (나)　　　　③ (가), (라)　　　　④ (나), (다)　　　　⑤ (나), (라)

[해설] 답: ①

참고로 (나)와 (다)는 처방과 관련된 실용주의(유용성) 입장에서 지식을 바라보는 시각이다. (라) 도 넓은 의미에서 실용주의적 시각에 포함된다.

[문] 다음 실험결과에 비추어 물질 A가 β 유전자 발현에 미치는 영향을 가장 잘 설명하는 가설은?

A물질은 수용체 x 또는 y와 결합하여 β 유전자의 발현을 증가시키거나 또는 감소시킨다. 그리고 물질 B는 물질 A의 작용을 상쇄하는 것으로 알려져 있다.

x와 y수용체를 모두 가지고 있는 정상군과 y수용체는 있지만 x수용체는 결여된 비정상군을 대상으로 A물질의 작용을 상쇄하는 물질 B(항 A)를 투여했을 때, β 유전자의 발현에 어떤 영향을 주는지를 동물 실험하여 다음과 같은 결과 자료를 얻었다.

○ 정상군의 경우, B물질을 투여한 군과 B물질을 투여하지 않은 군을 비교했을 때 B물질을 투여한 군에서 β 유전자 발현이 훨씬 왕성하다.

○ 비정상군의 경우, B물질을 투여한 군과 B물질을 투여하지 않은 군을 비교했을 때 이들 사이에는 β 유전자 발현 양상에 차이가 없다.

○ B물질을 투여한 정상군과 비정상군을 비교하였을 때, 이들 사이에는 β 유전자의 발현에 차이가 없다.

○ B물질을 투여하지 정상군과 비정상군을 비교했을 때 비정상군에서 β 유전자의 발현이 훨씬 왕성하다.

① A물질은 x수용체와 결합하여 β 유전자의 발현을 촉진한다.

② A물질은 y수용체와 결합하여 β 유전자의 발현을 억제한다.

③ A물질에 의한 β 유전자의 발현양상은 수용체의 종류와 상관없다.

④ A물질은 x수용체와 결합하여 β 유전자의 발현을 억제하지만, y수용체에는 아무런 작용을 하지 않는다.

⑤ A물질은 x수용체와 결합하여 β 유전자의 발현을 촉진하고, y수용체와 결합하여 β 유전자의 발현을 억제한다.

[해설] 답: ④

문제의 해설과 관련하여 두 가지를 설명하고자 한다. 하나는 질문에서 [~영향을 가장 잘 설명하는 가설은?]과 같이 가설이란 용어를 사용하고 있다. 조사방법론의 관점에서 어떤 문제에 대한 답을 지식이라 할 때, 가설이란 일반적으로 어떤 상황에서 가지는 문제에 대하여 타당성을 입증하기 위해 가지는 잠정적인 대답을 지칭하여 사용된다. 잠정적인 대답이기 때문에 실험적(경험적) 증명에서 반증될 가능성이 있다. 다른 하나는 문제를 신속하고 정확히 해결하는 데 있어 가설-검증-채택/기각의 논리적 사고에 대한 이해와 검증에서 가지는 실험설계에 대한 이해이다. 즉, 가설을 설정하면 가설에 적합한 실험설계(모형)가 필요하다. 이에 가설과 적합한 실험설계와 관련된 배경적 지식이 있으면 용이하게 해결할 수 있다. 실험논리에 대한 자세한 내용은 따로 목차가 설정되어 후술되므로, 여기서는 문제해결에 한정하여 설명하기로 한다.

✔ 유사기출문제: 2010년 행정(기술) · 외무고시 · 견습직원선발시험(언어논리영역, 수책형 16번)

집단의 구성은 시간과 비용 등의 문제가 있다. 그리하여 기본적으로 [2집단 실험설계]가 행해진다. 하지만 선정효과(실험 전에 이미 차이가 있는 집단을 선정하여 선정대상의 차이가 결과에 영향을 미치는 것), 성숙효과(실험기간 중에 시간의 경과로 대상 집단이 가진 속성의 자연적 변화로 결과에 영향을 미치는 것), 역사효과(실험기간 중에 발생하는 외부사건들로부터 영향을 받는 것) 등 다양한 요인으로 오류가 발생할 수 있고, 이에 [4집단 설계]가 이루어지기도 한다. 신약 개발과 허가를 둘러싼 임상실험의 경우에는 더욱 정교함을 가지기 위해 복잡한 실험설계가 이루어지기도 한다.

〈주어진 문제〉

■ 실험설계: [4집단 실험설계]
- 집단 구성: 정상군(실험/통제집단)과 비정상군(실험/통제집단)의 두 부류.
- 처리: A물질의 작용을 상쇄하는 B물질[항(抗) A]의 투여와 비투여.
- 자료 획득: β 유전자의 발현에 대한 비교.

정상군(두 집단: 1, 2)		비정상군(두 집단: 1 ,2)	
B	~B	B	~B

■ 결과자료: [수집된 자료]
㉠ 정상군의 경우, B물질을 투여한 군과 B물질을 투여하지 않은 군을 비교했을 때 B물질을 투여한 군에서 β 유전자 발현이 훨씬 왕성하다.

ⓛ 비정상군의 경우, B물질을 투여한 군과 B물질을 투여하지 않은 군을 비교했을 때 이들 사이에는 β 유전자 발현 양상에 차이가 없다.

ⓒ B물질을 투여한 정상군과 비정상군을 비교하였을 때, 이들 사이에는 β 유전자의 발현에 차이가 없다.

ⓔ B물질을 투여하지 않은 정상군과 비정상군을 비교했을 때 비정상군에서 β 유전자의 발현이 훨씬 왕성하다.

※ 선택지와 판단: ㉠, ㉡, ㉢, ㉣들과의 모순관계를 적용하면 가장 부합하는 가설은 ④이다(직관으로도 가능할 것이다).

① A물질은 x수용체와 결합하여 β 유전자의 발현을 촉진한다. ⟹ ⓒ에 부합되지 않음.

② A물질은 y수용체와 결합하여 β 유전자의 발현을 억제한다. ⟹ ⓒ에 부합되지 않음.

③ A물질에 의한 β 유전자의 발현양상은 수용체의 종류와 상관없다. ⟹ ㉠, ㉣과 부합되지 않음.

④ A물질은 x수용체와 결합하여 β 유전자의 발현을 억제하지만, y수용체에는 아무런 작용을 하지 않는다.

⑤ A물질은 x수용체와 결합하여 β 유전자의 발현을 촉진하고, y수용체와 결합하여 β 유전자의 발현을 억제한다. ⟹ ㉣과 부합되지 않음.

[문] 다음 사고(논리)실험에 대한 (가), (나), (다)에 들어갈 것으로 옳게 짝지은 것은?

우주를 문고리 모양의 형태(구멍이 있는 도넛 모양)와 둥그런 공 모양의 두 기본형태로 가정해보자. 편의상 전자를 A라 하고, 후자를 B라 지칭하자. 즉, 우주는 A와 B 중 하나 또는 둘 이상의 복합된 형태를 가졌을 것이라는 가정이다. [A], [B]의 우주 형태이다.

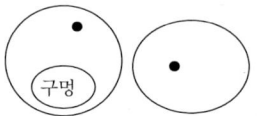

이들 각각의 경우들에 사고실험을 시도해보자. 만약 우주선이 끈을 매고 먼 우주를 돌아 다시 지구로 돌아왔다고 상상해보자. 그때 만약 우주선에 매달린 끈이 출발지인 한 점으로 다시 모인다면, 우주는 둥그런 공 모양의 원형 공간을 가지고 있는 것이 된다. 도넛 모양과 같은 공간형태를 가지고 있다면 끈이 한 점이 될 수 없기 때문이다. 즉, 시작점과 끝점이 동일해질 수 없다면 우주는 {(가)}이고, 시작점과 끝점이 동일해질 수 있다면 우주는 {(나)}가 된다. 그런데 상상력을 발휘하여 A와 B가 복합되는 우주의 모습도 상상할 수 있다. [A, B]의 형태이다. 마치 손잡이와 몸체로 구성된 커피잔과 같은 형태이다. 이 경우라면 빅뱅이론은 부분적으로만 맞는 것이 된다. 왜냐하면 에너지가 자유자재로 방향을 바꿔 진행하지는 않는다. 그렇기 때문에 대폭발로 가진 에너지가 연속적으로 운동하여 [A, B]의 형태를 동시에 만들어낼 수 없다. {(다)}는 불가능하고, {(라)}만이 만들어질 수 있다. 우리가 살고 있는 우주를 포함하여 다른 우주가 여러 개 있다는 것을 상상할 수 있다. 그리고 이것들을 서로 연결하는 웜홀의 존재성도 상상될 수 있다. 만약 다우주와 웜홀의 존재가 실증적으로 확인되고, 다른 우주로 공간이동을 할 수 있는 기술을 가지게 된다면 영화 속에서나 가능할 것 같은 차원이 다른 우주여행의 이야기가 현실이 될 것이다. 우주가 아닌 다른 우주에서 마치 노아의 방주처럼 지구의 생명체들을 싣고 가 또 다른 세계를 건설할 수 있을지 모른다.

	(가)	(나)	(다)	(라)
①	A	B	B	A
②	A	B	A	B
③	B	A	B	A
④	B	A	A	B
⑤	A	B	B	A

[해설] 답: ②

지문은 위상수학(topology, 位相數學)분야의 한 내용이다. 즉, 점과 선으로 단순하게 장소 또는 위치를 추상하는 수학의 한 분야이다. 여기서 사고(논리)실험이란 경험적 실험과 대비되는 말이다. 즉, 어떤 상황에서 가지는 문제에 대한 잠정적 대답을 논리적 사유로 따져보는 실험이다. 수학자들은 우주 모양을 상상한다. 푸앵카레는 [구멍이 없고 닫힌 3차원의 공간의 우주를 상정하고, 다른 모양의 우주로 변형이 가능할까?]라는 질문을 던진다. 만약 우주가 둥근 모양이라면(구멍이 없다면) 우주선이 선을 매달아 우주를 항해하는 경우, (우주가 닫힌 공간이기 때문에) 우주선은 귀환하게 되고, 이때 그 선을 잡아당기면 출발점인 지구로 다시 선이 모여든다. 하지만 도넛 모양의 우주라면(구멍이 있다면) 선들이 한 점으로 잡아당겨지지 않는다. 따라서 선이 시작점인 한 점으로 모이면 우주는 둥근 모양이고, 선이 모아지지 않으면 우주는 도넛 모양을 하고 있다고 추론할 수 있다.

[문] 다음 〈보기〉의 A와 B의 입장과 각각 호응하는 (가), (나), (다), (라)의 진술들을 적절하게 묶은 것은?

〈보기〉

(A) 과학적 지식에 대한 신뢰에 긍정적 입장이다. 사회학자 머튼(Robert Merton)에 의하면, 과학적 지식은 다음과 같은 4가지의 대표적 규범이 존재하기 때문에 신뢰할 수 있다고 본다. ① 보편주의(universalism)이다. 시간과 공간, 그리고 인종과 성별에 관계없이 대등적이라는 점이다. ② 공유주의(communalism)이다. 과학자들 간에는 유기적으로 비판적 문화가 형성되어 있고 공개적이란 특성을 가진다. ③ 과학자들의 무사무욕(無私無慾, disinterestedness)이다. 과학적 지식은 사유(私有)가 가능하지 않아 과학자들은 이해관계에서 자유롭다. 그리하여 과학자는 물질적 이해관계보다 존경과 명예를 추구하게 된다. ④ 유기적으로 조직화된 회의주의(organized skepticism)이다. 과학자들은 누군가의 주장을 쉽게 믿지 않고, 그리하여 공개적인 토론과 검증절차를 통해 오류가 걸러질 수 있다.

(B) 과학적 지식에 대한 신뢰에 부정적 입장이다. 머튼의 주장에 대하여 과학적 지식은 시간과 공간, 그리고 인종과 성별에 관계없이 보편주의와 공유주의를 부정한다. 공개와 비공개 장치들이 작동하며, 공개 여부는 정책결정자(권력자) 또는 영향력을 가진 자의 판단에 의해 결정된다고 주장한다. 또한 과학자들의 무사무욕(無私無慾)에 대하여 마치 과학자를 세속적인 존재가 아닌 성스러운 존재 또는 해탈한 사람으로만 간주할 수는 없다고 본다. 그리고 조직화된 회의주의 역시 부정된다. 과학계에 보이지 않게 도사리고 있는 권위적 행태와 풍토, 학력(스펙) 등으로 인한 편견과 고정관념이 작동하여 공개적인 토론과 자유로운 비판이 이루어지지 않고 검증과 절차가 무시되기 일쑤라고 본다.

(가) 과학적 지식들은 피라미드 구조를 가진 체계를 이룬다. 우리는 이러한 지식들을 가지고 많은 문제들을 효과적으로 해결하고 있다.

(나) 과학적 지식도 본질적으론 예술가가 상상과 영감을 동원하여 작품을 창조하는 정신활동과 본질이 다르지 않다. 아인슈타인의 말을 빌리면 연구자의 상상 또는 영감이 연구자가 현재 알고 있는 지식보다 더 중요하다. 상상과 영감은 경험적 또는 논리적이라 말할 수 없는 신비적인 것이다.

(다) 현대과학은 이론과학이다. 그런데 이론체계를 구축하는 일반지들에 대한 진위를 판별하는 완전한 증명방법을 가지고 있지 못하다. 또한 이론체계들 간에 서로 상충되는 경우가 비일비재하다. 이에 동일한 현상을 가지고도 어떤 이론체계를 가지고 해석하느냐에 따라 내용이 달라진다.

(라) 과학적 지식을 시공간에서 항상 절대적이고 참이라는 것을 확신하지 않는 것은 당연히

과학자가 가져야 할 바람직한 태도이다. 그런데 과학적 지식이 가진 약점을 이용하여 곡학아세(曲學阿世)하거나 또는 그럴듯한 과학적 양식을 가장한 허구적 사실을 전파하는 것은 경고되어야 한다. 과학의 변천과정에서 과학적 지식은 그 결함에도 불구하고 수정과 보완을 통해 가장 신뢰할 만한 것으로 발전해왔다.

	A	B
①	(가), (나)	(다), (라)
②	(가), (다)	(나), (라)
③	(가), (라)	(나),(다)
④	(가), (다), (라)	(나)
⑤	(나), (다), (라)	(가)

[해설] 답: ③

지지 또는 반대의 진술구성 및 논리적 일관성을 판별하는 문제이다. A입장은 과학적 지식이 가진 결함에도 불구하고 신뢰할 수 있는 지식이라는 입장으로서 (가), (라)의 진술과 호응되고, B입장은 과학적 지식이 가진 결함으로 신뢰할 수 없다는 주장으로 (나), (다)의 진술과 호응된다.

[문] 다음의 글에서 ㉠과 ㉡을 도출한 논증형태와 같은 것끼리 연결된 것은?

보편적 진술인 일반지는 인간이 그 무엇을 그 자체로 포착한 발견물(發見物)이거나 아니면 인간이 그 무엇을 만들어낸 창조물(創造物)이다. [사람은 면역체를 가지고 있다]라는 앎이 있다고 하는 경우, 귀납 추론으로 일반화하여 가진 것이든, 상위 범주인 동물에 대한 공리에 의해 연역적으로 가진 것이든, 인위적인 개념과 논리적 틀이란 관념이 개입되지 않으면 가질 수 없다. 그러므로 ㉠ 인간이 그 무엇을 만들어낸 창조물(創造物)이다. 그런데 사람들은 마치 일반지를 신주(神主) 모시듯 신봉한다. 이러한 태도는 역설적으로 인간 이성의 한계를 여과 없이 드러내는 사건이다.

사람들은 일상 생활영역에서는 흔히 예외를 생각하지만, 막상 지식 영역에 들어가면 100%로 간주하여 예외를 인정하지 않는 경향이 있다. 만약 60세를 훨씬 넘긴 노부부가 아이를 낳았다고 하면, 생물학적 또는 의학적 지식을 많이 보유한 사람일수록 거짓이라 판별하는 경향을 보인다. 믿을 수 없다는 반응을 보인다. 혹자는 아예 60세를 훨씬 넘긴 자신이 직접 목격한 경우에도 자신의 눈을 의심하거나 속임수가 있지 않은가라는 불신을 버리지 못한다. 또한 참 아니면 거짓이라는 배중률 사고를 엄격히 적용하는 경향이 있다. 참이면서 동시에 거짓인 교집합 영역을 생각하지 않는다.

밤하늘에 떠 있는 달 보기를 좋아하는 갑(甲)은 달을 보면서 가지는 감정을 느끼는 것이 좋았다. 그 감정은 늘 같지 않았다. 달의 모양과 자신의 심리 상태에 따라 매번 달랐다. 어느 때는 광활하고 자연의 생명감을 느끼기도 하고, 어느 때는 자연의 거대함에 공포, 불안감을 느끼기도 했다. 그러한 감정은 상상력과 결합하여 마치 극사실적 소설을 체험하듯 말로 표현하지 못할 기묘한 느낌이었다. 그러던 어느 날 갑은 달이 뜨는 시간이 매일 다르다는 것을 알게 되었다. 그는 호기심에 시간을 재보았다. 1년 동안 관찰한 결과를 평균적으로 계산해보니, 하루에 52분에서 ±10분의 오차범위 내에서 달이 뜬다는 것을 알게 되었다. 여기서 갑(甲)은 '하루에 52분에서 ±10분의 오차범위 내'라는 앎을 가졌다면, 그 앎은 참/거짓의 문제가 아니라 유효성이 문제된다. 만일 그 앎이 유효성이 없다면, ㉡ 그 앎을 가진 것이 아니다.

① ㉠ 갑이나 을이 범인이다. 갑이 범인이 아니다. 따라서 을이 범인이다.

  ㉡ 갑과 을이 공범이라면 병은 범인이 아니다. 병이 범인이다. 따라서 갑과 을은 공범이 아니다.

② ㉠ 갑이나 을이 범인이다. 갑이 범인이다. 따라서 을이 범인이다.

  ㉡ 갑과 을은 공범이다. 공범은 형량이 동일하다. 따라서 갑과 을은 형량이 동일하다.

③ ㉠ 갑이나 을은 범인이 아니다. 갑이 범인이 아니다. 따라서 을이 범인이다.

  ㉡ 갑과 을은 공범이 아니다. 공범은 형량이 동일하다. 따라서 갑과 을은 형량이 동일하지 않다.

④ ㉠ 갑이나 을이 범인이다. 갑이 범인이 아니다. 따라서 을이 범인이다.

㉡ 갑과 을이 공범이라면 병은 범인이 아니다. 병은 범인이 아니다. 따라서 갑과 을은 공범이다.

⑤ ㉠ 갑이나 을이 범인이다. 갑이 범인이 아니다. 따라서 을이 범인이다.

㉡ 갑과 을이 공범이라면, 형량이 동일하다. 형량이 동일하지 않다. 따라서 갑과 을은 공범이 아니다.

[해설] 답: ⑤

㉠ 양도논증이다. [발견물이거나 창조물이다. 발견물이 아니다. 따라서 창조물이다$(p \lor q. \sim p, \therefore q)$]

㉡ 후건부정식이다. [$p \to q, \sim q. \sim p$] 자세한 내용은 [명제논리학]을 참조.

[문] 다음 글의 논지를 약화시키는 진술 방향을 설정하려 할 때 가장 부적절한 것은?

간장, 된장, 고추장 등을 담아 놓는 장독대의 옹기들은 장인의 육체적 노동과 생각으로 만들어진다(질료인 흙, 불, 물, 바람 등은 주어져 있는 것으로 보고). 지방에 따라 옹기 제작방식에 차이가 있지만, 크기 두 가지 방식이다. 하나는 판장방식이다. 흙을 반죽하여 널따란 판자와 같은 모양을 만들어 이것들을 하나씩 쌓아가며 옹기를 만든다는 점에서 붙여진 이름이다. 다른 하나는 흙가래 방식이다. 이것은 마치 가래떡과 같이 흙가래들을 만들어 하나씩 쌓아가며 옹기를 만드는 것과 같다. 그런데 지식이 만들어지는 과정도 옹기들이 만들어지는 제작과정과 별반 다를 것이 없다. 제작과정에서 연구자는 제작할 지식의 형태와 내용을 구상하고, 질료들을 수집하여 이것들로 지식을 만들어낸다. 그리고 만들어진 지식은 다시 세련된 형상을 가지기 위해 다듬는 공정을 통해 완성된다. 또한 제작에 기계가 활용되는 점도 공통적이다. 장인 또는 연구자가 아닌 기계를 다루는 기술자에 의해 만들어진다. 이러한 지식의 기계화는 급속하게 진행되고 있다.

혹자는 [자료의 취득과 투입→개념/논리 틀에 의한 처리와 판단→지식 생성]의 과정에서 기계가 할 수 없는 고유한 인간의 영역을 주장한다. 가령 개념적/논리적 틀의 형성과 같은 작업들이다. 하지만 필자의 생각은 다르다. 아직까지는 상상이지만, 머지않은 미래에 우리는 기계에 의해 생산된 지식을 학습하고, 그것에 의존하여 판단을 행하는 수동적 존재성을 경험하게 될 것이다. 이러한 시대가 오면, 칸트가 말한 '인간이 자연의 입법자이다'라는 말은 '기계가 자연의 입법자이다'라는 말로 대체되게 될 것이다.

이는 근거 없는 공상(空想)이 아니다. 사실 인간이 생각하는 개념적 또는 논리적 틀은 그리 복잡하거나 고도의 추론 능력을 필요로 하는 창조적 작업이 아니다. 목적성에 의해 단순한 소수의 몇 가지 정형적 틀로 한정되기 때문이다. 소수의 정형적 틀을 제작하는 것은 고도의 창조성과 추론성이 없어도 가능하다. 가령 사람들은 퍼즐조각들을 모아 하나의 전체적 그림을 완성하듯, 개별적인 개개의 지식들을 서로 연결하여 붙이거나 또는 끼워 맞춰 이론체계를 구축해나간다. 이러한 작업은 오히려 기계가 더 잘할 수 있다. 또한 인간의 추론은 주어진 자료들의 일관성 또는 규칙성을 전제로 행해지는 단순성이 있다. 그러나 상황(문제)은 무수한 개체들의 상호관계로 형성된 것이다. 이때 상황(문제)을 형성하는 인자(因子)로서의 개체들이 가진 상호작용은 항상 규칙적인 것만은 아니다. 복잡한 경우의 수들을 가진다. 이러한 경우 기계가 인간보다 훨씬 신속하고 정확한 추론을 해낼 수 있다. 즉, 개체들에 의한 무수한 관계의 경우 수들을 인간보다 더 빨리 더 많이 파악할 수 있다.

① 지식의 기계화에 따른 인간의 역할과 관련된 실존적 문제를 접근방향으로 잡는다.
② 인간은 형식성 차원에서 정형적 사유의 틀도 중시하지만 의미성 차원에서 비정형적 사유의

틀도 중시한다는 점에서 다수의 다양한 논리적 틀을 생성한다는 점을 접근방향으로 잡는다.

③ 기계의 지식화가 고도화될수록 그에 비례하여 인간의 능력 역시 고도화되어 기계를 통제할 수 있는 능력을 가지게 된다는 점을 접근방향으로 잡는다.

④ 직관 또는 직감과 같은 기계와 인간의 판단기제가 가진 차이점을 접근방향으로 잡는다.

⑤ 인간은 좋고 싫음, 옳고 그름의 도덕적 또는 가치 기준을 통해 지식을 판별하고 평가한다는 점에서 기계가 생성하는 지식과는 질적으로 다른 차이점을 접근방향으로 잡는다.

[해설] 답: ①

선택지 ①의 진술은 지문의 내용이 가지는 요지이다. 논지외 야화와 관련성이 없다. 즉, 지식의 기계화에서 가질 수 있는 인간 삶에 관련된 문제의식을 담은 논지를 서술하고 있을 뿐이다.

[문] 다음 글 (가)와 (나)가 공통적으로 받아들이고 있는 전제는?

(가) 일상에서 흔히 어떤 사람의 이름을 알고 있는 경우 [안다]는 표현을 사용한다. 가령 누군가가 A에게 甲을 아는가 물었을 때, A가 '안다'고 답하는 경우이다. 그런데 사람들에서 甲을 분별하기 위해 甲이라고 부르자고 약속한 것을 알고 있는 경우와 甲 자체에 대한 앎은 엄연히 다른 것이다. 참의 판별과 관련하여 전자의 경우 의사소통에의 약속된 체계를 판단기준으로 하면 되지만, 후자의 경우는 갑을 인식한 형상과 내용 자체를 판별해야만 한다. 이는 질적으로 다른 판단기준이 필요하다.

(나) '아니 땐 굴뚝에 연기 나랴'라는 속담에서 가지는 의미는 '불이 나면 연기가 난다'라는 명제가 참으로 전제되어 가진 진술이다. 따라서 속담을 받아들이기 위해선 '불이 나면 연기가 난다'라는 것이 참이란 것이 확인되어야 한다. 여기서 불과 연기는 모두 어떤 현상에 이름을 붙인 존재사(存在詞)이다. 그리고 보편진술(전칭)이다. 이 명제가 참인지 거짓인지를 판별하려면 일차적으로 불이 무엇이고 연기가 무엇인가에 대한 언어적 문제가 확정되어야 한다. 그런데 문제는 개념이 관점과 논자에 따라 상대적이란 점이다. 가령 불(火)의 개념을 물질이 산소와 결합하는 현상으로 본다면, [태양이 불타고 있다]라는 진술은 틀린 진술이다. 왜냐하면 태양은 핵융합으로 열에너지를 발생하기 때문이다.

(다) 어느 날 대부호인 한 사업가가 자기 자식들과 다음과 같은 대화를 한다.

[나는 너희들에게 내 재산을 상속하지 않겠다. 그러니 너희들은 아예 상속을 생각하지 마라!]

[그러시면 어디에 기부라도 하실 생각이십니까?]

[아니다.]

[다 쓰시고 돌아가실 겁니까?]

[아니다. 내가 상속하지 않는 이유는 내가 죽지 않기 때문이다.]

[네? 무슨 말씀이세요? 돌아가시지 않는다고요?]

[그렇다. 만일 내가 죽을병에 걸리면 나는 곧바로 냉동인간이 되어 냉동실에 보관될 것이다. 그리고 나중에 그 병을 고치는 기술이 발달하면 그때 해동되어 치료받게 될 것이다.]

아버지의 말이 허구 또는 상상이 아니다. 현실에서 몸 전체를 냉동하거나 머리만 냉동하는 계약들이 실제로 벌어지고 있다. [모든 사람은 죽는다]의 서술어에 관련하여 호흡 중지, 심장 정지, 뇌기능 정지라는 개념 논쟁시대에서 이제는 냉동인간을 죽음으로 볼 것이냐는 논쟁 시대가 되었다.

① 인식과 관련하여 언어적 문제로 접근할 수밖에 없다.

② 인식의 진위 판별은 기존 지식체계에의 정합 여부를 기준으로 할 수밖에 없다.

③ 인식의 문제는 언어적 해석에서의 주관성 문제를 등장시킨다.

④ 인식의 문제는 다양한 관점에서 접근하는 것이 필요하다.

⑤ 인식의 진위는 진술을 대상으로 진술이 가진 형식만으로 판별할 수밖에 없다.

[해설] 답: ①

전제(premise)란 결론(주장)을 끌어내기 위해 미리 내세운 명제 또는 조건을 말한다. (가), (나), (다)는 언어를 대상으로 한 진위판별방법에 대해서 언급하고 있다. 이것들을 모두 포섭하는 전제로 ①이 가장 직질하다. 선택지 ②, ③, ④는 공통범주를 벗어난 일탈적 진술이며, ⑤는 형식과 의미를 모두 고려하는 통합(종합)진술이 아니라, 형식에만 초점을 둔 부분(분석)진술이다.

[문] 다음 (가), (나)의 빈칸에 들어갈 공통 전제로서 적절한 것은?

(가) 우리는 자연에 종속적 존재이거나 아니면 독립적 존재이다. 만일 우리가 독립적 존재라면 자연적 세계에서 가지는 상황은 즐길 수 있는 것이 된다. 반면 우리가 종속적 존재라면 즐길 수 없다. 인류의 역사는 독립적 존재이기를 부단히 갈구해온 사건들의 기록이다. 인류는 지옥 같은 훈련의 고통을 스스로 감수하며 능력의 한계에 도전하는 행위들을 해왔다. 어쩔 수 없는 상황을 어쩔 수 있는 상황으로, 즐길 수 없는 상황을 즐길 수 있는 상황으로 통제영역을 확장시켜 왔다. 하버마스(Habermas)의 말을 빌리면 앞으로도 자연에 대한 기술적 통제(자연과학)와 인간의 자유 확대(사회과학)는 지속될 것이다.[108] 이것은 다음의 이유로 가능하다. ㉠ _____

(나) 주행하는 자동차가 급제동하면, 운동에너지는 도로와 마찰하면서 열에너지로 전환된다. 열에너지는 스키드 마크(skid mark)를 남긴다. 이때 스키드 마크는 무한정으로 나타나지 않는다. 운동방향에 대항하는 마찰력과 중력 등이 존재하여 자동차가 정지하기 때문이다. 그리하여 브레이크(급제동)를 밟은 자동차의 스키드 마크 길이와 마찰계수를 알면 차량이 주행했던 속력(v_1: 처음 속력)을 추정할 수 있다. 에너지 보존법칙(열역학 제1법칙)이란 지식 덕분이다. 그런데 에너지보존법칙(열역학 제1법칙)[109]과 같은 보편진술의 도출에 대하여 존재성을 인정하면서도 일반화에 따른 귀납의 문제를 지적한다. 하지만 크게 문제될 것이 없다. ㉡ 왜냐하면 _____ 우리가 개별 진술에서 보편 진술을 얻을 수 있는 것은 바로 이것 때문이며, A와 B의 관계를 독립변수와 종속변수로 나타낼 수 있는 것도 바로 이것 때문이다.

① 자연은 필연적이고 기계적인 법칙성을 가지고 있기 때문이다.
② 자연은 우연적이고 자율적인 혼돈성을 가지고 있기 때문이다.
③ 자연은 약속적이고 전체적인 통일성을 지향하고 있기 때문이다.
④ 인간은 이성적이고 전체적인 합리성을 지향하고 있기 때문이다.
⑤ 인간은 약속적이고 전체적인 규칙성을 지향하고 있기 때문이다.

---

108) J. Habermas, 「Knowledge and Human Interests」(1972). 참고로 하버마스는 대의민주제의 한계를 극복하고자 직접민주제를 위한 하나의 방식으로 협의민주제를 주창하기도 했다.

109) "외부와 에너지의 출입이 없는 경우 어떤 물리계의 전체적 에너지는 에너지가 다른 형태로 전환되더라도(가령 운동에너지가 열에너지로 전환되더라도), 그 총량은 변하지 않고 보존된다."

[해설] 답: ①

만약 세계가 우연적이고 혼돈성을 가지고 있다면 보편진술은 가질 수 없다. [에너지보존법칙이 존재하지 않는다면(p), 자연은 필연적이고 기계적인 법칙성을 가지고 있지 않다(q). 그런데 자연은 필연적이고 기계적인 법칙성을 가지고 있다(~q). 따라서 에너지보존법칙이 존재한다(~p).]

Ⅵ. 언어적 인식

1. 인식론의 흐름과 언어적 인식론의 등장

인식의 문제를 언어적 시각으로 접근하는 논의들을 총칭하여 언어적 인식론으로 명명할 수 있을 것이다. 부연하면 논의들이 체계적으로 정립된 체계를 갖춘 것은 아니다. 여기저기 흩어져 산발적이고, 가설적 성격을 가진 명제들이 많다. 이러한 이유로 인식의 문제를 언어로 접근하는 것에 대해 생소함을 가져 이해에 어려움을 줄 수 있을지 모르겠다. 이러한 점에서 사전정보로서 인식론들의 흐름을 간략히 언급하기로 하겠다(시간의 흐름에서 일정 시간대에는 사람들의 관심대상이 되는 어떤 질문들이 담겨 있다. 그러한 질문을 살펴보는 것은 우리가 역사를 서술하는 중요한 단초이기도 하지만, 시간의 연속선상에서 탈피와 초월의 변태적 흐름을 고려하여 향후 전개될 미래를 예측하는 단서로도 긴히 활용할 수 있다).

17세기 과학(science)이란 용어가 등장한 이래, 인식론적 논의들도 주요 질문들을 기준으로 시간대(時間帶)를 구분하면, 크게 세 영역으로 나눌 수 있다. 시간대를 세대라 지칭하면, 1세대는 17세기부터 19세기까지 감관과 사유 중심에서 인식론을 논의한 시기이며, 2세대는 20세기에 들어 언어적 중심의 인식론이 등장한 시기이다. 그리고 3세대는 20세기 후반부터 본격적으로 언어를 중심으로 인식의 문제들을 논의하는 시기이다. 언어적 인식론은 3세대를 지칭하는 것으로 볼 수 있다. 이것은 현재 진행형이고, 21세기를 지나 향후에도 추세가 당분간 이어질 것으로 예측된다. 왜냐하면 오늘날 인간의 생각은 언어와 직결된 연관성을 가지고 있어, 언어를 도외시하고 인간의 인식문제를 생각하기 어렵고, 거칠지만 인식의 문제를 언어로 환원하여 인식에 관련된 제(諸) 현상에 대한 설명과 예측에 필요한 지식의 생성 가능성 때문이다. 1세대부터 요점만 간추려 살펴보기로 한다.

1) 제1세대: 감관과 사유 중심의 인식론

17세기 이후 자연과학의 획기적 발전이 거듭하고 있는 시대적 상황에서 칸트와 포퍼는 인식의 기능과 한계에 대해 고민했던 대표적 인물들이다. 그들의 주장은 인간은 물(物) 자체를 볼 수 있는 능력을 가지지 못한 제한된 인식능력의 존재이며, 인간은 경험과 사유를 통해 객관성과 필연성을 가진 인식물을 생성할 수밖에 없다는 것으로 요약할 수 있을 것이다. 이 같은 주장은 당연한 명제를 논리적으로 설명 또는 확인한 것에 지나지 않을 수 있다고 볼 수 있을 것이다. 왜냐하면 인간은 전지전능(全知全能)한 존재가 아니라는 것을 누구도 자각할 수 있으며, 반증할 수 없는 명백한 명제이기 때문이다. 세계와 인간에 대한 참된 그 무엇을 알아내려는 인식의 문제는 문명의 등장과 함께 등장한 질문이지만, 이들의 주장은 현대문명에 지대한 영향을 미치고 있다. 오늘날에도 만족스러운 응답을 하지 못하고 있다는 현실에 기초한다. 다만 인간의 능력이 어디까지인지 누구도 자신 있게 말할 수 없다는 점에서 마치 신주단지처럼 간주되는 인식에의 객관성과 필연성 추구원리가 영구히 존재할 것이라는 것 역시 장담할 수 없을 것이다.

2) 제2세대: 언어적 관점에서의 인식론 등장(논리적 가능성에 대한 접근)

객관성과 필연성 원리의 계승적(繼承的) 입장에서 인식의 문제를 언어로 접근하는 논의들이 등장했다. 가령 후술되는 형식논리학과 비형식논리학 같은 논의들도 이러한 맥락에서 이루어지는 논의들이다. 비트겐슈타인은 인식에서 논리의 원칙으로 확고한 자리를 잡고 있는 범주에 관련된 연역과 귀납, 그리고 평가에 관련된 동일률과 배중률 및 비모순율의 사유원칙에 관련하여 언어가 가진 어법(문법) 체계를 파고들어 인식에서 가지는 논리에 대한 가능성과 한계를 고찰하려 했다.

이러한 흐름의 등장은 언어가 단순히 소통의 도구가 아니라, 인식의 도구로 작용하고 있다는 정보를 제공했다는 점에서 인식론에 새로운 국면을 가지는 계기를 조성했다. 개념적 틀의 문제와 논리적 틀의 문제와 연계되어 언어의 중요성이 부각되었다.

<주요 관심 또는 논의의 주제인 논제들>

대상 (존재물)	감관 사유	인지(투입) → 재료(정보)처리 → 형상(산출) (관념물)	구현 언어화	진술 (표상물)
		이해의 문제 ⇩		표현(설명)의 문제 ⇩
		대상 = 감각		형상(개념 틀)=표상(모형)
		대상 = 사유		↻
		존재물 = 관념물		존재물 = 표상물

(1) 앎(지식)의 진위(眞僞) 판별 가능성과 한계 및 과잉과소의 문제

(2) 사유하는 방식인 (추론) 사유가 가지는 논리적 가능성과 한계 문제

(3) 언어적 진술에서 개념적 틀(모형)의 구축과 논리적 틀이 가지는 가능성과 한계 문제

3) 제3세대: 언어 중심에서의 본격적 인식론 전개(언어적 인식론)

20세기 후반을 거쳐 21세기에 들어 인식의 문제는 본격적으로 언어로 접근된다. 이러한 배경에 관련하여 크게 세 가지 이유가 열거될 수 있다.

첫째, 언어와 인간의 사유는 분리될 수 없다는 점이다. 인간은 생각하는 존재라고 말한 데카르트에게 있어 인간의 사유(thought)는 언어에서 자유롭다. 하지만 인간은 감각과 사유로만 물(物)을 인식하지 않는다. 언어를 가지고 개념들(concept, idea)을 형성하고, 그것들로 대상에 대한 전체적 형상(form)을 형성하여 인식한다. 이러한 언어적 행위는 의식적이기도 하지만, 무의식적으로 이루어지는 경우가 더 많다. 이러한 점에서 인간의 사유는 언어에서 자유롭지 못하다. 따라서 언어에 대한 관심은 단지 표현과 해석에서 가져야 할 소통의 정확성과 객관성 문제에 국한하여 가질 수 없다. 인식문제에 관련하여 관심을 가질 필요가 있다.

둘째, 언어는 삶의 다양한 영역에서 실존적 문제들을 제기한다는 점이다. 경쟁적 시대 상황에서 A는 B보다 더 강한 언어능력을 확장시키려 할 것이다. A의 상황이 C, D로 계속된다면, A는 무한히 언어능력을 확장시켜야 할 것이다. A는 결코 해소될 수 없는 문제(상황)에 봉착한다. 또한 창의성이 요구된다. 그런데 인간이 인식(사유)에 언어를 이용하는 것이 아니라, 반대로 언어가 나의 인식(사유)을 이용하는 것이라면, 나의 창의는 언어적 관념을 벗어날 수 없다. 이에 우리는 언어로 무엇을 하고 있으며, 무엇을 할 수 있고, 무엇을 할 것인가라는 질문을 가질 필요성이 있다.

셋째, 인권보장의 이념적 실현과 보다 나은 사회로의 처방에 관련된 관심이다. 인간에게 있어 언어는 세상을 보는 눈이다. 언어에 의존되어 사람들은 각기 다른 [인식의 눈]을 가질 수 있다. 지구촌 곳곳에 펼쳐져 있는 네트워크(망)를 통해 수많은 지식정보들이 순식간에 오간다. 누군가 언어를 가지고 있지 않다면, 세상을 보는 불능 또는 무능의 문제에 봉착할 것이다. 서로 다른 언어공동체 사람들 간에는 세상을 보는 시각이 다르다는 것을 발견하게 될 것이다. 만약 한글을 모르는 사람이 한국을 방문하여 한국인들과 생활하면, 자신이 한국 사람들과 세상을 보는 시각이 다르다는 것을 알게 될 것이다. 그렇기

때문에 갑이 자신이 살고 있는 공동체사회의 언어를 모른다면, 그는 다른 구성원들과 이질성을 가질 것이고 사회의 당당한 일원으로서 능동적 주체가 되기 어려울 것이다. 이러한 이유로 현대적 인간은 정확한 의사소통, 문서 작성과 기획, 토의와 토론, 정보의 생성과 활용 능력을 개개인에게 요구한다. 언어(language) 능력 또는 말하는(tongue) 능력이다. 그리하여 교육을 받을 권리가 누구에게나 보장되어야 하고, 이 권리는 남녀노소를 가리지 않는다. 소위 평생학습권이다.[110] 유네스코는 아동뿐만 아니라 성인에게도 읽고 쓸 수 있는 언어적 권리를 선언하고 있다. 우리나라의 경우 다문화가족을 위한 언어지원 정책을 실행하고 있다.

2. 기초 개념

■ 인식: 존재로부터 앎을 획득하는 사유활동.
■ 사유(思惟): 바람직한 것 또는 옳고/그름을 추론하거나 식별하는 이성적 작용.
■ 언어: 존재로부터 인지된 재료들에 대한 표지(表指)의 수단으로 활용되는 것.
○ 표지는 지시(indication)하는 재료의 범위에 따라 네 가지 유형으로 구분.
- 특칭 표지: 불특정 재료(a raw material)
  특정 재료(the raw material)
- 전칭 표지: 동일 재료들의 그룹인 특정집단(the raw materials)
  일정 시간대에 포집된 재료들 전체(all raw materials)
■ 언어화: 마치 딱지를 붙이듯, 존재로부터 인지된 재료들에 일정한 표지(表指)를 행하는 것.
예) 청각의 소리를 언어화: 사물의 소리 → 파, 솔, 레 등으로 음표화(예: 절대음감)
예) 시각의 재료를 언어화: 도시의 풍경 → 점, 선 등으로 형상화(예: 한붓그리기, 지도)
■ 언어형상화(言語形象化): 언어화가 이루어져 그것으로부터 가지는 관념적 형상의 생성 과정.
■ 표상(表象): 언어적 형상화로 가지는 대상에 대한 상(象).
○ 표상은 외부로의 표현 여부를 기준으로 두 가지로 구분.
- 내면적 표상: 머릿속에서 가진 표상
- 시현적 표상: 외부로 표현되는 표상
■ 표식(標式): 언어화에의 일정한 방법 또는 방식.
○ 표식은 공유성 여부를 기준으로 두 가지로 구분.
- 고유적 표식: 공유성이 없는 자신만의 단독적 표지방식(개인적 방식).
- 공유적 표식: 공유성이 있는 타인과의 소통이 가능한 표지방식(사회적 방식).

---

1) 언어란 무엇인가?

'언어가 무엇인가?'라는 개념 문제에 초점을 집중해보자. 언어라는 말보다 흔히 사용

---

110) 성인학습이론(Andragogy)들이 활발히 등장하고 있다.

하는 단어도 드물 것이다. 하지만 언어란 무엇인가라는 질문을 던지면, 막상 응답하기가 어렵다. 현실에서 언어는 매우 복잡하고 가변적이기 때문이다. 다양한 영역의 엔지니어들은 기계와 소통하는 인공언어(artificial language)와 기계언어(machine language)들을 만들어 내고 있다. 동식물학자들은 동식물들이 소통하는 언어를 연구하고 있다. 복화술, 텔레파시와 같은 초자연적 현상에 관한 연구들도 진행되고 있다. 우주과학자들은 외계인과의 교신을 위해 전파를 발송하고 있다. 언어학적 관점에서 언어를 체계성을 가진 의사소통의 도구로 그 의미를 규정하는 경우에도 마찬가지이다. 때론 어느 것이 언어인지 애매한 것들이 많다. 멀리에서 찾을 것 없이 TV 화면만 보아도 금방 발견할 수 있다. 이미지(배경영상), 문자(말), 기호, 숫자, 수화(手話), 그래프, 도형, 출연자들의 표정과 몸짓 등 다양한 것들이 소통의 도구로 활용된다. 때론 이름도 가지지 않은 상황적 형상들이 활용되기도 한다. 글자(말과 문자)에 국한하여 언어의 개념을 시도하는 경우에도 마찬가지이다. 글자 자체가 마치 살아 있는 유기체와 같이 시간에서 늘 변동하고 공간에서 상대적인 속성을 가지고 있다.[111] 오늘날 현존하는 문자의 종류도 수천 가지로 추정되고 있다. 특히 오늘날에는 사용되지 않는 대략 1만 년 전에 등장한 것으로 추정되는 갑골문자의 경우, 거북 등에 새겨진 형상들 대부분이 그것이 그림인지 문자인지 판명하지 못하고 있다. 상형문자 역시 마찬가지이다. 그것이 해독되기 전까지는 그것은 인간의 흔적인 형상일 뿐이다. 이처럼 오늘날의 현대인들은 언어에 대한 개념이 무엇인지를 밝혀 정의하는 것이 간단하지가 않다.

다만 동서고금에서 언어라는 단어가 사용되는 예들을 살펴보면, 크게 두 가지 시각에서 가지는 개념들이 존치한다. 하나는 언어를 인간과 사회의 관점에서 보는 개념이다. 이러한 시각에서는 '정보전달을 위한 약속된 체계성 또는 규칙성을 가진 것'을 언어로 본다. 전형적인 언어개념이다. 언어학 또는 일반언어학에서 가지는 언어 개념이라 볼 수 있다. 약속, 체계, 규칙이 언어를 구성하는 핵심적 개념이다. 가령 문자, 기호, 상징, 몸짓, 수, 자료 등의 경우들이다. 특히 글자(문자, 말)를 중심으로 언어를 관념한다.

다른 하나는 상호작용 시각에서 가지는 개념이다. 이 시각에서 언어란 '교류에 영향을 미치는 일체의 것'이다. 즉 A와 B가 교류하고, 그 교류에 어떤 영향을 미치는 재료가 있

---

111) 참고로 언어와 인식 간의 상호작용에서 인간을 중심으로 가진 언어(language)라는 말 대신, 언어를 중심으로 한 개념을 지시하는 새로운 용어를 사용하는 것이 적합할 수도 있겠지만, 언어라는 말은 사람들 뇌리에 강하게 각인된 단어이고, 보편적으로 사용된다는 점에서 언어라는 용어를 그냥 사용한다. 즉, 언어적 인식론의 관점에서는 언어를 중심으로 인식(사람)을 바라본다는 점을 주지하기 바란다.

다면, 그것을 언어로 본다. 여기서 A와 B는 인간만을 지칭하는 것은 아니다. 가령 나와 컴퓨터 간에 교류가 있고 어떤 영향을 미치는 재료가 있다면, 그 재료는 언어로 관념되어진다. 그러나 만약 A와 B 간에 교류는 존재하지만 양자 간에 아무런 의미를 주지 못하면, 그것은 언어형식을 가지고 있더라도 언어가 아니다. 글자(말과 문자), 기호, 상징, 그림(영상), 행동(몸짓), 숫자, 자료 등이 명목적으론 언어라고 지칭되지만, 그렇다고 하여 반드시 언어가 되는 것은 아니다. 반면 간판, 건물, 가구, 책, 의상 등이 가진 조형미와 색상도 그것이 교류가 일어나고 일차적 관념을 형성시켜 생산과 구매에 영향을 미친다면, 이때 디자인은 언어가 된다. 표정, 생김새 등도 교류가 일어나고 영향을 미친다면 언어이다. 그리스 신화에 나오는 수금(竪琴)을 잘 연주하는 오르페우스는 사랑하는 아내를 저승에서 구해오기 위해 수금(竪琴)을 탄다. 아내를 돌려주지 않으면 돌아가지 않겠다는 의사표현이다. 저승 왕은 그의 연주에 감동하여 그의 생각을 받아들인다. 오르페우스의 연주는 언어이다. 이러한 시각에서의 개념은 다음들을 시사해준다. 언어적 표현에서의 기술(technic)이다. 만약 당신이 아날로그 방식의 손으로 쓴 편지와 디지털 방식의 기계가 쓴 이메일은 동일한 언어적 형태임에도 서로 다른 효과를 생성시킬 수 있다. 가령 상황에 따라 백 마디의 말보다 행동(몸짓) 하나가 더 강한 인식을 전달할 수 있다. 또한 상호교류에서 언어는 다양한 형태가 존재하며, 다양한 형태의 언어들이 만들어질 것이라는 것을 암시해준다.

그런데 새로운 시각에서 인류가 오랫동안 반론이 존재할 수 없는 불가침(不可侵)의 명제로 간주되었던 하나의 명제를 가지고 언어의 개념 문제를 살펴보자. '언어는 인간의 배타적 소유물 중 하나이다'라는 명제이다. 인류는 과거 언어를 인간만이 소유할 수 있는 고유한 것으로 생각해왔다. 동서양의 문헌들에서 인간과 동물의 차이점을 분별하는 기준점으로 언어가 사용되고 있는 것을 쉽게 발견할 수 있다. 하지만 오늘날 이 명제를 인정하는 사람은 그리 많지 않을 것이다. 언어가 인간의 배타적 소유물이라고 하면, 소유의 주체는 인간이고 언어는 객체이다. 그런데 언어가 객체인가에 대해서는 의문을 가지기 때문이다.

일단 인간이 소유의 주체고 언어가 객체라는 것을 긍정해보자. 그러면 개인은 언어의 소유가 가능해야 할 것이다. 만약 개인 중 누구라도 언어의 소유가 불가능하다면, 인간은 소유의 주체가 될 수 없기 때문이다. 우리가 사용하고 있는 수학에서의 미적분 기호들은 라이프니츠가 창안한 것이라 하자(뉴턴이라는 주장도 있다). 그러면 그 기호들은 라이프니츠의 것이다(현대적 의미에서의 지적 재산권 개념을 적용하면 권리주장의 소멸시효에 적용되겠지만). 우리는 그 기호들을 사용할 권리를 그에게서 허가받아야 할 것이다. 그런데 라이프니츠가 홀로 살아가는 세상이라면 그는 미적분 기호들을 사용할 필요가 없을 것이다. 그 개념을 머릿속에 저장하면 되기 때문이다. 엄마와 아빠와 같은 단어들도 필요가 없다. 그는 사회를 전제하여 그 기호들을 창안한 것이다. 그렇기 때문에 언어는 사회를 전제로 존재성을 획득한다. 언어가 사회적 존재물이라면 공동의 소유가 될 수는 있어도 개인의 소유물은 될 수 없다(라이프니츠의 입장에서도 공동의 소유물로 간주되는 것이 더 이익이다. 만약 언어를 개인의 소유물로 인정한다면, 라이프니츠는 언어사용료의 수익보다 지출이 훨씬 클 것이다. 그가 사용하는 언어 중에서 그가 창안한 것은 극히 일부분이기 때문이다. 그렇기 때문에 라이프니츠가 합리적인 사고를 가진 사람이라면 그는 언어는 개인 소유물이 될 수 없다는 주장을 하게 될 것이다. 그는 자신이 만들은 기호들이 소멸되지 않고 사회적으로 존재성을 획득하게 되었다는 점에 그의 창안 노력이 헛되이 되지 않았다는 것으로 만족하게 될 것이다). 이처럼 언어는 그 본질이 사회적으로 존재하는 것이며, 개개인의 배타적 소유물이 될 수 없다. 공동의 소유물로서 사회구성원으로서 개개인은 누구나 언어를 습득하고 사용할 권리를 가지게 된다.

그런데 '진정 언어가 공동의 소유물이 될 수 있는가?'라는 데에도 회의적인 생각들이 등장한다. 그동안 인류는 세계를 정신세계와 물질세계로 구분하고, 정신은 물질의 법칙에서 자유롭다고 생각했다. 즉, 인간의 사유는 자유롭다는 생각이다. 하지만 누가 아무리 상상의 나래를 펴더라도, 그 상상은 그가 가진 언어의 존재 속에서 벗어나지 못한다는 것을 발견하게 된다. 즉 지금 당신이 엉뚱한 공상을 하게 되더라도 그 공상은 마치 부처님 손바닥 안에 있듯 언어 속에 있다는 것을 스스로 알게 될 것이다. 역설적이지만 인간이 생각하는 모든 것은 언어로 서술될 수 있다. 따라서 인간을 중심으로 언어를 보는 것이 아니라 언어를 중심으로 인간을 바라보면, 마치 동물이 식물을 이용하는 것이 아니라 식물이 곤충과 같은 것들을 이용하여 종을 번식시키듯, 인간이 언어를 빌려 사유하는 것이 아니라, 언어가 인간의 사유를 이용하는 것이 된다. 만약 언어가 인간의 사유를 이용하는 것이라면 언어는 인간의 소유물이 될 수 없다. 단지 소유물이라는 것을 주장할 수 있을 뿐이다.

이러한 이유로 인식론적 관점에서는 언어란 '인식에서 행해지는 판단과 관련하여 가지는 언어형상(language form)에 적용되는 도구'로 규정된다. 요컨대 언어적 인식의 관점에서 가지는 언어란 지각기관에 의해 인지된 재료들에 대한 표지(表指) 또는 표지(表指)가 외부로 표현된 표상(表象)이 된다. 언어에 대한 개념 이해가 어려울 수 있다는 점에서 보충적 설명이 필요할 것 같다. 언어적 인식의 관점에서 언어는 본래 언어 그 자체로 존재하는 것이 아니다. 인식자의 인식에 적용될 때 비로소 그 존재성이 획득된다. 가령 누군가가 보낸 말(신호)을 인식자가 그 말(신호)에 대한 반응으로 머릿속에서 그것을 지칭 또는 지시하는 어떤 표식을 부착하는 행위가 이루어지지 않는다면, 그것은 자연 상태의 그 무엇이 될 뿐이다. 우리가 통상 말하는 글자, 기호, 부호 등과 같은 언어란 것은 시간적으로 변화하고 공간적으로 상대적이어서 언어가 무엇이라고 획일적으로 정의하는 것은 옳지 못하며, 인식에 활용되는가를 가지고 언어인가 여부를 판별해야 한다는 입장이다. 이에 언어는 인식자와 관계없이 그 자체로 존재하는 것이 아니라, 인식자의 인식행위에 의존되어 언어 여부가 결정된다. 그리하여 [언어란 무엇이다]라고 미리 규정하지 않는다. 다만 인식자와 관계없이 시간과 공간적으로 사회적 통념에 의해 언어로 관념되어지는 명목적 언어들이 존재한다는 것에는 긍정한다.

이러한 관점에서의 언어 개념은 전술된 인간과 사회의 관점에서 보는 개념과 다음에서 차이점을 가진다. 인간사회적 관점에서는 의사소통의 체계성을 중시하지만, 언어적 인식 관점에서는 그렇지 않다. 전자의 관점에서는 누군가 홀로 가지는 단독언어는 언어로 간주되지 않는다. 하지만 후자의 관점에서는 공유언어와 단독언어 모두 언어로 간주된다. 가령 갑이 사회적으로 통용되는 글자나 기호가 아닌, 그만의 독특한 그 무엇으로 포집된 재료들의 식별에 적용된 도구가 있다면 그것은 언어이다. 또한 반드시 인간과 인간에만 국한하지 않는다. 다음으로 상호작용의 관점과는 다음의 차이를 가진다. 가령 우주인과 지구인이 교신하는 경우, 상호작용의 관점에서는 교신방법을 이루는 수단으로 가지는 재료는 인간이 그것을 인지하는가, 그렇지 않은가에 관계없이 그 자체로 언어로 간주된다. 하지만 언어적 인식의 관점에서는 자신의 앎과 관련된 인식에 적용 또는 작용할 때 비로소 언어가 된다.

2) 감관과 사유, 그리고 경험언어와 사유언어

언어적 인식의 관점에서 언어의 근원은 감관과 사유가 될 것이다. 감각 또는 사유로 포착될 때 비로소 언어화가 이루어져 그 존재성을 획득하기 때문이다. 따라서 지각기관인 오감각과 사유가 언어 생성의 근원(root)이자 출처(source)가 된다. 이때 감관과 사유에 의해 가지는 재료들에 대한 언어화로 존재성을 획득하는 경로를 기준으로 언어는 경험언어와 사유언어로 구분할 수 있다.

먼저 경험언어를 살펴보자. 이는 생존 토대를 이루는 언어의 원형으로서 가장 원초적 표지(表指)이다. 가령 한 마리의 새가 어떤 위험인자를 감지하면 두려움의 감정을 생성하고, 위험하다는 것을 직감한다. 이때 위험을 인지한 그 상황을 표지하는 것이 경험언어이다. 만약 그 새가 그 위험을 동족들에게 전달하려면 위험하다는 표지를 외부로 전달할 표지가 필요하고, 공유될 수 있는 표지가 필요하다. 소리, 행동 등과 같은 것들로 나타낼 수 있다. 이것이 표상(表象)이다. 이처럼 경험언어는 시시각각에서 감지된 개별 상황을 지시하는 특징을 가진다.

이번에는 사유언어를 살펴보자. 이것은 성격이 약간 다르다. 가령 한 마리의 새가 거울을 본다고 하자. 이때 거울에 비친 대상을 인지할 수 있는 것과 그것이 자신임을 인지할 수 있는 능력은 서로 다르다. 전자는 감각기관에 의해 가지는 구체적 인식물이지만, 후자는 자의식(自意識)이란 지적 능력이 별도로 요구되어 가지는 인식물이다. 그 새가 거울에 비친 자신이 자랑스럽다는 느낌을 생성했다고 하자. 이때 그 새가 그 감정을 지칭하는 표지 창안 능력이 있어 [자부심]이란 용어를 창안했다고 가정하자. 그러면 언어가 등장하는데, 이것이 사유언어이다. 만약 그 새가 [자부심]이란 표지를 외부로 표현하여 타에게 그 표지가 가진 의미가 공유될 수 있다면, 이 표상을 가지고 그 새는 표식능력을 보유하고 있다고 평가할 수 있다. 표지에 일정한 방식을 가지지 않으면 가질 수 없는 현상이기 때문이다. 이러한 사유언어는 문자, 기호, 상징 등과 같은 다양한 표상이 될 수 있다. 여기서 이것들은 일반의 성격을 가진다.

	발생지	특징	범주
경험언어	감각	어떤 또는 특정의 구체적 표지	개별 지시
사유언어	이성	집합 또는 전체의 추상적 표지	일반 지시

어린아이는 물리적/정신적으로 외계의 다른 것들과 독립된 [나]의 존재를 분별한다. 그리고 이러한 분별을 통해 [나]와 [개별 타]를 인식하는 경험언어 능력을 터득한다. 아이는 점차 집합적이고 추상적으로 관념할 수 있는 사유언어 능력을 가지게 된다. 이로써 아이는 [개별 타(어떤, 특정)]와 [모든 타(집합, 전체)]를 동시에 생각할 수 있는 인식체계를 지닌다. [개별 타]를 통해 일반을 이해하는 지각물을 산출할 수 있게 되고(귀납 사유), 반대로 [모든 타]에서 개개를 추론할 수 있는 개별적 지각물을 얻을 수 있게 된다(연역 사유). 만약 경험언어와 사유언어를 관조할 언어기제를 가지지 못하면, 귀납의 일반화를 통해 사회(社會)라는 것을 생각하지 못하고, 역으로 연역적으로 사회를 정치와 경제 및 사회문화 등으로 분류하여 이해할 능력을 가지지 못한다.

3) 언어적 인식이란?

(1) 언어적 인식의 의의

언어적 인식이란 '언어를 통해 대상에 대한 어떤 지각물을 가지는 인간의 인식활동'을 말한다. 즉, 지각기관인 감각과 사유에 언어가 개입되어 지각물을 가지는 인식활동을 지칭한다. 여기서 언어란 존재로부터 인지된 재료들(raw materials)에 대한 표지(表指) 또는 내면의 표지(表指)가 외부로 표현된 표상(表象)을 말한다. 예를 들어 보자. 아래 그림을 누군가에 의해 만들어진 것이 아니라 자연 상태에서 관찰된 이미지라고 가정하자.

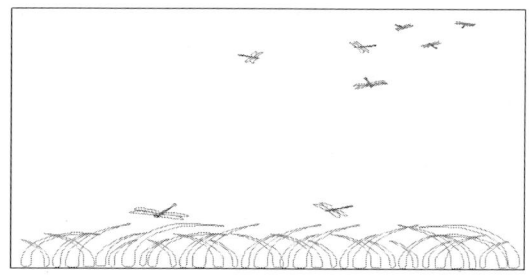

통상 이미지를 인식하는 경로는 두 가지로 구분할 수 있다. 하나는 [전체→동일한 개체인 잠자리와 풀들의 덩어리(cluster)→각 개체]들로 이해하는 방법이고, 다른 하나는 반대로 [각 개체→동일한 개체들의 덩어리→전체]로 이해하는 방식이다. 경로에 띠라 인지하여 가진 재료들이 머릿속으로 들어오는 양상이 다르다.

그런데 우리는 무의식적 또는 의식적으로 잠자리, 풀 등과 같은 단어(어휘)들을 호출하여 그것들로부터 어떤 형상을 형성하여 인식을 수행한다. 즉, 인지된 재료들에 표지를 부착하는 언어화 작업을 수행하고,[112] 이때 표지의 수단으로 적용되는 것들은 단지 글자만이 아니다. 매우 다양한 것들이 표지의 방식으로 사용된다. 가령 기억 속에 저장된 문자, 기호, 수, 부호 등과 같은 것들이다. 수학자들은 기하적 언어인 점, 선, 면 등으로 표지하려 하거나 또는 숫자로 표지하려 할지 모른다. 음악가는 음표로 부호화하여 표지하려 할지 모른다.[113] 이처럼 사람들은 인지된 재료들을 표지하는 언어화 작업을 통해 인식에의 용이성을 추구한다.

그런데 만약 표지할 수단적 도구들이 저장되어 있지 않다면, 가령 문자와 기호 등과 같은 것들을 보유하고 있지 않다면, 이미지를 이해하는 데 매우 어려움을 가지게 된다. 이미지를 본 순간 얻어지는 재료(raw materials)들은 시간적 찰나마다 머릿속으로 투입되고, 한편 지각기관들은 이미지와 관계없는 다른 재료들도 동시에 투입시킨다(모든 지각기관이 오직 이미지에만 몰두하는 것은 아니다). 그리하여 다양한 재료들이 서로 혼합되어 무질서한 상태를 가진다. 이때 재료들을 식별하여 그것을 지시할 적합한 표지를 행하지 못하면, 마치 갓 태어난 어린아이에게 주위의 사물들이 혼돈(chaos)이듯, 인식자는 혼란을 겪게 되어 인식불능 또는 인식포기라는 행태가 야기된다.

이번에는 성격이 다른 예를 하나 살펴보자.

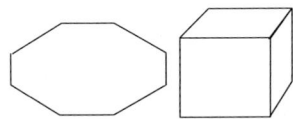

위 그림(도형)에서 우리는 눈에 보이는 그대로의 이미지 재료들을 획득하여 인식하지 않는다. 팔각형과 직육면체라는 이름을 통해 대상을 이해한다. 그런데 이것들은 이미 표상이다. 즉, 팔각형과 직육면체라는 이름은 사람들이 대상을 지시하는 표지와 관련하여

---

112) 언어화 작업을 수행하는 기능을 지칭하여 언어기제라고 부를 수 있을 것이다. 언어기제로 사람들은 우주, 책상, 함수, 관료제, 과학 등과 같은 존재사들을 가지게 되고, 그 존재사들로부터 다시 앎이 추구된다.

113) 일반적으로 사람들은 표지의 수단적 방식으로 습득한 글자(문자와 말: 어휘)를 활용하여 언어화를 시도하여 인식을 수행한다. 이러한 점에서 글자(문자와 말)는 언어적 인식에서 중요한 역할을 담당한다. 특히 어떤 종류의 어휘를 얼마만큼 보유하고 있는가는 인식의 속도와 밀접한 관계성을 가진다.

일정한 방식의 약속이 전제되어 가진 기하적 표상이다. 이때 개인에 따라 그 표상이 가진 이름을 모를 수 있다. 이때 이름(단어)을 아는 사람과 모르는 사람 간에는 인식의 방식과 결과물이 달라진다.

(2) 언어적 인식의 기능과 성질

언어적 인식은 인식과 소통의 용이성을 위해 가지는 현상이지만, 다음과 같은 중요한 기능 또는 성질을 지니고 있다.

① 귀납과 연역의 발원지(發源地)

언어적 인식은 귀납 사유의 도착점이자 연역 사유의 출발점으로 기능하는 반환점 성질을 가지고 있다. 전술된 경험언어와 사유언어를 상기하여, 가령 관찰된 개별의 [나의 엄마]를 통해 가진 관념을 출발하여 일반의 [엄마]라는 관념에 도착한다. 반면 일반의 [엄마]에서 출발한 관념은 개별의 [나의 엄마]를 떠올리는 도착점을 가진다. 마치 마라톤 경기에서의 반환점(return point)처럼, 귀납과 연역의 발원지이자 순환을 이루는 기능을 수행한다.114)

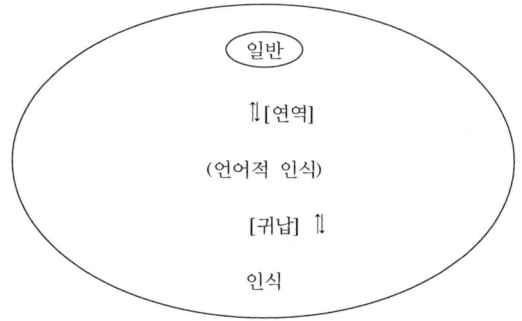

② 인식에의 양면성

언어적 인식은 인간에게 세상을 바라보는 간편하고 유용한 '인식의 눈'을 제공한다. 인간의 지식문명은 크게 세 가지 사고 축으로 구성되어 있다. 하나는 시간(흐름)의 축이

114) 이에 관련하여 부연하면, 현대 문명을 이룩한 사유의 대표적 방식은 연역과 귀납이다. 전자는 수학, 후자는 과학을 예로 들 수 있다. 그런데 연역과 귀납은 언어적 인식에서 등장하는 표지방식에서 기원한다. 그렇다면 연역과 귀납은 언어를 통해 가진다는 명제가 성립한다. 그리하여 현대철학에서 [인간이 사유를 위해 언어를 도구로 이용하는가?] 아니면 [언어가 인간의 사유를 이용하는가]라는 질문이 등장한다.

다. 역사학, 고고학, 문화인류학, 물리학, 미래학 등에서 강하게 작동한다. 다른 하나는 공간(범주)의 축이다. 분류학, 기하학 등에서 나타난다. 그리고 마지막으로 상상의 축이다. 상대적으로 생각의 자유스러운 상상으로 이루어지는 시학, 미학, 디자인학 등과 같은 것들에서 흔히 발견된다. 만약 인간이 언어기제를 가지고 있지 않다면, 이러한 축들의 존재는 불가능했을 것이다. 이러한 점에서 언어적 인식은 지식(앎)과 관련하여 순기능적인 성격을 가지고 있다.

하지만 한편으로 언어적 인식은 인식에의 무질서 정도를 강화시킨다. 표식의 수단인 언어는 현실에서 늘 살아 숨 쉬며 작동한다. 사회구조가 복잡해질수록 그만큼 다양한 언어들이 필요해진다. 그리하여 다양한 언어들이 매일같이 대량적으로 양산된다. 이러한 언어의 대량화는 언어적 인식에 혼란을 유발한다. 언어적 인식에서 표지 또는 표상의 원활함을 위해 언어의 풍부성은 필수적으로 가져야 하지만, 한편으로 언어적 인식에서 언어의 포집(捕集)과 채택, 그리고 사용에 관련된 주관성과 상대성을 증폭시킨다.

또한 '언어는 또 다른 언어를 만들어낸다'는 명제를 생각해보자. 언어는 인간이 어떤 관념(개념)을 담기 위해 인위적으로 만든 표지로서의 창조물이다. 이러한 창조물은 창조주인 인간의 의지와 관련 없이 새로운 정보와 개념을 담은 또 다른 언어를 만들어낸다. 가령 컴퓨터는 단지 컴퓨터가 아니다. 그것에는 정보를 담고 있다. 그리고 마치 어떤 싹(burgeon)이 성장하듯, 새로운 정보와 개념들과 합성되어 새로운 언어를 만들어낸다.

문자를 예로 하여 다음은 누군가가 어떤 현상(상황)을 표상한 문장들이다. 편의상 모두 참이라 가정하자.

⊙ 구제역 바이러스 X의 감염률은 온도와 어떤 관계가 있다.
⊙ 온도가 낮아질수록 구제역 바이러스 X의 감염률은 낮아진다.

⊙에서 정보를 추출해보자. 이것으로부터 수집되는 정보의 양은 감염률(사실 1)과 온도(사실 2)의 관계에 대한 정보이다. 그런데 ⊙의 경우는 다르다. 감염률(사실 1)과 온도(사실 2) 간에 어떤 관계가 있다는 정보와 온도의 저하가 감염률을 낮춘다는 정보도 들어 있다. 이처럼 어떤 단어들로 어떻게 조합할 것인가에 의존되어 정보의 양이 달라지며, [온도가 높으면 구제역 바이러스 X의 감염이 촉진되고, 온도가 낮으면 구제역 바이러스 X의 감염이 억제된다] 등과 같은 또 다른 진술들(표상들)을 만들어낸다. 우리는 많

은 시간을 언어 습득과 개념의 해석 작업에 투입해야만 한다. 전술된 조작적 정의, 재개념화 등의 논의들도 이러한 맥락에서 기인되는 측면이 있다. 이러한 현상을 두고 혹자는 '현대인들은 언어의 창조자에서 언어의 노예로 전락했다'고 말하기도 한다.

3. 언어적 인식의 과정

언어적 인식의 과정은 매우 복잡하지만,[115] 간단히 투입과 처리 및 산출의 단계적 절차로 도식화하기로 한다. 마치 컴퓨터에서 입력→정보처리→출력의 과정과 같다.

<언어적 인식의 과정>

대상 (존재)	→ (투입)	언어형상화 (언어화를 통한 내면적 표상)	→ (산출)	앎 (표현된 표상)

1) 대상(對象)

인식의 객체로서 존재하는 그 무엇을 말한다. 이때 존재는 인간의 지각기관에 의해 포착되는 일체의 물(物)로서 언어적인 것과 비언어적인 것으로 구분할 수 있다. 여기서 언어적인 것이란 의미는 이미 표지가 부착된 것을 말한다. 즉, 존재사를 의미한다. 반면 비언어적인 것은 아직 표지가 붙지 않은 것으로서 언어로 명명 또는 서술되지 못한 자연상태의 것을 말한다. 하지만 표지가 붙지 않은 것은 앎을 가질 수 없는 물(物)이란 점에서 존재사만이 대상에 포함되는 것이라 볼 수 있다. 부연하면 이는 심리적 작용과 관련되어 있다. 예를 들어 보자. 박물관에 전시되어 있는 [벌거벗은 마하]와 [옷을 입은 마하]의 두 그림을 보았다고 하자. 그러면 포집된 재료들로부터 어떤 느낌을 가질 수 있다. 이때 이것은 감각과 사유로 가진 그 무엇이 아직 이름을 가지지 못했거나 또는 서술되

---

115) 참고로 인간의 인식과정은 인지과학, 심리학, 의사결정론 등에서 다양한 연구들이 진행되어 왔고, 지금도 인공지능 등 다양한 영역에서 연구들이 이루어지고 있다. 인간의 인식과정은 내면의 의식세계와 관련되어 매우 복잡하다. 심리 또는 무의식세계를 고려하면 신비성도 가지고 있다. 항상 순차적인 직렬적 방식으로 진행되는 것도 아니다. 즉 하나의 작업을 처리하고 다음의 작업을 처리하는 방식으로만 진행되는 것은 아니다. 때론 반복적 순환의 진행성도 가지고, 병렬방식으로 복수의 작업들이 동시에 진행되기도 한다. 또한 감관과 사유가 동시에 혼합되어 정보처리가 이루어진다. 다만 대부분의 경우 직렬방식으로 진행되고 있다는 점에서 직선적 형태로 도식화할 뿐이다. 분명한 것은 제한된 인식능력과 불완전한 정보를 가지고 인식물을 가진다는 점이다. 이에 대해서는 후술되는 합리적 판단과 불확실성 판단에서 언급될 것이다. 부연하여 과정에 대한 이해는 다음의 두 가지 점에서 유용하다. 하나는 언어적 인식에 대한 개념의 명료화이다. 과성을 이해함으로써 보다 개념을 명확히 인식할 수 있다. 즉, 개념에 대한 거친 이해가 다듬어진다. 미리 언급하지만 언어적 인식에 관련된 몇 가지 낯선 단어(하위개념)들이 등장할 것이다. 다른 하나는 방법론적으로 가지는 응용성이다. 무슨 일을 하는 경우 처음은 막막하다. 하지만 절차를 이해한 경우 작업의 시작과 종결에 대한 대강의 그림을 가지고 있게 되어 작업에 유용성을 준다.

지 못한 자연 상태의 것이다. 이것은 인식의 대상으로 부적합하다. 시간이 지나 다시 그때의 인상 또는 느낌을 떠올리는 것이 사실상 불가능하기 때문이다. 하지만 일단 그것에 표지가 붙으면, 그때의 것과 동일한 인상(印象)은 아니지만 매우 유사한 느낌을 떠올릴 수 있게 된다. 즉 표지가 부착되면 표상이 가능해진다. 가령 특정 현상에서 가진 재료들에 대하여 숫자로 표지된 대표적인 예가 통계적 자료들이다. 이러한 통계적 자료들은 역으로 그 현상에 대한 형상(figure)을 표상(representation)할 수 있다. 우리가 일상에서 흔히 스쳐가는 무수한 것들을 인식의 대상으로 삼지 않거나 또는 삼지 못하는 것은 바로 그것들에 언어화(indication)가 이루어지지 않은 이유 때문이다.

[본론]

■ 문명 또는 문화와 격리된 오지에서 원시적 삶을 살아가는 사람이 어느 날 정글을 걷다 음료수를 담는 용도로 사용하는 병을 하나 발견했다. 그는 생전처음 본 그 병의 정체를 파악하기 위해 이리저리 형체를 살펴보았지만 도대체 무슨 물건인지 알 수가 없었다. 위험 등을 생각하여 그냥 내버려두고 마을로 돌아왔다. 마을로 돌아온 그는 생전처음 본 병에 대한 경험담을 다른 사람들에게 이야기했다. 하지만 병이란 명사가 없어 [그것(it), 이것(this), 저것(that)]으로 이야기하자니 설명이 매우 어려웠다. 마을 사람들은 그가 뻥치고 있다고 비아냥거렸다. 그러자 그는 숲속으로 가 음료수 병을 가져와 그들에게 보여주었다. 이에 마을 사람들은 앞으로는 그것을 뻥이 아닌 병으로 부르자고 약속했다. 이러한 에피소드에서 만약 그와 마을 사람들 모두가 음료수를 담는 용도로 사용하는 병이란 단어를 알고 있다면, 사실상 병에 대한 설명이 필요 없을 것이다. 숲속에 병이 있다고만 말하면 되기 때문이다. 기억 역시 쉽게 할 수 있을 것이다. 병이란 단어를 떠올리면, 마치 창고를 여는 열쇠처럼 그때의 경험적 잔상(殘象)과 느낌들이 기억창고에서 자동적으로 자연스럽게 떠오르기 때문이다.

■ A가 길을 걷고 있는 도중 오감각과 사유로 다음과 같은 재료들이 포착되었다.

나, 빨간색 차, 도로, 걷는다, 한 대, '왕', 돌진해 온다. '끼익'

a. 빨간색, 차, 나, 도로, 걷는다, 한 대, 웡, 끼익, 돌진해온다.
b. 도로, 걷는다. 빨간색 차, 한 대, 웡, 끼익, 나, 돌진해온다.
c. 나, 도로, 걷는다. 빨간색 차, 한 대, 웡, 끼익, 돌진해 온다.

a는 자료(facts)들이 뒤죽박죽 섞여 있다. 복잡하여 이해하기 어렵다. b의 경우는 시간상의 전후 흐름이란 규칙이 적용되어 상대적으로 상황 파악이 용이하다. 세련되지 못한 띄어쓰기 규칙(문법)으로 여전히 상황 파악에는 어려움을 느끼지만 a에 비해 정리되어 있다. c는 이해하기 용이하다. 이러한 이유는

언어적 생활로 체득한 특정 언어체계가 인식체제에 탑재되어 있기 때문이다. 즉, 후천적으로 습득된 언어가 인식 틀에 내재화되었기 때문이다. 이때 c의 경우 상황인식에 문법적인 언어체계가 적용되고 있다.

2) 언어형상화

(1) 의의

언어형상화(言語形象化)란 '인지된 재료들에 언어화가 이루어져 그것으로부터 어떤 관념적 형상을 형성하는 것'을 말한다. 즉, 내면적 표상을 이루는 과정이다. 하나의 사건(현상)을 가지고 예를 들어 보자. 어떤 사건을 눈(eye)이 포착했다고 하자. 그러면 재료들이 시간적으로 머릿속에 투입된다. 머릿속에 투입된 재료들은 심상(心象)을 형성한다. 이때 가지는 심상(心象)은 직감으로 가지는 사건에 대해 가지는 느낌으로서 [거친 개념]을 형성한다. 그런데 거친 개념에 언어가 개입되어 다듬어진 개념이 형성된다. 이러한 개념으로 가지는 상(象)이 언어형상(言語形象)이다. 즉, 언어화가 개입되어 가진 형상이다. 언어형상화는 언급되었듯이 특정 재료로만 가질 수도 있고, 동일 재료들의 그룹인 특정집단에서 가질 수도 있다. 그리고 일정 시간대에 포집된 재료들 전체에 대해 가질 수도 있다. 요컨대 인지→무질서한 재료 투입→언어화(재료들의 정리와 표지의 부착)→표지를 통해 가지는 어떤 의미를 담은 이미지의 형상을 말한다.

언어형상은 표지의 수단인 언어가 개입된다는 점에서 대상으로부터 순수한 감각만으로 형성된 단순한 심상(心象) 또는 인상(印象)과 구별되며, 상상 또는 공상의 형상물인 가상(假象)과도 구별된다. 주의할 점은 인상과 가상에 언어화가 개입하면 그것은 언어형상화이다. 즉, 어떤 표상을 가지게 된다. 가령 그림을 보고 받은 인상을 문자로 전환한다거나 또는 청각의 소리를 [도레미파솔라시도]와 같은 음계를 사용하여 내면에서 가진 표상들이 예이다.

언어형상은 현재 상태에서 가지는 인식물을 명료하게 해주는 기능 외에 과거의 인식물을 상기하고 재현하는 데 효과적이다. 예를 들어 들판에 핀 꽃을 경험한 사람이 그 이름이 꽃이라는 것을 알고 있을 때와 이름을 몰랐을 때 인식은 보다 선명해진다. 누군가 대나무를 며칠 동안 한순간도 눈을 떼지 않고 관찰했다고 하자. 이때 그 경험들은 언어로 저장할 수도 있고, 언어형태가 아닌 감각적 질료 그대로를 저장할 수도 있다. 만약 언어(부호화)로 저장한 경우라면, 마치 키 단어(key word)를 통해 연관된 것들을 줄줄이끌어내는 것처럼, 기억하는 데 보다 효율적이 될 수 있다. 다른 예를 하나 더 살펴보자. 갑이란 사람은 새에 대한 좋지 않은 경험이 각인되어 새만 보면 공포심을 가지게 된다고 하자. 이때 갑이 저장한 것이 언어형상인가 아닌가에 의존되어 표상의 용이성이 달라진다. 만약 언어형상이 저장되어 있다면 갑은 새라는 글자(문자, 말)를 보거나 또는 새라는 말을 들으면 공포심을 가진다. 하지만 그렇지 않은 경우 언어로는 공포심을 가지지 않고 새의 형상(모습)을 보아야만 공포심을 가진다. 이러한 차이가 언어형상이 가진 효과이다.

[보론] 언어기제와 기억

언어화 작업을 수행하는 기능을 지칭하여 언어기제라 할 때, 언어기제는 표지의 수단인 언어들을 생성(creation), 비축(store), 복원(memory), 소환(recall), 조합(make-up) 하는 기능을 수행한다. 특히 만약 언어기제가 불완전하게 작동하여 저장과 기억과정에서 문제가 발생하면, 언어형상화가 원활히 진행되지 못하여 기억이 잘 되지 않거나(a shot memory), 기억상실증(amnesia), 건망증(forgetfulness) 등과 같은 현상들이 나타난다.

우리가 가진 기억은 크게 의도된 것과 의도되지 않은 것으로 대별할 수 있다. 의도된 기억은 저장과 떠오름을 용이하게 하려는 목적에서 의식적으로 저장된 경우로서 통제가 가능하다는 특징이 있다. 하지만 의도되지 않은 기억은 자연스레 떠오르는 것으로서 상기가 통제되지 않는 상태가 일반적이다.

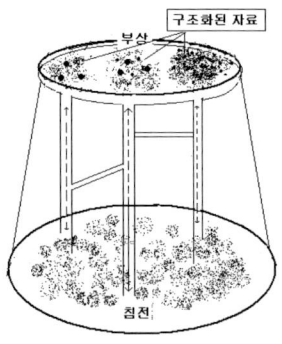

그림에서 ① 시간과 공간에서 성격이 상이한 무수한 것들이 지각기관에 무질서하게 인지되어 뇌[116]에 투입된다. ② 뇌는 그 모든 것들을 투입시키지 않는다. 문지기(gate keeper)가 있어 자료들이 선별되어 기억 참고에 저장한다. ③ 이때 언어화가 진행되어 저장이 이루어질 수 있다. ④ 기억이 행해지면 침전되어 저장되었던 자료 또는 언어들이 통로를 통해 부상한다. ⑤ 이때 언어적 기제가 작동하여 다시

---

116) 참고로 인간의 기억력에 대한 뇌 연구에 의하면 좌뇌는 논리적 사고, 우뇌는 감정과 관련된 기능을 수행하는 것으로 알려져 있다. 그리고 기억기능을 담당하는 해마라는 것이 알려져 있다. 혹자는 뇌뿐만 아니라 신체의 세포들도 기억능력을 가지고 있다고 말한다. 한편 의식의 기억과 무의식의 기억들이 어떤 코드로 연결되어 인식에 관여되는가가 탐구되고 있다.

언어화가 이루어진다. 인식자는 언어 또는 진술로 구조화된 대상을 통해 기억하게 된다.

기억은 크게 세 가지로 구분된다. 하나는 감각기억이다. 마치 영화 속 장면이 다음 장면들로 인해 즉각적으로 사라져 버리듯, 다른 것에 의해 소멸되는 기억이다. 다른 하나는 단기기억이다. 마치 컴퓨터 전원을 끄면 입력한 것들이 사라지듯, 30초 이내로만 기억되는 순간적 기억이다. 그리고 마지막으로 장기기억이다. 마치 컴퓨터의 하드디스크에 저장되듯, 비교적 오랜 기간 비축되는 기억이다. 기억은 사람에 따라 차이가 있지만, 트라우마(trauma)와 같은 강한 자극(충격), 반복적 입력이 중요한 변수로 알려져 있다. 만약 장기기억의 인출 속도를 높이기 위해서는 무질서하게 정보를 기억 장치에 집어넣는 것이 아니라, 체계적으로 정리하여 저장시키는 것이 보다 효과적인 것으로 나타난다. 여기서 체계적이란 개념은 피라미드구조를 생각하면 될 것이다.

(2) 특징

① 패러다임

언어형상화는 시대적으로 주된 언어가 반영되는 경향이 나타난다. 즉, 표식의 패러다임성이다. 이러한 이유는 두 가지 내재적 성질이 열거될 수 있다. 하나는 언어화에 적용되는 언어 자체가 가진 사회성이다. 공동체 구성원들은 시대적으로 공유하는 어떤 사회적 통념과 언어적 관념을 가지고 있다. 공동체 구성원들은 사회화 과정을 통해 그러한 통념과 관념을 습득하여 언어화에 적용하게 된다. 다른 하나는 사회적 관계에서 가지는 인식자의 기대 반영성이다. 가령 소설에서 독자들은 권선징악을 기대한다고 하자. 그러면 작가는 독자의 바람에 부응하기 위해 일정한 장치를 설정하게 된다. 이처럼 개개인은 사회적 기대에 부응하는 일정한 장치로서 특정 언어화 방식을 선택하게 되고, 이로 인해 언어형상의 시대별 흐름성이 나타난다. 즉, 자신만의 고유적 표식을 사용하는 것이 아니라, 사회적으로 통용되는 공유적 표식을 사용하여 형상을 가지게 된다.[117]

② 개념들의 관계로 구성

언어형상은 개념들의 관계로 구조 또는 틀을 가지는 특징이 있다. 가령 뉴턴의 미적분을 예로 생각해보자. 오늘날 우리에게 알려진 미적분 개념은 위치, 시간, 거리, 속도, 가속도, 평균속도, 순간속도, 최댓값과 최솟값, 무한, 분할, 좌표, 함수 등 다양한 하위 개념

---

117) 참고로 우리가 사용하는 특징이란 말은 외연으로 드러나 관찰이 가능한 것을 지칭하여 사용한다. 그런데 언어형상은 머릿속에 있는 내면적 표상이다. 그러므로 외면으로 드러나지 않는 것을 관찰하여 특징을 이야기한다는 것은 논리적으로 모순이다. 특히 본질 영역에 속하는 언어형상의 성질에 대한 추론은 해석적 방법으로서 그 내용이 검증된 것은 아니다. 다만 인지심리학, 신경학, 분석심리학, 정신분석학, 언어심리학 등의 분과학문들에서 간단한 실험적 연구조사들에서 관찰되는 특징과 반증이 발견되지 않는다는 점에서 특징에 대한 서술과 내재적 성질에 대한 추론을 받아들일 수 있을 것이다.

들로 전체를 이루는 형상을 가지고 있다.

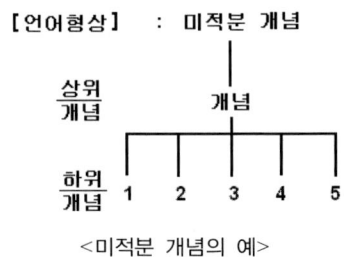

<미적분 개념의 예>

이러한 점에서 뉴턴이 가졌던 미적분 언어형상은 단지 뉴턴의 독자적 아이디어가 아니라, 지동설의 코페르니쿠스 이후 갈릴레오 갈릴레이, 케플러, 데카르트 등 다양한 사람들의 생각들이 종합되어 가진 것이라 말할 수 있을 것이다. 참고로 언어형상이 가진 개념적 틀은 앎을 도출하는 실질적 대상으로 인식물의 형태와 내용을 의존시킨다. 그렇기 때문에 올바른 개념적 틀을 형성하는 방법에 관련하여 의미를 가진다. 가령 개념들의 관계적 구조에서 귀납과 연역의 사고를 발견할 수 있다. 하위개념들이 종합되고, 이것으로부터 상위개념이 만들어지는 씨앗으로 작용한다. 만유인력(중력)의 법칙과 같은 상위개념의 언어적 형상이다.

3) 표상(表象)

(1) 의의
표상에 대한 개념에 관련하여 복잡한 논의들이 있지만, 여기서는 '내면에서 가진 언어형상이 외부로 표현된 것 또는 진술된 것'을 의미한다. 즉, 전술된 내면적 표상인 언어형상과 구별되는 개념이다. 개인차원에서 가지는 표상은 언어적 인식의 결과물이며, 인식의 대상이기도 하다. 예컨대 나의 표상은 너의 언어적 형상이 일정한 언어로 대체되는 코드화(coding)를 통해 가지는 것이지만, 자신의 언어적 형상을 되돌아보는 평가차원의 대상이 된다.

앎의 형성	→	언어화(내면적 표상)	→	이해
↕		대상(物)		↕
앎의 평가	←	표현화(시현적 표상)	←	설명

또한 하나의 표상은 수용자 측면에서 그 자체가 인식의 대상이 된다. 이러한 점에서 표상[118]은 생각의 교류가 이루어지는 교량과 같은 역할을 수행한다.

(2) 성질

① 표현의 다양성

표상물은 다양한 언어적 형태로 나타난다. 이들을 총칭하여 표현언어라고 부를 수 있다. 표현언어는 매우 다양하다. 가령 문자, 기호, 상징, 영상, 숫자, 수화, 점자, 그림, 표, 그래프, 통계자료, 관계식 등이 그 예이다. 뿐만 아니라 일상에서 흔히 볼 수 있는 길거리 간판, 교통신호등, 상표, 마크, 기호, 모형건축물, 표정과 몸짓, 의상 등도 일종의 표현언어이다.[119] 시대적으로 다양한 수단들이 개발되고 축적되어 다양한 방식들이 존재한다.

부연하여 표현방식과 관련하여 인식자는 자신에게 설명될 수 있는 명료성과 동시에 타인과의 관계에서 가지는 의사전달의 용이성을 위해 공동체 사회구성원들이 가진 일반적 관념에 기초한 공유적 표식이 요구된다. 이에 시대적으로 주된 방식이 마치 유행처럼 주로 활용되는 풍조 또는 경향(trend)을 보이는 특징이 나타난다. 가령 오늘날 데카르트의 좌표 표현방식은 오늘날 지적 영역에서 주된 표식으로 자리하고 있다. 컴퓨터 기술이 접목되어 표현에서의 시각성을 주시하는 영상적 경향도 나타나고 있다.

---

118) 혼란이 있을 것 같아 참고적 내용을 언급하기로 한다. 오늘날 표상은 매우 다양한 영역에서 논의되는 개념이다. 자세한 내용은 해석과 관련하여 후술되겠지만, 표상은 대상을 지각하여 가진 재료들로 형성된 관념물이다. 관념물은 투입된 모든 재료들을 가지고 형성될 수도 있지만, 인지기능과 관련하여 대체로 재료들 중 일부가 선별되어 이루어진다. 선별된 재료들로 구성된 것이란 관념물이란 점에서 표상은 어떤 것이 선별되어 추출된 추상(抽象)물이며, 개개의 재료를 나타내는 사상(事象)과 구별된다. 부연하여 내면의 표상은 정신세계 또는 무의식세계를 다루는 정신분석학 또는 분석심리학에서 주로 논의된다. 반면 외부로 나타난 표상은 문자, 기호, 상징 등과 같은 언어로 표현될 수밖에 없다는 점에서 분석철학, 현상학, 일반언어학 등의 시각에서 다양한 논의들이 있다. 가령 표상이 가진 주관적 의미성의 문제, 객관적인 개념적 또는 논리적 틀의 구축에 대한 논의, 표상에 담긴 의미를 결정하는 사회구조적 문제에 대한 논의 등이 예이다.

119) 참고로 표현의 방법상 원형이 보존되어 표현될 수도 있고, 왜곡되어 표현될 수도 있다. 인식자의 표현언어는 수용자 측면에서 해석의 대상이 된다. 이때 수용자가 해석에 적용되는 언어를 해석언어라고 부를 수 있다. 만약 표현어와 해석어의 체계가 다르게 되면, 의미전달에 왜곡이 발생하거나 또는 불일치가 발생한다. 소위 코드화(coding)와 디코드화(decoding)가 맞지 않는 경우이다.

② 존재사 유지성(維持性)

존재사 유지성이란 '존재사의 지시 범주가 변하지 않는 한, 서술어의 양은 변화해도 존재사의 양은 변화하지 않는 것'을 말한다. 예컨대 표상에 대한 궁극 진술은 [A는 B이다]라는 형태이다. 이때 대상을 지칭하는 존재사 A의 범주가 조작되지 않는 한, 서술어의 양은 변화해도 존재사의 양은 변화하지 않는다. 예를 들어 보자. [책상, 의자, 책상 위에 책]이 하나씩 있는 언어적 형상을 표상하려 한다고 하자. 그러면 형상을 서술(표현)하려면 세 가지 문장이 필요하다. [(어떤 하나의) 책상이 있다. (어떤 하나의) 의자가 있다. (어떤 한 권의) 책이 있다.] 이때 세 진술은 연언적 진술로 [(어떤 하나의) 책상과 의자, 그리고 책이 있다]라는 전환이 가능하다. 이때 단어 수가 줄어들고 있다. 하지만 존재사인 책상, 의자, 책 자체는 사라지지 않는다. 만약 존재사의 수가 증감되는 경우 형상의 본질이 달라지기 때문이다. 이러한 현상은 영어와 일본어, 중국어 등 모든 언어에서 공통적이다.

③ 상징성(象徵性)

표상은 그것이 지시하는 관념 또는 생각으로서의 개념 또는 의미를 담고 있다. 어떤 의미를 지시하고 있다는 점에서 상징성을 지닌다.[120] 어떤 관념적 형상을 외부로 표현한다는 점에서 모형(模型)으로서의 성격을 가지고 있다. 언어형상의 개념적 복잡성에 의존되어 하나의 단어로 표상될 수도 있고, 하나의 문장으로 표현될 수도 있다. 또한 여러 문장들의 합으로 가지는 진술로 나타날 수도 있다. 가령 전술된 미적분 개념의 표상을 예로 하면 다음과 같다.

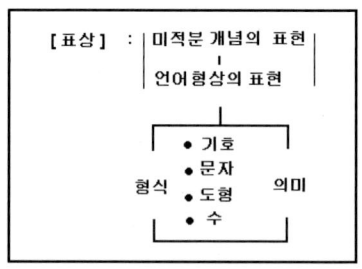

---

120) 보름달(full moon), 까치, 까마귀, 뱀 등의 의미가 언어공동체마다 다르다. 우리나라의 경우 보름달은 기쁨, 풍요를 상징한다. 하지만 서구에서의 보름달은 흡혈귀의 공포를 상징한다. 우리나라의 경우 까치는 귀함을 가져다주는 손님으로 길조이고, 까마귀는 죽음의 의미를 가진 흉조로 상징된다. 하지만 일본은 반대이다. 기독교 문화에서 뱀은 사악함을 가지는 대상으로 사용되지만(이브의 유혹), 이집트 문화에서는 하늘과 땅을 잇는 영험한 매개물로 사용된다.

어떤 표상에 대한 정확한 이해는 결국 개념에 대한 해석 이 문제된다. 자연현상뿐만 아니라 인문사회 현상에서 가 지는 표상물들에 대한 해석문제는 매우 복잡하고 다양한 논의들이 있다. 표상의 의미를 정확히 포착한다는 것은 난 해한 일이 아닐 수 없다. 가령 미적분과 같은 추상적 또는 개념적 표상물을 해석하는 것은 간단하지가 않다. 이러한

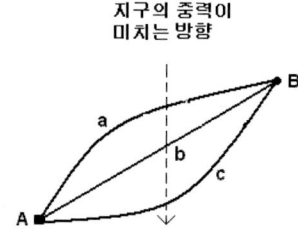

표상물을 해석하는 경우, 진술자가 어떤 질문(문제)을 어떻게 해결하겠다는 생각(idea)인 가라는 것에 초점을 두고 접근하는 것이 유용한 방법 중 하나이다. 가령 뉴턴이 어떤 문 제를 해결하기 위해 가진 아이디어인가를 염두에 두고 접근하는 방법이다. 만일 그가 물 체(물질)의 운동과 관련하여 위치와 속도(가속도)의 측정문제에서 순간속도를 어떻게 측 정할 수 있을까를 고민하고, 이것을 해결하기 위해 고안된 것이 미적분이라는 사전적 배 경을 포착한다면, 이해하기가 훨씬 수월하다. 예컨대 우리는 일상에서 흔히 간과하는 것 이 있다. 사과가 나무에서 떨어지는 경우, 나무에서 지표면까지를 거리라고 하면 땅에 도착하는 시간을 가지고 낙하 속도(속력에 방향성을 고려한 개념)를 측정한다. 그런데 이러한 속도는 평균속도이다. 즉, 사과가 땅에 떨어지기까지 동일한 속도로 떨어지지는 않는다. 지구를 기준으로 어느 위치에 사과가 있는가에 따라 속도가 다르다. 이때 어떤 한 위치에서 가지는 순간속도를 측정(계산)하기 위해 고안된 것이 미적분이다. 내친김에 한 가지 문제를 생각해보자. 높이 20m인 B위치에서 땅인 A로 가는 경로가 그림과 같은 a, b, c 세 종류가 있다고 하자. 이때 가장 빨리 A에 도착하는 경로가 b라고 생각하기 쉽다. 가장 거리(길이)가 짧기 때문이다. 하지만 c의 경로가 가장 빨리 A에 도착한다. 중 력에 의한 가속도 때문이다.

4. 언어적 인식의 오류

언어적 인식에서 언어장치와 관련하여 다음과 같은 네 가지 경우에서 불일치가 발생 할 수 있다. ① [대상≠내면적 표상], ② [내면적 표상≠시현적 표상], ③ [표상의 전달 ≠수용]이 그것이다. 이때 불일치가 발생하는 원인들은 많은 것들이 밝혀져 있고 지금도 밝혀지고 있다. 여기서는 요인들을 지연오염과 자기오염으로 (둘은 분리될 수 없지만) 편의상 분류하여 살펴보기로 한다.

1) 자연오염

　자연오염이란 자연 상태에서 언어 자체가 가진 개념의 가변성과 형식의 변동으로 대상에 대한 왜곡된 인식을 가지게 만드는 효과를 말한다. 즉, 언어에 내재된 요인으로 가지는 오류이다. 언어는 인간에 의해 창안되지만, 창안된 언어는 사회적 존재성, 그리고 시간적 역사성의 성격을 가지고 변화한다. 그리하여 자연 상태에서 언어는 시간과 공간에서 그 형식과 의미가 분절되고, 결합되며, 생성되고 진화하며 소멸한다. 가령 형태(형식)는 그대로이지만 의미가 변화할 수 있고, 반대로 의미는 변화하지 않았지만 형태(형식)가 변화할 수도 있다. 이러한 동태적 성질로 가지는 인식에의 오염이다. 일반적으로 과거와 현대, 동양과 서양과 같이 시간과 공간적 간극이 클수록 오염의 정도가 비례하여 증가한다. 즉 본래 단어가 가진 형식과 의미의 원형이 시간이 지남에 따라 또는 문명적 맥락에서 개념들이 누적되거나 변화되기 때문이다.

　인식자가 언어의 형식과 의미의 변화를 동시에 포착할 수 있다면, 이러한 자연오염은 상당부분 완화시킬 수 있다. 하지만 동시적 포착은 어려운 작업이다. 특정 소수의 단어가 아닌 언어적 인식에 활용하는 모든 단어를 일일이 그 기원에서부터 현재까지 형식과 의미가 어떻게 변천해왔는가를 포착한다는 것은 사실상 불가능하다. 또한 정확한 포착인가를 판별할 기준도 존재하지 않는다.

2) 자기오염

　자기오염이란 인식자가 언어적 인식에서 언어의 개입으로 대상에 대한 왜곡된 인식을 가지는 효과를 말한다. 언어적 인식이 일어나는 과정에 기초하여 세분화하여 언급하기로 한다.

(1) [대상≠내면적 표상]

　대상과 내면에서 그 대상으로 가진 재료들을 가지고 언어형상을 구축하는 과정에서 불일치가 발생하는 경우이다. 이는 심리적 요인으로 사전정보 효과, 인지된 재료를 취사선택하는 선호의 작동, 이상적인 심리 상태 등으로 발생한다. 이에 관련된 내용들은 후술되는 심리와 판단에서 논의될 것이지만, 무의식적으로 작동한다는 점에서 스스로 오류를 통제하기가 어렵다는 특징이 있다. 가령 비정상적 심리상태에서 가지는 불일치의 경우로 공황장애(이 상황에서 죽을 것 같다)와 우울증(이 상황에서 죽고 싶다)이 예이다.

이러한 경우는 무의식에 저장되어 있는 언어(단어)들에서 어떤 것이 호출되어 머릿속에서 서술(표상)되는가에 크게 영향을 받는다. 가령 죽음, 위험, 안전, 기쁨, 행복 등과 같은 단어들이다.

(2) [내면적 표상≠시현적 표상]

언어화를 통해 가진 언어형상을 외부로 표현하기 위해 번역되는 과정에서 불일치가 발생하는 경우이다. 인식론에서의 주된 관심을 가지는 경우이다.

① 조작에 의한 오염치의 수용

인식은 궁극적으로 대상 A에 대하여 [A는 B이다]라는 정보를 산출하는 작업이다. 그런데 어떻게 A의 본질이 훼손되지 않고 표상을 구축할 것인가라는 것이 문제된다. 이때 A는 하나의 책상과 같은 단순한 개체일 수도 있지만, 서울시와 같은 복잡한 것일 수도 있다. 한편 구축한 경우에도 내면적 표상으로서 가진 A와 시현된 표상이 서로 딱 맞아떨어지는가를 확인하는 것도 문제이다.

하나의 책상(物)을 대상이라 가정하자. 우선 [그 책상은 그 책상이다]와 같은 진술은 동치(同値)이다. 마치 [산은 산이다]와 같은 자기언급의 진술은 구체적인 앎을 가질 수가 없다. 이에 과학적 태도에서 조작적 정의를 시도하게 된다. 가령 크기(형체)를 [가로, 세로, 높이, 두께]로 조작하고, 재질(내용)은 [성분(원소), 밀도]로 대체했다고 하자. 여기서 만약 이러한 조건을 갖춘 다른 어느 책상이 있다면, 그것은 본래의 책상과 서로 동일한 것으로 받아들일 수 있을 것이다. 하지만 엄연히 본래의 책상과는 완벽히 동일한 것은 아니다. 오차가 있게 마련이고, 이때 유효수준의 범위를 결정하여 간주하는 방법밖에 없다.

조작은 문제를 해결하는 판단에 관련하여 중요한 의미를 가지고 있으므로 부연하여 살펴보기로 한다. 누군가 달팽이 또는 태풍을 보고 있다고 하자. 그러면 무수한 재료들이 머리에 투입된다. 이때 나선형의 형상을 관념했다고 하자. 이 관념적 형상은 언어형상이다. 나선형이란 기하적 언어가 사용되어 추상된 것이기 때문이다. 가령 복잡한 도시의 지하철을 단지 점과 선으로 추상하여 노선도를 표현한 것과 동일한 이치이다.

그림에서 출발점에서 각각 시계방향으로 대각선을 연결하는

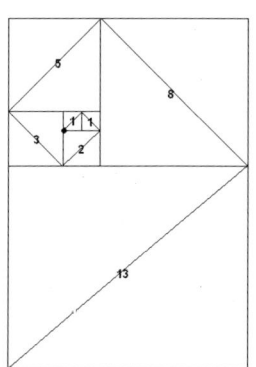

곡선을 그리면(그림에서는 직선으로 표시되어 있지만), 나선형의 언어형상을 가지게 된다.

그런데 각 정사각형의 한 변의 길이를 숫자로 대체하면, [1, 1, 2, 3, 5, 8, 13]이 된다. 이것이 계속 진행한다는 것을 가정하여 수들을 나열하면 [1, 1, 2, 3, 5, 8, 13……]이 된다. 수열을 학습한 사람은 이것이 피보나치 수열이라는 것을 알 수 있을 것이다. 이때 이 수들의 나열은 어떤 규칙성을 가지고 있다. 1+1=2, 2+1=3, 2+3=5, 3+5=8……와 같은 규칙성이다. 여기서 우리가 주목할 것은 기하적 언어형상이 수로 조작되어 수열의 표상으로 변형되었다는 점이다. 그리고 머릿속에 존재하던 기하적 언어형상의 본질(원형)이 훼손되지 않고 시현되고 있다는 점이다.

여기서 기하적 언어형상을 수로 조작하는 경우 정사각형 한 변의 길이가 아닌 면적을 가지고 하는 경우를 생각해보자. 면적을 가지고 조작한다면 두 가지 표상이 가능하다. 하나는 지수개념으로 적용하여 $[1^2, 1^2, 2^2, 3^2, 5^2, 8^2, 13^2……]$이고, 다른 하나는 [가로×세로]의 값을 계산하여 [1, 1, 4, 9, 25, 64, 169……]의 경우이다. 그런데 후자로 조작된 경우 규칙(패턴)을 발견하는 것이 쉽지 않다. 지수와 대비되는 루트 개념을 생각하면 용이하겠지만, 이것을 생각하기가 쉽지 않다. 만약 조작적 정의에 필요한 충분한 지식을 습득하지 못한 사람이라면, 시현적 표상과정에서 언어형상의 본질을 부분적으로 탈락시키거나 또는 변질시키는 오염이 발생한다.

② 언어에 대한 고정된 관념에 의한 오염(병마개의 역설)

누군가 [음료수 병마개(뚜껑)는 절대 병 속으로 들어가지 않습니다]라고 말했다고 하자. 이 진술은 타당하다. 왜냐하면 음료수 병의 입구를 막는 것을 가리켜 마개(뚜껑)라고 지칭하기 때문이다. 만약 병 속으로 들어가는 것이라면, 그것은 마개(뚜껑)가 아니기 때문이다. 그런데 마개를 손가락으로 잡고 압력을 주어 구부려 안으로 밀어 넣으면 들어가는 경우가 있다. 애초에 마개(뚜껑) 구실을 제대로 하지 못하는 불량품이 만들어져 안으로 쑥 들어가는 마개도 있을 수 있다. 그러나 마개(뚜껑)라는 언어 그 자체는 절대로 병 속으로 들어갈 수 없다.

[문] 다음 글의 내용을 토대로 추론한 것으로 가장 부적절한 것은?

언어에 대해 조금 더 깊이 들어가 보면, 언어는 단지 사람과 사람의 관계를 연결하는 단순한 도구가 아니라는 것을 발견하게 된다. 우리가 인식하는 모든 것들에는 언어가 들어 있다. 커피를 담고 있는 하나의 찻잔 속에도, 우주에도 언어가 들어 있다. 그런데 언어에 관련하여 궁금한 것은 아래의 삼각형 그림에서와 같이 개인의 사유와 행위 및 언어가 사회와 어떤 관련성을 가지는가이다.

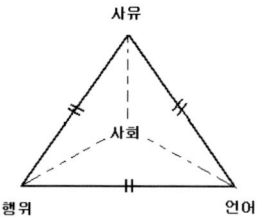

그림에서 귀납의 인식방법을 사용하면 개인의 사유와 행위 및 언어가 독립변수이고, 사회는 종속변수가 된다. 그런데 연역의 인식방법을 사용하면 사회는 이미 주어져 있는 것으로 간주된다. 즉, 개인은 태어남과 동시에 이미 개인의 의지와 관계없이 집단이 주어져 있다는 공리로 처리된다. 그렇게 되면 사회가 독립변수가 되고 개인의 사유와 행위 및 언어는 종속변수들이 된다.

그런데 어떤 추론을 받아들이기 위해서는 정당성 문제를 생각하지 않을 수 없다. 만약 정당성이 부정된다면, 그 질문에 대한 [무엇이다] 또는 [그렇게 될 것이다]라는 것을 받아들일 수 없다. 수용하기 위해서는 타당한 논리적 사유와 참된 사실을 가지고 도출된 것이어야 한다. 내용물이 무엇인지 모르는 형식만으로는 공허하고, 직감 또는 느낌의 비논리적 내용물은 개인적 추측에 불과한 것이다.

① 귀납의 인식방법에서는 개인의 사유와 행위 및 언어로부터 사회가 추론된다.
② 연역의 인식방법에서는 사회로부터 개인의 사유, 행위, 언어가 추론된다.
③ 언어는 소통의 도구로서만이 아니라 인식의 도구로서 기능한다.
④ 사람들이 가진 사고방식의 관념적 틀은 언어와 사회 간의 상호관계에서 형성된다.
⑤ 객관적이고 필연성을 가지고 있는 추론은 정당성을 가질 수 있다.

[해설] 답: ④

추론에 필요한 근거를 찾는 문제이다. ①·②는 중간단락, ③은 상단단락, ⑤는 끝 단락에서 근거를 발견할 수 있다. 하지만 선언지 ④는 다르다. 바로 이와 같은 명제를 말하기 위해서는 정당성을 가져야 한다는 것을 말하고 있다.

[문] 다음 글을 토대로 추론한 것으로 가장 건전한 진술은?

‘나의 사유는 언어로부터 자유롭다’라는 것을 누구나 받아들일 수 있다면, 이것을 증명이 필요 없는 공리로 간주할 수 있을 것이다. 그리고 이 공리를 통해 인간의 판단과 행위 등에 관련된 다양한 앎들을 도출할 수 있을 것이다. 그런데 문제는 공리로 간주할 것인가에 관련한 판단을 내리기가 애매모호하다는 점이다. 공리로 간주하는 사람들은 우리의 일상생활에서 일반적 경험칙상 두 명제들을 뒷받침하는 근거들을 쉽게 발견할 수 있다고 주장하지만, 이러한 입증의 경우들도 논쟁의 소지가 있다.

이에 관련하여 예를 하나 들어 보자. 甲은 반론의 입장에서 [당신이 컴퓨터 게임을 하려고 한다고 하자. 컴퓨터 화면에 뜨는 언어들에 의해 당신은 행동하게 될 것이다. 이러한 점에서 언어가 당신에게 생각과 행동을 지시하는 것이다]라고 문제를 지적한다. 이에 대하여 乙은 [내가 어떤 것을 클릭할 수 있다는 점에서 내가 선택하는 것이다]라고 반론에 대한 반론을 제기한다. 하지만 甲은 [그러한 선택은 화면에 나타난 언어들의 범위 내에서 이루어지는 제한적 선택일 뿐이다]라고 또다시 반론을 제기할 수 있다. 이에 乙은 재차 [만약 당신이 게임을 하지 않으면, 언어로부터 자유롭게 된다. 이에 궁극적으로 나의 사유는 내가 주인이다]라고 말했다고 하자.

그런데 이러한 논박들에서 乙은 자신의 입장에 위배되는 자기모순의 논리적 함정에 빠지고 있다. [만약 당신이 게임을 하지 않으면 자유롭게 된다]고 함으로써 게임을 하는 한 언어로부터 지시를 받아야만 한다는 것을 인정하고 있기 때문이다. 이것은 당신이 아무것도 생각하지 않으면 언어로부터 자유롭다는 말과 같다. 역으로 생각하는 한 언어로부터 자유로울 수 없다는 것은 간접적으로 용인하는 것이다. 을(乙)의 말하는 상황(현상)은 현실에서 존재할 수 없다. 왜냐하면 언어로부터 자유로울 수 있는 것은 오직 의식과 무의식을 포함한 생각(표상)을 일체 떠올리지 않는 순간에만 가능하기 때문이다. 소위 무상무념(無想無念)의 상태이다. 그런데 이러한 일은 사실상 불가능하고, 설령 그러한 상태를 가진다 해도 일상에서 의미가 없다. 이에 乙이 [컴퓨터 모니터에 나타난 언어들이 프로그래머가 작성한 진술들이란 점에서 결국 인간이 언어를 이용하는 것이다]라고 의견을 수정했다고 하자. 하지만 이 경우도 마찬가지이다. 프로그래머도 언어들에서 자유롭지 못하다. 당장 프로그램을 작성하는 컴퓨터 언어를 생각해야만 한다. 결론적으로 ‘나의 사유는 언어로부터 자유롭지 못하다’라는 것을 받아들일 수밖에 없다.

① 만약 ‘나의 사유는 언어로부터 자유롭다’라는 것을 받아들이면, [만약 당신이 인식을 수행하고 있다면, 당신은 언어로부터 자유롭지 못하다는 것을 발견하게 될 것이다]라는 진술은 불가능하게 된다.

② 만약 '나의 사유는 언어로부터 자유롭지 못하다'라는 것을 받아들이면, [만약 당신이 인식을 수행하고 있다면, 당신은 언어로부터 자유롭지 못하다는 것을 발견하게 될 것이다]라는 진술은 가능하게 된다.

③ 만약 '나의 사유는 언어로부터 자유롭다'라는 것을 받아들이면, [만약 당신이 인식을 수행하고 있다면, 당신은 언어로부터 자유롭지 못하다는 것을 발견하게 될 것이다]라는 진술은 가능하게 된다.

④ 만약 '나의 사유는 언어로부터 자유롭지 못하다'라는 것을 받아들이면, [만약 당신이 인식을 수행하고 있다면, 당신은 언어로부터 자유롭지 못하다는 것을 발견하게 될 것이다]라는 진술은 불가능하게 된다.

⑤ 만약 '나의 사유는 언어로부터 자유롭지 못하다'라는 것을 받아들이면, [만약 당신이 아무런 생각을 하지 않으면, 당신은 언어로부터 자유롭다는 것을 발견하게 될 것이다]라는 진술은 가능하게 된다.

[해설] 답: ②
추론에 필요한 논리적 사유를 묻는 문제이다. ②만이 논리적 사유원칙(동일률, 배중률, 비모순율)에 위배되지 않는다.

[문] 글의 내용을 토대로 〈보기〉의 것들에서 무의미한 진술을 모두 고르면?

증명주의는 진술이 참인가 거짓인가를 판별하는 원리로서 참/거짓의 판단가능성원리를 주장한다. 그리하여 진술들은 크게 유의미한 것과 무의미한 것으로 구분된다. 즉, 유의미한 진술은 그것이 참 또는 거짓이라는 판단기준을 가지고 있어 증명이 가능한 것이다. 그렇기 때문에 거짓으로 판명되는 것도 유의미한 진술에 속한다. 가령 [신은 죽었다]라는 진술에서 참/거짓을 판단할 기준이 없다면 무의미한 진술이 된다. 하지만 참/거짓을 판단할 기준이 있다면 유의미한 것이 된다. 유의미한 진술은 다시 두 가지로 세분화한다. 하나는 논리로 참/거짓이 증명될 수 있는 진술이다. [$(a^n + b^n = c^n)$을 만족하는 자연수 n은 존재하지 않는다. 즉, $(a^n + b^n \neq c^n)$은 참이다]라는 진술의 경우이다. 다른 하나는 경험으로 승인되거나 거부될 수 있는 진술이다. 가령 [지구는 자전한다]와 같은 진술이다.

그런데 증명주의는 다음에서 한계를 가지고 있다. 하나는 의견(opinion)에 해당하는 진술들은 유의미한 진술이 될 가능성이 거의 없다. 합의된 판단기준을 가지기 어렵기 때문이다. 다른 하나는 유의미와 무의미의 판별이 애매모호한 경우들이 많다는 점이다. 가령 어떤 진술에 대하여 많은 사람들이 증명을 시도했지만 모두 실패한 경우, 그것에 대한 참/거짓의 판단 기준이 있는지 없는지 판별할 수가 없다. 오랜 기간 증명에 실패하다가 증명이 이루어진 문제들이 많다. 또한 과학자와 수학자들은 끊임없이 문제들을 만들어낸다. 증명된 것보다 증명되지 않은 것들이 더 많다.

〈보기〉

ㄱ. 한국인은 배우자의 죽음보다 자식의 죽음에 더 스트레스를 받는다.
ㄴ. 고흐 그림은 강렬한 색채를 지니는 특징이 있다.
ㄷ. 사막에서 길을 잃은 사람의 판단능력은 평소보다 5배 저하된다.
ㄹ. 사다리 타기는 출발점과 도착점이 1대1 대응관계인 함수이다.

① ㄱ   ② ㄴ   ③ ㄱ, ㄷ ④ ㄴ, ㄹ   ⑤ ㄷ, ㄹ

[해설] 답: ②

ㄹ의 경우 사다리 타기를 해보면 출발점과 도착점이 반드시 1대1의 대응관계를 가지는 것을 확인(증명)할 수 있다. 즉, 하나의 출발점에서 두 개 이상의 도착점을 가지지 않는다. 역도 성립하여 하나의 도착점이라면 반드시 하나의 출발점을 가진다.

인류에게 우주는 아직도 신비적이다. 많은 사람들이 우주의 비밀을 쫓고 있다. 시간과 공간의 개념을 상대적으로 전환시킨 물리학자 아인슈타인이 생존하던 시기 주요 관심 사항이 하나 있었다. '우주의 형상과 관련하여 가변적인가? 아니면 불변적인 것인가?'에 대한 문제이다. 많은 물리학자들은 우주를 정적(停的)인 형상으로 생각했다. 우주의 모양은 닫힌 3차원 공간으로 예나 지금이나 동일한 것으로 생각했다. 아인슈타인 역시 그중 한 사람이었다. 이들은 지구표면(둥근 이차원)에서 계속 한 방향으로 직진하면 원래의 제자리로 돌아오듯, 한 방향으로 한없이 우주를 여행하면 다시 제자리로 돌아올 것이라 생각했다. 그런데 정적인 우주 모양은 논리적으로 모순이 있다. 우주는 중력이 작동한다. 중력은 인력(引力)이다. 작은 알갱이들이 모여 큰 별들이 만들어져 태양계가 생성되었다. 중력이 작동하는 우주에서는 물체(물질)들이 서로 끌어당긴다. 멀리 흩어져 있는 별들의 간격이 서로 좁아져야 한다. 또한 엄청난 중력을 가진 물체가 등장하면 우주 공간이 굽어지고 굽어진 만큼 수축된다. 그렇기 때문에 만약 우주가 정적이 되려면 중력에 상응하는 척력(斥力)이 있어야만 가능하다. 그래야만 정적인 상태가 유지될 수 있기 때문이다. 그리하여 아인슈타인은 우주에 물체(물질)들끼리 서로 밀어내는 어떤 힘이 있을 것이라고 추측한다.

아인슈타인의 사후 1950년대와 1960년대 사이 물리학자들 사이에서 우주의 생성에 대하여 연속창생우주론(CC론)과 빅뱅론(BB론)이 서로 치열히 논쟁했다. 이러한 과정에서 허블은 오랜 기간 관찰 끝에 별들이 서로 멀어지고 있고, 지구에서 먼 것일수록 더 빨리 멀어지고 있다는 사실을 관측한다. 이러한 사실이 받아들여지고 오늘날에는 빅뱅론이 우주를 설명하는 표준 우주론으로 자리하고 있다. 우주의 탄생은 높은 열을 가진 고밀도의 한 점에서 1^{-40}초의 순간적 대폭발로 형성되어 팽창하고 있다는 설이다. 21세기 우주탐사선 기술의 발달로 우주에 대한 자료들이 수집되어 우주지도가 만들어졌다. 한편 블랙홀의 존재를 받아들인다. 우주의 형상에 대한 대강의 윤곽을 파악할 수 있게 되었다.

한편 수학자들도 우주의 모양에 대해 관심을 가지고 있었다. 푸앵카레는 우주가 둥근 모양의 이차원인가 도넛 모양의 이차원인가를 증명하려는 수학적 문제를 만들어낸다. 만약 우주가 구멍이 없는 둥근 모양이라면, 우주선이 선을 매달아 우주를 항해하는 경우 우주가 닫힌 공간이기 때문에 우주선은 다시 귀환하게 된다. 이때 그 선을 잡아당기면 출발점인 지구로 다시 선이 모여든다. 하지만 도넛 모양의 우주라면(구멍이 있다면) 선들이 한 점으로 잡아당겨지지 않는다. 그렇기 때문에 만약 선이 시작점인 한 점으로 모이면 우주는 구멍이 없는 둥근 모양이고, 선이 모아지지 않으면 우주는 구멍이 없는 도넛 모양을 하고 있다고 추측할 수 있다.

[문 1] 다음 글에서 알 수 없는 것은?

① 우주에 관한 물리학의 이론 생성에 상상력과 사고실험은 중요한 영향을 미쳤다.

② 과학자들에게 모순에 대한 사유는 중요한 논리적 사유 원칙으로 적용되었다.

③ 물리학자 아인슈타인은 사고실험에서 가진 모순으로 자신의 견해를 수정했다.

④ 우주에 대한 질문과 답에 대한 사유는 물리학과 수학이 다르지 않다. 다만 증명방식에서 물리학은 실증적인 경험적 사실을 중시한다는 점에서 차이가 있다.

⑤ 오늘날 물리학자들은 우주의 생성과 모양에 대하여 움직이는 가변적인 것으로 설명하는 빅뱅론을 표준적 우주론으로 채택하고 있다.

[문 2] 밑줄 친 진술을 도출하는 경우 가져야 할 타당한 논증형식과 동일한 것을 고르면?

① 우주가 정적이라면 타원형의 방정식이 모듈(module)형으로 변형될 수 없다. 그런데 타원형의 방정식이 모듈형의 방정식으로 전환된다. 따라서 우주는 구멍이 있는 도넛 모양이 아니다.

② 우주는 정적이거나 동적이다. 그런데 우주는 동적이다. 따라서 우주는 정적이 아니다.

③ 우주는 팽창하거나 수축한다. 그런데 우주는 팽창하지 않는다. 따라서 우주는 수축한다.

④ 우주가 3차원 형상이라면, 우주 안의 물체는 x축과 y축만으론 그 위치를 표현할 수 없다. 우주는 3차원 형상이다. 그렇기 때문에 우주 안의 물체를 x축과 y축만으로는 그 위치를 표현할 수 없다.

⑤ 우주가 이차원 공간이라면 둥근 이차원이거나 평평한 2차원이다. 그러나 둥근 이차원도 평평한 이차원도 아니다. 따라서 우주는 이차원 공간이 아니다.

[해설] 답: ③, ③

[문 1] ③의 경우 지문에서는 알 수 없다.

[문 2] ③ 글의 밑줄 친 진술을 도출하는 경우 모순되는 두 개의 것들에서 하나를 제거하여 결론을 도출하는 양도논증이 필요하다. 이때 타당한 논증형식을 가지려면 선언된 둘 중 하나를 제거하여 결론을 도출해야 한다. 이에 타당한 양도논증형식은 두 가지이다. [p∨q. ~p. ∴q.] [p∨q. ~q. ∴p]. 정답과 관련하여 주의할 점은 질문에서 타당한 논증형식을 묻고 있다. 즉, 전제들과 결론이 가진 내용이 참인가 거짓인가에는 관심을 두지 말고, 전제들로부터 결론은 필연적인가 라는 관계만을 보라는 의미이다.

① [p→q. ~q. ∴p]의 형식을 가지고 있다(타당한 형식이다).
② [p∨q. p. ∴~q.]의 형식을 가지고 있다(부당한 형식이다).
③ [p∨q. ~p. ∴q.]의 형식을 가지고 있다(타당한 형식이다).
④ [p→q. p, ∴q]의 형식을 가지고 있다(타당한 형식이다).
⑤ [p→(q∨r). ~(q&r). ∴~p]의 형식을 가지고 있다(타당한 형식이다).

【참고】

우주의 탄생 논쟁은 연속창생우주론(CC론)과 빅뱅론(BB론)이 1950년대와 1960년대에 걸쳐 치열한 논쟁의 극대점을 지나 오늘날에는 빅뱅론이 우주를 설명하는 표준 우주론으로 자리하게 되었다. 우주탐사선 기술의 발달로 우주에 대한 자료들이 수집되어 우주지도가 만들어지는 등 빅뱅론이 뒷받침되고 있다.

○ 러시아 출신의 물리학자 가모프: 원시적인 불덩이 상태에서 대폭발이 일어나 우주가 생성되었다는 논문을 발표. 정상우주론을 주장하던 과학자들은 우주가 뱅(bang) 하고 폭발하여 순간적으로 창조되었다는 것은 미친 생각이라고 평가.
○ 호킹 박사: 『시간의 역사』를 통해 우주의 대폭발로 시간과 공간이 시작되었다는 것을 발표.

그런데 우주의 탄생이 있다면, 소멸도 있지 않겠는가라는 것도 생각할 수 있다. 우주가 계속 팽창할까, 아니면 원래의 우주 초기 상태인 한 점으로 수축될까? 이에 대해서 다시 과학자들의 상상과 사고실험은 계속되었다. 이에 관련하여 오늘날 진공에너지로 인한 척력(斥力)이 득세하여 가속도 팽창이 일어나고 있다는 견해가 정설적 위치로 자리하고 있다. 이에 관련된 근거를 밝힌 공로가 인정되어 노벨상이 수여되기도 했다. 만약 우주의 팽창속도가 가속도로 진행되고 있다면, 우주는 다시 한 점으로 소멸되지 않고(비가역성) 그래프와 같은 변화를 보인다는 것을 의미한다.

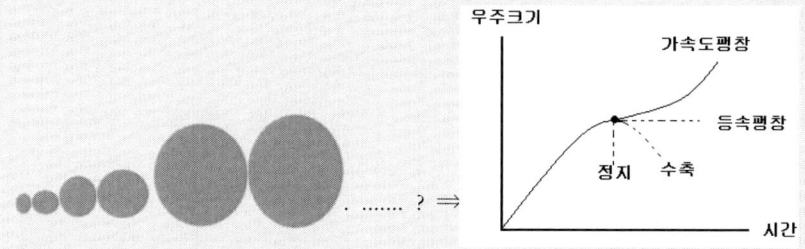

과학은 현상(우주일체의 사건)을 실증적이고 지식체계에 부합하는 논리적 설명이란 특징을 가지지만, 과학자들에게 상상과 논리적 사유는 중요한 위치를 점하고 있다. 상상은 가설에의 영감 또는 모티프(motif)를 제공하고, 사고실험은 가설의 증명에 관여하여 이론 형성에 중대한 영향을 미친다. 이론 형성의 관점에서 보면 과학도 수학과 본질이 별반 다르지 않다. 다만 증명방식에서 사고실험을 할 것인가 아니면 경험실험을 할 것인가라는 점에서만 차이를 가질 뿐이다. 갈릴레오 갈릴레이(Galileo Galilei, 1564~1643)는 물체(물질)의 낙하운동과 관련하여 사고실험(논리실험)과 경험실험(피사의 탑에서의 실제실험)을 모두 시도한 사람으로 흔히 회자된다.

[문] 다음 글에서 알 수 없는 것은?

언어는 매우 다양한 것들이 존재한다. 가령 문자, 기호, 표상, 신체율동, 영상 등이 그것이다. 이러한 것들은 논자와 관점에 따라 다양하게 분류된다. 인공언어와 자연언어로 구분되기도 하고, 어원적 연관성을 기준으로 약 12족의 언어군으로 분류되기도 한다. 특히 문자(text)는 사물의 형상을 본뜬 상형문자, 소리를 바탕으로 한 표음문자, 그리고 뜻을 가진 표의문자로 구분되기도 한다.

다국적 언어학자들로 구성되어 조사된 한 연구보고서에 의하면, 2009년 인류가 사용하는 언어의 수가 약 7,000여 개라고 밝히고 있다. 그리고 언어공동체의 자연적 해체, 언어적 동화, 정부 정책 등으로 2100년까지 수천 개의 언어가 사라질 것으로 예측하고 있다. 언어학자들은 언어가 존속하여 계승되기 위해서는 언어사용자가 최소 10만 명 이상이 되어야 하지만 소수민족들로 구성된 언어공동체 구성원 수가 줄어들고 있고, 문명 간 통합과 통일적인 언어사용을 위해 소수민족의 언어를 말살하는 정책 등의 요인을 들고 있다. 과거 호주 정부는 원주민들이 사용하던 다양한 토착어의 사용을 금지하는 정책을 강력히 실시했지만, 2011년 이후부터는 원주민들의 언어를 복원하는 사업에 예산을 지원하는 등의 보존과 복원정책을 실행하고 있다.

일반언어학자들은 언어를 인간과 사회 간에 가지는 관계를 구조적으로 접근하여 사회구성원들이 가지는 언어적 관념과 사회적 인식의 문제를 조망한다. 언어를 단지 의사소통의 도구라는 형식적 특징으로만 보지 않는다. 언어 속에 담긴 의미와 동기 같은 것들에 관심을 가진다. 이들은 사회구성원들의 지배적 관념을 형성하는 주요 도구가 언어라는 것을 강조한다. 이러한 언어적 기능을 중시하여 언어술은 동서고금을 통해 가장 전형적인 통치술로 접근한다. 역사적으로 지배자들은 늘 그들에 의해 용인되거나 또는 선호에 부합된 언어들의 선택적 유통을 위해 정책을 실행했고, 그들에 의한 의미가 부여된 언어가 사회적으로 통용되는 것을 위해 노력했다고 주장한다.

① 언어의 변동에 국가의 정책이 영향을 미친다.
② 언어학자들에 의하면 인류가 보유한 문자의 수는 감소될 것으로 예측된다.
③ 언어학자들에 의하면 언어의 다의미성이 제거된 인공언어들이 증가할 것으로 예측된다.
④ 일반언어학자들에 의하면 사회구성원들의 인식에 언어가 영향을 미친다.
⑤ 일반언어학자들에 의하면 언어는 통치술과 밀접한 관련성을 가지고 있다.

[해설] 답: ③

선택지 ③의 경우 정보(근거)를 도출할 수 없다.

[문] 다음 빈칸에 들어갈 진술로 가장 적절한 것은?

사회적 어젠다(agenda)는 정부에게 해결해야 할 안건 또는 의무를 부과하는 강요된 사회문제로서 의미를 가진다. 민주주의 정체(政體)를 가진 사회에서 사회적 어젠다는 일반적으로 [사건→여론화(사회적 이슈화)→사회적 의제]의 과정으로 등장한다. 이때 여론화는 정보 유통을 전제로 성립한다. 그렇기 때문에 정보란 자료에 의미가 부여된 것이라 할 때, 정보의 생산과 유통의 주체에 대한 문제는 중요하지 않을 수 없다.

그런데 정보는 그 자체가 주관적이다. 생산자의 의미가 부여되기 때문이다. 예를 들어 정보의 생산은 ① 대상→② 표상→③ 인식물 산출로 이루어진다. 이때 ②의 표상(表象: presentment)이란 대상을 직접 지각하여 가진 재료들로 머릿속에서 대상이 현시된 관념물이다. 이때 표상은 정보를 산출하는 근거 또는 분석도구로서 기능한다. 그런데 표상을 언어적 관점에서 보면 두 가지 측면에서 언어화된다. 이때 표상물은 고의든 과실이든 인식대상의 원형(原形)이 변형되거나 왜곡될 수 있다. 특정 의미를 가지는 자료들만으로 표상물을 형성할 수 있다. 그렇게 되면 위험한 것이 안전한 것으로 해석될 수도 있고, 반대로 안정한 것이 위험한 것으로 정보가 산출될 수도 있다. 또한 특정 표상물이 정보의 유통에서 정보유통자의 선호와 이익 등이 결부되어 특정 개념이 추가된 변형적 표상물이 만들어질 수 있다. 이러한 이유로 사회적 어젠다는 정보생산과 유통을 장악한 또는 영향력을 미칠 수 있는 특정 집단에 유리한 것은 용이하게 의제화가 진행되지만, 그렇지 못할 경우 의제화되지 않는 경향이 나타난다.

그러나 오늘날 정보화시대에서 그동안 정보수용자 위치에 머물렀던 일반 대중들은 정보를 생산하고 유통하는 주체로 자리매김하고 있는 현상이 나타나고 있다. 인터넷 등 다양한 사회적 네트워크 기술들을 토대로 정보를 수시로 교류하고, 토론한다. 때론 자신의 이익과 직접적 관련성이 없는 사건에도 정보를 생산하고 유통하여 사회적 공동관심사인 사회적 의제(agenda)를 만들어낸다. 만약 소수에 의해 정보가 생산되고 유통된다면, 특정 집단이 자신들에게 유리한 것만 사회적 의제화가 되도록 은밀한 작업이 용이하다. 하지만 지금은 특정 집단이 자신들에게 유리한 것만 사회적 의제화가 되도록 은밀한 작업을 하기 힘들다. 그러므로

☐

① 일반 대중들이 사회적 의제(agenda)를 만들어낸다.
② 감정적 언어를 사용하여 여론을 선동하는 그룹 리더들의 영향력을 고민해야 한다.
③ 소수에 의해 정보가 생산되고 유통되지 않는다.
④ 집단이성이 작동하고 있다.
⑤ 일반대중에 의해 정보에의 타당성이 부여된다.

[해설] 답: ③

[(p), →(q). (~q). ∴(~p)]의 타당한 형식을 묻고 있다. 즉, 만약 소수에 의해 정보가 생산되고 유통된다면(p), 특정 집단이 자신들에게 유리한 것만 사회적 의제화가 되도록 은밀한 작업이 용이하다(q). 하지만 지금은 특정 집단이 자신들에게 유리한 것만 사회적 의제화가 되도록 은밀한 작업을 하기 힘들다(~q). ☐☐☐☐☐☐☐☐☐☐☐☐ (~p)

[보론] 언어에 대한 사회구조적 접근의 배경(일반언어학의 관심)

　우리는 언어를 의사소통의 도구로 규정하고 원활한 교류를 위해 필요한 형식에 초점을 두는 경향이 있다. 가령 집단생활을 하는 인간을 생각해보자. 무리 속의 갑이 어느 날 우주선을 타고 대기권 밖의 우주(outer space)를 경험하여 어떤 인식물을 가지게 되었다고 하자. 그때 갑은 정신적 충격(trauma)을 받았다고 하면, 그 경험을 통해 이해물을 가지게 될 것이다. 갑이 자신의 이해물을 타인과 교류하려고 하면 언어라는 도구를 사용하게 될 것이다. 이 과정에서 갑의 진술이 가진 형식에의 부정확성에 대한 관심이다.

　그러나 소통은 단순히 진술의 형식만으론 이루어지지 않는다. 의미와 결합하여 이루어진다. 가령 구조신호 SOS(표상)는 형식 면에서 완벽에 가까운 객관성을 가지지만(표형), 진정한 소통은 SOS가 가진 의미로 이루어진다(표의). 소위 메시지(message)이다. 여기서 의미의 소통은 진술이 사회적으로 존재하는 의미를 가짐으로써 이루어질 수 있다. 만약 갑이 사회적으로 존재하지 않는 의미를 가지고 소통하려 한다면, 그것은 타인과 공유될 수 없는 자기만의 관념적인 것에 불과한 것이 되고, 사회적으로 무의미한 것이 되어 무시되어 교류가 일어나지 않는다.

　여기서 사회적으로 존재하는 의미는 어떻게 생성되는 것인가라는 문제를 생각해볼 필요가 있다. 만약 갑이 우주에 대한 자신의 경험물(이해물)을 타인과 소통하려 생각한다면, 그는 사회적으로 존재하는 의미를 선택해 진술해야만 할 것이다. 가령 특정의 sign, index, mark, symbol, logo 등과 같은 것들이다. 그런데 만약 표상에 적합한 의미가 존재하지 않는다면, 갑은 새로운 의미를 담은 언어(표상)를 창조해내야 할 것이다. 그리고 그것을 사회적으로 존치시켜야만 할 것이다. 그래야 소통이 이루어지기 때문이다. 여기서 우리는 두 가지 질문을 생각할 수 있다. 하나는 전자의 경우로서 사회적으로 어떤 의미들이 존치하는가에 관련된 질문이고, 다른 하나는 후자의 경우로서 갑이 새로운 의미를 만들어냈을 때, 과연 그에 의한 의미가 사회에 존치될 수 있을까라는 질문이다.

　이러한 질문들에 관련하여 다양한 시각들을 가질 수 있다. 그중 하나가 사회구조적 시각에서 언어를 접근한다. 즉, 인간과 사회 간에 가지는 관계를 구조적으로 접근하여 사회구성원들이 가지는 언어적 관념과 사회적 인식의 문제를 조망한다.

[문] 다음 글의 ㉠과 ㉡의 빈칸에 들어 갈 단어로 옳게 짝지어진 것은?

어떻게 하면 공부를 잘할 수 있을까? 학부모와 학생들이 관심을 가지지 않을 수 없는 질문이다. 이에 관련하여 필자의 견해를 말하고자 한다.

먼저 오늘날의 학문은 개념학문이다. 그렇기 때문에 개념을 이해하지 않고서는 학문적 논의와 지식들을 제대로 습득할 수 없다. 그런데 학습자의 입장에서 개념에 대한 사유능력은 (㉠)으로 환원된다. 왜냐하면 누군가 머릿속에서 가진 개념은 언어로 진술될 수밖에 없다는 점에서 언어로 표현되거나 진술될 수밖에 없기 때문이다. 자녀들과 대화를 많이 하는 학부모 그룹과 과묵한 학부모 그룹을 선정하여 추적 조사한 실험에 의하면, 대화를 많이 하는 학부모 그룹의 자녀들이 공부를 잘하는 것으로 나타났다. 언어능력이 중요하다는 것을 보여주는 사례이다. 가령 수학을 잘하려면 수학적 언어를 알아야 하고, 물리학을 잘하려면 물리학 언어를 알아야 한다. 어휘의 습득이 중요하다는 것은 새삼 말할 것이 없을 것이다. 그런데 언어와 관련하여 주의할 것이 있다. 개념을 아는 것과 개념을 지칭하는 언어를 아는 것은 다르다는 점이다. 가령 정책의 개념을 아는 것과 정책이란 단어를 아는 것은 다른 것이다. 그렇다면 어떻게 개념을 잘 파악할 수 있을까? 개념을 파악하는 효과적인 방법은 왜 그 단어가 등장했는가를 이해하는 것이 필요하다. 일상에서와 달리 학문차원에서 등장하는 대부분의 개념들은 질문(문제)과 답에 관련된 아이디어로 등장하기 때문이다. 예컨대 무슨 문제를 해결하기 위한 아이디어인가에 초점을 두고 살펴보면 개념파악에 용이하다.

다음으로 기억이 뒷받침되지 않는다면 공부는 도로아미타불이다. 그렇다면 어떻게 하면 기억을 잘할 수 있을까? 매우 다양한 방법들이 제시된다. 러셀은 심상법(心象法)을 주장한다. 가령 코끼리, 비행기, 컴퓨터라는 단어들을 암기할 때, 코끼리가 비행기를 타고 컴퓨터를 하는 모습을 상상하여 단어들을 암기하는 방법이다. 다른 방법은 시간적으로 암기하는 방법이다. 각 단어들의 관계를 시간적 순서로 연관 지어 기억하는 방법이다. 가령 코끼리, 비행기, 컴퓨터라는 세 단어들을 암기할 때, 코끼리-비행기-컴퓨터의 순서로 단어들을 암기하는 방법이다. 이 방법은 단어들과 시간을 연관 지어 암기한다는 점에서 스토리를 만들어 낼 수 있는 상상적 능력을 발전시킨다는 점에서 유용하다. 또 다른 방법은 범주화법이다. 이 방법은 유사한 종류의 단어(어휘)들끼리, 마치 컴퓨터의 자료방(directory)을 만들듯, 방(디렉터리)을 만들어 그 속에 배치하는 방법이다. 가령 생물(코끼리)과 공학(비행기, 컴퓨터)과 같은 방을 만들어 분류하여 단어들을 배치하는 방법이다. 그러나 진부한 말이지만 기억에는 반복보다 더 효과적인 방법은 없다. 단기기억과 장기기억 이론과 관련성을 가진다.

마지막으로 진부한 말이지만 공부를 잘하기 위해서는 기본적으로 지켜야 할 원칙이 있다. 학습이란 [배움+익힘]의 독립적인 두 실질 형태소가 합쳐진 말이다. 이에 관련하여 흔히 '1:3'의 '황금비율'이 존재한다. 배움이 1이라면, 익힘은 3이 되는 비율이다. 만약 배움만 있고 (㉡)이 없다면 필요한 때 제대로 능력을 발휘하지 못하는 자신을 발견하게 될 것이다.

	㉠	㉡
①	사유능력	익힘
②	사유능력	사용
③	언어능력	익힘
④	언어능력	사용
⑤	언어능력	반복

[해설] 답: ③

전후 흐름의 일관성(호응관계).

[문] 다음 (가)와 (나)를 포괄하는 진술로 가장 적합한 것은?

> (가) 인간은 언어를 떠나 살아갈 수 있을까? 평생을 소설가로 살아온 나는 이것이 매우 궁금했다. 그것을 체험해보기로 마음먹었다. 여름이었다. 밤에도 무더움이 가시지 않았다. 강물 위에 비춰진 달빛과 간간이 물이 흐르는 소리와 멀리서 들리는 자동차의 소음들이 묘하게 엉켜 밤의 침묵의 권위를 높이는 듯했다. 언어가 존재하지 않는 너무도 가벼운 시간이었다. 시간과 공간이 주는 강가의 한여름 밤 낭만적 분위기는 부드럽고 깃털처럼 가벼웠다. 상쾌한 육체를 느낄 수 있었다. 나는 이곳에 오기 전 많은 것들을 버리고 왔다. 언어를 버리는 과정에서 남은 것은 옷 한 벌밖에 없었다. 그마저도 온전한 것이 아니었다. 옷들에 새겨진 기호와 상표를 떼어내야만 했기 때문이다. 그런데 그러한 작업을 통해 얻은 지금의 뇌상태도 얼마 가지 못했다. 저편에서 젊은 남녀가 소곤거리는 대화에 자신도 모르게 귀를 기울이고 있는 나를 발견하게 되었기 때문이다.
>
> (나) 소설들은 우리에게 많은 정보와 지식을 제공한다. 가령 『아리비안 나이트』는 15세기경에 완성된 아리비아의 설화모음집이다. 이를 통해 아라비아인들의 생활과 가치관 등을 알아볼 수 있다. 셰익스피어(1564~1616)의 베니스의 상인은 유럽사회가 자본주의 경제로 변동하는 당시의 사회상에 대한 정보를 제공한다. 세르반테스(1547~1616)의 『돈키호테(원제목: 기상천외한 기사 돈키호테 데 라만차)』는 스페인이 영국과 전쟁에서 패한 시대적 상황을 보여준다. 톨스토이(1818~1910)는 러시아의 거울로 비견되기도 한다. 『흥부전』은 조선 후기 상황에 대한 정보를 제공한다. 하지만 소설가들이 제공하는 정보와 지식들은 어디까지가 진실이고 허구인가가 문제된다. 그리하여 허구적 장치로 기술된 예술적 관점에서 보려는 입장과 진실의 장치를 담은 지식적 관점에서 보려는 입장이 팽팽히 맞선다. 이에 관련하여 문학(소설) 평론가들은 교량적 입장을 취한다. 소설가들의 기술방식과 내용물들은 시대적 통념과 언어적 관념에서 자유롭지 못한 것을 근거로 직접적으로 내용의 참/거짓을 서술하기보다는 형식적으로 이야기 구조나 특징 등을 논리적으로 접근하여 간접적으로 진실과 허구의 경계에 다리를 놓는 기술방식을 택한다.

① 소설가는 언어적 존재로 살아간다.
② 언어는 지식과 정보의 흐름에 교량적 역할을 수행한다.
③ 인간의 사유는 언어에서 자유롭지 못하다.
④ 언어적 진술은 형식만으로 타당성을 평가할 수밖에 없다.
⑤ 소설 속 내용은 진실과 허구의 경계를 명확히 구별하는 것이 불가능하다.

[해설] 답: ③

상위범주를 설정하여 무관한 것 같은 진술들을 전체적 연관 관계로 체계화하는 사고를 묻는 문제. ③이 가장 적절하다.

[문] 다음 빈칸에 들어갈 적절한 진술은?

인간의 판단은 목적적 행위이다. 인간은 이상과 현실을 품고 산다. 이상은 일체의 내재적 욕망에서 기인되는 삶의 존재와 변함에 대한 미래성의 조건이다. 반면 현실은 온갖 종류의 기회와 위협들로 구성된 현재성의 조건이다. 이러한 두 조건의 구조는 사람마다 차이를 가지고 있어 매우 다양한 형상을 가지지만 누구라도 그 구조 자체는 보유한다. 그리하여 개인차원이든 집단차원이든, 인간이 행하는 판단은 각기 처한 두 조건의 구조에서 가지는 갭(gap)을 메우기 위한 목적적 행위로 이루어진다. 목적적 행위는 효율성의 지향이다. 현재성의 조건에서 미래성의 조건을 달성하는 데 가능한 적은 투입과 많은 산출이 의도된다. 따라서 인간의 판단은 효율성의 지향이다.

좀 더 효율성에 대해 생각해보자. 이때의 지향은 세 가지 준칙들이 작동된다. 첫째, 미래성의 조건에 도달하는 경로에의 수단이 가져야 할 관련성과 방향으로서의 적합성 원칙이다. 둘째, 미래성의 조건에 도달하는 수단의 강도나 크기에서 적당함과 비례로서의 적절성 원칙이다. 그리고 마지막으로 미래성의 조건에 도달하는 수단의 알맞은 시기로서의 처방과 관련된 적시성(time to) 원칙이다. 장자(莊子)의 우화에 나오는 조삼모사(朝三暮四)라는 고사성어(故事成語)를 가지고 살펴보자. '중국의 송나라 저공은 상수리를 받으러 온 원숭이들에게 이렇게 이야기한다. 한 원숭이당 모두 7개씩 가져갈 수 있다. 아침에 3개씩을 나눠주고 저녁에 4개씩을 나누어주겠다. 그러자 원숭이들이 일제히 화를 냈다. 그래서 저공은 말을 바꿔 아침에 4개를 주고 저녁에 3개를 주겠다고 하니 원숭이들이 매우 좋아했다.' 이 이야기는 눈앞에 보이는 차이만 알고 결과가 같은 것을 모르는 어리석음을 빗대거나 혹은 얕은꾀를 냉소하여 이르는 말로 사용된다. 하지만 바람직한 이상적 상태라는 미래와 현재의 두 조건이 형성하는 구조에서 세 가지 준칙들을 검토해보자. 원숭이들이 어리석다는 것이 받을 상수리의 전체 양으로 보면 이들은 어리석다. 결과가 같은 것(기대이익이 동일)을 가지고 화를 내고 반대로 좋아도 했기 때문이다. 그런데 만약 이들이 당장 상수리를 먹지 않으면 죽는 상황이라면, 저녁이 무슨 관계가 있겠는가? 계량적으로 보면 어리석은 판단이라 평가할 수 있지만, 전후 사정을 알아보면 아침에 4개를 주고 저녁에 3개를 달라는 원숭이들의 요구가 오히려 현명한 판단이다. 즉 현재 상황에 기초하여 보게 되면, ☐☐☐☐☐☐☐☐☐.

① 원숭이들의 판단은 올바르다.
② 원숭이들의 판단은 효율성(efficiency)을 갖지만 정밀성(exactness)과는 상충된다.
③ 원숭이들의 판단은 계량적인 산술적 판단에 부합된다.
④ 원숭이들의 판단은 적당하고 마땅한 것이어야 한다는 당위적 원칙에 부합된다.
⑤ 원숭이들의 판단은 균형적이고 비례적으로 행해져야 한다는 적절성 원칙에 부합된다.

[해설] 답: ①

당장 상수리를 먹지 않으면 죽는 미래성이 아닌 현재성의 상황조건을 고려하면, 적시성과 적절성 원칙에 부합되도록 판단하는 것이 오히려 올바른 판단에 합치된다. ①이 가장 적절하다. 각 선택지들은 ② 무관계, ③ 동일률과 비모순율에 상충, ④ 논지 일탈, ⑤ 부분적으로만 타당한 진술이 된다. 참고로 글의 뼈대를 구축하는 논증구조는 [인간의 판단은 목적적 행위이다. 목적적 행위는 효율성의 지향이다. 따라서 인간의 판단은 효율성의 지향이다]의 삼단논증구조이다.

[문] 다음 글의 밑줄 친 ㉠을 이끌어내는 데 사용한 논증형태와 같은 것은?

일반적으로 문명의 3대 요소로 진선미(眞善美)가 이야기된다. 하지만 이것들은 언어를 전제로 가능하다. 그렇기 때문에 문명에서 언어를 빼놓고는 생각할 수 없다. 그런데 우리는 언어를 단지 의사소통의 도구로만 활용하지 않는다. 인식의 도구로 사용된다. 다음과 같은 형상이 있다고 하자.

아마도 당신이 그림을 보는 순간 사각형과 삼각형이란 이름으로 언어화하여 인지하고 있는 자신을 발견할 수 있을 것이다. 이처럼 인간은 의식적이든 무의식적이든 탑재된 언어기제의 작동으로 언어를 가지고 사물을 인식한다. 여기서 물(物)이 아니라 언어(言語)에 관심을 집중하게 되면, 당신은 물(物) 자체가 아니라 물(物)을 명명한 언어에 관심을 가지는 꼴이 된다. 가령 사각형과 삼각형이란 단어들에 대한 관심이다. 그렇게 되면 당신은 물(物) 자체를 인식하는 것이 아니라 언어(言語)를 인식하는 것이 된다. 우리가 어떤 실재 물(物)에 대한 지식을 얻고자 한다면, 물(物)에 관심을 가져야 할 것이다. 하지만 우리의 인식에서 언어적 관념을 버리기 어렵다. 한편 언어적 관념은 인식에 편리성을 가져다주기도 한다. 누군가 사각형과 삼각형이란 단어를 가지고 있지 못하면 그는 사물을 인식하는 것이 어렵거나 속도가 느려질 것이다. 인간의 정보처리 방식은 두 가지가 있다. 하나는 직렬적 처리방식이고, 다른 하나는 병렬적 처리방식이다. 그러나 병렬적 방식으로 정보를 처리하지는 않는다. ㉠ 그리하여 직렬적 방식으로 정보를 처리하게 된다. 즉, 단계적, 순차적으로 처리하게 된다. 만약 직렬적 정보처리 과정에서 인식대상이 언어에서 그치고 물(物)로 환류(feed back)되지 않는다면, 물(物)을 알지 못하게 된다.

① 우주는 변동이거나 고정이다. 우주는 고정이 아니다. 따라서 우주는 변동이다.

② 우주는 변동이거나 고정이다. 우주는 변동이다. 따라서 우주는 고정이지 않다.

③ 우주가 변동한다면 우주는 고정적이지 않다. 그런데 우주는 고정이다. 따라서 우주는 변동하지 않는다.

④ 우주가 고정이라면 우주는 변동하지 않는다. 그런데 우주는 고정적이지 않다. 따라서 우주는 변동한다.

⑤ 우주는 변동이거나 고정이다. 우주는 고정이다. 따라서 우주는 변동이 아니다.

[해설] 답: ①

'A 또는 B이다. A가 아니다. 따라서 B이다'의 선언논증임. 즉, 두 가지 경우(선언지)에서 한 가지를 제외하여 결론을 도출하는 논증임.

[문] (가), (나), (다), (라), (마)를 포괄할 수 있는 진술로 가장 적절한 것은?

(가) 우리나라의 경우 조선시대 태종의 호패법 시행은 이름에 일대 혁명적 변화를 가져왔을 것으로 추측된다. 그러나 조선시대 하층민들은 이름을 가지지 못했거나 이름이 있어도 개똥이, 화성댁 같은 명칭으로 불리곤 했다. 오늘날 누군가 이름 없이 산다는 것은 상상하기 어렵다. 성(姓)을 제외하고 이름을 5자 이내로 제한하고 있는 현행 출생신고제도로 누구나 이름을 가지게 되지만, 이러한 제도를 고려하지 않더라도 무명(無名)으로 살아간다는 것은 상상하기 어렵다. 이름은 단지 그 누구를 지시하는 단어가 아니다. 그를 나타내는 표상물이다. 이름만으로 특정인에 대한 일차적 인식이 이루어진다. 사람들은 만나보지도 않은 사람을 이름만으로 모습, 인격, 사회적 위치 등 다양한 것들을 판단한다. 이러한 이유로 사람들은 작명에 무척 신경을 쓴다. 집단 또는 국가차원에서도 마찬가지이다. 누군가 기존 이름을 개명하는 것은 마치 자신의 외모를 바꾸는 성형수술을 결정하는 것에 비견될 수 있을 것이다.

(나) 인간은 언어를 단지 정보교류의 도구로만 사용하지 않는다. 인식도구로 활용한다. 이러한 언어적 인식은 지식을 많이 가진 사람일수록 또는 교육을 많이 받은 사람일수록 강한 경향성을 보인다. 갓난아이는 식사를 하는 경우에 감각으로 무엇을 먹는다는 자신의 행위를 인식하지만, 언어를 습득한 사람은 음식 이름과 같은 언어를 통해 자신의 행위를 인식한다. 컴퓨터를 모르는 사람은 그 물(物)을 이곳저곳 관찰하여 살펴보겠지만, 컴퓨터 단어를 아는 사람은 그렇지 않다. 언어적 인식에서 가지는 언어는 의사소통의 기능과는 질적으로 다른 기능을 가진다.

(다) 개인이 가진 언어능력은 기업과 공적 업무 수행능력과 적성 등에 관련된 정보를 제공한다. 그리하여 이해와 설명과 관련된 말 또는 글 솜씨에 관련된 언(言)의 능력이 유능과 무능을 평가하는 하나의 척도로 활용된다. 하지만 수사학적(修辭學的)으로 정교(精巧)하게 다듬어진 언변술 또는 논증술이 모든 업무에 필요한 것은 아니다. 주어진 문제를 잘 해결하거나 업무성과를 높이는 결과를 가져오는 것도 아니다. 그렇기 때문에 언어능력은 단지 인사행정을 위한 참고자료와 구성원 교육에 대한 정보로만 활용될 필요성이 있다.

(라) 언어는 약속이다. 언어를 안다는 것은 곧 약속을 아는 것과 동일한 의미를 가진다. 그렇기 때문에 누군가 다른 사람들과 의사소통을 잘하기 위해서는 약속을 우선적으로 잘 알고 있어야 한다. 그러나 약속을 통해 불려지는 물(物)에 대한 이름을 아는 것과 물(物) 자체를 아는 것은 본질적으로 다르다. 이에 언어를 도구로 한 인식물이 얼마나 진실에 가까운 물(物)을 볼 수 있는가라는 점에 대해 생각해볼 필요가 있다. 언어라는 도구가 개입되면 언어체계에 내재된 규칙들이 암묵적으로 인식활동에 작용한다. 그렇게 되면

대상(物)을 어떤 틀 속에서 바라보게 되고, 스스로 어떤 인식에의 조건을 설정하고 그 속에 갇혀 편협하고 편견적 인식이 행해질 수 있다.

(마) 인간을 사회적 동물이라 할 때 그 근저에 언어가 존재한다. 소리가 전달되기 위해 매개 물질이 필요하듯, 사람과 사람 간에 진실이 전달되기 위해서는 언어라는 매개물이 필요 하다. 이러한 언어의 매개적 역할에 관련하여 일상 언어들이 가진 다의미성으로 인해 발생하는 애매 모호성의 문제를 극복하기 위해 단일하고 명확한 의미를 가진 인공언어 들이 만들어진다. 하지만 다의미적인 일상 언어들은 마치 숨은그림찾기와 같이 상징의 표현에 풍부함을 제공하여 수용자로부터 개성적인 느낌과 상상을 자극한다. 또한 전달 자와 수용자 간에 독특한 언어적 교감의 세계를 구축하기도 한다.

① 언어적 인식은 장단점을 가지고 있다.
② 인간은 언어적 활동을 통해 살아간다.
③ 인간은 인식활동에서 언어를 가지고 사물을 인식하는 도구로 활용한다.
④ 인간이 행하는 언어적 인식은 언어를 해석하는 것과는 성질이 다르다.
⑤ 인간은 이름을 가질 때 비로소 의미를 가진다.

[해설] 답: ②

각 부분적 진술들을 모아 통합된 단일한 진술로 묶는 문제이다. ②가 가장 적절하다. ③의 경우 (다)와 (마)를 포괄하지 못한다.

인간은 언어적 활동을 통해 살아간다.	(가) 이름의 기능(대상의 지시기능과 일차적 인식대상으로서 표상 기능)
	(나) 인식도구로서 작동하는 언어의 기능
	(다) 언어능력이 제공하는 정보의 활용문제
	(라) 언어를 도구로 한 인식이 가지는 문제
	(마) 일상 언어가 가지는 다의미성이 가지는 의미

[문] 다음 글의 내용과 부합되는 것은?

지식을 존재로부터 획득되는 앎이라 할 때, 존재하는 그 무엇은 언어로부터 생성된다. 이러한 점에서 우리가 가진 지식의 양과 질은 언어에 의존되는 종속변수 성격을 가진다. 물론 단순히 언어만으로 지식이 생성되는 것은 아니다. 사유(논리)가 혼합되어 가질 수 있다. 그러나 분명한 것은 언어 없이는 지식이 생성될 수 없다는 점이다. 만약 언어가 없다면 논리적으로 사유할 대상을 가지지 못하거나 또는 그 대상이 애매모호하기 때문이다. 가령 신(神), 우주, 사회, 국가, 정책, 문제 등과 같은 단어들이 존재하지 않는다고 가정해보자. 그러면 우리는 사유할 대상을 가지지 못하거나 또는 애매한 상태를 가질 수밖에 없다. 그리고 그것들에 대한 지식을 창안할 수 없다.

언어를 지식의 독립변수로 보는 것에 관련하여 보충적 언급이 필요할 것 같다. 언어가 무엇이라는 개념은 고정된 것이 아니다. 인식에 적용될 때 비로소 언어가 된다. 가령 외계인이 보낸 신호를 누군가가 감지하지 못한다면, 그것은 외부에 존재하는 자연 상태의 그 무엇이 될 뿐이다. 그렇다면 언어는 인식자에 의해 의존된다. 즉, 언어와 인식자 간에서 인식이 독립변수이고 언어가 종속변수가 된다고 생각할 수 있다. 요컨대 사유로부터 언어가 만들어진다고 생각할 수 있다. 즉, [사유→언어→지식]의 관계성을 생각할 수 있다. 이러한 관계적 사고는 언어는 지식의 독립변수가 아니라, 단지 사유와 지식을 연결하는 매개변수가 된다.

하지만 이러한 생각은 직선적으로 사고하는 관념에 의해 가지는 잘못이다. 만약 분명하게 감각으로 포착된 어떤 자극이 존재하는 상황에서 그에 대한 언어가 존재하지 않는다면, 그것을 지시 또는 지칭하는 언어 창안 작업이 선행되어야 한다. 이러한 점에서 사유는 언어를 창안하는 기능을 가지고 있다. 그러나 우리의 사유는 그것이 의식적이든 무의식적이든 언어로부터 자유롭지 못하다. 가령 외계인과 신호라는 단어들이 존재하지 않는다면, 그에 대한 사유를 할 수 없다. 자극에 대하여 그냥 무심히 흘려보내거나 또는 모른 채 지나치게 된다. 이러한 점에서 지식은 언어와 사유의 혼합적 요인으로 만들어지는 것이지, 단지 사유로만 만들어지는 것은 아니다. 이러한 지식 생성에의 필요적 조건을 구성하는 언어를 지식의 독립변수로 간주할 수 있다. 즉, p(언어*사유)→q(지식)의 관련성이다.

① 사유로부터 지식이 만들어지는 것이지, 언어로부터 지식이 만들어지는 것이 아니다.
② 언어 없이 감각과 사유만으로 지식을 생성할 수 있다.
③ 인식에의 적용과 관계없이 언어의 개념은 규정되어 있다.
④ 언어와 인식자 간에서 인식이 독립변수이고 언어가 종속변수가 된다.
⑤ 우리의 사유는 언어로부터 자유롭지 못하다.

[해설] 답: ⑤

글의 내용과 부합되는 것은 ⑤뿐이다. 하단 부분 [우리의 사유는 그것이 의식적이든 무의식적이든 언어로부터 자유롭지 못하다]라는 것과 부합된다.

[문] 다음 글을 읽고 내용을 잘못 이해하고 있는 진술은?

언어를 중시하는 이유는 언어가 인식과 불가분의 관계를 가지고 있다는 점 때문이다. 언어는 단순히 의사소통의 도구로만 기능하지 않는다. 무엇을 이해하거나 알게 되는 인식은 언어를 통해 이루어진다. 예를 들어 지금 우주를 구성하는 물질이 무엇인가를 생각한다고 해보자. 이 생각에서 만약 당신이 '우주를 구성하는 물질'이란 문장을 구사할 언어를 알고 있지 못하다면 어떻게 될까? 아마도 머릿속이 혼돈스러움을 가지게 될 것이다. 이러한 이유로 만약 누군가 어떤 대상을 지칭하거나 서술할 언어체계가 존재하지 않는다면 정리되지 못한 혼란과 혼동을 경험하게 된다.

누군가 새로운 언어를 습득하거나 또는 창조하였다고 하면, 그것은 곧 그 사람에게 인식의 대상이 하나 더 추가되었다는 것을 뜻한다. 머릿속에 기존에 없던 문제가 하나 더 추가된 것이다. 예를 들어 디지털(digital)이란 새로운 단어를 인지했다면, 이 단어(낱말)가 가진 의미를 알기 위해 인식활동이 요구된다. 누군가 내면의 정신에 관련되는 그 무엇(개념)을 지칭하여 무의식이란 말로 명명한 경우에도 마찬가지이다. 그는 이러한 단어들을 가지고 새롭게 사회와 인간을 인식하게 될 것이다.

그런데 인간 세상에 존재하는 다양한 언어들을 생각해보자. 생각나는 언어는 어떻게 생성되고 존재하는 것일까? 당신이 떠올린 언어가 존재하기 위해서는 다음의 조건이 충족되어 성립한 것이다. 하나는 상징의 함축성이다. 여기서 상징이란 내용으로서의 의미(意味)와 그 내용을 결정짓거나 성립시키는 언어의 형상(形象)을 말한다. 이러한 의미를 가지지 않은 경우 언어로 존립할 수 없다. 다른 하나는 공유성이다. 여기서 공유성이란 보편성을 말한다. 처음 누군가에 의해 명명된 특수한 것에서 점차 언어공동체의 구성원들에게 확산되는 이행이다. 만약 특수성을 가진 언어가 보편성으로 발전해 나가지 못하면 그 언어는 자기만의 것이 되고, 언어로서 가져야만 하는 공유성이 결여되어 존재할 공간을 잃어버린다. 이때 공유성은 승계(承繼)와 확산(擴散)으로 일어난다. 여기서 승계와 확산이 일어나는 경우는 크게 두 가지이다. 하나는 자연형이다. 마치 민들레 씨앗이 바람에 퍼져 나가듯 일정한 시간에 특정 사회구성원들에게 유행어가 되고, 이것이 전체의 사회구성원들에게 확산되는 형태이다. 다른 하나는 인위형이다. 어떤 권위를 가진 사람 또는 기구(집단)에 의해 공식적으로 기존 언어체계에 흡수됨으로써 보편성을 가지는 경우이다. 그런데 만약 언어에 내포되고 있는 상징이 실제 존재하는 물(物) 자체와 간극이 있는 것이라면, 역설적으로 언어습득의 양이 많으면 많을수록 우리의 인식은 참으로부터 멀어질 위험성을 가지게 된다.

① 언어는 의사소통의 도구로만 기능하지 않는다. 무엇을 알게 되는 인식은 언어를 통해 이루어진다.

② 언어는 상징과 공유를 전제로 존립한다.

③ 특수성의 상징은 공유로 발전해나가는 보편성 과정에서 대상과 인식 간의 일치가 일어난다.

④ 만약 언어공동체의 구성원들에게 승계가 일어나지 않고 단절되면 언어는 소멸된다.

⑤ 언어를 통한 이해에서 언어적 유희를 통해 임의적으로 세상을 파악하게 되는 위험성이 있다.

[해설] 답: ③

선택지 ③은 언어적 유희를 통해 임의적으로 세상을 파악하게 되는 위험성이 있다는 주장에 대한 반론적인 진술이다.

[문] 다음 글의 (가)와 (나)에 대한 내용을 잘못 이해하고 있는 진술을 〈보기〉에서 모두 고르면?

(가) 우리는 통상 보이지 않는 어떤 규칙이나 또는 원리를 발견했을 때, 깨달았다는 말을 사용한다. 깨달음에서 논리적 사유는 중요한 역할을 수행한다. 나는 그동안 내가 가지는 순간순간의 생각들을 가지고 그것이 [나]라고 정체성을 규정해왔다. 가령 악한 생각을 하는 나가 나이고, 선한 생각을 하는 나가 나라는 규정이다. 그런데 이런 의문이 들었다. 어느 때 어떤 생각을 하는 것이 진짜 [나]인가? 시간과 공간에서 한번 [나]는 영원히 [나]라는 동일률 사유를 전제한다면, 순간순간에 가진 생각을 토대로 규정한 나의 정체성은 본래의 [나]가 될 수 없다. 왜냐하면 매번 생각이 달라지기 때문이다. 어제 그 생각을 가졌던 것인 나도 [나]이며, 지금 그것과 다른 생각을 가진 것도 [나]가 될 것이다. 본래의 [나]는 내가 죽을 때까지 매순간 생각들의 총합으로 추론된 그 무엇이어야 할 것이다. 그렇다면 나는 본래의 [나]를 알 수가 없다. 죽음이 임박한 마지막 짧은 순간에 생(生)에서 가진 생각들을 모두 종합하여 추론할 수 있다면 가능하겠지만, 이러한 일은 불가능할 것이기 때문이다. 진정한 [나]를 찾는 것을 포기하든가 아니면 '본래의 [나]는 있는 것인가?'라는 존재론적 질문으로 다시 돌아가야 한다. 그것도 아니면 순간의 생각들이 종합된 것으로부터 추론된 어떤 [나]라는 존재성을 가정하고, [나는 나이다]라는 말을 할 수 있게 될 뿐이다.

(나) 불교의 중도(中道)사상은 무엇인가를 분별하거나 또는 가르려 하지 않는다. 흔히 [다른데 같은 것이요, 같은데 다른 것이요] 또는 [하나가 다(多)요, 다(多)가 하나이다]라는 말을 한다. 이러한 진술은 논리적 사유 원칙에 위배된다. 어느 것이 같다면 다를 수 없고, 다르다면 같을 수 없다. 배중률 원칙에 의해 서로 양립할 수 없는 모순관계이다.

그런데 우리가 어떤 개념에 중도라는 글자를 붙이듯, 그 개념에 숫자를 붙이면 그 숫자는 바로 '0'이다. '0'은 있는 것도 아니고 그렇다고 없는 것도 아닌 묘한 수이다. 우리는 0, 1, 2, 3, 4, 5, 6, 7, 8, 9라는 10개의 유한한 숫자만으로 무한에 가까운 숫자의 표현이 가능하다. 이는 십진법과 '0'이란 개념으로 가능하다. 사람이 천백열한 명이 있다고 하자. 개개인에게 특정 숫자를 붙인다면, 숫자는 모두 천백일 개가 필요하다. 그런데 우리는 '1111'과 같이 간단하게 표현한다. 이때 '1111'을 이해하는 것은 고도의 사유능력이 필요하다. 어린이들은 똑같은 모양의 1이란 숫자가 왜 서로 다른 것인지 잘 이해를 하지 못한다. 즉, 네 숫자가 모양은 같지만 그 의미(가치)가 다르다는 것을 잘 이해하지 못한다.

숫자 '0'이 가진 모순성으로 인도의 '0'이 서양으로 전파된 후 그것이 받아들여지기까지는 수백 년이 걸렸다. 인도에서도 '0'이란 수의 필요성에 대해 논란이 많았다. 628년 부라만 굿타의 기록물에서 그 내용을 발견할 수 있다. 그는 양수와 음수의 사칙연산을 위해서는 '0'이란 숫자가 필요하다는 내용을 기술했다. 부채는 '-'로, 재산은 '+'로 구분한다. 부채는 부채끼리, 재산은 재산끼리 더하고 빼는 등의 사칙연산 방법을 기술한다. 이때 부채인 음수와 재산인 양수를 계산하는 경우 '0'이 필요한 예를 들고 있다. 만약 누군가 소와 닭의 머리와 다리의 수만을 가지고, 각각 몇 마리인가를 계산하기 위해 $x + y = 19$, $4x + 2y = 69$ 라는 방정식을 세웠다면, 이것을 풀기 위해서는 '0'이 필요하다. 없다는 의미를 지시하는 것이 없는 것이 아닌 것이 된다.

〈보기〉

ㄱ. (가)와 (나)에 의하면 깨달음을 위해 논리적 사유 원칙의 폐지를 주장한다.

ㄴ. (가)에 의하면 동일률과 배중률 및 비모순율의 사유 원칙은 한계를 가지고 있다.

ㄷ. (나)에 의하면 수학도 사상과 관련성을 가진다.

ㄹ. (가)와 (나)에 의하면 논리적 사유의 중요성이 배척된다.

① ㄱ　　② ㄴ　　③ ㄱ, ㄹ　　④ ㄴ, ㄷ　　⑤ ㄷ, ㄹ

[해설] 답: ③

ㄱ. (가)와 (나)에 의하면 깨달음을 위해 논리적 사유 원칙의 폐지를 주장한다(과잉진술로 부합되지 않는다).

ㄴ. (가)에 의하면 동일률과 배중률 및 비모순율의 사유 원칙은 한계를 가지고 있다(부합한다).

ㄷ. (나)에 의하면 수학도 사상과 관련성을 가진다(부합한다).

ㄹ. (가)와 (나)에 의하면 논리적 사유의 중요성이 배척된다(오류진술로 부합되지 않는다).

【참고】

(가)에 관련하여 불교의 유식론(唯識論)에서는 인간은 오식과 의식을 합한 육식(六識)을 벗어나야 비로소 참을 볼 수 있는 정신경지에 도달할 수 있는 문(門)을 가지게 된다고 말하고 있다(만법귀일: 萬法歸一). 여기서 유식(唯識)이란 세계는 오직 식(識)만이 존재한다는 뜻을 담고 있다. 식(識)은 오식(오감각에 의한 다섯 개의 식), 의식, 자의식, 근원적 의식(진여＝眞如)인 8단계로 구분된다. 의식과 무의식으로 대별하는 서양(프로이트)적인 정신분석학과 대조적이다.

제2절 심리와 인식

올바른 인식과 관련하여 살펴보아야 할 것이 있다. 심리이다. 우리가 누군가의 판단을 평가함에 있어, 진술을 대상으로 하든 행위를 대상으로 하든, 간과하기 쉬운 것이 하나 있다. 그 판단이 정상적인 심리상태에서 이루어진 것이라는 것을 검토하는 작업이다. 만약 망상과 환상 등의 비현실적 세계를 실제적 상황으로 인식하거나 또는 심리가 매우 불안정한 상태에서 내린 선택으로 인한 것일 경우, 정상심리상태에서 이루어진 것과 동일하게 취급할 수는 없다. 판단 속에 함축된 가치가 다르기 때문이다. 따라서 어떤 행위에 대한 평가를 시도함에 있어 행위 당시 행위자가 가진 심리상태를 고려할 필요가 있다.[121]

사람들은 자신의 경험 또는 기대(예상)되는 것에 위배되는 상황(현상)에 직면하면 당황하게 된다. 당황의 심리상태에서 정확한 앎을 가지거나 또는 판단을 내리는 행위를 기대하기 어렵다. 가령 조용한 공원의 벤치에 앉아 따스한 오후의 햇살을 받으며 휴식을 취하고 있는 당신에게 낯선 개 한 마리가 오더니 갑자기 돼지 울음소리를 낸다고 상상하자. 개가 돼지 울음소리를 내는 상황을 인지한 당신은 당혹감을 가지게 될 것이다. 그런데 만약 이 사건이 설정된 몰래카메라이고, 당신이 이미 그 상황이 설정이라는 것을 사전에 인지하고 있었다면, 어떻게 될까? 오히려 재밌게 그 상황을 즐기는 마음의 여유를 가질 수도 있을 것이다. 이처럼 사전적 지식을 가지고 있는 경우와 없는 경우 심리의 변화에 차이가 발생한다. 설정된 상황이 아니라 해도 이상 현상을 인지했을 때 자신의 심리가 어떻게 변화할 것이라는 사전적 지식을 가지고 있는 경우라면 대응에 차이가 있게 된다. 또한 사람들은 사회적 수준과 개인적 수준에서 서로 다양한 방식을 통해 심리

---

121) 우리나라 형법의 경우 위법이 조각되거나 또는 책임이 조각되는 제도를 두고 있다. 또한 민법의 경우에도 법률행위에 대한 효과에 관련하여 의사무능력자와 행위무능력자 제도를 운영하고 있다.

를 교류하면 살아간다. 이러한 과정에서 발생하는 심리적 문제들은 삶의 형식과 내용에 직접적인 영향을 미친다. 흔히 [경제는 심리이다]라는 말을 사용하듯, 역설적이지만 심리는 다양한 형태로 존재하는 개인적 문제와 사회적 문제들을 해결하는 주요 수단이 되기도 한다. 이에 인식의 관점에서 심리에 대한 기초적 논의들에 대하여 살펴보기로 한다.

Ⅰ. 심리의 의의

판단은 심리에 기저(基底)를 둔 현상이다. 자연 상태에서 물리적 운동은 무질서 정도가 강화되는 방향으로 진행한다. 이러한 엔트로피 증가 현상을 두고 판단이라고 말하지 않는다. 인간의 심리적 요소를 발견할 수 없기 때문이다. 다음은 심리를 진솔하게 표현하고 있는 노래가사이다.

> 얼씨구! 절씨구! 아니 놀진 못하리라.
> 장미가 아름다워도 꺾고 보니 가시로다.
> 사랑이 아무리 좋아도 남이 되니 웬수로다.
> 웬수네! 웬수네! 정이 웬수로다.
> 얼씨구! 절씨구! 아니 놀진 못하리라.
>
> - 창부타령 중에서 -

그런데 심리에 관련된 현상들은 설명할 수 없거나 이해하지 못하는 것들이 너무도 많다. 가령 육체(physical)와 구별되는 영혼(soul) 또는 정신(spirit/mental), 퍼스낼리티, 캐릭터, 성격, 인격, 자아, 기질, 품성 등과 같은 다양한 용어들이 사용되는 것도 이러한 맥락에서 기인된다. 마인드(mind)라는 용어도 사용되는데, 이것은 흔히 의식과 무의식을 포괄하는 일체의 정신세계를 뜻하여 사용된다. 심리를 보는 눈도 다양하다. 가령 세계를 물질로 환원하는 물질론적 일원론에서는 아예 심리(정신) 자체가 부정된다. 심리적 현상은 단지 물질들의 상호관계로 일어나는 것으로 심리의 실체가 부정된다. 반면 세계를 정신(마음)으로 환원하는 심리적 일원론에서는 물질현상들은 단지 심리에 의해 가지는 허상적인 것으로 간주되고 실체는 오직 정신(마음)에 있다고 본다. 한편 심리학(psychology)에서 심리학자들은 인간의 모든 행위는 심리에 기저(基底)한다는 것을 전제로 하면서도 심리에 대한 개념을 정의하지 않는다. 밖에서 일어나는 모든 일은 안에서도 일어난다는 것을 전제로 행위와 무의식에서 존재하는 표상의 관계적 맥락에서 심리를 바라본다. 응용심리학, 임상심리학, 물리심리학, 군중심리학, 사회심리학, 경제심리학 등 다양한 관점에서 심리가 접근된다.

하지만 심리에 대한 윤곽(outline)을 포착하는 것이 필요하다는 점에서 심리학에서 말하는 사이코(psycho)라는 용어의 어원을 살펴보기로 한다. 사이코(psycho)라는 용어는 그리스 신화 '프시케(Psyche)와 에로스(Eros)'의 사랑 이야기에서 나오는 사이키(psyche: 영어식 발음)에서 유래된 것으로 추정되고 있다. 이야기는 이렇다. 사랑의 여신 아프로디테는 자신보다 더 빼어난 미모를 가진 공주 프시케(psyche)를 질투한다. 아프로디테는 사랑의 신(神) 에로스(Eros)의 어머니이다. 아프로디테는 그의 아들인 에로스에게 공주 프시케에게 화살을 쏘아 누구도 프시케에게 매력을 느끼지 못하도록 만들라고 명령한다. 아들 에로스는 어머니 명령을 수행하게 되고, 이 과정에서 프시케와 서로 사랑에 빠지게 된다(큐피드 화살). 공주 프시케는 에로스의 어머니 아프로디테로부터 갖은 고초를 겪게 되고, 우여곡절 끝에 결국 프시케와 에로스는 결혼을 하게 된다. 프시케(psyche)는 마치 애벌레가 나비가 되듯, 고난 끝에 사랑을 이룬다. 아프로디테, 프시케(Psyche), 에로스(Eros)가 가진 심리적 상태가 사이코(psycho)의 원형이다. 즉, 이성(reason)과 대비되는 감정(emotion)으로서의 욕망, 갈망, 우월, 인내, 사랑, 질투, 고통, 기쁨, 쾌락 등과 그것들의 변동성이다.

사이코의 어원을 보면, 심리란 용어의 원형은 수리(數理)와 추론을 전개하는 사유능력이라 할 수 있는 이성(reason)과 대비되는 감정(emotion)의 느낌으로서 가지는 어떤 내적 상태를 지칭한다. 하지만 인간의 생각에서 논리적으론 이성과 감성의 요소들로 구분할 수 있지만, 실제로는 이것들을 명확히 구분하는 것이 어렵다. 인간의 정신세계를 의식과 무의식의 세계로 구분하는 것도 마찬가지이다. 인간의 생각은 이러한 모든 것들이 섞여 가지고 일어나는 사건이기 때문이다. 이하에서는 심리를 이성과 감성, 그리고 의식과 무의식을 포함한 일체의 정신적인 것을 뜻하는 마인드(mind)의 관점에서 바라보기로 한다.

【참고】 심리연구와 심리적 지식의 활용 경향

심리로부터 어떤 앎(지식)을 가지기 위해서는 우선 심리가 존재하여야 한다. 즉, [심리가 있다]라는 전제에서 [심리는 무엇이다]라는 앎을 가질 수 있기 때문이다. 그런데 심리의 존재를 부정하는 견해와 긍정하는 견해가 있다. 세계와 인간에 관련된 모든 현상들을 물질로 환원하는 입장에서는 심리의 존재가 부정된다. 정신도 그 근저에는 물질에 의해 가지는 하나의 현상으로 간주된다.

그러나 오늘날 일반적으로 심리의 존재가 긍정되고 있다. 긍정하는 입장은 다시 크게 두 가지 입장으로 구별할 수 있다. 하나는 인간의 의식뿐만 아니라 깊은 내면의 무의식에서도 마치 컴퓨터 작동처럼 내장된 프로그램에 의해 작동한다고 보는 견해이다. 심리가 결정적 또는 기계적이라는 입장이다. 다른 하나는 심리는 조건과 결과에서 다양한 경우의 수에 대응하여 확률적 또는 개연적으로 작동한다고 보는 입장이다.

심리에 대한 연구는 인류문명과 함께 해온 장구(長久)한 역사를 가지고 있다. 오늘날에는 그동안 분파되었던 다양한 분과학문들과 심리가 융합되는 양상을 보이고 있다. 가령 정신역학, 언어심리학, 정신진단학, 심리공학, 정신병리학, 심리신경면역학, 임상심리학(clinical psychology), 정신생리학, 정신물리학(psychophysics), 문화심리학, 교육심리학 등 일일이 열거할 수 없을 정도이다. 심리는 주관적 요소라는 점에서 객관성 저해를 우려하여 심리문제를 따로 분리하여 취급해온 경제학, 행정학, 사회학, 정치학, 경영학, 정책학, 법학 등의 영역들에서도 마찬가지로 심리가 접목된다. 가령 노벨경제학상을 수상한 사이몬(H. simon)은 만족(satisfies)이라는 심리개념을 경제학의 생산자이론에 접목하여, 기업은 자신이 처한 복잡한 상황과 환경의 가변성 등으로 정보 부족이나 불확실성 극복이 주된 과제이지만 제한된 합리성으로 이를 극복할 수 없고 이윤의 극대화가 아니라 이윤이 만족되는 대안을 선택하게 된다는 만족이윤가설을 주창했다. 사회와 개인 단위를 접목한 사회심리학도 이러한 맥락에서 등장한 분과학문 중 하나이다. 많은 위험관리에 대한 정책보고서들에 의하면 위협 또는 위기 상황에서 정책담당자(실무자와 결정자 포함)의 위기관리능력은 평상시보다 현저히 떨어지는 것으로 나타난다. 간혹 문제해결에 집중하기보다 오히려 책임 회피와 불가항력적이라는 자기합리화 논리를 모색하는 쪽에 더 신경을 써 상황(문제)을 더 악화시키는 것으로 밝혀지고 있다. 최근에는 가상세계에 관련된 다양한 심리연구들이 진행되고 있다. 특히 기존의 인간의 심리를 연구하는 경향에서 생물학적 심리학과 같이 살아 있는 생명체로 확장되고 있는 추세이다. 가령 음악을 들으며 자라는 식물과 그렇지 않은 식물 간에 가지는 성장 속도와 면역 등에 관한 연구들이 예이다. 혹자는 생명체인 유기체는 말할 것도 없고 비생명체인 무기체도 인간의 마음과 교류한다는 가설을 주장하기도 한다. 가령 물(水)도 마음과 교류를 통해 좋은 물을 상징하는 육각수의 결정체 형태가 뚜렷해지거나 흐릿해진다는 주장이다.

심리적 지식은 공적 영역과 사적 영역을 불문하고 응용된다. 가령 정부의 관료들이 [경제는 심리이다]라는 말을 하는 것을 흔히 목격한다. 경제의 요체는 희소자원으로 만족을 극대화하기 위한 선택의 문제이고, 이러한 만족(효용)은 심리물이기 때문이다. 우리나라의 경우 1997년 외환위기에 직면하여 정부는 금 모으기 운동으로 국민의 참여와 지지를 독려하고, 위기극복에 대한 긍정적 신호(signal)를 시장과 사회적으로 확산시켜 나갔다. 외환위기 극복을 위한 사회 분위기 조성이 상당한 영향을 미쳤을 것으로 추정된다. 2010년 아이티에서 강도 7.5의 지진이 발생하자 심리적 공황 상태가 되어 사회가 혼란에 빠지고, 약탈과 범죄가 성행하는 무질서 상태에 들어갔다. 더 강한 9.0 규모의 지진이 발생한 일본과는 대조적이다. 지진사건이 가지는 영향보다 오히려 심리가 더 상황을 악화시키는 요인으로 작용했다. 일상에서도 심리게임들을 쉽게 관찰할 수 있다. 가령 적대적 타자에게는 좌절과 포기를 유도하고 호의적 타자에게는 긍정적 메시지를 전하여 안정과 기쁨을 조성하는 심리술, 동정심에 호소하거나 또는 아부와 아첨을 통한 처세술, 이미지 메이킹(image making), 당근과 채찍을 통한 관리술 등이다.

II. 심리정보의 산출

심리정보를 산출하는 기법들은 매우 다양하다. 양적 자료와 질적 자료의 조사방법 일체를 포함하여 자유연상기법,[122] 독심술(讀心術), 최면술(催眠術), 엑소시스트 기법[123] 등 일일이 소개할 수 없을 정도이다. 우선 언급할 것이 있다. 심리지식이란 용어 대신 심리정보라는 말을 사용하는 이유이다. 일상의 경험들에서 자기 자신을 아는 것보다 남을 알기가 쉬운 경우가 있다. 하지만 자신의 심리도 모르면서 다른 사람의 심리를 알아낸다는 것이 기만적 행위가 아닌가라는 생각을 가지지 않을 수 없다. 특히 특정 개인의 심리를 알았다고 하여 그것이 정확한 것이고 일반에 적용될 수 있는 것인가라는 점이 문제된다. 예를 들어 갑이 생존의 극한적 체험을 했다고 하자. 그리고 그러한 체험의 기억으로 갑이 심리적 고통을 가지고 있고, 정상적 판단과 행위가 어려운 상태라 하자. 이때 그를 괴롭히는 개인적 체험을 형상화 또는 표상화 할 수 있겠는가에 대해서는 의문을 가지지 않을 수 없다. 사실성을 바탕으로 논리적으로 형상화된 것일지라도 그 사실성과 논리성이 진실성을 담보해주는 것은 아니기 때문이다. 설령 갑의 내면에 존재하는 표상물을 정확히 형상화에 성공했다고 하더라도, 그것이 사람 일반에 적용될 수 있는가는 또 다른 문제이다. 갑과 동일한 또는 유사한 상황을 경험했다고 하여 모두가 갑과 같은 심리적 표상물을 가지는 것은 아니기 때문이다. 그렇기 때문에 심리에 대한 앎은 객관적(경험에 합치)이고 필연적(사유에 합치)인 앎이란 것을 보장하지 못한다. 이에 심리지식이란 용어 대신 심리정보라는 말을 사용할 수밖에 없을 것이다. 물론 지식과 관련하여 다른 분과학

---

122) 자유로운 분위기 속에 응어리진 것들을 이야기하게 하여 내면에 있는 것을 드러나게 하는 기법으로서 프로이트가 무의식의 심층적 내면에 있는 심리 정보를 이끌어내기 위해 사용한 방법이다.

123) 엑소시스트가 신적 의례(儀禮)를 통해 의식을 흩트리고 깊은 내면을 활성화시킨 후에 대화를 통해 심리정보를 산출하는 방법. 최면술과 일맥상통하는 점이 있다.

문들에서도 이러한 현상은 존재한다. 그리하여 혹자는 지식이란 용어 대신 [확인된 정보]라는 말을 사용하기도 한다. 다만 심리에 관련되어서는 그 정도가 심하다는 데 문제가 있다. 이하에서는 조사방법론에서 언급되는 [투사기법]과 [언어심리기법], 그리고 일상에서 흔히 관찰되는 참고할 만한 [기타 기법]들을 살펴보기로 한다.

1. 투사 기법

투사 기법이란 '행위 또는 행동양식을 통해 역으로 그 사람의 내적 상태를 알고자 하는 방법'을 통칭하여 사용된다. 이는 어떤 사람의 행동은 그 사람의 욕망, 가치관, 인생관, 동기, 성향 등 내면의 그 무엇이 투사(投射)되어 나타나는 것을 전제로 한다. 주의할 점은 누군가가 다른 누구를 [그는 의심이 많은 사람이다]라고 진술을 했다고 하는 경우, 진술이 참인가/거짓인가를 확인하는 것이 아니다. 진술자의 심리상태를 추적한다. 그리하여 [자신 스스로가 의심이 많으면서 타인을 의심이 많다고 비난함으로써 내적 심리갈등을 해소하는 분출 행동]이라는 진술자의 심리상태에 대한 정보를 얻어낸다. 투사기법은 조사방법론의 일반적 원리에 기초한다. 엄격한 논리 틀과 계량화 및 반복적 시행 등을 통해 산출되는 정보의 정확성을 위한 노력들이 행해지지만 한계를 가지고 있다. 가령 개인에 대한 심리정보의 일반화에 따른 문제, 연구자의 주관 개입 등이 예이다. 특히 자료 해석에서의 정당성 문제가 대두된다. 그리하여 분석자마다 서로 다른 정보를 산출할 경우 누구의 정보를 채택할 것인가가 문제되고, 때에 따라서는 분석자들 간에 암묵적 담합 혹은 타협에 의한 정보가 산출되기도 한다.[124] 여기서는 Lindzey가 질문에 대한 응답의 성격에 따라 투사기법을 연상기법, 구성기법, 완성기법, 선택(서열화)기법, 표현기법으로 분류한 것을 가지고 그 내용들을 간략히 살펴보기로 한다. 참고로 이러한 기법들은 인지능력을 측정하는 방법(도구)으로서도 흔히 사용된다.

1) 연상(association) 기법
연상 기법이란 조사대상자에게 자극을 제시할 때 처음 생각나는 것(연상)을 말하게 하고, 이것을 통해 조사자의 심리에 대한 정보를 산출하는 기법이다. 연상 기법은 심리가 가진 작용과 반작용 그리고 생각이 연속적으로 행해진다는 아이디어에 기초하여 정보를 얻어낸다.

---

124) 참고로 투사 기법은 각종 시험에서 객관적 측정을 위해 도입되는 원리 또는 이론적 토대를 이룬다는 점에서 주목할 필요가 있다. PSAT 역시 예외가 아니다.

여기서 연상(聯想)이란 '잇따라 생각하는 것'을 말한다. 가령 어떤 것을 보거나 들었을 때 떠오르는 것들이다. 연상 기법은 비교적 간단하여 가장 흔하게 사용하는 방법이다. 조사대상자에 대한 질문(자극)과 조사대상자의 응답(반응)을 관찰하여 심리상태에 대한 정보를 산출한다. 이때 자극은 언어체계를 습득한 사람에게는 언어를 사용한 질문지를 사용하는 경우가 많다. 단어를 연상하게 하는 단어연상기법이 예이다. 연상 기법은 어떤 질문을 통해 응답을 요구하고, 그로부터 가지는 자극과 반응에 대한 결과물에 대한 해석이 중요한 문제로 등장한다. 부연하여 이 방법은 인지능력을 측정하는 기법으로 흔히 사용된다. 가령 감정적인 단어(사랑, 동정)와 중립적 단어(나뭇잎, 산), 그리고 이성적 단어(정의, 참)들을 섞어 놓고 처음 생각나는 단어들을 응답하게 한다. 반복적으로 시행하여 응답된 것을 점수화하여 피조사자의 준거 틀이 이동되는 인지에 대한 정보를 산출한다. 인지능력과 관련된 자극과 반응에서 가지는 시간이동, 공간이동, 감정과 이성 이동, 범주이동 등에 관련된 정보들이다.

2) 구성(construction) 기법

구성 기법이란 방향을 가진 이야기나 그림 등을 제시하고, 그것을 피조사자가 스스로 구성하도록 요구하여 조사대상자가 구성한 결과물을 가지고 조사대상자의 심리정보를 산출하는 기법을 말한다. 가령 7장의 그림 카드를 주고 스스로 이야기를 구성해 카드의 순서를 나열하게 하고, 구성하는 시간과 구성의 논리성 등을 검토해 조사대상자의 인지능력(지능)과 산출(output)능력에 대한 정보들을 산출하는 경우이다. 구성기법은 심리가 가진 자유로움과 성취욕구의 보유에 기초한 아이디어에 착안하여 정보를 얻어내는 방법이다. 그리하여 성취와 같은 내면에 관련된 동기와 같은 정보를 획득하는 데 유용하다. 맥클랜드와 그의 동료들이 구성기법을 사용하여 인간 내면의 성취동기에 관해 연구한 예를 들면, 여러 가지로 해석될 수 있는 애매모호한 4가지 그림을 조사대상자에게 보여주고 그들에게 그림에 대한 이야기를 쓰게 했다. 그리고 응답한 이야기를 토대로 성취적 상상력과 동기 정도를 점수화하여 정보를 산출했다.

3) 표현(expressive) 기법

표현 기법은 피조사자에게 어떤 원료(재료)를 주고 그 원료들을 가지고 피조사가 자유롭게 주제를 정해 어떤 것이든 구성하도록 요구하여, 응답한 구성물을 가지고 내용(의미)과 스타일(유형)을 통해 심리를 분석한다. 구성기법과 유사한 기법이지만, 구성물에 피조사의 독특한 개성 또는 성격이 잘 표현되도록 한다는 점에서 구별된다.

4) 완성(completion) 기법

완성 기법이란 어떤 진술 또는 그림을 주고 피조사자가 그것을 자유롭게 또는 주어진 과제대로 완성하게 하여, 완성된 글이나 그림을 보고 자아에 대한 태도 등 심리상태를 분석하는 것을 말한다. 이를 완성형 투사측정이라고도 부른다. 일반적으로 문장완성 또는 이야기 완성법으로 널리 활용되고 있다. 내면에 대한 사유방식과 언어체계(어순 등의 어법) 등에 관련된 언어기제에 대한 정보들을 산출할 수 있다.

5) 선택 또는 서열화(choice or ordering) 기법

선택기법은 상황에 대한 심각성 정도를 달리하는 진술이나 그림들을 무질서한 순서로 제시하고, 그중 어떤 것을 선택하도록 하거나 우선순위를 매기도록 하여 어떤 대상에 대한 태도를 측정하는 것을 말한다. 선택에서 가지는 선호에 대한 정보, 그리고 자료들의 정리와 판단에 관련된 지각능력에 대한 정보산출을 위해 흔히 사용되는 기법이다. 특히 선택 또는 서열화 기법은 판단에 관련된 정보처리 능력과 사유방식에서 가지는 논리적 통제력에 관한 정보를 얻는 데 주안점을 둔다.

2. 언어심리기법(언어를 통한 심리정보의 산출)

언어심리기법이란 '피조사자가 표출한 언어의 형상(구현한 또는 구현되어 외부로 현시된 모습)과 내용을 분석하여 심리에 대한 정보를 산출하는 방법'을 말한다. 예컨대 일반적으로 사람들은 화가 나 있는 상태에서는 언성이 높다. 다급할수록 짧아진다. 심리가 불안정할수록 음정 역시 불안정해진다. 또한 불필요한 외국단어를 사용한다거나 또는 전문단어를 자주 사용하는 등의 고유한 패턴들을 가지고 있다. 이를 마치 주파수를 분석하듯, 고저장단(高低長短)과 강약, 그리고 느림과 빠름 등을 분석하여 심리에 대한 정보들을 산출한다. 이 기법은 일상에서 누구나 흔히 사용하는 방법이다. 또한 정치와 경제 등 다양한 영역에서 심리분석에 흔히 사용된다. 가령 특정 정치지도자의 담화와 어록 등에서 나타나는 특징들을 분석하여 내면의 동기, 의도, 심리상태 등의 심리정보를 추론하는 경우이다.

언어심리기법은 표출된 언어는 심리의 반영이라는 대전제에서 개개인은 사회화 과정을 통해 언어체계를 습득하여 공동체 구성원 간 언어 사용에 관련된 보편성을 가지지만, 마치 지문(指紋)의 문형과 같이 변화되기 어려운 자신만의 독특한 언어형식을 가지게 된다고 본다. 그러나 이러한 전제가 시공간에서 항상 성립하는 것은 아니며, 인간이 사용하는 언어는 마치 암호체계(coding)와 같이 그 뜻을 풀기(recoding) 어려운 경우가 많다. 특히 사람들은 의도적으로 심리를 숨길 수 있는 언어적 표현에의 스킬을 누구나 가지고 있다. 이러한 이유로 진실성에 문제가 발생하고 해독에 주관성이 존재할 수 있다. 이에 언어를 통한 심리분석은 어떤 조건에서 현실화될 수 있다는 가능성이 있다는 짐작 또는 추정으로 참고적 자료로 활용되는 것이 일반적이다.

3. 기타 기법

1) 신체감지기법

신체감지기법은 '심리와 신체는 서로 상호작용한다는 전제에서 신체의 변화를 감지하여 보이지 않는 내면의 심리에 대한 정보를 산출하는 기법'을 말한다. 일상에서 많은 사람들이 상대방의 진심(眞心)을 알기 위해 상대방의 눈을 보거나 또는 얼굴표정 등을 통해 심리를 추측하는 경우들이다. 가령 누군가 발언 도중 평소에는 잘 나타나지 않는 눈을 껌벅인다거나 이마가 순간적으로 찌그러지는 현상들은 거짓을 말하는 데 따른 신체적 반응이라고 보는 경우이다.

데이비드 호킨스는 인간의 육체를 구성하는 세포들은 뇌의 인지기능과 같이 진실과 거짓을 인지하여 반응하는 프로그램이 내장되어 있다고 본다. 표면의식에서는 모른다고 생각되는 것도 인간의 깊은 내면적 의식에서는 이미 알고 있다는 것이다. 그리하여 진실 또는 거짓에 신체가 반응한다고 본다. 그는 심리와 신체적 반응의 역학적 관계에 대한 간단한 실험적 방법을 제시한다. 상대방의 두 손을 옆으로 쭉 뻗게 하고 '예 또는 아니요'라는 답변이 가능한 물음을 던진다. 질문은 '너 사과 먹었지?' 또는 '너 어제 도서관에 안 갔지?' 등과 같이 '예, 아니요'라는 답변이 가능한 것이어야 하고, 의미가 단일하여 명료해야 한다. 이에 답변에 신체적 반응이 일어난다. 답변이 진심일 때는 손에 힘이 강해지지만 거짓일 때는 손에 힘이 약해진다. 이러한 신체와 심리의 역학적 관계는 신체가 가진 감각에 의해 가지는 반응으로 의식으로 신체반응을 통제하려 해도 잘 되지 않는다. 그는 이러한 역학적 힘을 측정하여 거짓과 진실을 판단하는 척도화 기준을 제시하기도 한다. 거짓말 탐지기도 이러한 원리를 이용한 도구이다.

신체감지기법은 신체와 심리상태 간에 가지는 상관성에 기초하면 신체변화를 통한 정보산출은 언어사용에서 가지는 왜곡과 스킬을 차단할 수 있다는 점에서 언어에 의한 정보산출에 하나의 확인적 방법으로 활용될 수 있다. 예컨대 만약 누군가 속마음과 다른 거짓 또는 위장된 발언을 하게 되면 신체가 이를 반응하여 변화를 보이기 때문이다. 하지만 육체적 변화를 통한 정보산출 역시 때론 암호를 해독하는 것과 같은 작업이 되는 경우가 많아 해석에서 오류를 가질 수 있고, 참을 거짓으로 또는 거짓을 참으로 판명하는 오류가 늘 잠복하고 있다는 점에서 정보의 진실성과 신뢰성에 한계를 가지고 있다.

2) 패턴심층분석기법

패턴심층분석기법은 '상황(현상)에 들어 있는 보이지 않는 행동양식과 심리를 파악하기 위해 겉으로는 서로 다른 양상을 보이는 독립된 행동(사건/현상)들로 보이지만, 그것들을 범주화(categorization)함으로써 나타나는 공통 영역을 분석해내고, 그 공통 영역에 들어 있는 패턴(행동양식)을 발견하여 깊은 내면의 심리(원형)를 추론하는 방법'이다. 여기서 패턴이란 '무의식에서 가지는 심리적 원형에 의해 가지는 표면의식 또는 표출행위의 반복적 모양'을 뜻한다. 대표적인 경우가 범죄해결에 활용하는 프로파일(profile) 기법이다. 가령 사이버테러 상황, 연쇄살인사건 등에서 문제를 해결하고, 문제 확산을 막기 위해 범죄자의 심리적 원형인 정보를 산출하여 행동양식을 파악할 필요가 있다. 이러한 경우 2개 이상의 현장에서 수집한 자료들의 교집합을 추려내어 패턴분석을 통해 범행수법을 파악하고, 그 패턴을 통해 범인에 대한 의도와 동기 같은 심리정보를 추론한다.

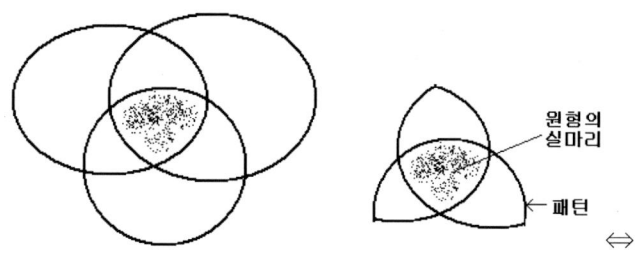

<패턴심층분석과 원형(原形) 추출>

패턴심층기법은 패턴을 추출함으로써 원형으로서 작동하는 무의식 세계 또는 숨겨진 심리에 대한 정보산출에 강점을 가지고 있다. 하지만 다음과 같은 한계 또는 문제를 가지고 있다.

첫째, 분석에 필요한 충분한 자료가 확보(data for profile)되어 있어야 하고, 분석자에게 규칙성(패턴)을 발견하는 능력이 요구된다. 특히 분석자의 능력이 중요한데, 풍부한 경험과 이론의 배경지식을 요구한다. 역으로 이러한 분석기법과 과정을 잘 알고 있는 사람이라면, 혼선적인 단서들을 흘리거나 혹은 이질적 자료(증거/단서)들을 범행현장에 남김으로써 분석에 혼돈 또는 오류를 유도할 위장술을 사용할 수 있을 것이다. 이러한 경우에는 오류 요인들을 식별해야만 하는데, 이러한 작업은 매우 까다롭고 어렵다.

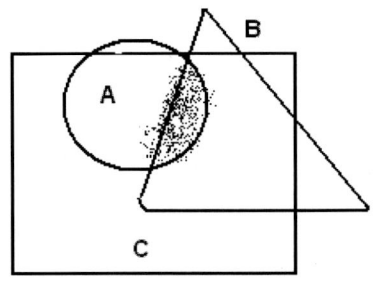

<혼선된 자료들과 패턴심층분석의 예>

그림에서 A, B, C는 양태가 서로 다른 독립된 사건들로 간주된다. 하지만 세 사건을 결합하면 공통된 영역이 나타난다. 이때 공통영역을 제외한 다른 영역의 자료들은 일단 무시한다. 혼선된 자료들이 있을 가능성이 있기 때문이다. 공통영역을 중점으로 <그 무엇>을 발견한다. 그리고 <그 무엇>을 실마리(clue)로 원형(protocol)을 추측한다. 이러한 추정을 바탕으로 획득된 정보를 토대로 과거와 현재 및 미래를 추리한다. 여기서 분석자는 포착된 패턴을 통해 추정된 심리적 원형이 잘못된 것일 수도 있다는 것을 늘 가정해야 한다.

둘째, 인간의 행위는 심리에 기저를 두고 있다는 것이 가정된다. 그리고 심리는 어떤 원형이 존재하여 일정한 구조를 가져 안정적으로 작동하여 생각하는 방식과 행위를 반복하는 순환적 특징을 가진다는 것이 전제된다. 그런데 만약 행동에 심리가 행위에 기저를 이루고 있지 않다면, 패턴을 통한 심층의 내면 정보들은 무의미한 것이 되고 말 것이다.

패턴은 단지 우연에 불과한 것이 되고 말기 때문이다. 또한 어제는 정상이었던 사람이 오늘은 정신이상이 되었다면, 어제의 행위와 오늘의 행위가 달라져 패턴을 가질 수 없다. 이에 관련하여 부연하면 심리를 의식과 무의식을 총합하는 것이라 할 때, 인간 행위의 심층적 기반인 무의식의 구조화에 대하여 많은 학자들이 무의식도 의식과 마찬가지로 구조화된 세계로 본다. 즉, 자연법칙이 적용되는 생물체적 속성과 후천적인 경험들이 축적되어 어떤 구조를 이루고 있다는 입장이다. 반면 무의식은 구조적 세계가 아니라는 입장이 있다. 이에 의하면 무의식은 텅 빈 <그 무엇>이다. 구조화라는 개념조차 존재하지 않는 무상(無常)의 영역이다. 이러한 경우 행위는 무의식을 반영하지 않는다. 심리적 원형이 존재하지 않고, 일관된 패턴 역시 가지지 않는다. 한편 두 견해를 절충하는 입장에서는 무의식은 구조화된 영역과 무구조화 영역이 동시에 존재하며 구조화와 비구조화의 중간 영역에 해당하는 또 다른 영역이 존재한다고 본다. 비구조화영역에서 가지는 행위는 반복적 패턴이 나타나지 않는다. 그러나 구조화 영역에서는 패턴을 가진다고 본다. 또한 세상에 변하지 않는 것은 없다는 전제를 도입하여 무의식의 구조도 변화한다고 본다. 다만 자연 상태에서는 그 구조가 변화하지 않고 의식적 전환노력에 의해서만 변화될 수 있다고 본다. 이러한 점에서 무의식에 존재하는 구조는 단기적으론 변화하지 않는다고 본다.

3) 체크리스트 기법(항목진단법)

체크리스트 기법은 '조사목적에 적합한 항목을 미리 정하여 피조사자에게 이를 제시하고, 당사자로 하여금 항목에 체크하게 하여 정보를 산출하는 방법'이다. 이에 항목진단법이라고도 한다. 가령 인터넷 중독과 같은 상태를 진단하는 경우에서와 같이 여러 질문들을 구성된 질문지를 만들어 각 항목에 답하게 하여, 그 답들을 통해 내면 상태에 대한 정보를 산출하여 진단하는 경우이다. 당사자에게 체크할 리스트를 직접 제시하지 않고 분석자가 항목들과 연계된 관찰을 통해 스스로 체크하는 방식을 사용할 수도 있다. 이 방법은 비교적 간단하여 많은 분야에서 보편적으로 활용되고 있다. 설문지를 통한 의식조사, 정책모니터링과 정책평가, 진료용 진단 등 다양한 영역에서 폭넓게 활용되고 있다. 그리하여 대부분의 사람들이 한 번쯤은 경험하게 되는 기법이다. 무엇보다 측정에 적합한 항목(또는 질문)들로 질문지를 구성하고 있느냐는 측정에의 타당성 문제와 응답자가 정직하고 성실하게 질문에 응하는 태도가 정보의 진실성과 신뢰성에 중대한 영향을 미친다.

III. 성격(personality)

1. 성격이란?

1) 성격은 존재하는가?

성격을 논의하는 이유는 인간의 행위가 심리에 기저(基底)할 때, 심리의 연속적 활동에서 개개인이 일관성을 갖는 어떤 경향성이 있으면, 이것으로부터 그의 판단과 행위를 설명하고 예측할 수 있는 하나의 준거를 가질 수 있기 때문이다. 그런데 만약 성격이 존재하지 않는 것이라면 성격에 대해 논의할 이유가 없다. 성격의 존재에 대한 복잡하고 다양한 견해들이 있다.[125]

성격의 존재를 긍정하는 성격이론가들은 성격을 개인의 연속적 심리작용에서 가지는 고유한 일관성 또는 규칙성을 갖는 어떤 경향성이라 보고, 개개인의 행위는 이러한 내면의 심리적 경향성인 성격에 의해 규칙성 또는 일관성을 가지게 된다고 본다. 그렇기 때문에 개인이 가진 성격을 통해 그가 가진 생각하는 방식과 행위를 설명하거나 예측할 수 있으며, 유사한 성격을 가진 사람들 간에 유형화하여 분류할 수 있다고 본다. 예컨대 로마 시내를 불살랐던 네로 황제의 행위는 포악하고 광(狂)적인 인격 장애(personality disorder)로 설명될 수 있고, 나폴레옹의 행동은 그가 가진 강한 집념적 퍼스낼리티(personality)로 이해될 수 있다고 본다. 삼국지에 나오는 장비는 어떠한 일이 있어도 성을 굳건히 지키고만 있으라는 제갈공명의 말을 어기고 적군의 도발행위에 넘어가 결국 성을 잃고 만다. 장비의 행위는 급하고 욱하는 성품(character)이 원인으로 설명될 수 있다고 본다. 약간의 뉘앙스적인 차이는 있지만 성격은 기질, 성품, 품성, 본성, 인성, 인격, 자아 등과 같은 다양한 말로도 사용된다.

반면 성격의 존재를 부정하는 성격부정론자들은 인간의 심리적 경향성에서 성격이라고 볼 만한 규칙성과 일관성을 포착할 수 없다고 본다. 즉, 성격이란 것은 존재하지 않는 허상의 것으로 누군가의 행위에 대한 이해와 예측의 단서가 될 수 없으며, 설명하는 근거도 될 수 없다고 본다. 개인의 연속적 심리작용은 사회적 수준과 개인적 수준에서 가지는 내외적 조건에 대응하여 반응한다. 이러한 상황적 조건은 그 수가 무한한 경우의 수들이다. 상황적 조건들마다 각기 개별적 대응이 이루어지기 때문에 성격이란 추상적

---

125) 참고로 심리적 실체로서의 영적 세계를 인정하는 불교의 경우 개개인은 각자 고유한 마음작용의 습성으로서 인성 또는 성품을 가지고 있는데, 이는 전생(前生)에 축적된 습성이 현세(現世)에 승계되어 가지는 것이라 본다. 반면 심리적 실체를 부정하는 물질적 일원론에서는 아예 성격의 존재를 논할 이유가 없다.

개념으로 심리적 경향성을 규정할 수 없으며, 성격을 기준으로 인간의 행위를 설명하거나 예측할 수 없으며, 분류할 수도 없다고 본다. 성격부정론자들은 과거 인류가 성격을 맹신하여 가졌던 과오들을 경고한다. 한때 인류는 유전학 등 물질론적 자연과학과 융합하면서 성격의 선천성이 긍정되었다. 가령 천성(天性)은 변하지 않는다는 잘못된 인식을 토대로 범죄자는 태어날 때부터 주어져 있다는 범죄이론이 등장했다. 기득권자들은 이러한 인식을 활용하였고, 특정 범주의 사람들을 예비 범죄자로 분류하여 관리했으며, 자신들의 이익에 반하는 사람들을 과격한 위협적 인물로 낙인(烙印)찍어 무력화시키는 논리적 근거로 활용했다는 점을 든다.

2) 성격의 의미

성격이 구체적으로 무엇을 의미하는가? 이에 대해서는 논자와 관점에 따라 매우 다양하게 규정되고 있다. 여기서는 성격이란 '심리적 작동에의 규칙적 작동 또는 반응에의 패턴을 보이게 만드는 심리적 경향성'으로 정의하기로 한다. 즉 조건 p에 관련하여 일관된 반응 q를 만드는 심리적 기제이다. 가령 의식 또는 무의식에서 A를 인지하면 그에 대응하여 반응하는 행위에 패턴 양상을 보이는 경우가 있는데, 이러한 행위의 패턴을 표출하게 만드는 내면의 심리적 경향성이다.

성격은 자극에 반응하는 일관성을 드러내는 기능을 수행한다는 점에서 인간의 내면에서 일어나는 인식과 판단, 그리고 표출하는 행위에 관련하여 중요한 의미를 가진다고 볼 수 있다. 성격을 통해 그의 판단과 행위를 설명하거나 예측할 수 있기 때문이다. 다만 개인의 성격은 의식뿐만 아니라 깊은 무의식 세계에서 이루어지는 것으로 경험적으로 그 법칙성을 검증하기 어렵다. 이에 전술되었듯이 성격이 존재하는지 여부에 대해 회의적인 견해들이 존재한다. 일반적으로 적용할 수 있는 성격이론 형성에 관한 타당성 논쟁들이 등장한다. 하지만 일상에서 누구나 심리적 작용을 스스로 경험할 수 있고, 그 현상을 설명하기 위해 성격이라는 개념이 필요할 때가 있다는 점이다. 가령 인간의 정신적 작용은 개인이 지닌 내면의 조건과 외계에 존재하는 외부적 조건이 동시에 고려되어 일어나지만, 인간 행위의 기저에 심리가 기초한다는 것을 받아들이면, 이를 성격으로 개념화하여 인식에 용이성을 도모할 수 있을 것이다. 가령 다음과 같은 주장을 생각해보자. 의사결정에 관련된 연구조사들에 의하면 판단에 관련하여 개인의 성격(personality)보다는 상황적 맥락에 의해 더 큰 영향을 받는 것으로 조사된다. 가령 위기상황이 발생하면,

대부분의 의사결정자는 정보의 객관적 진실에 초점을 두는 것이 아니라 정보의 출처(source)에 보다 관심을 가지며, 의심하는 마음이 증폭되어 자신과 친분 있는 사람의 말에 더 의존하여 판단하는 경향을 보인다는 것이다. 하지만 이러한 견해에서도 성격 자체를 완전히 부정하는 것은 아니다.

성격은 심리기제의 발달과 고착(固着: fix)이라는 성격을 가지기 때문에 개개인이 형성하는 자아(自我)와도 밀접한 관성을 가진다. 다만 성격은 고정불변의 것이 아니다. 생물학적 선천적 요인과 사회화 과정의 후천적 요인들로 가변적이다. 가령 칼 로저스(Carl R, Rogers)는 인간은 사회화과정을 통해 습득된 초자아(super ego)의 강화에 의해 후천적으로 윤리적 성향이 강화되거나 혹은 반대로 보다 본능적이 될 수 있다고 본다. 에릭슨에 의하면 성격은 평생 변화하는 것으로 본다. 청소년기에 자아정체성과 가치관 확립이 성격형성에 가장 중요한 시기라고 본다.

2. 프로이트(S. Freud)와 분석심리학

성격을 '자극(조건)에 반응(결과)하는 인간의 심리적 경향의 일반적 속성'이라 할 때, 성격과 관련하여 무의식을 고찰하지 않을 수 없다. 왜냐하면 성격의 근원을 추적할 필요가 있기 때문이다. 이에 관련하여 프로이트의 이론을 살펴보고, 이를 계승한 분석심리학에 대한 기초적 내용들을 살펴보기로 한다.

1) 프로이트(S. Freud)의 무의식세계[126]

오스트리아의 신경과 의사였던 프로이트는 환자들과의 경험을 통해 종전의 의식세계에 머물던 인간의 인식을 무의식 세계로 확장함으로써 인간 내면의 깊은 곳을 통찰할 필요성을 주창한 사람이다. 그에 의하면 개인이 가진 특정한 심리적 경향(성격)은 정신발달과정과 밀접한 인과관계성을 가진다. 정신발달은 성적 본능의 에너지인 리비도에

---

[126] 프로이트(S. Freud, 1856~1939)의 정신분석은 성적(性的) 중심의 고찰이라는 점에서 편협한 정신분석, 인간 정신의 위대성을 폄하하는 윤리 문제 등으로 공격을 받아 한때 사장(死藏)될 위기에 처하기도 했다. 하지만 오늘날 정신분석학 또는 심층심리학의 기본 바탕을 이루고 있다. 그의 견해를 빌리면 인간 삶의 본질은 무의식세계의 본능적 욕구와 이를 통제하려는 의식세계의 도덕심이 끊임없이 상충하는 갈등이다. 프로이트는 니체와 마르크스 등과 더불어 근대를 지칭하는 절대이성 시기인 19세기 헤겔 이후에 등장한 포스트모더니즘의 싹을 제공하여 탄생시킨 맹아(萌芽) 중 한 사람으로 평가되고 있다. 여기서 포스트(post)는 after를 의미한다. after는 세 가지 경향으로 구분할 수 있다. 하나는 근대를 계승하려는 경향이고, 다른 하나는 근대를 자성하여 성찰하는 경향이다. 그리고 마지막으로 근대를 탈피하려는 경향이다. 이 중 근대를 탈피하려는 경향을 띤 탈(off)적 포스트모더니즘은 기계적·결정론적 세계관을 부정하여, 필연이 아닌 우연을 강조하고, 인간의 자율성과 감성을 중시한다.

의해 단계별로 이루어진다. 이때 단계별 진행과정에서 욕구의 충족 또는 좌절이 발생하면 이상적 성향(성격)을 형성하게 된다고 설명한다.

(1) 정신의 구조

인간의 정신(識의 세계)은 세 가지 영역으로 구분된다. 하나는 의식이고, 다른 하나는 이와 대립되는 개념으로서의 무의식이다. 그리고 의식과 무의식의 중간 정도인 전의식이다(논리전개에 필요한 배중률 원칙에 의해 전의식에 대해서는 상세한 설명을 하지 않는다. 그리하여 통상 의식과 무의식으로 구분한 것으로 평가되기도 한다).

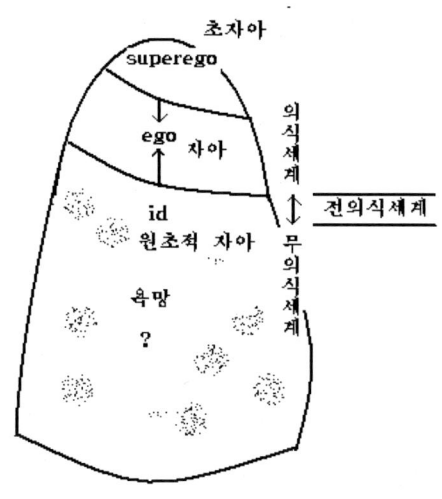

<프로이트의 정신세계와 구조>

의식이란 '어떤 주어진 순간에 지각·사고·느낌·기억 등과 같은 인지적 정신활동을 수행하는 정신'을 말한다. 반면 무의식은 이러한 의식이 없는 인간의 심층적 정신 영역을 말한다. 의식 영역은 총합의 정신세계 영역에서 빙산의 일각과 같이 아주 작은 부분을 차지한다. 무의식 영역이 인간 정신의 총 영역 중 대부분을 차지하며, 인간행동의 가장 원천적인 에너지 세계로 보았다. 전의식은 저절로 또는 아주 작은 노력으로 인식해낼 수 있는 것들이 담겨져 있는 세계로서 문득 문득 떠오르는 경험들과 기억들이 나타나는 것을 말한다.

프로이트에 의하면 인간은 세 가지 자아를 가진다. id(원초적 자아), super ego(규범적 자아) ego(조정적 자아)가 그것이다.

① id(원초적 자아)

id(이드)는 무의식 영역에 존재하는 자아를 말한다.[127] 인간이 선천적으로 지니는 원시적이고 동물적인 본능적 욕구를 가진 정신활동의 근원으로 본다. id는 욕망충족원리에 의해 작동한다. 가령 며칠을 굶으면 먹을 것으로 헛것을 보듯, 배고픔과 성욕 등의 욕망을 본능적으로 취하게 하는 기제를 발동시키며, 외부의 충격(자극)에서 기인하는 심리적 고통을 해소하기 위해 의식과 관련 없이 방어기제들을 작동시키는 기능을 수행한다. 인간의 행위들에 관련하여 자기중심적(이기적)이고, 자기보존적이며, 쾌락추구의 특징을 발현시키는 인자(因子)이다.

② super ego(초자아)

super ego(초자아)는 후천적으로 습득된 사회적 규범이 담겨져 있는 의식 영역에 들어 있는 자아이다. super ego는 사회적 규범 원리에 의해 작동한다. 이것은 인간은 살아가면서 후천적으로 사회화(교육 등) 과정을 통해 형성되며, 해도 되는 것과 하지 말아야 할 것 등의 경험들이 축적되어 가지게 되는 윤리적·도덕적 판단의 규범적 기능을 수행한다.

③ ego(자아)

ego(에고)는 id(욕구)와 super ego(규범) 간의 갈등과 긴장관계의 결과로 어떤 심리상태가 형성되어 가진 자아를 말한다. ego는 외부세계의 현실을 지각하고 내면의 본능과의 관계를 고려하는 조정원리에 의해 작동한다. 즉, id(원초적 자아)와 super ego(초자아) 간의 갈등을 외부와의 현실적 관계를 고려하여 조정하는 기능을 수행한다. 이러한 점에서 ego(에고)는 현실의 원리에 의해 작동한다고 말하기도 한다.[128]

(2) 무의식의 방어기제

방어기제란 '원초적 자아(본능적 욕구)의 솔직한 표출을 막아내거나 또는 초자아(규범)의 압력에 대항하기 위해 무의식 수준에서 일어나는 정신활동의 기능'을 말한다. 가령 고통스러운 상황에 접했을 때 의식과 관련 없이 기절해버리는 경우가 대표적인 예이다. 즉, 외부로부터의 위협을 덜 위협적인 것으로 또는 위협을 차단하기 위한 현실의 지각을 왜곡 또는

---

127) 프로이트는 무의식에 존재하는 원초적이고 본능적인 정신활동 개념을 id로 지칭했다.

128) 오늘날 우리가 흔히 사용하는 [자신의 심리상태 또는 마음을 아는 의식]으로서의 자아(ego)는 프로이트의 무의식 관점으로 해석하면, id와 super ego 간의 대결 결과로서 가진 심리적 물(物)로 형성된 것이다.

회피한 표상을 형성하는 무의식의 기능이다. 방어기제는 다음과 같은 것들이 열거된다.

① 승화(sublimation)

사회적으로 용납되지 않는 충동이나 욕망을 사회적으로 용납되는 형태로 바꾸는 방어기제이다. 가령 분노, 공격, 성적 욕구 등의 에너지를 예술과 연구 등의 에너지로 사용(전환)함으로써 심리적 고통을 해소 또는 완화하는 기능을 수행하는 기제이다. 일상에서 사람들이 어떤 고통스러운 사건을 잊기 위해 집 안을 청소하는 일에 몰두하거나 또는 창작활동에 매달리는 경우를 흔히 목격할 수 있다. 프로이트는 승화(또는 고상화)를 성격발달의 기초로 보았다.

② 억압(repression)

고통스러운 상황에서 발생하는 감정과 충격을 의식수준 이하로 끌어내리는 방어기제이다. 요컨대 고통을 못 느끼도록 만드는 기능을 수행하는 기제이다. 가령 누군가의 사망소식을 들은 사람이 갑자기 기절한다거나 또는 자기주체를 잃어버리는 자기상실증을 야기하는 경우들이 이에 해당한다. 프로이트는 억압으로 나타나는 현상을 통해 무의식의 존재성이 입증되고, 그 무의식이 가진 투쟁적 속성을 가장 잘 대표하는 신호로 본다. 이에 가장 기초적이며 원초적인 방어기제로 보았다.

③ 투사(projection: 발사)

자신의 불안과 죄의식 등의 불편한 심리상태를 다른 사람 또는 환경의 탓으로 돌려 벗어나는 방어기제이다. 즉, 불편한 심리상태를 조성하는 어떤 일을 자신이 아닌 다른 것의 잘못으로 돌림으로써 무의식에 존재하는 불편한 심기를 해소하는 기제이다. 가령 이성 친구를 가지지 못한 사람이 "다들 눈이 삐었다"는 식으로 생각하거나 또는 축구게임을 하고 있는 도중에 자신이 골을 넣으려다 못 넣은 상황에서 그 잘못을 다른 B에게 전가(발사)하는 경우 등이 이에 해당한다.

④ 합리화(rationalization)

사회적으로 용납되지 않는 감정이나 행동 등에 대하여 용납되는 이유를 들어 자신을 정당화시키는 기제이다. 예컨대 살인을 저지르고 죄의식에 고통을 받는 경우, 어차피 그 사람은 내가 아니어도 죽을 사람이었다고 생각하는 경우가 예이다. 어쩔 수 없는 상황이었다고 정당화한다는 점에서 잘못을 다른 것으로 전가하는 투사와는 구별된다. 합리화 방어기제가 작동하면 거짓말을 하고도 본인 스스로가 그것이 거짓말인지 모르는 상황이 발생하기도 하고(리플리 현상) 자신의 행동이 잘못되었음을 인식하지 못하는 상황이 야기된다.

⑤ 반동형성(reaction formation)

자기가 원하는 것과 정반대의 행동을 표출시켜 심리적 고통을 해소 또는 완화하는 기제이다. 가령 자기의 욕망(원하는 것)을 표출하면 자신의 자존심 같은 감정이 손상되거나 또는 죄의식으로 도저히 받아들일 수 없는 상황에서 정반대의 행동을 취하는 경우이다. 연애 경쟁자인 상대방을 도가 넘게 칭찬한다거나 또는 전처의 자식을 후처가 지나치게 사랑해주는 경우 등이 예이다.

⑥ 대리 형성(substitution formation)

욕망을 충족할 수 없는 대상에 대하여 대용적인 다른 대상을 형성하여 그것을 통해 욕망을 충족하여 심리적 고통을 해소하는 기제이다. 마치 꿩 대신 닭을 선택하는 경우처럼 대상을 대체하거나 또는 대리만족을 통해 심리적 고통을 해소하는 기능을 수행한다. 가령 특정 연예인을 우상화하거나 혹은 자식을 통해 대리 충족하는 경우들이 예이다.

⑦ 동일시(identification)

단순한 모방이 아닌 다른 사람 또는 집단과의 동질성을 추구하거나 또는 정서적 유대감을 형성하여 만족을 느끼는 기제이다. 자신의 정체성을 다른 그 무엇과 정합시킴으로써 가지는 방어기제이다. 이 기제가 발동하면 나 홀로 생활하던 사람이 적극적인 동호회 활동을 한다거나 또는 다른 사람과의 깊은 유대감의 교류를 즐기는 상황이 연출된다.

⑧ 전위(displacement)

유사한 것이 하나도 없는 전혀 다른 대상을 통해 심리적 긴장을 해소하는 기제이다. 요컨대 감정 전이를 수단으로 하는 방어기제이다. 가령 동쪽에서 뺨맞고 서쪽에서 화풀이하는 경우, 또는 상사에게 당하고 부하에게 화풀이하는 경우 등이다.

⑨ 격리(isolation)

마음에 끔찍한 상념들을 분리 또는 격리시키는 기제이다. 즉, 특정 상념의 고립 또는 차단을 수단으로 하는 방어기제이다. 가령 누군가가 자신의 목을 졸라 죽이는 상념을 마음으로부터 고립시킴으로써 아무런 감정을 가지지 않게 되는 경우이다.

⑩ 퇴행(regression)

현재의 긴장과 불안을 해소하기 위해 과거로 돌아감으로써 긴장과 불안을 해소시키는 기제이다. 가령 기저귀를 차고 젖병을 무는 어린아이와 같은 행동을 표출하는 경우처럼 어른임에도 아이로 회귀하여 고통 또는 불편한 심리를 해소하는 방어기제이다.

⑪ 고착(fixation)

과거에 일어났던 일이 되풀이되게 하거나 또는 과거에 일어났어야 했던 일이 일어나지 않는 경우 계속 일어나지 않게 하는 기제이다. 즉, 애착을 통한 방어기제이다. 가령 고착(고정)의 기제가 작동하면 부모 곁을 떠나지 않으려 하거나 또는 신체적으로 성숙한 청년이 엄마에게 지나치게 자기결정권을 의존하는 상황이 나타난다. 이러한 고착은 성격발달 단계에서 너무나 좋거나 또는 반대로 지나친 불만족을 경험할 경우 다음 단계로의 성격발달이 진행되지 않아 가지게 된다고 본다.

(3) 성격의 형성과 이상성격

프로이트에게 있어 성격은 자아, 초자아, 원초적 자아의 상호작용 맥락에서 이루어진다. 이때 성격의 형성 또는 발달에 관련하여 중요한 역할을 하는 것이 리비도(libido)이다. 리비도는 성 본능의 에너지를 지칭하는 용어이다.

성격의 형성은 성 본능을 지배하는 에너지인 리비도(libido)의 동력에 의해 다음과 같은 과정을 밟는다. [구강기(생후 1년간의 시기)→항문기(2~3세시기)→요도기(약 6개월의 짧은 기간)→남근기(2·3세~4세 시기)→잠재기(초등학교 시기)→성기기(사춘기 시기)]의 단계이다.

성격 발달의 단계에서 어떤 체험을 하느냐에 따라 성격이 달라지는데, 잠재기가 시작되기 전 '6~7세' 정도까지의 가족경험은 성격형성에 가장 중요한 영향을 미친다.

특히 윤리적 의식과 관련하여 남근기(2·3세~4세 시기) 단계가 중요함을 강조한다. 남근기 단계에서 남아는 무의식적으로 모친을 따르고 부친을 배척하는 오이디푸스 콤플렉스(Oedipus Complex)를 가진다. 반면 여아는 아버지를 성적으로 사모하는 엘렉트라 콤플렉스

(Electra Complex)를 가진다. 만약 남아와 여아가 각각 가지는 경쟁상대자인 부친 또는 모친 간의 갈등상황을 처리하는 방법을 성숙시키면 콤플렉스가 사라지고 동성(同姓)의 부모가 지닌 도덕적 기준을 습득하게 된다. 하지만 만약 욕구가 잘 처리되지 못하거나 좌절되면, 성격발달이 장애를 받고 고착되어 거만하고 공격적이며 경박하고 방종한 성격이 된다고 본다.

프로이트에 의하면 이상성격은 성격발달의 여러 단계의 진행과정에서 어느 단계에서 좌절과 불안이 지나쳐 리비도(성 본능을 지배하는 에너지)가 다음 단계로 이행할 힘이 작동하지 않은 상태에서 가진 성격을 의미한다. 가령 이상성격으로 나타나는 징후는 성적 발달단계에서 순행이 아닌 과거 고착되었던 단계로 다시 되돌아가는 퇴행이다. 여기서 퇴행은 다음의 세 유형으로 구분된다. 첫째, 완전히 원시적 상태로 돌아가는 위상적 퇴행이다. 둘째, 성인이 되었으나 어린아이로 돌아가 정신 수준이 어린아이가 되는 시상적 퇴행이다. 모든 행동을 늘 어린아이처럼 하는 경우이다. 마지막으로 셋째, 성숙한 성인이지만 어떤 특정한 경우에만 퇴행하는 형식적 퇴행이다. 즉, 특정 행동만을 어린아이처럼 하는 경우이다. 형식적 퇴행을 소위 변태적 행위라고 말하기도 한다.

2) 분석심리학과 인격(人格)

분석심리학[129]에서는 개성과 자아실현과 같은 인간적 특성을 인격(人格: 성격과 개성의 개념을 함축한 개념)이라 보고, 인간적 특성인 인격을 의식과 무의식의 메커니즘을 통해 설명한다. 의식과 무의식으로 구성된 정신영역은 고정된 것이 아니라, 무의식 영역이 의식영역으로 전환되거나 혹은 반대로 될 수도 있다. 특정인의 인격은 이러한 정신세계의 움직임(가변성)을 통해 드러난다고 본다.

---

129) 분석심리학은 프로이트의 이론을 심층 발전시킨 조류이다. 무의식이론을 발전시킨 융 등이 대표적이다. 명칭에서 알 수 있듯이 정신을 구성하는 (개념적) 요소들의 기능과 역할을 통해 심리적 현상에 대한 개별적 사실들을 통해 인간 전체에 적용될 수 있는 일반적 지식을 얻어내고자 한다.

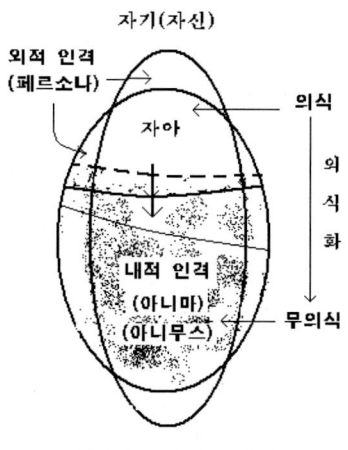

<인격이 드러나는 과정>[1]

〈용어의 정리〉

- ○ 나(인간): 자기(자신)와 자아로 구성
- 자기: 의식과 무의식을 포함한 전체의 정신으로서 통일성과 전일성(全一性)을 가진 존재.
- 자아: '내가 내 마음을 아는 마음' ↔ 의식의 중심
- ○ 정신세계: 의식과 무의식으로 구성
- 의식화 과정: 전체 정신의 영역에서 의식영역이 차지하는 비중의 변화.
- ○ 자아에 의한 의식의 확장 → 무의식을 의식영역으로 전환. 반대방향인 퇴행도 발생.
- ○ 인격: 무의식의 의식화과정을 통해 드러나는 인간의 특성. 외적 인격과 내적 인격으로 구성.
- 외적 인격: 외부와 관계하는 인격/페르소나
- 내적 인격: 내부의 본질로서 아니마/아니무스

   그림에서 자기(自己)는 의식과 무의식을 포함한 전체의 정신을 지칭하는 것으로서 통일성(統一性)과 전일성(全一性)을 가진 것이다. 그리고 자아(自我)는 내가 내 심리를 알 수 있고 또는 알고 있는 심리를 지칭하는 것으로 의식의 중심적 존재이다. 자아는 외부세계와 관계를 맺고 반응하는 기능과 내부적으로 자신을 살펴 순응 또는 역응의 역할을 수행한다. 자아는 의식의 확장을 통해 무의식 영역을 의식영역으로 전환시키면서 전체 정신의 영역에서 의식영역이 차지하는 비중을 점차 확대시켜나간다. 요컨대 자신의 내부를 볼 수 있는 영역을 확장한다. 이러한 무의식의 의식화 과정이 어떠한가에 의해 전체 인격이 드러나며, 인간적 특징인 개성과 자아실현 같은 정신현상을 드러낸다.

   무의식(無意識)의 의식화(意識化) 과정에서 외적 인격(페르소나)은 외부세계와의 매개체 역할을 수행한다. 예컨대 사람은 자기 자신을 들여다보며 외부세계와의 관계에 적응하

거나 또는 사회적 역할의 행동방식을 취하게 되는데, 이 역할에 외적 인격이 기능한다. 이러한 외적 인격은 외부와 내부의 매개기능을 통해 자아로 하여금 무의식의 의식화 과정을 촉발시키는 계기를 제공한다. 자아(내 마음을 아는 나 또는 내 마음을 인지하는 나)는 자신의 무의식에 있는 열등한 인격을 인식한다. 이것을 그림자 인식이라 부르고 있다. 그림자 인식(자아가 무의식의 열등감을 인식하는 것)이 행해지는 주된 이유는 정신적 해리 또는 분열된 정신상태의 극복을 위한 자기 방어적 목적으로 일어난다고 본다. 만약 그림자 인식이 일어나지 않으면, 즉 자아가 자신의 무의식에 들어 있는 열등감을 투사하지 못하면, 자신의 것을 밖에서 보게 되어 외부의 '그 무엇'을 보고 싶은 대로 보게 된다. 가령 자신의 단점(콤플렉스)은 생각하지 못하고 남의 단점만 보게 되는 경우이다. 그리하여 자아가 개입하여 무의식 깊숙이 잠재해 있는 내적 인격을 의식화한다. 내적 인격은 마음(mind)의 본질로서 남성과 여성은 각기 다른 특성을 가지고 있다. 그러나 남성은 여성적 원형인 아니마를, 여성은 남성적 원형인 아니무스를 동시에 보유한다. 아니마는 영감, 통찰, 섬세함 등과 같은 정감(情感)을 정신에서 기능한다. 만약 남성이 아니마로부터 단절되면 창조적 아이디어, 생동감, 융통성 등을 잃고 경직되고 권위적이다. 감정이 메마른 기계적인 사람이 된다. 반대로 여성의 경우 남성적 원형인 아니무스와 단절되면, 변동이 심하고 아부적이며 예측불가능한 정(情)적인 사람이 된다.

3. 심리교류분석론의 자아

심리교류분석론의 입장에서는 자아는 어른 요소, 아이 요소, 어버이 요소로 구성된다. 자아를 구성하는 요소들 중 어른 요소는 현실적이고 논리적이다. 반면 아이 요소는 퇴행적이다. 그리고 어버이 요소는 보살핌, 훈계, 지시적이다. 이것들 중 어느 것이 강하게 구성 상태를 지배하느냐에 따라 자아가 결정되며, 판단과 행동이 달라진다고 본다. 가령 세 요소는 각각 자기 영역을 가지고 경계를 이루며 자아의 균형상태를 유지하지만, 어떤 자극에 반응함에 있어 세 구성요소 중 어느 한 구성요소에 카텍시스(cathexis)[130]가 집중될 수 있다. 그렇게 되면 자아의 균형상태가 깨진다. 만약 가장 강한 구성요소로 어른 요소가 부상하면, 논리적인 상황판단을 하게 된다. 반면 그것이 아이 요소일 경우에는

---

130) 본능을 만족시킬 수 있는 구체적 대상을 선정하고, 그것에 에너지를 투입하는 것.

즉흥적이고 본능적인 상황판단을 하게 된다. 그리고 어버이 요소일 경우에는 부모와 같이 보살핌과 훈계와 같은 판단과 행동을 표출한다고 본다. 요컨대 자아는 심리교류의 과정에서 발생하는 구성요소들의 관계적 맥락에서 파악된다.

[보론]

심리교류분석론은 상담이론으로서 Eric Berne가 주창했다. Berne에 의하면 사람들의 심리교류는 사회적 차원과 개인적 차원이 동시에 움직여 이루어진다. 심리교류의 연속 과정을 통해 마치 동전이 쌓아지듯, 인간은 서로 나쁜 감정과 좋은 감정을 쌓아 간다. 이 결과로서 다음의 4가지 태도들이 존치된다.

○ 제1의 태도: I am not OK, You are OK. ○ 제2의 태도: I am not OK, You are not OK.
○ 제3의 태도: I am OK, You are not OK. ○ 제4의 태도: I am OK, You are OK.

○ 제1의 태도: 자기비하와 소극적인 태도(자신을 약하고 무능력하게 인식) → 대인관계에 소극적
○ 제2의 태도: 공격적 태도(타인을 신뢰하지 않음) → 대인관계에 적대적 태도
○ 제3의 태도: 지배/추궁의 태도(타인에 배타적이고 진의를 의심) → 불안정한 대인관계
○ 제4의 태도: 자기존중과 적극적인 태도(자신과 타인을 소중하게 생각) → 좋은 대인관계

그런데 사람들은 심리교류에서 게임을 하게 된다. 여기서 게임이란 일련의 연속된 심리교류 과정에서 쌍방 모두 나쁜 감정으로 끝나는 것을 말한다. 게임은 모두 인생, 결혼, 파티, 섹스, 좋은 것, 지하세계, 상담실 등 일곱 가지 영역으로 구분하고, 이들 각각의 영역을 다시 3~7개로 세분화하여 모두 36가지로 구분한다. 그리고 게임에 등급을 부여한다. 제1등급은 사회적으로 용납되는 게임이다. 가령 논쟁, 고함, 경고 등이 나타나는 게임이다. 제2등급은 뺨을 때리거나 주먹으로 구타하는 정도의 게임이다. 그리고 3등급은 사회적 매장, 이혼, 소송, 자살과 다살 등이 나타나는 게임이다. 만약 건전한 심리상태를 유지하려면, 게임을 중지할 것을 권고한다.

【참고】 자아상(自我象)의 도출과 의미

1. 자아상의 도출: 어떤 자아상을 가지고 있는가?

네 가지 질문으로 이동하고, 이들 이동 경로를 연결하여 자아 형상(形象)을 도출.

■ H: 학습 상위	
1 ● 외향	-1 ● 내향
2 ● 진보	-2 ● 보수
3 ● 과제	-3 ● 상황
■ L: 학습 하위	

① 학창시절 반에서 3등 안에 든 적이 한 번이라도 있는가?
  Yes= H로 이동. No= L로 이동
② 마음에 드는 이성을 만나면 전화 또는 메일 등의 수단으로 연락을 시도하는가?
  Yes= 외향으로 이동. No= 내향으로 이동
③ 불합리하다고 생각되는 것이 있을 때 주위 사람을 살피지 않고 그것을 고치려고 하는가?
  Yes= 진보로 이동. No= 보수로 이동.
④ 어떤 작업을 수행하는 중에 "식사하고 하자"라는 일행의 재촉이 있을 때, 하던 일을 대충 마무리하고 식사테이블로 가는가? 아니면 즉각 가는가?
  Yes= 과제로 이동. No= 상황으로 이동.

■ H Type: 모두 8가지
  ① (H 1 2 3), ② (H 1 2 -3), ③ (H 1 -2 3), ④ (H 1 -2 -3), ⑤ (H -1 2 3),
  ⑥ (H -1 2 -3), ⑦ (H -1 -2 3), ⑧ (H -1 -2 -3)

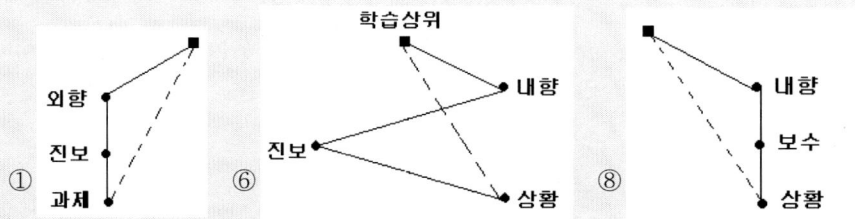

■ L Type: 모두 8가지
  ① (L 1 2 3), ② (L 1 2 -3), ③ (L 1 -2 3), ④ (L 1 -2 -3), ⑤ (L -1 2 3), ⑥ (L -1 2 -3),
  ⑦ (L -1 -2 3), ⑧ (L -1 -2 -3)

2. 각 자아상이 가지는 의미(자아상 해석)

■ H Type에서의 세 가지 예(例)

① 자신의 일을 추진하는 것에 상황을 무시하는 성향. 상황일관적 판단과 행동 표출 ↔ 성취
   /Risk=상.
⑥ 자신의 일을 추진하는 것에 상황을 고려하는 성향. 상황고려적 판단과 행동표출 ↔ 성취
   /Risk=중.
⑧ 자신의 일을 추진하는 것에 상황에 의존하는 성향. 상황의존적 판단과 행동표출 ↔ 성취
   /Risk=하.

IV. 비정상심리

1. 정상과 비정상의 판별기준

정상과 비정상은 획일적으로 판단되는 것이 아니고, 개별적 사안마다 상황의 맥락에서 행위를 근거로 판별하게 된다. 만약 비정상심리라는 판단이 내려지면, 정신병자로 규정되고, 그렇게 되면 강제적인 사회적 조치들이 취해질 수 있다. 누군가 제정신이 아닌 사람으로 규정된다면, 그가 직면하는 상황은 이전 생활과는 크게 달라질 것이다. 그렇기 때문에 누가 어떠한 기준으로 정상과 비정상을 판단할 것인가라는 문제는 개인의 실존적 차원에서 가지는 삶의 문제뿐만 아니라, 사회적 측면에서도 중대한 문제가 된다. 그런데 누가 제정신인지 제정신이 아닌지 식별하는 것은 중요한 사안임에도 정상심리와 비정상심리를 명확히 구분하는 절대적 기준은 존재하지 않는다. '이것 아니면 저것'으로 식별하기가 어렵기 때문이다. 상대적으로 구분될 뿐이다.

뇌신경학에 의하면, 인간은 뇌의 발달에 따라 인지능력이 서로 다르다. 모든 사람에게 획일적으로 적용된 절대적 기준이 적용될 수 없다. 가령 인간의 판단은 오감각을 통해 후두엽을 지나 전두엽에서 일어난다. 후두엽에서 전두엽에 신호를 전달하는 물질은 미엘린이다. 미엘린 물질의 활성화 정도에 따라 인식에 차이를 가진다. 특히 전두엽은 욕망을 조절하여 판단하는 기능을 수행한다. 만약 전두엽이 미성숙된 경우 충족적이고 모험직인 판단을 하는 경향을 높게 가진다. 통상 욕망과 사회의 규범 간의 조절능력을 인

지능력과 구분하여 심리사회능력이라 한다. 이러한 능력이 10대와 성인들 간에는 차이를 보인다. 가령 청소년은 성인과 달리 주로 쾌감과 같은 신호를 전달하는 도파민 물질이 왕성하여 충동적이고 영웅적이며 모험적인 경향이 상대적으로 높게 나타난다. 성인과 청소년을 대상으로 50개 단어를 5초간 보여 주고 몇 개를 암기한 것으로 예상하는가라는 질문을 던지고 그 예측이 얼마나 정확한가를 비교한 실험(결과예측능력인 메타인지능력 실험)에서 성인의 경우 예상한 것과 실제 암기한 것에 한 개 또는 두 개 정도의 오차를 가질 정도로 별 차이가 없었지만, 청소년의 경우 상대적으로 큰 차이를 보인다.

이러한 현상은 비단 심리에 국한되어 가지는 것은 아니다. 일상에서 흔히 선(善)에 대응하여 악(惡)이란 말을 사용한다. 하지만 선하지 않다 하여 그것이 반드시 악하다는 것을 의미하지는 않는다. 이처럼 비정상이라 하여 그것이 곧 정상과 마주 보는 축으로서의 개념은 아니다. 0과 1사이에 무수한 숫자들이 존재하듯, 정상상태로부터 멀어지는 간극의 차이에 따라 비정상은 상대성을 가진다. 정신병리학에서는 비정상심리를 정신병으로 진단한다. 즉, 치료를 요하는 질병으로 간주된다. 이때 비정상 판별은 통상 일상생활에 중대한 지장을 초래하는지를 기준으로 판단된다. 예를 들어 [A와 B 두 사람은 거의 집 밖으로 나가지 않는 패턴을 보이고 있다. 그런데 A는 서울 강남에 살고, B는 깊은 산골 숲속에서 산다]고 하자. 만약 안전한 지역에 살면서 집 밖으로 나가지 않는 경우라면, 비정상심리 상태로 판단될 가능성이 높다. 하지만 만약 우범지대 또는 위험한 지역에 살고 있는 사람이라면, 집 밖으로 나가지 않는 것은 오히려 당연한 행동이다.

이처럼 비정상에 대한 판별은 그것이 전문가에 의한 판별일지라도 자의적 판단이 개입될 가능성이 늘 상존하고 있다. 또한 판단에의 오류가능성 역시 담보하고 있다. 사회적 통념에 의한 구성원 다수가 그렇다 하여 비정상으로 판단할 수량의 문제가 아니기 때문이다. 열 명이 사는 섬 마을에서 9명과 다른 한 사람의 행동이 특이하다고 하여 그를 미친 사람으로 판별할 수는 없다.

정상과 비정상의 판별이 가지는 문제와 관련하여, 우리가 비정상적 심리상태라는 판단을 하기 위해서는 인지적 관점에서 접근될 필요성이 있다. 요컨대 정상심리상태는 [인지자가 가진 뇌의 발달 정도에 따라 조건에 반응하는 인지적 활동이 균형적으로 이루어지는 상태]라 볼 수 있다. 그렇기 때문에 비정상심리는 다음과 같이 정의될 수 있다. '조건에 반응하는 인지적 활동이 균형적으로 이루어지지 못하는 심리적 상태가 장시간 지속되거나 반복적으로 돌출하는 경우'이다. 가령 조건에 대응하는 인지적 반응에서 감각적 재료들이 무시되거나 회피되어 망상과 환상 등의 이상심리가 조성되는 상태이다.

2. 비정상심리의 분류

비정상심리는 그 상태가 야기되는 원인의 성격에 의해 두 가지 유형으로 구분된다. 하나는 인위형이다. 자신 또는 타인으로부터 가지는 어떤 인공적인 조건(자극 또는 행위)으로 인해 조성되는 경우이다. 가령 약물, 알코올 등으로 인해 인지기능을 제대로 가지지 못하는 경우이다. 다른 하나는 어떤 물리적 조작이나 행위 없는 자연적 상태에서 저절로 가지는 자연형이다. 즉, 인공적인 조건(자극 또는 행위)에 관계없이 조성되는 경우이다. 이는 다시 두 가지로 세분된다. 하나는 인지과정에서 무의식의 방어기제가 작동하여 조건이 무시되어 반응하는 경우(조건무시형)이고, 다른 하나는 무의식의 방어기제가 작동하여 조건이 반영되지만, 그 조건이 과잉 또는 과소로 해석되어 가지는 경우(과잉과소형)이다. 인위형은 인공적 조건의 기능이 소멸됨으로써 인지기능이 회복되지만 자연형은 그렇지 못하다는 점에서 차이가 있다. 이러한 점에서 심리분석학 또는 정신분석학에서는 후자에 국한하여 비정상심리로 본다.

정신분석학의 관점에서 비정상심리는 정상상태로부터 멀어지는 정도 또는 간극에 따라 크게 두 등급으로 심각성 정도를 구분할 수 있을 것이다. 제1등급은 현실과 가상을 구분하지 못하거나 또는 가상을 현실로 착오하는 심리상태이다. 소위 미친 경우이다.[131] 제2등급은 일정한 조건에서만 그에 반응하여 가지는 특수한 비정상심리상태이다. 현실을 전혀 인식하지 못하는 것은 아니다. 다만 무의식의 본능적 요구의 작동으로 과잉된 위험을 상상하거나 또는 아예 정신적 고통으로부터 도피하기 위해 죽고 싶다는 생각을 하는 경우 등이 이에 해당한다. 제2등급 정도의 비정상심리상태를 통상 이상심리(異常心理)로 부르기도 한다.

3. 이상심리(異常心理)

일상에서 흔히 관찰할 수 있는 다음과 같은 사례들이 있다고 하자.

---

131) 실존분석론에서는 망상과 환상 등의 비현실적 세계에서 살고 있는 사람들을 정신병환자로 규정한다. 실존분석은 유럽에서 밀진된 철학사상의 한 사조인 실존주의를 적용한 성격·상담이론의 하나이다.

- A: 하루에 몇 시간씩 손을 씻는다.
- B: 하루에 몇 시간씩 사무실 책상을 닦는다.
- C: 개만 보면 공포를 느낀다.
- D: 높은 곳에 올라가면 유달리 공포를 느낀다.
- E: 시험을 볼 때마다 긴장하고 초조해 자신도 모르게 소변을 보기도 한다.
- F: 시어머니만 보면 마음이 불안해진다.
- G: 물건을 구매할 때 늘 한 상품을 무더기로 구입하는 사재기(hoarding)를 한다.

 열거된 사례들의 특징은 누구나 가질 수 있는 현상들이고, 어떤 특수한 조건에서 가지는 심리상태라는 점이다. 이러한 이상스러운 심리상태가 빈번하게 발생하면 판단에 관련하여 크고 작은 나쁜 상황들을 발생시킬 가능성을 높인다. 나아가 스트레스를 받게 되어 일상생활에 지장을 초래한다. 사례에서 A·B·C·D의 경우를 흔히 강박장애라 부른다. 그리고 E와 F의 경우를 불안장애, G의 경우를 범불안장애로 구분된다.

 먼저 강박장애는 공포(fear)를 유발하는 심리적 현상이다. 가령 더러움-세균-공포로 전이되어 계속해서 손을 씻거나 주위를 틈만 나면 청소를 하게 된다. 또한 개에게 물려 고생한 사람은 자신도 모르게 개에게 공포를 느끼게 된다. 어떤 경우에는 새를 보고도 공포감을 가지기도 한다. 공포감이 심해 정상적 생활에 지장을 초래하는 상태에 이르면 강박장애로 규정된다. 공포를 야기하는 특정대상이 무엇이냐에 따라 고소공포증, 어둠공포증, 폐쇄공포증 등으로 부르고 있다.

 다음으로 불안장애란 특정 대상에 대해 공포가 아닌 초조·긴장과 같은 불안을 유발하는 심리상태를 지칭한다. 이러한 불안은 오히려 상황에 따라 자연스러운 심리일 수 있다. 예컨대 E의 경우와 같이 중요한 시험을 볼 때 긴장하고 초조해하는 것은 자연스러운 현상이다. F와 같이 껄끄러운 사람과 마주하면 마음이 불안해지는 것도 마찬가지이다. 다만 이러한 불안감이 중대하여 시험을 볼 수 없거나 원만한 대인관계를 가지기 힘든 상태가 된다면 문제가 된다. 불안장애로 일상에서 어른이면서 아이 같은 행동을 보이거나 혹은 반대로 어린 아이가 어른스러운 모습을 보이는 행위 또는 사소한 일로 신경질적(노이로제)인 행위를 표출하기도 한다.

 마지막으로 범불안장애는 두려움을 가지는 심리적 상태를 지칭한다. 범불안장애는 두 가지 특징이 있다. 하나는 심리를 유발하는 자극에의 독특성이다. 개 또는 새와 같이 특정대상을 대면하지 않았는데도 문득 두려움의 심리가 조성된다는 점이다. 그리하여 사재기를 하는 G의 경우와 같이 완벽함을 추구하여 확인하고 확인하는 거듭된 확인행위를 한다. 이는 자신의 선택이 잘못되지는 않는가를 걱정하여 아예 오류를 방지하기 위해 선택 가능한 대안을 모두 선택해버리는 행동이다. 다른 하나는 경우에 따라서는 두려움이 공포감으로 조성되어 마치 강박장애와 같은 심리적 상태가 조성된다는 점이다. 가령 비행기를 타고 가다가 문득 추락의 두려움이 생기면서 공포감을 가진다. 이러한 경우 공황장애로 불리기도 하지만, 범불안장애의 일종이다.

이상심리의 원인과 처방에 관련하여 프로이트에 의하면, 그 무엇을 인지하고 대응하는 심리적 기제에서 원초적 자아(욕망)와 초자아(규범)의 갈등이 조성되어 방어기제가 발동하여 나타나는 현상으로 설명된다. 즉 과잉 또는 과소의 방어기제 작동이다. 무의식의 방어기제가 상황적 조건에 적합하게 작동할 때 해소될 수 있다. Berne에 따르면, 마치 동전을 쌓아 올리듯 매일같이 경험하는 것들이 쌓여 자아가 형성되는데, 쌓아 가는 동전들 사이에 찌그러진 동전 하나가 끼이면 쌓아놓은 동전들의 모습이 일그러지듯, 심리구조에 이상이 생겨 이상심리가 발생한다. 이에 따르면 오염된 동전이 제거될 수 있도록 좋은 경험들의 심리교류를 축적함으로써 심리구조를 정상화하는 조치가 취해져야 해소될 수 있다. 또한 실존분석의 하이데거(Heidegger)는 자신의 삶에서 자율성과 독립성을 상실할 때, 이상심리가 시작된다고 본다. 즉, 이상심리는 환경과 타인 등의 특정 상황에 굴종될 때 자아를 상실하고, 이로 인해 여러 가지 정신질환이 발생한다고 설명한다. 이에 따르면 무의식의 의식화과정을 통해 자신의 실존적 존재를 인식하여 실종된 자아를 회복하는 처방책이 요구된다.

한편 로저스(Rogers)는 인간의 심리적 문제를 사전에 선정된 어떤 준거 틀에 의하여 진단하고 분류하는 것은 자연스럽지 못하다는 것을 강조한다. 인간의 행동은 심리에 의한 것보다는 상황을 지각하는 양식에 의하여 결정되는 것이라 주장한다. 이때 상황판단의 양식에 대하여 개인 본인이 스스로 잘 알게 되기 때문에 심리진단이나 분류는 무의미하다고 주장한다. 그는 이상심리란 용어 대신 심리적 부적응이란 용어를 사용한다. 그리고 심리적 부적응을 '의식을 부인하거나 중요한 결함을 왜곡하는 심리적 작용'으로 규정한다. 심리적 부적응이 발생하는 요인은 자아(self)와 경험의 불일치에서 기인되는 것으로 본다. 예컨대 선비 같은 사람이 불법을 일삼는 부도덕한 집단에서 가지는 경험은 심리적 부적응을 유발한다. 반대의 경우도 마찬가지이다. 심리적 부적응이 발생하면 이상심리가 조성되어 신경증(노이로제)적 행위를 야기하고, 현실에 부적합한 감정표출과 자기비하적인 낮은 자아존중 등의 행태가 동반된다고 본다.

V. 심리적 효과와 인식의 오류

1. 바넘 효과(Barnum effect)

누구든지 낙관적인 심리와 비관적인 심리를 동시에 가질 수 있다. 가령 머리(지성)로는 비관적이지만, 의지(가슴)로는 낙관적일 수 있다. 또한 긍정적인 생각과 부정적인 생각도 동시에 가질 수 있다. 이처럼 모두에게 해당되는 것을 활용하는 논법을 사용함으로써 청자가 화자를 용하다고 생각하게 되는 심리적 효과를 바넘 효과라고 한다. 예를 들어 A가 B에게 [당신은 그 일을 비관적으로 생각하는군요]라고 말을 한 경우, 청자인 B는 이를 자연스럽게 받아들인다. 즉, 비관과 낙관, 긍정과 부정의 모순이 존재하지만, 바넘 효과가 작동하여 A의 주장을 정당하게 받아들인다. 『정의(justice)』의 저자 하버드 대학의 교수 마이클 샌델은 '사람들은 이기성과 도덕성이란 이중성을 가져 딜레마 상황에 처하기도 하고 [나와 타] 간에 상호 모순된 이중적 잣대를 들이대 정의를 관념하는 경향을 가지고 있다'고 한다. 이러한 진술 역시 바넘 효과를 발생시킨다. 바넘 효과로 가지는 인식이 반드시 오류라고는 볼 수 없는 논리적 사유가 아닌 심리적 효과로 가지는 것이라는 점에서 경계할 필요가 있다

【참고】 분석에서의 바넘 효과(Barnum effect)를 통한 스킬

A: 당신이 가진 심리상태를 알아보기 위해 몇 가지 테스트를 하겠습니다. 이 종이에 집, 나무, 길, 해, 달, 산, 개울을 하나도 빠짐없이 그려 주십시오(아무것이나 여러 개를 말한다).
B: 이곳에 그리면 됩니까?
　(B는 종이를 받아들고 필기도구를 집어 들어 그림을 그리기 시작한다)
　(잠시 후 B가 그린 그림을 A에게 넘기고, 그것을 A가 생각하는 표정을 지으며 들여다본다)
A: 당신은 낙천적인 성격이지만 최근 우울한 기분을 경험할 때가 있군요.
B: 어쩜 그렇게 잘 아세요? 맞습니다. 용하군요

■ 이론 구성에서 바넘 효과(Barnum effect)를 이용한 스킬
　갑은 확신인간상이란 개념을 만들어 폭력심리의 기본이며 범죄의 기본을 설명하는 이론을 구성했다. 확신인간이 가지는 특징에 대하여 이렇게 설명한다. '확신인간은 이상주의자이다. 현실의 다양한 것들이 자신의 세계와 충돌할 때 자기세계 중심에서 현실의 것들을 무시하려

안간힘을 쓴다. 또한 확신인간은 아내와 같이 자기와 밀접한 관계에 있는 사람이 자신을 버리거나 배신하면 한순간에 심리적 공황에 빠져드는 경향이 있다. 그리고 확신인간은 결코 타인에게 통제받지 않으려는 성격을 가지고 있다. 그리하여 현실에서 타인과의 관계에 쉽게 자제심을 잃고 미친 사람처럼 행동한다. 이것이 폭력심리의 기본이고 범죄의 기본이다.'

역설적이지만, 심리적 지식 자체가 바넘 효과를 발생시키는 경우들이 많다. 가령 논리적으로 [그는 남성이거나 또는 여성이다]라는 진술은 둘 중 하나는 거짓이다. 남성이면서 동시에 여성일 수 없다. 그런데 심리적 지식은 그렇지 않다. 남성과 여성은 어디까지나 상대적이다. 분석심리학에 의하면 인간은 여성적인 아니마와 남성적인 아니무스를 동시에 보유한다. 상호 대비되는 남성성과 여성성을 심리가 동시에 가지고 있다. 이것을 근거로 [당신은 남성이지만 여성스럽군요]라고 판단했다고 하자. 그러면 그 진술을 받아들이는 입장에서 바넘 효과가 발생하면, 그 진술을 정당한 것으로 받아들이게 된다. 에리히 프롬(Erich Fromm)은 상호 모순적·심리적 원형을 밝히고 있다. 인간은 다른 존재를 자신 마음대로 지배하려는 사디즘(sadism)이 있다. 하지만 반대로 자신을 다른 존재에 의존시켜 안정감을 얻으려는 마조히즘(masochism)을 보유한다.

2. 기본적 귀인 오류(fundamental attribution error)

기본적 귀인오류란 인간에 의한 어떤 사건 또는 행위를 상황적 맥락성을 간과하고 성격과 심리적 특성 같은 개인적 속성을 원인으로 분석하여 가지는 오류를 말한다. 심리는 기본적으로 개인차원에서 다루어진다. 이에 사회적 차원에서 가지는 상황이 경시되기 쉽다. 사회심리학자 리 로스(Lee Ross)는 사람들은 흔히 누군가의 행동에 대한 원인을 파악하는 경우, 상황의 힘을 무시하고 행동의 주된 원인을 개인의 속성으로 판단하는 경향을 가지는데, 이러한 경향으로 원인 분석에 오류가 발생한다는 것을 지적한다.

예를 들어, 한 대학에서 무차별 총기난사 사건이 발생하자 언론매체들은 일제히 범인의 성격 또는 정신 상태에 초점을 맞추어 원인을 보도한다. 하지만 상황적 맥락성을 무시하고 개인의 성격만으로 사건의 원인을 바라본다면, 이 같은 사건의 재발을 방지하는 대책들은 사실상 존재하지 않으며 언제든지 또 발생할 수 있다. 인간은 자신이 살기 위해 선택의 여지 없이 적을 죽여야만 하는 전쟁 상황이라면, 살인을 행할 수 있다. 살인을 아무 거리낌 없이 자행할 수 있는 성격(personality) 또는 정신병질을 가진 자(psychopath)이기 때문이 아니다. 누구라도 의식적이든 무의식적이든 조건에 대응하는 본능적 행위를 표출한다. 이러한 행위는 개인의 성격보다는 주어진 상황에서 나타나는 행동이다. 그런데 이러한 상황적 맥락성을 무시하고 개인의 성격만으로 행위의 원인을 바라본다면, 오류가 초래된다.

원인에 상황적 맥락을 무시하여 기본적 귀인 오류를 발생하는 경우를 흔하게 목격할 수 있다. 가령 갑은 자신에게 잘해주는 사람을 만나면 금방 그 사람에게 의존해버리는 행동을 표출하는 경향이 있다. 이러한 갑의 행동에 대하여 '그는 정서적 미성숙자이기 때문이다' 또는 '그는 성격이 단순해서 그렇다'라는 식으로 원인을 파악하곤 한다.

사유(思惟)체계의 기반을 이루는 사회적 조건이 무엇인가를 연구한 지식사회학의 칼만하임(K. Mannheim)은 개인의 관념 또는 신념의 형성은 경제적·정치적 등 전체적인 조건들로 형성되는 사회적 상황이 중요하다고 보고 있다. 가령 시간과 공간적으로 특정 유행 또는 사회적 분위기인 흐름(trend)에 부합하는 행동양식을 표출하는 경우처럼, 사회구조와 제도에서 가지는 사회문화적 조건, 그리고 사회분위기와 이념체제 등에서 가지는 정치적 조건 등의 국면들로 형성된 사회적 상황이 개인의 행동에 영향을 미친다고 본다.

문화인류학자 조한혜정 교수에 의하면, 2010년 한국 사회는 무한경쟁 상황이다. 이러한 사회적 상황에서 개개인은 원자화된 초경쟁의 적대적 심리상태를 가지게 된다. 그리하여 적자생존의 원리·성과주의 원리·승자독식의 원리·도구적 합리성의 추구 원리들을 추구하게 되고, 이것들이 사회를 지배하는 원리로 등장한다. 이러한 사회적 상황에 직면한 개인은 회피(도피), 지식과 과학기술에의 의존성 강화, 고귀한 죽음(자살), 재무장 등 다양한 행태들을 표출하게 된다. 오버그라운드가 아닌 언더그라운드에서 개성을 누리려는 쿨(cool)한 개인 중심적 사고를 가진 새로운 세대를 등장시키고, 어머니들은 자연적 모성애가 아닌 사회적 상황에 대응된 극성스러운 자녀들의 매니저 맘(mamma)이 되며, 도전과 모험보다는 회피와 안전, 평범한 삶을 추구하는 성향으로 변모하는 삶의 행태를 보이게 된다.

영화 <투모로우>는 지구기후의 이상기온 현상으로 인한 재해 상황에서 상황이 인간에게 어떤 영향을 미치는가를 보여준다. 거대한 토네이도와 허리케인(태풍)에 있어 폭우와 해일로 뉴욕 도시 전체가 파괴되고, 급격한 기후변화로 지구의 기온이 급강하(急降下)

한다. 사람들은 점차 죽음에 대한 불안과 공포를 가지게 된다. 이러한 상황에서 개개인은 상황에 매몰되어버린다. 마치 똑같은 제복을 입혀놓은 병사들과 마찬가지로 더 이상 개성을 가진 단독자(單獨者)로서의 개체가 아니라, 단지 군집(群集)을 구성하는 원소가 된다. 상황은 사람들로 하여금 생존을 위한 합리적인 연속적 상황판단을 강요하지만, 개인의 이성과 독특한 개성은 말살되고, 이들은 단지 군(群)으로서 군중심리에 의한 집단적 행동을 표출한다.

만약 인간의 심리가 상황과의 관계에서 독립변수로만 작용한다면, 사회문제에 대한 원인분석과 대책마련이란 판단에 심리적 지식만으로 응용이 족하다. 상황은 종속변수로만 기능하기 때문이다. 극단적인 예이지만 호랑이가 쫓아오는 위급한 상황이라도 심리가 그것을 받아들이지 않는다면, 그 상황은 존재조차 가지지 못한다. 그런데 반대로 상황이 독립변수로서 작용하고 심리가 종속변수로 기능한다면, 마찬가지로 심리적 지식에 대한 논의는 불필요하다. 심리가 어떻든 상황이 가진 심각성과 중대성 정도에 의해 결과가 나타날 것이기 때문이다. 예컨대 비행기가 추락하는 상황에서 비행사의 행위는 상황극복에 아무런 의미를 가지지 못한다. 상황에 의존되어 결과가 결정되기 때문이다. 하지만 만약 극도의 공포감을 가지는 상태라면 자신의 등에 낙하산을 매달고 있으면서도 낙하산을 펼치지도 못한 채 땅에 추락하게 될 것이다. 그러나 극도의 공포심을 통제하여 침착하게 비상 탈출하는 등의 행동을 취한다면 결과는 달라질 수 있다. 이처럼 심리와 상황의 관계는 상호작용의 관계를 가지고 있다. 그렇기 때문에 만약 어떤 행위를 이해하려는 경우 이러한 상호관계를 통해 원인과 대책을 강구할 필요성이 있다.

다음 두 상황에서 행동의 원인을 진단하는 경우를 생각해보자.

[상황 1]
A라는 사람이 시험을 본다. 제시된 논제는 다음과 같다.
"자연과학의 실험방법을 인간에게 적용할 때 나타날 수 있는 순기능이 무엇인지를 논(論)하라."

[상황 2]
한 여성을 납치하여 강간 살인한 일당을 검거했다. 그들의 진술내용은 끔찍하다. 인육을 구워 먹기도 했다. 그런데 그들 일당 중 조사과정에서 믿기지 않는 사실이 발견된다. 친오빠가 자신의 여동생인 피해자를 납치하는 장소로 유인하는 범행 역할을 담당했던 것이다.

[상황 1]의 경우, 만약 A가 자연과학의 실험방법을 인간에게 적용할 때 순기능만을 기

술했다고 하자. 그러면 A의 답안 내용을 보고, 그 사람은 비윤리적인 실험도 찬양하는 사람이라고 판단할 수 있겠는가? 상황에서 A는 시험을 치르는 상황이다. 시험의 답은 자연과학적 실험의 인간 적용에 관련된 순기능을 논하라고 요구하고 있다. A는 수험생의 입장에서 이러한 요구를 제약조건으로 받아들여야만 할 것이다. 만약 A가 시험에서 요구하지도 않은 역기능을 언급했다면 오히려 그는 요구조건을 무시한 비논리적(비합리적)이고 비정상적인 사람으로 판단될 수 있는 위험이 있기 때문이다.

[상황 2]의 경우, 친오빠란 사람은 자신의 여동생을 죽일 만큼 잔혹한 성격이라고 범죄행위를 설명할 수 있겠는가? 오빠라는 사람이 그들의 요구에 따르지 않으면 자신의 목숨이 위협당하는 극도의 제약 조건이 있을 수 있다. 만약 보이지 않는 어떤 제약조건이 존재하는 경우라면, 친오빠의 개인적 성격을 가지고 원인을 분석하는 경우 오류가 발생한다. 개인이 처한 상황이 가진 맥락의 힘을 무시한 단편적이고 편향적인 시각에서 가진 판단이 되기 때문이다. 물론 개인에 따라 표출하는 행동에 차이가 있을 수 있다. 하지만 만약 개인의 성격 또는 속성에만 초점을 맞추고 상황적 맥락을 고려하지 않는다면 정확한 원인을 놓치게 된다.

3. 과잉확신편향(hindsight bias & foresight bias)

과잉확신편향이란 '인식에 편향적 기제가 발동하여 후견지명효과(hindsight bias)와 사전지식효과(foresight bias)가 발생하는 심리적 경향'을 말한다. 먼저 후견지명효과(hindsight bias)란 과거 또는 현재의 어떤 사건을 이해하는 경우, 마치 그 사건이 당연하게 발생할 수밖에 없었던 것으로 이해하거나 또는 예상했던 일이 일어난 것으로 생각하는 인식에의 편향성을 말한다. 인류심리학자 바루크 피시호프(Baruch Fischhoff)는 사람들이 어떤 과거를 이해하는 경우에 인식의 능력을 과잉 확신하는 편향적 사고를 가지고 있다는 사실을 밝히고 있다. 가령 과거의 어떤 사건을 이해하는 경우에 '그건 그렇게밖에 될 수 없었어'라는 식의 모습을 보이거나 또는 현재 발생한 사건을 이해하는 경우에 사건 발생 후에 비로소 그 사건을 인지하였음에도 '내 그럴 줄 알았어!'라고 생각하여 별로 놀라지 않는 모습을 보이는 경우가 예이다.

다음과 같은 사건들은 발생을 사전에 예상하기 힘들다.

(1) 한국: 1997년 외환위기 상황 발생. 정부가 보유한 외환보유고가 바닥. 국가 채무인 모라토리엄(moratorium: 지불유예)을 선언할 수밖에 없는 위기상황.

(2) 미국: 2008년 서브프라임 사태 발생. 미국의 경제위기상황 발생. 주택을 담보로 금융거래를 하는 모기지론(mortgage loan)에서 촉발된 금융상황. 부동산가격이 하락. 이를 담보로 한 금융기관의 채권 부실화. 대형 금융회사인 리먼 브라더스(Lehman Brothers) 등 기업의 도산. 2011년 미국 정부의 국채 등 채무상황 위기 직면. 국채 발행 규정을 수정하지 않는 한 상환기간이 도래되는 국채에 대한 모라토리엄이 발생할 수밖에 없는 상황에 직면. 세계 증시 요동.

(3) 두바이 정부: 2009년 중동 두바이 정부에 재정위기 상황 발생. 거대한 도시를 건설하는 프로젝트 시행(국가경제구조를 석유에서 관광과 휴양산업 등을 통한 국부 창출구조로의 전환 의도. 바다를 메워 부지를 만들고 그 위에 다양한 휴양시설을 건설)에 필요한 자금부족 사태 발생. 모라토리엄 선언 검토.

예측에 필요한 정확한 실증적 자료를 토대로 한 정보를 가지고 있다면 예측이 가능할 수 있다고 할 수 있겠지만, 언제 어떤 형태로 나타나는가를 정확히 예측하는 것은 어려운 일이다. 그런데 사람들은 이러한 사태가 발생하면 그럴 줄 알았다는 듯 생각한다.

반면 사전지식효과(foresight bias)란 미리 제공된 사전 정보를 가지고 다음 것을 인지하는 경우 미리 알게 된 정보를 바탕으로 다음 것을 기억하거나 인식하는 경향을 말한다. 다양한 실험결과들에 의하면 많은 사람들은 어떤 대상을 인식하는 경우 대상에 대한 사전 정보를 가지고 있다면, 그 정보를 토대로 대상을 인식하는 편향성을 보인다. 가령 A에 대한 사전 정보를 가진 B는 A와 대면하여 그 사전 정보를 가지고 A를 평가하는 경우이다. 일종의 사전 지식에 의한 선입견(先入見)이 작동하여 가지는 인식에서의 편향성이라 말할 수 있다.

과잉확신편향에 동서양 차이에 관련된 한 연구가 있어, 그 내용을 소개하면서 동서양 사고방식의 차이가 문제해결방식에서 가지는 차이를 언급하기로 한다. 심리학자 리처드 니스벳(Richard E. Nisbett)과 최인철은 과잉확신편향이 과연 동서양에 차이가 있는가에 대해 확인적 실험을 시도했다. 다음은 간략히 재구성한 실험내용이다.

1. 목적: 동양인과 서양인은 과잉확신편향에의 차이가 존재하는가?
2. 가설: 종합적인 사고를 하는 동양인이 서양인보다 과잉확신에 더 쉽게 빠질 것이고, 이러한 경향으로 동양인이 서양인보다 상황을 당황하지 않고 자연스럽게 받아들일 것이다.
3. 실험방법: 세 집단을 구성하여 동일한 시나리오를 제공한다. 사전지식효과를 확인하기 위해 각기 다른 사전정보를 제공하고, 후견지명효과를 알아보기 위해 추가적 질문을 실행한다.
   - 세 집단 구성: 한국인 학생과 미국인 학생으로 구성.
   - 가상된 상황을 설정한 시나리오를 제공.

<시나리오 내용>
매우 친절하고 신앙심이 깊은 신학생이 설교를 하기 위해 학교 복도를 가던 도중 쓰러져 있는 남자를 목격한다. 그 남자가 도움을 요청한다. 만약 이 사람을 도우면 시간이 맞지 않아 약속된 설교를 할 수가 없다.
   - 사전정보 제공 조건과 질문

[집단 1]
- 참가자들에게 사전에 제공된 정보: 신학생이 그 남자를 도와주었는지 안 도와주었는지 모른다.
- 질문: 신학생이 도와줄 확률을 추정하시오.

[집단 2]
- 참가자들에게 제공된 사전정보: 신학생이 그 남자를 도와주었다.
- 질문: 신학생이 도와줄 확률을 추정하시오.

[집단 3]
- 참가자들에게 제공된 사전 정보: 신학생이 그 남자를 도와주지 않았다.
- 질문: 이 정보를 무시하고 신학생이 도와줄 확률을 추정하시오.

4. 실험결과: 한국인과 미국인이 추정한 신학생이 그 남자를 도와줄 확률 답변.
(1) 각 집단에서 가진 결과
[집단 1] 한국인: 신학생이 도와 줄 확률 약 80%. 미국인: 신학생이 도와 줄 확률 약 80%.
[집단 2] 한국인: 신학생이 도와 줄 확률 약 80%. 미국인: 신학생이 도와 줄 확률 약 80%.
[집단 3] 한국인: 신학생이 도와 줄 확률 약 50%. 미국인: 신학생이 도와 줄 확률 약 80%.
(2) 추가로 [집단 2]와 [집단 3]에게 '신학생이 도와준 일에 얼마나 놀라운가?'라는 질문에 대한 답변 결과.
[집단 2] 신학생이 그 남자를 도와주었다는 사전정보를 제공한 집단
→ 한국인과 미국인 모두 별로 놀랍지 않다는 답변 반응을 보임.
[집단 3] 그 남자를 도와주지 않았다는 사전지식을 제공받은 집단
→ 미국인들은 돕지 않은 것에 많이 놀랐다고 답한 반면, 한국인은 돕지 않은 것이 별로 놀랍지 않다는 답변 반응을 보임.

실험결과 실험자가 한국인인 경우 신학생이 도와줄 확률은 각각 80%, 80%, 50%로 변화되고 있다. 반면 실험자가 미국인인 경우 변함없이 80%의 확률을 추정하고 있다.

신학생이 그 남자를 도와주었는지 안 도와주었는지 모른다는 정보를 제공받은 [집단 1]과 신학생이 그 남자를 도와주었다는 사전정보를 제공받은 [집단 2]에서는 한국인과 미국인 모두 80%의 확률을 추정했다. 그런데 실험에 중요한 의미를 가지는 신학생이 그 남자를 도와주지 않았다는 사전정보를 제공받은 [집단 3]에서 한국인은 50%로 신학생이 도와줄 확률을 추정했고, 미국인은 여전히 80%의 확률로 추정했다. 이러한 결과를 바탕으로 하면, 한국인 집단의 경

우 미국인 집단에 비교하여 사전에 알게 된 정보를 중심으로 사고하려는 경향, 즉 사전지식효과가 상대적으로 크게 나타나 과잉혁신편향에 차이가 있다는 것으로 해석이 가능이다.

한편 실험에서 후견지명효과에 대하여 알아보기 위해 [집단 2]와 [집단 3]에게 신부가 도와준 일에 얼마나 놀라운가라는 질문을 추가했다. 그러자 신학생이 '그 남자를 도와주었다'는 사전정보를 제공받은 [집단 2]에서는 한국인과 미국인 모두 별로 놀랍지 않다는 답변을 보였다. 하지만 신학생이 '그 남자를 도와주지 않았다'는 사전지식을 제공받은 [집단 3]에서는 미국인들은 돕지 않은 것에 많이 놀랐다고 답한 반면, 한국인은 돕지 않은 것이 별로 놀랍지 않다는 답변 반응을 보인 것으로 조사됐다. 이를 토대로 하면 후견지명효과가 한국인 실험집단에서 상대적으로 강하게 작동하여 예상하지 못한 일이 발생한 일에 대해서 미국인 실험집단에 비해 덜 놀라는 반응을 보인 것으로 해석될 수 있다.

1997년 한국의 외환위기가 발생하자, 한국 사람들은 후견지명효과로 크게 동요하지 않았다. 개발도상국의 혜택을 포기하며 OECD에 가입하고, 세계화를 본격적으로 추진하는 정부정책에서 예상하기 힘든 결과의 하나였지만 사람들은 언젠가는 터질 일이 터진 것으로 생각했다. 반면 2008년 미국에서 경제위기상황이 발생했을 때(어찌 보면 서브프라임 대출 현상에 조금만 주의를 기울였으면 한국의 외환위기보다 사건 발생을 보다 용이하게 예측이 가능했을 것이다), 예고되었던 또는 터질 일이 터진 것이라 보도하는 기사가 없었다. 한국의 경우 외환위기 당시 언론들의 보도내용과 미국 금융위기의 보도 내용들을 보면, 한국 언론의 경우 주요 보도내용들은 실업률, IMF에게서 ○○원 지원 합의, 중소기업도산증가 등과 같은 것들이다. 종합적이고 전체적인 거시적 경제상황(지표)에 주로 초점을 맞추어 보도했다. 하지만 미국의 주요 언론들은 개별적인 사실에 주로 초점을 두고 보도했다. 가령 ○○자동차회사의 위기, ○○금융기업의 파산, ○○기업에 ○○달러의 공적자금 투입결정 등과 같은 보도들이다.

[문] 다음 (가), (나), (다)를 포괄하는 가장 상위 전제로 적절한 것은?

(가) 인간 상호 간에서 일어나는 심리교류의 양상에 따라 다양한 문제들이 생성된다. 심리적 요인으로 가지는 문제는 일반적으로 마치 어린아이들과 같이 억지와 떼를 쓰는 비이성적 또는 비논리적인 상황이 지배한다. 이러한 점에서 심리적 방법이 문제해결에 보다 효과적일 수 있다. 가령 어떤 문제를 해결하는 과정에서 만약 서로 좋은 감정을 가진 사람들이 마주 앉아 토론을 하는 경우와 반대로 서로 싫어하는 사람들이 토론을 하는 경우 그 과정과 결과가 달라질 것이다. 이러한 이유로 개인차원에서뿐만 아니라 국가 간 차원의 협상 상황에서 보다 유리한 결과를 가지려는 목적으로 우호적인 감정을 가진 사람을 협상대상자로 선정하거나 또는 선정되도록 시도하는 사례들을 관찰할 수 있다.

(나) 고부관계인 A와 B가 서로 갈등하는 상황이다. 그런데 A는 B와의 갈등을 없애고 친근감을 쌓으려 한다. 어떻게 해야 할까?

화난 얼굴 　　　　　 우는 얼굴

미러(mirror) 기법을 활용할 수 있다. 거울은 내가 하는 표정과 모습을 그대로 보여준다. 자신의 얼굴이 비추어진 거울 속에 나를 대하는 감정에 만감(萬感)이 존재할 수 있지만, 대부분 자기 모습을 미워하지는 않는다. 이러한 심리를 적용하여 마치 거울처럼 B가 하는 말에 고개를 끄덕이는 등 친근한 반응을 지속적으로 보이게 되면 A는 B에게 동질감을 가져 서로 친밀감을 높일 수 있게 된다.

(다) A라는 사람은 여태껏 연애를 제대로 해본 경험이 없다. 이성을 만나 마음에 들면 몸이 마비되고 자신감을 잃어 본래의 자기 모습을 보이지 못한다. 결국 매번 딱지를 맞고 만다. 이런 A가 이상적인 이성을 만났다. 상대방은 A와의 만남에서 별로인 것 같은 태도이다. A는 B에게도 딱지 맞는 상황을 다시 만들고 싶지 않다. 그러면 어떻게 해야 할까?

일종의 자기 최면기법으로 서클(circle) 기법을 활용할 수 있다. '① 이성과 만나는 장소에 마음속으로 큰 원을 그린다. ② 그 원에서는 이상한 기운이 생겨나 자신감도 생기고 능력도 극대화되는 공간이라 생각한다. ③ 그 원에 이성(異性)과 함께 들어가 대화한다고 생각한다.' 이러한 생각을 통해 특정 심리상태를 가지게 되고, 이것이 상대방에게 전달되어 긍정적인 결과에 기여할 수 있다.

① 국가 간에서 가지는 문제해결에 심리적 요소가 고려된다.

② 인간이 지닌 심리적 요소는 관계의 형식과 내용에 영향을 미친다.

③ 동질감을 형성하거나 강화하는 수단으로 심리적 방법이 효과적이다.

④ 심리적 방법은 문제해결에 효과적이다.

⑤ 인간의 행위는 심리에 기저(基底)한다.

[해설] 답: ⑤

상하좌우의 전제들의 관계구조에서 가지는 상위 전제를 묻는 문제. ⑤의 상위전제로 나머지 하위 진술들이 도출된다. 특히 ②의 경우 (가), (나), (다)를 포괄하는 전제로서 기능하지만, 상위 전제인 ⑤로 가진다.

[문] 다음의 글의 내용과 부합하지 않는 것은?

누구나 잘된 판단을 기대한다. 이러한 기대를 충족하려면 심리에 대한 이해가 중요하다. 잘된 판단의 가장 큰 적은 심리이기 때문이다. 물론 사람에 따라 개인차가 있지만, 일반적으로 심리 상태가 어떤가에 따라 판단이 달라지고 그 결과가 다르게 나타날 것이다. 가령 비정상적 심리상태에서는 객관적으로 사물 또는 문제를 보는 것이 힘들어지고, 합리적 수단들을 모색할 사유능력을 어렵게 만든다. 중국 춘추시대 오나라에 『손자병법』의 저자로 알려진 손무라는 사람이 있었다. 그는 과거 전쟁들을 연구하여 병법에 관한 지식을 가졌다. 그는 성품도 좋아서 많은 사람들이 그를 신망하고 따랐다. 그런데 오나라 왕은 자신보다 인기가 좋은 신하 손무에 대해 심리적인 불편함을 가지고 있었다. 어느 날 오나라 왕은 오랜 숙적 관계인 월나라와 전쟁을 결정하고 신하들에게 선포한다. 그러나 손무는 전쟁을 벌일 때가 아니라고 반대한다. 오나라 왕은 평소 심리적으로 불편한 손무의 의견을 받아들일 리 만무했다. 오나라 왕은 자신의 판단이 옳았다는 것을 입증하기 위해 전쟁을 개시했고, 결국 목숨을 잃게 된다. 오나라왕의 가장 큰 적은 월나라가 아닌 바로 자신의 심리였다. 동양의 노자(老子)는 세상에서 가장 강한 자는 바로 자기 자신을 이기는 사람이라고 내면을 강조했다는 점도 이러한 맥락에서 이해될 수 있다.

스트레스가 심리에 미치는 영향을 연구한 보고서들에 의하면, 스트레스의 심각도(자극 정도)에 영향을 미치는 내외적 요인들로 다음과 같은 것들이 열거된다. 먼저 내적 주요 요인으로는 고통을 느끼는 인지성, 고통을 해소할 수 있는 방어성, 고통을 참아내는 내성이 열거된다. 개인에 따라 기복(up & down)이 차이가 있지만, 일반적으로 적극적이고 성급한 성향의 사람은 느긋한 사람에 비해 스트레스를 더 강하게 받는 것으로 조사된다. 다음 외적 요인으로는 생활조건, 상황의 중대성, 자극을 받는 기간과 횟수의 빈도, 시간의 임박성 등이 열거된다. 예컨대 어떤 중대사를 눈앞에 둔 사람은 스트레스가 증가되는 것으로 나타난다. 특히 스트레스의 강도가 문화권마다 어떤 차이점이 있을까를 비교연구한 조사보고서에 의하면, 문화권마다 차이가 있는 것으로 조사되고 있다. 홈즈(Holmes)와 레이(Rahe)는 생활사건 43건을 리스트로 작성하고 1부터 100까지 수치화하여 스트레스 정도를 측정하였다. 미국인의 경우 배우자의 죽음이 가장 높은 수치인 100으로 나타나고, 결혼은 50의 스트레스를 받는 것으로 나타났다. 반면 한국인의 경우 배우자의 죽음보다도 자식의 죽음이 가장 큰 스트레스로 나타났다.

① 손무의 가장 큰 적은 상황을 객관적으로 볼 수 없는 자신의 심리상태였다.
② 노자(老子)가 보는 강한 사람은 자기 심리를 통제할 수 있는 사람이다.
③ 일반적으로 적극적이고 성급한 사람은 소극적이고 여유 있는 사람에 비해 스트레스를 더 받는다.

④ 문화권마다 가진 정서상의 차이로 스트레스를 받는 정도가 다르다.
⑤ 한국인의 경우 자녀가 사망한 경우에 가장 큰 스트레스를 받는다.

[해설] 답: ①

주어진 지문과의 일치성을 판별하는 문제. ①의 경우 손무가 아니라 오나라의 왕에게 가장 큰 적은 상황을 객관적으로 볼 수 없는 자신의 심리상태라는 것이 부합된다.

[문] 다음 빈칸에 들어갈 진술로 적절한 것은?

A와 B는 연인관계이다. 어느 날 A는 극장에 가자고 하고, B는 연극을 보러 가자고 하여 서로 대립되는 상황이다. 어떻게 될까? 이들은 지금 마치 게임과 같은 상황이 연출되고 있다. 이러한 상황에서는 상대방의 언행에 따라 심리가 활발하게 작용한다. 결과는 다음과 같은 경우들을 예상할 수 있다.

대부분의 경우 극단적인 싸움을 피하려는 측이 패자가 된다. 양보하기 때문이다. 착한 사람의 의견이 묵살당하게 된다. 소위 '착한 사람이 진다'. 평소 A가 B에게 거의 대부분을 양보했다면 이번에도 그러한 결과가 발생할 가능성이 높다.

그런데 만약 착한 사람이 더 이상 자신의 주장이 상대방에 의해 묵살당하지 않겠다는 각오를 가지고 있다면 어떻게 될까? <착한 사람이 성내면 더 무섭다>는 말이 있듯, 상대방에게 더 이상 양보하지 않겠다는 확실한 의사표시로 헤어짐도 불사하겠다고 하면 어떻게 될까? 그러면 결과를 예측하기 어렵게 된다. 이러한 경우 감정의 골이 깊어져 실제 헤어지는 결과가 발생할 수도 있다. 반면 헤어짐이란 배수진을 친 착한 사람에게 덜 착한 상대방이 양보할 수도 있다. 그러면 착한 사람의 의견대로 결과가 나타날 수 있는 경우가 된다. 하지만 이 과정에서 두 사람이 만족할 만한 새로운 절충적 안으로 결과가 나타날 수도 있다. 가령 영화와 연극을 연달아 보거나 또는 두 개 모두 포기하고 박물관에 가는 경우와 같은 것들이다.

여기서 심리게임이 진행되는 동안 분명한 것은 A와 B 모두 심리적 긴장감과 같은 불편함을 감내해야만 한다는 사실이다. A와 B가 처한 이러한 상황에서는 심리게임을 중단하는 것이 필요하다. 왜냐하면 ☐☐☐☐☐☐☐

① 게임이 진행되는 동안 A와 B는 자신의 심리상태를 객관적으로 볼 수 있는 냉정함을 가질 수 없기 때문이다.

② 게임이 진행되는 동안 A와 B는 자기 심리를 통제할 수 있는 기술을 가지고 있지 않기 때문이다.

③ 게임이 진행되는 동안 A와 B는 서로 나쁜 감정과 좋은 감정을 쌓아가지만 나쁜 감정이 축적될 가능성이 크기 때문이다.

④ 게임이 진행되는 동안 A와 B는 사회적으로 용납되지 않는 생각과 행동을 하게 되기 때문이다.

⑤ 게임이 진행되는 동안 A와 B는 서로 신뢰하지 않거나 또는 자신을 약하고 무능력하게 인식하는 태도를 가지게 되기 때문이다.

[해설] 답: ③

지문은 심리교류에서 가지는 게임에 대한 내용이다. 이에 대한 내용은 전술된 『심리교류분석론과 자아』를 참조. 추론에서 비약(과정 또는 단계를 뛰어넘어 결론을 가지는 것)은 허용되지 않는다는 원칙을 적용하면 ③이 가장 적절하다.

[문] 다음 글을 읽고 연역적으로 추론할 때 제정신이 아닌 사람을 모두 고르면?(단, 스승과 제자는 제정신이다)

> 제자가 말했다. "우산 장수는 미친 우산장수라고 불리던데, 그가 정말로 미쳤나요? 그리고 우산장수는 비단장수와 나무꾼이 모두 제정신이라는 것을 믿지 않는다고 말한 적이 있어요. 비단장수는 우산장수와 나무꾼이 제정신이라고 믿는다고 말했어요. 이들 중에 누가 제정신이고 누가 미쳤는지요?" "제가 보건대 이곳에 있는 사람들의 대다수 믿음은 옳은 것 같고 그중 몇몇만 그른 것처럼 보이던데요. 그렇다면 이곳에는 제정신을 가진 사람이 얼마나 되나요?" 그러자 스승이 말했다. "네가 전에 살던 곳에서는 어쨌는지 모르겠지만, 이곳에는 모두 미친 사람들뿐이야! 사람들은 참이라고 아는 모든 것은 참이고, 거짓이라고 아는 모든 것은 거짓이라는 백퍼센트 믿음을 가지고 있지." 스승은 재차 강조하여 말했다. "미쳤다고 말하는 것은 그들이 돌았다는 거야! 다시 말해서 그들이 참이라고 믿는 모든 것은 거짓이며, 거짓이라 믿는 모든 것은 참이 된다는 의미이지."

① 우산 장수
② 비단장수
③ 비단장수, 나무꾼
④ 우산장수, 나무꾼
⑤ 비단장수, 우산장수, 나무꾼

[해설] 답: ⑤

이러한 유형의 문제는 주어진 질문에 적합한 연역적 추론을 위한 판단의 기준이 무엇인가를 파악하는 것이 핵심이다. 즉, 주어진 글 속에서 제시된 판단기준의 포착이다. 스승의 '여기에 사는 사람들은~'이라는 진술에서 연역적 추론을 위한 일반범주의 판단기준을 추출할 수 있다. 비단장수, 우산장수, 나무꾼이 각각 다른 말을 하더라도, 범주에 속하는 한 모두 제정신(미친)이 아니다. 부연하면 제자는 귀납적으로 생각하여 질문하고 있다.

✔ 유사기출문제: 2009년 행정(기술)·외무고시·견습직원설발시험(상황판단영역, 극책형 32번)

[문] 다음의 글을 읽고 〈보기〉의 네 사람의 입장에 대한 평가로 가장 부적절한 것은?

예술가 A의 작품들은 사회의 지배적 가치와 규범에 비추어 허용되는 범위를 벗어난다는 일반적 평가가 있다. 일탈행위(逸脫行爲)를 사회적으로 용인되지 않는 행위라 할 때, 예술가 A의 작품 활동에 대해 다양한 견해들이 존재할 수 있다.

달라드(J. Dollard)에 의하면 일탈행위는 좌절에 의해 표출된다. 이러한 좌절은 공격적 행위들을 표출시킨다. 그 공격적 행위가 극단적으로 자신에게 지향되면 자살, 외적으로 타인에게 지향되면 살인으로 표현된다. 이태리의 범죄학자 롬브로조(C. Lombroso)는 이태리 군인형무소에 수감되어 있는 죄수들이 공통된 얼굴 생김새를 가지고 있다는 점에 착안하여 범죄형은 아래턱이 길고 넓은 턱, 뚝 튀어나온 높은 광대뼈를 가지고 있다고 한다. 범죄를 저지르는 사람은 이미 선천적으로 결정되어 있다는 것이다. 셸든(W. Sheldon)은 청소년 범죄자의 80%가 체격이 근육형에 속한다는 점을 들어 범죄를 저지르는 사람은 얼굴 생김새가 아닌 체격이라고 한다. 한편 일탈행위의 원인을 개인의 속성이 아닌 사회적 맥락에서 찾기도 한다. 대표적인 것이 낙인(烙印) 이론이다. 일탈행위의 방지를 위한 사회통제의 수단으로서 가해지는 제재적 조치가 오히려 낙인효과를 발휘하여 일탈행위를 유발한다고 본다. 그런데 일탈행위에 대해 그것이 반드시 사회에 부정적 기능만을 끼치는 것은 아니라고 보는 입장이 있다. 누군가의 일탈행위로 인해 기존에 정당한 것이라고 간주되어온 사회적 통념에 대한 확인들이 진행되거나 또는 논의가 사회적으로 발생하여 보다 나은 사회를 조성하는 계기를 마련하는 순기능적 효과를 지적한다.

〈보기〉

- 갑은 달라드의 견해를 지지한다.
- 을은 롬브로조의 견해에 셸든의 견해를 통합하여 지지한다.
- 병은 낙인(烙印)이론의 견해를 지지한다.
- 정은 일탈행위의 순기능 견해를 지지한다.

① 갑, 을, 병은 일탈행위가 사회에 미치는 영향을 부정적으로만 보지만, 정은 긍정적으로도 본다.
② 갑, 을, 정은 일탈행위의 원인을 개인적 조건에서 찾지만 병은 사회적 조건에서 찾는다.
③ 갑, 을, 정은 일탈행위를 하는 사람은 선천적으로 정해져 있다고 본다.
④ 갑, 을은 일탈행위를 방지하는 예방적 장치와 사후적인 제재조치가 필요하다고 보지만 병은 이러한 조치들이 오히려 일탈행위를 유발한다고 본다.
⑤ 갑과 병은 일탈행위의 효과가 사회적 조건과 밀접한 관련성을 가진다고 본다.

[해설] 답: ③

주어진 글에서 갑, 정의 경우 범죄자(일탈행위자)는 선천적으로 정해져 있다는 진술을 발견할 수 없다.

[문] 다음 〈상황〉을 가지고 추론한 (가), (나)를 평가한 것으로 부적절한 것은?

〈상황〉

남성 A에게 시급하고 중대한 일이 발생했다. A는 긴급히 운전을 해줄 사람이 필요하다. 그런데 당장 운전이 가능한 지원자는 남성과 여성 두 명뿐이다. A는 남성을 선택했다.

〈설명〉

(가) 만약 A가 여성이 남성에 비해 운전을 잘 못한다고 생각하는 사람이라면 남성운전자를 선택할 것이다. 그러나 만약 여성이 남성에 비해 운전을 잘 한다는 생각을 하고 있는 사람이라면, 여성운전자를 선택할 것이다. 그런데 A는 남성운전자를 선택했다. 따라서 A는 여성이 남성에 비해 운전을 잘하지 못한다고 생각하는 사람이다.

(나) 과학적인 실험과 통계자료에 의하면, 여성 집단의 경우 주행속도와 운전대를 돌리는 회전 각도가 남성에 비해 고른 것으로 나타났다. 도로운행 중 사고를 낸 여성의 비율도 남성에 비해 적게 나타난다. 반면 남성은 목표지향적인 성향이 강해 빠른 주행속도를 보였다. 도로운행 중 사고를 낸 남성의 비율이 여성에 비해 높게 나타난다. 이러한 실험 결과와 자료를 토대로 하면, 운전 양상은 각기 개인의 선호성이 반영되어 나타나지만, 여성은 남성에 비해 안전성을 선호하고 남성은 속도와 목적지를 향하는 데 따르는 위험을 감수하는 성향을 보인다는 추론이 가능하다. 그런데 A는 남성운전자를 선택했다. 따라서 그는 안전보다는 모험적인 것을 선호하는 사람이다.

① (가)는 <상황>에서 가진 정보를 토대로 논리적 사유를 통해 A의 성향을 설명하고 있다.
② (나)는 <상황>에서 가진 정보를 토대로 경험과 논리가 혼합되어 A의 성향을 설명하고 있다.
③ (가)와 (나)는 A의 행위를 통해 그의 내면을 추론하고 있다.
④ (가)와 (나)의 추론은 전제들이 참이면 결론은 반드시 참이 된다.
⑤ (가)와 (나)는 A의 행위에서 작용할 수 있는 다양한 변수들이 감안되지 않고 있다 가령 남성과 여성에 대한 편견, 여성과의 동행에 따른 불편함, 여성과의 스캔들 의혹에 대한 구설수 우려 등과 같은 것들이다.

[해설] 답: ④

(나)의 경우 전제들이 참이라 하여 결론도 반드시 참이 되는 필연성을 가지지 못한다. 즉, 실험 결과들로 가진 통계자료들 자체가 진실한 것이라도, 그것은 표본을 통해 가진 평균개념이기 때문이다.

[문] 글의 내용을 옳게 설명한 것을 〈보기〉에서 모두 고르면?

신경은 자료수집원이다. 육체를 구성하는 세포들에서 각기 목적 수행에 필요한 어떤 원함에 관련된 신호들을 능동적으로 수집하여 뇌에 전달한다. 이때 어떤 세포들은 능동적이고 자발적으로 신경에 신호를 제공하지만, 어떤 것들은 신경에게 신호를 수집당하지 않도록 은밀히 활동한다. 뇌는 수집된 신호들로 고통과 쾌락 같은 느낌들을 만들어낸다. 만약 지금 당신이 어떤 육체적, 정신적 고통을 가지고 있다면, 그것은 당신의 신경이 뇌에게 보낸 신호에 의한 것이다. 그 고통은 당신을 보호하는 행위이다. 당신에게 어떤 행위를 취하라는 명령이자 구조요청의 메시지이다. 만일 당신이 고통을 느끼지 못한다면, 고통을 해소하기 위한 조치들을 실행하지 않을 것이고, 그러면 생명을 잃을 수도 있다. 그렇기 때문에 고통을 느끼는 것은 당신에게 중요하다. 그런데 뇌는 자신의 능력을 잘 알고 있다. 어떤 경우에는 손, 발, 입 등에게 명령한다. 때론 스스로 자신의 활동을 멈추는 방어기제들을 작동시켜 고통을 인식하지 못하도록 스스로 행동한다. 그러나 이러한 일들이 모두 여의치 않거나 고통이 지속된다면, 고통을 참고 견디라는 메시지를 전달하는 것으로 자기 할 일을 마친다.

〈보기〉
ㄱ. 인간의 고통을 생명유지와 직결되는 신호로 판단하고 있다.
ㄴ. 궁극적으로 인간이 느끼는 고통은 정신적인 문제로 환원한다.
ㄷ. 뇌가 육체를 구성하는 모든 세포들의 신호를 감지할 수 있다.
ㄹ. 뇌는 스스로의 능력이 가진 한계를 인식한다.

① ㄱ　　② ㄴ　　③ ㄱ, ㄹ　　④ ㄴ, ㄷ　　⑤ ㄱ, ㄷ, ㄹ

[해설] 답: ③

ㄴ: [당신의 신경이 뇌에게 보낸 신호에 의한 것이다] ⇔ 정신적 문제로 환원하지 않는다.

ㄷ: [어떤 것들은 신경에게 신호를 수집당하지 않도록 은밀히 활동한다] ⇔ 모든 세포들의 신호를 감지할 수 있는 것은 아니다.

[문] 다음 글의 (가)와 (나)의 내용과 부합하지 않는 것을 〈보기〉에서 모두 고르면?

> (가) 선택에의 갈등 상황이 조성되면, 심리적 고통이 발생한다. 가령 호오(好惡)의 식별에서 다음과 같은 갈등들을 경험한다. 하나는 선호갈등(選好葛藤)이다. 이것은 좋은 것들 사이에서 어떤 것을 선택할 것인가에 관련되어 발생하는 갈등이다. 소위 행복한 고민이다. 하지만 이 경우에도 갈등이 지나칠 경우 스트레스를 받는다. 다른 하나는 회피갈등(回避葛藤)이다. 이것은 피하고 싶은 것을 피하지 못하여 발생하는 갈등이다. 가령 어떤 것을 피하고 싶지만 피해서는 안 되거나 또는 피할 수 없는 경우에 나타나는 갈등이다. 또 다른 하나는 혼합갈등(混合葛藤)이다. 이것은 선택과 회피가 결합된 갈등이다. 예컨대 승진은 좋은 것이어서 선호되지만, 승진을 하는 경우 가족과 떨어져 지방에서 근무를 해야 하는 상황인데 떨어져 있고 싶지 않은 경우이다. 적당한 갈등은 신중함과 긴장감을 불어넣어 논리적 또는 분석적 판단을 가능하게 하는 긍정적 효과를 파생시키지만, 갈등이 중대하면 스트레스를 받게 된다.
>
> (나) 심리는 어떤 생각으로 가진 표상물이 다시 생각의 재료로 활용되어 또 다른 표상물을 가지는 연속성을 가지고 있다. 예컨대 상상이 상상을 낳고, 또 그 상상이 또 다른 상상을 낳는 연속적인 심리상태의 전개성이다. 그런데 이러한 상상은 일반적으로 '∧'의 방향성을 지니는 특징이 있다. 즉, 점차 고조되어 일정한 시점에서 극대점을 가지다가 다시 하향하는 특징이다. 그런데 만약 계속 고조되는 치달음만이 존재하게 되면, 현실을 왜곡하는 의처증과 의부증, 우울증과 조울증, 공황장애 등과 같은 이상심리가 조성된다. 이상심리가 조성되면 논리적 또는 분석적 판단능력이 급격히 떨어지거나 또는 불가능하게 된다.

> **〈보기〉**
>
> ㄱ. (가)에 의하면 좋은 것들 사이에서 어떤 것을 선택하는 경우에도 심리적 고통이 발생할 수 있다.
> ㄴ. (나)에 의하면 심리의 연속적 작용에서 가지는 변화는 불규칙하고 불안정하다.
> ㄷ. (가)와 (나)에 의하면 심리적 갈등은 논리적 또는 분석적 판단능력이 급격히 떨어지거나 또는 불가능하게 만든다.
> ㄹ. (가)와 (나)에 의하면 심리가 겪는 상태가 어떠한가에 따라 논리적 또는 분석적 판단능력은 영향을 받는다.

① ㄱ   ② ㄴ   ③ ㄱ, ㄹ   ④ ㄴ, ㄷ   ⑤ ㄱ, ㄷ, ㄹ

[해설] 답: ④

(가): 외부의 상황적 조건에 의해 가지는 심리상태의 변화, (나): 심리의 연속적 작용에서 가지는 특징을 각각 서술하고 있다.

[문] 다음 글을 이해한 것으로 옳지 않은 것은?

인지과정을 살펴보면 마치 내부 출입을 통제하는 수문장(守門將)처럼, 포착된 어떤 재료는 진입이 허락되고 어떤 재료는 진입이 차단된다. 이러한 여과(filter) 기능을 선별적 인지라고 한다.

선별적 인지는 무엇을 이해하고 분별하여 결정하는 판단과 관련하여 두 가지 효과를 제공한다. 하나는 판단을 할 것인가 말 것인가라는 시원적 판단이다. 인지되는 재료들의 수용 또는 거부를 통해 의식적 판단을 일어나게 하거나 일어나지 않게 한다. 다른 하나는 투입을 허락한 재료들만으로 의식적 판단이 일어나게 함으로써 전체에서 일부만으로 추상(抽象)된 대상을 통해 결정물을 만드는 조작적 판단이다. 여기서 조작이란 의식적 판단을 수행하는 과정에서 원형의 본질을 훼손하지 않고 문제가 가진 복잡성을 단순화하거나 명료하게 하는 조작과는 다르다. 즉 원형을 손상하지 않고 변형시킨 추상적 표상의 구축이란 의도와 무관하게 자연스레 작동한다. 이러한 이유로 때론 의식적 판단이 필요한 경우에도 그것이 일어나지 않게 되거나 또는 원하는 것만 보게 된다.

선별적 인지가 일어나는 것을 무의식의 자아라고 하고, 선별적 인지로 가진 재료를 가지고 판단을 행하는 자아를 의식적 자아라고 부르면, 두 자아로 구성하는 전체로서의 자아에게 선별적 인지가 부정적인 것만은 아니다. 외부로부터 인지되는 모든 재료들을 수용한다고 하여 그것이 항상 바람직한 것은 아니다. 만약 무의식적 자아가 무차별적으로 모두를 투입시킨다면, 의식적 자아는 과다한 재료들로 복잡성과 무질서가 증가하여 전체로서의 자아는 혼란하고 불편한 심리상태를 가지게 된다. 마치 진지의 보초병이 경계근무를 서면서 탐지되는 모든 것들을 보고한다면, 아마도 그 보초병은 무능하거나 또는 정신적으로 문제가 있는 사람으로 평가될 것이다. 또한 전체적 자아 입장에서 때론 특정한 것에만 집중하여 의식적 자아를 가동할 필요가 있다. 잊고 싶은 것, 보고 싶지 않은 것도 모두를 인지한다면 전체적 자아가 돌아버릴지도 모른다. 선별적 인지는 일종의 무의식의 방어기제인 셈이다.

① 전체적 자아는 무의식적 자아와 의식적 자아의 상호작용으로 형성되는 자아이다.
② 선별적 인지는 인지과정에서 무의식의 자아가 행하는 기제이다.
③ 선별적 인지로 인해 시원적 판단과 조작적 판단이 이루어진다.
④ 전제적 자아가 가지는 심리상태는 무의식적 자아와 의식적 자아의 상호작용으로 가진다.
⑤ 선별적 인지에 의해 내면에서 복잡한 대상이 원형이 손상되지 않고 변형된 추상적 표상물이 구축된다.

[해설] 답: ⑤

본문 [~원형의 본질을 훼손하지 않고 문제가 가진 복잡성을 단순화하거나 명료하게 하는 조작과는 다르다. 즉, 원형을 손상하지 않고 변형시킨 추상적 표상의 구축이란 의도와 무관하게 자연스레 작동한다]라는 진술에 부합되지 않는다.

제3절 게임과 인식

경제학자 마셜에 의하면, 인류역사의 변동 원동력 중 하나가 경제이다. 개인차원이든 사회차원이든 발생하는 많은 문제들이 경제적 이유에서 등장한다. 특히 개인과 집단은 다양한 이유로 서로 대립하는 경쟁적 상황에 직면한다. 이때 경쟁적 상황에서 내려지는 판단은 중요하지 않을 수 없다. 사적인 차원에서는 물론 공적인 차원에서 주어진 문제를 해결하는 데 가져야 할 경제적 지식과 마인드가 요구된다. 가령 주어진 문제(상황)를 해결하기 위한 대안의 마련과 채택 과정에서 제약조건을 고려하고, 기회비용(opportunity cost)과 같은 개념을 고려하지 않을 수 없다. 이에 여기서는 인식을 경쟁적 상황에 초점을 두어 경제학적 게임이론을 중심으로 다가갈 것이다. 경쟁적 상황에 직면하여 판단에서 가져야 할 전략적 사고가 중요하기 때문이다.

게임이론과 관련하여 일부 잘못된 인식을 하고 있는 사람들이 있을 수 있다는 점에서 다음을 말하기로 한다. 사회적 존재로서 살아가는 구성원들에게 경쟁적 상황이 필연적이라면, 우리는 그것을 잘 관리할 필요가 있다. 이에 관련된 게임이론은 경쟁관계에서 물리적 방법이 아닌 이성적 사유를 통해 해결하는 이론적 토대를 제공하고자 한다. 가령 경쟁적 상황에서 선수와 선수들의 전략과 게임을 통해 야기되는 결과로서 사회적 자원의 배분이 어떻게 일어나는가를 사실적으로 접근하여 파악하고, 어떤 배분상태가 바람직한가에 대한 규범적 접근을 시도한다. 단지 승리 또는 승자가 되기 위한 최적 대안 또는 전략의 선택을 탐구하는 이론이 아니다. 혹자는 세상살이 자체를 게임으로 규정한다. 하지만 만약 세상살이가 게임이라면, 세상은 패자만이 존재하게 될 것이다. 순간적으론 승자(winner)와 패자(looser)가 존재할 수 있지만, 영원한 승자는 존립할 수 없기 때문이다. 그렇기 때문에 문제해결을 승자와 패자의 게임적 시각으로만 접근하여 해결하려는 사람은 오히려 문제(상황)를 악화시키거나 해결할 수 없는 무능한 사람으로 전락될 수 있다. 소송건수가 급격히 증가하고, 패자가 사회로부터 소외당하는 사회를 좋은 사회라고 말할 수는 없을 것이다.

Ⅰ. 경쟁적 상황과 게임이론

약 200년 전에 등장한 쿠르노 모형이 오늘날 게임이론의 시초라고 평가되고 있다. 이는 경쟁적 상황에서 전략을 생산량에만 초점을 둔 단순한 모형이지만, 두 기업의 경쟁관계에서 전략들이 어떻게 변화되고 전략들이 어떻게 나타날 것이라는 것을 예측할 수 있는 분석 아이디어를 제시했다는 점에서 의미가 있다. 과점시장구조에서 가격결정과정을 설명한 간단한 [쿠르노 모형]과 [베르트랑 모형]을 살펴보기로 한다.

먼저 전략적 상황인 시장에 관련하여 기초적인 용어들의 개념들을 확인하기로 한다. 일반적으로 공급자(판매자)가 오직 하나일 때 독점(monopoly)이라 하고, 둘 이상이지만 소수의 공급자가 공급자(판매자)일 경우에 과점(oligopoly)이라 규정한다. 여기서 소수란 것이 딱 몇 개라고 정해진 것은 아니다. 생산자들이 서로의 존재를 인식하기에 충분할 만큼의 작은 수라는 뜻으로 사용하고 있다. 과점시장에서 단 두 개의 기업만이 존재하는 경우가 있을 수 있다. 이를 특별히 복점(duopoly)이라 한다. 또한 과점은 상품의 질의 차이를 기준으로 질이 동등하다면 순수과점(pure oligopoly), 상품의 질이 약간씩 다르다면 불대등화된 과점(different oligopoly)으로 구분되고 있다.

- ○ 독점(monopoly): 공급자(판매자)가 오직 하나일 때.
- ○ 과점(oligopoly): 소수의 공급자(판매자)이면서 생산자들이 서로의 존재를 인식하기에 충분할 만큼의 작은 수일 때.
  - 복점(2개의 기업)
  - 순수과점(상품의 질이 동등)과 불대등화된 과점(상품의 질이 다름)

과점시장 내에서 존재하는 기업은 일반적으로 상호 경쟁적인 관계를 유지한다. 여기서 일반적이라는 것은 모든 경우가 예외 없이 그렇다는 것이 아니라는 것을 뜻한다. 평균적으로 그렇다는 것을 의미한다. 과점에서의 경쟁이 가지는 성격은 완전경쟁시장과는 다르다. 완전경쟁시장에서의 경쟁은 비인격적이다(완전경쟁시장은 일반지식을 이끌어내기 위해 가정된 관념적 시장이지만, 가정된 조건들을 가지고 추론하면 완전경쟁시장에서는 비인격적이 될 것을 예상할 수 있다). 하지만 과점시장 내의 기업들 간에는 고객확보를 위해 대등적인 무한경쟁을 벌이기도 한다. 때론 상대방을 존중하여 상호협조(담합)가 묵시적 혹은 공개적으로 이루어지기도 한다(카르텔 형성). 특히 완전경쟁시장에서는 경쟁이 만인(萬人) 대(對) 만인(萬人) 또는 경쟁상대자가 누구인지 모르는 좌충우돌(左衝右突)의 상황에서 전개되지만, 과점시장에서의 경쟁은 불대등적(비대칭) 대응 또는 경쟁상대자가 누구인지를 아는 상태에서 경쟁한다는 점에서 차이가 있다. 이에 과점시장에서의 경쟁자들 간에는 서로 상대방의 일거수일투족에 관심을 가지고 상대방의 의사결정을 주목하게 되고. 만약 한 기업이 어떤 결정을 내리면 다른 기업도 결정을 생각해야만 하는 전략적 상황에 직면하게 된다.

쿠르노(A. Cournot) 모형을 살펴보자.

쿠르노(A. Cournot) 모형

프랑스 수리경제학자 쿠르노는 1838년 최초로 복점(duopoly: 2개의 기업) 모형을 제시했다. 그는 마치 조선의 봉이 김선달과 같이 샘물을 길어다 파는 두 사람(회사)이 있을 때, 이들 두 사람이 각각 '얼마만큼의 샘물을 길어다 팔 것이며(생산량), 가격은 얼마나 받을 것인가(판매가격)' 하는 두 질문을 던지고, 이에 답하기 위해 간단히 모형을 설정하여 설명을 시도했다. 이때 여기서 말하는 모형이란 상황을 대표하는 표상으로서 분석을 위한 도구로 작성되는 것으로 글, 수식, 그림 등 다양한 형태로 표현될 수 있다.

그런데 비록 간단한 두 질문이지만, 두 질문에 답하는 데 필요한 변수들은 그렇지 않다. 예를 들어 선수들의 심리변수와 생산변수들을 살펴보면, 우선 두 사람이 가진 심리변수들만 해도 다양하다. 게으른 사람이냐, 부지런한 사람이냐에 따라 다를 수 있고, 비합리적[132]인 사고를 가져 돌출적인 행동을 하는 사람인지 여부도 확실하지 않다. 돈을 벌고 싶은 욕망(욕구)의 강도도 영향을 미칠 것이다. 그리고 두 사람을 A와 B라고 각각 칭한다면 A와 B의 상호연관 관계에서 반응하는 다양한 변수들도 존재한다. 호전적이냐, 평화적이냐 등 반응변수에 의해 생산량과 판매가격이 달라질 수 있다. 한편 샘물의 양이 무한해서 생산량을 마음대로 변화시킬 수 있는지 등 재료가 가지는 변수도 파악해야 한다(생산변수). 이러한 다양한 변수들을 감안하면 질문에 대한 답변이 간단하지 않다.

이에 쿠르노는 분석을 위한 모형을 설정하기 위해 다음을 가정한다. 외생적인 변수, 즉 천재지변과 같은 사건은 발생하지 않는다는 것이 묵시적으로 가정되었다고 간주하여야 할 것이다.

---

132) 경제학 관점에서 다루어지는 이성과 관련하여 합리(合理)는 목적에의 도달에 적합성, 즉 이윤추구라는 목적에 적합한 수단들을 취하는 경우에 분석을 통해 최대 이윤을 얻을 수 있는 대안을 선택하는 것을 지칭한다. 즉, 직감에 의해 또는 주먹구구식으로 수단을 채택하는 경우를 비합리로 구분한다.

ㅇ 가정 1: 심리변수의 통제
- 손해가 되는 행위를 하지 않으려 하고, 이윤이 되는 것을 추구(경제적 합리성 전제).
ㅇ 가정 2: 생산변수의 통제
- 가격변수 통제: 상품가격은 고정.
- 재료변수 통제: 산출량은 무한하고, 생산비용도 들지 않음.
- 관계변수 통제: 각각의 사람(기업)은 반응에서 추종자로서만 역할.

이러한 가정하에 설정된 경쟁적 상황을 표상한 모형을 통해 추론을 하게 되면, 만약 전체수요량이 10이라 할 때, A가 마치 독점기업처럼 10을 생산한다면 B는 단지 추종자로서만 산출량을 결정하기에 0이 될 것이다. 그런데 만약 A가 7을 산출했다면 B는 3을 산출할 것이다. 반대로도 마찬가지로 만약 B가 A가 했듯이 동일하게 행동한다면, A 역시 B가 그랬듯 추종자로서 산출량을 결정한다. 이러한 똑같은 과정이 A와 B가 서로 역할을 바꾸면서 반복되면 결국에는 두 사람은 각각 5로 산출량이 수렴된다. 이 지점에서 기대와 반응이 서로 맞아떨어져 생산량은 A=5, B=5로 더 이상 변화하지 않는 잠정적 안정상태가 이루어진다. 경쟁적 상황에 균형이 발생한다.

이번에는 전략적 상황에 관련하여 [베르트랑(J. Bertrand) 모형]을 살펴보자. 이는 현실에서 생산기업들 간은 물론이고 유통업체인 대형마크들 간에도 가격경쟁을 하는 경우를 볼 수 있다. 그리하여 산출량(생산량)이 아닌 가격을 통해 벌이는 경쟁상황을 설명하는 모형이다.

베르트랑(J. Bertrand) 모형

베르트랑은 가격의 변화에 입각한 복점(2개의 기업) 모형을 제시했다. 쿠르노 모형과 논리는 다를 것이 없지만, 산출량이 아닌 가격으로 대체되어 분석된다. 경쟁적 상황을 표상화한 모형의 설정에 필요한 가정은 거의 동일하다. 다만 가격의 관점에서 두 사람(기업)은 한 사람이 가격변화를 시도해도 상대방은 현재의 가격을 그대로 유지할 것이란 가정을 도입한다. 즉, 관계변수의 통제에서 가격을 인하하면 고객을 전부 끌어들일 수 있다는 것을 가정한다.

이러한 가정하에서 현재가격이 10원인데 A가 5원으로 내리면 B는 고객을 다 잃게 된다. 소비자는 싼 가격을 선호하기 때문이다. 반대로 B가 가격을 인하하면 A는 추종자로서 고객을 다 잃고 만다. 그런데 이러한 두 결과는 A와 B가 가진 경제적 합리성에 위배된다. 즉, 이윤추구에 합치되지 않는다. 이에 A와 B는 가격 인하경쟁을 하게 되고, 이런 동일한 역할이 반복되면 결국 가격은 한계비용의 수준까지 내려오게 된다. 여기서 가격이 한계비용($P=MC$)에 이른다는 것은 독과점 이윤이 없는 완전경쟁시장에서 결정되는 가격이라는 것을 의미한다. 즉, 이 모형은 애덤 스미스의 보이지 않는 시장 기능에 주목하여 단 2개의 기업만이 존재하는 복점의 과점시장에서도 완전경쟁시장에서 가지게 되는 가격이 형성될 수 있다는 것을 설명하고 있다.

【참고】 현대 경제학에서 말하는 이윤이란?

관점에 따라 다양한 개념들이 사용된다. 시장이론에서의 이윤은 기회비용의 관점에서 정의되고 있다.[133] 이때 이윤은 경제적 이윤과 정상이윤이란 개념이 사용된다.

○ 경제적 이윤(economic profit)이란 상품을 판매해서 얻은 총수입에서 자본을 포함한 생산과정에 투입된 모든 자원들의 기회비용을 뺀 것으로 정의된다.
○ 정상이윤(normal profit)이란 투자된 자원이 경제의 다른 부분에 투자되었을 때 얻을 수익을 말한다. 정상이윤을 초과하는 이윤을 초과이윤이라 한다. 만약 특정 상품시장에 초과이윤이 발생하고 있다면 새로운 기업이 진입할 유인이 될 것이다.

참고로 완전경쟁시장이라면 기업은 가장 알맞은 시설규모를 선택할 수 있고, 진입과 탈퇴가 자유롭다. 따라서 장기조정국면에 의해 균형상태($P=MC$)에 도달될 수 있다. 여기서 [~될 수 있다]라고 말하는 것은 반드시 그렇게 되는 것이 아니라 이론적으로 장기균형상태가 도달하기 위해서는 다음 세 조건이 충족되어야 한다는 것을 의미한다. 각 기업이 자신의 생산함수를 알아 이윤극대화 산출량을 선택하고 있어야 하며, 각 기업이 '0'의 경제적 이윤을 얻고 있어야 한다. 그리고 시장에서 수요량과 공급량이 일치해야 한다.

---

133) 한계비용(MC: marginal cost) 역시 이윤과 마찬가지로 현대 경제학에서는 상품 생산에 사용되는 자원에 대한 기회비용 개념이다. 단순히 생산량 1단위 증가에 소요되는 회계학적 관점에서의 비용이 아니다. 즉, A에 자원이 투입됨으로써 가지는 결과와 자원이 투입되지 않는 B의 결과가 고려되는 개념이다.

II. 게임(game)의 개념

1. 게임의 구성요소

게임(game)이란 누구도 결과를 좌지우지할 수 없는 두 명 이상의 플레이어(선수)가 상호연관관계를 가지면서 자신의 이익/손실이 발생하여 이익을 추구하는 경쟁적 상황을 의미한다. 이러한 정의에 의해 홀로 존재하는 경우(독점) 또는 게임에 참가한 선수들 중 일방이 결과를 자신의 의지대로 통제할 수 있는 경우 등은 제외된다(독점적 과점).

정의에서 게임은 세 가지 구성요소로 이루어진다. 하나는 행동 주체인 경기자(players)들이고, 다른 하나는 이익추구 행동에의 전략(strategies)이다. 그리고 마지막으로 상호관계성에 의해 나타나는 이익과 손실의 결과라는 보수(pay off)이다.

<게임개념의 세 가지 구성요소>
① **경기자**(player): 게임의 기본적인 의사결정단위를 의미한다. 즉, 의사결정의 주체이다. 경기자의 수에 따라 n의 경기자 게임이 된다. 경기자들의 태도에 따라 게임은 협조적 또는 비협조적이 될 수 있다.
② **전략**(strategy): 경기자가 게임 중에 취하는 행동계획 또는 지침을 말한다. 일반적으로 전략의 수는 유한한 것(무한하지 않고 제약된 것)으로 본다. 게임의 결과는 어떤 전략을 선택하느냐에 의존되어 나타난다.
③ **보수**(payoff): 결과에 따라 경기자가 받게 되는 이익을 말한다. 보수(payoff)는 일반적으로 효용수준으로 표현되고 측정된다. 화폐 단위가 사용된다. 이러한 보수는 하나의 표로 정리되는데, 이를 **보수행렬**(matrix)이라 한다.

2. 균형(均衡: equilibrium)

게임이론에서 중요한 개념이 한 가지 더 있다. 균형이다. 논자마다 그 의미가 약간씩 다르게 사용되고 있지만, 일반적으로 균형(equilibrium)이란 '각 경기자가 자신이 선택한 전략으로 어떤 결과가 나왔을 때 각자가 더 이상 전략을 변화시킬 의도가 없는 상태'를 의미한다. 즉, 경기자가 더 이상 전략(가격/생산량 등) 변화를 이룰 유인(誘因)이 없거나 필요 없는 상태로서, 소위 소강상태 또는 평정상태를 뜻한다. 그렇기 때문에 균형 (equilibrium)은 안정성(stability)과는 다르다. 반드시 균형이라 하여 안정적인 것은 아니다. 반면 불안정하다 하여 불균형인 것만은 아니다. 가령 불규칙한 돌들을 쌓아 놓은 돌탑처럼 약간의 어떤 힘만 가해도 다시 무너질 수 있는 위태로운 균형이 존재할 수도 있고, 튼튼한 콘크리트 벽돌로 쌓은 탑처럼 웬만해서는 무너지기 어려운 안정적인 균형이 존재할 수도 있다.

경제현상에 관련하여 최적화(원하는 것은 극대화하고, 원하지 않는 것은 극소화)에 대한 관심 못지않게 균형(均衡)이 중시된다. (주류) 경제학에서는 균형이 존재하는가, 안정성은 어떠한가, 그리고 균형이 오직 하나로 유일(uniqueness)한가 등 다양한 측면에서 조망되는 등 균형문제에 관심을 두고 있다. 혹자는 일체의 경제현상에 대하여, 그것들은 개인 또는 집단의 최적화 행위에서 발단되어 균형화 과정이 나타나는 것이라고 보는 사람도 있다.

III. 게임모형의 분류

이론의 핵심적 존재 이유는 설명과 예측이다. 이러한 이론은 모형으로 표상된다. 여기서 게임모형이란 게임을 분석하기 위해 구축된 분석기로서 귀납 또는 연역을 통해 형성한 추상적 관념물 또는 개념물을 말한다. 게임모형은 전체적인 게임이론 영역에서 게임을 구성하는 요소들인 경기자, 전략, 보수들 중 어느 것에 분석의 초점을 두는가에 따라 다양한 모형들이 존재한다. 이러한 게임모형들은 크게 경기자모형, 전략모형, 보수모형, 균형모형의 네 가지 범주로 분류할 수 있다.

1. 경기자 모형(players style)

경기자 모형은 Players에 분석의 초점을 둔 모형이다. 경기자에 초점을 두게 되면, 경기자들의 수와 행태가 중요해진다. 가령 참여자(선수)와 연루자(관중)가 누구이고, 참여자들 간에 서로 협조적인가 아니면 비협조적인가 등에 관한 관심사이다. 게임의 양상과 결과가 달라지기 때문이다.

참여자들 간에 협조적인 경우를 협조게임이라고 부를 수 있을 것이다. 협조는 현실에서 다양한 행태가 존재한다. 서로 이익이 되는 완전하고 공식적인 협조인 카르텔, 느슨한 협조인 묵시적 담합, 기업 간 컨소시엄 형성 등과 같은 경우들이다.

참여자들 간에 비협조적인 경우를 비협조게임이라고 부를 수 있을 것이다. 비협조는 현실에서 복잡한 행태들이 존재한다. 참여자들 간에는 상대방에 대한 정보에 대한 관심이 높다. 이에 경기자가 상대방에 대한 필요한 정보를 완전하게 가지고 있는가, 그렇지 않은가에 따라 완전정보게임과 불완전정보게임으로 구분될 수 있다. 다만 현실에서 완전한 정보를 가지고 경쟁(게임)하는 경우는 거의 존재하지 않는다는 점에서 불완전한 정보에서 벌어지는 경쟁(게임)에 관심이 집중된다. 가령 경기자들 간에 보유한 정보의 양에 관련하여 대칭게임(동등한 정보보유)과 비대칭게임(불대등한 정보 보유)으로 구분된다. 특히 불완전한 정보에서 벌어지는 경매(Auction), 제한적 경매(입찰), 역경매 등 다양한 (분석)모형들이 존재한다.

2. 전략 모형(strategy style)

전략 모형은 Strategy에 분석의 초점을 둔 모형이다. 경쟁적 상황에서 경기자들이 어떤 전략을 사용하는가는 중요하다. 이때 전략의 수도 중요하지만 전략이 가진 내용적 측면도 중요하다. 이에 경기자가 전략을 하나만 구사하는가, 둘 이상의 전략을 사용하는가, 또는 우월적 전략이 있는가, 없는가, 전략이 최소극대화전략인가, 최적전략인가 등에 관심을 두고 분석을 시도한다.

전략의 수(數)에 관련하여 순수전략과 혼합전략으로 구분된다. 순수전략은 전략을 하나만 사용하는 경우이다. 가령 가격전략 또는 산출량 전략 중 하나만 사용하는 게임이다. 혼합전략은 전략을 둘 이상 사용하는 경우이다. 가령 가격과 생산량 전략을 동시에 사용하는 게임이다. 현실에서 경기자가 전략을 한 가지만 구사하는 경우는 드물다. 이러한 이유로 혼합전략모형에 보다 관심을 가지고 있다.

전략의 내용(內容)에 관련하여 균등전략과 우월전략으로 구분된다. 현실에서 서로 균등전략을 가지는 경우는 드물다. 이러한 이유로 우월전략이 주로 논의된다. 여기서 우월전략이란 상대방이 어떤 전략을 사용하든 간에 가장 좋은 최적전략이 있는 경우에 바로 그 전략을 지칭한다. 그러나 이러한 우월전략도 가변적이고 연속적인 게임과정에서 그 존재가 비현실적인 경우가 많다. 한편 최대극대화전략과 최소극대화전략으로 구분되기도 한다. 전자는 얻게 되는 보수를 극대화시키는 적극적 전략임에 반해 후자는 가장 최악의 경우에 얻게 되는 보수를 극대화시키는 전략으로서 보수적 태도를 가진 전략을 말한다. 전략이 가진 내용적 측면은 질적인 것으로 분석에 객관성 확보가 어렵다는 문제가 있다.

3. 보수 모형(payoff style)

보수 모형은 Payoff에 분석의 초점을 둔 모형을 말한다. 경쟁적 상황에서 마치 우승자가 받는 상금과 같이 특정 게임이 지니는 보수는 중요하다. 만약 합리적인 선수라면 경쟁에서 얻어지는 보수의 크기가 노력(비용)에 비해 작다면 게임을 하지 않을 것이다. 이때 보수는 양적 크기도 중요하지만, 그보다는 보수가 정해져 있는가, 그렇지 않은가, 또는 경기자 간에 획득하고 손실되는 보수의 상호관계가 어떠한가 등에 더 관심을 둔다.

보수의 규모가 '확정되어 있는가? 그렇지 않은가?'를 기준으로 정합게임과 비정합게임으로 구분된다. 정합게임이란 보수의 규모가 확정 또는 변동이 없는 경우에서 가지는 게임이다. 가령 우승상금, 일정한 시장규모를 두고 경쟁하는 경우 등이 예이다. 반면 비정합게임은 보수의 규모가 불확정 또는 변동이 일어나는 게임이다. 가령 경매, 역경매 등이 예이다.

보수가 분배되는 성격에 의해 제로섬게임(zero sum game)과 난제로섬게임(non-zero sum game)으로 구분된다. 제로섬게임은 경기자가 하나를 잃으면 다른 경기자가 하나를 얻게 되어 양자의 총합이 0이 되는 형태의 게임을 말한다. 가령 둘만이 도박을 하는 경우 경기자 한 사람이 잃은 만큼 다른 경기자는 돈을 딴다. 이때 잃은 돈과 딴 돈의 합은 0이 된다. 반면 난제로섬게임은 양자의 보수의 합이 '0'이 아닌 게임을 말한다. 가령 선수 둘 다 모두 손해를 볼 수도 있고, 둘 다 모두 이익을 볼 수도 있는 경우이다. 후자의 예로 많은 이해관계인들이 정부의 예산을 배정받기 위해 경쟁하는 상황에서 예산배분이 일어나면 누가 잃은 만큼 다른 누가 그만큼 얻는 결과는 되지 않는다. 설령 한 경기자가 예산을 한 푼도 배정받지 못했어도 그 경기자는 잃은 것이 없다. 로비비용이 들어가지 않은 경우라면 밑져 봐야 본전인 셈이다. 한편 보수 측면에서 모두 승자가 되는 윈윈게임(win-win game)과 반대로 모두 패자가 되는 루즈루즈게임(lose-lose game)으로 구분되기도 한다.

4. 균형 모형(equilibrium style)

균형모형은 Equilibrium에 초점을 둔 모형을 말한다. 경쟁적 상황에서 경기자들의 행위로 가지는 게임현상에 관련하여 균형이 발생하는가, 있다면 어디에서 어떻게 균형이 이루어질 것인가에 대한 관심이다. 균형에의 관심은 게임의 동태적 과정과 결과에 대한 예측에 관련되어 가진다. 일반적으로 균형모형은 전략의 변동을 통해 분석된다. 이러한 점에서 전략이란 말과 균형이란 말이 혼합되어 명칭을 사용하거나 또는 부여된다. 균형 문제는 이론적 측면이나 정책적 응용 측면에서 중요하므로, 따로 목차를 설정하여 후술하기로 한다. 다음과 같은 논의들이 있다.

- 순수전략과 혼합전략에서의 균형
- 우월전략과 최소극대화전략에서의 내시 균형
- 정합게임과 안장점(鞍裝點, saddle point)에서의 균형
- 순차게임과 완전균형

【참고】 파레토 효율과 균형

균형을 개인 또는 집단 간 경쟁을 사회 전체로 확장하면, 재화의 생산과 배분(소비)에서 어떤 균형상태를 생각할 수 있다. 역으로 사회 전체에서 가지는 균형의 존재를 전제하면, 그 사회적 균형에서 개인과 집단들이 어떻게 행동하는가를 설명하거나 예측할 수 있을 것이다. 이러한 점에서 균형을 파레토 효율(pareto efficiency)과 연관하여 생각해보자. 파레토 효율이란 어떤 자원 배분 상태에서 어떤 사람에게 손해가 가지 않고서는 더 이상 다른 사람에게 이익이 되는 자원 배분상태를 만들 수 없는 상태를 지칭한다. 즉, A의 효용수준 증가는 B의 효용수준 감소가 있지 않고는 일어날 수 없는 상태이다. 만약 A라는 사람의 후생감소를 유발하지 않고서도 B의 후생이 증대되는 변화를 만들 수 있는 상태를 파레토 비효율이라 말한다.[134]

사회의 구성원을 A와 B로 단순화하자. 그리고 A와 B에게 배분되는 재화 양과 효용수준은 비례적 관계를 가지고 있다고 하자. 즉, A와 B는 재화를 많이 가질수록 효용수준은 증가한다고 가정하자. 이러한 가정을 통해 추론하면, 현재 배분상태에서 A와 B 각자가 누리는 어떤 효용수준이

---

134) 애덤 스미스가 말한 시장의 '보이지 않는 손'을 뒷받침하는 이론으로서 일반균형이론(모형)을 간략히 언급하기로 한다. 즉, 시장에 의해 이루어지는 재화의 생산과 배분을 설명하는 이론이다. 일반균형이론에서 중요한 개념 중 하나가 파레토 효율이다. 일반 균형이론에 의하면 완전경쟁시장에서는 생산자와 소비자의 합리적 선택에 의해 자원배분은 파레토 효율이 된다. 그러나 주의해야 할 점은 후생경제학자들이 말하듯 파레토 효율의 상태라 할지라도 그 상황이 반드시 바람직한 자원배분 상태라고 말할 수 없다. 바람직하다는 것은 당위적 또는 가치판단에 관련된 것으로 사람마다 생각하는 것이 다를 수 있는 이유도 있지만, 한 사회의 자원배분상태가 파레토 효율이라 하여, 그 상태가 반드시 사회구성원들의 사회후생이 높아진 상태는 아니기 때문이다. 가령 사회구성원들이 바라는 후생 정도가 있다고 할 때(사회후생함수), 잠재성장력이 낮아 매우 불만족한 총생산량(총생산함수)을 가지고 분배가 이루어진 상태일 수도 있기 때문이다. 또한 현격한 빈부의 차이가 존재하는 상태에서 파레토 효율 상태가 될 수도 있다. 이에 사회구성원들이 느끼는 효용수준인 사회후생 정도를 증대시키기 위해서는 파레토 효율 상태가 필요하지만, 그것이 곧 사회후생 정도가 증대되는 필요충분조건은 아니다.

있을 것이다. 그런데 A의 효용수준이 증가했다고 하자. 즉, A에게 할당된 재화 배분 양의 증가이다. 그러면 A와 B 간의 관계에서 B에게 발생하는 효용수준은 세 가지 경우를 가지게 된다.

① A의 효용수준의 증가에 B의 효용수준도 증가한 경우(A↑, B↑)
② A의 효용수준의 증가에 B의 효용수준이 변동하지 않은 경우(A↑, B)
③ A의 효용수준의 증가에 B의 효용수준이 감소한 경우(A↑, B↓)

① A와 B 모두 효용수준이 증가했다. 이는 사회 전체적으로 재화의 생산량이 늘어났다는 것을 의미한다. 즉, 총생산량의 증가이다.
② 사회 전체적으로 재화 생산량이 늘어났다는 것을 의미한다. 즉, 총생산량의 증가이다. 다만 생산량 증가분이 A에게 할당된 것뿐이다. A의 효용수준이 증가했음에도 B의 효용수준은 감소하지 않았기 때문이다.
③ 총생산량이 변동하는 경우와 고정된 경우에서 생각할 수 있다. 즉, 총생산량이 변동하는 과정에서 발생한 상태와 총생산량이 변동하지 않은 상태에서 가진 경우이다.
  ㉠ 총생산량 변동의 경우이다. 한 사회가 가진 잠재적 성장 능력에 의존되어 총생산량은 변동 폭에 차이가 있지만, 가변적이라는 점에서 현실에 가까운 경우이다. 이때 변동은 증가(+성장)와 감소(-성장) 두 가지 경우가 있게 된다. 그런데 증가이든 감소이든, B는 효용수준이 감소하였다. 이는 A와 B 간에 비대칭인 자원배분이 일어난 경우이다. 그런데 여기서 주목해야 할 것은 이러한 비대칭적 자원배분이 시장에 의해 일어날 수도 있고, 정부정책에 의해 일어날 수도 있다는 점이다.
  ㉡ 총생산량 고정의 경우이다. 가령 경제성장률이 정체된 상태에서 가지는 경우이다. 이때 A와 B 간에 효용수준(자원배분수준)의 변동관계가 마치 제로섬게임과 같은 성격을 보이고 있다. A가 증가하면 B가 감소하기 때문이다. 역시 시장에 의해 일어날 수도 있고, 정부정책에 의해 일어날 수도 있다.

Ⅳ. 균형

어떤 게임을 이해하고 예측하기 위해서는 무엇보다 균형에 대한 시각에서 종합적으로 분석되는 것이 바람직하다. 이에 균형의 관점에서 어떻게 경쟁적 상황을 분석(이해)하고 판단하는가에 대한 논리적 사유에 초점을 두고 살펴보기로 한다.

1. 우월전략균형

특정 상황이 게임의 성격(경기자, 전략, 보수가 존재)을 가지고 있고, 전략 쌍들이 가지는 게임의 보수가 다음과 같았다고 하자. 이때 상황을 조사하니 경기자가 A와 B 둘이고, 각자 전략을 두 개씩 가지고 있으며(A=a_1a_2, B=b_1b_2), 각 전략에 대응된 보수행렬표는 다음과 같이 나타났다고 하자.

<우월전략균형과 보수행렬표>

		경기자 B	(단위: 원)
		전략 b_1	전략 b_2
경기자 A	전략 a_1	(8, 8)	(1, 10)
	전략 a_2	(10, 1)	(3, 3)

(해석) 두 경기자가 어떤 전략을 사용하느냐에 따라 그 조합에서 각각 보수가 달라진다. 표에서 만약 경기자 A가 전략 a_1을 사용하고 경기자 B는 전략 b_1을 사용하는 경우에 A와 B는 각각 8원씩을 얻는다. 만약 경기자 A가 전략 a_2을 사용하고 경기자 B는 전략 b_2을 사용하는 경우 A와 B는 각각 3원씩 얻는다.

(질문) 여기서 다음과 같은 질문을 해보자. 만약 경기자 A가 당신이라면 어떤 전략을 사용하겠는가? 그리고 B와의 게임에서 가장 그럴듯한 결과가 나올 가능성이 있는가? 단, 각자 자신의 이윤을 극대화하는 경쟁적 상황을 가정한다. 전자의 질문이 우월전략의 문제이고, 후자의 질문이 균형의 문제이다.

(추론: 판단) 먼저 경기자 A가 전략 a_1을 선택하는 경우를 살펴보자. 이때 상대방인 B가 전략을 선택할 수 있는 경우의 수는 두 가지이다. 전략 b_1을 사용할 수도 있고, 전략 b_2을 사용할 수도 있다. 만약 전략 b_1을 사용한다면 둘 다 8원씩의 이익을 가질 것이다. 그러나 전략 b_2을 사용한다면 당신은 1원을 가지고 B는 10원을 가지게 된다. B가 어떤 전략을 선택하느냐에 따라 당신의 이익은 달라진다. 결국 당신이 주도권을 쥔 게임이 아니라 B가 주도권을 쥔 게임이 되어버린다. 그렇기 때문에 당신(A)이 a_1을 사용하는 경우 B는 b_2을 사용하려 할 것이다.

그럼 이번에는 경기자 A가 전략 a_2을 사용하는 경우를 생각해보자. 역시 B가 전략선택을 하는 경우의 수는 두 가지이다. B는 전략 b_1과 전략 b_2을 사용할 수 있다. 만약 B가 전략 b_1을 사용한다면, 당신은 10원의 이익을 얻고 B는 1원의 이익을 얻는다. 그렇기 때문에 상대방 B는 자신의 이익을 극대화하기 위해 전략 b_2을 사용할 것이다. 간혹 현실에서는 상대방 봐주기 또는 밀어주기 차원의 내부거래를 통해 이런 일이 일어나기도 하지만, 여기서는 각자 자신의 이윤을 추구하는 경쟁적 상황을 가정하기에 B는 전략 b_2을 선택한다. 이때 B는 주도권을 쥐게 되는 것이 아니라 단지 추종자로서의 역할만 할 수 있다는 것을 알 수 있다. 이익을 크게 하는 더 좋은 다른 선택의 여지가 없게 되기 때문이다.

결국 A와 B는 상대방과의 경쟁적 게임상황을 통해 A는 전략 a_1 대신에 전략 a_2을 선택하게 될 것이고, B는 전략 b_2을 채택할 수밖에 없게 된다. 이때 A는 전략 a_2을 사용함으로써 3원의 이익을 보게 되고, B 역시 전략 b_2을 사용하여 3원의 이익을 보게 된다. 이러한 주도권 성질을 가지는 A의 전략 a_2을 우월전략(dominant strategy, 또는 지배전략)이라 한다.

그러면 이 게임의 경우 어디에서 가장 그럴듯한 결과가 나올 것이라 판단하는가? B도 전략 b_1을 사용하는 경우보다 전략 b_2을 사용하는 경우에 2원의 이익을 더 얻기 때문에 B의 입장에서는 전략 b_2가 우월전략이 되며, 우월전략인 b_2을 사용할 것이다. 그러므로 (3, 3)의 원소를 가지는 상태에서 A와 B의 게임은 일단 일단락된다. 이러한 상태를 우월전략균형이라 한다. 즉, 우월전략의 짝(A= 전략 a_2, B=전략 b_2)을 가진 상태이다.

그런데 여기서 생각을 해보자. 경쟁적 상황에서는 결국 A와 B는 (3, 3) 보수원소를 가진 전략들을 채택한다. 그런데 이 보수는 둘 다 손해이다. 왜냐하면 (8, 8)의 원소가 존재하기 때문이다. 즉, 당신(A)과 B가 각각 전략 a_1과 b_1을 사용하는 경우하면 각각 5원의 이익들을 더 얻을 수 있다. 그렇기 때문에 만약 A와 B 사이에 묵시적 또는 공개적 약속을 통해 전략을 각각 a_1과 b_1을 사용하는 데 합의가 이루어진다면 둘 다 좋은 것이 된다. 이러한 이유로 협조적 행태가 나타날 수 있다.

그런데 정부가 이러한 협조적 행위를 감시한다고 하자. 이때 만약 담합으로 판정받을 경우 패널티로서 과징금이 5원 이상이라면, 담합을 하지 않을 것이다. (3, 3)의 전략 쌍을 가질 것이다. 하지만 적발될 위험성이 적고 과징금이 이익보다 작다면 A와 B는 담합을 할 가능성이 많다. 패널티를 감수하고도 이익이 발생하기 때문이다. 이러한 게임구조(전략에 따른 보수구조)를 가진 경우 A와 B는 서로 협조적 관계가 되어 정부의 불공정

거래 감시와 경쟁을 하게 되는 변질된 게임이 된다. 이러한 현상이 현실에서 목격된다. 하지만 이러한 게임구조를 가진 경우는 일반적인 현상은 아니다. 즉, 경기자 각각 모두에게 주도권을 가지는 우월전략을 가진 경우가 흔치 않다. 이러한 점이 고려되어 보다 현실적인 내시균형이론(모형)이 등장한다.

2. 내시 균형(Nash equilibrium)

해석과 질문 및 추론(판단)에 초점을 두고 살펴보는 것이 바람직하지만, 이를 요약적으로 진술하기로 한다. 우선 내시 균형이 무엇을 지칭하는가를 그 개념을 살펴보자. 분석결과 경기자가 둘이고, 전략들을 각각 두 개씩 가지고 있다. 그리고 채택되는 전략의 조합에 따라 보수가 다음과 같은 주어지는 경쟁적 상황이 있다고 가정한다.

<내시균형과 보수행렬>

		경기자 B	(단위: 원)
		전략 b_1	전략 b_2
경기자 A	전략 a_1	(8, 5)	(3, 4)
	전략 a_2	(3, 5)	(4, 6)

보수행렬표에서 만약 A가 전략 a_1을 사용한다면, 이때 B의 전략선택의 경우의 수는 두 가지이다. 전략 b_1을 사용할 수도 있고 전략 b_2을 사용할 수도 있다. 만약 B가 전략 b_1을 사용한다면 각자 8원과 5원의 이익을 가진다. 그러나 전략 b_2을 사용한다면 A는 3원을 가지고 B는 4원을 가지게 된다. A의 입장과 B의 입장에서 전략 a_1과 전략 b_1이 가장 좋은 전략, 즉 최적전략이 된다. 그리하여 이 상태에서 전략 변화는 일단락된다. 이러한 상태가 내시균형(Nash equilibrium)이다. 즉, 내시균형은 각 경기자가 상대방의 전략을 주어진 제약조건으로 간주하고 자신에게 최적인 전략을 선택함으로써 이루어지는 최적전략의 짝을 가지는 상태를 의미한다. 이러한 게임구조에서는 경기자 간 의도된 담합에 의해서가 아니라 자연스럽게 시장에서의 경쟁에 의해 균형이 이루어진다. 그렇기 때문에 내시균형이란 자연스럽게 이루어지는 균형이다.[135]

---

135) 참고로 균형이 존재하는가에 관련하여 경기자가 하나의 전략(가격전략이든 산출량전략이든)을 선택하여 고수하는 순수전략게임(pure strategy game)과 여러 전략을 혼합하여 사용하는 혼합전략게임(mixed strategy game)에도 내시균형이 존재하는 것으로 밝

하지만 전적으로 시장에 맡기는 경우를 구체적으로 살펴보자. A의 입장에서 일단 a_1 전략을 선택할 것이다. 왜냐하면 a_2을 선택하는 경우보다 이익이 더 크기 때문이다. 이렇게 되면 B는 b_1을 선택할 것이다. b_2을 선택하는 경우보다 이익이 더 크기 때문이다. B의 입장에서 보면 A가 a_2을 선택하여 자신이 b_2을 선택하는 경우인데 A는 그렇게 할 이유가 없다(간혹 현실에서 상대방 봐주기 또는 밀어주기 차원의 내부거래를 통해 이런 일이 일어나기도 한다. 이때 과징금이 크다면 이러한 위험부담을 감수하지 않을 것이다). 하지만 만약 A 자신이 a_1을 선택한 경우에 B가 b_2을 선택하지 않을 것이라는 것을 알 수 있기 때문이다. 왜냐하면 B의 보수가 5원에서 4원으로 줄어들기 때문이다. 참고로 B는 A보다 이익을 더 크게 가질 수 없다. 만약 B가 더 큰 이익을 가지게 된다면 A의 무지로 인해 발생된다. 하지만 A가 이러한 게임구조를 알고 있음에도 B가 더 큰 보수를 가진다면 담합 또는 불공정 거래의 가능성이 있다고 의혹을 살만한 경우가 된다.

<우월전략균형(모형/이론)과 내시균형(모형/이론)의 비교>

<우월전략균형과 보수행렬표>

		경기자 B	(단위: 원)
		전략 b_1	전략 b_2
경기자 A	전략 a_1	(8, 8)	(1, 10)
	전략 a_2	(10, 1)	(3, 3)

<내시균형과 보수행렬표>

		경기자 B	(단위: 원)
		전략 b_1	전략 b_2
경기자 A	전략 a_1	(8, 5)	(3, 4)
	전략 a_2	(3, 5)	(4, 6)

<공통점>

- 둘 다 전략적 상황이다. 즉, 전략의 선택을 하는 경우 상대방의 전략을 나의 의사결

혀지고 있다. 다만 순수전략게임의 경우 내시균형이 존재하지 않는 게임도 있으나, 이것이 혼합전략을 사용하는 경우로 발전하면 내시균형을 가지게 되는 것으로 밝혀지고 있다.

정에 반영하여 최적의 전략을 선택하게 된다. 이러한 점에서 상대방의 전략은 내가 선택할 수 없기에 이를 전제로 자신의 전략을 채택할 수 있다는 점에서 선택은 옵션(option)적 성격을 가지며 선택에 제약조건 개념이 상정된다.

<차이점>

- 내시균형은 상대방이 어떤 전략을 선택하든 상관없이 자신의 보수를 크게 만드는 우월전략이 없는 게임이다. 즉, A에게 B가 어떤 전략을 취한다 해도 이것을 무시하고 자신의 이익을 극대화하는 전략이 있지 않다. 언뜻 A의 경우 a_1이 우월적 전략으로 보이지만 B가 b_2을 선택하는 경우라면 오히려 a_2 전략보다 보수가 줄어든다. 반대로 B 역시 A가 어떤 전략을 선택하더라도 자신의 이익을 극대화하는 전략이 존재하지 않는다. 상대방이 채택하는 전략에 따라 자신의 전략 선택도 달라져야 한다. 요컨대 경쟁을 주도할 수 있는 지배전략이 존재하지 않는다.

- 두 보수행렬 각 셀에 들어간 보수의 크기가 가지는 상대적 비율에 차이가 있다. 우월전략균형의 보수행렬은 {(8, 8), (1, 10), (10, 1), (3, 3)}이지만 아래의 내시균형의 보수행렬은 {(8, 5), (3, 4), (3, 5), (4, 6)}으로 두 경기자가 가지는 보수와 각 셀에서 가지는 보수 차이가 상대적으로 작은 차이를 가지고 있다.

3. 정보의 비대칭과 전략의 선택(혼합전략과 균형)

정보의 비대칭이 존재하는 상황에서 일어나는 게임에 관련하여 어떤 전략을 선택하게 되는지 살펴보자. 다음은 확률게임으로 게임(경기)의 규칙은 이렇다.

"A와 B가 각각 화투 한 갑씩을 가지고 자기가 내놓고 싶은 숫자를 한 장 집어 동시에 까 보인다. 이때 만약 A가 1, B가 3 또는 A가 2, B가 6과 같이 둘 다 홀수 또는 짝수의 숫자를 내놓으면, B가 1원을 준다. 반대로 A가 6, B가 7과 같이 짝수와 홀수 또는 홀수와 짝수를 내놓으면 A가 1원을 준다. 단, 화투의 숫자는 1부터 12까지이다."

게임의 구조(선수, 전략, 보수)를 표로 나타내면 다음과 같다.

<화투 짝(matching) 게임>

		경기자 B		(단위: 원)
		홀수	짝수	
경기자 A	홀수	(1, -1)	(-1, 1)	
	짝수	(-1, 1)	(1, -1)	

위의 보수행렬표에서 경기자가 둘이고 각각 전략은 두 가지씩 가지고 있다. 만약 A가 홀수를 내놓고 B도 홀수를 내놓으면 A가 1원을 얻고, 만약 A가 홀수를 내놓았는데 B가 짝수를 내놓으면 B가 1원을 얻는다.

게임은 다음의 특징들을 가지고 있다. 첫째, 제로섬게임의 성격을 지닌다. A와 B는 1원을 잃고, 1원을 얻는다. 그 합은 일 빼기 일(1-1=0)이 되므로 0원이다. 그리하여 양측 모두에게 이익(+)이 되는 윈윈(win-win)의 결과는 발생하지 않는다. 이러한 이유로 담합(나눠먹기식)을 할 수가 없다. 둘째, 확률게임의 성격을 가진다. 승률과 관련되어 보수가 달라진다. 셋째, 확률게임에서 정보의 비대칭이 존재하는 경우에 가지는 전략의 선택과 관련하여 의도적으로 특정 숫자를 선택하는 경우와 무작위로 선택하는 두 가지 전략이 사용될 수 있는 특징이 있다. 즉, 홀 또는 짝 중 어떤 숫자를 낼 것인지 의도하여 선택하는 전략과 자신도 모르게 아무거나 집어 내는 확률에 맡기는 전략이다. 후자의 무작위 선택이란 전략에 주목해보자. 예를 들어 A는 상대방의 전략을 모르고 B는 정보력이 좋아 A의 전략을 사전에 알아낼 수 있다고 하자. 정보의 비대칭 상태이다. 그러면 A가 홀수를 내놓으면 보나마나 B는 짝수 숫자를 내놓을 것이다. 상대방의 전략을 알기 때문이다. A가 짝수를 집어 내놓으면, 이를 알고 있는 B 역시 동시에 홀수를 집어 들어 내놓을 것이다. B는 반드시 게임을 이기게 된다. 이러한 경우 내시균형이 일어날 수 없다. 일방적 게임이 되기 때문이다.

그런데 반복되는 게임 속에서 A는 상대방 B가 자신이 내놓을 숫자를 사전에 알아내고 있다는 것을 눈치 챌 수 있다. 즉, 반복되는 횟수에서 A는 자신의 마음이 읽힌다는 것을 알 수 있다. 그런데 A는 B가 어떻게 정보를 획득하는지 모르고 또는 알고 있어도 B를 속일 수 있는 방법이 없다고 하자. 그러면 A는 자신조차 어떤 숫자를 집어 들지 모르는 방법을 선택할 수 있다. 즉, 무작위(無作爲)로 화투장을 선택하는 방식이다. 이렇게 되면 B는 A에 대한 정보를 얻을 수가 있다. 그러므로 꼼짝없이 B 역시 확률에 의존하게 된다. 이처럼 정보의 비대칭이 존재하는 경우 A의 입장에서는 전략을 설정하지 않는 것이 마치 무전략과 같은 무작위전략이 최상 또는 최선의 전략이 된다. B의 입장에서는 A가 무작위 전략을 선택하지 않도록 A가 자신의 정보가 파악되고 있다는 것을 눈치채지 못하도록 노력하게 될 것이다.

그런데 이러한 무작위로 숫자를 선택하는 전략을 사용하는 경우 문제가 되는 것이 있다. 승률이다. 이것은 전략 사용에서 가지는 일종의 제약조건으로 작동한다. 만약 승률이 낮거나 이익이 없다면 게임의 결과가 뻔하기 때문이다. A가 자신도 자신의 마음을 모르게 하는 방식, 즉 무작위로 선택하는 경우에 A가 이길 승률을 계산해보자.

얼마만큼의 승률을 가지고 있는가? 수학적 확률은 특정사건이 일어날 경우의 수/모든 사건이 일어날 경우의 수로 계산된다. 이 게임에서 모든 사건의 일어날 경우의 수는 보수행렬표에서와 같이 홀/홀, 홀/짝, 짝/홀, 짝/짝의 4가지이다. 그리고 이 중 A가 이길 사건이 발생하는 경우는 홀/홀, 짝/짝의 두 경우이다. 따라서 2/4＝1/2의 승률을 가지게 된다. 여기서 정보의 비대칭상황에서 1/2의 승률을 가지도록 홀짝을 무작위로 선택하는 전략과 같은 방법을 혼합전략(mixed strategy)이라고 하며, 혼합전략으로 가지는 균형을 혼합전략균형이라고 한다. 흔히 혼합전략은 승률의 관점에서 상대방이 어떤 전략을 취하든 그에게 동일한 기대보수가 돌아가게 만드는 전략이라 정의된다.

부연하여 위의 화투장 게임구조에 관련하여 A가 홀수와 짝수를 무작위로 선택하는 경우 B가 가지는 승률을 계산해보자. A가 내놓을 경우는 홀/짝 두 가지이다. 이때 B도 마찬가지로 홀수 또는 짝수를 내놓게 된다. 이때 B가 가지는 승률이다. 여기서 승률은 '이길 가능성의 정도 또는 이길 확률'로 기대보수를 계산하는 방식으로 도출할 수 있다.

예를 들어 보자. A가 무작위로 홀수 또는 짝수를 내놓을 수 있다. 모두 두 가지이다. 이에 대응하여 B가 홀수를 내놓을 확률을 p라 하면, 짝수를 내놓을 확률은 (1-p)이다. 이때 B는 둘 다 홀수나 짝수로 동일하게 되면 B가 1원을 잃고, 반대로 서로 다른 것을 내놓으면 B가 1원을 얻는다. 따라서 B의 기대보수는 다음과 같다.

- A가 홀수를 선택하는 경우 → B의 기대보수: $p \times (-1) + (1-p) \times 1$
- A가 짝수를 선택하는 경우 → B의 기대보수 $p \times 1 + (1-p) \times -1$

A가 무작위로 선택하기 때문에 B는 이 같은 기대보수를 가질 수밖에 없고, A에 대응된 B의 두 가지 기대보수 값은 $[p \times (-1) + (1-p) \times 1 = p \times 1 + (1-p) \times -1]$이 성립한다. 이 식을

정리하면, p는 다음과 같다. 2p-1=-2p+1 ⟹ 4p=2, ∴p=1/2. 여기서 p=1/2의 값이 B의 승률이 된다. B에 대응하는 A의 승률도 마찬가지 방식으로 계산된다.

참고로 위의 화투장 게임구조는 간단하여 각각의 경우에 가지는 확률 1/2에 기대보수 값을 곱하여, 이것을 가지고 승률인 p의 값을 계산하는 것이 직관으로도 가능하다. 하지만 때론 선수들 간에 전략의 선택이 가지는 확률이 서로 달라 복잡한 계산이 요구되는 경우가 있다. 가령 위의 예에서 A가 홀수와 짝수를 선택할 확률이 1/2이 아니라 의도적 또는 습관성으로 2/3, 1/3로 다른 경우, 이에 대응하는 B가 일관되게 1/2의 확률로 대응하는가 아니면 다른 확률로 대응하는가에 따라 기대보수가 달라져 승률이 달라진다.

4. 위험 회피적 전략의 선택(최소극대화전략과 균형)

이번에는 경쟁적 상황에서 전술된 내시균형전략을 사용하지 않으려 할 수도 있는 게임의 경우를 살펴보기로 한다. 다음과 같은 구조를 가지는 게임이 있다고 하자.

<내시균형전략을 사용하지 않을 수 있는 게임>

		경기자 B	(단위: 원)
		전략 b_1	전략 b_2
경기자 A	전략 a_1	(2, 7)	(1, 10)
	전략 a_2	(-9, 6)	(3, 4)

보수행렬표에 의하면 경기자 A의 경우 a_2전략을 사용하고 B가 b_2 전략을 사용한다면 좋겠지만, 이때 만약 B가 b_1 전략을 채택한다면 a_2을 사용하는 경우 -9의 보수 값을 가져 위험이 극대화된다. 반면 B의 경우 A가 전략 a_1을 택하든 전략 a_2을 택하든, 그에 적합한 전략으로 대응하여 A보다 더 높은 보수를 얻을 수 있다. 그런 점에서 B는 A와 경쟁적 관계에서 일방적인 우월성을 가지고 있다. 만약 경기자 A가 이러한 게임구조를 알고 있다면 전략 a_1을 사용할 것이다. a_2을 사용하는 경우 B가 b_1을 선택한다면 보수가 [-9]원이 되기 때문이다. 이러한 점에서 그가 선택할 수 있는 전략은 사실상 한 가지나 마찬가지이다. 이때 B는 전략 b_2을 사용하게 될 것이다. 그러므로 두 경기자가 선택하는 전략의 쌍은 (a_1, b_2)가 되고, 이때 보수는 (1, 10)이 되고, 전략의 변동이 일어나지 않는다.

그런데 만약 A가 비합리적이거나(이윤추구행위를 하지 않음) 또는 게임구조(보수)를 이해하지 못한다면 어떻게 될까? A가 전략 a_2을 사용할 가능성도 배제할 수 없다. 이러한 경우를 B는 고려해야 한다. 만약 A가 전략 a_2을 사용한 경우, B는 b_1 전략을 선택하게 된다. 역으로 B가 선제적으로 전략을 선택해야 한다면 B는 어떤 선택을 하게 될까? 즉 A가 a_1이든 a_2이든 선제공격을 한다면, 이에 대응하여 적합한 대응을 하게 될 수 있지만, B가 선제공격을 하는 경우에는 불확실성에 직면한다. A가 어떤 대응을 할 것인지 불확실한 상황이다. 이때 B의 선택은 선호성과 관련되어 나타난다. 이때 B는 b_2 전략을 사용하여 A가 a_2 전략으로 대응하는 경우 (1, 10)이 되어 가장 높은 이익을 가져다준다. 하지만 A가 a_1 전략으로 대응할 경우 보수는 (3, 4)가 되어 보수가 줄어든다. 이때 B가 위험을 회피하려는 보수적인 성향이라면, B는 자신의 극댓값을 가져다 줄 수도 있는 전략 b_2을 지니고 있으면서도 전략 b_1을 선택하게 된다. 즉, B가 얻을 수 있는 보수 범위의 [7원, 10원, 6원, 4원]에서 4원의 최소 보수를 얻게 되는 위험(risk)을 회피하고 안전한 7원의 보수 전략을 채택하는 것이다. 즉, B가 가지는 보수는 7원, 10원, 6원, 4원의 네 가지 중 하나이다. 10이 극댓값이고, 4가 극솟값이다. 혹시 모를 4원의 극솟값을 획득할 위험을 고려하여 극댓값 10이 존재함에도 7원을 가지는 b_1 전략을 선택할 수 있다. 일종의 위험회피 또는 안전지향의 선택이다. 이와 같이 최악의 상황을 가정하여 이를 제약조건으로 설정하여 그 제약조건에서 자신의 이익을 극대화하기 위해 안정적인 전략을 선택하는 경우가 있는데, 이때 선택하는 전략을 최소극대화전략(maximin strategy)이라고 한다.

[보론] 안장점(saddle point)

위험(risk)이 회피되어 서로 만족할 만할 수준에서 균형이 이루어지는 안장점(saddle point)에 대해 살펴보기로 한다. 안장점이란 용어의 사용은 보수 값이 극댓값과 극솟값이 범위가 있어 마치 말의 안장(鞍裝) 모습과 같다 하여 붙여진 용어이다.

[가정] 국내 자동차시장을 놓고 두 기업이 경쟁을 한다. 각각의 기업은 시장 점유율을 높이기 위한 전략을 두 가지씩 가지고 있다. 보수행렬의 각 원소들은 전략에 따른 각각의 시장점유율을 나타낸다.

<안장점(saddle point)의 보수행렬>

경기자 A	경기자 B	(단위: 원)
	전략 b_1	전략 b_2
전략 a_1	(2, 8)	(3, 7)
전략 a_2	(5, 5)	(4, 6)

보수행렬표를 통해 게임구조를 살펴보면 시장은 일관된 시장규모(10)를 가지고 있다. 즉, 정합게임 (constant game)이다. 또한 전체 10을 통해 한쪽이 1만큼 얻으면, 다른 한쪽이 1만큼 잃는 제로섬(zero sum)게임의 성격을 가지고 있다. 만약 A가 전략 a_1을 사용했다고 하면 B는 전략 b_1을 사용한다. 그러면 A는 다시 전략 a_2을 사용하게 된다. 그러면 또 B는 전략 b_2을 사용하게 된다. 그리하여 (4, 6)이 되는 a_2와 b_2 전략의 짝 상태가 되는데, 이러한 흐름이 말 등에 얹어놓는 안장과 같은 모습이라 하여 안장점 (saddle point)이라 한다.

그런데 이들 짝은 위험을 회피한 최소극대화전략의 짝이란 성격을 가지고 있다. 즉, 두 기업 모두 극댓값(최댓값)과 극솟값(최솟값)도 아닌 보수상태에서 균형을 이루고 있다. 이는 서로 각자 만족하는 대응전략으로서의 상태로서 더 이상 변동이 일어나지 않아 내시균형전략의 짝이 된다.

이러한 전략 쌍의 변화 흐름은 ① $a_1 \rightarrow b_1 \rightarrow a_2 \rightarrow b_2$, ② $b_1 \rightarrow a_1 \rightarrow b_2 \rightarrow a_2$으로 진행한다. 이 중 ①의 경우를 함수로 변환하여 표현하면, ① $a_1 \xrightarrow{f(x)} b_1, \xrightarrow{g(x)} a_2 \xrightarrow{h(x)} b_2 \Rightarrow f \rightarrow g \rightarrow h$ 이 된다. 그리고 이 전략 쌍의 흐름이 멈추어지는 균형 값은 $f \rightarrow g \rightarrow h$ 으로서 (4, 6)이 된다. 즉, 경기자 X와 Y 간에 전략의 변화로 인해 보수 값이 (2, 8)→(5, 5)→(4, 6)으로 이동한다.

5. 반복적 게임(repeated game)과 순차적 게임(sequential game)

현실에서 균형이 이루어졌다 해도 그 균형상태가 고정 불변이지는 않다. 다양한 내/외 적 변수들에 의해 전략이 변화된다. 경기자의 교체, 새로운 전략들이 창안/응용 등으로 전략변동이 일어난다. 또한 정치적 사건, 재해 등의 게임 외적 변수들로 전략의 변화가 촉발되기도 한다. 그리하여 현실에서의 게임은 결과인 보수조차도 가늠하기 어려울 정 도로 복잡하고 유동적인 것이 일반적이다. 이러한 변화의 동태적 관점에서 게임을 논의 하는 다양한 이론들이 있는데, 여기서는 변동과 관련하여 반복적 게임과 순차적 게임에 대한 내용을 살펴보기로 한다.

1) 반복적 게임(repeated game)
반복적 게임(repeated game)이란 '게임이 되풀이되는 것'을 의미한다. 이에는 두 가지 의미를 함축하고 있다. 하나는 좁은 의미로서 동일한 게임에서 균형과 불균형의 상태를 반복하면서 연속적으로 진행되는 경우이다. 다른 하나는 넓은 의미로서 하나의 게임이 종결되고, 또 다른 게임이 다시 진행되는 경우이다. 일반적으로 분석단위와 관련되어 좁은 의미로 사용되고 있다. 즉, 전략에 초점을 두어 경기자들의 전략들이 서로 반복적으로 충돌하는 것을 의미한다.

정치학자 악셀로드(R. Axelrod)는 게임이론 전문가들에게 'A와 B 간의 반복되는 게임에서 가장 효율적인 전략이 무엇인가?'라는 질문과 그에 대한 답인 전략들을 제출받았다. 그리고는 그 전략들을 가지고 전략시뮬레이션을 시도했다. 그 결과 가장 좋은 전략은 협조적인 전략을 줄곧 사용하다 상대가 비협조적인 전략을 사용하면 비협조적 전략에 대한 따끔한 보복적 전략을 선택하고 다시 협조적 전략을 사용하는 것이 이익을 가장 극대화하는 전략이라는 결론을 발표했다. 요컨대 비협조적 경기자에게 어김없이 따끔히 대가를 치르게 하면서 보복은 단 한 번만 취함으로써 너그러움을 보여 주는 것이 가장 이익극대화에 효율적인 전략이라는 것이다. 역사적으로 경쟁관계에서 우월적 지위를 가진 자는 늘 자신과 다투어 겨루는 경쟁자를 말살시켜야 한다는 유혹을 받는다. 하지만 경쟁자가 말살되면 게임이 소멸되고 게임이 소멸되면 경쟁이 사라지고 경쟁이 사라지면 다음과 같은 긍정적 효과들도 함께 소멸된다. 경쟁은 인간의 나태함과 게으름 같은 바람직하지 못한 행위를 통제한다. 그리하여 발전(성장/진보)이 촉진된다. 또한 경쟁은 늘 공정을 감시한다. 비겁함과 부당성을 낱낱이 들추어 내는 에너지로 작동한다. 이에 경쟁의 불가피성 또는 필요성은 부정되지 않는다. 경쟁을 비판하는 사람도 지나친 경쟁을 문제 삼는 것이지 경쟁 자체를 부정하지는 않는다. 그런데 경기자의 말살은 이러한 긍정적 효과를 제거하는 행위와 같은 결과를 초래한다.

2) 순차적 게임(sequential game)

일상에서 흔히 공식입장을 표명하는 기자들의 질문에 [상대방의 행동을 봐가며 입장을 정하여 조치하겠다], [예의 주시하고 결정하겠다], [좌시하지만은 않겠다], [상황추이를 지켜보고 결정하겠다] 등의 진술들을 자주 접한다. 이러한 진술들은 상대방이 취하는 행동, 즉 상대방의 전략과 결과 등을 고려하여 자신의 전략을 선택하겠다는 의미를 담고 있는 것들이다. 이처럼 상대방이 이런 행위를 하면 이렇게 할 것이라는 조건부적인 전략을 계획하는 경우가 있는데, 이처럼 선(先) 행위에 대하여 조건부적인 후(後) 행위로 진행되는 게임을 순차적 게임(sequential game)이라 한다.

현실에서 경기자들은 동시에 행동들을 취하는 것이 아니라 한 사람이 선제적인 행동을 취하면 다른 일방이 이에 대응하여 행동하는 순차적인 경우가 일반적이다. 엄밀히 보면 시간적으로 한 시각에 행동이 취해지는 경우는 존재하지 않는다. 이러한 점에서 보면 모든 게임이 순차적이다. 0.1초라도 차이가 있기 때문이다. 다만 여기서 말하는 순차적 의미는 시간적 맥락이 아니라 경기자 간의 관계에서 발생하는 행동적 맥락에서 작용과 반작용이란 일련성(一連性)에 초점을 둔 개념이다.

순차적 게임은 선제적 행동(공격)과 대응적 행동(방어)이라는 점에서 공격자와 방어자 간의 보수의 변화에 주목하여 누가 이득을 보는가를 중점으로 다음의 경우를 생각해보기로 한다. 경기자 B는 A가 전략을 선택(선제공격)한 후에 자신의 전략을 선택한다. 즉, 조건부적인 전략계획을 가지고 있다고 하자. 그러면 B는 A의 전략을 살펴보고, A가 선택한 전략에 가장 좋은 전략을 선택할 것이다. 이때 A와 B의 보수가 각각 보수행렬표와 같이 주어져 있다고 하자.

<조건부 순차게임>

| | | 경기자 B | (단위: 원) |
		전략 b_1	전략 b_2
경기자 A	전략 a_1	(2, 8)	(6, 4)
	전략 a_2	(6, 4)	(5, 5)

이와 같은 게임구조 상황에서 B는 상대방이 어떻게 선택하느냐를 지켜보고 있다가 그가 어떤 전략을 실행하면, 그때 자신에게 가장 좋은 전략을 선택하면 된다. 표에서 A가 [전략 a_1]을 취하면, 그에 대응하여 B는 가장 이익이 극대화되는 [전략 b_1]을 선택하여 행동하면 된다. 또한 A가 [전략 a_2]를 실행하면 이때 B는 [전략 b_2]로 대응하면 된다. 그런데 이런 상황을 이해하고 있는 A라면 A는 [전략 a_2]를 취하게 될 것이다. 그렇게 되면 보수가 (5, 5)인 상태에서 내시균형을 이루게 된다. 이러한 보수구조를 가진 순차게임의 경우, 형식적으론 A가 선제적(주도)으로 행동하지만 실질 이익은 A선택에 대응하는 방어적 행동자인 B와 같게 되는 게임구조라는 것을 알 수 있다.

그런데 이번에는 다른 보수표를 가진 순차게임을 살펴보자.

<조건부 순차게임>

경기자 A		경기자 B	(단위: 원)
		전략 b_1	전략 b_2
	전략 a_1	(1, 1)	(2, 6)
	전략 a_2	(2, 5)	(4, 6)

이 경우 B는 우월적 전략을 가지고 있다. A가 어떤 전략을 선택하더라도 B는 [전략 b_2]를 선택하는 것이 최적 대응(best response)이다. 그렇기 때문에 행동의 주도권을 쥐고 떵떵거리는 것은 A이지만, 실속은 B에게 있다. 결국 A가 이러한 게임구조를 인식하고 있고 비합리적인 태도를 취하지 않는 한 A는 [전략 a_2]를 선택하게 되고, B는 그에 최적 대응인 [전략 b_2]를 뒤따라 취하여 (4, 6)에서 균형을 이루게 될 것이다. 이와 같은 조건 부적 계획을 가지고 있는 순차게임은 시각적 용이성을 위해 나무구조로 표현할 수 있다.

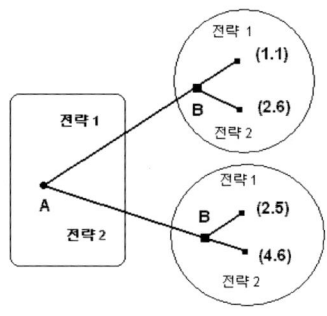

<순차게임: 보수의 쌍>

[보론]

■ 반복적 게임에서의 좁은 의미의 반복과 넓은 의미의 반복

반복적 게임(repeat game)에 관련하여 반복이 무엇인가에 대해 불명확한 개념으로 사용하거나 논자에 따라 다양한 의미로 사용하여 혼돈스러움을 보이고 있다. 이에 보충적 설명이 필요할 것 같다. 이는 게임의 분석 단위와도 관련된다. 반복은 좁은 의미와 넓은 의미로 구분할 수 있다. 먼저 좁은 의미의 반복적 게임이란 게임의 구성요소인 경기자, 전략, 보수에서 경기자가 동일한 상태에서 전략적 충돌(전략)이 반복되는 경우를 뜻한다. 예를 들어 고려와 몽고, 조선과 일본의 전쟁에서와 같이 장기간 전쟁이 벌어진다면 전쟁에서 전략과 얻게 될 이익인 보수가 변동한다. 즉, 게임의 구성요소들에서 전략과 보수는 변화한다. 다만 경기자들이 동일하다면 좁은 의미의 반복적 게임이다. A와 B 간의 전쟁상황에서 한 번의 대격전으로 게임이 종결될 수도 있고, 여러 번의 소규모 전투 끝에 종결될 수도 있다. 반면 소강

상태를 유지할 수도 있고, 휴전협정을 맺을 수도 있다. 만약 여러 번의 전투가 벌어진다면 각 전투에서 전략들이 변경되어 사용될 수 있다. 그리고 전쟁으로 얻게 될 이익도 변화한다. 그런데 분석의 단위와 관련하여 장수들을 경기자로 보게 되면 장수들 역시 변동하는 경우가 있다. 하지만 전쟁을 실행하는 사람을 기준으로 구별하지 않고, 전쟁의 주체들을 중심으로 보게 된다. 반면 넓은 의미의 반복적 게임은 게임 자체가 뒤풀이되는 것을 말한다. 일상에서 흔히 넓은 의미로 반복 개념이 사용되는 경향이 강하다. 예를 들어 한 격투기 선수가 특정 대회에서 우승하기 위해선 수회의 각각 다른 선수들과 경기를 해야 한다. 이러한 토너먼트의 경우 사람들은 일반적으로 [경기가 반복적이다]라고 말한다. 또한 다른 대회에도 참가할 것이다. 이 선수는 격투기 선수로서의 생활을 그만두지 않는 한 게임은 반복적이다. 넓은 의미에서 게임의 반복을 생각하면 게임의 균형은 변동(變動)하는 균형(均衡)이다.

■ 순차적 게임(직렬처리)과 동시다발적 게임(병렬처리)

현실에서 여러 게임을 하나씩 단계적으로 진행하는 경우도 있지만, 여러 개의 게임을 동시에 진행하는 경우도 있다. 가령 A가 B와 게임을 하면서, 동시에 성격(게임의 구조: 보수행렬표)이 다른 C와도 게임을 하는 경우이다. 고대 로마의 예를 생각하기로 하자. 로마는 장기간 이탈리아 정복사업을 진행시켰다. 로마군대는 이탈리아군대를 상대로 B.C. 396년 베이(veii)를 함락하고 에트루리아를 굴복시켰다. 그리고는 B.C. 325~290년에 3회에 걸쳐 삼니움人(Samnites)과 전쟁을 하고 승리함으로써 이탈리아 반도의 통일 기반을 마련하였다. 이후 로마는 당시 페니키아의 식민지였던 카르타고와 충돌이 불가피했고 3회에 걸친 큰 격돌이 있은 포에니 전쟁(B.C. 264~164)을 치른다. 로마는 이 전쟁의 승리로 지중해 지배를 확립시켰고, 로마제국의 성립 기틀을 가지게 되었다. 이처럼 로마는 시간적으로 장기에 걸쳐 수회의 전쟁을 치렀고 매 전쟁마다 경기자(상대방)들이 달랐고 전략 역시 달랐다. 단지 동일한 것은 정복사업이란 목적(보수)이다. 이러한 전쟁은 순차적으로 본 전쟁사이다. 하지만 이때 로마는 여러 전쟁을 동시 다발적으로 진행했다.

V. 게임이론의 응용과 한계

1. 용의자의 딜레마(suspect's dilemma)

검사가 강도죄의 공범들로 추정되는 용의자 두 사람을 체포했다. 체포는 했으나 검사는 이들이 유죄라는 확정적 증거는 갖지 못하고 있다. 만약 검사가 물증을 찾아낸다면 검사는 징역 12년을 구형할 것이고, 만약 증거를 찾지 못한다면 이들은 강도죄가 아닌 단순 폭행죄로 징역 6개월을 구형할 수 있을 뿐이다. 편의상 검사의 구형(求刑)과 재판부의 선고형(宣告刑)이 동일하다고 하자.

검사는 이러한 상황에서 두 용의자에게 다음을 제안했다. 만약 둘 다 자백을 하면 징역 2년을 구형할 것이다. 그런데 한 사람은 시인하고 한 사람은 부인한 경우에는 시인한 사람은 기소하지 않을 것이지만(불기소처분), 부인한 사람은 기소하여 실형(징역형) 12년을 구형할 것이다. 그리고는 검사는 두 사람을 분리하여 각각 심문에 들어갔다. 이들이 서로 같은 장소에서 심문을 받는다면 상대방과 정보교환을 통해 범행을 끝까지 부인할 가능성이 있다는 판단에서이다.

위와 같은 상황[136]에서 혐의자 A와 B는 각각 어떤 행동을 취하게 될까? 검사가 제안한 보수행렬표는 다음과 같다(불기소처분은 '0'년, 6개월은 '0.5'년으로 나타냈다).

<검사가 제안한 조건>

		용의자 B	(단위: 년)
		자백	부인
용의자 A	자백	(2, 2)	(0, 12)
	시인	(12, 0)	(0.5, 0.5)

만약 용의자들이 검사가 물적 증거를 확보하지 못하고, 서로 상대방이 범행에 대해 시인을 하지 않을 것이란 확신이 있으면 이들은 시인을 하지 않을 것이다. 왜냐하면 물증(명증 근거)을 찾지 못하면 강도죄로 기소하지 못하고 단순 폭행죄로 기소할 수밖에 없기 때문이다. 그리하여 이들은 모두 부인하는 전략을 택해 (0.5, 0.5)가 된다.

그런데 검사가 자신들의 유죄를 입증할 만한 물적 증거를 확보하지 못한다는 것에는 확신하지만, 서로 믿지 못한다면 어떻게 될까? 만약 A가 자백을 하고 B는 부인한다면, 각각 (0, 12)의 보수를 가진다. 즉, A는 석방되지만 B는 12년의 강도죄로 기소되어 12년의 구형(求刑)을 받게 된다. 그렇기 때문에 둘은 서로를 불신하는 경우 자백할 가능성이 매우 높고, 이에 둘 다 모두 범행을 시인하는 (2, 2)에서 가장 그럴듯한 결과를 만들 가능성이 높다. 부인을 통해 가지게 되는 자신의 위험(risk)이 크기 때문이다. 우월전략균형을 이루는 부인(否認)의 전략이 있음에도 위험을 회피하고 안전을 지향하여 중간적 위험을 가진 시인(是認) 최고극대화전략을 취함으로써 내시균형이 발생할 가능성이 높아진다. 이처럼 검사가 물증을 찾지 못할 것이라는 확신을 하는 상태에서도 용의자 두 사람의 각자 상대방에 대한 신뢰 여부가 선택에 중요한 영향을 미친다.

그런데 지금까지 논의한 내용이 게임 이론적 접근 사고이다. 여기서 만약 검사가 실체

---

136) 참고로 이 상황은 게임이론에서 가장 잘 알려진 '죄수의 딜레마'와 유사한 상황이다. 죄수의 딜레마는 거의 모든 책에서 소개하고 있다. 보다 현대적이고, 현실성이 있도록 죄수가 아닌 용의자 등으로 용어들을 대체하여 재구성했다.

적 진실에는 관심 없고 오직 게임을 이기는 데에만 집중하게 된다면, 정의가 훼손되고 만다. 범죄의 유무죄 판단은 증거로서 이루어져야 한다. 그런데 지금 검사는 증거불충분에서 기인하는 범죄의 명증성(明證性)을 보충하기 위해 용의자 자백을 구하고, 이를 위해 거래를 하고 있다. 배심원 또는 판사의 경우도 마찬가지이다. 재판을 게임적 사고로 접근하게 되면, 진실을 밝혀 정의를 구현해야 하는 목적과 거리가 멀어진다.

만약 용의자들이 범죄 집단의 구성원들이고, 이러한 상황이 반복된다면(반복적 게임), 범죄 집단은 체포된 용의자들의 선택에 영향을 미치는 신뢰성 조건을 충족시키기 위해 어떤 노력을 하게 될 것이다. 가령 자백하는 사람에게 보복을 하거나 혹은 끝까지 부인하는 사람에게 보상을 지불하는 방법 등이다. 소위 채찍과 당근의 수단을 통해 향후 있을지 모를 이런 상황에 대비하고 체포된 경우에 부인하는 선택을 하도록 담보받으려 할 것이다. 이렇게 되면 검사는 용의자와 게임을 하는 것이 아니라 범죄 집단과 게임을 하게 되는 양상을 가지게 되어 마치 증인보호제도처럼 어떤 보호 장치를 제안하거나 범죄 집단과 게임을 하게 될 것이다.

2. 법정 딜레마(The dilemma of the court)

민사소송(民事訴訟)의 법정 다툼 상황을 생각해보자. 피고와 원고가 치열한 재산권 다툼의 법리 공방을 벌이고 있다. 명백한 증거가 없는 상태에서 법적 논리만이 치열하게 전개된다. 양측 두 경쟁자는 승소를 추구하고 있고, 공격과 방어인 주장과 반박의 전략을 가지고 있다. 또한 어느 누구도 결과를 마음대로 좌지우지 못한다. 이러한 법정 상황에서 보수(행렬)표가 다음과 같다고 하자.

<법정다툼의 보수표>

		피고(B)	(단위: 억)
		반박논리 1	반박논리 2
원고(A)	논리 1	(1, -1)	(-1, 1)
	논리 2	(-1, 1)	(1, -1)

보수표에 의하면 원고와 피고는 패소힐 경우 보수가 -1억 발생하고, 승소하면 +1억의 이익을 얻는다. 그리고 전략은 원고의 선제적 공격과 피고의 대응이라는 위치에서 각자

두 가지씩 가지고 있다. 보수표에서 전략은 순환하는 구조를 가지고 있다. 가령 A가 논리 1을 사용하면 B가 논리 2로 대응하고, 이에 A는 논리 2로 다시 주장하게 된다. 그러면 B는 또 논리 1을 주장한다. 그러면 A는 다시 논리 1을 주장하고, B는 다시 반박논리 2를 주장하는 전략변동의 순환이 발생한다. 즉, 논리 1→반박논리 2→논리 2→반박논리 1→논리 1→반박논리 2→논리 2→반박논리 1……, 이와 같은 전략을 가진 게임구조라면 법정 다툼은 승패 없이 지루한 공방을 거듭하게 된다. 게임은 순차적이고 동시에 반복적 양상을 가지며 어느 일방이 승리할 수 있는 전략을 가진 게임이 아니기 때문에 법정 공방이 장기간 계속된다.

현실에서 법정 다툼에서 이와 같은 법리공방이 나타나는 것이 일반적 현상이다. 가령 삼심제를 두어 무한 다툼을 제어하거나 또는 합의제와 같은 제도를 통해 다수결에 의해 해결되는 것이 일반적이다. 세상에 반박할 수 없는 완벽한 논리란 존재하지 않는다. 그 어떤 논리도 반박될 수 있기 때문이다. 다만 누군가의 주장에 반박할 수 있는 논리개발 능력과 개발에 소요되는 비용과 시간상의 문제일 뿐이다. 간혹 시간을 벌기 위해 재판을 지연(遲延)시키는 전술이 사용되기도 한다. 이에 첨예한 논리전과 정보전이 펼쳐지는 것이 일반적이다. 각자는 자신이 펼치려는 전략에 대한 정보는 노출시키지 않고, 상대방이 가지고 있는 전략에 대한 정보는 습득하려 한다.

그런데 게임적 시각에서 이러한 법정 다툼은 제로섬게임(zero sum game) 성격을 가지지만, 결과가 모두 패자가 될 가능성을 가지고 있다. 가령 법정다툼이 장기간 계속되어 기회비용과 소송비용 등의 증가를 감안하면 승자에게 돌아가는 보수가 변동하는 비정합 게임이 되고, 원래 가졌던 실질 보수가 감소한다. 이는 소송당사자뿐만 아니라 사회 전체적으로도 비효율적이다. 이에 비용(기회비용을 포함한 개념)의 증가로 어느 순간 소송당사자들은 재판을 계속할 수도 없고, 안 할 수도 없는 딜레마에 빠진다. 이러한 딜레마 상황에 처하면 소송당사자들은 은근히 소송의 중지를 원하게 되고, 이에 타협 또는 중재자를 기대하게 된다. 이러한 경우 재판부(조정자)의 조정 또는 중재는 성공할 가능성이 높을 것이다. 이처럼 변화되는 보수(報酬)로 인해 제로섬 게임에서 경기자들 모두 패자가 되는 결과가 발생할 수 있고, 타협(妥協)이 발생할 수도 있다. 딜레마 상황에서 중재와 조정 같은 제도적 수단들이 실행되는 것이 필요하다. 물론 이러한 제도들을 악용하는 경우들이 있지만, 이는 다른 차원의 문제이다.

3. 과당경쟁과 정부의 개입 .

기업 간 경쟁은 일반적으로 사회에 긍정적 영향을 미친다. 하지만 경쟁이 반드시 사회적으로 좋은 영향만을 미치는 것은 아니다. 때론 기업 간 과당경쟁이 사회적 비효율성을 발생시키고, 국민의 사회후생 수준을 감소시킬 수 있다. 이러한 경우 정부가 시장에 개입할 정당성을 가지게 된다. 하지만 정부는 어느 것이 적당한 경쟁이고, 어느 것이 과당경쟁인지에 대한 판단기준이 문제된다.

예를 들어 보자. 과점 형태를 가진 대형(마트)시장에서 A와 B의 두 기업이 사실상 쌍두마차처럼 마트업계를 주도하고 있다. 어느 날 A기업(마트)은 10%의 판매가격인하를 전면적으로 실시하고 지금 대대적인 홍보를 실시하고 있다. 이에 동일 업종의 B기업(마트)은 이 상황에 대한 결정을 시도한다. 이러한 상황을 게임적 시각으로 접근하기로 하자.

정부는 우선 게임구조를 파악해야만 한다. 즉, 경기자, 전략, 보수를 파악하여 보수표를 작성하는 작업이다. 이에 전략은 가격전략만 존재하는 것으로 가정하여 보수행렬표가 작성되었다고 하자.

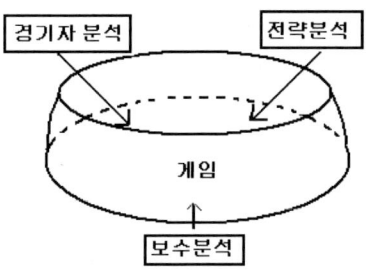

<B의 대응전략들과 효과>

이를 토대로 두 기업 간의 경쟁상황을 추론하면, B는 A의 선제적 행동에 대해 무대응하거나 또는 대응하는 두 가지 방법을 취할 것이다. 이때 B가 A의 공격적 행동을 무시하지 않고, 즉 좌시하지 않고 이에 대응을 한다고 하면, B는 다시 3가지 수단을 택할 수 있다. 하나는 A와 동일한 전략을 사용하는 경우이다. 요컨대 [따라하기 전술]이다. 다른 하나는 반격적인 것으로 A보다 더 [강한 전술]을 사용하는 경우이다. 가령 A가 10%의 가격인하전략을 사용했다면 B는 그보다 높은 20%의 가격인하를 실시하는 경우이다. 그리고 세 번째는 방어적인 [약한 전술]로 A의 10% 가격인하보다 낮은 인하를 선택하는

경우이다. 예로 5%만 가격을 인하하는 방식이다. B는 세 방식 중에서 가장 최적의 전략을 채택하여 실시하게 될 것이다. 그런데 이러한 전술(수단)의 결정은 매출액(시장점유율)과 기업의 이윤(이윤변동률)에 근거하여 이루어질 것이다. 주먹구구식으로 대응하지는 않을 것이기 때문이다. 이에 B가 행한 대응전술들이 매출액 및 이윤 간의 관계에 대한 분석결과가 다음과 같이 나타났다고 하자.

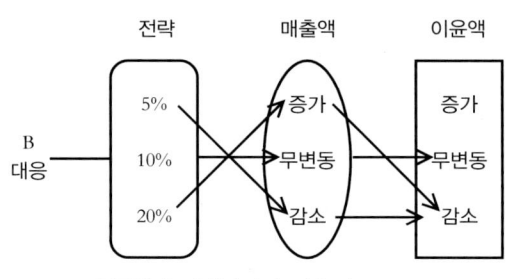

<유통업의 판매가격과 이윤의 구조>

그림에서 만약 5%의 낮은 전술로 대응하면 매출액과 이윤이 감소한다. 10%로 A가 한 것처럼 [따라하기 전술]을 실행하면 매출액과 이윤에 거의 변동이 없다. 반면 [강한 전술]로 20%의 공격적 가격인하를 실행하면 매출액은 증가하지만 이윤이 감소하고 있다. B는 A의 대응에 어떤 전략을 사용해도 기존에 가졌던 이윤을 증가시키지는 못한다. 이때 이윤을 극대화하는 것이 목적이라면, 10%의 가격인하 대응인 [따라하기 전술]이 이윤을 감소시키지 않기 때문에 최선의 전술이 된다. 만약 이러한 전술이 전개되는 경우 가격이 낮아져 소비자잉여가 증가할 것이다.

이 같은 분석적 판단이 가능하기 위해서는 매출액과 이윤의 변동에 관한 신뢰할 만한 자료(정보)들이 필요하다. 우선 매출액을 결정하는 변수는 판매하는 가격탄력성과 기업에 대한 고객들의 충성도 및 편리성이 중요한 영향을 미친다. 이 세 가지 변수에 의해 매출액(시장점유율)이 의존된다고 하면, 이들은 가격전략의 효과를 분석하는 중요한 변수들이다. 하지만 이러한 자료들이 없는 경우가 많다. 예컨대 상품별 가격탄력성과 고객충성도를 알아보려면 기본적으로 그동안 축적되어 있는 고객관리정보가 있어야만 가능하다. 이는 시간과 비용 및 노력이 수반된다. 자료가 없는 경우 자료를 생산해야만 하는데 시기(timing)를 놓쳐 버릴 수 있다. 또한 자료들을 습득하는 것이 어려운 경우가 많다. 재무상태와 같은 기업비밀이 되는 항목들이 많기 때문에 분석자인 B기업의 자신에 대한 정보뿐만 아니라 상대방 A기업에 대한 정보 습득이 용이하지 않다. 이러한 이유들로 불충분한 자료(정보)들을 통해 불완전한 분석이 이루어진다. 현실에서 모든 분석물은 필연적으로 과잉/과소의 값을 담게 된다. 즉, 실재(實在)에 대하여 [진실 값＝오차 값±분석 값]

의 값을 가지게 된다.

하지만 두 기업의 경쟁은 이윤(마진)과 판매가격에 대하여 일반적으로 다음과 같은 구조를 가진다.

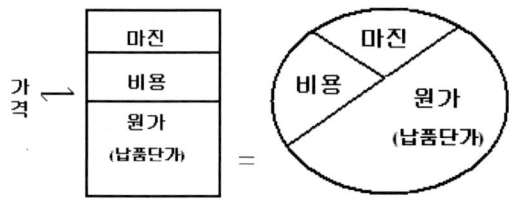

유통업의 경우 판매가격은 [마진(이윤)＋비용＋원가(납품단가)]로 이루어져 있다. 그렇기 때문에 이윤은 판매가격에 마진이 포함되어 있을 때 발생한다. 따라서 이윤은 판매가격에서 비용과 원가를 합한 차이가 0보다 클 때 발생한다{이윤＝판매가격-(비용＋원가)}. 이는 총매출액에서 총비용을 뺀 것이 총이윤이라고 말할 수 있다.

만약 가격 경쟁이 치열해져 적자를 보는 판매가격을 선택하는 경우, 회사는 도산의 위험을 줄이기 위해 내부적인 비용절감을 시도할 것이다. 동시에 납품업체들로부터 받는 상품 단가를 조정하는 수단들을 사용할 가능성이 있다. 이때 후자가 시행된다면 애꿎은 납품기업들이 손해를 볼 수가 있다. 그렇게 되면 가격인하가 이루어지는 경우에도 그 경쟁이 사회 전체적으로 바람직한 것은 아니다. 이에 과당경쟁인 경우 정부가 시장 조정자로 개입할 필요성이 발생한다. 즉, A와 B기업의 가격인하 경쟁의 효과가 연관기업들로 파급되는 경우, 정부 개입의 필요성이 등장할 수 있다.

4. 무역협정에서의 적용

이번에는 게임이론을 정책결정에 적용하는 문제를 생각해보자. 우선 정책분석에 게임이론을 적용하기 위해서는 게임의 구성요소가 충족되어야 한다. 즉, 게임의 성립요건(成立要件)이다. 첫째, 적어도 둘 이상의 행동개체로서 선수가 있어야 한다. 마치 유일하게 무인도에서 '나 홀로' 살아가는 경우 게임이 성립하지 않는다. 물론 여기서 행동개체는 인격체(권리의무의 주체＝자연인과 법인)를 말한다. 둘째, 의사결정의 주체인 행동개체들은 각기 게임에서 전략을 가지고 있어야 한다. 셋째, 게임으로서 얻게 되는 보수가 존재해야 한다. 이때 보수는 경제적인 것이거나 또는 경제적으로 환산이 가능한 것을 포함한다. 이러한 게임의 구성요소들을 가지고 있다면 게임이론을 적용하여 상황(문제)을 분석하는 논리적 틀로 활용할 수 있을 것이다.

다음과 같은 간단한 가상의 예(例)를 가지고 살펴보기로 하자. A와 B, 두 국가가 (양자)무역협정에 관한 협상을 하는 상황이다. 두 국가가 협상전략으로 취할 수 있는 전략의 수는 각자 두 가지로 가정하자. 하나는 모든 상품(품목)에 대한 비관세를 적용하는 완전한 자유무역 전략이고, 다른 하나는 일부 품목을 제외하고 나머지 품목에 대해서만 비관세를 적용하는 제한적 자유무역 전략이다.

이러한 경우 전략들의 짝이 되는 조합의 수는 모두 4가지이다. 즉, 만약 협상이 타결된다면, 4가지 경우 중 하나로 협상이 타결된다는 이야기가 된다.

$$A\begin{pmatrix} a_1 \\ a_2 \end{pmatrix}, \quad B\begin{pmatrix} b_1 \\ b_2 \end{pmatrix} \quad \Leftrightarrow \quad \begin{pmatrix} a_1b_1 & a_1b_2 \\ a_2b_1 & a_2b_2 \end{pmatrix}$$

A국가의 전략: 모든 품목에서의 자유무역 = a_1, 일부품목을 제외한 자유무역= a_2
B국가의 전략: 모든 품목에서의 자유무역 = b_1, 일부품목을 제외한 자유무역= b_2

이때 각각의 경우에 가지는 보수의 분석결과가 다음과 같이 나타났다고 하자.

① a_1b_1의 경우: A와 B 두 국가 모두 모든 품목의 자유무역 전략
→ 두 국가 각자 8조의 이익(무역수지 개선)
② a_2b_2의 경우: A와 B 두 국가 모두 일부품목을 제외한 자유무역 전략
→ 5조씩 이득이 감소해 3조의 이익(무역수지 개선)
③ a_2b_1의 경우: A국가는 일부품목을 제외한 자유무역 전략. B국가는 모든 품목의 자유무역 전략
→ A국가는 10조의 이익(무역수지 개선), B국가는 1조의 손실(무역수지 악화)
④ a_1b_2의 경우: A국가는 모든 품목의 자유무역 전략. B국가는 일부품목을 제외한 자유무역 전략

→ A국가는 1조 무역수지손실(무역수지 악화), B국가는 10조 이익(무역수지개선)

이와 같은 내용은 다음의 보수행렬표(게임의 구조)로 정리하여 나타낼 수 있다.

<게임의 구조>

		국가 B	
		모든 품목 자유무역(b_1)	일부품목 제외 자유무역(b_2)
국가 A	모든 품목 자유무역(a_1)	(8.8)	(-1,10)
	일부품목 제외 자유무역(a_2)	(10, -1)	(3,3)

보수행렬표를 해석하면, 두 경기자가 있고 각 경기자는 전략을 두 가지씩 가지고 있다. 그리고 전략들이 가진 쌍(조합)에 대한 각각의 보수들의 쌍은 네 가지이다. 보수행렬표의 각 셀에 들어 있는 짝은 전략들의 짝에 의해 얻어지는 보수로서 화폐단위로 표시되어 있다. 어떤 전략 짝이 되는가에 따라 크기가 달라진다.

이와 같은 게임구조를 가진 상황이라면, 무역협정체결은 모든 품목을 자유무역을 하는 전략의 쌍(a_1b_1)이 채택되어 이루어질 가능성이 매우 높다. 즉, 두 국가 모두 자유무역정책을 채택하는 협상결과이다. 이때 두 국가가 가지는 보수는 각각 8조 원씩 이익(무역수지 개선효과)을 보게 된다. 그리고 양국이 협상과정에서 더 이상 전략을 변화시킬 필요가 없는 상태가 되는 균형상태이다. 전략의 쌍(a_1b_1)이 채택되는 과정을 좌표평면 위로 나타내면(방향성을 고려한 움직임을 벡터로 표현), 아래 그림과 같이 전략의 변동 흐름을 예상할 수 있다. 가령 (-1, 10)에서는 국가 B에서는 최적이지만 국가 A가 응할 수 없다. 반면 (10, -1)에서는 국가 A가 유리하지만 국가 B가 응할 수 없다. 한편 (3, 3)은 보

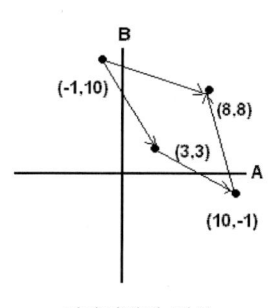

<전략선택의 변화>

다 나은 (8, 8)의 쌍이 있기 때문에 이동할 유인을 가지는 쌍이다. 하지만 (3, 3)이 채택될 수도 있다. 예컨대 각국이 처한 경제적인 산업구조 또는 정치적인 이유 등으로 일부 품목들을 제외하고 자유무역협정을 체결할 수 있기 때문이다. 결국 각국의 정책은 모든 품목을 비관세로 하는 자유무역을 하여 (8, 8)를 얻을 것인가? 아니면 일부 품목을 제외한 자유무역으로 (3, 3)를 얻을 것인가 선택하는 문제가 될 것이다.

그러나 정책과 관련하여 이러한 분석은 어디까지나 개념적이고 논리적인 분석이다. 실제의 현실에서 국가 간 무역협정은 마치 푹푹 빠지고 걷기 힘든 진흙탕을 걸어갈 때처럼 난항을 겪거나 또는 재협상에 다시 재협상되는 반복적 게임이 진행된다. 우선 A와 B 두 국가 모두 보수행렬표를 가지고 있지 못하거나(정보부재) 또는 둘 중 한 국가만 가지고 있는 상황(정보의 비대칭)에서는 협상이 달라질 수 있다. 또한 협상당사자들은 불완전한 정보를 가진 채 협상에 임하게 된다. 그리하여 잘못된 보수추계로 협정 이후 나타나는 결과가 예상했던 것과 상당한 차이를 가져오는 경우가 있다. 또한 무역협정의 체결로 인해 발생하는 보수의 배분 문제가 등장한다. 이러한 문제가 정치적 상황을 조성한다. 모든 정책은 비용부담자와 수혜자를 발생시킨다. 이러한 이해관계에서 모든 사람이 만족되는 정책이란 사실상 존재하지 않기 때문이다.

【참고】 경제학의 변천과 흐름의 특징

경제학은 문제(상황) 해결을 위해 제약된 조건에서 가장 유리한 대안 또는 합리적 대안을 선택하는 데 필요한 지식을 제공하는 학문이다. 이에 경제학을 흔히 '선택에의 학문'으로 규정하기도 한다. 여기서 경제(經濟)란 경국제세(經國濟世)에서 따온 말이다. 명칭에서 알 수 있듯, 경제에 대한 지식은 실용적 또는 처방적 성격에서 국가를 경영하고 국민을 구제한다는 정치적 목적 또는 통치적 목적에서 중요한 의미를 가지며, 응용된다. 이러한 관념은 서양의 Economic에서도 마찬가지이다.

1. 경제학의 변천(시대적 고찰)

18세기 서양 국가들은 중상주의 정책을 추구하면서 국가의 성장과 국부(國富)를 축적하려 했다. 이에 영국의 애덤 스미스(A. Smith, 1723~1780)는 53세에 『국부론』(1776)을 저술한다. 그는 국부론을 통해 정부(state)가 주도하는 중상주의(重商主義) 정책에 반론을 제기하면서 개인의 자유로운 경제활동을 통해 보다 나은 경국제세를 이룰 수 있다고 주장했다. 인간의 이기적이고 이익을 극대화하려는 시도가 시장(market)에서 보이지 않는 손(invisible hand)으로 작용하여, 상품의 생산과 분배의 효율성을 극대화한다는 요지이다. 이러한 애덤 스미스의 견해로 연구들이 이루어지기 시작했는데, 이것이 오늘날 우리가 말하는 경제학(economics)의 태동이다. 하지만 완전히 시장에만 경제를 맡기자는 주장은 아니었다. 가능한 정부의 인위적인 정책보다 시장기능에 의하는 것이 바람직하다는 주장을 폈다. 그러나 점차 애덤 스미스의 주장은 이데올로기화되어 시장에만 의존하자는 시장원리주의자들을 등장시킨다.

19세기 초 소위 고전학파(classical economics)라 지칭되는 학파가 성립한다. 대표적 인물이 리카도(D. Ricardo)이다. 리카도에 의해 고전학파가 형성되었다고 해도 과언이 아니다. 당시 리카도는 물자를 만드는 본원적 생산요소를 토지·노동·자본의 세 가지라 하여, 이것을 각각 소유한 지주, 노동자, 자본가들에게 생산물이 어떻게 분배되는가에 관련된 기능별 소득분배이론을 제시했다. 요컨대 생산 활동으로 발생하는 과실이 각각 지대·임금·이자의 형태로 배분되는 문제를 다루었다. 19세기 공리주의(on liberty)의 대표적 인물 중 하나인 밀(J. S. Mill)은 『정치경제의 원리(Principle of Political Economic)』라는 저서를 출간했다. 이것은 당시 유일무이한 경제학의 교과서로 활용되었다. 한편 19세기 말 마르크스(Karl Marx)는 리카도의 기능별 소득분배이론에 대응되는 『자본론』을 엥겔스와 함께 저술하여 20세기에 사회주의국가를 등장시키는 계획경제의 이론적 토대를 제공했다.

20세기 리카도를 계승하여 발전시키는 신고전학파(neo-classical economics)가 등장한다. 신고전학파에서 영국의 경제학자 마셜(A. Marshal, 1842~1923)은 중요한 인물이다. 그는 신고전학파의 창시자로 평가된다(그가 케임브리지 대학에 재직한 이유로 케임브리지학파라고도 말한다). 마셜은 19세기 말 역사학파, 사회주의 학파, 한계효용학파 등 다양한 이론들이 난립하는 상황에서 사회주의학파 이론을 제외한 각 학파의 장점들을 선택/종합하여 독자적인 경제이론체계를 수립하였다. 특히 마셜은 밀(Mill)의 공리주의적 주장을 데카르트의 함수를 차용하여 기하학적 분석을 시도하고, 수학적 개념들을 활용하여 논리적으로 정교한 이론으로 발전시켰다. 가격을 종축(y축), 수량을 횡축(X축)으로 표현하는 식의 함수(기하학과 대수의 접목) 개념을 경제 분석의 방법으로 관행화시켰다. 이러한 이유로 혹자는 개인의 소비와 기업의 생산 행태를 분석하는 미시경제학은 신고전학파(케임브리지 학파)에 의해 체계화된 외에 더 이상 논할 것이 없다고 말하기도 한다.

한편 20세기 중엽 경제학은 한 나라 경제 전체를 다루는 거시경제학적 논의들이 중심을 이룬다. 소위 정부 역할을 강조하는 케인즈 학파가 들어선다. 경제 전체의 관점에서 소득, 물가(인플레이션), 고용(실업), 경제성장, 국제수지 등의 문제를 해결하는 데 필요한 지식들의 생산이다. 이러한 경향은 미국에서 발생한 대공황이 결정적 계기를 마련했다. 20세기에 들어서 세계경제는 미국이 주도했고, 그동안 소규모 영세 산업구조에서 대기업과 독과점 및 재벌들이 등장한 산업구조가 형성되어 있었다. 미국의 주식 가격 폭락에 따른 경제공황은 그 영향이 세계로 확산되었다. 이에 케인즈(John M. keynes, 1893~1946)는 정부가 시장에 개입·규제하는 것을 반대하는 입장을 취하던 고전학파(신고전학파) 입장과 달리 시장에만 맡겨서는 시장실패로 경제위기 극복이 어렵다며 정부가 적극적으로 나서 재정정책을 통해 완전고용을 창출하고, 경제문제를 해결해야 한다고 주장했다. 그가 저술한 『고용·이자·화폐의 일반이론』(1936)은 종래 미시경제를 주축으로 한 전통적 경제학에서 거시경제학을 독립시켰다는 평가를 받고 있다. 케인즈 경제학은 20세기 3/4분기를 풍미했다. 그러나 점차 케인즈의 이론은 현실문제에 대한 해결능력이 상실되어갔다. 1970년대 중반 이후 이러한 경향은 두드러지게 나타났고, 이에 정부가 시장에 개입함으로써 발생하는 정부실패론이 부상하고, 애덤 스미스로 회귀하는 듯한 경제문제를 해결하기 위한 시장 역할을 강조한 통화주의학파와 합리적 기대학파 등이 등장했다.

21세기에 들어선 경제학은 패러다임의 부재인 혼돈 상태의 양상을 보인다. 정보적 접근, 심리적 접근, 인식론적 접근, 다양한 분과학문 간 복합 등 다양한 관점에서 경제현상에 대한 이론들이 만들어지고 있다. 혹자는 이러한 상황을 위기의 경제학 또는 위기의 거시경제학이라고 말하기도 한다.

2. 경제학 흐름의 특징

첫째, 경제학은 전통적으로 미시경제학과 거시경제학으로 분리되어 왔다. 하지만 오늘날 미시경제학과 거시경제학이 통합되는 현상이 나타난다. 1997년 우리나라가 경험한 외환위기, 그리고 미국과 유럽국가등에서 발생하는 금융위기는 보다 정밀하고 상황에 적합한 이론들을 요구하고 있다. 이는 경제학이 문제해결의 처방적 성격을 가진 학문이란 점에서 나타나는 현상이다.
둘째, 지금의 경제학은 세계경제학이다. 한 국가의 경제문제는 그 나라의 상품, 노동, 화폐시장만으로 야기되지 않는다. 오늘날 한 국가의 경제는 세계경제와 밀접히 연관되어 있다. 이에 한 국가의 경제문제를 해결하기 위해선 범국가적 보편 지식이 요구된다는 점에서 보편이론을 탐구하는 경향이 강화되는 것은 당연하다 할 것이다. 특히 상품을 만드는 데서 이윤을 추구하던 산업 중심, 그리고 만들어진 상품을 거래하여 이윤을 추구하던 상업 중심에서, 주식·은행·보험 등과 같은 금융업을 통해 이윤을 추구하는 금융자본주의가 중심이 되고 있다는 점에서 이윤추구를 위해 고안되어지는 금융기법들에 관련된 체계적이고 정밀한 지식들이 요구되고 있다.
셋째, 경제학의 지적 패러다임은 정부와 시장을 중시하는 이론들이 대립하여 전개되어 오는 특징을 가지고 있다. 시장(market) 또는 정부(state)의 역할을 강조하는 두 사조가 각기 이론체계를 구축하고, 시대적 상황에 따라 풍미되거나 약화되는 정반의 양상들을 보여 왔다.

정부주의	⇔	시장주의
중상주의(重商主義)	18C	애덤 스미스: 경제학(economics)의 등장
	19C	고전학파 성립.
케인즈 학파 성립(1970년대까지 풍미)	20C	신고전학파, 통화주의학파, 합리적 기대학파 등 성립.

부연하여 참고로 1980년대 정부실패론이 득세하고, 시장원리주의자적 사고를 가진 정치지도자들이 선출되었다. 영국의 대처 수상에 이어 토니 블레어 정부, 그리고 미국의 레이건 대통령에서 부시에 이르는 정부들이 예이다. 이러한 정치지도자들이 추구한 시장적 정책들을 통칭하여 흔히 신자유주의(neo liberalism: 애덤 스미스를 구자유주의로 대비)로 지칭되기도 한다. 그러나 2010년 이후 미국과 유럽 국가들에게서 나타나는 경제위기와 양극화 문제는 다시 신자유주의에 대한 반동적 움직임이 등장하고 있다. 이들은 공생(共生)이란 화두를 던지며 시장만능주의에 대해 비판한다.
한국의 경우를 보면 군사정권은 제외하고 김영삼 정부(OECD 가입)→김대중 정부(외환위기를 맞이하여 적극적인 정부수요관리정책 시행. EU, 한미, 남미의 칠레 등 자유무역 추진)→노무현 정부(EU, 한미 등 자유무역 추진)→이명박 정부(자유무역 추진) 등 상대적 차이는 있지만, 기본 기조에서 시장기능을 중시한 자유무역(free trade)을 추진하는 정책들을 시도해왔다.

【참고】 경제학의 응용(규모의 경제와 범위의 경제, 그리고 농업구조조정 정책)

바람직한 사회 상태를 유지 또는 달성하기 위한 정부의 행동방침을 정책이라고 하면, 정책은 경제학적 지식만으론 당면한 문제들을 해결하는 데 한계를 가질 수밖에 없다. 인간, 세계, 역사적 배경, 정서(심리), 가치와 사상(문화), 사회체제 등 종합적 측면들이 고찰되어야 하기 때문이다. 이에 케인즈는 진짜 좋은 경제학자는 폭넓은 지식을 가진 사람이며, 이러한 지식을 습득하는 것이 매우 어렵고 고통스러워 훌륭한 경제학자가 진귀한 새(rare bird)처럼 드물다고 토로한 적이 있다.

1997~1999년 외환위기 시기이다.[137] 당시 국제통화기금(IMF: International Monetary Fund)은 긴축정책을 조건으로 차관을 승인하고, 정부의 중요 재정정책을 관리했다. 이러한 이유로 당시를 IMF관리체제라고 부르기도 한다. 김대중 정부는 총수요관리정책을 기조로 경제정책을 시행했다. 즉, 국내수요와 해외수요를 창출 또는 확대하여 경제를 살리려는 경제정책이다. 해외수요인 수출에 관련하여 정부는 칠레와 미국 등 자유무역협정을 시도했다. 자유무역에 대해 다양한 의견들이 분분했다. 관료들 사이에서도 자유무역을 찬성하는 사람과 반대하는 사람들로 갈라졌다. 특히 농산물 개방을 우려한 농업인들은 정부정책에 강하게 반대했다. 하지만 대체적 분위기는 외환위기를 극복하고, WTO 경제체제의 세계적 흐름에서 자유무역협정은 불가피하다는 쪽이 우세적이었다.

이러한 상황에서 농림축산식품부(당시에는 농림부)는 농업의 경쟁력 확보를 위해 농업구조조정 정책에 박차를 가했고, 이때 [규모의 경제]와 [범위의 경제] 개념이 응용되었다. 규모의 경제란 소량 생산구조를 대량 생산구조로 전환하여 생산비 절감을 통해 이윤증가를 꾀하는 생산방식이다. 규모의 경제는 규모화사업이란 이름으로 농업구조조정의 핵심사업으로 이전에도 추진되어 왔던 것이다. 하지만 그동안 추진해왔던 규모화 사업은 다양한 국면에서 여러 문제들을 가지고 있었다. 첫째 현실에서 작물별 생산함수를 정확히 안다는 것이 사실상 불가능했다. 생산함수를 모르면 규모화가 얼마로 이루어지는 것이 이윤을 극대화하는 것인지에 대한 정확한 목표치를 설정하는 것이 힘들다. 쌀농사의 경우 규모화의 진행으로 생산비용이 감소하여 농가의 수입이 증가하지만, 3헥타르를 변곡점으로 오히려 수입이 감소하는 한계비용 체감의 법칙이 포착되기도 했다. 3헥타르를 넘어서 규모화를 한 농업인에게 이윤증가는 더 이상 발생하지 않는다. 하지만 이러한 통계자료들을 신뢰하기도 어려운 상황이었다. 농업인 입장에서 이윤증가가 체감되지 않는 규모화는 동기부여가 지속되기 어렵다. 정부 입장에서도 진정한 의미의 농업경쟁력 강화가 아니다. 둘째, 농산물 수출국들은 영농회사와 같은 기업형태를 지니고 전문적인 경영기법들로 운영되는 영농구조였다. 하지만 한국은 가족을 중심으로 한 영농구조를 가지고 있다. 이러한 생산방식은 영농관행 또는 영농관습으로 정착되어 규모화를 추진하는 데 어려움을 초래했다. 셋째, 농업을 경시하는 사회적 의식도 큰 장벽이었다. 젊은이들이 농업을 기피하여 고령 농업인들이 많았으며, 경영적 지식을 가진 인재들을 확보하는 데 어려움이 있었다. 넷째, 한국이 가진 농토는 광활한 농토를 가진 농산물 수출국들과 애초에 비교가 되지 않았다. 이러한 지리적 또

---

137) 1997년 12월 IMF로부터 긴급자금을 신청하여 1999년 9월 단기성 고금리 차입금인 보충준비금융(SRF) 135억 달러를 상환함으로써 사실상 IMF 체제를 벗어났고, 2001년 8월 대기성 차관 195억 달러를 모두 상환함으로써 명실상부하게 경제주권을 완전히 회복했다.

는 환경적 조건은 규모화 사업의 한계를 분명히 보여줬다. 다섯째, 국가 전체적 관점에서 타 경제부처들과의 갈등도 장애를 가져왔다. 가령 토지를 농업에 이용함으로써 다른 산업에 이용이 희생되는 기회비용이 감안되어 비효율적이라는 타 경제부처들의 생각이다. 농가의 입장에서도 농사를 짓지 않는 경우 토지가격이 상승하여 부자가 될 수 있는 기회가 생기지만, 농사를 짓는다면 농지로 묶여 땅 값이 오르지 않아 오히려 부자가 될 기회를 상실하게 되는 현상이 발생하곤 했다. 농지로 묶인 토지를 풀어달라는 농지전용에 대한 민원이 끊이지 않았다.

이러한 이유로 농업구조조정 정책의 근간이었던 규모화 사업의 한계를 보완하는 일환으로 [범위의 경제(economies of scope)] 개념이 정책에 응용되었다(참고로 친환경 유기농 농산물, 특용작물 생산 같은 전략적 농산물 생산 유도 정책이 한편에서 모색되어 시행되었다). [범위의 경제]란 서로 연관되는 생산물을 결합(joint)하여 생산함으로써 이윤극대화를 추구하는 생산방식을 말한다. 가령 한 기업이 구두만을 생산하는 것이 아니라 구두와 핸드백을 함께 생산하는 경우 가죽을 처리하는 시설 이용률을 높일 수 있고, 운송과 생산 등에서 시간과 비용이 절감될 수 있다. 별도의 경영진에서 단일화된 경영진을 통해 경영됨으로써 비용을 절감하는 이점을 노릴 수도 있다. 이러한 생산방식은 이론적으로 가족을 중심으로 한 소규모 농업구조에 딱 들어맞는다. 다품종들을 소량 생산하는 소규모 농가들이 서로 결합(조합)이 가능한 농산물들을 생산한다면, 이점(利點)이 발생한다. 가령 저장창고, 물류창고, 농기계 등을 공동으로 사용하여 생산비용을 낮추어 이윤을 증가할 수 있기 때문이다(물론 여러 농가들이 함께 농기구를 사용한다면 농기계 회사의 입장에서는 판매량이 줄어들 것이다). 하지만 범위의 경제 역시 한계가 있다. 비용절감효과가 실제에서 항상 성립하는 것은 아니며, 비용이 무한히 감소하는 것은 아니다. 상대비용체감의 법칙이 작동하여 일정수준에서는 더 이상 비용이 감소되지 않는다. 또한 농산물 가격의 인상 폭과 비교하여 생산에 필요한 농자재들 가격이 상대적으로 인상폭이 커 생산비용이 감소되지 않는 경우도 발생했다. 정책변동에 따른 이해관계에서 나타나는 갈등도 성공적 정책집행에 장애가 되는 한계가 있다. 모든 정책은 비용부담자(손해를 보는 자)와 수혜자(이익을 보는 자)를 발생시키는 성격을 가지고 있기 때문이다.

【참고】 현실에서 행해지는 다양한 정책결정방법들

a: 정해진 규칙이나 방침을 따르는 표준의사결정방식(SOP방법)

b: 과거 경험 또는 유사한 사례를 참고하여 선택하는 방식(사례적용법)

c: 합리적 절차를 밟아 선택하는 방식(분석적 방법 ↔ 직감적 또는 직관적 방법)

d: 최악의 결과를 제약조건으로 상정하여 선택하는 방식(최악조건설정방법)

e: 선택으로 인한 기회비용(잃는 것)과 기대이익(얻는 것)을 추정하여 선택하는 방식

= 가장 기대이익이 높은 대안을 선택(모험=집중화 : 몰아주기=불균형성장 : 낙수효과 기대)

= 위험을 분산하는 대안들의 조합방식(포트폴리오 방식=안전과 모험의 균형)

f: 해결이 아닌 봉합차원에서 문제를 덮어버리는 대안을 선택하는 방식(준해결법)

g: 해결 가능한 쉬운 문제부터 접근하여 풀기 어려운 문제로 해결해나가는 방식(순차법)

h: 현장 중심에서 목표만 설정하고 임기응변식으로 대안을 마련하여 선택하는 방식(임기응변법)

i : 이미 대안을 선택해놓고 반대자들이 자신들의 주장을 되풀이하다 힘이 빠지고 반대에 소극적일 때 또는 반대하지 않는 다른 결정에 슬며시 대안을 끼워 넣어 선택하는 방식(진빼기와 끼워 넣기 방법)

j: 다른 문제들이 제기되기 전에 재빨리 대안을 선택하는 방식(선수치기방법)

k: 협상(bargain)과 타협의 대안을 선택하는 방식(절충법)

l: 쌍방 간 모든 문제를 책상에 놓고 하나씩 주고받는 대안을 선택하는 방식(일괄타결법)

m: 다양한 조건들이 우연한 기회로 통합되어 대안이 마련되고 선택되는 방식(쓰레기통 의사결정법)

n: 대안선택에 필요한 정족수와 같은 요건을 가진 측이 절차를 생략하거나 간단하게 진행하여 대안을 선택하는 방식(날치기법)

o: 물리적 힘을 동원하여 강제적으로 선택하는 방식(물리적 방법)

[문] 다음 글을 읽고 옳지 않은 것을 고르면?

갑과 을은 주사위 놀이를 하여 먼저 100점에 도달하는 게임을 하고 있다. 두 사람이 동시에 주사위를 던져 두 사람 모두 홀수가 나오면 갑이 5점을 얻고, 을은 1점을 얻는다. 반대로 두 사람 모두 짝수가 나오면 을이 5점을 얻고 갑이 1점을 얻는다. (단 짝홀 또는 홀짝과 같이 엇갈린 수가 나오는 경우는 없다고 가정한다.)

※ 참고 : 객관성과 필연성 원리

- 시험 출제자와 시험 응시자(답변자) 양방 모두에 객관성과 필연성 원리가 적용.
- 문제를 구성하는 세 가지 구성요소 : ①질문 + ②제시된 정보 + ③선택지
  하나의 문제를 구성하는 세 요소들의 관계에서 객관성과 필연성을 가진 추론물이 존재해야 함.
  ↕
- 문제는 전형적인 출제오류의 사례임(자료에 의한 오류 : 정답이 없는 문제).
- 추론에서 가지는 오류(자료오류, 심리오류, 언어오류, 논리전개오류) 31~32쪽을 참조.

① 게임에서 갑과 을이 승리할 가능성은 동등하다.
② 10회 시행에서 가지는 갑과 을의 기대점수는 30점이다.
③ 게임이 종료되는 최소 시행횟수는 20회이고, 최대 시행횟수는 32회이다.
④ 승리할 확률이 동등한 경우 을이 갑에게 10점을 접어주면(갑은 +10점으로 출발), 최대 시행 횟수는 30회이다.
⑤ 게임에서 갑과 을이 보유한 정보의 비대칭문제는 발생하지 않는다.

[해설] 답: ③

② 승패의 확률은 1/2이므로, $(1/2\times10\times5)+(1/2\times10\times1)=30$점

③ <최단 시행횟수> 20회: 갑 또는 을이 모두 승리

승: $20\times5=100$　패: $+0$　따라서 100점

<최대 시행횟수>

- 30회: 갑과 을이 번갈아 승리

　승: $15\times5=75$　패: $+15$　따라서 90점

- 31회: 갑이 승리

　갑:　승: $15\times6=80$　패: $+15$　따라서 95점

　을:　승: $15\times5=75$　패: $+16$　따라서 91점

- 32회: 을이 승리

　갑:　승: $15\times6=80$　패: $+16$　따라서 96점

　을:　승: $16\times5=80$　패: $+16$　따라서 96점

- 33회: 갑, 을 중 누구라도 승리하면 101점 획득. 게임 종료

④ 갑이 +10점으로 출발하면 매 시행마다 확률이 동등하므로 30회가 최대 시행횟수가 된다.

[문] 다음 글을 읽고 옳지 않은 것을 고르면?

갑과 을은 가위, 바위, 보를 통한 100계단 먼저 오르기 게임을 하고 있다. 가위, 바위, 보를 해서 이긴 사람이 가위로 이기면 1계단, 바위로 이기면 3계단, 보로 이기면 5계단을 올라갈 수 있다. 진 사람은 그 자리에 머문다.

① 을이 가위, 바위, 보를 낼 확률이 동일하다면 갑의 입장에서는 보를 내는 것이 바위를 내는 것보다 게임의 승리에 유리하다.
② 을이 가위, 바위, 보를 낼 확률이 각각 1/4, 1/4, 2/4라면 갑의 입장에서는 보를 내는 것이 바위를 내는 것보다 게임의 승리에 불리하다.
③ 을이 가위, 바위, 보를 낼 확률이 각각 1/6, 2/6, 3/6이라면 갑의 입장에서는 바위를 내는 것이 보를 내는 것보다 게임의 승리에 불리하다.
④ 을이 가위, 바위, 보를 낼 확률이 각각 1/6, 1/6, 4/6라면 갑의 입장에서는 보를 내는 것이 가위를 내는 것보다 게임의 승리에 불리하다.
⑤ 을이 가위, 바위, 보를 낼 확률이 각각 3/6, 2/6, 1/6이라면 갑의 입장에서는 가위를 내는 것이 바위를 내는 것보다 게임의 승리에 불리하다.

[해설] 답: ②
선택지들의 판단은 기댓값 추정에 의존된다. ⇒ 경우의 수와 확률(변수)을 제시하고 있다.

<선택지 ②에서 을에 대응하여 갑이 가지는 기댓값 추정>

(1) 가위로 이기면 1계단, 바위로 이기면 2계단, 보로 이기면 5계단
(2) 을의 조건: 상대방 을이 가위, 바위, 보를 낼 확률은 각각 1/4, 1/4, 2/4

⇒ (1)과 (2) 두 조건에서 갑이 가지는 기댓값 계산
○ 보를 낼 경우: 상대방이 가위를 내면 진다. 이때 얻은 점수는 -1로 표현할 수 있다. 상대방이 가위를 내면 5점, 상대방이 보를 내면 0점이다. 따라서 이들 가위, 바위, 보 각각에 확률(변수)을 1/4, 1/4, 2/4 곱하면 기댓값은 다음과 같다. ⇒ $\frac{-1+5-0}{4}=1$
○ 바위를 낼 경우도 마찬가지 방식으로 계산하면, 기댓값은 다음과 같다. ⇒ $\frac{2+0-10}{4}=-2$
⇒ 따라서 보를 낼 경우가 바위를 낼 경우보다 승리에 유리하다.
✔ 유사기출문제: 2010년 입법고시(상황판단영역, 가책형 16번)

[문] 다음 글을 토대로 추론한 것으로 적절하지 않은 것은?

A와 B, 두 국가가 (양자)무역협정에 관한 협상을 하는 상황이다. 두 국가가 협상전략으로 취할 수 있는 전략의 수는 각자 두 가지이다. 하나는 모든 상품(품목)에 대한 비관세를 적용하는 완전한 자유무역 전략이고, 다른 하나는 일부 품목을 제외하고 나머지 품목에 대해서만 비관세를 적용하는 제한적 자유무역 전략이다. 이때 각각의 경우에 가지는 보수의 분석결과가 다음과 같이 나타났다. (단 두 국가가 각기 상대방의 선택할 수 있는 전략들과 결과를 알고 있으나 상대방이 어떤 전략을 사용할지에 대해서는 모르는 상황이다.)

<게임의 구조>

		국가 B	
		모든 품목 자유무역(b_1)	일부품목 제외 자유무역(b_2)
국가 A	모든 품목 자유무역(a_1)	(8, 8)	(-1, 10)
	일부품목 제외 자유무역(a_2)	(10, -1)	(3, 3)

A국가의 전략: 모든 품목에서의 자유무역 = a_1, 일부품목을 제외한 자유무역= a_2
B국가의 전략: 모든 품목에서의 자유무역 = b_1, 일부품목을 제외한 자유무역= b_2

① $a_1 b_1$의 경우: A와 B 두 국가 모두 모든 품목의 자유무역 전략.
  → 두 국가 각자 8조의 이익(무역수지 개선)
② $a_2 b_2$의 경우: A와 B 두 국가 모두 일부품목을 제외한 자유무역 전략.
  → 5조씩 이득이 감소해 3조의 이익(무역수지 개선)
③ $a_2 b_1$의 경우: A국가는 일부품목을 제외한 자유무역 전략. B국가는 모든 품목의 자유무역 전략.
  → A국가는 10조의 이익(무역수지 개선), B국가는 1조의 손실(무역수지 악화)
④ $a_1 b_2$의 경우: A국가는 모든 품목의 자유무역 전략. B국가는 일부품목을 제외한 자유무역 전략.
  → A국가는 1조 무역수지손실(무역수지 악화), B국가는 10조 이익(무역수지개선)

① 양자 간 협정에서 A국의 경우 가장 좋은 안은 자신들은 일부품목을 제외한 비관세와 상대방은 모든 품목을 비관세로 하는 안이 체결되는 경우이다.
② 무역협상은 모든 품목의 자유무역을 허용하는 안으로 채택되어 타결될 가능성이 크다.
③ 만약 두 협상국이 이러한 게임구조를 모른다면, 협상이 어떻게 진행될지 예측이 어렵다

④ 만약 A국은 게임구조를 알고, B국은 모르고 있는 상태에서 협상이 이루어진다면 B국에 무역수지가 악화되는 경우로 협상이 타결될 수도 있다.
⑤ 만약 A국과 B국 간에 자국의 특정 산업을 보호해야 한다는 입장을 가지고 협상에 임한다면, 협상이 결렬될 가능성이 크다.

[해설] 답: ⑤

일부품목을 제외한 자유무역협정 안이 체결될 가능성이 있다. 즉, $a_2 b_2$의 경우로 A와 B 두 국가 모두 일부품목을 제외한 자유무역안의 체결이다.

[문] 다음 글을 토대로 추론한 것으로 적절한 것은?

> A와 B 두 명의 참여자가 협동과 배반의 두 가지 대안에서 하나를 선택하면, 1회의 게임에서 <표>와 같은 보상점수가 주어지는 게임이 있다.
>
> <표> 참여자의 보수표
>
> | | B의 협동 | B의 배반 |
> |---|---|---|
> | A의 협동 | A는 0점, B는 0점 | A는 -5점, B는 1점 |
> | A의 배반 | A는 1점, B는 -5점 | A는 -2점, B는 -2점 |
>
> ※ 주: 참여자 A, B 둘 다 협동의 대안을 선택한 경우, A는 0점, B는 0점을 보상 점수로 획득하며, 어느 하나가 배반하고 다른 하나가 협동하는 경우는 배반한 자가 1점, 협동한 자는 -5점을 획득하며, 양자 모두 배반한 경우 -2점이 각자에게 보상 점수로 할당된다.
>
> 같은 상대방과 동일한 구조(틀)의 게임을 6회 반복한다. 이렇게 상대방과 모두 7회의 반복적 게임을 종료한 후 매회의 보상점수를 모두 합산하여 최종 점수를 산출한다. 단, 참여자들에게는 상대방과 몇 번의 반복적 게임을 수행하게 되는가에 관한 정보가 주어지지 않으며, 참여자들 간에는 협상과 담합이 이루어지지 않는다.

> <5명의 참여자>
> ○ 갑(甲)은 '맞대응 전략'을 사용한다. 처음 게임에서는 협동의 대안을 선택하고 그 다음 게임부터는 앞 게임에서 상대방이 선택한 대안을 그대로 따라 한다.
> ○ 을(乙)은 '순둥이 전략'을 사용한다. 상대방 전략에 관계없이 항상 협동하는 태도를 취한다.
> ○ 병(丙)은 '폭발전략'을 사용한다. 첫 게임부터 협동을 선택하다 상대방이 배반의 전략을 선택하면 그 보복으로 게임상황이 종료될 때까지 자신도 배반의 대안을 선택한다.
> ○ 정(丁)은 '비율 전략'을 사용한다. 처음 두 게임에서는 협동의 전략, 그 다음 게임에서는 배반의 전략, 다시 그다음 두 게임에서는 협동의 대안을 선택하는 방식으로 협동과 배반을 2:1의 비율로 차례로 선택한다.
> ○ 무(戊)는 '무작위 전략'으로 임한다. 각 게임에서 동전을 사용하여 앞면이 나오면 협동을, 뒷면이 나오면 배반의 대안을 선택한다(앞면 또는 뒷면이 나올 확률이 모두 1/2로 동일하다).

① 을과 정이 상대한 경우 을의 최종 보상점수는 -5점이다.

② 갑과 병이 상대한 경우 갑의 최종 보상점수보다 병과 정이 상대한 경우의 병의 최종 보상점

수보다 더 높다.

③ 정과 무가 상대한 경우, 무의 최종 보상점수의 기댓값(expected value)은 -4.0이다.

④ 갑이 맞대응 전략을 사용하는 경우 또 다른 참여자와 상대하는 경우를 가정할 때, 첫 번째 게임에서 어느 한편이 상대방이 취한 협동의 대안을 배반의 대안으로 오해하는 경우가 발생하면 나머지 후속 게임들에서 상이하게 된다.

⑤ 병과 무가 상대한 경우 병이 7번째 게임에서 배반의 대안을 선택할 확률은 $1 - (0.5)^7$이다

[해설] 답: ④

이 문제는 2010년 입법고시(상황판단영역, 가책형 27번)의 문제를 재구성한 것이다. 따라서 참고하기 바란다.

① 을과 정이 상대한 경우 을의 최종 보상점수는 -10점이다.

② 갑과 병이 상대한 경우 갑의 최종 보상점수보다 병과 정이 상대한 경우의 병의 최종 보상점수보다 더 낮다.

③ [정과 무가 상대한 경우, 무의 최종 보상점수의 기댓값(expected value)은 -4.5이다]에서 무(戊)의 기댓값을 보면, 정은 협동-협동-배반-협동-협동-배반-협동으로 진행한다. 이때 각각에 발생하는 무는 협동/배반을 1/2의 확률로 가진다. 협동에서 가질 기댓값은 0.5, 배반에서 가질 기댓값은 -3.5이다. 따라서 5번의 협동에서 무의 기댓값은 2.5가 되고, 2번의 배반에서 -7이 된다. 이에 총 -4.5가 된다.

⑤ [병과 무가 상대한 경우 병이 7번째 게임에서 배반의 대안을 선택할 확률은 $1 - (0.5)^7$이다]에서 병은 상대방이 배반 대안을 취하면 자신도 배반사건을 취해 게임이 종료될 때까지 사용하므로 결국 무가 7회 게임에서 언제 배반 대안을 취하는가에 의존된다. 즉, [첫 번째, 두 번째, 세 번째……일곱 번째]의 여부이다. 이는 결국 첫 번째에서 나오는 경우, 두 번째에서 나오는 경우……일곱 번째에서 나오는 경우들을 모두 합산해야 한다. 이는 곧 초항(a)이 1/2이고, 공비(r)가 1/2, 항수(n)가 6인 등비수열의 합과 같다($\frac{0.5\{1-(1/2)^6\}}{1-(1/2)}$). 이 식은 분모인 1/2과 분자인 1/2이 제거되므로, $1-(1/2)^6$만이 남게 된다. 여기서 문제를 풀기 위해서 등비수열의 합 공식처럼 수학공식들을 암기하고 있어야 하는가라는 문제가 등장할 수 있는 여지가 있다. 하지만 수학공식들을 암기해야 하는 걱정은 하지 않아도 된다. 진술과 관련하여 규칙적인 비율(등비)로 확률이 발생하고, 이때 항수(n)가 몇 인가를 묻는 것뿐이다. 따라서 직감적으로도 $1-(0.5)^7$이 잘못되었다는 것을 알 수 있다. 즉, 병은 첫 번째에서는 협동을 사용하고 배반을 사용하는 것은 최대가 6번이기 때문이다. 부연하여 확률에 관련하여 흔히 착각하기 쉬운 것을 언급하기로 한다. [ㅁ. 병(丙)과 무(戊)가 상대한 경우 무(戊)가 7번째 게임에서 배반의 대안을 선택할 확률은 $1-(0.5)^7$이다]는 진술과 같이 병의 확률이 아닌 무의 확률을 묻는 경우, 무는 매 건마다 확률은 독립적으로 1/2의 확률을 가진다. 즉, 7번째에서도 0.5가 된다.

[문] 다음 글을 토대로 추론한 진술로 가장 적절하지 않은 것은?

유능하지도 않고 무능하지도 않은 중간적 사람(또는 계층)이 소멸되어 가는 사회현상을 필자는 '승산의 역설(paradox)'이라 부르기로 한다. '승산의 역설'이 발생하는 경우를 살펴보자. 다음 상황을 가정하기로 한다.

[갑, 을, 병 세 사람이 20m의 근거리에서 정삼각형의 대열로 총 대결을 한다. 총알은 각자 한 발씩만 들어 있다. 그래서 딱 한 번만 총을 쏠 수 있다. '갑'은 명중률이 '10%'이다. '을'은 '50%'이다. 그리고 '병'은 명중률이 '100%'이다. 병이 가장 좋은 사격실력을 가지고 있다.]

이러한 상황에서 '하나, 둘, 셋' 카운트가 끝남과 동시에 서로 총을 쏠 경우에 누가 누구에게 총을 쏘고 그 결과로 누가 죽고 살겠는가? 단, 이들 각자는 서로 상대방이 가진 명중률에 대한 정보를 가지고 있다고 하자. 또한 갑, 을, 병의 명중률은 실험적 확률이다. 즉, 경험적 확률이다.

'갑'은 명중률이 백발백중인 '병' 또는 50%의 명중률을 가진 '을' 중 둘 중에 한 명을 쏠 수 있다. '병'을 쏠 것이다. 왜냐하면 그는 백발백중이기에 만약 그가 자신을 쏘게 되면 자신은 죽기 때문이다. 다음으로 '을'도 마찬가지이다. 가장 명중률이 높은 '병'을 쏠 것이다. '병'을 쏘아 그가 죽어야만 자기가 살 확률이 생기기 때문이다. 마지막으로 병은 '을'을 쏠 것이다. '갑'보다는 '을'을 죽여야 자기가 살 확률이 높아지기 때문이다.

갑은 확실하게 산다. 누구도 갑을 향해 쏘지 않기 때문이다. 그리하여 가장 사격 실력이 낮으면서도 유일하게 확실하게 사는 사람은 갑이다. 을은 백발백중의 '병'에게 죽을 것이다. '병'은 '갑'에서 10%와 '을'에게서 50%의 각각 사망률을 가지게 된다. 이 상황에서 갑, 을, 병 세 사람이 가지는 각각의 승률(승리할 가능성)을 가지고 승산(odds)이 어느 정도인지를 계산하면, [갑:을=1:5], [갑:병=1:10], [을:병=5:10]의 관계를 가진다. 즉, 병은 갑과의 관계에서 10배의 승산을 가지고 있고, 을과의 관계에서 2배의 승산을 가지고 있다. 병은 누구와 겨루어도 가장 승산이 높다. 반대로 갑은 누구와 대결을 해도 승산이 낮거나 거의 없다. 하지만 갑은 살고, 병은 승산이 가장 높으면서도 생존가능성은 승산이 가장 낮은 갑보다 낮다. 승산이 갑보다는 높고, 병보다는 낮은 을은 죽는다.

① 실력이 상, 중, 하 계층적 구조를 가진 사람들 간에 생사의 대결상황이 벌어진다면, 중의 실력을 가진 사람이 가장 큰 피해를 본다.

② 실력이 상, 중, 하 계층적 구조를 가진 사람들 간에 생사의 대결상황이 벌어진다면, 실력이 좋은 사람은 승리를 위해 일(一) 대 다(多)의 구도를 피해야 한다.

③ 실력이 상, 중, 하 계층적 구조를 가진 사람들 간에 생사의 대결상황에서 중, 하의 사람이 담합한다면 실력이 상(上)인 사람이 가장 큰 피해를 입는다.

④ 다자간 대결구도에서 경기자가 승률을 가지고 승산을 계산하여 승산이 가장 높다고 하여 반드시 승리하는 것은 아니다.
⑤ 실력이 상, 중, 하 계층적 구조를 가진 사람들 간에 생사의 대결상황이 벌어진다면, 하의 사람에게 있어 최대의 적은 다른 사람들의 담합이다.

[해설] 답: ③

실력이 상, 중, 하 계층적 구조를 가진 사람들 간 대결상황에서 중, 하의 사람은 자연스러운 담합이 일어난다. 하지만 피해는 중(中)의 사람이 가장 큰 피해를 입는다.

[문] 다음과 같은 〈상황〉을 추론한 진술로 적절하지 않은 것은?

〈상황〉

A가 통신사업에 새롭게 진출하려 하자 기존 독점기업 B는 A의 진입을 저지하려 한다. B는 선제적으로 통신비 가격을 20% 인하하겠다는 계획을 발표했다. B는 통신비 가격인하 계획을 대외적으로 천명하여 반드시 실행해야 하는 상태가 되었다. B는 A에게 진입을 차단하겠다는 강력한 의지표명을 보여 주었다고 생각했다. 그런데 A는 진입을 포기하지 않았다. 어떻게 A는 진입 준비를 계속할까 궁금하여 보수표를 조사해보기로 했다. 단, A와 B는 보수표를 가지고 정책을 결정하는 것으로 한다.

※ 보수(payoff): 결과에 따라 경기자가 받게 되는 이익을 말한다. 보수(payoff)는 일반적으로 효용수준으로 표현되고 측정되며, 화폐 단위가 사용되기도 한다. 이러한 보수는 하나의 표로 정리되는데 이를 보수행렬(matrix)이라 한다.

---

① A는 기존 B가 20%의 가격인하로 판매하고 A도 동일한 가격으로 판매했을 때 보수가 연간 A=-1억 원, B=-5억 원의 보수구조를 가지고 있다면 신규 A는 기존 B가 비록 공개적으로 20%의 가격인하를 발표했다 하더라도 그 말을 신뢰하지 않을 것이다. 기존 B가 적자를 보면서 기업을 운영할 수는 없기 때문이다.

② 만약 보수가 A=-3억, B는 5억인 경우라면 A는 B의 말을 신뢰하게 될 것이다. A가 동일한 가격으로 판매했을 때 보수가 연간 -3억의 보수가 주어지지만 B는 5억의 보수가 주어지기 때문이다. 따라서 이러한 보수구조를 가지게 되면 A는 진입을 포기하는 결정을 할 수밖에 없을 것이다.

③ 만약 보수가 연간 A=-3억, B는 5억인 보수구조를 가진 시장이라면 앞선 자의 이익(first-mover advantages)이 존재하지 않는다. 즉, 이미 진입하고 있는 선발기업의 기득권이 없다.

④ B의 입장에서는 잠재적 진입에 대한 위협으로 진입제한 가격설정(limit pricing)을 실행하여 기업을 운영할 수도 있고, 진입 기도가 있을 경우 현재 시장규모에서 한계수입과 한계 비용(상품 1단위 추가 생산에 드는 비용)이 같아지도록 가격을 조정하여 보수구조를 만듦으로써 새로운 기업이 진입하지 못하도록 할 수도 있다.

⑤ A와 B가 가진 보수표가 서로 다를 경우 A와 B는 각각 다른 결정들이 나타날 수 있다.

[해설] 답: ③

기득권이 존재하는 경우이다. 보수(payoff)란 전략들의 조합의 결과에 따라 경기자가 받게 되는 이익을 말한다. 보수(payoff)는 일반적으로 효용수준으로 표현되고 측정되며, 화폐 단위가 사용되기도 한다. 이러한 보수는 하나의 표로 정리되는데 이를 보수행렬(matrix)이라 한다.

[문] 다음 글의 빈칸에 들어갈 진술로 가장 적절한 진술은?

일상에서 어떤 대안을 평가하는 기준으로서 당연하게 받아들여지는 기준이 있다. 득실(得失) 기준이다. 사람들은 흔히 어떤 것을 선택하는 데 객관적으로 실리(失利)를 따져 가장 실리가 큰 대안을 선택하려 한다. 대안을 선택함으로써 얻는 것은 무엇이고, 잃는 것은 무엇인가 득실을 생각하는 사유는 누가 가르쳐주지 않아도 누구나 저절로 가지는 자연스러운 현상이다. 하지만 우리가 알아야 할 것이 있다. 실리 못지않게 명분도 중요하다는 점이다. 실리가 큰 대안이 승리에 유리한 것은 아니라는 것은 역사적 사례들에서 증명된다. 실리(失利)가 큰 대안을 선택하였지만 윤리적으로 비난받아 게임에서 패하는 경우들이다. A기업과 B기업이 서로 생존을 건 치열한 가격경쟁이 벌어지고 있는 상황에서, 소비자들은 더 싼 가격이라 하여 반드시 그것을 구매하지는 않는다. 기업에 대한 사회적 평판 또는 사회적 상황에서 가지는 여론, 기업에 대한 충성도 등 다양한 것들을 종합적으로 고려한다.

이런 생각을 해보자. 국방력 강화를 위해 14조 원의 예산을 투입하여 무기를 구매한다고 하자. 그러면 우방국에서 일괄 구매한다고 가정해보자. 이러한 경우 실리를 중시하는 입장에서는 분명 비판할 것이다. 왜냐하면 무기 구입의 목적은 국방력을 증가시키는 데 있다. 이에 구매하려는 각 국가의 동종 무기들을 모두 실험하여 그 효능을 검사하여 가장 우수한 무기를 구매하여야 할 것이다. 그런데 이때 모순이 발생할 수 있다. 만일 적대국의 무기가 근소하게나마 가장 효능이 좋은 것이라면, 그것을 선택해야 한다. 하지만 이는 적대국을 상대로 무기를 구매하여 국방력을 강화시키려는 목적에 상충된다. 적대국은 무기 판매로 발생하는 이윤을 가지고 더 좋은 무기를 생산하게 될 것이기 때문이다. 그러면 또다시 적대국의 무기를 구매해야 한다. 이러한 이유로 [＿＿＿＿＿＿＿＿]

① 명분으로 선택해야 한다.

② 명분만으로 어떤 것을 선택할 수 없다. 실리가 더 중요한 선택기준이다.

③ 실리로 선택해야 한다.

④ 실리만으로 어떤 것을 선택할 수 없다. 명분도 중요한 선택기준이다.

⑤ 실리와 명분의 선택기준들은 때로 상충한다.

[해설] 답: ④

제3장 확인적 접근

확인적 접근이란 '대상(문제)에 대한 추론물이 가진 타당성을 평가하려는 태도'를 말한다. 즉, 어떤 진술을 가진 추론에 초점을 두어 그 진술이 가진 유효성 또는 정확성을 확인(confirm)하는 접근법이다.

일상에서 흔히 자신의 주장이 옳다고 다투는 현상들을 목격할 수 있다. 이러한 주장들에 대하여 반드시 과학적 방법으로 검증된 앎을 토대로 자신의 주장을 펴나가는 것은 아니다. 이러한 주장들을 평가할 방법이 필요하다. 한편 어떤 문제에 대하여 A와 B가 동일한 답을 주장했고, 이것이 참으로 밝혀졌다고 하자. 그런데 A는 전제들로부터 결론을 도출하는 사유를 통해 가진 경우이고, B는 우연하게 그 답을 가졌다고 하자. 이 두 경우에서 A와 B의 답을 동일한 가치로 평가할 수는 없다. 왜냐하면 A는 그 답에 대한 재생가능성(reproducibility)과 객관성(objectivity)을 가질 수 있지만, B는 그렇지 못하기 때문이다.

이하에서는 전술된 인식론에 연계하여 다양한 관점에서 이야기되는 논리학적 논의들을 고찰하고, 오류에 관련하여 추론에 대한 내용을 살펴보게 될 것이다.

제1절 논리학적 논의

학(學)이란 확인된 명제들로 하나의 이론을 이루고, 그 이론들이 모여 종합화·체계화 된 것을 지칭한다. 이러한 학(學)의 관점에서 전통적으로 논리학은 철학의 한 범주로서 사유(思惟)하는 방식에 관련하여 올바른 추론을 연구하는 학문으로 규정되어 왔다. 하지만 오늘날 논리학은 '언어로 나타나는 논증에 대한 형식에의 객관적 법칙을 탐구하는 학문'으로 규정되는 것이 주류적 입장이다.

그런데 논리학을 이해함에 있어, 이러한 정의들은 잠시 접어두는 것이 좋을 것 같다. 매우 다양한 관점에서 다양한 논의들이 존재하고, 이것들을 편협하게 이해할 수 있는 요인이 될 수 있기 때문이다. 일상에서 어떤 단서를 수집하여, 이를 근거로 용의자를 설정하고, 증거를 통해 범인임을 추론하는 추리소설 또는 드라마를 한번쯤은 읽거나 또는 시청한 일이 있을 것이다. 또한 한번쯤은 누구나 논쟁의 경험이 있을 것이다. 어떤 주제를 놓고 찬성하거나 반대 또는 반론과 재반론의 연속적 갑론을박의 경험들을 겪었을 것이다. 또한 문화권마다 서로 다른 사회적 관념 또는 사고방식을 경험했을 것이다. 이러한 일련의 일들과 관련하여 논증 또는 형식과 같은 어떤 관점을 고정시켜놓고 접근하기보다는 언어적 문제, 참/거짓의 문제, 설득력 문제 등 다각도에서 생각하는 방식으로서의 논리적 문제를 유연한 관점으로 살펴볼 필요가 있다.

I. 논의를 들어가며

동서양 사고방식에 대한 비교연구들에 의하면, 동양인(한국, 중국, 일본)들은 서양인들에 비해 논리학을 더 어렵게 생각하는 것으로 조사된다. 흔히 서양으로 유학 간 학생들이 어려움을 겪는 것이 우선적으로 언어의 어려움이지만, 본격적인 학문탐구의 장(場)에 들어가면 논리의 이해 부족이 더 큰 장애를 가져온다고들 한다. 플라톤의 주장처럼 논리는 이성적 사유를 말하고, 이성은 수학(기하학)적 이성을 지칭한다고 하면, 한국(동양)인이 가진 수학능력은 매우 우수하다. 또한 동양인들 역시 '말의 앞뒤가 맞아야 한다. 이치(理致)에 어긋난다. 사리(事理)에 맞다'라는 경우에서와 같이 생각하고 말하는 방식으로서의 논리에 관련된 관심은 일상에서 늘 가지는 것이고, 오히려 더 심오하고 깊이를 느낄 때가 있다. 그런데 왜 논리학이 어렵게 생각되는 걸까?

이러한 주된 요인은 논리학 자체가 서양에서 등장했고, 그 속에 서양식 사고방식이 녹아있기 때문이다. 그렇기 때문에 동양적 사고방식에서는 논리학적 논의들을 쉽게 접근하기 어렵다. 만약 서양의 사고방식으로 접근하지 않는다면 논리학과 대화가 잘 되지 않는다. 이해에 어려움을 겪게 된다. 물론 수학, 과학 등 서양식 학문의 전파로 동서양 사고방식의 차이가 좁혀지거나 또는 수렴되는 경향도 나타나지만, 문명 또는 문화적 측면에서 볼 때 엄연한 사고방식에의 차이를 지니고 있다.

예를 들어 보자. 사자, 바나나, 기차 세 개의 개체가 있다. 만약 두 개체만으로 묶어한 쌍을 이루게 만든다면, 당신은 어떤 두 개로 한 쌍을 만들 것인가?

① 사자	② 바나나	③ 기차

　만약 당신이 사자와 바나나를 한 범주로 묶었다면 서양적 사고방식에 가깝고, 바나나와 기차를 묶었다면 한국적 사고방식에 가깝다고 평가할 수 있다. 사자와 바나나를 묶었다면 당신은 개체의 속성을 기준으로 묶은 것이다. 즉, 동식물이란 개체가 가진 생명성이란 공통적 속성을 기준으로 범주화한 것이다. 그런데 바나나와 기차를 한 쌍으로 묶었다면 당신은 다른 기준으로 묶은 것이다. 필자만 하더라도 어린 시절 '바나나는 길어, 길으면 기차, 기차는 빨라, 빠르면 비행기……'라는 노래를 부르며 자랐는데, 노래가사에서 외양적 형태인 '길쭉한 모습'이라는 것을 고리로 하여 서로 개체들을 연결하고 있다. 그런데 과학적 사고로 보면 오히려 바나나와 기차보다는 사자와 기차가 더 연관성을 가진다. '길쭉한 모습'의 길이를 자로 재어 보면 바나나보다 사자가 더 길기 때문이다. 하지만 많은 사람들이 바나나와 기차를 연관 지어 한 쌍을 묶는다. 개개인이 형성하는 사고방식은 특정사회가 가진 철학, 사상, 문화 등과 밀접한 관련성을 가진다는 것을 말해준다.

　고대 그리스인들은 개체를 하나의 독립적 존재로 간주하고, 개체들이 가진 어떤 속성을 기준으로 사물을 범주화(categorization)하여 세상을 이해하고자 했다. 범주사고에는 다음과 같은 사고들이 필연적으로 파생된다. 하나는 큰 것에서 작은 것으로 진행하는 연역적 흐름(전체→개별)이고, 다른 하나는 반대방향인 작은 것에서 큰 것으로 나아가는 귀납적 흐름(개별→전체)이다. 또한 분석(분해)과 통합(종합)의 사고도 동시에 파생된다. 그런데 동양에서는 개체 중심의 범주에 그리 호감을 갖고 있지 않았다. 세상을 분류하게 되면, 오히려 세계를 제대로 보지 못하게 될 것이라 생각했다. 가령 동양의 불교, 유학, 도가(장자)와 같은 사상적 기반은 개체의 속성보다 세상 모든 것은 서로 연계되어 있다는 통합적 사고에 기초하여 세상을 조망한다. 이러한 사고의 차이는 서양의 논리학이 잘 이해되지 않는 또는 부정적인 낯선 것으로 만드는 하나의 요인으로 작용한다는 점은 분명하다.

　내친김에 부연하여 인간의 뇌에 관한 연구들에서 좌뇌는 이성, 논리, 언어, 추리, 합리를 통해 세상을 관조한다. 반면 우뇌는 감각, 공간지각, 직관 등을 통해 세상을 바라본다. 그런데 동서양 문화를 연구한 보고서들에 의하면 서양인들은 좌뇌형적 생활패턴을 가지고 있고, 동양인들은 우뇌형적 생활패턴이 많다는 결과들을 내놓고 있다. 이에 서양인들은 로고스(logos)적이지만, 동양인들은 미토스(mythos)적이란 평가를 하기도 한다.

한편 언어적 습관에서도 영어의 경우 단복수와 주어(존재사/명사)를 중시한다. 반면 국어의 경우 대조적으로 '거시기, 그것'과 같은 의미가 불분명한 대용어가 많고 변화에 관련된 (불완전)동사를 중시하며 형용사(관형사)들이 발달되어 있다. 이러한 언어적 차이도 논리학적 논의에 대한 이해에 어려움을 가지는 이유로 지적되곤 한다. 사유하는 방식과 관련하여 언어가 중요한 만큼 국어의 어법에 기초한 독자적인 논리학 체계가 필요하다는 주장도 제기된다.

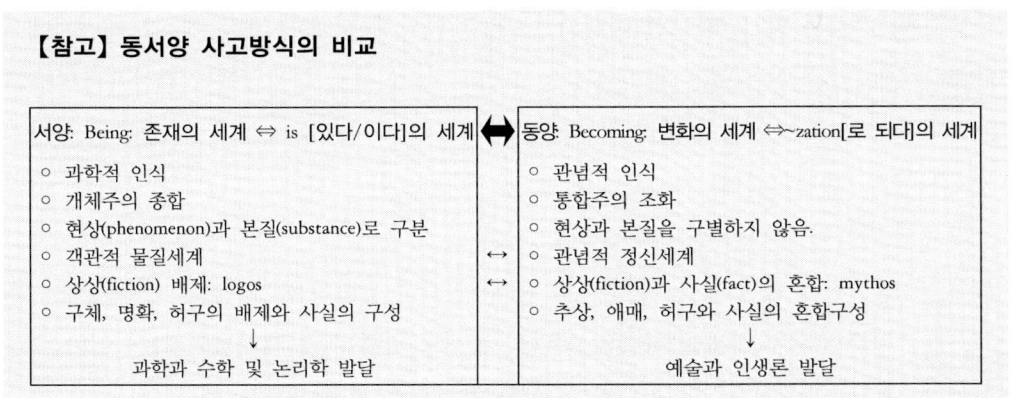

【참고】 동서양 사고방식의 비교

서양: Being: 존재의 세계 ⇔ is [있다/이다]의 세계		동양: Becoming: 변화의 세계 ⇔~zation[로 되다]의 세계
○ 과학적 인식		○ 관념적 인식
○ 개체주의 종합		○ 통합주의 조화
○ 현상(phenomenon)과 본질(substance)로 구분		○ 현상과 본질을 구별하지 않음.
○ 객관적 물질세계	↔	○ 관념적 정신세계
○ 상상(fiction) 배제: logos	↔	○ 상상(fiction)과 사실(fact)의 혼합: mythos
○ 구체, 명확, 허구의 배제와 사실의 구성		○ 추상, 애매, 허구와 사실의 혼합구성
↓		↓
과학과 수학 및 논리학 발달		예술과 인생론 발달

[문] 다음 글을 토대로 추론한 것으로 부적절한 것은?

인류가 지식을 보유하게 된 일등공신은 과학과 수학이다. 과학과 수학의 구축은 논리이다. 이러한 점에서 인류의 지식에 가장 혁혁한 공신은 논리이다. 논리가 어떻게 지식을 생성하는 지 예를 들어 보자. '모든 사람은 죽는다'라는 것이 참으로 밝혀지면, 이를 통해 사람 개개인 들을 모두 일일이 확인할 필요 없이 나도 당신도 죽는다는 것을 알 수 있다. 하나의 명제가 엄청난 개별지식을 만들어낸다. 논리는 마치 방 안에 앉아서도 천리를 내다보는 도인처럼 똑 똑한 현자(賢者)들을 만들어낸다. 오늘날 우리는 이러한 사유를 아주 자연스럽게 받아들인다. 그러나 이러한 아이디어 또는 추론적 사유가 등장한 역사는 전체 인류역사에 비추어보면 조 족지혈에 불과하다.

그런데 논리는 이것으로 그치지 않는다. 불신의 이성(The reason of unbelief)을 항상 곁에 두고 있다. 나의 판단도 당신의 판단도 그것을 확인하지 않고는 신뢰하지 않겠다는 사고이 다. 그리하여 객관성과 필연성 또는 타당성과 정당성 등 까다로운 요구들을 충족할 수 있는 논리적 체계를 창안하는 동기로 작용했다. 만약 인간에게 불신의 이성이 보유되어 있지 않았 다면, 논리적 체계 또는 틀과 같은 용어는 등장하지 못했을 것이다. 만약 당신이 논리적인 사람이 되려면, 범주적 사고를 가져야 하고 동시에 모든 것을 그대로 믿어버리는 믿음자 (believer)가 되어서는 안 된다. 일반을 생각하고 모든 것을 의심하는 불신자(unbeliever)가 되 어야 한다.

그러나 당신이 논리적 사유를 굳건히 하길 원한다고 하여, 일부러 불신자가 되려고 노력할 필요는 없다. 믿음자에 가까운 순둥이는 있어도 완전한 믿음자는 존재할 수 없기 때문이다. 미친 사람이 아니고서야 본연적 이성에 의해 모든 것을 아무 의심 없이 믿어버리는 일은 하 지 않을 것이다.

① 만약 갑과 을이 불신의 이성을 가지고 있지 않아 모든 것을 믿어버리는 믿음자(believer)라면, 그들은 비논리적인 사람이다.

② 어떤 진술에 대하여 갑과 을이 동시에 신뢰를 가지고 있는 경우에도 그들 간에 믿음자와 불 신자가 있을 수 있다.

③ 누군가 어떤 진술에 관련하여 객관성과 필연성 또는 타당성과 정당성 등을 충족해야 한다고 생각하고 있다면, 그는 논리적 사유를 가진 가능성이 농후한 사람이다.

④ 만약 갑과 을이 5+5=10이라는 것을 믿는다면, 그들은 순둥이이다.

⑤ 갑은 통상 치밀한 연구과정을 거친 결과물에 대해서도 삼각검증이 별도로 필요하다고 주장 한나. 질문과 근거지료, 그리고 발견된 그 무엇(findings)들에 대한 검토가 또 필요하다는 것 이다. 그러므로 갑은 논리적인 사람이다.

[해설] 답: ④

글의 요지는 논리적 사유의 기원은 불신의 이성에 있다는 견해이다. 불신의 이성이란 '나의 판단도 당신의 판단도 나는 그것을 확인하지 않고는 신뢰하지 않겠다'라는 정신능력으로 정의되고 있다. 이에 근거하면 선택지 ④는 옳지 못하다. 갑과 을이 5+5=10이라는 것을 믿는다고 하여 그 사람을 순둥이라고 하는 판단은 글에 부합되지 않는다.

II. 논리학의 기초

논리학의 기초에서 다음 세 가지 이해가 필요하다. 하나는 논리학적 논의의 흐름에 대한 이해이다. 즉, 논리학 성격의 개괄적 포착이다. 다른 하나는 기본 용어들과 개념정리이다. 그리고 마지막으로 생각하는 방식과 관련되는 신주(神主)처럼 모셔지는 사유원칙이다.

1. 논의들의 변천

논리학의 전체적인 성격 또는 흐름의 개괄적 이해를 위해 논리학의 전개 과정을 간략히 살펴보기로 한다. 간단함을 추구하여 3세대로 구분하기로 한다.

1) 논리학 1세대(고대 논리학)

제1세대는 소크라테스 → 플라톤의 맥을 잇는 아리스토텔레스에 의해 창안된 논리학 버전이다. 아리스토텔레스는 논변(論辯)으로서의 논리가 아니라 진리를 추구하기 위한 판별방법으로서 형식논리학을 주창했다. 모든 학문의 도구(organon)로 논리학이 주창되었고, 사유방식에 큰 영향을 미쳤고, 지금까지 그 영향이 계속되고 있다. 아리스토텔레스의 형식논리학에 대한 내용은 별도로 후술하기로 하고, 논리학의 탄생 배경에 관련하여 아이디어를 살펴보기로 한다.

그는 세계는 개체들이 모여 하나의 전체가 이루어진 것이라 생각했다. 소위 개체주의(individualism)이다. 진리문제를 형이상학적으로 접근한 스승 플라톤과는 달리 현실 세계에 관심을 갖고 무수한 개체들을 속성을 기준으로 범주화(categorization)하는 작업을 시도했다.

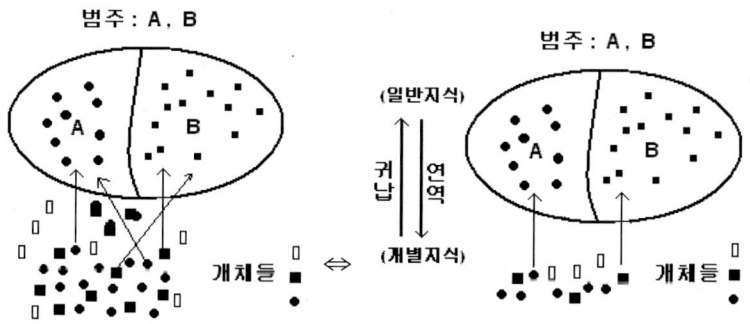

이와 같은 분류 작업은 집합(명확히 구분되는 공통적 속성을 가진 원소들의 모임) 개념과 통하게 된다. 전체(all)와 개별(a)이란 개념이 등장한다. 또한 긍정과 부정이 등장한다. 이때 연역적 추론을 접목하면 필연적으로 결론이 도출되는 논증이 나타나게 된다. 요컨대 대전제와 소전제가 참(T)이면 필연적으로 결론도 참(T)이 되는 삼단형식의 논법을 주창했다. 아리스토텔레스의 아이디어는 오늘날에도 논리학 체계에 근간이 되고 있다.

2) 논리학 제2세대(근대의 논리학)

제2세대는 인식자 관점에서 다루어진 논리학 버전을 말한다. 르네상스 이후 자연과학의 발달은 지식사(知識史)에 큰 변화를 초래했다. 이에 어떤 지식을 신뢰할 것인가에 대한 지식의 진실성 여부를 검증할 수 있는 새로운 증명원리를 필요로 했다. 칸트는 진리에 관련하여 대상 중심에서 발상의 전환을 통해 사람중심으로 초점을 이동할 것을 주장했다. 그에 의하면 지식이란 것도 인간에 의해 창조되는 것이기에 참된 지식의 문제는 결국 사람인 인식자 측면에서 발생하는 문제였다. 존재론적 대상중심에서 인식론적 사람중심으로 지적 패러다임의 흐름을 보이면서 논리학도 인간의 사유법칙도 결국 심리적 법칙에 의해 조명되었다. 하지만 제2세대 논리학은 시간이 지나면서 심리주의(psychologism) 또는 주관주의 경향이 나타났다. 특히 지식과 관련된 개념과 가설, 그리고 추리와 이론 등도 심리적 현상의 문제로 환원되는 경향을 보였다. 이에 지적 결과물들이 마치 상식과도 같은 차원으로 격하되는 데 따른 반발이 등장했다.

3) 논리학 3세대(현대의 논리학)

제3세대는 제2세대의 논리학이 지나치게 심리적 현상의 문제로 환원되는 경향에 반발하여 논증을 대상으로 객관적인 사유법칙을 탐구하는 버전을 말한다. 그리하여 탈주관주의(off psychologism) 또는 탈심리주의 경향으로 논증을 대상으로 형식을 중시하는 경향을 가진다. 요컨대 논증을 구성하는 명제들인 전제들과 결론 간에 가지는 관계인 형식을 중시한다. '우리는 서술할 어떤 존재를 가지고 있지 않고 단지 어떤 존재를 서술할 언어만을 가질 뿐이다'라는 말에서 제3세대 논리학의 특징을 상징적으로 보여준다. 현대논리학의 경향에 참고할 만한 내용을 간략히 살펴보기로 한다.

현대논리학의 시점을 프레게(G. Frege)에서 보는 견해가 많다. 프레게는 탈심리주의를 시도하여 논리학의 탐구대상(focus)으로 명제(命題)를 주장했다. 내면에서 이루어지는 사고는 주관적일 수밖에 없기 때문에 외형적으로 드러나는 명제를 연구대상으로 상정하게 되면, 주관주의 또는 심리주의로부터 논리학이 벗어날 수 있다는 생각에서 이다. 그런데 이러한 프레게의 주장은 다양한 논의들을 촉발시키는 기폭제 역할을 했다. 가령 명제가 언어적 서술이란 점에서 의미론(평서문과 가정문 및 의문문 등과 같이 문장이 가지는 의미), 구문론(주부와 술부 등과 같은 문장의 구조), 화용론(화자와 청자)의 논의들이 등장했다. 한편으로 명제(언어)가 가진 다의미성으로 인한 주관성 문제를 해결하고자 수리논리학(mathematical logic)과 기호논리학(symbol logic) 등이 등장했다. 수학적 도구를 사용하여 논증의 진리 값을 판별하는 연구들이다. 수학적 연산기호가 결합된 인공언어들이 생성되고, 이러한 결과물들은 오늘날 컴퓨터, 휴대폰, 음성인식 등에 응용됨으로써 일상생활에 영향을 미치고 있다.

하지만 논증(명제들로서 전제와 결론을 구성하는 묶음)을 대상으로 형식만을 중시하는 형식논리에 반발하여 다양한 관점에서 논의들이 산발적으로 전개되고 있다. 우선 논증이 가진 의미를 도외시할 수 없다는 비형식논리 입장이다. 가령 의미를 중시하여 정확한 해석과 번역에 대한 문제를 고민한다. 또한 전체적 맥락에서 논증이 가진 의미가 달라지기도 한다. 특히 언어공동체마다 상이한 언어체계를 가진 상황에서 명제(논증)의 보편적인 법칙성을 발견하는 데 노력한다. 영어체계의 논리학은 한국어 체계에 적용하는 데 한계가 있기에 독자적인 한국어 논리학이 필요하다는 주장이 등장하기도 한다. 한편 변호사 출신인 페렐망은 『논리학과 논변』이란 저서를 통해 그동안 논리학이 증명의 학문이었지만, 이를 폐기하고 논증과 추론의 훈련을 통한 대화의 학문으로 해야 한다고 주장한다. 논리학은 타자의 동의를 얻기 위한 설득을 추구하는 논증으로서의 변증론이 중심이 되어야 한다는 것이다. 이 입장에서는 일상 언어에 관심을 두고, 논리 문제를 탐구한다.

논리학 3세대(현대의 논리학)의 관점에서 논리(logic)란 무엇인가라는 질문을 가지고 좀 더 내용을 살펴보기로 하자. 누군가가 그린 다음의 도형을 당신에게 보여 주고 ① '논리가 있는가? 없는가?' 그리고 ② 논리가 있다면 '논리적인가? 비논리적인가?'라는 질문을 했다고 하자. 그러면 어떻게 답을 할 것인가?

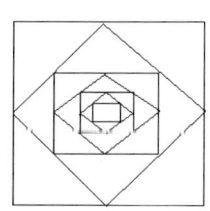

①의 질문은 [논리란 무엇인가]란 개념과 관련되고, ②의 질문은 [논리에 대한 판별]과 관계를 가지고 있다. 두 질문들에 대한 답변을 설명하면서 논리가 구체적으로 무엇인가를 살펴보기로 한다. 두 질문은 단지 논리학적 이해를 위해서만은 아니다. 복잡한 판단을 수행하며 살아가야만 하는 우리들에게 요구되는 논리에 대한 문제와 관련하여 논의가 필요하다는 점에 유념할 필요가 한다. 부연하면 ②의 경우 전술된 [논리학의 기초]에서 사유원칙에 위배되는가를 기준으로 평가되고, 그 원칙들의 이데아성이 설명되었다. 따라서 여기서는 ①의 질문에 중심을 두고 살펴보기로 한다.

당신은 논리가 [있다]라고 답했는가? 아니면 [없다]라고 답했는가? 어떤 근거로 그러한 답변을 생각했는가?

만약 [논리가 있는가? 없는가?] 이에 대한 답변을 했다면, 당신은 분명 [논리란 무엇이지?]라는 것을 생각했을 것이다. 그리고 대충 생각하여 답했거나 아니면 논리에 대한 의미를 규정하기 위해 뜻을 다듬고 명확히 하는 작업을 통해 개념을 정의하고, 그것에 부합되면 [있다], 부합되지 않으면 [없다]로 판단했을 것이다. 그러나 어떤 경우이든 당신의 답변은 바로 당신이 관념한 논리라는 개념에 의존되어 가진 판단이다.

만약 당신이 논리를 '생각하는 방식에의 어떤 패턴 또는 규칙'을 지칭하는 것이라고 관념했다고 하자. 이러한 정의(定義)에서 도형을 바라보면, 형태에 [사각형→마름모형→사각형……]의 패턴이 관찰된다. 이에 당신은 [논리가 있다]라고 판단하게 될 것이다. 여기서 당신이 [논리가 있다]라고 판단한 것은 도형을 그린 사람이 도형을 그린 목적이 의도된 것이든 의도되지 않은 것이든 생각하는 방식에 어떤 패턴 또는 규칙을 가지고 있다는 뜻을 가진다. 이러한 패턴을 통해 당신은 도형을 그린 사람이 수렴과 발산이란 사고방식을 가지고 있다는 것을 추론할 수 있을 것이다.

만약 당신이 논리를 '어떤 명제들로 구성되는 논증(論證)의 구축 또는 논증의 전개에서 가지는 사유의 틀 또는 사유방식'으로 규정했다고 하자. 이 같은 정의에서 '논리가 없는 것인가? 아니면 있는 것인가?'라는 판단은 앎과 관련하여 중요한 의미를 가진다. 만약 이러한 정의에 입각하여 당신이 논리가 없다고 판단했다면, 위의 그림에 대하여 더 이상 논리에 대한 앎을 생성할 수 없다. 즉, 논리가 존재하지 않는 그림이라면, 논리에 대한 정보를 추출할 수 있는 사유의 대상이 아니다. 그런데 논리가 있다고 판단했다면 다르다. 앎을 가질 수 있는 사유할 대상이 존재하기 때문이다. 그런데 이와 같은 정의에 의하여 논리가 [있다 또는 없다]라는 판단을 하려 할 경우, 그 판별에 애매한 점이 있다.

정의(定義)에서 당신이 가진 논리란 관념은 논증에서 가지는 명제, 명제들의 관계, 사유방식의 틀이라는 요소들로 구성되어 있다.

여기서 답변에 복잡한 생각이 필요해진다. 논증, 명제, 관계, 사유방식의 틀이라는 하위 개념들에 대한 문제들이 등장하기 때문이다. 이때 논증과 명제라는 두 개념이 가장 중요하다. 관계는 명제들이 가지는 상호관련성을 말하는 것으로 이해할 수 있고, 사유방식의 틀은 관계에서 포착되는 구조로 이해할 수 있기 때문이다. 이러한 복잡성의 증가는 당신으로 하여금 더 이상의 판단 행위를 중단하도록 만들 수도 있을 것이다. 이에 대해서 살펴보기로 하자.

우선 논증에 대해 생각해보자. 논증에 관심을 두는 이유는 내면(inside)에서 벌어지는 당신의 생각은 다른 사람이 알 수 없다. 당신이 외부로 드러낸 진술을 가지고 말할 수밖에 없다. 이러한 점에서 논증 속에는 객관성과 언어와 관련성을 가진다. 여기서 당신은 논증을 일반적으로 약속된 의미로 받아들여야만 할 것이다. 즉, '명제들로 어떤 결론을 이끌어내는 전체인 묶음'을 지칭하여 사용하자는 약속이다. 가령 [사람은 죽는다. 소크라테스는 사람이다. 그러므로 소크라테스는 죽는다]는 세 명제들로 전체를 이루고 있다. 이러한 묶음을 논증이라고 부르자는 약속이다.[138] 그리고 명제 역시 마찬가지이다. '판단에 관련된 [A는 B이다], [p라면 q이다]와 같은 형식으로 표현된 문장 또는 언어적 진술'이라는 정의이다.[139]

그러면 위 그림에서 도형들이 명제인지, 그리하여 이것들의 관계로 논증이 구성되고 있는지에 대한 식별이 있어야만 할 것이다. 즉, 정의에 부합되는지를 식별함으로써 논리가 [있다/없다] 판단을 내려야 한다. 요컨대 외형으로 드러난 그림의 형태를 살펴보면, 일정한 도형들이 무질서하지 않고 규칙성(패턴)이 발견된다. 이것은 드러난 형태(특징)로 보통인 누구나 포착할 수 있다. 그런데 [사각형→마름모형→사각형······] 들이 '명제라고 볼 수 있는가?'라는 식별이다.

넓은 의미로 보면 인간이 자신의 감정이나 사상 따위를 표현한 일체의 표상물을 언어로 볼 수 있을 것이다. 하지만 일상에서 통상 언어는 사회성과 의미의 공유성을 전제로

---

138) 참고로 전제들과 결론의 묶음이 논증이라는 입장에서는 결국 논증의 참/거짓 또는 부당/타당은 명제들의 관계에 의해 의존된다. 이러한 셈에서 [논리는 관계이다]라는 말을 하기도 한다.

139) 만약 당신이 이러한 정의를 받아들이지 않는 경우, 당신이 표현한 진술은 당신 머릿속에 있는 것과 마찬가지이다. 왜냐하면 다른 사람들은 그 의미를 알 수가 없기 때문이다. 인간 대 인간에서 언어를 사용한다는 것은 의미의 공유성을 전제로 한다. 즉, 언어 체계를 통해 규정된 사전적 의미와 같은 약속된 것들이다.

의사소통의 도구로 활용되는 문자, 기호, 영상(그림), 수(數), 소리(음성), 신체 등으로 구분된다. 이에 의하면 도형의 경우도 영상언어라는 점에서 언어이다. 때론 두툼한 문자보고서보다 달랑 사진 한 장이 보다 의사소통에 효과적일 때가 많다. 그러면 도형이 과연 판단에 관련된 진술인가를 생각해야 한다.

도형에 대한 해석이 필요하다. 사각형과 마름모형들이 가지는 해석이다. 각 도형들은 일정한 면적의 크기를 나타내고 있다. 이때 만약 식별선이란 사유활동이 개입되지 않으면 면적의 크기를 확정할 수 없다. 이러한 점에서 판단이다. 즉 각 도형들을 명제로 간주할 수 있다.

그렇다면 각 명제들의 관계를 통해 논증인가를 식별해보자. 명제들은 두 가지 차원에서 관계성을 가지고 있다. 하나는 [면적의 변화량은 1/2씩 감소]하는 관계성이고, 다른 하나는 [면적의 변화량은 2배씩 증가]라는 관계성이다. 어떤 명제에서 사유를 시작할 것인가에 따라 변화의 방향이 달라지고, 두 가지 관계성이 해석된다. 이때 갑(甲)은 [면적의 변화량은 1/2씩 감소한다]라는 명제(진술)들의 관계를 생각했고, 을(乙)은 [면적의 변화량은 2배씩 증가한다]라는 명제(진술)들의 관계성을 추출했다고 하자. 이들은 면적의 변화량을 각각 수렴과 발산의 관점에서 본 것이다. 명제들의 묶음이라는 점에서 논증이다. 따라서 [논리가 있다]라는 답을 하게 될 것이다.

내용을 좀 더 심층적으로 살펴보자. 우선 갑과 을이 서로 자기 생각이 옳다고 주장할지 모른다. 논증이 가진 의미를 두고 각각 [수렴이 옳다], [발산이 옳다]라는 주장이다. 만약 이러한 논쟁이 발생한다면, 어떻게 될까?

갑과 을은 모두 논리가 있다는 전제에서 자신들의 주장이 서로 옳다고 주장하고 있다. 여기서 중요한 사실을 알 수 있다. 하나는 부분이 맞는다고 하여 전체에서도 반드시 맞는 것은 아니라는 점이다. 다른 하나는 이러한 논쟁은 중지하는 것이 필요하다는 점이다. 만약 이러한 논쟁이 발생한다면, 끝장이 나지 않기 때문이다. 이는 내면에 관련된 문제로서 도형을 그린 사람의 의도와 관련되어 있다. 어쩌면 도형을 그린 사람조차 자신의 의도를 모를 수 있는 경우도 있을 수 있다. 또한 의도 자제가 마치 예술가가 그림을 보는 사람 각자 상상력을 동원하여 감상하도록 유도하는 것일 수도 있다. 이에 우리는 내면적인 동기, 목적, 의도, 취지와 같은 것들은 고려하지 않고 드러난 형식만으로 객관적 인식을 추구하여 논리가 있다고 판단하는 선에서 그쳐야 한다. 예컨대 누군가 컴퓨터를 이용하여 프로그램을 작성하고, 위 그림을 그렸다고 하자. 이때 드러난 사각형과 마름모의 관계에 어떤 패턴을 가지고 있으면 논리가 있고, 그 존재하는 논리로부터 정보를 산출하는 것이 필요하다.

다음으로 무(無)논리와 비(非)논리 문제를 생각해보자. 우리는 통상 이것들은 서로 다른 의미로 바라본다. 무논리는 [논리가 없다]라는 의미이고, 비논리는 [논리는 있지만 논리적이지는 않다. 즉, 어떤 논리라는 개념이 있고, 그 개념과 거리가 있다]라는 상대적 의미로 관념한다. 그런데 형식논리 입장에서는 배중률 사고에 의해 논리와 무논리로 양분한다. 논리와 무논리의 중간 지대에 존재하는 비논리라는 개념은 존재하지 않는다. 그리고 타당과 부당이란 말을 사용한다. 그렇기 때문에 부당은 무논리라는 말과 동일한 의미를 가지게 된다. 예를 들어 보자. 위의 그림(도형)에서 논리를 대상으로 정보를 추출하여 다음과 같은 논증을 구성하였다고 하자.

[면적의 변화량은 1/2씩 감소하거나 또는 2배씩 증가한다. 면적의 변화량은 1/2씩 감소한다. 따라서 면적의 변화량은 2배씩 증가하지 않는다.]

$\Rightarrow p \vee q.\ p\ \therefore\ \sim q$

논리가 있다. 즉, 전제들과 결론으로 논증을 구성하고 있으며, 각각의 명제들은 판단에 관련된 언어적 진술들이다. 하지만 부당한 형식이다. 즉, 전제들이 참이면 결론도 반드시 참이 되는 형식은 아니다. 하지만 이러한 논증은 무논리와 동일하게 취급된다. 즉, 일상에서 비(非)와 무(無)와 구별되지만, 배중률 사고에서는 비와 무가 구별되지 않는다.

현실에서 역설적인 것 같지만 논리가 있지만 논리적이지 않은 것이 존재한다. 가령 위의 그림에서 어느 하나의 도형이 전체적인 흐름에서 가지는 패턴 또는 규칙성에 위배되는 도형이 있을 수 있다. 즉, 예외적이거나 오류인 경우이다. 그러나 이러한 예외가 전체적 논증에서 중대한 의미를 가질 수 있고, 오류가 발생한 경우도 무논리와 구분할 필요성이 있다고 생각할 수 있다. 논리가 없는 경우와 동일한 의미를 가지는 것은 아니라고 생각할 수 있기 때문이다. 하지만 형식논리에서는 이러한 의미(가치)는 고려되지 않는다.

【참고】 인간의 논리와 컴퓨터의 논리회로

논리회로란 컴퓨터와 수학이 결합하여 어떤 작업을 수행하는 데 따른 알고리즘(algorism=algorithm: 처리 절차 또는 연산방식)을 지칭하는 용어이다. 인간의 논리가 컴퓨터에 접목되면서 다양한 응용프로그램들이 만들어지고 있다. 연역적 추론을 기반으로 한 수학이 가지는 현실성의 문제와 계량화에 따른 인문사회 분야에의 적용 한계 등 다양한 관점에서 비판받고 있지만, 행렬과 벡터를 기본으로 고난도의 기하학, 가우스 분포 등 다양한 수학적 이론들이 접목되어 컴퓨터의 논리회로가 진화하고 있다. 이에 관련된 두 가지 예를 소개하기로 한다.

촘스키(H. Chomsky)의 변형문법프로그램

■ 기본 아이디어
  인간의 뇌는 유한(有限) 수(數)의 어휘를 가지고, 무한수의 문장을 만들어내는 어떤 논리, 즉 사고원리가 있다. 이 원리를 논리회로(알고리즘)라 하면, 컴퓨터의 변형문법프로그램을 생각할 수 있고, 컴퓨터 스스로가 유한 수의 단어로 무한(無限) 수(數)의 문장을 생성할 수 있다. 가령 20만 개의 단어(유한 수)로 컴퓨터 스스로가 무한(無限) 수(數)의 문장을 생성할 수 있을 것이다.
■ 응용가능분야
  - 휴대전화와 컴퓨터 등 인간의 상호대화: 번역프로그램, 음성인식기능. 인공지능(AI) 등

마르코프의 체인(속박확률)과 응용

■ 기본 아이디어
  확률은 누적되지 않는다. 하지만 어느 사건이 발생하면 다음에 발생할 어떤 사건을 속박시킨다(이러한 경우를 속박확률이라 부르고 있음). 가령 누군가 범인의 이름을 [김······]만 쓰고 사망한 경우 다음에 이어질 이름을 추리해보자. 이때 가질 수 있는 경우의 수는 엄청나다. 하지만 이름은 돌림자, 두 글자로 작명하는 관행들이 있고, 김씨 성 뒤에 또 다시 김이라는 글자가 올 확률은 거의 희박하다. 이러한 관념과 속박확률을 통해 경우의 수를 줄이고, 이를 통해 발생 가능한 경우들을 컴퓨터를 활용해 확률분포를 만들어내면, 확률이 높은 순위로 용의자들의 우선순위를 설정하여 추적을 효율적으로 할 수 있다. 또한 개인마다 고유한 사고방식이 있다. 사유방식을 포착하여 이를 토대로 행위에 대한 분석에도 사용할 수 있다.

■ 응용가능분야
  - 프로파일링(profiling) 분석 프로그램.
  - 그래픽 프로그램: 사람이 그리기 힘든 그림을 컴퓨터 스스로가 그린 그림. 예) 프랙털 등

기타
■ 기본 아이디어
  창작자는 독특한 자기만의 표현논리가 있음. 저작권 분석 및 진품/가품 판정에 응용.

- 응용가능분야
  - 그림분석: 사고방식(논리사고)에 따른 고유한 형태가 있음.
    - 예) 피카소 작품: 수평/수직/대각선/각/음양 등에서 가지는 표현방식
  - 음악분석: 사고방식(논리사고)에 따른 고유한 음계가 있음.
  - 저술분석: 사고방식(논리사고)에 따른 고유한 문체가 있음.

2. 기본용어들의 정리

논리에 대한 다양한 관점에서 논의가 이루어지고 있다는 점은 바람직한 현상이지만, 논리학을 이해하려는 입장에서는 달갑지 않은 현상이다. 이러한 점을 감안하여 다양한 논의들을 범주화하여 이해에 용이함을 추구하고자 한다. 특히 논의 범주에 따라 각기 용어들을 달리 사용하고 있다는 점에서 필요한 작업이다.

논리학을 증명의 학문으로 접근하든, 설득의 학문으로 접근하든, 또는 분과학문들의 개념적 틀 또는 논리적 틀을 제공하는 학문으로 접근하든 간에 공통적으로 [논증 ↔ 사람]의 관계성에 주목한다. 이때 어디에 시선을 두고 논의하는가에 따라 학문적 연구 대상과 성격이 달라진다. 가령 논증에 초점을 두는 경우 명제들로 구성되는 논증에 관련하여 언어적 서술법칙이 존재하는가, 또는 누구라도 받아들일 수 있는 논증법칙이 존재할 수 있는가 등에 관한 논의들이 진행될 것이다. 반면 사람에 초점을 두는 경우 사고방식에 대한 연구가 중요해질 것이라는 것을 가늠할 수 있다. 나아가 사람과 사람 간의 관계에서 사고방식에의 보편성 또는 객관성을 이룰 수 있는가 등에 대한 논의들이 중심이 될 것이다.

이러한 차이가 논리학을 구성하는 핵심적 두 축을 구축하고 있다. 요컨대 [논증 ↔ 사람]의 관계에서 논증에 관심을 두고, 외연적으로 드러나는 형식에만 관심을 가지는 입장을 형식논리학이라 지칭한다. 그리고 배중률에 의해 이와 대비되는 관점에서 가지는 견해들을 포괄하여 비형식논리학으로 대별된다. 가령 논증이 가진 형식과 내용 모두에 관심을 가지는 입장, 논증론 등과 같은 경우들이 형식논리학과 대비되는 비형식논리학으로 분류된다.

<논리학의 두 축>

형식논리학	비형식논리학

1) 형식논리학(形式論理學)과 용어

형식논리학은 비인격적인 논증(論證)의 형식만으로 사유의 일반원칙 또는 규칙을 연구한다는 입장이다. 논증 또는 논증(전제와 결론을 구성하는 묶음)을 구성하는 명제들이 가진 의미(meaning)에는 관심을 두지 않는다. 이에 전제(근거)들이 참이면 결론도 참이 되는 타당한(valid) 형식을 탐구한다. 여기서 Form(형상)이란 단어는 일상에서 형태(모양)와 의미(내용)를 포함하는 개념으로 사용되는 것이 일반적이다. 하지만 형식논리학에서의 Form은 의미(meaning)가 배제된 형식(형태)만을 의미하여 사용된다는 점에서 주의가 필요하다. 즉, 전제와 결론의 관계가 가지는 형태이다.

"임의로 주장 또는 판단된 것은 거부한다. 논증은 전제들과 결론과의 관계가 타당해야 한다."
"논증의 내용은 인격적이고 자의성(自意性)을 가진다. 이에 객관적인 형식만 보겠다."

반복하면 형식논리학은 논증을 구성하는 각 명제들이 가진 의미를 해석하여 그것이 참인지 거짓인지 판별에는 관심을 두지 않는다. 즉, 명제가 가진 내용의 참/거짓 판별에는 관심이 없고 단지 결론을 이끌어낸 전제들과 결론들의 관계로 구성되는 논증(論證)의 형식에 오류가 없는가를 따져 타당성(validity)만을 평가 또는 확인한다. 이때 타당성은 정확하다는 의미를 가진다. 이에 논증과 관련하여 언어의 사용으로 심리적 요인이 개입될 수 있는 여지를 차단하고, 언어가 가지는 다의미성을 피할 수 있도록 일의적인 논리적 기호를 사용한다. 가령 [모든 사람은 죽는다. 소크라테스는 사람이다. 따라서 소크라테스는 죽는다]라는 삼단논증은 [A=B, C=A. ∴C=B]와 같은 방식이다. 이에 대해서는 명제논리학에서 자세히 후술하기로 한다.

<타당한 논증형식들의 예>

○ A=B, C=A   ∴C=A [단, 연역(추론)논증]
○ A=B, B=C   ∴A=C [단, 연역(추론)논증]
○ A→B, ~B   ∴~A
○ A→B, A   ∴~B
○ A∨B, ~B ∴ A
○ A∨B, ~A ∴ B
○ A→B, B→C ∴ A→C

<形式논리학에서 사용되는 기본 용어>

○ 타당성(validity): 논증이 유효하다는 의미
○ 타당한 논증(정확한 논증): 전제들과 결론이 필연적인 형식
※ (opp): 부당한 논증(부정확한 논증)

<타당성 평가방법>

○ 전제들과 결론의 관계가 필연적인 논증형식인가를 식별.

2) 비형식논리학

(1) 논증의 형식과 내용 두 측면 모두에서 가지는 일반원칙 또는 규칙을 탐구해야 한
다는 입장

논리학은 기본적으로 논증 속에 들어 있는 내용의 파악을 통해 사유(思惟)의 일반원칙
또는 규칙을 연구해야 한다는 입장이다. 그리하여 논증이 가지는 명제들의 내용에 대한
진위(眞僞)에 관심을 가진다. 특히 현실에서 형식으로 판별할 수 없는 일상논증에서의 축
약논증 등에 대해서 관심을 가진다.

"논리학을 포함한 모든 학문은 진리탐구여야 한다. 이러한 과제는 형식논리로는 확보될
수 없다."
"내용이 형식을 결정한다(content determines form)."
"형식은 사회적 약속 또는 수사적(修辭的)인 것에 불과하다."
"[만일 당신이 화가 난다면 열을 세라. 그러면 너는 좋은 사람이란 평을 받게 될 것이다.
그런데 너는 좋은 사람이란 평가를 받지 못한다. 그것은 네가 화가 날 때 열을 세지 않
기 때문이다]라는 논증은 타당하지만, 논증이 가진 의미를 생각하지 않으면 알맹이가 없다."
"파괴와 창조는 단지 자구의 형식에 의한 구별일 뿐 정신상으로는 파괴가 창조이고, 건
설이 창조이다. 종교, 윤리, 문학, 미술, 풍속, 습관, 제도, 건물, 기계, 도로, 주택…… 이
세상 그 어느 것도 파괴와 창조가 분리되어 존재할 수 없다."

<비형식논리학에서 사용되는 기본 용어>

○ 참인 논증: 진실, 사실, 경험적으로 확실. 신뢰해도 안전하다는 뜻.
○ 전단성 또는 건전성: 논증이 형식도 타당하고 내용도 참이라는 뜻.
○ 적절성(relevance): 전제들과 결론 관계가 적합하고, 내용적으로도 부합.

```
┌─────────────────────────────────────────────────────────────────────┐
│                    <건전성(정당성) 평가방법>                           │
│                                                                       │
│  ○ 전제들과 결론의 관계가 타당하고 내용(의미)도 참인가를 식별.        │
└─────────────────────────────────────────────────────────────────────┘
```

(2) 기타 입장

① 의미에 대한 안전성이 확보되지 않을 경우에 형식만으로 판단하겠다는 입장

논리학은 기본적으로 논증의 형식과 내용 두 측면 모두에서 가지는 일반원칙 또는 규칙을 탐구해야 한다는 입장이지만, 진실성과 관련하여 논증이 가진 내용의 참/거짓 판별에 관한 기준 또는 증명도구가 존재하지 않거나 또는 안전하지 못할 때에는 불가피하게 형식논리를 적용할 수밖에 없다는 입장이 있다. 즉, 의미에 대한 안전성이 확보되지 않을 경우에는 형식만으로 판단하겠다는 입장이다.

"안전하지 못한 해석을 배척하고, 형식이 진실을 외면하는 것도 배척한다."
"임의로 주장 또는 판단된 것은 거부한다. 근거가 있어야 한다. 그러나 근거의 진위판별
이 안전(확실)하지 않을 때 형식을 준용할 수밖에 없다."

② 논증론의 입장

논리학은 참/거짓의 증명이 아닌 설득의 학문이어야 한다는 입장이다. 이에 주장에 지지(동의)하도록 만드는 논증이 가진 힘에 관심을 둔다. 논쟁과 쟁점, 강한 논증과 약한 논증에 대한 설득력을 평가한다.

"논증은 참/거짓이 아닌 강함과 약함만이 존재할 수 있다. 특정 논증의 강함은 더 강함에
약함이 되고, 약함은 더 약함에 강함이 되는 상대성을 가진다."

3. 생각하는 방식으로서의 논리적 사유의 준칙(準則)

1) 동일률원칙, 배중률원칙, 비모순(모순배제)원칙

동일률원칙, 배중률원칙, 비모순(모순배제)원칙은 논리적 사유에서 지켜야 할 준칙(準則)으로 마치 금과옥조(金科玉條)로 여겨지는 원리들이다.

(1) 동일률(identity, 同一律)

일치 또는 똑같아야 한다는 원칙이다. 예를 들어 x가 변화하는 경우에도 시간과 공간에서 x는 일관성 있게 동일한 x이어야 한다. 이는 연속, 불변, 일관성의 개념을 함축한다. 수학에서의 상수(常數)와 항등원(恒等元) 개념이다. 부연하면 지식의 창출과 관련하여 역으로 만약 어떤 물(物)이 동일률을 가지고 있지 않다면, 그 물(物)에 대한 지식(일반지)은 존립할 수 없다. 매 순간순간 다른 물(物)이 되기 때문이다.

여기서 주의할 점은 오늘날 현대적 관점에서 동일률은 세상에서 변하지 않는 물(物)은 없다는 과학적 사고에서 가지는 원리가 아니라, 생각하는 방식에서 처음 A는 마지막에도 A이어야 한다는 것을 말한다. 가령 어떤 추론 또는 논리전개에서 갑이란 사람은 그가 나이가 먹어도 외국에 나가 있어도 갑이어야 한다. 갑이 죽어 이 세상 사람이 아니라도 그 갑은 그 갑이어야 한다는 원리이다. 만약 생각이 이랬다, 저랬다 한다고 하면 문제이다.

(2) 배중률(the law of the excluded middle, 排中律)

중간 것을 배척하는 원칙이다. 즉, 서술에서 x와 $\sim x$의 중간 것을 포함(include)시켜서는 안 된다는 원칙이다. 소위 이분법적 논리 또는 흑백논리라 불리는 사고이다. 배중률 원칙을 따르기 위해서 있다/없다, 긍정/부정의 중간 것은 물리쳐야 한다. 영어에서는 둘 중에 하나를 뜻하는 경우 if가 아닌 Whether가 사용된다[예: whether she comes or not(0). if she comes or not(×)]. if는 가정으로서 발생가능한 모든 경우가 아닐 수 있다. 여기서도 마찬가지로 주의할 점은 인간을 남성과 여성 둘로 딱 부러지게 구분할 수 없는 것처럼, 현실에서 이것 아니면 저것으로 구분되는 것이 거의 드물다. 생각하는 방식에의 원리라는 점이다.

(3) 모순율(contradictions, 矛盾律)

대립(경쟁)되거나 상반되는 명제 또는 진술이 양립되어서는 안 된다는 원칙이다. 즉, 서술에서 x가 $+x$이면서 동시에 $-x$이거나 또는 x가 긍정의 x이면서 동시에 부정인 $\sim x$인 것은 양립할 수 없다는 원칙이다. 가령 세상에 무적의 창과 무적의 방패는 서로 다른 시간대에서는 존재할 수 있지만, 동시간대에는 양립할 수 없다. 둘 중 하나는 거짓이다. 흔히 자기모순을 가진 역설(paradox)은 비모순 원칙에 위배되어 궤변으로 간주된다.[140]

---

140) 패러독스(paradox): 자기모순, 역설. 예) 기쁜 얼굴의 슬픈 눈동자. 역설은 비모순의 원칙에 위배되어 논리적으로 그른 것 같으면서도 의미적으로 옳은 말이란 뜻으로 사용할 때도 있다. 예) 말은 간단할수록 의미 전달이 명확해진다. 하지만 역설적으로 간단

과학적 조사방법은 일반적으로 가설설정(귀무가설 또는 대립가설을 설정)[141]→증명(검증/입증)→채택/기각의 논리적 절차를 거치게 되는데, 이때 서로 대립하는 견해 또는 경쟁가설이 등장하면 둘 중 하나는 제거되어야 원칙에 부합된다. 이러한 점에서 모순율은 모순배제 원칙 또는 경쟁가설배제 원칙으로 불리기도 한다. 여기서도 마찬가지로 경험적 현실세계의 원리가 아니라, 생각하는 방식에의 원리라는 점을 주지할 필요가 있다.

2) 필연적 결론 도출과 범주(範疇)

다음 논증들에서 전제들이 참이면 결론이 참이 된다고 판단할 수 있는가? 즉, 타당한 형식인가? 만약 타당하다면 그 근거는 무엇인가?

[논증 1] 사람은 동물이다. 동물은 죽는다. 그러므로 사람은 죽는다.
[논증 2] 사람은 죽는다. 소크라테스는 사람이다. 따라서 소크라테스는 죽는다.
[논증 3] 꽃은 식물이다. 그것은 꽃이다. 따라서 그것은 식물이다.
[논증 4] 사람은 양심을 가지고 있다. 그는 양심을 가지고 있지 않다. 따라서 그는 사람이 아니다.
[논증 5] 동물을 구성하는 주성분은 물(水)이다. 인간은 동물이다. 따라서 인간을 구성하는 주성분은 물(水)이다.

어떤 답을 하였는가? 전술에서 언급된 동일률, 배중률, 모순율을 적용했을 것이다. 만약 어떤 논증에서 전제들인 명제들의 관계를 통해 가진 결론은 필연적일 수밖에 없다면, 논증에 대한 객관성을 담보할 수 있다. 싫든 좋든 누구라도 그러한 결론을 가질 수밖에 없기 때문이다. 즉, 꼼짝 못하고 어떤 결론을 가질 수밖에 없다. 그런데 문제는 추론과 관련하여 사유원칙들만으로는 그러한 전제들이라면 그러한 결론을 가질 수밖에 없는 필연을 평가할 수 없는 경우가 있다는 점이다.

이에 필연성을 담보하는 어떤 방법이 필요하고, 이러한 방법이 연역적 추론방식이고, 범주화 사유 틀이 사용된다. 여기서 범주(範疇: category)란 형태와 속성으로 볼 때 같은

한 말일수록 의미파악이 어렵다.

141) 과학적 연구방법을 "연구대상의 있는 그대로를 비판적 사고로 경험적이고 논리적인 방식을 통해 객관적이고 체계적으로 탐구하는 것"이라 할 때, 일반적으로 [ⓐ 문제의 분석 및 발견과 규정→ⓑ 가설의 설정→ⓒ 연역적 사고를 통한 가설들의 검토를 통해 가장 타당성 있는 가설의 선택→ⓓ 선택된 가설을 귀납적으로 확증]의 단계적 절차를 거친다. 이들 단계는 논리적 연계성을 가지고 있다. 과학적 연구방법에서 가설(hypothesis)설정이 중요한데, 가설이란 변수들 간에 어떤 관계를 가지고 있는가라는 의문에 대한 잠정적 또는 가정적(假定的) 해답을 제시하는 것을 말한다. 가설은 증명(검증/입증)을 위해 명백히 기술되어야 하고, 명확한 정의가 내려져 측정이 가능하도록 해야 한다. 이에 일반적으로 가설은 가설을 구성하는 각 변수들 간의 관계가 독립변수와 종속변수로 서술된다(p라면 q이다, 또는 A는 B이다). 가설에 관련하여 좋고 나쁨을 결정하는 몇 가지 평가기준들이 있다. ① 가설이 의문에 대하여 하나의 가정적 답을 제시하는가? ② 가설이 간단한가? ③ 가설을 구성하는 변수들은 실증적 연구의 대상이 될 수 있는가? ④ 가설은 현재의 설명뿐만 아니라 장래의 사실도 예측할 수 있는 것인가? 등이다.

경계를 가진 특정 부류에 속해야 할 것들을 분류하여 묶은 범위를 말한다. 요컨대 구별이 확실한 동일 개체들의 묶음이란 수학의 집합개념이다. 가령 생물, 동물, 식물, 포유류, 파충류 등과 같은 분류이다. 전술되었지만, 범주는 그것을 실현하기 위한 수단으로 일반적으로 형태와 속성을 기준으로 분류되지만, 기본적으로 물(物)은 일관성 또는 불변성을 가진다는 동일률에 바탕을 두고 있다. 또한 배중률과 비모순율이 전제된다. 가령 A라는 물(物)은 시공에서 A여야 하고, 하나의 범주에만 속해야 한다. 또한 A이면서 A가 아닌 것은 존재할 수 없다.

위 논증들을 범주의 틀을 적용하여 평가하게 되면, 우선 추론방식에서 연역적이다. 즉, 큰 범주에서 작은 범주의 결론을 도출하는 논증 구조이다. 이러한 논증구조는 전제들이 참이면 결론도 반드시 참이 된다. 예컨대 [논증 1]에서 사람이 동물범주에 속하고, 동물이 죽는다면 동물범주에 속하는 사람은 죽는다는 결론은 필연적이다. 이처럼 필연적인 결론을 이끌어내는 논증을 구성하거나 또는 논증의 타당성을 평가하는 데 범주(範疇)사고는 매우 중요한 틀로 활용되고 있다. 대부분의 중고등학생들의 수학교과서들에서 맨 처음 집합을 소개하고 있는데, 이러한 맥락에서 기인한다(이는 수학이 연역적 사고로 구축되는 체계라는 특징을 보이는 것이기도 하다). 오늘날 보편지식을 지향하는 지적 패러다임은 범주화 사고에 기반이 되고 있다. [모든]과 [개체]라는 일반지와 개별지 개념, 그리고 연역적 추론과 귀납적 추론개념이 등장하고, 논의된다. 이에 대해서는 전술된 참된 지식의 판별과 관련하여 정합설에서 설명되었으므로 생략하기로 한다.

특히 객관적이고 필연적인 지식을 추구함에 있어 범주화 사유의 틀은 이것들을 한꺼번에 해결할 수 있는 방법론적 기초를 제공한다. 하지만 이에 관련해 주목할 점이 있다. 위에서 열거된 모든 논증에 해당되는 이야기이지만 편의상 [꽃은 식물이다. 그것은 꽃이다. 따라서 그것은 식물이다]라는 논증만을 가지고 생각해보자. 논증에서 꽃은 식물이라고 정의되고 있다(A=B). 그리고 어떤 물(物)은 꽃이라고 규정되고 있다(C=A). 이러한 전제들이 참이라면, [그것은 식물이다(A=B)]라는 판단은 필연적으로 참이 된다.

그러면 범주의 틀을 응용적 측면에서 다음 두 논증에 대하여 다음과 같은 질문을 통해 좀 더 살펴보자. 명제들이 가진 내용의 참/거짓은 따지지 않고, 명제들의 관계만으로 논리적 타당성을 받아들일 수 있는가? 만약 타당성을 받아들인다면 그 근거는 무엇인가?

> **[논증 1]**
> ① 보약은 건강에 유익하다.
> ② 담배는 보약이 아니다.
> ③ 따라서 담배는 건강에 해롭다.
>
> **[논증 2]**
> ① 사람은 매일 약 2.5리터의 물(수분)을 먹어야 산다.
> ② 사람의 수명은 약 70년이다.
> ③ 그러므로 개인이 일생 동안 마시는 물의 양은 365×2.5리터×70으로 약 60톤에 이른다.

두 논증은 모두 논리적으로 평가된다. 근거는 존재사(명사)의 범주에 관련하여 연역적 방식이고, 명제들의 관계에서 동일률원칙, 비모순원칙, 배중률원칙에 위배되지 않기 때문이다. 즉, 전제들과 결론 간의 관계에서 전제들이 참이면 결론도 참이 된다.

구체적으로 [논증 1]은 범주화 틀로 평가된다. 수학적 집합기호로 나타내면, $[A=B, C \not\in A \therefore C \neq B]$의 형식이다. [논증 2]의 경우 형식에 약간 혼란이 있을 수 있다. 일상에서의 진술들은 어법과 관련하여 반드시 컴퓨터언어와 같이 정형적 틀로 진술되는 것은 아니며, 흔히 축약되거나 생략되는 등의 언어적 관습이 들어 있기 때문이다. 논증에서 증명사(대전제와 소전제의 매개 역할)인 소전제로 사용되는 ②의 명제 [사람의 수명은 약 70년이다]라는 말이 가지는 의미는 어법상 억지스럽지만, [산다는 것은 매일 약 2.5리터의 물(수분)을 약 70년간 먹는 것이다]라는 것으로 번역될 수 있다. 이에 논증을 형식으로 나타내면 전형적인 삼단논법인 $[A=B, B=C \therefore A=C]$의 논증이다. 결론적으로 요약하여 말하면 논증들의 논리적 여부에 대한 타당성 평가와 관련하여 범주화 틀(연역추론)과 세 가지 사유 원칙들은 평가기준으로 중요하다.

여기서 잠시 논증을 구성하는 명제들에 대하여 그것이 참/거짓인가를 생각해보자(전술되었지만 분석철학의 입장에서는 이러한 진위판별은 각 분과학문들에 위임된다). 만약 대전제의 명제가 거짓이라면, 즉, [논증 1]에서 '보약은 건강에 유익하다'는 명제가 거짓이라면 결론이 필연적이라 해도 그 결론이 우연히 참이 될 수는 있을지언정 반드시 참이 되지는 않는다. 즉, 항상 참이 되지는 않는다. 이러한 이유로 명제들이 가진 내용(명제들의 참/거짓)에도 관심을 가지는 입장에서는 위 논증은 조건언(가언) 명제로 보게 된다. 즉, [전제들이 참이라면 결론도 참, 또는 전제들이 참인 경우에만 결론도 참]이라는 말을 하게 된다.

【참고】 동일률, 배중률, 비모순율의 시유원칙과 이데아 성격

논리적 사유에서 가지는 3대 준칙의 성격을 이해하기 위해 실증을 중시하는 과학적 지식과 연계하여 이데아적(ideal) 성격을 살펴보기로 한다. 여기서 이데아(idea)란 관념으로서 논리적 사유원칙이 과학적 설명과 대치되거나 또는 과학적 현상을 설명할 수 없는 한계성을 지칭하기로 한다.

동일률의 이데아

태양은 변화한다. 지금 우리가 관찰하는 태양이 가진 어떤 속성도 동일률을 가질 수 없다. 그러나 언어로 존재하는 태양은 불변이다. 우리가 말한 어제의 태양도 내일의 태양도 그 태양이다. 동일률은 언어적 관념 속에서만 성립한다.

[포유류는 육지에서 산다. 고래는 육지에서 살지 않는다. 따라서 고래는 포유류가 아니다]라는 진술을 살펴보자. 과학자들은 [육상 동물은 수중 생명에서 진화되었다]는 명제를 정설로 받아들인다. 요컨대 수중에서 육지로의 진화방향을 설정한다. 그런데 포유류인 고래와 두공 같은 동물들은 육지에서 바다로 역방향성(backward)을 가진다. 전진방향(forward)의 일관성에 예외가 존재하는 경우이다. 이러한 점에서 과학자들은 진화의 방향이 일방향적이 아니고, 비, 가뭄, 먹이 사슬 등의 생태학적 환경으로 가지는 기회와 위험에 의존되어 반복(repeat)과 순환성(circle 또는 feedback)의 방향성으로 인식한다. 이처럼 포유류(척추동물, 새끼, 수유, 육지동물)일지라도 시간과 공간에서 항상 그 속성이 동일성을 가지는 것은 아니다.

다른 예를 들어 보자. 2년 전 유명한 문학가가 사망한 사건이 발생했다고 가정해보자. 이는 과거에 일어난 사건이고, 그 원인에 대한 진실은 이미 확정되어 있다. 진실이 변할 가능성이 없다. 하지만 지금 일어나 사망원인이 밝혀지지 않은 상태이거나 앞으로 일어날 사건이라면 진실은 확정되어 있지 않다. 그렇기 때문에 사망원인에 대한 진실은 불확정성을 가진다. 다시 말하면 과거 특정시점에서 일어난 어떤 사건은 고정(정지)된 것이고, 불변적인 것이다. 이미 완료된 것이기 때문이다. 하지만 현재 또는 미래의 경우 움직임이 진행되는 상태이기 때문에 고정성과 불변성이 소각(消却)된다.

배중률의 이데아

배중률 원칙은 x 아니면 0, 참이거나 거짓, 유죄이거나 무죄, 맞거나 틀림 등과 같이 중간 것이 용납되지 않는다. 하지만 과학적 현상들에서는 중간 것이 용납된다. 가령 강함과 약함의 상대성이 용인되고, 중성자의 존재가 인정된다. x 아니면 0이라는 배중률은 사유의 관념 속에서만 성립한다.

비모순율의 이데아

비모순에 의하면 서로 상충되거나 대립되는 관계는 공존할 수 없다. 가령 x이거나 0가 동시에 존재하는 경우 둘 중 하나는 제거되어야 한다. 하지만 과학에서 모순을 배격하는 사고방식은 유지하지만, 이것은 어디까지는 상대적이다. 시간의 연속성에서 보면 정과 반이 동시에 공존하고, 상대석이고, 부(不, 부정, 반대)가 아닌 비(比, 비율)의 개념으로 간주된다. 예를 들어 [태양은 진다. 태양은 뜬다]라는 두 진술의 관계가 같은 시간과 같은 공간에서는 양립할 수 없는 모순적 관계가 되지만, 서로 다른 시간과 공간에서는 두 진술이 양립할 수 있다. 성질이 서로 다른 마이너스극과 플러스극이 하나의 자석에 동시에 공존한다. 현대 물리학에서는 빛의 현상과 관련하여 서로 대비되는 파동설과 입자설 모두 타당성을 가지는 것으로 간주된다(자연현상 자체가 가진 이중성으로 이해된다). 비모순율은 사유의 관념 속에서만 성립한다.

【참고】 범주화 사고와 일반지의 생성

범주사고는 인류의 지식사에 큰 영향을 미치고 있다. 호랑이의 개체 수는 2010년 현재 약 3,000마리 정도로 추산되고 있다. 그 수가 점점 줄어들고 있다. 이에 멸종해가는 호랑이를 보존하기 위한 노력들이 행해지고 있다. 그런데 호랑이는 매우 민감하고 활동 반경이 넓어 좀처럼 발견하기 어렵다. 그리하여 연구원들은 호랑이 발견에 개를 활용한다. 개는 뛰어난 후각을 이용하여 호랑이의 배설물을 찾아낸다. 연구팀은 찾아낸 배설물을 근거로 호랑이가 다니는 길을 추정하고 그곳에 카메라를 설치하여 호랑이의 존재를 확인한다. 이처럼 개의 감각기관은 인간에 비해 현저히 그 능력이 탁월하다. 그럼에도 개는 인간에 비해 지식을 가지고 있지 못하다. 이러한 이유가 무엇일까? 사람들은 감각이 아닌 사고를 통해 앎을 창조한다. 가령 사과를 알려 할 때 개들은 그들이 가진 감각기관과 정신능력으로 알게 된다. 이러한 점에서도 공통적이다. 하지만 두드러진 차이가 있다. 인간은 개개의 사과들을 통해 모든 사과들에 적용될 수 있는 일반지를 얻어낸다. 이때 일반지는 사과라는 언어로 명명된다. 이러한 사과라는 언어는 매우 중요한 기능을 수행한다. 일반지식을 통해 각 개별적 사과들에 대한 판단기준으로 활용하고, 학습과 승계를 용이하게 한다.

다음 두 논증은 귀납과 연역에서 서로 연관성을 가지고 있다. 귀납으로 일반명제를 도출하고, 도출된 일반명제를 전제로 하여 그 범주에 속한 개별지에 대한 진술들의 참/거짓 여부를 판별한다.

> 갑은 보약을 먹어 건강하다. 을은 보약을 먹어 건강하다. 따라서 보약을 먹는 사람은 건강하다(귀납). ↔ 보약을 먹는 사람은 건강하다. 병은 보약을 먹는다. 따라서 병은 건강하다(연역).

명제는 배중률에 의해 전칭명제(일반)와 특칭명제로 구분된다. 이때 일반이 어느 범주를 의미하는가라는 것은 중대한 문제이다. 이는 전술된 내용이기에 간략히 언급하기로 한다. 일상에서 호랑이는 [a tiger], [the tiger], [the tigers], [tigers]라는 네 범주로 존재한다. 통상 일반이란 종속과 목강문계의 동식물 분류체계에서 가장 하위 범주인 종(種)의 단위가 일반의 의미로 사용된다. 물론 종의 범주를 더 좁은 단위로 사용할 수도 있다. 범주가 클수록 예외적 경우가 발견되는 일이 잦기 때문이다. 또한 범주가 넓을수록 좋은 지식이 된다는 점에서 종보다 더 큰 범주를 일반의 의미로 사용하기도 한다.

참고로 동양에서는 가변적인 역(易) 또는 화(化)의 사상적 관념이 강하다. 또한 흑 아니면 백으로 구분하는 것이 아니라, 흑백의 통합적 사고로 인식하는 경향이 강하다. 또한 모순배제 원칙에 대해서도 모순되는 것들 중 하나를 제거하는 것이 아니라, 모순되는 것들을 수용하여 합을 만들어 내는 사유경향이 강하다. 이러한 사고방식에 관련하여 옳고 그름의 평가차원에서 접근할 것이 아니라, 논리학적 논의들을 이해하는 데 혼란을 야기할 수 있다는 점을 상기할 필요가 있다.

[보론] 모순에 대하여

1. 서어(序語)

모순은 학문의 고등추론의 영역뿐만 아니라 일상영역에서 다양한 문제해결에 응용되는 대표적 사유이다. 가령 [모든 사람은 죽는대]와 [사람 중에는 죽지 않는 사람이 있대]라는 두 진술은 사람에 대한 범주가 포함관계이고, 서술에서 서로 반대되는 긍정과 부정의 관계성을 가지고 있다. 이러한 경우 두 진술은 동시에 공존할 수 없다. 따라서 둘 중 하나는 거짓이다. 역으로 둘 중 하나는 참이다. 그러므로 거짓을 식별하는 것이 이성적 사유에 합당하다. 이러한 원리가 비모순율(모순배제, 모순제거) 원칙이다.

2. 양도논증과 모순율의 적용

모순이어서는 이성이 합치되지 않는다는 비모순율 원칙을 적용한 대표적 논증이 양도논증(선언명제의 배타적 의미)이다. 가령 전술된 **[모든 사람은 죽는다]와 [사람 중에는 죽지 않는 사람이 있다]**라는 두 진술에서 하나의 진술을 제거하여 결론을 도출하는 논증이다.

그런데 일상에서 모순에 관련하여 흔히 오류를 범하는 경우들이 있다. 즉, 모순관계가 아님에도 모순으로 착각하는 경우이다.

다음 두 진술을 살펴보자.

[지구는 원이다]
[지구는 사각형이다]

두 진술은 모순적인가? 진술들의 관계에서 서술어가 다르다는 점에 착안하여 모순적 관계로 생각하기 쉽다. 가령 도형에서 원과 사각형의 구분은 선분의 수와 꼭짓점을 가지고 구분한다. 그러면 지구는 원이면서 동시에 사각형일 수는 없다는 생각이다. 즉, 둘 중 하나는 거짓이란 생각이다. 그런데 이때 두 진술의 관계에서 다음과 같은 두 가지 경우가 존재할 수 있다. 둘 중 하나가 참일 수 있고, 동시에 둘 다 거짓일 수 있는 경우이다. 그리고 둘 다 참일 수도 있다. 시간적으로 우주의 형태가 변화되기 때문이다. 이러한 점에서 관찰시점이 문제된다. 우주의 본질은 바뀌지 않은 채 형상이 원에서 사각형으로 변형될 수 있고, 사각형이 원으로 변형될 수도 있다. 그렇기 때문에 정지된 관찰시점에서는 두 진술 중 하나만이 채택되어야 논리적이지만, 여러 관찰시점에서는 지구의 모양은 얼마든지 변형될 수 있다. 수학적으로 표현하면 소위 가령 한 붓 그리기가 가능한 경우에서 삼각형이거나 오각형으로 변형될 수도 있다. 그렇기 때문에 모순을 어떤 것으로 보느냐에 따라 그 개념이 달라진다.

예를 하나 더 들어 보기로 한다. **[갑은 살인사건이 일어난 시간에 서울에 있었다], [갑은 살인사건이**

일어나는 시간에 부산에 있었다]라는 두 진술이 있다고 하자. 만약 모순을 [둘 중 하나는 거짓이 되고, 역으로 둘 중 하나는 참인 경우]로 본다면, 이들 알리바이에 대한 진술은 모순적인가?

두 진술에서 존재사 갑이 가진 범주는 특칭으로 동일하다. 다만 술부인 서술에서 시간적으로 다르다. 이러한 경우 모순관계가 성립하는 것으로 간주하기 쉽다. 즉, 둘 중 하나가 거짓이라는 생각이다. 인간은 시간과 공간에서 순간이동을 할 수 없다는 전제에서 가지는 사유이다. 하지만 둘 다 거짓일 수 있다. 서울과 부산이 아닌 다른 곳에 있었을 수도 있고 살인현장에 있었을 수도 있다. 살인사건이 일어난 시간에 갑은 오직 서울과 부산 둘 중 한 곳에만 있었다는 전제에서만 가능하다. 즉, 이러한 전제에서만 양도논증이 성립할 수 있다.

보충적으로 다음 두 진술을 가지고 살펴보자.

[철수가 범인이다]
[영희가 범인이다]

두 진술 간의 관계에서 둘 다 거짓일 수 있고(모두 범인이 아닌 경우), 둘 다 참일 수도 있고(공범인 경우), 둘 중 하나만이 참일 수도 있다(단독범인 경우). 그런데 이 세 경우 중 양도논증은 마지막 세 번째 경우에 한해 성립한다. 즉, 범인은 오직 철수와 영희 둘 중 한 명에서 범인이라는 범주를 가지고 있고, 두 진술의 관계가 대반(對反)일 때이다. 이를 선언명제(배타적 선언)라 부른다.

여기서 세 번째 경우, 즉 [철수가 범인이거나 또는 영희가 범인이다]라는 두 진술 중 하나만이 참이 되는 것이 전제되는 경우, [철수가 범인이라면(p) 영희가 범인이 아니고(∼q), 영희가 범인이라면(q) 철수가 범인이 아니다(∼p)]라는 의미가 된다. 요컨대 (p→∼q)&(q→∼p)의 성립이다. 여기서 (p→∼q)는 (q→∼p)와 서로 대우관계이다.

3. 비모순율 적용에 따른 공존이 불가능한 대반관계와 공존이 가능한 대비관계의 확인
   다음과 같은 두 진술이 있다고 하자.

---
① [사람은 죽거나 또는 사람은 죽지 않는다]
② [사람은 아름답거나 또는 사람은 추하다]

서술어에 주목하면 ①의 경우는 동일한 주어에 대한 긍정과 부정의 대반관계이다(사람이란 범주는 일치). 반면 ②의 경우는 동일한 주어에 대한 상대적 의미인 비교의 대비관계이다. ①의 경우는 두 진술이 서로 양립할 수 없지만, ②의 경우는 양립할 수 있다. 마치 동전의 양면과 같이 아름다움은 추함이 있어야 비교되어 가질 수 있다. 이러한 경우 두 진술은 모순관계가 아니다. 두 진술 중 하나가 제거되어야 하는 것이 아니라 오히려 두 진술을 통합적으로 사고해야만 하는 관계를 가지고 있다.

부연하면 ①의 경우는 사실명제로, ②의 경우는 가치명제로 구분된다. 가치명제와 달리 사실명제들 간에서는 대반관계(모순)가 존재한다. 가령 [모든 사람은 죽는다]라는 진술에 대응하여 [소크라테스라는 사람은 죽지 않는다]라는 진술은 둘 중 하나가 거짓이다. 만약 후자가 참이라면 전자는 자동적으로 거짓이 된다.

4. 결어(結語)

일상에서의 논증들을 보면, 모순을 상충 또는 대립적인 것으로 관념하는 사고방식에 기인하여 비모순관계를 모순관계로 착각하는 일들이 많다. 대비관계와 대반관계를 착각하는 경우가 대표적인 예이다. 자유와 평등의 관계가 상충되는 성격을 가지고 있다고 하더라도, 이것들이 동시에 공존할 수 없는 대반관계는 아니다. 오히려 자유가 없다면 평등이 존재할 수 없고, 평등이 존재할 수 없다면 자유가 존재할 수 없는 이중성을 가진다. 하지만 일상에서 둘 중 하나를 제거하는 방식의 추론을 흔히 볼 수 있다. 논술(논문)형 답안지를 채점하는 과정에서 통합적으로 결론을 도출한 논증을 부당한 형식으로 평가하여 낮은 점수를 매기는 사례도 있다. 올바른 논증을 구성하거나 평가에 있어 논리적 사유원칙인 모순율을 적용하는 경우 진술 간에 가지는 관계에서 두 진술이 양립할 수 있는 대비관계인지, 아니면 서로 양립할 수 없는 대반관계인지를 명확히 구별하는 것이 필요하다.

[보론] 논리적 관계에 대하여

논리적 관계란 명제들 간에 어떤 연관성을 함축하고 있는 경우를 의미한다. 가령 [A: 사람은 죽는다. B: 사람이 아니라면 죽지 않는다]라는 두 진술은 서로 무관할 것 같다. 하지만 B는 A를 전제로 진술되고 있다는 점에서 두 진술은 논리적 함축성을 가지고 있다. 겉으로는 서로 무관한 것 같은 진술들이 만약 논리적으로 어떤 관련성을 가진 경우, 진술을 종합한 하나의 체계를 구축할 수 있다. 전술되었지만 유클리드는 당시 여기저기 흩어져 있던 피타고라스 정리 등을 포함한 256개의 수학적 정리들을 다시 몇 개의 상위 범주에서 묶어 파라미드 형태와 같은 연역체계를 구축했다. 여기저기 흩어져 있는 진주들을 논리적 관련성을 찾아 진주목걸이로 만든 셈이다.

다음 (가), (나) 진술들은 옳은가? 옳지 않은가?

> (가) [이자율과 물가가 내린다면 소비가 증가한다]라는 진술은 [물가가 내릴 경우 이자율이 내린다면 소비가 증가한다]라는 진술과 논리적으로 동등하다.
> (나) [부동신 경기가 침체될 경우 이사율이나 불가가 오른다]는 진술은 [주식시장이나 부동산 경기가 침체될 경우 이자율이 오른다]는 진술과 논리적으로 무관하다.

이것은 [2008 행정(기술)·외무고시·견습직원선발시험]에서 출제된 문제이다. 질문에 답하기 위해 여기서는 후술되는 명제논리학에 기초하여 해결해보기로 한다. 우선 형식을 변형하는 간단한 수학적 연산개념이 요구된다.

(가): 옳은 진술이다.
A: 이자율과 물가가 내린다면 소비가 증가한다.
⇒ 문장 분석: 이자율이 내린다(p). 물가가 내린다(q). 그러면 소비가 증가한다(r).
⇒ 기호 표현: $(p \& q) \to r$
B: 물가가 내릴 경우 이자율이 내린나면 소비가 증가한다.
⇒ 문장 분석: 물가가 내린다(q). 이자율이 내린다(p). 그러면 소비가 증가한다(r).

⇒ 기호표현: (q&p)→r

이때 (p&q)의 경우 교환법칙이 성립하므로 (p&q)≡(q&p)가 된다. 따라서 논리적으로 동등한 관계이다. 가령 (p&q)을 X로 치환하면 두 진술은 X→r라는 형식으로 동등한 논리성을 함축하고 있다.

(나): 옳지 않은 진술이다. 두 진술의 관계도 논리적으로 관련성을 가지고 있다.

A: 부동산 경기가 침체될 경우 이자율이나 물가가 오른다.

⇒ 문장 분석: 부동산 경기가 침체된다(p). 그러면 이자율이 오른다(q). 또는 물가가 오른다(r).

⇒ 기호 표현: p→(q∨r)

B: 주식시장이나 부동산 경기가 침체하면 이자율이 오른다.

⇒ 문장 분석: 주식시장이 침체한다(s). 또는 부동산 경기가 침체한다(p). 그러면 이자율이 오른다(q).

⇒ 기호표현: (s∨p)→q

이에 A: p→(q∨r), B: (s∨p)→q의 형식이다. 여기서 이들은 p와 q가 공통으로 사용되고 있다. 이에 착안하여 공통인수를 검토하면, 배분법칙을 사용하여 A와 B는 A=(p→q)∨(p→r), B=(s→q)&(p→q)로 변형될 수 있다. 이때 논리연결사 "∨"과 "&"으로 변형됨에 유의해야 한다(배타와 포괄). 원형의 의미가 달라지기 때문이다(참고로 A의 경우 순방향의 배분법칙이 적용되었지만, B의 경우 역방향으로 배분법칙이 일어난 경우이다). 이제 (p→q)∨(p→r)와 (s→q)&(p→q)에서 공통인수인 (p→q)을 가진 관계로 변형되었다. 이에 두 진술 간에는 논리적 (연결)관계가 존재한다는 것을 알 수 있다. 이때 공통인수는 두 진술을 파생시킨 바탕이 되는 명제라는 뜻을 담고 있기도 하고, 두 진술이 논리적으로 연결되고 있는 고리라는 뜻을 가지고 있다고 볼 수 있다. 여기서 B는 A에 대하여 강한 진술이라 부르기도 한다.

[강함과 약함의 진술관계]가 가지는 의미를 살펴보자. [A: 모든 호랑이는 혀에 가시돌기를 가지고 있다. ↔ B: 시베리아 호랑이는 혀에 가시돌기를 가지고 있다]에서 필요조건 또는 충분조건만을 충족하는 관계를 가진다. 이때 A와 B의 관계에서 A는 강한 진술, B는 약한 진술이다. 간단히 말하면 범주가 상대적으로 큰 지식이 강한 지식이고, 보다 좋은 지식으로 평가되듯, 강함과 약함은 범주화와 관련된다. 가령 [A: 사람은 죽는다. B: 영이는 죽는다]라는 두 진술에서 A가 참이라면 B도 참이 되지만(연역), B가 참이라도 반드시 A의 참을 보장하지 못한다. 역은 귀납적 추론이기에 필연성을 가지지 못하기 때문이다. 또한 [A: 지능지수는 유전적 요인에 의해 결정된다. B: 지능지수는 유전적 요인과 후천적 요인에 의해 결정된다]라는 두 진술에서 A가 참이라면 B가 반드시 참이 되는 관계가 성립하지 않는다. 하지만 만약 B진술이 참이라면 A진술은 반드시 참이 성립한다. 이때 B진술은 A진술에 대하여 강한 진술이 된다.

다음과 같은 A와 B 두 진술이 있다고 하자. 두 진술은 관계가 있는가? 없는가?

A진술: 문명화된 사회에서는 사회구성원들 간의 생활방식에 관련하여 약속 또는 규칙을 가지고 있다.
B진술: 사람들이 가지는 특정 대상에 대한 호감의 정도는 문화, 상호작용, 시간의 길이에 의해 결정된다.

문장을 분석해보자. 두 문장의 주부와 술부에서 연결성을 발견할 수 없다. A진술은 문명화된 사회에 대한 진술이고(주부), B는 특정 대상에 대한 호감도에 대한 진술이다(주부). 술부 역시 다르다. 이러한 두 진술은 대상에서 서로 논리적으로 무관계하다. 이때 문화라는 요소를 매개로 두 진술이 서로 논리적

으로 연관성을 가지고 있다고 생각할 수 있다. 또한 세상 만물은 마치 돗자리의 매듭들처럼 서로 연결성을 강조할 수도 있다. 하지만 논리적 관계란 사고하는 방식과 관련된 범주와 사유원리(동일률, 배중률, 비모순율)의 관점에서 보게 된다. 요컨대 만약 무관계적 진술들로 결론을 도출하는 논증을 구성한다면, 부당한 또는 부정확한 논증이 되기 때문이다.

그러면 다음과 같은 두 진술은 논리적 관계가 있는가? 없는가?

(가) 문명화된 사회에서는 사회구성원들의 생활방식에 관련하여 약속 또는 규칙을 가지고 있다.
(나) 대한민국은 문명화된 사회이다.

두 명제 간에는 관련성을 가지고 있다. 문장을 분석하면, 두 문장의 주부와 술부에서 [문명화된 사회]라는 연결고리가 있다. 이러한 연결고리를 통해 다음과 같은 결론도출이 가능해진다.

[문명화된 사회에서는 사회구성원들의 생활방식에 관련하여 약속 또는 규칙을 가지고 있다. 대한민국은 문명화된 사회이다. 그러므로 대한민국 사회에서는 사회구성원들의 생활방식에 관련하여 약속 또는 규칙을 가지고 있다.]

논리적 관계의 동적(動的) 메커니즘을 다루는 추론적 논리회로에 대해서는 뒤에서 다루겠지만, 여기서 논리에 대한 개념 이해를 돕기 위해 간략히 살펴보기로 한다. 다음은 2010년 행정(기술)·외무고시·견습직원선발시험(언어논리영역, 수책형 34번) 문제이다.

※ 다음 글을 토대로 유전자 코드 ⊙□□△에 ⊙□△□를 결합할 때, 최종적인 유전자 코드는?

오 박사의 연구팀은 최근 개발한 인공생명체를 '트랜스포머'라고 명명했다. 이 인공생명체는 ⊙, △, □ 세 가지 요소의 연쇄로 이루어진 유전자 코드를 갖고 있는데, 이 코드는 ⊙ 하나로 이루어지거나 ⊙로 시작되고 그 뒤에 △와 □의 조합이 있는지는 연쇄의 구조를 갖는다. 유전자 코드 X에 유전자 코드 Y를 결합하면 '+'가 포함된 임시 코드 X+Y가 되는데, 임시 코드는 다음의 변환규칙에 따라 유전자 코드로 변환된다.
임의의 유전자 코드 X, Y가 있다고 할 때,
규칙 (1) 임시 코드 X+⊙는 유전자 코드 X로 변환한다. 즉, X의 오른쪽에 홀로 연결된 ⊙는 소멸된다.
규칙 (2) 임시 코드 X가 X△+Y△는 임시 코드 X□+Y로 변환한다.
규칙 (3) X△+Y□는 X□+Y□로 변환한다.
규칙 (4) X□+Y□는 X□△+Y로 변환한다.
규칙 (5) X□+Y□는 X□□+Y로 변환한다.
예를 들어 임시코드 ⊙□에 ⊙△를 결합하면 +가 포함된 임시 코드 ⊙□+⊙△가 되는데, 이것은 변환규칙에 따라 변환을 계속하여 유전자 코드 ⊙□△를 생성한다. 그 과정은 다음과 같다.
⊙□+⊙△ → ⊙□△+⊙(규칙 (4)에 의해) →⊙□△(규칙(1)에 의해)

---

① ⊙□□△△
② ⊙□△△□□
③ ⊙□□□□□
④ ⊙□□□□△△△
⑤ ⊙□□□□□□

주어진 유전자 코드 ⊙□□△와 ⊙□△□을 결합할 때 변환규칙이 적용되어 결과로 나타나는 것을 추론하는 문제이다. 이러한 논리적 변환은 시간적으로 순차적이고 연쇄적이기 때문에 시작점과 끝점이 존재하게 된다.

※ ⊙□□△+⊙□△□에서 끝과 시작점은 ⊙△+⊙□이다.

⇒ ⊙△+⊙□ = ⊙□+⊙△ (규칙 3)

⊙□+⊙△ = ⊙△+⊙ (규칙 4)

∴ ⊙□□□△+⊙△□ ……………………… ①

※ ①식에서의 끝과 시작점은 ⊙△+⊙△이다.

⊙△+⊙△ = ⊙□+⊙ (규칙 2)

∴ ⊙□□□□+⊙□ ……………………… ②

※ ②식에서의 끝과 시작점은 ⊙□+⊙□이다.

⊙□+⊙□ = ⊙□□+⊙ (규칙 5)

∴ ⊙□□□□□+⊙ ……………………… ③

※ ③식에서의 ⊙은 소멸한다. (규칙1) ∴ ⊙□□□□□

따라서 답은 ③이다.

[문] 다음 (갑), (을), (병), (정) 입장들과 〈보기〉의 진술들을 바르게 연결한 것은?

(갑) 비인격적인 논증(論證)의 형식만으로 사유의 일반원칙 또는 규칙을 연구해야 한다는 태도를 취한다. 논증 또는 논증을 구성하는 명제들이 가진 내용의 참/거짓 또는 의미에는 관심을 두지 않는다. 전제와 결론간의 관계가 타당한 논증 형식에만 관심을 둔다.

(을) 논증의 형식은 단지 내용이 반영된 모양새에 불과한 것이고, 모양을 통해서는 사유의 일반법칙을 볼 수 없다는 견해를 취한다. 그리하여 논증 속에 들어 있는 내용을 파악하여 인간이 가진 사유(思惟)의 일반원칙 또는 규칙을 연구해야 한다는 입장이다. 일상에서 사람들은 축약 또는 생략의 논증을 사용하는 것이 일반적이어서 형식에만 초점을 두면 본질인 인간의 사유에 대해 접근할 수가 없다고 주장한다.

(병) 논증의 형식과 내용 두 측면 모두에서 가지는 사유의 일반원칙 또는 규칙을 탐구해야 한다는 통합적 태도를 취한다. 논증의 형식도 타당하고 내용도 진실한 건전한 논증을 탐구한다.

(정) 논증을 참/거짓의 증명이 아닌 설득의 관점에서 접근하는 태도를 취한다. 인간이 생각하는 방식으로서 가지는 사유는 시공간에서 상대성을 가진다고 본다. 사람들이 어떤 논증에 대하여 동의 또는 반대하는가에 대한 사고방식, 논쟁의 쟁점과 주장을 뒷받침하는 근거에 관련된 변증방법 등에 대한 탐구를 주장한다.

〈보기〉

㉠ 조각들로 하나의 퍼즐을 완성한다고 하자. 그러면 두 가지 방식이 있을 수 있다. 하나는 조각들의 형태를 기준으로 퍼즐을 맞추는 방법이고, 다른 하나는 내용을 보고 퍼즐을 완성하는 방법이다. 조각들의 형태만 가지고 퍼즐을 완성했다고 하자. 그런데 내용이 전혀 다른 어떤 조각이 형태만 딱 들어맞아 완성될 수도 있다. 이것은 분명히 잘못된 퍼즐이다. 퍼즐의 형태뿐만 아니라 내용인 의미도 보아야 한다.

㉡ 논증을 전체적 그림으로서의 퍼즐이라고 하고, 그림을 구성하는 퍼즐 조각들을 명제라고 할 때, 조각들이 모여 전체를 구성한 그림이 추상화라고 하면, 그 의미의 판단과 관련된 진실성은 화가만이 알 수 있다. 내용은 인격적이고 자의성(自意性)을 가진다. 이에 우리는 드러난 형식만 볼 수밖에 없다.

㉢ [사람은 죽는다. 소크라테스는 사람이다. 그러므로 소크라테스는 죽는다]라는 논증은 본질적인 내용을 담고 있지 못해 공허하다. 소크라테스가 왜 죽는가라는 질문을 던지면 [사람이기 때문에 죽는다]라는 답밖에 할 수가 없다.

㉣ 인간 세상에는 참인 논증과 거짓인 논증이 존재하는 것이 아니라, 강한 논증과 약한 논증만이 있을 뿐이다.

① (갑) - ⓛ (을) - ⓒ (병) - ⓐ (정) - ⓔ
② (갑) - ⓛ (을) - ⓒ (병) - ⓔ (정) - ⓐ
③ (갑) - ⓒ (을) - ⓛ (병) - ⓐ (정) - ⓔ
④ (갑) - ⓒ (을) - ⓛ (병) - ⓔ (정) - ⓐ
⑤ (갑) - ⓒ (을) - ⓐ (병) - ⓛ (정) - ⓔ

[해설] 답: ①

논리연구에 대한 입장은 형식논리(갑)와 비형식논리(을, 병, 정)로 대별된다. 여기서 비형식논리는 다양한 입장들이 있다. 을은 내용만 보는 입장(ⓒ: 경험론자), 병은 형식과 내용을 통합하는 입장(ⓐ), 정은 논증론의 입장(ⓔ)이다. 갑은 형식론자/합리론자(ⓛ)

[문] 다음 글을 잘못 이해하고 있는 것은?

원래 논리(論理)란 근대(近代) 우리나라에 전파된 logic을 번역한 말이다. logic의 어원은 logos로 알려져 있다. 로고스(logos)는 다음의 네 가지 의미들을 담고 있다. 첫째, 감성과 대비되는 이성이고, 둘째는 참의 증명가능성이다. 그리고 셋째, 우주만물의 질서법칙이다. 그리고 마지막 넷째는 언어의 보편성이다.

로고스적인 논리를 확신했던 시기가 있었다. 르네상스를 거쳐 계몽주의가 최고조에 이르던 시기 경험인식과 사유인식의 결합은 세계가 돌아가는 이치(법칙)들을 하나하나 밝혀냈다. 뉴턴의 물리학처럼 세계가 작동하는 법칙들을 알아내는 것은 단지 시간상의 문제에 불과한 것으로 간주되었다. 칸트는 논리적 가능성과 한계를 조망하고자 이성 능력을 철저히 검증하고, 인식능력에 한계가 존재하지만 로고스적인 논리 가능성이 존재한다고 보았다. 비트겐슈타인은 언어가 가진 어법과 문법적 체계를 집요하게 파고들어 일상 언어가 가진 문제에도 불구하고 엄격한 사유방식을 통해 논리적 가능성을 확인하려 노력했다.

그러나 20세기에 들어서서 로고스적인 논리에 회의가 팽배해진다. 첫째, 관념적 구성요소인 이성은 제한적 인식능력만을 가진 것으로 간주된다. 이성적 활동에 무의식의 개입을 고려하면 상당부분 로고스적인 존재에 대한 신뢰성을 상실하게 된다. 둘째, 관념적 구성요소인 증명성 문제에 대해서도 참/거짓의 판별방법에 회의를 가진다. 셋째, 관념적 구성요소인 우주의 질서적인 법칙도 상대성과 불확정성 및 우연에 의해 비판된다. 넷째, 관념적 구성요소인 언어도 시간적 가변성과 언어공동체 간 상이성으로 문제가 지적된다. 이에 오늘날에는 로고스적인 논리 개념은 거의 파괴되었다. 전제로부터 필연적 결론 도출의 사유로서 제한적 이성, 가설적 참, 약화된 규칙으로서의 질서와 가변의 패턴, 특수 또는 상대적 언어로 변화되었다.

① 오늘날 원형적인 로고스적 논리개념을 차용하는 경우는 발견하기 어렵다.
② 로고스적인 논리에 대한 확신 정도는 자연과학의 발달에 정비례적 관계를 가진다.
③ 이성에 대한 인식능력의 자각(自覺)과 로고스적 논리에 대한 확신 정도는 밀접한 관련성이 있다
④ 로고스적인 논리를 구성하는 네 가지 관념요소들은 각각 이원론적 사유로 대비되고 있다.
⑤ 로고스적 논리개념은 어떻게 살 것인가라는 인생론적 관점보다 우주란 무엇인가라는 관점에서 등장했다.

[해설] 답: ②

로고스적인 논리에 대한 확신 정도는 자연과학의 발달에 정비례적 관계를 가지고 있지 않다. 즉, 20세기 이후에 자연과학의 발달로 오히려 반비례하여 확신 정도가 약화되었다.

[문] 다음 정의를 따를 때 서로 모순되는 주장들의 쌍인 것은?

'서로 모순되는 주장들'은 하나의 주장이 참이라면 다른 하나의 주장은 거짓이고, 또한 하나의 주장이 거짓이라면 다른 하나의 주장은 참이 된다.

① 법률가 중 정직한 사람은 없다. 정직한 사람들 중 대부분은 법률가이다.

② 태양이 소멸되면 아무도 살아남지 못한다. 태양이 소멸되어도 하늘이 돕는 사람은 살아남는다.

③ 완전한 정책이란 있을 수 없다. 모든 국민의 지지를 받을 수 있다면 완전한 정책이 있을 수 있다.

④ 그 난제는 아무도 풀 수 없거나 잘못된 것이다. 그 난제는 잘못되어 있지 않았고, 누군가는 그 난제를 풀 수 있다.

⑤ 경제가 발전하기 위해서는 정치가 안정되어야 한다. 정치가 안정되었지만 경제가 발전하지 않았다.

[해설] 답: ④

①의 경우 범주{전체, 부분, 특정(불특정) 개체}와 관련하여 두 진술관계를 소반대대당관계라고 한다. 아래의 범주에서 정직한 사람이 가지는 범주의 크기를 집합개념으로 영역을 표현하면 다음과 같다.

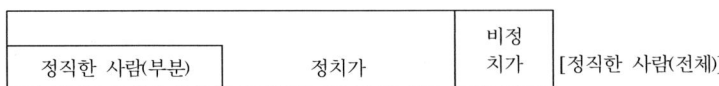

② 무관: 부연하여 [하늘이 돕는 사람은~]과 같은 행운에 관련된 진술은 판단기준을 가지지 않는 무의미한 명제이다.

③ 무관: [완벽한 정부란 있을 수 없다(p)]의 진술과 모순관계를 가지는 것은 ~p이다. 평서언과 조건언을 구분해야 한다.

④ 서로 대립된 진술로서 모순관계가 성립한다. 기호로 표현하면, [그 문제는 아무도 풀 수 없거나(~p) 잘못된 문제이다(~q)] ⇒ ~(p∨q). 이때 ∨는 둘 중에 하나라도 된다는 포괄선언이다. [그 문제는 잘못되어 있지 않고(q), 누군가는 그 문제를 풀 수 있다(p).] ⇒(q&p). 여기서 ~(p∨q), (q&p)에서 교환법칙이 성립하므로 (p∨q)와 (q&p)는 동일, 이를 X로 치환하면 ~X와 X의 관계가 되어 정의에 따른 모순관계가 성립한다.

⑤ 무관. [경제가 발전하기 위해서는 정치가 안정되어야 한다]라는 진술은 당위성을 가진 진술로서 사실명제와 구분되며 참/거짓의 판단과는 무관한 진술로 간주된다. 부연하여 후자는 전자를 부정하는 것이지 정의에 의해 가지는 모순관계는 아니다.

✔ 유사기출문제: 2008년 행정(기술)·외무고시·견습직원선발시험(언어논리영역, 꿈책형 16번)

[문] ㉠과 ㉡에 해당하는 사례를 〈보기〉에서 고른 것으로 옳은 것은?

어떤 명제들의 쌍에서 ㉠ 하나의 명제(㉮)가 참이면 다른 명제(㉯)도 반드시 참이 된다. 또 어떤 명제들의 쌍은 ㉡ 하나의 명제(㉮)가 참이면 다른 명제(㉯)는 반드시 거짓이 되고, 한 명제(㉮)가 거짓이면 다른 명제(㉯)는 반드시 참이 된다.

〈보기〉

ㄱ. ㉮ 청소년들 중에는 본인은 물론 그의 가족 중 누구도 담배를 피우지 않은 경우가 있다.
　㉯ 상당수의 청소년들은 담배를 피운 경험이 있으며, 그중에는 5년 넘게 담배를 피워온 사람도 있다.

ㄴ. ㉮ 태양활동이 활발해지면 태양풍이 강해진다.
　㉯ 태양풍이 지구 대기권에 도달하면 자기폭풍을 일으키고 전리층을 교란시켜 무선통신에 장애가 발생하거나 또는 통신이 두절되는 델린저 현상이 나타난다.

ㄷ. ㉮ 모든 개는 잡식성 동물이며 후각능력이 인간의 6배이다.
　㉯ 진돗개 중에 잡식성이 아닌 것은 없으며 후각능력이 인간의 6배가 아닌 것도 없다.

ㄹ. ㉮ 갑옷은 모든 화살로부터 신체를 보호할 수 있도록 설계되어 있다.
　㉯ 적진에 침투하는 특수기사단이 사용하는 저격용 화살은 어떤 갑옷도 뚫을 수 있다.

ㅁ. ㉮ 포도당은 식물체를 구성하는 재료로 사용된다.
　㉯ 잎이 얇은 식물 중에는 식물체 구성에 재료로 포도당을 이용하지 않는 것도 있다.

	㉠	㉡
①	ㄱ	ㄹ
②	ㄱ	ㅁ
③	ㄴ	ㅁ
④	ㄷ	ㄹ
⑤	ㄷ	ㅁ

[해설] 답: ⑤

ㄹ에서 ㉮와 ㉯는 별개의 진술이다. 즉, 서술어에서 [~설계되어 있다]와 [~뚫을 수 있다]라는 두 술어는 모순관계가 아니다.

✔ 유사기출문제: 2010년 행정(기술)·외무고시·견습직원선발시험(언어논리영역, 수책형 12번)

[문] 다음 글의 내용과 부합되지 않는 것은?

> [X는 A이다]라는 주장과 [X는 B이다]라는 주장이 서로 첨예하게 경쟁하는 상황이었다. 나는 [X는 A이다]라는 가설을 설정하고 실험을 해보았다. 그 결과 X가 A라는 사실을 관찰할 수 있었다. 나는 X는 A라는 생각을 하게 되었다. 그런데 혹시나 하는 생각에 이번에는 [X는 B 이다]라는 가설을 설정하고 실험을 해보았다. 그런데 X가 A이기 때문에 B는 아닐 것이라는 짐작과 달리 B라는 사실이 관찰되었다. 이러한 실험결과들을 두고 이런 생각을 할 수밖에 없었다. 둘 중 하나는 잘못된 것이라는 생각이다. 그리하여 실험에서 오류가 있지 않았는가를 확인하기 위해 여러 번 반복해서 시행해보았다. 하지만 오류가 발견되지 않았다. 그렇다면 두 진술은 서로 모순관계가 아니라는 이야기가 된다. 즉, 양립할 수 없는 관계가 아니라는 이야기이다. X는 A일 수도 있고, B일 수도 있다. X는 a라는 조건에서는 A를 나에게 노출했고, b라는 조건에서는 B라는 것을 나에게 노출했다.

① X라는 물질이 가진 속성은 시간과 공간에서 변화한다.
② X물질은 X에 대한 관찰자의 관찰방법에 따라 이중적인 현상을 노출시킨다.
③ [X는 A이다]라는 주장과 [X는 B이다]라는 주장에서 둘 중 하나는 반드시 거짓이 되는 모순 관계는 아니다.
④ 경쟁가설들이 존재하는 경우 과학적 실험을 통해 하나의 가설이 반드시 배제되는 것은 아니다.
⑤ X물질은 주어진 조건에서 각각 달리 반응한다.

[해설] 답: ①

글은 한때 물리학에서 빛(X)에 관한 파동설(A)과 입자설(B)에 대한 논쟁이 있었던 상황을 비유한 내용이다. 비모순율로서 경쟁가설 배제원칙에 대한 내용을 이야기하고 있다. ①의 경우 X라는 물질은 시간과 공간에서 상대적이라는 진술은 타당할 수 있지만, 객관적으로 존재하는 물질의 본질로서 속성 자체가 시공간에서 변화한다는 진술은 글의 내용상 부적절하다(동일률에 위배된다는 내용은 없다. X물질에 동일률은 전제되고 있다).

제2절 형식논리학

오늘날 논리학이라 하면, 형식논리학을 의미할 정도이다. 형식논리학을 주축으로 이에 대비되는 산발적 논의들이 존재하는 형국이라 해도 과언이 아니다. 이러한 점에서 형식논리학적 논의들을 이해하는 것은 논리적 사고와 관련하여 매우 중요하다.

형식논리학이란 '논증을 대상으로 논증을 구성하는 명제들에 대하여 그것이 가진 내용이 참인가 거짓인가에는 관심을 두지 않고, 전제들로부터 결론을 도출하는 관계로서의 형식에만 관심을 가지는 입장의 사조'를 지칭한다. 즉, 명제들로 구성되는 논증에서 외형으로 드러나는(관찰되는) 명제들의 관계에 초점을 두고 부당과 타당을 식별할 수 있는 객관적 틀을 연구한다. 이에 명제들의 의미·취지·동기·목적·참/거짓과 같은 내용적 측면에는 관심을 두지 않는다. 명제들이 가진 내용에 관심을 두지 않는 배경적 이유는 진리판별의 불완전성문제, 논리학이 처한 내외적 환경적 맥락에서 논리학과 다른 분과학문들의 역할분담의 문제, 지나친 심리주의로 인한 주관적 인식론적 논의들에 대한 반발, 언어가 가진 내재적 한계 등 다양한 것들이 복합되어 있다. 간단히 말하면 '우리는 논증이 가진 실체(본질)인 내용을 알 수가 없다. 다만 형식만을 논할 수 있을 뿐이다'라는 말로 대체할 수 있을 것이다. 예를 들어 [인간은 남성과 여성으로 구성된다. 그 사람은 남성이다. 그러므로 그는 여성이 아니다]라는 논증이 있을 때, 논증이 가진 내용에는 관심이 없다. 논증의 형식(명제들의 관계)으로 논증의 형태를 이루는 방식이 정확한가, 또는 타당한가에 대해서만 관심을 가진다. 그리하여 위 논증은 [A∨B, A ∴~B]로 표현된다. 여기서 [A∨B], [A], [~B]는 각각 명제들인데, 이것들이 가지는 관계와 이들 관계로부터 결론이 도출되는 형식만을 본다. A와 B 같은 문구가 가진 의미를 해석할 필요가 없다. 논증의 구성방식이 가진 패턴(pattern)을 연구하며, 마치 수학에서의 공식과 같이 오류 없이 타당한 논증을 구성하고 평가하는 객관적 틀을 정형화(定型化)하고자 노력한다. 이하에서는 PSAT에서 요구하는 영역 내에서 아리스토텔레스의 전통(형식)논리학을 살펴보고, 현대적 의미의 명제논리학과 술어논리학(양화논리학)을 살펴보게 될 것이다.

형식논리(학)의 내용들을 살펴보기 전에 언급할 것이 있다. 이런 질문을 해보자. 이성에 맡기면 저절로 논리적으로 사고할 수 있는 능력을 가지게 될까? 즉, 후천적 요인과 관련 없이 타고난 이성에 의해 누구나 자연스레 논리적 사고를 가지게 될 것인가라는 질문이다. 혹자는 논리적 사고는 본래 선천적으로 획득된 정신능력으로 저절로 가지게 된다고 말한다. 이러한 주장은 일면 타당한 면이 있지만, 잘못된 생각이다. 논리적 사고를 할 가능성과 논리적 사고를 행하는 것은 분명 다른 것이다. 불과 100년 전의 인류 선조들과 지금의 현대 인류가 가진 논리적 사고를 비교만 하더라도 금방 다르다는 것을 발견할 수 있을 것이다. 이성을 기하학적(수학) 사유를 할 수 있고, 도덕적 사유를 할 수 있는 추론능력의 기초가 되는 정신능력이라 할 때, 인간은 이성이 있어 논리적 사고를 할 수 있는 가능성을 가지지만, 그렇다고 누구나 아무런 노력 없이 논리적 사고를 할 수 있는 것은 아니다. 요컨대 논리적 사고는 선천적으로 저절로 가지게 되는 것이 아니다. 후천적으로 습득하여 가지는 것이다. 특히 분명히 인식해야 할 것이 있다. 논리는 두 가지 차원에서 존재한다. 하나는 개인적 차원이고, 다른 하나는 사회적 차원이다. 이때 우리는 후자에 더 관심을 가질 수밖에 없다. 그 이유는 다음과 같다. 우리는 개인적 경험판단(personal experience judgement)과 사회적 약속에 기초한 합의판단(social agreement judgement)을 통해 살아간다. 이것들은 서로 미묘한 차이가 있다. 때론 갈등을 야기하기도 한다. 이때 개인적 경험판단은 사회적 합의판단에 의해 소각(消却)되어버린다. 이러한 합의판단에는 사회적 논리가 요구된다. 즉, 사회구성원들이 가지는 사회적 통념과 언어적 관념 등의 문화적 맥락에서 가지는 논리이다. 이는 사회화 과정을 통해 형성될 수밖에 없다.

Ⅰ. 아리스토텔레스의 형식논리학

1. 명제와 논증의 의미

<아리스토텔레스의 명제>
- 명제란 판단을 나타내는 주부와 술부로 구성된 문장 또는 진술.
- 아리스토텔레스는 <A는 B이다>와 같이 영어에서 1형식 또는 2형식에 해당하는 문장들을 전제. 3형식, 4형식, 5형식의 문장을 상정하지 않음.
- 명제가 아닌 문장
  ① 의미가 다의적인 문장
  ② 단순한 묘사(描寫) 문장
  ③ <~해야 한다> 또는 <~바람직하다>와 같은 가치 또는 당위의 문장

아리스토텔레스는 명제(命題: proposition)를 '판단을 나타내는 주부와 술부로 구성된

문장 또는 진술'로 정의한다(이하에서는 편의상 진술을 포함하여 문장이란 단어로 사용하기로 한다). 가령 "A는 동물이다"와 같은 문장(진술)이다. 문장 구조상 주부와 술부로 구성된다. 이때 주부는 대상(존재사)이 가진 범주를 지시하는 기능을 수행하며, 술부는 대상에 대한 설명적 또는 규정적 기능을 수행한다. 명제는 문장성격에 따라 사실명제와 가치명제 및 정책명제 등으로 분류할 수 있지만, 진위 판별이 가능한 사실명제를 기본으로 한다. 여기서 사실이란 감각(경험)으로 인지가 가능한 구체적 사건을 말한다. 가령 [갑은 시험에 합격했다]라는 진술이다. 그렇기 때문에 사실은 진실을 의미하는 것은 아니다(다만 현대적 시각에서 사실도 엄밀히 개념들의 관계로 구성된 것이라는 점은 전술되었다).

또한 아리스토텔레스는 [A는 B이다]와 같이 1형식 또는 2형식에 해당하는 문장들을 전제한다. 3형식 등의 문장들은 고려되지 않는다. 또한 ① 의미가 다의적인 문장, ② 단순한 묘사(描寫) 문장, ③ [~해야 한다] 또는 [~바람직하다]와 같은 가치 또는 당위의 문장들은 제외한다. 명제가 되기 위해서는 의미가 일의적이고 명료해야 하기 때문이다. 가령 1형식과 2형식이 아닌 [나는 그녀보다 눈을 좋아한다]는 문장을 생각해보자. 의미를 살펴보면 두 가지 뜻으로 해석할 수 있다. 하나는 나는 그녀와 눈 둘 다 좋아하지만 눈을 더 좋아한다는 뜻으로 이해할 수 있다. 그녀와 눈 간에 비교이다. 다른 하나는 "나와 그녀가 각각 눈을 좋아하지만 정도가 다르다"는 의미이다. 즉, 나와 그녀 간에 비교 의미이다. 추가적으로 눈이 가진 단어가 시각으로서의 눈(eye)인지 하늘에서 내리는 눈(snow)인지 동음이의어(同音異議語)라는 점에서 혼란을 가중시킨다. 물론 국어와 달리 영어에서는 눈에 대한 혼동은 없을 것이다. 그러나 동음이의어와 같은 혼란은 한글에서만 가지는 문제는 아니다. 다른 언어들에서도 마찬가지이다. 다른 문장을 하나 더 살펴보자. [그 사람은 자신의 손가락을 서로 엇갈리게 잡은 채 위로 뻗고 있다], [채송화가 반짝반짝 빛나는 이슬방울을 머금고 있다]와 같은 문장들이다. 어떤 상태를 묘사하는 진술들이다. 이러한 묘사 문장은 판단이 아니고, 진위 판별도 주관적이기 때문에 명제로 보지 않는다. 또 다른 예로 [그 사람은 훌륭하다]라는 문장은 영어식으로 하면 1형식이지만 의미상 가치 평가적 문장이다. 이러한 문장 역시 명제에서 제외된다.

2. 아리스토텔레스의 삼단논법

아리스토텔레스는 전제들과 결론 간의 관계에서 전제가 참이면 필연적으로 결론도 참이 되는 논증형식이 있을 것이라는 생각(idea)에 착안하여, 전술된 명제의 개념을 토대로 세 개의 명제들로 판단을 가지는 삼단논법을 주창했다. 삼단논법은 익히 알고 있는 내용이지만, 현대적 논리학과 연계하여 핵심만 살펴보기로 한다.

1) 삼단논증[142]이 가지는 형식
다음 논증을 가지고 형식(형태/모양)에서 포착되는 특징을 살펴보자.

[동물(A)은 생물(B)이다. 호랑이(C)는 동물(A)이다. 고로 호랑이(C)는 생물(B)이다]

진술은 '두 전제'를 통해 하나의 '결론'을 이끌어내고 있다. 즉, 세 개의 명제로 이루어지고 있다(이때 현대적 시각에서 보면 삼단논법의 경우 세 개의 명제들로 구성되는데, 이 덩어리가 논증이다. 이러한 점에서 삼단논증, 삼단논증형태, 삼단논법형식 등으로 불리기도 한다).

이는 [A=B, C=A ∴C=B]로 나타낼 수 있다. 즉, 문장을 구성하는 단어들이 가진 의미와 관련하여 해석에서의 주관성 문제를 배제하고, 간결한 이해를 위해 기호로 번역할 수 있다. 여기서 기호로 대체할 때 주의할 것은 2형식이므로 명사(animal, creature, tiger) 중심으로 기호가 부여되고 있다는 점이다(1형식에서는 자동사가 기호로 대체될 수 있다).[143] 기호로 번역된 세계의 명제들로 삼단으로 구성된 논증형식이라는 것을 알 수 있다.

2) 삼단논증의 분석(대전제와 소전제 및 증명사의 의미와 기능)

[동물(A)은 생물(B)이다. 호랑이(C)는 동물(A)이다. 고로 호랑이(C)는 생물(B)이다]

---

142) 삼단논법은 현대적 시각에서 삼단논증, 삼단논증형태, 삼단논증형식 등으로 불린다. 이러한 맥락에서 삼단논법을 삼단논증으로 표현하기로 한다.

143) 형식논리학에서 문자로 진술된 논증을 기호로 번역하는 작업은 중요한데, 후술되는 명제논리학에서는 문장을 p, q, r, z로 대체되는 것과 차이가 있다. 가령 [그것이 동물이라면(p), 그것은 생물이다(q)]와 같은 예이다.

논증에서 결론도출에 두 전제들이 사용되고 있다. 전제로 사용된 각 명제들을 살펴보자. 하나의 명제에는 각각 두 개의 명사들이 존재한다. 그런데 두 전제들에 공통적인 명사가 있다. 동물이란 명사이다. 이 명사는 전제들과 결론을 매개한다. 그리하여 매개념이라고도 한다. 이때 동물이란 명사는 전제로부터 가지는 결론에 대한 증명하는 기능을 수행한다. 이러한 점에서 **'증명사'**라고 한다.

이러한 증명사를 포함한 연결고리를 가진 논증에서 만약 전제들이 참이면 결론은 필연적이다. 이때 주의할 점은 범주사고(집합개념)가 바탕이 되는 연역적 추론방식이어야 한다. 여기서 결론 도출에 사용되는 두 전제들은 각각 대전제와 소전제로 불린다. 이때 대전제는 결론의 술어로 사용하는 명사를 포함하고 있는 명제가 된다. 가령 [동물(A)은 생물(B)이다]라는 명제이다. 반면 소전제는 결론에서 주어로 사용하는 명사를 내포하고 있는 명제가 된다. 가령 [호랑이(C)는 동물(A)이다]라는 명제이다(형식논리의 경우 타당한 형식을 가지기 위해서는 위치도 중요하다).

- 증명사: 전제들과 결론을 매개하여 결론에 대한 증명 기능을 수행하는 명사
- 대전제: 결론의 술어로 사용하는 명사를 포함하고 있는 명제
- 소전제: 결론에서 주어로 사용하는 명사를 내포하고 있는 명제

[보론] 아리스토텔레스의 아이디어(idea)와 시사점

세 개의 명제들, 증명사의 위치, 전칭(모든)과 특칭(어떤), 긍정과 부정을 기준으로 총 256개의 형식들이 가능하고, 이것들 중 전제들이 참이면 필연적으로 결론도 참이 되는 (연역)형식의 타당한 논증은 24종이라 설명했다. 예를 들어 삼단논법을 상정하여 증명사(매개념)가 어느 위치(주어 또는 술어)가 어디에 있느냐에 따라 4가지가 있다. ⇒ A의 위치

예) ① A=B, C=A ∴B=C ② A=B, A=C ∴B=C ③ B=A, C=A ∴B=C ④ B=A, A=C ∴ B=C

이때 증명사는 3개의 A, B, C 각각으로 구성될 수 있기에 4×4×4의 64종의 형식이 있게 된다. 64개의 형식들에 전칭(all)과 특칭(a/the), 긍정과 부정을 첨가하면 64×2×2로서 총 256개의 형식이 존재한다.
- 전칭긍정논증의 예
  동물은 죽는다. 사람은 동물이다. 그러므로 사람은 죽는다.
- 전칭부정논증의 예
  식물은 움직이지 않는다. 움직이지 않는 것은 동물이 아니다. 그러므로 식물은 동물이 아니다.

○ 전칭긍정과 부정의 혼합논증의 예
　사람은 동물이다. 꽃은 동물이 아니다. 그러므로 사람은 꽃이 아니다.
○ 특칭긍정논증의 예
　그 사람은 철수이다. 철수는 범인이다. 따라서 그 사람은 범인이다.
○ 특칭부정논증의 예
　그 사람은 철수가 아니다. 철수가 아닌 사람은 범인이 아니다. 따라서 그 사람은 범인이 아니다.
○ 특칭긍정과 부정의 혼합논증 예
　그 사람은 철수가 아니다. 철수가 범인이다. 따라서 그 사람은 범인이 아니다.
○ 전칭/특칭, 긍정/부정의 혼합논증
　사람은 자궁에서 태어난다. 박혁거세는 알에서 태어났다. 박혁거세는 사람이 아니다.

　총 256개의 형식에서 아리스토텔레스는 타당한 논증형식이 24종이라 설명했지만, 오늘날에는 15종으로 보고 있다. 그런데 타당한 형식 15종도 판단적 문장이 아니라, 설명에 가까운 문장이라는 점에서 아리스토텔레스의 형식논리학이 오늘날 우리가 사용하는 언어적 관념에서 적용될 여지는 적다. 그리스 시대의 언어와 오늘날의 언어체계는 많은 차이를 가지고 있고, 일상에서 삼단논증형태를 사용하여 판단을 이끌어낼 수 있는 경우가 매우 협소하기 때문이다. 하지만 삼단논법을 모르는 사람이 거의 없듯, 그의 논리학이 인류의 사유에 미친 영향은 매우 크다. 특히 타당한 논증형식을 고안하려 한 그의 아이디어는 오늘날 현대적 형식논리학으로 재탄생되고 있다. 오늘날의 관점에서 삼단논증으로 대표되는 아리스토텔레스의 전통논리학에 대하여 시사하는 내용 두 가지를 살펴보기로 한다. 하나는 범주화 사고와 연역적 사유이다. 삼단논증은 {A=B, C=A ∴ C=B}, {B=A, A=C ∴ B=C}와 같이 두 개의 전제들로 하나의 결론이 도출되는 외형을 가지고 있다. 이때 결론을 제외하고 두 전제들만으로 살펴보면, [A=B=C=A], [B=A=A=C]와 같이 증명사 A가 포위하거나 또는 포위를 당하는 형상을 가지고 있다. 증명사는 결론을 도출하는 매개역할로 소멸한다. 물론 타당한 형식이 되려면, 범주화에 관련된 연역적 추론이어야 한다. 예를 들어 [사람은 죽는다. 소크라테스는 사람이다. 그러므로 소크라테스는 죽는다]에서 이는 [A=B, C=A ∴C=B]의 형식을 가지고 있다. 이때 결론은 증명사 A는 소각되고, C가 주어, B가 술어가 되고 있다. 요컨대 외형적으로 대전제→소전제→결론의 관계적 흐름으로 결론(판단)이 도출된다. 다른 하나는 증명 도구로서의 논리학 주창이다. 논리학의 역할과 관련하여 아리스토텔레스는 논리학을 통해 모든 학문에 참/거짓 증명에 대한 틀을 제공하고자 했다. 증명사(證明詞)라는 말을 사용하는 이유가 여기에 있다.

[문] 다음 진술들에서 전제들이 참이라면 결론도 참이 되는 진술을 모두 고르면?

ⓐ x는 2 곱하기 5이다. 2 곱하기 5는 10이다. 그러므로 x는 10이다.

ⓑ x는 사람이다. 사람은 죽는다. 그러므로 x는 죽는다.

ⓒ x는 범죄가 아니다. x는 살인이다. 따라서 x는 범죄가 아니다.

ⓓ x는 소득세과세대상이다. 주식배당금은 소득세과세대상이 아니다. 따라서 x는 주식배당금이 아니다.

ⓔ x는 y에 영향을 준다. y는 z에 영향을 주지 않는다. 따라서 x는 z에 영향을 주지 않는다.

---

① ⓐ, ⓑ, ⓒ, ⓓ, ⓔ

② ⓐ, ⓑ, ⓒ, ⓔ

③ ⓑ, ⓒ, ⓓ, ⓔ

④ ⓐ, ⓑ, ⓓ, ⓔ

⑤ ⓑ, ⓔ

[해설] 답: ①

ⓐ, ⓑ, ⓒ, ⓓ, ⓔ 모두 타당한 형식의 진술이다. 전제들이 참이라면 결론도 참이 되는 삼단논증 형식들이다. 상기차원에서 논리적 사유는 범주와 사유 원칙(동일률, 배중률, 모순율)에 기초한다. ⓓ의 경우 범주를 통해 판별하면 간단히 해결된다. 참고로 아리스토텔레스는 ⓔ과 같은 3형식 문장은 상정하지 않았다.

II. 명제논리학

명제논리학은 전술되었지만, 제2세대 논리학의 심리주의 경향을 가지는 문제를 극복하고자 등한한 사조이다. 외연으로 드러나는 형식을 통해 객관적이고 필연적인 논증을 탐구한다. 이러한 점에서 아리스토텔레스의 형식논리와 공통적이다. 그러나 고전논리학으로 부를 수 있는 아리스토텔레스의 논리학과 비교하면 다음과 같은 점에서 차이를 가진다. 하나는 고전논리학에서는 1형식과 2형식의 명제(문자)를 다루었지만, 명제논리학에서는 기본적으로 모든 형식의 문장(진술)을 다룬다. 가령 [그것이 사람이면 그것은 동물이다]와 같은 조건언명제들을 다룬다. 다른 하나는 명제논리학에서는 논증을 기호로 대체하는 작업이 중요하다. 명제들의 관계를 약속된 논리기호를 사용하여 표현하고, 명제들을 연결하는 논리연결사가 가진 진리 값을 통해 타당성 여부를 평가하기 때문이다. 가령 [그것이 사람이면 그것은 동물이다]는 p→q와 같은 번역이다. 이때 진리 값 계산을 위해 수학적 원리(교환/결합/배분법칙, 필요충분조건 등)가 차용되고 있다. 이에 명제논리학에서 논리기호들이 가지는 의미와 진리 값을 이해하는 것이 중요하다.

1. 기본 아이디어

명제논리학에서는 기본적으로 타당한 논증을 구성하거나 또는 논증의 타당성을 객관적으로 평가하는 방법론이 추구된다. 이에 논증의 형식에 초점을 둔다. 또한 언어의 다의미성을 제거하고자 논증을 구성하는 명제들과 그 명제들의 관계를 논리기호로 표현하고, 논리기호들이 가지는 진리 값을 통해 타당한 논증을 구성 또는 평가하고자 하는 것이 아이디어의 핵심이다.

1) 논증을 구성하는 명제들과 그 명제들의 관계를 논리기호로 표현

명제들은 문장의 수에 따라 p, q, r, s 등의 문자로 표현된다. 예를 들어 [사람은 동물이다]라는 진술의 경우 명사(단어)를 중심으로 [A(사람)=B(동물)]로 표현하는 것이 아니라, 각 명제(문장)를 각각 p, q, r, s로 표현한다. 만약 하나의 논증에서 사용되는 문장의 수가 3개라면, 3개의 문자인 p, q, r로 표현된다.

명제(문장)들의 관계는 약속된 논리기호로 표현한다. 가령 [사람이면 동물이다]라는 진

술은 두 문장이다. 이는 $p{\rightarrow}q$로 표현된다. [그것은 사람이다(p), 그것은 동물이다(q)]의 두개의 문장(절)으로 구성된 명제이기 때문이다. 이때 p와 q의 문장을 각각 **요소명제**라 한다. 그리고 두 문장들의 관계를 나타내는 $\rightarrow$와 같은 논리기호를 **논리연결사**라고 한다.

<decoding과 coding의 예>

decode 일상의 진술	x는 2 곱하기 5이다. x는 10이다. 그런데 x는 10이 아니다. 그러므로 x는 2곱하기 5가 아니다.

$\updownarrow$ p(문장)이면 q(문장)이다. 그런데 q(문장)가 아니다. 따라서 p(문장)가 아니다.

code 논리기호 진술	$p{\rightarrow}q$, $\sim q$ $\therefore$ $\sim p$.

2) 기호로 표현된 논증의 타당성을 논리기호들의 진리 값을 통해 평가

논증의 타당성 여부는 명제들의 관계를 표현한 각 명제들의 논리 연결사(논리기호)들이 가진 진리 값을 통해 판별한다. 예컨대 논증 $[p{\rightarrow}q$, $\sim q$ $\therefore$ $\sim p]$가 있다면, 논증의 타당성은 논리기호 $[\rightarrow, \sim]$가 가진 진리 값을 계산하여 평가한다. 여기서 진리 값이란 용어에 대해 주의할 점을 언급한다. 명제논리학에서 말하는 진리 값은 마치 컴퓨터가 어떤 자료들을 처리하는 과정에서 그 재료들이 참인가 거짓인가를 따지지 않듯, 논증을 구성하는 명제에 대한 내용에서의 참 또는 거짓이란 것을 따진 값이 아니다. 그러한 전제들이면 그러한 결론을 가지는가라는 필연성과 관련되는 값이다. 다시 말하면 형식 면에서 논증을 구성하는 명제들의 관계에 관련된 타당성 값이다. 이러한 점에서 진리 값이란 용어보다는 타당성 값이라는 표현이 더 적합할 것 같다. 하지만 형식논리에서는 타당성을 정당성과 동일하게 보려는 입장을 견지한다는 입장에서 진리 값이란 용어를 사용하고 있다(어떤 논증이 객관적이고 필연적이라 하여, 논증을 구성하는 각 명제들이 반드시 진실(참)이라는 것을 보장하는 것은 아니라는 점을 상기해야 한다. 즉, 형식이 타당하다고 하여 반드시 내용도 참은 아니다). 곧이어 설명되는 내용과 관련하여 주의할 필요가 있다.

2. 명제의 종류, 논리기호와 진리 값의 계산(처리)

1) 부정명제

부정명제란 부인 또는 반대를 나타내는 명제를 지칭한다. [not, never], 그리고 접두어

[im-, un-, dis-] 등이 이에 속한다. 한국어로는 [아니다, 않다] 등이 해당한다. 한자 불(不), 비(非) 등도 포함시킬 수 있다. 다만 해독(decode)과 기호로의 표현(code)에 관련하여 [그녀는 미녀이다]와 [그녀는 미녀가 아니다]라는 두 명제 간에는 서로 긍정과 부정의 반대적 의미를 가지지만, [그녀는 미녀이다]와 [그녀는 추녀이다]라는 두 명제 간의 경우 미녀와 추녀가 반드시 반대적 의미가 아니라 상대적 개념으로 사용될 수 있다. 하지만 논리학적 사고에서는 배중률이 적용되기 때문에 이러한 경우에도 서로 부정의 의미로 해석된다.

- 부정의 논리기호: [~, ㄱ]을 주로 사용한다.
- 부정의 논리기호 [~, ㄱ]의 진리 값(부정명제의 진리 값 계산)

배중률의 원칙(중간을 배제하는 원칙)이 적용되어, p와 $\sim p$는 서로 반대의 진리 값을 나타낸다. 즉, 어떤 논증에서 p가 T이면 $\sim p$는 F가 되고, 반대로 p가 F이면 $\sim p$는 T가 된다.

○ 부정의 의미: 부인, 반대 등: not, never. 접두어: im-, un-, dis- 등.
○ 논리기호: ~, ㄱ
○ 진리 값: 배중률의 원칙이 적용. p와 $\sim p$는 서로 반대되는 진리 값

<(긍정/부정명제)+(가언명제)로 구성된 타당한 형식의 논증 예>
■ $p \rightarrow q$, p, ∴ q
만약 갑이 살인을 했다면(p) 동창회에 참석했다(q).
살인을 했다(p). 따라서 갑은 동창회에 참석했다(q).

■ $p \rightarrow q$, $\sim q$, ∴ $\sim p$
만약 갑이 살인을 했다면(p) 동창회에 참석했다(q).
동창회에 참석하지 않았다($\sim q$). 따라서 갑은 살인을 하지 않았다($\sim p$).

---

2) 연언명제(連言, conjunction)

연언명제란 and, but으로 둘 이상의 문장을 결합 또는 연결한 명제를 지칭한다. 즉, 연언(and, but)으로 구성된 명제이다. 이때 연언은 문장 또는 명제들을 연결하는 접속사로서, 한국어로는 [그리고, 그러나, 하지만, 또한, 그런데, 그럼에도 불구하고] 등이 이에 해당한다.

- 연언의 논리기호: &, ∧, · 등이 사용된다. 주로 &가 사용되고 있다.

예를 들어 [하늘이 무너져도(p) 살아나는 사람이 있다(q)]라는 진술은 [$p\&q$]로 나타낸다.

- 연언의 논리기호 &의 진리 값(연언명제의 진리 값 계산)

[그는 한국 사람이자, 동시에 아시아인이다]라는 진술의 경우, 이것은 [그는 한국인이다(p). 그리고 그는 아시아인이다(q)라는 두 문장으로 이루어진 문장이다. 따라서 ($p\&q$)인 연언명제로 나타내진다. 이때 p와 q를 요소명제라고 한다. 두 요소명제들은 각각 T와 F의 두 경우들이 있을 수 있다. 그리하여 아래의 표와 같이 요소명제들의 T와 F가 가지는 조합은 모두 네 가지 경우가 존재한다. 이때 연언명제가 가지는 진리 값은 요소명제 p, q가 모두 T일 경우에는 T가 된다. 만약 두 요소명제들이 가진 T와 F가 서로 다를 경우, 그리고 모두 F일 경우에는 F로 처리(계산)한다.

○ 논리기호: &, ∧, ·
○ 의미: 접속사: and, but
○ 진리 값: 두 요소명제가 모두 참(T)일 때만 참(T).
연언명제 p&q의 경우, p와 q의 두 요소명제들이 각각 가지는 T와 F에 의해 다음과 같은 네 가지 경우가 존재한다.

p & q	&: 진리 값
T T	T
T F	F
F T	F
F F	F

네 가지 경우 중 두 요소명제가 모두 참(T)일 경우에만 연언명제는 T의 진리 값을 가진다.
<연언명제의 예>
- (p&q): 그는 아들도 사랑하고(p) 딸도 사랑한다(q).
- ~(p&q): 그가 아들도 사랑하고(p) 딸도 사랑한다(q)는 것은 사실이 아니다.

---

3) 선언명제(選言: disjunction)

선언명제는 or로 분리 또는 분열되어 접합된 것을 나타낸 명제를 지칭한다. 이때 or는 한국어로는[이거나, 또는, 혹은] 등이 이에 해당한다. 분열된 것들에서 선택하는 것을 의미한다는 점에서 선언명제라고 불린다.

■ 선언의 논리기호: [∨]을 주로 사용한다.

주의할 점이 있다. 일상의 진술들에서 [or]는 의미상으로 두 가지 경우로 사용된다. 이러한 점에서 기호로 나타낼 때 번역에 주의가 요망된다. 하나는 배타적 선언이고, 다른 하나는 포괄적 선언이다. 배타적 선언은 둘 중에 하나만 선택해야 하는 전형적인 양자택일(양도논증)의 뜻이다. 반면 포괄적 선언이란 분열되어 있는 것들 중 하나만 선택해도 된다는 의미이다. 이때 포괄과 배타의 구별은 서술어에 의해 결정된다. 가령 포괄적 선언은 [이든지, 라도 상관없다]라는 경우이고, 배타적 선언은 [이거나, 중에 하나이다]라는 경우이다.

<배타적 선언(選言)>

[그 사람은 죽었거나 살았다]라는 진술은 배타적 선언이다. [그는 죽었다(p). 그는 살았다(q)]라는 두 문장이 결합된 진술이다. 이는 $p \lor q$로 나타낸다.

<포괄적 선언(選言)>

[그가 한국인이든지 일본인이든지 상관없다]라는 진술은 포괄적 선언이다. [그는 한국인이다(p). 그는 일본인이다(q). 둘 중 어느 것이라도 상관없다]라는 복합문장이다. 이러한 경우에도 (p∨q)로 나타낸다.

■ 선언의 논리기호 ∨의 진리 값(선언명제의 진리 값 계산)

포괄적 선언인가, 배타적 선언인가에 따라 값이 달라진다. 아래의 표와 같다. 배타선언인 경우 결론은 비모순율에 의해 두 요소명제 중 하나는 제거되는 형식을 가져야 한다. 따라서 (TF), (FT)일 경우에만 T값을 가진다. 그러나 포괄선언인 경우 결론은 두 요소명제 중 하나라도 T이면 T값을 가진다. 즉, 두 요소 명제 중 하나라도 T이면 T값을 가진다. 다시 말해 모두 F가 아니면 포괄적 선언의 진리 값은 T가 된다.

○ 논리기호: ∨
○ 의미: or
○ 진리 값: 배타적이냐 포괄적이냐에 따라 달라짐.

p ∨ q	진리 값
T T	F
T F	T
F T	T
F F	F

㉠ 배타

p ∨ q	진리 값
T T	T
T F	T
F T	T
F F	F

㉡ 포괄

<선언명제(배타적 선언명제)의 타당한 논증의 예>
■ $p \vee q, \sim q, \therefore p$ ``
그는 아들을 사랑하거나(p) 딸을 사랑한다(q).
딸을 사랑하지 않는다($\sim q$).
그러므로 그는 아들을 사랑한다(p).

4) 조건언명제(implication)

조건언명제는 [if]로 연결되어 어떤 조건 또는 전제로 결과를 나타내는 명제를 지칭한다. 한국어로는 [만약 ……(라/이)면, 하기 위해서는] 등이 이에 해당한다. 조건언명제는 조건/결과의 인과적 사고와 관련되고, 가장 흔하게 사용하는 명제이다. 어떤 것을 가정한다는 점에서 가언명제라고도 한다. 또한 함언명제라고도 한다. 함언명제라는 명칭과 관련하여 다음 진술을 생각해보자. 누군가가 자신이 왕이라 자칭하는 상황에서 [네가 왕이면(p), 나는 신이다(q)]라는 진술을 했다고 하자. 이때 의미상으로 [웃기는 소리 마라. 너는 지금 거짓을 말하고 있다]라는 뜻을 함축하고 있다면, 함언명제가 될 것이다. 하지만 형식논리 입장에서는 이 같은 의미를 생각(해석)하지 않는 것이 원칙이다.

■ 조건의 논리기호는 [→, ⊃] 등을 사용한다. 주로 [→]가 사용되고 있다.
[태양이 존재하지 않으면(p), 지구생명체들은 살아 갈 수 없다(q)], [살아남기 위해서(p) 목숨을 내던지는 사람이 있다(q)]와 같은 진술들의 경우 p→q로 나타낸다.

■ 조건의 논리기호 [→]의 진리 값(조건언명제의 진리 값 계산)
전건이 참일 때 후건이 거짓이면 거짓(F), 나머지는 모두 참(T)이다.

○ 논리기호: →
○ 의미: if
○ 진리 값 계산: 전건이 T, 후건이 F이면, F이다. 나머지 경우는 모두 T.

$p \to q$	진리 값
T,　T	T
T,　F	F
F,　T	T
F,　F	T

<조건언(가언)명제의 타당한 논증의 예>

■ 전건긍정식: $p \to q$, p, ∴ q
만약 갑이 그 짓을 했다면(p), 그는 벌을 받아야 한다(q).
갑이 그 짓을 했다(p).
따라서 갑은 벌을 받아야 한다(q).

■ 후건부정식: $p \to q$, $\sim q$, ∴ $\sim p$
만약 그 주장이 옳다면(p), 예외적 사실이 없어야 한다(q).
예외적 사실이 있다($\sim q$).
따라서 그 주장은 옳지 못하다($\sim p$).

5) 양조건언(material equivalence: 동치, biconditional: 상호 조건)

양조건언명제는 [if……, if……]로 조건언이 쌍을 이루는 명제를 말한다. 가령 [만약 A라면 B이고, 만약 B라면 A이다]라는 진술이다. 이는 의미가 [if…… only……]라는 점에서 인과관계추론과 관련이 깊고, 이와 유사한 형식인 가언삼단논증($p \to q$, $q \to r$ ∴ $p \to r$)과 구별된다. 가령 인과관계에서 [A가 변하면 B도 변하고, B가 변하면 A도 변한다], [만일 누군가 오는 사람이라면 그는 갑이다. 만일 그가 갑이라면 누군가 오는 사람이다] 등과 같은 진술들이다. 요컨대 [A이면(p) B이고(q), B이면(q) A이다(p)]라는 의미를 가지는 경우이다. 즉, ($p \to q$) & ($q \to p$)인 필요충분조건 진술들이 이에 해당한다. 즉, 동치(同値)관계이다.

■ 논리기호로는 "↔, ≡"을 사용한다.
■ 논리기호 진리 값.

두 조건언명제가 동치관계(역도 성립하는 필요충분조건)일 때만 참이 된다. 예를 들어

[경제가 성장하면(p) 물가가 오르고(q), 물가가 오르면(q) 경제가 성장한다(p)]라는 양조
건언명제에서, (p→q)&(q→p)가 되고, 이때 진리 값은 '&'에 의해 (p→q)도 T가 되고, (q
→p)도 T가 될 때, T가 된다.

◦ 의미: if…… only……
◦ 논리기호: ↔, ≡
◦ 진리 값: 동치관계(역도 성립하는 필요충분조건)일 때만 참

(p→q) ↔ (q→p)	진리 값
동치	T
비동치	F

<비동치의 예: 필요충분조건의 불성립>
[그것이 사람이라면 동물이다. 그것이 동물이라면 사람이다]
동물에 사람만 포함되는 것은 아니다. 즉, 역이 성립하지 않는다.

[요약정리]

■ 부정: [not, never], 접두어 [im-, un-, dis-]
⇒ 논리기호: [~, ㄱ]을 주로 사용.
⇒ 진리 값: 문장의 관계에서 하나가 참이면 다른 하나가 거짓, 거짓이면 참의 값.
■ 연언(連言, conjunction): [and, but]
⇒ 논리기호로는 "∧ , •, &" 등을 주로 사용.
⇒ 진리 값: 관계에서 두 (요소)명제가 모두 참(T)일 때만 참(T).
■ 선언(選言: disjunction): [or]
◦ 포괄적 선언은 [~라도 상관없다] = 최소한 둘 중에 하나가 참이면 참
◦ 배타적 선언은 [~중에 하나이다] = 양자택일(Whether)
⇒ 논리기호로는 "∨"을 주로 사용.
⇒ 진리 값: 진리 값은 포괄적이냐 배타적(양자택일)이냐에 따라 달라짐.

p ∨ q		포괄진리 값	p ∨ q		배타진리 값
T	T	T	T	T	F
T	F	T	T	F	T
F	T	T	F	T	T
F	F	F	F	F	F

■ 조건언(implication): [if]
함언(含言)명제, 가언(假言)명제라고도 함.
⇒ 논리기호로는 "→, ⊃"을 주로 사용.

⇒ 진리 값: 전건이 참(T) 후건이 거짓(F)이면 거짓(F), 나머지 경우는 모두 참(T).

■ 양조건언(material equivalence, biconditional): [if…… only……]

⇒ 논리기호로는 "↔, ≡"을 주로 사용.

⇒ 진리 값: 두 조건이 동치관계(필요충분조건)일 때만 참.

[보론] 명제들의 구분

■ 포괄선언명제와 연언명제의 구분

예) 아파트 청약 대상 자격 조건 ㉠, ㉡, ㉢을 모두 충족해야 하는 경우.
㉠ 무주택 세대주 ㉡ 연소득 5,000만 원 미만 ㉢ 수도권거주(주민등록지)

포괄선언은 ㉠, ㉡, ㉢ 들 중 어느 것 하나만 선택 또는 충족하면 된다는 옵션(option)적 의미를 가지지만, 연언은 ㉠, ㉡, ㉢에 모두 해당하는 경우에 아파트 청약 대상 자격이 있다는 것을 의미한다.

■ 배타선언명제와 조건언명제와의 구분

배타선언은 양도논증[갑 또는 을 둘 중에 한 명이 범인이다]를 이끈다는 점에서 [갑이 범인이라면 을은 범인이 아니다]라는 조건언(가언/함언: →) 명제와 구별된다.

■ 가언명제로 구성되는 타당한 논증인 전건긍정식과 후건부정식의 진리 값 연산

가언명제로 구성된 논증과 관련하여 전건긍정식과 후건부정식은 매우 중요하므로 이에 대해 보충적 설명을 하기로 한다. 특히 후건부정식은 매우 자주 사용되는 논증 형식이다.

다음의 예를 살펴보자. [완전경쟁시장이라면(p) 상품의 가격은 수요와 공급에 의해 결정된다(q)]라는 진술이 있다고 하자. 이는 p→q이라고 표현되고(가언명제), p= T, q=F일 때만 F가 된다. 즉, 전건인 [완전경쟁시장이라면]이라는 가정(조건)을 통해 [상품의 가격은 수요와 공급에 의해 결정된다(q)]라는 판단을 서술하고 있다. 그러면 이러한 조건언명제를 대전제로 하여 다음과 같이 임의적인 논증을 구성하여 진리 값을 살펴보자.

완전경쟁시장이라면(p) 상품의 가격은 수요와 공급에 의해 결정된다(q).
그런데 상품 가격이 수요와 공급에 의해 결정되지 않는다(~q).
따라서 완전경쟁시장이 아니다(~p).

논증을 기호로 표현하면 [(p→q)&(~q)→(~p)]가 된다. 이때 이러한 형식은 결론이 항상 참(T) 값을 가진다. 이러한 형식을 후건부정식이라 한다. 후건을 부정하여 전건을 부정하는 형식을 가지고 있기 때문이다. 참고로 [(p→q)&(~q)→(~p)] 논증에서 p와 q가 가지는 참/거짓의 쌍은 모두 (T, T), (T, F), (F, T), (F, F)의 네 가지가 된다. 이를 ① (p→q), ② &(~q), ③ →(~p)의 순서대로 하나씩 대입하여 연산(처리)하면 네 가지 경우 모두 T가 산출된다. 직접 연산해보기 바란다.

3. 논증과 타당한 형식

형식논리학을 타당한 형식의 논증에 대한 탐구라고 할 때, 타당한 형식이란 논자와 관점에 따라 다양하게 진술되고 있다. 가령 '전제들이 참이면 결론도 참이 되는 논증형식', '그러한 전제들이면 그 결론이 필연적인 논증형식', '논증이 정확하게 구현된 것' 등과 같은 경우들이다. 하지만 표현상의 차이일 뿐 '전제들이 참이면 결론도 필연적 참이 되는 논증'이란 의미이다. 반면 부당한 논증이란 타당한 논증과 대립되는 의미로서 전제들로부터 가진 결론이 필연적이 될 수 없는 논증을 말한다. 논자에 따라서는 타당한 논증을 정확한 논증, 부당한 논증을 부정확한 논증이라 말하기도 한다.[144]

1) 가언논증과 타당한 형식

(1) 가언논증의 의의

가언논증이란 '전제와 결론의 묶음인 논증에서 가언명제가 전제로 활용되고 있는 것'을 말한다. 즉 어떤 전제들로부터 결론을 도출하게 되는 과정을 생각하면, 우리의 사유는 시간적 또는 순서적 사유흐름을 가지게 된다. 이때 가언명제를 출발지로 결론을 도출하는 논증을 말한다. 가령 p→q라는 [인간이면 동물이다], [(공동정범)2인 이상이 공동으로 죄를 범한 때에는 각자(各自)를 그 죄(罪)의 정범으로 처벌한다], [네가 신이면 나는 단군(檀君)이다]와 같은 가언명제들로부터 결론이 도출되는 경우이다. 여기서 가언명제는 조건/결과를 나타내는 명제라는 점에서 조건언명제라고도 하고, 은근히 암시하는 어떤 의미를 함축(implication)하고 있다는 점에서 함언명제라고도 한다는 것은 전술되었다.

가언논증의 예를 들면 [인간이면 죽는다. 아리스토텔레스는 인간이다. 따라서 아리스토텔레스는 죽는다]라는 경우이다. [인간이면 죽는다]라는 가언명제가 전제로 사용되어 결론이 도출되고 있다. 가언논증은 인과적 사고에 관련되어 가지는 판단 또는 주장에서 가장 흔하게 사용되는 논증이라는 점에서 삼단논증보다도 오히려 더 중요성을 갖는 의

---

144) 참고로 응용 측면에서 타당한 논증을 구사하고, 평가할 수 있는 논리적 사유의 체득은 중요하지 않을 수 없다. 특히 언어논리, 자료해석, 상황판단의 전 영역에 걸쳐 PSAT에 관련된 문제를 해결함에 있어 상대적으로 우수한 신속성과 정확성이 요구되는 현실을 감안하면 타당성 판별이 즉각적으로 이루어질 수 있는 체득이 요구된다. 여기서 언급되는 타당한 논증 형식들은 필수적으로 체득(이해와 암기를 통한 숙련성)이 요구되는 것들이라는 점을 강조하고자 한다. 이러한 점에서 타당성 평가와 관련하여 반복적으로 언급되는 내용들도 있을 것이다.

미를 지니고 있다.

(2) 타당한 형식

가언논증에서 타당한 형식을 살펴보기로 한다.

우선 가언명제와 관련된 전건과 후건에 대한 용어의 이해가 필요하다. 예를 들어 보자. [2인 이상이 공동으로 죄를 범한 때에는 각자(各自)를 그 죄(罪)의 정범으로 처벌한다]는 형법의 공동정범 조항을 적용해야 하는 경우에서, 만약 2인 이상이 공동으로 죄를 범했다면 그들 각자(各自)를 그 죄(罪)의 정범으로 처벌해야 하는 판단을 해야 한다. 여기서 가언명제 [2인 이상이 공동으로 죄를 범한 때에는 각자(各自)를 그 죄(罪)의 정범으로 처벌한다]는 p→q라는 가언명제이고, p인 [2인 이상이 공동으로 죄를 범한 때]를 전건, q인 [각자(各自)를 그 죄(罪)의 정범으로 처벌한다]는 것을 후건이라 한다. 즉 'p→q'라는 가언명제에서 p라는 조건을 전건, q라는 결과를 후건이라 한다.

그러면 'p→q'라는 전제에서 종착점으로서 어떤 결론을 가지기 위해 사유를 시작하면 'p→q' 다음에 p를 생각하거나 또는 q를 생각할 수 있다. 즉, 'p→q, ⇒ p', 'p→q, ⇒~ p', 'p→q, ⇒ q', 'p→q, ⇒~ q'의 네 가지 경우로 생각의 흐름을 가질 수 있다.

[2인 이상이 공동으로 죄를 범한 때]=전건(p)
[각자(各自)를 그 죄(罪)의 정범으로 처벌한다]= 후건(q)

⇓

■ 전건: ○ 「p→q, ⇒p」 ○ 「p→q, ⇒~ p」
■ 후건: ○ 「p→q, ⇒q」 ○ 「p→q, ⇒~ q」

이때 시작점을 갖는 전건과 후건 각각의 경우에서 각기 타당한 형식과 부당한 형식이 등장한다. 이를 살펴보자. 이때 가진 어떤 결론이 필연적인가를 논리기호들의 진리 값을 연산하여 처리할 수 있지만, 이는 정보처리에 필요한 시간이 걸리므로 사유만으로 평가해보기로 한다.

먼저 가언명제 뒤에 곧바로 전건이 상정되는 경우를 생각해보자. 이때 두 가지 경우가 있다. 'p→q, ⇒p', 'p→q, ⇒~ p'이다. 즉 전건을 긍정하는 경우와 전건을 부정하는 경우이다. 즉, [2인 이상이 공동으로 죄를 범한 때]를 긍정(p)하는 경우와 [2인 이상이 공동으로 죄를 범한 때]를 부정하는 경우이다. 여기서 전자를 전건긍정식(p→q, ⇒p), 후자를 전건부정식(p→q, ⇒~p)이라 한다.

[전건]을 가지고 결론을 도출한 전제들을 구성하는 경우를 살펴보자. 전건을 긍정하는 경우와 전건을 부정하는 두 경우가 있을 수 있다.

[전건긍정식]의 경우를 살펴보자. 'p→q, p'인 경우이다. 이러한 전제들에서 긍정의 q가 결론으로 도출되는 경우와 부정의 ~q가 결론으로 도출되는 두 경우가 있게 된다. 즉, 'p→q'에서 전건부정의 p가 연속적으로 상정되면, 후건긍정의 q 또는 부정의 후건 ~q를 결론으로 가진다. 요컨대 [p→q, p ∴q] 또는 [p→q, p ∴~q]의 논증이다. 두 경우 중 'p→q, p ∴q'는 타당하지만, 'p→q, p ∴~q'는 부당하다.

<전건긍정식>

타당한 논증형식: 'p→q, p ∴q' ↔ 부당한 논증형식: 'p→q, p ∴~q'
예) 갑이 죽는다면, 그것은 을이 범인이다. 갑이 죽었다. 따라서 을이 범인이다.
예) 갑이 죽는다면, 그것은 을이 범인이다. 갑이 죽었다. 따라서 을이 범인이 아니다.
⇒ 전제들에서 도출된 결론은 모순이다.

[전건부정식]의 경우를 살펴보자. 'p→q, ~p'로 결론을 도출하는 경우이다. 이러한 전제들에서 긍정의 q가 결론으로 도출되는 경우와 부정의 ~q가 결론으로 도출되는 두 경우가 있게 된다. 즉, 'p→q'에서 전건부정의 ~p가 연속적으로 상정되면, 후건긍정의 q 또는 부정의 후건 ~q를 결론으로 가진다. 이러한 경우는 어떤 결론을 가지더라도 부당하다.

착각하기 쉬운 형식이 있다. 가령 [그것이 인간이라면 그것은 동물이다. 그런데 그것은 인간이 아니다. 그러므로 그것은 동물이 아니다]라는 진술은 [p→q, ~p]로 전제들을 구성하여 결론 [~q]를 도출하는 형식을 가지고 있다. 즉 [p→q, ~p. ∴~q]의 형식이다. 하지만 결론에서 인간이 아니라고 하여 동물이 아니라는 것이 항상 옳은 것은 아니다. 즉 동물범주에 인간만이 포함되는 것이 아니기 때문이다. 따라서 필연성을 가지지 못한다. 즉, 범주에 관련되어 전제들이 참이라 하여 결론이 항상 참이 되는 형식이 아니다. 요컨대 선건부정식의 경우 결론으로 가지는 것이 무엇이든 부당한 형식이 된다.

<전건부정식>

모두 부당. 'p→q, ~p. ∴q', 'p→q, ~p. ∴~q'

예) 갑이 죽는다면, 그것은 을이 범인이다. 갑이 죽지 않았다. 따라서 을이 범인이다.

예) 갑이 죽는다면, 그것은 을이 범인이다. 갑이 죽지 않았다. 따라서 을이 범인이 아니다.

⇒ 후자의 예에서 주의할 점은 범주와 관련하여 항상 타당성을 가지는 논증형식은 아니다.

또한 을이 실행을 하였지만 갑이 죽지는 않은 경우 살인미수의 범죄(범인)가 성립될 수 있는 경우도 있다.

※ [전건]을 가지고 전제들을 구성하여 결론을 도출하는 경우, 전건을 긍정하여 긍정의 후건을 도출하는 형식
만이 타당하다.

■ 전건긍정식: 타당 'p→q, p. ∴q', 부당 'p→q, p. ∴~q'

■ 전건부정식: 모두 부당. 'p→q, ~p ∴q', 'p→q, ~p. ∴~q'

다음으로 [후건]을 가지고 결론을 도출한 전제들을 구성하는 경우를 살펴보자. 이 경우도 후건을 긍정하는 경우와 후건을 부정하는 두 가지 경우가 있을 수 있다. 즉 p→q에서 후건을 긍정하는 q와 부정하는 ~q로 전제들을 구성하는 경우이다. 여기서 전자를 후건긍정식 'p→q, q', 후자를 후건부정식 'p→q, ~q'이라 한다.

[후건긍정식]의 경우를 살펴보자. 'p→q, q'의 전제들에서 결론을 도출하는 경우는 긍정의 p로 도출하는 경우와 부정의 ~p로 도출하는 두 경우가 있게 된다. 요컨대 [p→q, q ∴p]와 [p→q, q ∴~p]이다. 이러한 두 경우는 어떤 결론을 가지더라도 부당하다. 즉, 두 경우 모두 부당한 논증이다.

[p→q, q ∴p]의 형식은 전술된 예를 가지고 생각해보자. [그것이 인간이라면(p) 그것은 동물이다(q). 그런데 그것은 동물이다(q). 그러므로 그것은 인간이다(p)]라는 논증은 'p→q, q'의 전제들로 전건긍정의 [p]를 이끌어내고 있다. 여기서 동물이라 하여 인간이라는 결론을 도출하는 것이 필연적이 아님을 알 수 있다. 즉, 동물범주에 인간만이 포함되는 것이 아니기 때문이다. 요컨대 [p→q, q. ∴p]와 같은 가언명제에서 후건을 긍정하여 긍정의 전건을 도출하는 후건긍정식은 부당한 형식이다. 또한 [p→q, q ∴~p]의 형식 역시 부당한 논증이라는 것을 알 수 있다. 가령 [그것이 인간이라면(p) 그것은 동물이다(q). 그런데 그것은 동물이다(q). 그러므로 그것은 인간이 아니다(~p)]라는 논증은 모순이다.

<후건긍정식>

모두 부당. ‘p→q, q ∴p’, ‘p→q, q. ∴~p’

예) 갑이 죽는다면, 그것은 을이 범인이다. 을이 범인이다. 따라서 갑은 죽었다.

⇒ 을이 범인이라 하여 반드시 갑이 사망하는 것은 아니다. 갑이 죽지 않고 살아 있을 수도 있다.

예) 갑이 죽는다면, 그것은 을이 범인이다. 을이 범인이다. 따라서 갑은 죽지 않았다.

⇒ 을이 범인일 때 갑이 반드시 죽지 않는 것은 아니다. 죽었을 수도 있다.

[후건부정식]의 경우를 살펴보자. ‘p→q, ~q’의 전제들에서 결론을 도출하는 경우이다. 결론은 긍정의 p로 도출하는 경우와 부정의 ~p를 도출하는 두 경우가 있게 된다. 요컨대 [p→q, ~q. ∴p]와 [p→q, ~q. ∴~p]이다. 두 경우에서 후자의 형식은 타당한 논증이다.

먼저 [p→q, ~q. ∴p]의 형식을 살펴보자. 후건을 부정하여 긍정의 전건을 도출하는 형식이다. 가령 [그것이 인간이라면(p) 그것은 동물이다(q). 그런데 그것은 동물이 아니다(~q). 그러므로 그것은 인간이다(p)]라는 진술의 경우이다. 이 진술에서 부당함을 발견할 수 있다. 후건부정의 [그것은 동물이 아니다]와 결론으로 도출된 전건긍정의 [그것은 인간이다]라는 두 진술은 모순관계이다. 전자가 참이면 후자가 거짓이 되고, 반대로 후자가 참이면 전자가 거짓이 된다.

다음 [p→q, ~q. ∴~p]를 살펴보자. 후건을 부정하여 부정의 전건을 도출하는 논증 형식이다. 가령 [그것이 인간이라면(p) 그것은 동물이다(q). 그런데 그것은 동물이 아니다(~q). 그러므로 그것은 인간이 아니다(~p)]라는 진술의 경우이다. 이 형식은 타당하다. 즉, 전제들이 참이면 결론도 참이 된다.

<후건부정식>

타당. ‘p→q, ~q. ∴~p’, 부당 ‘p→q, ~q. ∴p’

예) 갑이 죽는다면, 그것은 을이 범인이다. 을이 범인이 아니다. 따라서 갑은 죽지 않는다.

⇒ 전제들이 참이라면, 을이 범인이 아니기 때문에 갑이 죽는 일은 발생하지 않는다.

예) 갑이 죽는다면, 그것은 을이 범인이다. 을이 범인이 아니다. 따라서 갑은 죽는다.

⇒ 전제들이 참이라면, 을이 범인이 아니기 때문에 갑이 죽을 수는 없다.

결론적으로 가언(조건)논증에서 타당한 형식은 두 가지이다. 하나는 전건 p를 긍정하는 경우라면 후건의 긍정 q를 결론으로 도출하는 **전건긍정식**이고, 다른 하나는 후건 q를 부정하는 경우라면 전건부정의 p를 결론으로 도출하는 **후건부정식**이다.

<가언(조건)논증에서 두 가지 타당한 형식>

① [가언명제에서 전건을 긍정하여 긍정의 후건을 도출] ⇒ 간략하게 전건긍정식이라고 한다.

$$p \rightarrow q, \ p$$
$$\therefore \ q$$

② [가언명제에서 후건을 부정하여 부정의 전건을 도출] ⇒ 간략하게 후건부정식이라고 한다.

$$p \rightarrow q, \ \sim q$$
$$\therefore \ \sim p$$

2) 선언논증과 타당한 형식

(1) 선언논증의 의의

선언논증이란 '선택지들 중에서 어떤 것을 결론으로 가지는 논증'을 말한다. 즉, 전제들의 묶음인 논증에서 선언명제를 전제로 하여 결론을 도출하는 논증이다. 이때 선언명제는 포괄선언과 배타선언 두 종류가 있다는 것은 전술되었다. 가령 포괄선언은 '고양이가 백색이든 검은색이든 상관없다'의 경우이고(백색고양이든 검은색 고양이이든 어느것 하나 또는 둘 모두 선택이 가능하다는 의미), 배타선언은 '고양이는 백색 아니면 검은색 둘 중 하나이다'라는 경우이다(양자택일로 둘 중 하나만을 선택해야 한다는 의미).

논리기호로의 표현(coding) 또는 번역(decoding)과 관련하여 배타선언인가 포괄선언인가에 대한 분별은 명제들이 가지는 관계(문맥) 또는 서술어에 의해 분별할 수밖에 없다. 예를 들어 [세계는 ⊙ 음 또는 양으로 구성되어 있다(포괄선언 의미). 그런데 만약 이 둘이 상충되어 건강에 해로움을 끼친다면 체질에 따라 ⓛ 음 또는 양을 제거하는 치료방법이 필요하다]라는 진술에서, ⊙의 포괄선언을 ⓛ의 배타선언으로 의미를 전이(轉移)시키고 있다. 이때 선언명제 [p∨q]의 진리 값은 배타선언의 경우 p와 q의 요소명제가 [T, F]와 [F, T]일 때, 명제가 T가 된다. 포괄선언의 경우는 [F, F]일 때만 [F]가 되고, [T, T], [T, F], [F, T]일 때 T가 된다는 것도 전술되었다.

<배타선언>

㉠ 그 열쇠는 황금이거나 황금이 아니다. ⇒ p∨ ∼ p

그는 수학자이거나(p) 수학자가 아니다(∼ p).

㉡ 범인은 철이 또는 영이 둘 중 하나이다. ⇒ p∨q

(갑을 둘 중 한 사람이 풀었다는 의미) 갑이 문제를 풀었거나(p) 또는 을이 문제를 풀었다(q).

<포괄선언>

㉠ 주식배당금을 받든 받지 않든 상관없다.

㉡ 고양이가 검은색이든 백색이든 상관없다.

---

(2) 타당한 형식

선언논증에서의 타당한 형식과 부당한 형식을 살펴보기로 한다.

먼저 포괄선언을 살펴보자. 가령 [그는 배우자감으로 부자이거나(p) 빈자(q)를 가리지 않는다. 가난하다(p). 따라서 그는 그와 결혼을 할 것이다]라는 경우이다. 포괄선언으로 구성된 논증은 타당성에 별 문제가 되지 않는다. 선언지(선언명제에서 열거된 요소) 중에 어느 것 하나만 충족되는 결론을 도출하는 경우에 타당성을 가지기 때문이다. 선언지들은 일종의 정의역인 셈이고, 정의역에 속하는 치역을 가지는 경우 타당하기 때문이다.

하지만 배타선언으로 구성된 양도논증은 다르다. 이에 배타선언인 양도논증을 대상으로 타당한 형식과 부당한 형식을 살펴보기로 한다. 기본적으로 양도논증은 양자택일의 경우로서 비모순률 원칙에 부합되는 사유원칙에 기초한다. 따라서 양립할 수 없는 두 진술(선언지) 중에 하나가 제거되는 결론이 도출되는 형식을 가지는 경우에만 타당한 논증이 된다.

㉠ 그 열쇠는 황금이거나 철이다. 그런데 황금이 아니다. 그러므로 그 열쇠는 철이다.

㉡ 범인은 갑이거나 을 중 한 사람이다. 갑이 범인이 아니다. 따라서 을이 범인이다.

㉠과 ㉡은 모두 두 개의 선언지들에서 어떤 하나를 제거하여 결론으로 도출하고 있다. 모두 타당한 형식이다. ㉠의 [그 열쇠는 황금이다]와 [그 열쇠는 철이다]라는 요소명제들 각각을 **선언지**라고 한다. 이때 이것들은 둘 다 양립할 수 없다는 점에서 **양도명제**라고도 한다. ㉡의 경우도 마찬가지이다. 또한 양도논증은 선언지들 관계가 양도명제인 전제를

가지고 결론을 도출하는 논증으로서, 선언지 중 하나를 선택(選擇)하는 논증이라는 점에서 **선언논법**이라고도 한다. 양도논증은 결론으로 남는 선언지 하나가 제거되는 형식으로 결론을 가져야 타당한 형식이 된다. 즉, 선언지들은 양립할 수 없기 때문에 모순을 제거하여 필연적으로 다른 하나가 결론으로 도출되는 형식이어야 한다.

【참고】양도논증

1. 타당한 형식: 선언지 중 하나를 제거하여 나머지 것을 결론으로 취하고 있다.

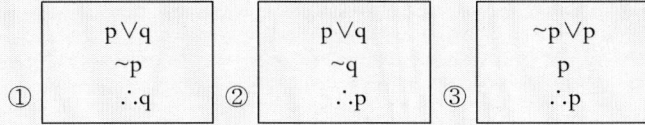

○ 갑이 범인이거나 을이 범인이다. 갑이 범인이 아니다. 그러므로 을이 범인이다.
○ 갑이 범인이거나 을이 범인이다. 을이 범인이 아니다. 그러므로 을이 범인이다.
○ 갑은 유죄이거나 무죄이다. 유죄가 아니다. 그러므로 갑은 무죄이다.

2. 부당한 형식: 선언지 중 하나를 제거하지 않고 긍정하여 부정의 결론을 도출하고 있다.

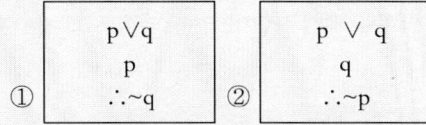

○ 갑이 범인이거나 을이 범인이다. 갑이 범인이다. 그러므로 을은 범인이 아니다.
○ 갑이 범인이거나 을이 범인이다. 을이 범인이다. 그러므로 갑은 범인이 아니다.
⇔ 부당한 형식이 되는 이유: 공동정범(공범)일 수 있다. 즉, 결론이 필연적이지 않다.

---

3) 양조건언논증과 타당한 형식

(1) 양조건언논증의 의의

양조건언논증은 양조건언명제를 통해 결론을 도출하는 논증을 말한다. 여기서 양조건언명제는 [p하면 q하고, q하면 p한다]와 같은 명제를 말한다. 기호로 표현하면 [(p→q)&(q→p)]인 명제이다. 즉, 가언명제가 쌍으로 된 명제이다. 예를 들어 [A를 이렇게 만든 것은 오직 B뿐이다. 오직 B여야만 A를 이렇게 만들 수 있다.] 이때의 진리 값은 동치(同値) 또는 필요충분조건이 성립하는 경우에만 T가 된다는 것은 전술되었다.

(2) 타당한 형식

양조건언명제로 구성된 논증이 가진 타당한 형식을 살펴보자. 다음 논증을 생각해보자.

경제가 성장하면(p) 물가가 오르고(q), 물가가 오르면(q) 경제가 성장한다(p). 경제가 성장한다(p). 그러므로 물가가 오른다(q).

논증은 $[(p \rightarrow q) \& (q \rightarrow p), p \therefore q]$의 형식을 가지고 있다. 전제들이 참이면$[(p \rightarrow q) \& (q \rightarrow p), p]$ 결론인 q도 필연적으로 참이 된다. 즉, 타당한 형식이다.

여기서 혼동하기 쉬운 점을 살펴보자. '경제가 성장하면(p) 물가가 오르고(q), 물가가 오르면(q) 경제가 성장한다(p). 경제가 성장하지 않는다(~p). 그러므로 물가가 오르지 않는다(~q).' 이는 $[(p \rightarrow q) \& (q \rightarrow p), \sim p \therefore \sim q]$의 형식을 가진 논증이다. 이 경우도 전제들이 참이면 $[(p \rightarrow q) \& (q \rightarrow p), \sim p]$ 결론인 ~q도 필연적으로 참이 된다. 즉, 타당한 형식이다. 전제들과 결론이 모순되지 않으며, 배중률에 부합되는 사유방식이다.

그런데 경제가 성장하지 않는데도 물가가 오르는 스태그플레이션(stagflation) 사례에 대한 배경지식을 가지고 있다. 이러한 배경지식을 활용하여 부당한 형식으로 판별할 수 있다. 만약 이러한 사례가 참이면 양조조건언명제가 동치관계가 아니라는 것을 반증하게 된다. 하지만 형식 면에서는 타당하다. 형식논리에서는 전제들의 내용이 참인가라는 진위에 관심을 두지 않는다. 오직 형식에만 관심을 두기 때문이다(명제들의 검증 문제는 각 분과학문으로 일임하는 분석철학의 입장을 생각할 필요가 있다).

(3) 양조건언논증과 언변술

일상에서 흔히 부당한 양조건언논증을 사용하여 판단에 혼란을 빠트리거나 또는 딜레마에 빠트리는 언변술로 사용되는 경우들이 많다.

다음 두 논증을 형식만으로 타당성 여부를 평가해보자.

ⓐ 민주주의가 성장하면 경제가 성장하고, 경제가 성장하면 민주주의가 성장한다. 민주주의가 성장한다. 그러
  므로 경제가 성장한다.
ⓑ 민주주의를 선택하면 경제성장을 이루기 어렵고, 독재주의를 선택하면 자유를 침해당한다. 그러므로 경제
  성장을 이루려면 자유가 침해되는 것을 감수해야 한다.

　　두 형식은 언뜻 유사한 형식 같지만 확연히 다른 형식을 가지고 있다. ⓐ의 경우를 기
호로 표현하면 [(p→q)&(q→p), p ∴q]의 형식이다.

　　민주주의가 성장하면(p) 경제가 성장하고(q), 경제가 성장하면(q) 민주주의가 성장한다
(p). 민주주의가 성장한다(p). 그러므로 경제가 성장한다(q).

　　형식에서 전제들이 참이면 결론도 참이 된다. 즉, 가언명제 (p→q)가 필요충분조건으
로서 동치관계를 가지면 역도 성립하여 소전제인 p이면 결론 q도 참이 된다.
　　ⓑ의 경우를 기호로 표현하면, [(p→~q)&(r→~s). ∴q→~s]의 형식이다.

　　민주주의를 선택하면(p) 경제성장을 이루기 어렵고(~q), 독재주의를 선택하면(r) 자유
를 침해당할 것이다(~s). 그러므로 경제성장을 이루려면(q), 자유가 침해되는 것을 감수
해야 한다(~s).

　　형식에서 부당한 형식임을 알 수 있다. 전제들로부터 결론 도출의 형식이 맞지 않는
다. 즉, 전제들이 참이면 결론도 참이 되는 형식을 가지고 있지 않다. [p하면 q하고, q하
면 p한다. p이다. 따라서 q이다{(p→q)&(q→p). p. q}]로 착각하여 타당한 추론 형식으로
간주하기 쉽다.
　　다음으로 부정확한 언어 사용으로 인해 판단에 혼란을 초래할 수 있는 논증을 살펴보자.

　　초식동물이 존재하면 육식동물이 존재할 수 있다. 육식동물이 존재한다면 초식동물이
존재한다. 초식동물이 존재한다. 그러므로 육식동물이 존재한다.

　　만약 위 논증을 [(p→q)&(q→p), p ∴q]의 기호로 coding 또는 decoding하는 경우 타당

성 평가에 오류가 발생한다.

위 진술은 양조건언명제에서부터 잘못 구성된 논증이다. 술어에 차이가 있다. [육식동물이 존재할 수 있다]와 같이 [육식동물이 존재한다]라는 것은 다른 의미이다. [육식동물이 존재할 수 있다]와 같은 개연적 술어가 사용되고 있다. (p→q)&(q→p)에서 동치관계가 성립하지 않는다. 포식자와 먹잇감의 먹이사슬 관계에서 육식동물은 초식동물이 반드시 있어야만 생존이 가능하다. 하지만 그 역은 그렇지 않다. 즉, 초식동물이 존재하지 않는다면 육식동물은 멸종하게 된다. 하지만 육식동물이 존재하지 않는다고 하여 초식동물이 멸종하는 것은 아니다. 그렇기 때문에 [(p→q)&(q→p), p ∴q]에서 전자의 q와 후자의 q는 서로 다른 문자로 표현되어야 한다. 즉, [(p→q)&(r→p), p ∴q]이다. 이 형식은 부당하다는 것을 알 수 있다.

이번에는 딜레마에 빠트리는 논증과 반박의 예를 살펴보자.

의(義)를 선택하면 효(孝)가 훼손되고, 효(孝)를 선택하면 의(義)가 훼손된다. 의를 선택할 수도 없고 효를 선택할 수도 없다. 그러므로 당신이 어떤 것을 결정하더라도 반드시 다른 하나를 희생하여야만 한다.

논증은 선택에의 딜레마 상황을 연출하고 있다. 이러한 유형의 논증은 크게 3가지 방법으로 반박이 가능하다.

하나는 전제인 양조건언명제에서 빠진 선언지를 찾아 지적하는 방법이다. 가령 [의(義)를 선택하면 효(孝)가 훼손되고 효(孝)를 선택하면 의(義)가 훼손된다]는 양조건언명제에서 의(義) 또는 효(孝)가 아닌 다른 것을 선택할 수 있음을 제시하는 경우이다. 이런 방법을 **'뿔 사이로 피하는 방법'**이라고 한다. 양조건언논증을 사용하게 되면 선언지 외에 다른 선택이 가능함에도 열거된 것 외에 다른 선택의 여지가 없다고 생각하게 만들기 쉽다. 이를 이용하여 다른 선택을 숨기고 양조건언명제를 구성하여 상대방을 딜레마에 빠트리는 논증을 즐겨 사용하는 경우들이 있다.

다른 하나는 반대의 양조건언논증을 만드는 방법이다. 예컨대 주어진 양조건언명제와 상반된 양조건언명제를 구성하여 논증을 하는 방법이다. 가령 [의를 선택하면 영웅의 명성을 얻을 것이고, 효를 선택하면 효자라는 명성을 얻을 것이다]와 같은 방법이다. 이런 방법을 **'다른 뿔로 잡는 방법'**이라 한다.

마지막으로 관계 자체에 대한 반박이다. 예컨대 의와 효의 상충적 관계의 부적절성을 비판하는 방법이다. 이를 **'뿌리을 파괴하는 방법'**이라 한다. 가령 의와 효는 서로 상충적인 것이 아니라, 상호보완적이라고 진술하는 경우이다. 일상에서 자유와 평등의 관계를 상충적으로 보는 견해와 달리 상호보완적 관계라고 진술하는 경우를 흔히 발견할 수 있을 것이다.

4) 복합논증(複合論證)

(1) 복합논증의 의의(意義)

복합논증이란 '하나의 글 또는 진술에 복수의 논증들이 서로 논리적 관계를 맺으며 전체로서의 주장 또는 판단을 도출하는 것'을 말한다. 즉, 전제들의 묶음인 논증이 2개 이상 혼합되어 전체로서 하나의 논증을 구성하고 있는 경우이다. 예를 들어 [사람이라면 동물이다. 동물이라면 죽는다. 따라서 사람이라면 죽는다. 그런데 그는 사람이다. 그러므로 그는 죽는다]라는 논증은 모두 다섯 문장(명제)들로 하나의 논증을 이루고 있다.([p→q, q→r ∴p→r, p, ∴r]). 이때 가언삼단논증으로 [사람이라면 죽는다]라는 결론을 도출하고, 이 결론을 전제로 다시 전건을 긍정하여 후건을 도출하는 전건긍정식의 가언논증으로 결론을 도출하고 있다.

복합논증은 다음과 같은 특징이 있다. 첫째, 사유흐름의 연속적 특징이다. 논리 흐름이 정태적이고 단절적이지 않다. A→B→C……와 같이 동태적이고 연속적으로 진행된다. 둘째, 복합논증은 언어공동체마다 서로 다른 언어적 관념과 체계 및 습관에 의존되어 다양성을 가지고 있다. 유한 수의 타당한 논증들을 어떻게 조합하느냐에 따라 다양한 복합논증들을 구성할 수 있다. 때론 하나의 논증만을 사용한 단순명료함이 오히려 이해를 어렵게 만들거나 논증에 대한 신뢰성을 주지 못하는 심리적 효과를 발생시키기도 한다. 그리하여 마치 설명문에서 보충 또는 부가적 내용을 첨가하듯, 부가적 논증들이 삽입되어 다양한 형태의 복합논증들을 만들어낸다. 셋째, 일상에서의 대부분 논증들은 복합논증이다. 이에 논리적 사고의 함양의 일차적 목적을 '올바른 판단을 위해 정확히 생각하고 진술'하는 필요성에 있다고 한다면, 타당한 복합논증을 구성하고 평가하는 논리적 사유방식은 중요하지 않을 수 없다.

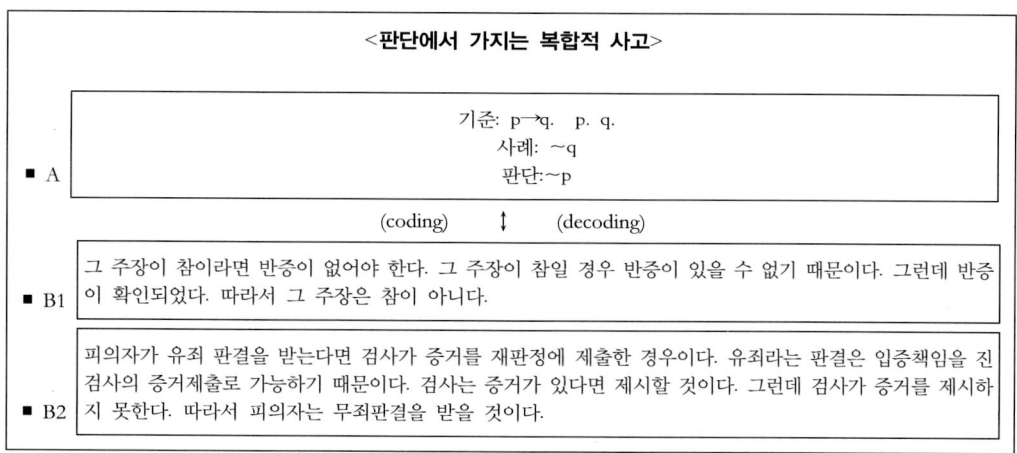

<판단에서 가지는 복합적 사고>

■ A
> 기준: p→q. p. q.
> 사례: ~q
> 판단:~p

(coding) ↕ (decoding)

■ B1
> 그 주장이 참이라면 반증이 없어야 한다. 그 주장이 참일 경우 반증이 있을 수 없기 때문이다. 그런데 반증이 확인되었다. 따라서 그 주장은 참이 아니다.

■ B2
> 피의자가 유죄 판결을 받는다면 검사가 증거를 재판정에 제출한 경우이다. 유죄라는 판결은 입증책임을 진 검사의 증거제출로 가능하기 때문이다. 검사는 증거가 있다면 제시할 것이다. 그런데 검사가 증거를 제시하지 못한다. 따라서 피의자는 무죄판결을 받을 것이다.

(2) 복합논증의 구성과 타당성 평가

복합논증의 구성과 타당성 평가는 전술된 타당한 형식들을 기초로 하고 있다. 즉 삼단논증, 가언논증, 양도논증, 양조건언논증 등에서 가지는 타당한 형식들이다. 특히 가언논증에서 타당한 형식인 전건긍정식과 후건부정식은 사용빈도가 높다.

다음과 같은 논리구조 또는 논리회로를 가진 복합논증들을 살펴보기로 한다.

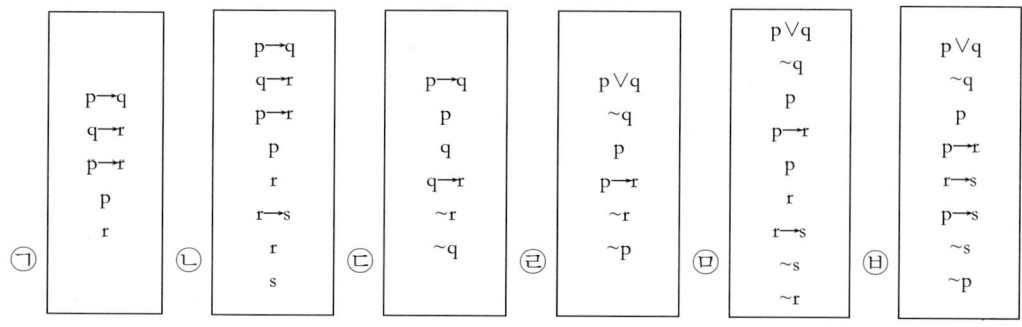

전제를 구성하는 다수의 명제들은 서로 논리적 함축성(관계성)을 가지고 전체로서의 복합논증을 이루고 있다.

ㄱ 가언삼단논법+전건긍정식 ⇒ 타당

ㄴ 가언삼단논법+전건긍정식+전건긍정식 ⇒ 타당

ㄷ 가언삼단논법+후건부정식 ⇒ 타당

ㄹ 양도논법+후건부정식 ⇒ 타당

ⓜ 양도논법＋전건긍정식＋후건부정식 ⇒ 타당

ⓗ 양도논법＋전건긍정식＋가언삼단논법＋후건부정식 ⇒ 타당

시작에서 끝의 흐름이 연속적이고 일방향적이다. 이러한 일방향적 흐름에서 어떤 명제는 결론이 되는 동시에 전제로서의 역할을 수행하는 명제들이 있다. 이러한 명제를 '정거장(station)명제'라 명명할 수 있다. 가령 ㉠, ㉡의 논증에서 [p→r], ⓗ의 논증에서 p→s가 이에 해당한다. 이들은 전(前)의 전제들의 결론이면서 그 모습 그대로 후(後)의 전제로서 기능을 수행하고 있다. 반면 어떤 명제는 결론이 되는 동시에 새로운 전제를 만들어내는 재료로서 기능하는 명제들이 있다. ㉡의 [r], ㉢의 [q], ㉣의 [p], ⓜ의 [p]와 [r], ⓗ의 [p]가 이에 해당한다. 이것들은 자신의 모습을 통해 새로운 전제들을 만들어낸다는 점에서 '뿌리(root)명제'라 명명할 수 있다. 정거장명제와 뿌리명제는 특정 논증의 흐름과 내용을 보여주는 마치 컴퓨터의 디렉터리(directory: 특정 파일의 특징을 기술한 기술서)와 같은 역할을 수행한다. 또한 논증에서 오류를 발생시키는 주된 구성요소이기도 하다.

참고로 컴퓨터에게 어떤 명령어를 생략하거나 축약하여 지시한다면 컴퓨터는 이를 처리하지 못할 것이다. 정확한 명령어가 필요하다. 이처럼 형식논리학에서는 생략 또는 축약된 논증은 용납되지 않는다. 문제를 해결하는 추론에서 어느 단계를 뛰어넘는 비약도 용납되지 않는다. 하지만 일상에서 사람들은 흔히 생략 또는 축약된 논증을 사용한다. 이에 축약논증에 대해서는 후술되는 비형식논리학에서 언급하기로 한다.

Ⅲ. 술어논리학(양화논리학)

1. 기본 아이디어

술어논리학은 전통논리학이 가진 문제를 보완하는 목적에서 등장했다. 명칭에서 알 수 있듯, 명제들의 관계에서 술어에 관심을 두고 수학의 함수(대응관계) 개념을 차용한다.

가령 영어에서 1형식과 2형식 문장은 주로 어떤 것을 설명할 때 쓰이는 문장구조이다. 그런데 일상에서 3형식문장(목적어를 가진 문장)의 사용빈도가 더 크다. 하지만 아리스토텔레스는 명제를 "사람은 죽는다. 사람은 동물이다"와 같은 1형식과 2형식 문장을 상정하여 논리학을 전개했다.

영어시간에 배운 관계대명사를 상기하여 대응관계에 관련하여 다음 문장을 생각해보자. "He had a son who became a teacher."

문장에서 He와 son의 두 (대)명사의 관계를 살펴보면, 아버지와 아들의 관계이다. 그리고 teacher는 son과 직업관계를 가진다. 그런데 여기서 He는 teacher와는 직접적 관계가 없다. 아들이란 매개물을 통해 간접적 관계를 가질 뿐이다. 그렇기 때문에 "He had a son who became a teacher"라는 진술은 3형식 문장과 2형식 문장이 혼합된 문장이다.

다음 두 논증이 타당한 형식인가를 판별해보자.

[논증 1]
모든 동물은 생물이다.
모든 호랑이는 동물이다.
그러므로 모든 호랑이는 생물이다.

[논증 2]
컴퓨터는 재산이 아니다.
그는 컴퓨터를 한 대 가지고 있다.
따라서 그는 재산을 가지고 있지 않다.

[논증 1]의 경우를 살펴보자. 전형적인 삼단논법형식이다. 명사를 중심으로 A=B, C=A, C=B의 형식을 가지고 있다. A가 증명사로서 전제와 결론 간의 매개역할(연결고리)을 하고 있다. A를 소거하면 C=A만이 남는다. 그런데 이 형식이 타당하려면 연역적 추론이어야 한다. 그런데 [A=B, C=A ∴ C=B]의 형식만으로는 범주가 표현되어 있지 않다. 집합기호를 사용하여 표현하면, [A⊂B, C⊂A ∴ C⊂B]의 의미가 될 것이다.

[논증 2]의 경우를 살펴보자. 타당한가? 논증을 기호화하려고 하면 다른 방법이 필요하다. 기호화하지 않고 범주 틀(집합개념)을 가지고 논증을 평가해보자. 직관적으로 타당하지 않은 논증으로 평가할 수 있다. 배경지식을 활용하는 경우 나타날 수 있다. 가령 법학 관점에서 일반적으로 재산은 동산과 부동산으로 구분되며 컴퓨터는 동산에 해당된다. 따라서 컴퓨터도 재산에 포함되므로 [그는 재산을 가지고 있지 않다]라는 결론이 내용 면에서 적절하지 않은 것이라고 판단할 수 있기 때문이다. 하지만 형식만을 따진다면, 타당한 논증이다. 재산이 무엇인가에 대한 의미는 고려할 필요 없다. 형식만을 가지고 범주화를 통해 판별하면, 전제에서 컴퓨터는 재산 범주가 아니다. 그런데 그는 재산 범주에 들어가지 않는 컴퓨터를 가지고 있다. 그러므로 [그는 재산을 가지고 있지 않다]라는 결론 도출은 타당한 형식(정확한 형식)이다.

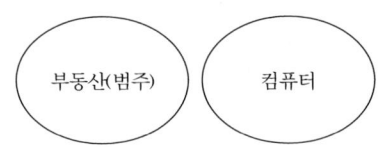

여기서 [논증 1]과 [논증 2]를 비교해보자. 전통논리학에서는 증명사가 필요하다. [논증 1]에서 동물이 증명사이다. 하지만 [논증 2]는 증명사가 존재하지 않는다. 컴퓨터라는 증명사가 있지 않느냐고 생각할 수 있을지 모른다. 그런데 문장을 보면 두 전제들에게서 사용된 컴퓨터는 쓰임새가 다르다.

상단의 전제에서 컴퓨터는 전칭(컴퓨터 일반, computers)이면서 **주어(주부)**로 사용되고 있다. 하지만 중간의 전제에서는 컴퓨터가 특칭(일부 또는 하나 = a, the)으로 사용되고 있으면서 **목적어(술부)**로 사용되고 있다(이때 독립변수와 종속변수의 개념으로 생각하면 주어인 그 사람과의 관계에서 컴퓨터는 목적어로서 종속변수에 해당한다). 이러한 점에서 [논증 2]는 판단(추론)에 사용된 명제들의 문장형식이 다르다. 즉, 3형식의 문장구조를 가지고 있다.

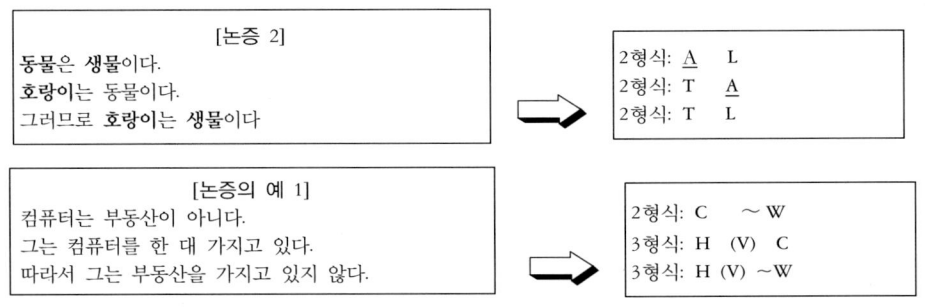

[논증 1]은 세 명제들이 2형식 문장들을 가지고 있다. 하지만 [논증 2]에서는 2형식과 3형식의 문장들이 혼합되어 있다. [논증 2]의 경우 전통(고전) 논리학에서는 타당성을 판별할 수가 없다. 이러한 이유로 술어논리학이 등장했다.

2. 내용

1) 명제, 개체변항, 개체상항

명제는 Fx로 나타낸다. 이때 x는 변하는 개체로서 개체변항이라 한다. 개체변항은 x, y, z 등으로 나타낸다. 가령 [사람은 죽는다]라는 명제는 Fx로 나타낸다. 이때 F=죽는다(서술어), x=사람(주어)을 뜻한다. 반면 변하지 않는 개체를 개체상항이라 하고 a, b, c 등으로 나타낸다. 변수와 상수의 개념이다.

여기서 3형식의 경우, 가령 '그녀는 동물을 사랑한다'와 같은 진술은 Fxy로 나타낸다. 여기서 F는 술어인 [사랑한다]를 나타내고, x=그녀(주어), y=동물(목적어)을 나타낸다. 요컨대 x와 y의 대응관계가 표현된다. 만약 그녀와 동물이 고유한 성질(습성)이 잘 변하지 않는다는 것을 전제하면 이를 상수인 a(그녀)와 b(동물)로 나타낸다. 요컨대 개체상항으로 이루어진 관계명제 Fab로 표현한다.

- **명제의 표현**: Fx, Fxy, Fab 등
  - ○ F: 술어, x: 개체(주어 : 명사)
  - ○ Fx: 1형식과 2형식(주어와 술어의 문장)
  - 예) 아리스토텔레스(x)는 죽는다(F).
  - ○ Fxy: 3형식 문장(주어와 술어 및 목적어): 변하는 개체
  - 예) 아리스토텔레스(x)는 3형식 문장(y)을 상정하지 않았다(F).
  - ○ Fab: 3형식 문장(주어와 술어 및 목적어의 문장): 변하지 않는 개체
  - 예) 함수(a)는 변수들의 관계(b)를 표현한다(F).
- **개체변항**: 변하는 개체로서의 그 무엇. 표현(기호): x, y, z, 등
- **개체상항**: 변하지 않는 개체로서의 그 무엇. 표현(기호): a, b, c 등

---

2) 범주, 전칭명제(보편양화사), 특칭명제(존재양화사)

명제는 전칭(일반)명제와 특칭(개별)명제로 구분된다. 이것들은 각각 집합기호로 사용하여 $\forall x$, $\exists x$을 사용한다. 이때 전칭명제를 보편(普遍)양화사라고 하고, 특칭명제를 존재(存在)양화사라고 한다.

예를 들어 '모든 사람은 죽는다'라는 전칭명제를 논리기호로 나타내면 $\forall xFx$가 된다. 여기시 $\forall x$는 x(사람)라는 개체가 포함되는 모든(All)을 의미하는 범주를 나타낸다. 즉, $\forall x$는 x의 정의역을 나타낸다. Fx는 전술된 것과 같은 의미이다. 즉, F는 죽는다는 술

어를 나타내고 x는 개체(사람: 주어)를 나타낸다. '철이는 죽는다'라는 특칭진술의 경우는 $\exists x F x$로 나타낸다. $\exists x$는 x라는 특정개체를 나타낸다.

【참고】범주의 표현

- 전칭명제: 모든(all, 일반)을 범위로 하는 개체를 나타내는 명제.
  - $\forall$: 보편양화사
  - $\Rightarrow$ $\forall x F x$: 학자는 지식생산자이다
- 특칭명제: 어떤(a, the) 개체를 나타내는 명제.
  - $\exists$: 존재양화사
  - $\Rightarrow$ $\exists x F x$: 아인슈타인은 지식생산자이다.

가언명제의 표현을 살펴보기로 한다. '만일 그가 사무관이라면, 그는 공무원이다'라는 진술을 기호로 나타내면, 일반 범주를 시작으로 $\forall x (Dx \to Gx)$로 나타낼 수 있다. 이를 순서대로 해석하면 '모든 x에 대해 타당하다: 만일 x(그)가 사무관이라면(D), x(그)는 공무원이다(G)'가 된다. 참고로 여기서 D와 G는 deputy(대리인/부관)와 government(정부)의 이니셜로 나타낸 것이다.

3. 타당성 평가의 방식

전술된 가언명제를 가지고 살펴보자. [그가 사무관이라면 공무원이다. 그는 사무관이다. 그러므로 그는 공무원이다]라는 논증을 표현하고, 평가해보자.

- 모든 x에 대하여 타당하다: x가 사무관(D)이라면 x는 공무원(G)이다.
- 어떤 x에 대하여 타당하다: x는 사무관(D)이다.
- 어떤 x에 대하여 타당하다: x는 공무원(G)이다.

$$\Rightarrow \forall x (Dx \to Gx).\ \exists x Dx.\ \therefore\ \exists x Gx$$

형식은 연역적이며, 전건긍정식의 형태를 가지고 있다. 즉, $\forall x (Dx \to Gx)$을 판단기

준으로, 전건 Dx을 긍정하여 후건 Gx를 도출하고 있다. 여기서 전건긍정식이란 p→q 에서 전건 p를 긍정하여 후건의 긍정 q를 도출하는 방식이다. 즉, [p→q, p. ∴q]라는 형식이다. 이에 대해서는 후술되는 타당한 형식과 관련하여 다시 설명될 것이다. 전건긍정식은 타당한 형식이다.

【참고】 술어논리학과 명제논리학의 비교

> 그는 자녀가 용돈을 달라고 하면 주기도 한다. 어떤 경우에는 주지 않는다. 따라서 그 사람은 용돈을 달라고 하면 주지 않기도 한다.

■ 명제논리학
ㅇ 그 사람은 자녀가 용돈을 달라고 하면 주기도 한다(p→q). 어떤 경우에는 주지 않는다.(~q). 따라서 그 사람은 용돈을 달라고 하면 주지 않기도 한다.(~p).
⇒ (p→q), (~q) ∴ ~p. 후건부정식(타당)
ㅇ 강점과 약점: 간단하지만 해독에서 [모든]과 [개별]의 범주 의미가 불분명.

■ 술어논리학(정의역과 치역: 함수)
ㅇ 그 사람(x)은 자녀(y)가 용돈(z)을 달라고 하면 주기도(G) 한다(F). $\{\forall x (Fx \rightarrow Gxyz)\}$: 정의역
  어떤 경우에는 (자녀가 용돈을 달라고 해도) 주지 않는다. $\{\exists x (Fx \rightarrow \sim Gxyz)\}$: 치역
  따라서 그 사람은 자녀가 용돈을 달라고 하면 주지 않기도 한다. $\{\exists x (\sim Fx)\}$
⇒ $\forall x (Fx \rightarrow Gxyz)$ $\exists x (Fx \rightarrow \sim Gxyz)$ ∴ $\exists x (\sim Fx)$
⇒ 보편양화사와 존재양화사가 있을 뿐, 명제논리학의 후건부정식과 동일
※ 기호: $\forall x$: 모든 x에 타당하다. $\exists x$: 어떤 x에 타당하다.
F =준다. x=그 사람. y: 자녀(간접목적어) z: 용돈(직접목적어)
ㅇ 강점과 약점: 함수개념을 차용하여 관계와 범주의미가 분명한 강점이 있지만, 지나친 수학화로 복잡.

【참고】 술어논리학의 특징과 평가

특징

- 명제의 구성(표현): 명제논리학에서와 마찬가지로 명제가 일의(一意)이고 명확할 수 있도록 약속된 기호로 사용하거나 또는 번역한다. 하지만 술어논리학에서는 함수개념을 도입하여 술어(주어의 상태, 동작, 성질 등을 서술하는 말)에 주목하여 표현한다.
- 논증의 구성: 명제논리학과 달리 범주개념을 도입하여 논증을 구성한다. 즉, 명제들을 연역적 추론방식에 기초하여 모든(일반)→개별로 나아가는 순서대로 관계를 통해 구성한다.
- 논증의 평가: 명제논리학에서와 같이 각 명제들의 진리 값을 계산하고 이를 종합적으로 다시 계산하여 논증의 정확성을 판별하기도 하지만, 연역적 사고를 기초로 논증이 구성되기 때문에 범주화 틀에 위배 여부를 가지고 평가된다.

평가

술어논리학은 명제들의 관계에 함수개념을 적용하여 논리학의 주관주의 경향을 극복하는 강점을 지니고 있다. 수학적 개념은 일상 언어와 달리 의미가 일의적이다. 해석에 따른 자의적 해석의 주관성 극복과 의사소통에서 발생할 수 있는 왜곡을 원천적으로 줄이는 데 유용하다. 또한 연역적 논증에서 가지는 부분, 빈도수 등의 논증을 구성하는 데 적합하다. 또한 전통(고전) 논리학에서는 타당성 평가가 불가능했던 3형식 등으로 구성된 논증에 대해서도 술어에 초점(집중)을 두어 타당한 형식을 시도한다는 점에서 응용영역이 확장된다. 컴퓨터와 디지털 등 실용적 과학기술과의 접목으로 서로 상승적 작용을 촉진시키고 있다.[145]

그러나 술어논리학은 이름에서 알 수 있듯 술어를 중시하여 명제들의 관계를 개체변항들의 결합관계인 함수로 접근한다. 컴퓨터 프로그래밍을 생각하면 이해가 빠를 것이다. 가령 일차함수 $y = x$ 에서 변하는 x 에 대하여 대응되는 y값처럼 변하는 그 무엇과 그것에 대응되는 다른 무엇과의 관계로 진리 값을 평가하려 한다. 이러한 이유로 술어논리학을 양화논리학이라 하기도 하고, 논리학이 아닌 수학이라 말하는 사람도 있다. 특히 논리학이 수학이나 컴퓨터 등과 결합되는 과정에서 점차 행렬과 벡터, 통계적 확률, 가우스 분산, 유클리드 기하학, 함수와 리미트(함수의 극한 값), 미적분 등의 수학적 개념들에서 점차 난해한 고차원적 수학들이 접목되고, 이러한 경향은 점차 논리학의 수학화 현상을 심화시켜 논리학의 복잡화를 야기하는 역효과를 발생시킨다. 그리하여 논리학은 일반인들이 접근하기 어려운 학문이 되어버렸다는 반성이 일어나고 있다. 논리학의 지나친 수학화 경향에 대하여 인문사회 분야의 학문적 도구로서 한계를 지적한 사람들로는 프레게(G. Frege), 미국의 툴민(S. Toulmin), 독일의 로렌첸(P. Lorezen) 등이다. 프레게(G. Frege)는 지나친 계량화와 심리학적 논리학이 가지는 염려를 동시에 우려하여 논리학의 대상이 논리사고(생각하는 사고)가 아닌 드러나는 명제가 되어야 함을 주장했다.

---

145) 수학과 컴퓨터 및 형식논리학이 결합되면서 복잡한 확률적 연산처리와 인간의 손으로는 표현할 수 없는 기하학적 도형(예, 프랙털)도 가능하게 만들었다. 가령 인간의 손으로는 그릴 수 없고 단지 머릿속의 관념으로만 생각할 수 있는 1천만분의 1 이하의 오차만을 가지는 구(球)를 그릴 수 있게 되었다. 오늘날 혹자는 영화 <매트릭스>(행렬과 벡터)에서 0과 1의 숫자로 된 텍스트

[문] 가언명제 $[p{\rightarrow}q]$의 진리 값에서 전건 p와 후건 q가 각각 T, F인 경우에만 F가 되는 이유를 설명하고, 가언논증 $[p{\rightarrow}q, \sim q, \sim p]$가 타당한 형식인지를 평가하라.

[해설]

(1) $p{\rightarrow}q$의 명제에서 전건 p와 후건 q는 각각 T, F인 경우가 있다. 이들 T, F가 가지는 조합은 모두 네 가지 경우이고, 이때 T, F인 경우에만 F값을 가진다.

	$p \rightarrow q$		[→]진리 값
①	T,	T	T
②	T,	F	F
③	F,	T	T
④	F,	F	T

(⇔ 기호는 ③④ 행 사이에 위치)

⇔ [T, F]가 거짓이 되는 경우를 살펴보자, [p→q]를 [그 지식이 참이라면(p) 반증사례는 없다(q)]라는 진술로 대입해보자. 그러면 [그 지식이 참이라면(T) 반증사례는 없다(F)]인 경우가 된다. 이

(text=문자로만 구성된 표현)들로 세계를 표현할 날이 머지않았다고 말하기도 한다. '세계를 논리와 수학, 그리고 컴퓨터를 통해 텍스트로 모든 표현이 가능하다'라고 말하기까지 한다.

때 전건이 참이라면, 후건이 거짓인 경우 모순이 발생한다. 즉, [그 지식이 참이다]가 참일 때, [반증사례는 없다]라는 것이 거짓이면 모순이 발생한다. 따라서 [p→q]에서 전건이 참(T)인데 후건이 거짓(F)이면, 거짓이 된다. 달리 말하면, [그 지식이 참이라면(T) 반증사례는 없다(F)]의 경우에서 후건 [반증사례는 없다]가 F이므로 배중률에 의해 그 역인 [반증사례는 있다]는 T가 된다. 따라서 [그 지식이 참이라면(T) 반증사례는 있다(T)]의 의미를 가진다. 이는 모순이다.

부연하여 전건이 F일 경우를 살펴보자. 즉, [그 지식이 참이다]가 F일 경우이다. 이때 후건은 T, F 두 가지 경우가 있게 된다. ① [그 지식이 참이라면(F) 반증사례는 없다(T)]와 ② [그 지식이 참이라면(F) 반증사례는 없다(F)]인 경우이다. 먼저 ①의 경우를 살펴보자. [그 지식이 참이다]가 거짓이기 때문에 [그 지식은 거짓이다]는 T가 된다. 따라서 [그 지식이 참이라면(T) 반증사례는 없다(T)]라는 의미와 동일하게 된다. 이것은 모순이 발생하지 않는다. 다음으로 ②의 경우를 살펴보자. 마찬가지로 전건 [그 지식이 참이다]가 F이기 때문에 [그 지식은 거짓이다]는 T가 된다. 후건 역시 [반증사례는 없다]가 F이기 때문에 [반증사례는 있다]는 T가 된다. 따라서 [그 지식이 거짓이라면 반증사례는 있다]라는 의미와 동일하다. 이러한 진술은 모순이 발생하지 않는다. 즉, T가 된다.

(2) 타당하다는 것은 전제들이 참이면 결론이 참이 되는 형식을 말한다. 이를 달리 말하면, 가언논증 [p→q, ~q, ~p]에서 논리기호들의 연산을 통해 가지는 T와 F의 조합에서 (T, F)인 경우가 나오지 않아야 한다. 네 가지 경우를 마치 컴퓨터가 자료들을 처리하듯, 순서대로 진리 값을 처리하면 다음 표와 같다. 표에서 (T, F)가 나타나지 않는다. 따라서 네 경우 모두 T가 되어 타당한 형식이 된다.

전건(p)	[→] 진리 값	후건(q)	후건부정(~q) 진리 값	전제들의 연산 조합	결론이 T가 되기 위한 조건	전건부정(~p)	
T	(T)	T	(F)	(T), (F)	전건이 부정되지 않는 한 (T)값을 가지지 못함	(F), F	T
T	(F)	F	(T)	(F), (T)	전건이 부정되어도 (T)값을 가짐	(T), (T)	T
F	(T)	T	(F)	(T), (F)	전건이 부정되지 않는 한 (T)값을 가지지 못함	(F), (F)	T
F	(T)	F	(T)	(T), (T)	전건이 부정되어도 (T)값을 가짐	(F), (T)	T

부연하여 [p→q, ~q ∴ ~p]의 논증에 다음과 같은 진술로 대입(decoding)해보자. [그 지식이 참이라면(p) 반증사례가 없다(q). 그런데 반증사례가 있다(~q). 따라서 그 지식은 거짓이다(~p).] 이러한 논증형식은 타당하다.

[문] 다음 명제들을 논리기호로 부호화(coding) 하시오.

① 그 사람은 모순적이지 않다.

② 그 사람은 엘리트이고 휴머니스트이다.

③ 그 사람의 학력이 고졸이든 대졸이든 상관없다.
   그 사람은 학력이 고졸이거나 대졸 둘 중에 하나이다.

④ 만일 평면에서 도형이 삼각형이라면 세 내각의 합은 180°이다.

⑤ 만약 갑이라면 충을 택한다. 만약 누군가 충을 택한다면 그 사람은 갑이다.

[해설] 진술을 논리기호로 부호화(coding)하는 작업은 중요하다.

① 긍정 명제: p. ⇔ 부정 :~p

② 연언명제: p&q

③ 선언명제(포괄선언, 배타선언): p∨q

④ 조건언(가언, 함언)명제: p ⁔q

⑤ 양조건언: (p→q)&(q→p)

[문] 모두 참인 명제 [그는 공무원이다], [그는 사무관이다]를 논리기호 [→, &, ∨]와 [긍정/부정]을 사용하여 연결할 때, 진리 값이 다른 하나를 고르면?

① 그가 공무원이면 그는 사무관이다.

② 그가 사무관이라면 공무원이다.

③ 그가 공무원이면서 동시에 사무관이다.

④ 그가 공무원이거나 또는 사무관 둘 중 하나이다.

⑤ 그가 공무원이 아니라면 사무관이 아니다.

[해설] 답: ④

모두 참인 요소명제들을 논리기호 [→, &, ∨]를 사용하여 연결할 때 가지는 진리 값을 묻고 있다.

[p→q]에서 (TF)인 경우에만 F.

[p&q]에서 (TT)일 경우에만 T.

[p∨q]에서 (TF)와 (FT)일 경우 T.

① T→T = T   ② T→T = T   ③ T&T = T   ④ T∨T = F   ⑤ F→F = T

[문] 다음 논증을 명제논리학 기호로 가장 적절하게 나타낸 것은?

"몸에 좋은 것은 쓰다. 설탕은 몸에 좋다. 그러므로 설탕은 쓰다."
① p→q, r→p, q→r
② p→q, ~q→p, ~q→q
③ p→~q, r→p, ~q→r
④ p→q, ~r→p, ~r→q
⑤ p→q, ~q→~p, ~q→q

[해설] 답: ②

[몸에 좋은 것은 쓰다. 설탕은 몸에 좋다. 그러므로 설탕은 쓰다]라는 논증은 [그것은 몸에 좋다(p). 그것은 쓰다(q). 그것은 설탕이다(r). 그것은 몸에 좋다(p). 그것은 설탕이다(r). 그것은 쓰다(q)]의 가언삼단논증형태 (p→q, r→p, r→q)이다.

가언삼단논증형태란 가언명제들로 삼단논증을 이룬 논증을 말한다. 그런데 문제는 선택지에서 (p→q, r→p, r→q)가 존재하지 않는다는 점이다. 이때 ② [p→q, ~q→p, ~q→q] 형태와 비교하면, [r]이 [~q]로 논리기호화되고 있을 뿐 형식은 가언삼단논증형태로 동일하다. 요컨대 [그것은 설탕이다(r)]라는 명제가 [그것은 쓰다(q)]라는 명제의 부정으로 번역되고 있다. 두 명제들의 관계에서 [설탕이다]와 [쓰다]라는 술어 의미를 서로 부정관계로 번역하고 있는데, 설탕은 일반적으로 달기 때문에 의미상 [쓰다]의 부정으로 표현해도 가능하다고 볼 수 있다. 이러한 점에서 명제논리학은 decoding(번역)이 중요하다. 따라서 답은 ②이다.

참고로 부연하면 [몸에 좋은 것은 쓰다. 설탕은 몸에 좋다. 그러므로 설탕은 쓰다]라는 논증은 타당한 형식이다. 명제논리학적 접근이 아닌 범주화 틀과 사유원칙(동일률, 배중률, 모순율)을 판단기준으로 하면 간단히 평가할 수 있다. 그런데 선택지들 중에서 ②의 경우만 형식이 타당하고, 나머지 것들은 모두 부당하다.

[문] 가언명제 [p→q]의 진리 값이 거짓일 때, 필연적으로 동일한 진리 값을 가지는 경우를 모두 고르면?

① ~q→~p
② ~q∨~p
③ ~q∨p
④ ~q→p
⑤ q∨~p

[해설] 답: ①, ⑤

p와 q가 가지는 네 가지 진리 쌍 [TT, TF, FT, FF]들을 조사하여 F값을 가지는 경우가 일치하는 경우를 찾아야 한다. 그런데 주어진 질문에서 p→q가 거짓이라 진리 값을 주고 있다. 이에 p→q일 때는 p=T이고, q=F일 때만 F가 된다. 즉, p(T)→q(F)이다. 따라서 이를 이용해 주어진 명제들에 대입하여 F 값을 가져야 한다.

①의 경우 ~q→~p는 (역이므로) [T→F]가 되고 이때 진리 값은 F가 된다.

②의 경우 ~q∨~p는 [T∨F]가 포괄선언으로 보는 경우 T, 배타적 선언에서 T가 된다.

③의 경우 ~q∨p는 [T∨T]가 되어 포괄선언으로 보는 경우 T, 배타적 선언으로 보는 경우 F가 된다.

④의 경우 ~q→p는 [T→T]가 되어 T가 된다.

⑤의 경우 q∨~p. [F∨F]가 되어 포괄적 선언으로 보는 경우 F가 되고 배타적 선언으로 보는 경우에도 F가 된다.

따라서 ①, ⑤의 경우가 동일한 진리 값을 가진다.

[문] 다음 복합된 논리기호로 표현된 논증을 일상진술로 번역하고, 타당성을 평가하면?

⟨보기⟩

$[\sim(p\,\&\,q)\ \&\ (p\lor q)\ \rightarrow\ (p\rightarrow\sim q)\lor(q\rightarrow\sim p)]$

[해설]

■ 일상진술로의 번역 예

그가 아들도 사랑하고(p) 딸도 사랑한다(q)는 것은 사실이 아니다. $[\sim(p\,\&\,q)]$

그러나 그가 아들을 사랑하거나 딸을 사랑한다는 것은 사실이다. $[(p\lor q)]$

그러므로 그는 아들을 사랑하면 딸을 사랑하지 않는 것이거나 또는 딸을 사랑하면 아들을 사랑하지 않는 것이다. $[(p\rightarrow\sim q)\lor(q\rightarrow\sim p)]$

■ 타당성 평가

위 논증은 타당한 논증이다. 범주와 사유원칙에 근거하여 직관으로 판단하는 것도 하나의 방법이다. 다만 진리 값을 통해 계산해보는 것도 좋을 것이다.

[문] 다음과 같은 네 명제가 참이라 할 때, 거짓(F)의 진리 값을 가지는 명제는 어느 것인가?

T: ① p→q ② r∧p ③ ~q∨s ④ r→p

① r∨~p
② ~s∨~q
③ ~p→~r
④ s→r
⑤ p→s

[해설] 답: ②

네 가지 진술들(①, ②, ③, ④)이 참(T)이라 가정하고 있다 이를 단서로 네 가지 요소명제(p, q, r, s)들이 가진 각각의 T, F 값을 알아내야 한다.

1단계: [→]의 경우에는 T, F인 경우만이 F가 되므로,
① p→q에서 q는 F가 될 수 없다. q=T ·················· ㉠
2단계: [r&∧p] 의 경우, T/T일 때만 T가 된다.
따라서 r과 p는 모두 T가 된다. r=T, p=T ·················· ㉡
3단계: s가 T인지 아니면 F인지를 알아낸다.
③의 형식 [~q∨s]에서, s의 참/거짓 값을 알 수 있다. ㉠에서 q=T이므로, 이에 부정인 [~q∨s]가 참이 되기 위해선 s는 T가 되어야 한다. 만약 s가 F일 때 포괄적 선언과 배타적 선언 모두 참이 된다. 따라서 s=T이다. ·················· ㉢
4단계: 이제 네 요소명제들은 각각 p=T, q=T, r=T, s=T의 값을 각각에 대입하여 진리 값을 도출하면,
① [r∨~p]의 경우 [T∨F] 가 되어 T가 된다.
② [~s∨~q]의 경우 [F∨F]가 되어 F가 된다.
③ [~p→~r]의 경우 [F→F]가 되어 T가 된다.
④ [s→ r]의 경우 [T→T]가 되어 T가 된다.
⑤ [p→s]의 경우 [T→T]가 되어 T가 된다.
5단계: 따라서 답은 ②가 된다.

[문] 다음 〈보기〉의 진술이 참이라 할 때, 참인 진술은?

〈보기〉

만약 그가 미성년이고 부모가 반대하면, 그는 법적으로 결혼을 할 수 없다.

---

① 만약 그가 법적으로 결혼을 할 수 없다면 그의 부모가 반대를 하거나 미성년자 둘 중 하나이다.

② 만약 그가 법적으로 결혼을 할 수 있다면 그의 부모가 반대를 하거나 미성년자 둘 중 하나이다.

③ 만약 그가 법적으로 결혼을 할 수 있다면 그의 부모가 반대를 하지 않고 미성년자도 아니다.

④ 만약 그가 미성년이지만 부모가 반대하면, 그는 법적으로 결혼을 할 수 없다.

⑤ 만약 그가 미성년이 아니고 부모가 찬성하면, 그는 법적으로 결혼을 할 수 있다.

[해설] 답: ③

연언으로 된 전건을 가지는 가언명제이다. 기호로 표현하면 [(p&q)→r]. 이것이 참일 때, 동일한 진리 값을 가지는 참의 경우는 (p&q)→r의 대우인 ~r→(~p∨~q)이다. 이때 변환에 유의할 필요가 있다. 따라서 답은 ③이 된다.

주의할 점은 [만약 그가 미성년이고 부모가 반대하면]이라는 가언명제가 가진 의미는 미성년이면서 동시에 부모반대라는 두 가지를 모두 충족하여야 한다는 의미를 가진다. 이러한 연언은 둘 중에 하나라도 부성이 되면 성립되는 포괄선언으로 전환될 수 있다. 즉, [만약 그의 부모가 반대하고, 미성년이면 그는 법적으로 결혼을 할 수 없다]라는 진술은 그가 미성년자이면서 부모가 찬성하는 경우, 부모가 반대를 하지만 성인인 경우에는 그가 법적으로 결혼을 할 수 있다는 의미를 가진다. 부연하여 기초적인 내용이지만 흔히 형식과 내용을 착각하는 경향에 대해 언급하기로 한다. 우리는 간혹 필요충분조건(역, 대우, 이) 개념을 활용하여 참/거짓을 판별하고, 이를 가지고 내용도 참이라고 생각하는 경향이 있다. 가령 [p→q]의 명제가 있는 경우, 그 대우인 [~q→~p]도 참이라는 것을 학습하고 [~q→~p]가 참이라고 생각하는 경우이다. 그런데 이때 가지는 참은 형식(관계)에서 참이라는 것이지, 내용에서 참이라는 것은 아니다. (수학에서는 공리 또는 정의에 의해 증명된다) 누군가 [철수의 **신체가** 변한다면, 철수의 **성격**은 변한다]라는 명제에서 대우인 [철수의 성격이 변하지 않는다면 철수의 신체가 변하지 않는다]라는 명제가 참인가라는 질문을 했다고 하자. 실증을 중시하는 과학자들은 가설로 설정하고 인과적 실험/관찰 등을 통해 참인가 거짓인가를 검증 또는 입증하려 할 것이다.

[문] 다음 ㉠과 ㉡의 빈칸에 들어갈 내용으로 옳게 연결한 것을 고르면?

논리실증주의 입장에서는 [A는 B이다] 또는 [p라면 q이다]와 같은 진술형태를 가진 어떤 지식이 존재하는 경우, 이것이 참인가를 판별하기 위해서 판단기준이 있어야 한다고 본다. 여기서 판단기준이란 참 또는 거짓이란 판단에 정당성을 가지게 하는 근거이다. 만약 참 또는 거짓을 판단할 기준이 존재하지 않는다면, 이 진술들의 판별은 무의미해진다. [옳다/그르다] 또는 [틀리다/맞다]의 문제가 아니라 믿는가, 믿지 않는가라는 개인차원의 신뢰 문제가 되기 때문이다.

간혹 객관식 시험에서 답을 둘러싸고 이러한 논쟁이 발생한다. 통상 문제출제자는 어떤 판단기준을 주고 답을 추론하는 문제를 구성한다. 즉, [p라면 q이다]에서 이를 판단할 기준 또는 p에 관련된 조건들을 제시하여 q를 추론하라는 유형의 문제이다. 그런데 이때 잘못된 판단기준이 제시될 수도 있고, 조건 p가 잘못 주어질 수도 있다. 이러한 경우 정당하고 객관적이며 필연적인 q를 추론할 수 없는 경우가 되어 응시자들은 골탕을 먹을 것이다. 여기서 [p→q]의 문제 유형에서 만약 잘못된 조건 p를 주어 q를 추론하게 하는 경우라면 명제논리학의 진리 값에 의하면 응시자가 거짓인 q를 제시해도 모두 정답이 된다. 왜냐하면 p가 ㉠인 경우, q가 ㉡이더라도 참이 되기 때문이다.

	㉠	㉡
①	참(T)	참(T) 또는 거짓(F)
②	거짓(F)	참(T) 또는 거짓(F)
③	참(T) 또는 거짓(F)	참(T) 또는 거짓(F)
④	참(T) 또는 거짓(F)	거짓(F)
⑤	참(T) 또는 거짓(F)	참(T)

[해설] 답: ②

p→q의 명제가 가지는 진리 값은 명제논리학에 의하면, p(T)→q(F)일 때만 거짓(F)이 된다. 따라서 p가 F인 경우에는 q값이 참이든 거짓이든 p→q의 명제는 참이 된다.

[문] 다음 글의 내용이 참이라고 할 때 〈보기〉에서 반드시 참인 것을 모두 고르면?

뉴턴의 물리학과 유전자 결정론이 둘 다 옳다면 인간에게 자유의지가 있다는 주장은 더 이상 설 땅이 없어 보인다. 그러나 인간에게 자유의지가 없다는 말이 성립할 수 있을까? 만약 인간에게 자유의지가 없다면, 양심과 도덕의 문제에 관심을 기울일 필요가 없다. 인간의 행위는 이미 결정된 프로그램에 의해 행위를 한 것에 불과할 것이기 때문이다. 하지만 우리는 양심과 도덕성 문제에 관심을 가질 필요가 있다. 나아가 뉴턴의 물리학이 옳지 못하다면 이에 근거하고 있는 현대 물리학의 몇몇 이론을 포기해야만 한다. 그런데 우리는 분명히 그럴 수 없다. 그것은 물리학 전반을 불신하는 결과를 낳을 수 있기 때문이다.

〈보기〉

ㄱ. 인간에게 자유 의지가 있다.
ㄴ. 유전자 결정론은 옳지 않다.
ㄷ. 뉴턴의 물리학은 옳지 않다.
ㄹ. 현대 물리학은 인간의 자유의지를 설명할 수 없다.

① ㄱ, ㄴ
② ㄱ, ㄷ
③ ㄴ, ㄹ
④ ㄱ, ㄴ, ㄹ
⑤ ㄴ, ㄷ, ㄹ

[해설] 답: ②

[뉴턴의 물리학은 옳다(p). 그리고 유전자 결정론은 옳다(q)]. 그러면 [인간에게 자유의지가 있다는 주장은 설 땅이 없다(r).] 이는 형식으로 전환하면 [(p&q)→r]이 된다. 이것이 참이라고 하면, 반드시 참인 것은 대우가 된다. 즉, [~r→~(p&q)] ⇒ [~r→(~p∨~q)]가 정의역이 된다. 그런데 글의 내용에서 [인간에게 자유의지가 있다는 주장은 설 땅이 있다(~r).] → [뉴턴의 물리학은 옳지 않고(~p)]라는 진술은 존재하지만, 유전자 결정론에 대해서는 언급이 없다. 필연성을 담보하지 못한다. ㄹ은 대우명제의 영역과 관련성이 없다. [인간에게 자유의지가 있다는 주장은 설 땅이 있다]라는 진술은 [인간에게 자유의지가 있다]로 해석할 수 있다. 따라서 ②가 답이 된다. 부연하면 명제논리학을 모르더라도 반드시 참이 되는 것을 고르는 문제는 문제 속에 답이 들어 있다. 자기언급적인 진술을 가지게 된다. 이에 착안하면, 주어진 글에서 [인간의 자유의지가 있다], [뉴턴의 물리학은 옳지 않다]라는 진술을 추출할 수 있을 것이다.

[문] 다음 글을 토대로 판단할 때, 〈보기〉의 진술 중 반드시 참인 것을 모두 고르면?

영재 아동을 위한 특수교육학교가 있다. 그 학교에는 체중이 비대한 90kg 이상인 아동이 20명, 시력이 0.1 이하로 꾸준한 관리가 필요한 학생이 30명 있다. 체중이 90kg 이상인 아동은 모두 특수체육교육을 받는다. 그리고 특수체육교육을 받는 아동 중에는 시력이 0.1 이하인 아동은 없다. 어떤 아동이 시력이 0.1 이하인 경우에만 특수 장치가 설치된 교실에서 교육을 받는다. 갑, 을, 병은 모두 이 학교에 다니는 아동이다.

〈보기〉

ㄱ. 특수체육교육을 받으면서 특수 장치가 설치된 반에서 교육을 받는 아동은 없다.

ㄴ. 갑이 시력이 0.1 이하가 아니라면, 그의 체중은 90kg 이상이다.

ㄷ. 을이 특수 장치가 설치된 반에서 교육을 받는다면, 그의 체중은 90kg 미만이다.

ㄹ. 병이 체중이 89kg이고, 시력이 0.2라면, 그는 특수체육교육을 받지 않는다.

① ㄱ, ㄴ
② ㄱ, ㄷ
③ ㄴ, ㄷ
④ ㄴ, ㄹ
⑤ ㄷ, ㄹ

[해설] 답: ②

범주화(집합개념)와 사유의 틀(동일률, 배중률, 모순율)을 활용하여 문제를 해결할 수도 있다. 이 때 범주에 관련하여 모든/부분의 용어에 주의할 필요가 있다. 가령 특수교육학교의 전체집합은 제시되지 않고 있다. 이러한 점에서 ㄴ, ㄹ은 반드시 그렇다는 보장이 없다.

참고로 범주를 다루는 경우 술어논리학을 적용하는 것이 가장 정확한 방법이지만, 복잡하다는 점에서 비효율적이다. 명제논리학의 대우명제를 활용하여 평가할 수도 있지만, 범주와 서술어에 관련하여 기호화에 주의해야 한다. 참고로 대우관계를 활용하여 살펴보기로 한다. 우선 대우명제를 활용하기 위해서는 주어진 진술에서 확실한 것을 추출해야 한다. 다음과 같다.

○ 체중이 90kg 이상인 아동은(p) 모두 특수체육교육을 받는다(q).   (p→q)
○ 특수체육교육을 받는 아동에(q) 시력이 0.1 이하인 아동은 없다(~r).   (q→~r)
∴ 체중이 90kg 이상인 아동에서 시력이 0.1 이하인 아동은 없다.   (p→~r)

가언삼단논증의 형태로 (p→~r)를 도출할 수 있다. 이것이 참이기 때문에 그 대우는 참이다. 즉 (r→~p)도 참이 된다. 그러나 ㄴ의 경우 [갑이 시력이 0.1 이하가 아니라면(~r), 그의 체중은 90 kg 이상이다(p). (~r→p)]로 진술되고 있다. ㄹ의 경우는 [체중이 89kg이고(~p), 시력이 0.2라면 (~r), 그는 특수체육교육을 받지 않는다(~q). {(~p&~r)→~q}]로 진술되고 있다. 반드시 참은 아니다.

[문] 다음 진술들을 논리적으로 타당한 것과 부당한 것으로 옳게 구분한 것은?

가. 갑부인 동시에 권력자인 사람은 모두 영웅이다. 어떤 권력자도 영웅은 아니다. 그러므로 권력자인 동시에 갑부인 사람은 아무도 없다.

나. 철이가 선이도 사랑하고 단이도 사랑한다는 것은 사실이 아니다. 그러나 철이가 선이를 사랑하거나 단이를 사랑한다. 그러므로 철이가 선이를 사랑하지 않으면 철이는 단이를 사랑하고, 철이가 단이를 사랑하면 철이는 선이를 사랑하지 않는다.

다. 만일 철이가 부산영화제에 참석한다면 서울의 동창모임에는 불참할 것이다. 만일 철이가 서울 동창 모임에 불참한다면 영희를 만나지 못할 것이다. 그러므로 갑은 부산영화제에 참석하지 않거나 영희를 만나지 못할 것이다.

라. A학원에 다니는 모든 사람들은 외국에 관심이 있다. 외국에 관심을 가지는 사람들 중에는 한 번도 외국에 가본 적이 없는 사람들이 있다. 그러므로 외국에 한 번도 가본 적이 없는 사람들 중 일부는 A학원에 다니지 않는다.

마. 모든 관료는 신을 믿는다. 신을 믿는 사람은 유물론자가 아니다. 어떤 유물론자는 장관이다. 그러므로 어떤 장관은 관료가 아니다.

	타당	부당
①	가, 나	다, 라, 마
②	가, 나, 다	라, 마
③	가, 나, 다, 마	라
④	가, 나, 다, 라, 마	없음
⑤	다, 라, 마	가, 나

[해설] 답: ③

가. 범주(집합개념)와 사유원칙으로 평가하면 간단히 해결된다. 타당한 논증이다.

연언명제와 가언명제가 혼합된 후건부정식 논리이다. ⇒ [(p&q)→r, ~q ∴ ~(p&q)]

나. 타당한 논증이다. [철이가 선이도 사랑하고 단이도 사랑한다는 것은 사실이 아니다. 그러나 철이가 선이를 사랑하거나 단이를 사랑한다]라는 두 진술은 철이는 선미를 사랑하거나 또는 단이 둘 중 하나를 사랑한다는 의미가 된다(배타선언).

다. 타당한 논증이다. 가언삼단논증과 양도논증의 혼합적 진술이다. [만일 철이가 부산영화제에 참석한다면(p) 동창회에는 불참할 것이다(~q). 만일 철이가 동창회에 불참한다면(~q) 영희를 만나지 못할 것이다(~r). 그러므로 철이는 부산영화제에 참석하지 않거나(~q) 영희를 만나지 못할 것이다(~r). ⇒ [p→~q, ~q→~r]의 전제에서 결론은 [p→~r]이 된다. 이때 철이가 부산영화제에 참석한다면(p) 서울 동창회모임에서 영희를 만나지 못할 것이다(~r).

라. 부당한 논증이다. [A학원에 다니는 사람들은 모두 외국에 관심이 있다(대범주, A=B). 외국에 관심을 가지는 사람들 중 한 번도 외국에 가본 적이 없는 사람들이 있다(중범주, B=~E).] 이 전제에서 도출되는 결론은 [A학원에 다니는 사람들은 한 번도 외국에 가본 적이 없는 사람들이 있다]이다. 그런데 선택지는 [~ 다니지 않는다]로 잘못 서술하고 있다.

마. 범주(집합개념)와 사유원칙으로 평가하면, 진술은 타당하다.

✔ 유사기출문제: 2008년 행정(기술)·외무고시·견습직원선발시험(언어논리영역, 꿈책형 15번)

[문] 다음 〈보기〉의 가언논증들에서 타당한 형식만을 모두 고르면?

㉠ p→q, q, p

㉡ p→q, q, ~p

㉢ p→q, ~q, ~p

㉣ p→q, ~q, p

㉤ p→q, p, q

㉥ p→q, p, ~q

㉦ p→q, ~p, q

㉧ p→q, ~p, ~q

① ㉠, ㉡   ② ㉡, ㉥

③ ㉢, ㉣   ④ ㉢, ㉤

⑤ ㉦, ㉧

[해설] 답: ④

가언논증과 관련하여 부당한 형식(전건부정식과 후건긍정식)은 논리적 추론사고에서 흔히 사용하는 형식이다. ㉢ p→q, ~q, ~p: 후건무성식. ㉤ p→q, p, q: 선건긍성식. 두 형식만 타당하고 나머지는 모두 부당하다.

[문] 다음 〈보기〉의 논증들이 타당한 형식을 가지기 위해 빈칸에 들어갈 기호로서 옳게 짝지어진 것은?

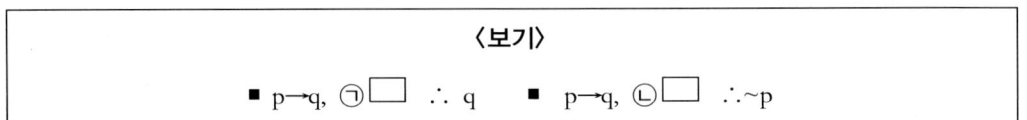

	㉠	㉡
①	p	p
②	p	~p
③	p	~q
④	~p	~q
⑤	q	~q

[해설] 답: ③

㉠=p, ㉡=~q.

[문] 다음 타당한 논증과 관련된 진술들로 옳지 않은 것은?

① 부당한 형식은 전제와 결론의 도출에서 필연성을 가지지 못한다. 그리하여 전제들이 참이라 하여 결론이 항상 참이 되지 않는다.

② [A가 범인이라면(전건) B는 범인이 아니다(후건). A가 범인이 아니다. 따라서 B는 범인이다] 에서와 같이 형식이 전건을 부정하여 후건을 도출하고 있다면, 전건부정식으로서 부당한 형식이다.

③ [A가 범인이라면(전건) B는 범인이 아니다(후건). B가 범인이 아니다. 따라서 A가 범인이다] 에서와 같이 형식이 후건을 긍정하여 전건을 도출하고 있다면, 후건긍정식으로서 타당한 형식이다.

④ [담배를 피우면 간이 나쁘다. 담배를 핀다. 따라서 간이 나쁘다]에서와 같이 형식이 전건을 긍정하여 후건을 도출하고 있다면, 전건긍정식으로 타당한 형식이다.

⑤ [만일 그가 죽었다면 그것은 이혼한 전 배우자가 범인이다. 이혼한 적이 없다. 따라서 그는 죽지 않았다]에서와 같이 형식이 후건을 부정하여 전건을 부정하는 결론을 도출하고 있다면, 후건긍정식으로 타당한 형식이다.

[해설] 답: ③

가장 많이 혼동하기 쉬운 형식이 ③의 후건긍정식이다. 즉, 후건을 긍정하여 전건을 도출하는 방식이다. 이는 어떤 명제가 참이라 하여 그 역도 항상 참이 되지는 않는 경우인데, 어떤 명제가 참이면 그 역도 참이 된다고 착각하기 쉬운 성향 때문이다. [인간이면(p) 동물이다(q). 그러므로 인간이다(p)]라는 진술에서 인간은 동물범주에 속하지만 동물의 범주화에 인간만이 포함되는 것은 아니다. 범주화사고로 판별하면 부당선이 쉽게 발견된다. 따라서 ③이 후건긍정식은 부당한 형식이다.

[문] [담배를 많이 피우면 간이 나쁘다. 그는 간이 나쁘다. 따라서 그는 담배를 많이 피운다]라는 논증의 타당성을 평가하고, 이유를 설명하시오.

[해설]

■ 타당성 평가

기호형식: $p \rightarrow q$, q $\therefore p$. 후건을 긍정하여 긍정의 전건을 도출. 부당한 형식.

■ 이유

- 논리연결사를 통해 전제와 결론을 나타내면 $\{(p \rightarrow q) \& q\} \rightarrow p\}$이 되고, p와 q가 각각 [T, F]를 가짐. 이들 [T, F]들이 가지는 조합들에서 모든 경우에서 진리 값이 참(T) 값을 가지지 않음. F값을 가지는 경우가 있음.
- 간이 나쁘다 하여 반드시 담배를 피우는 것은 아니다. 즉, 역이 항상 성립하는 것은 아니다.

[문] 다음 〈보기〉의 논증들을 기호로 표현하고, 형식이 타당한가를 평가하라.

㉠ 그것이 식물이거나 동물이면 반드시 죽는다. 그런데 그것은 죽지 않는다.
그러므로 그것은 식물도 동물도 아니다.

㉡ 그것이 사람이면서 동시에 동물이면 죽는다. 그런데 그것은 사람이면서 동물이다.
그러므로 그것은 반드시 죽는다.

㉢ 그것이 사람이거나 동물이면 반드시 죽는다. 그런데 그것은 식물이다.
그러므로 그것은 죽지 않는다.

㉣ 그것이 사람이자 동물이면 반드시 죽는다. 그런데 그것은 식물이다.
그러므로 그것은 사람이자 동물이 아니다.

㉤ 그녀가 70세 이상의 여성이라면 아이를 낳을 수 없다. 그녀는 70세 여성이다.
그러므로 그녀는 아이를 낳을 수 없다.

㉥ 그녀가 40세 미만이라면 아이를 낳을 수 있다. 그녀는 39세이다.
그러므로 그녀는 아이를 낳을 수 있다.

㉦ 70세 이상의 남성이라면 아이를 낳을 수 없다. 그 남성은 아이를 낳았다.
그러므로 그 남성은 70세 미만이다.

㉧ 그녀가 40세 미만이라면 아이를 낳을 수 있다. 그녀는 50세이다.
그러므로 그녀는 아이를 낳을 수 없다.

㉨ 그녀가 A를 사랑한다면 B를 사랑하지 않는 것이고, B를 사랑하지 않는다면 결혼을 하지
않을 것이다. 그러므로 그녀는 A를 사랑한다면 결혼을 하지 않을 것이다.

㉩ 그가 시험에 합격한다면 그것은 건강이 좋기 때문이다. 그가 합격하지 못했다.
그러므로 그는 건강이 좋지 않다.

㉪ 당신이 담배를 피우면 몸이 건강하지 못하다. 몸이 건강하지 못하다.
그러므로 당신은 담배를 피운다.

㉫ 만일 그가 죽는다면 범인은 이혼한 전 배우자가 살해한 것이다.
그는 죽었고 이혼한 경력이 없다. 그러므로 그는 자살한 것이다.

[해설]

■ 타당한 형식: ㉠, ㉡, ㉢, ㉥, ㉦, ㉧
■ 부당한 형식(형식의 오류): ㉢, ㉣, ㉤, ㉨, ㉩, ㉪

잘못된 전제(무관한 전제 사용): ㉢ ㉣

부정확한 진술: ㉤, ㉨, ㉩, ㉪

㉠ 그것이 식물(p)이거나 동물(q)이면 반드시 죽는다(r). 그런데 그것은 죽지 않는다(~r).
  그러므로 그것은 식물(p)도 동물(q)도 아니다.
  ⇒ (p∨q) → r, ~r, ~(p∨q)
  ⇒ (p∨q)를 X라고 하면 (치환), [X→ r. ~r. ~X]으로 후건부정식이다. 타당하다

㉡ 그것이 사람(p)이면서 동시에 동물(q)이면 죽는다(r). 그런데 그것은 사람(p)이면서 동물(q)이다.
  그러므로 그것은 죽는다(r).
  ⇒ (p&q) → r, (p&q), r
  ⇒ (p&q)를 X라고 하면 (치환), [X→ r, X, r]로 전건긍정식이다. 타당하다.

㉢ 그것이 사람(p)이거나 동물(q)이면 반드시 죽는다(r). 그런데 그것은 식물이다(s).
  그러므로 그것은 죽지 않는다(~r).
  ⇒ (p∨q) → r, ~s, ~r
  ⇒ (p∨q)를 X라고 하면 (치환), [X→ r, ~s, ~r]이 된다.
  그런데 형식에서 전제로 ~s가 사용되고 있다. 이러한 전제들로는 결론이 필연적이지 않다.
  잘못된 전제로 인한 부당한 형식이다. 즉, 잘못된 전제(논리적으로 함축적 의미를 가지지 않
  은 무관한 전제)를 사용한 오류를 범하고 있다.

㉣ 그것이 사람(p)이자 동물(q)이면 반드시 죽는다(r). 그런데 그것은 식물이다(s).
  그러므로 그것은 사람(~p)이자 동물(~q)이 아니다.
  ⇒ (p&q) → r, s, ~(p&q)
  ⇒ 이 경우도 ㉢과 마찬가지의 오류를 범하고 있다. 부당한 형식이다.

㉤ 그녀가 70세 이상의 여성이라면(p) 아이를 낳을 수 없다(~q). 그녀는 70세 여성이다(p).
  그러므로 그녀는 아이를 낳을 수 없다(~q).
  ⇒ p → ~q, p, ~q.
  ⇒ 전건긍정식이다. 타당하다.
    참고로 [p → ~q, p ~q]의 형식은 후건을 [p → q, p q]로 표현해도 무방하다.

ⓗ 그녀가 40세 미만이라면(p) 아이를 낳을 수 있다(q). 그녀는 39세이다(p).

그러므로 그녀는 아이를 낳을 수 있다(q).

⇒ p → q, p, q ⇒ 전건긍정식이다. 타당하다.

ⓢ 70세 이상의 남성이라면(p) 아이를 낳을 수 없다(q). 그 남성은 아이를 낳았다(~q).

그러므로 그 남성은 70세 미만이다(~p).

⇒ p → q, ~q, ~p ⇒ 후건부정식이다. 타당하다.

ⓞ 그녀가 40세 미만이라면(p) 아이를 낳을 수 있다(q). 그녀는 50세이다(~p).

그러므로 그녀는 아이를 낳을 수 없다(~q).

⇒ p → q, ~p, ~q ⇒ 전건부정식이다. 부당하다.

ⓩ 그녀가 A를 사랑한다면(p) B를 사랑하지 않는 것이고(q), B를 사랑하지 않는다면(q) 결혼을

하지 않을 것이다(r). 그러므로 그녀는 A를 사랑한다면(p) 결혼을 하지 않을 것이다(r).

⇒ p→q, q→r, p→r

⇒ 가언명제들로 구성된 삼단논증형태이다. 타당하다.

ⓒ 그가 시험에 합격한다면(p) 그것은 건강이 좋기 때문이다(q). 그가 합격하지 못했다(~p).

그러므로 그는 건강이 좋지 않다(~q).

⇒ p → q, ~p, ~q

⇒ 전건부정식이다. 부당하다.

ⓖ 당신이 담배를 피우면(p) 몸이 건강하지 못하다(q). 몸이 건강하지 못하다(q).

그러므로 당신은 담배를 피운다(p).

⇒ p → q, q, p

⇒ 후건긍정식이다. 부당하다.

ⓔ 만일 그가 죽는다면(p) 범인은 이혼한 전 배우자가 살해한 것이다(q).

그는 죽었고(p) 이혼한 경력이 없다(~q). 그러므로 그는 자살한 것이다(r).

⇒ p → q, p & ~q, r

⇒ 진술은 형식과 내용 모두에서 오류가 발생하고 있다. 전건긍정과 후건부정이 혼합된 전제

로 결론을 도출하고 있다. 살해를 자살로 대비시킨 잘못도 있다. 자연사, 자살, 사고사 등

이 그의 죽음의 원인이 될 수도 있다. 자살의 의미로 해석할 수 없다. 부당하다.

[문] 다음 〈보기〉의 진술이 참이라 할 때, 반드시 참이 되지 않는 것은?

우리나라에서는 갑이 주식배당금을 받았든 받지 않았든 갑은 소득세를 내지 않는다.

① ~r—→~(p∨q)
② ~r—→~(p&q)
③ ~r—→~(q&p)
④ ~r—→(~q&~p)
⑤ ~r—→(q∨p)

[해설] 답: ⑤

전건인 요소명제가 포괄선언으로 된 가언명제이다. 이때 이 명제가 참이라면 대우명제도 참이
된다.

■ <보기>의 진술을 기호로 표현하면
'우리나라에서는 갑이 주식배당금을 받았든(p) 받지 않았든(q) 갑은 소득세를 내지 않는다(r). 갑
이 주식배당금을 받든(p) 받지 않든(q) 갑은 소득세를 내지 않는다(r)'라는 의미이다.
이에 $[(p \lor q) \to r]$이 된다.

■ $[(p \lor q) \to r]$이 참이라면 그 대우도 참이 된다. 다음 형식들은 대우로서 동일한 진리 값을 가진
다. 원형이 가진 의미(진리 값) 변화 없이 배분법칙, 교환법칙, 결합법칙 등을 적용한 연산.

⇒ ㉠의 대우는 ① $\sim r \to \sim (p \lor q)$이다.
  ① [갑이 소득세를 냈다면 주식배당금을 받았거나 받지 않았던 경우들이 아니다.]
⇒ ∨는 포괄선언이므로(F, F가 아니면 모두 참) ② $\sim r \to \sim (p \& q)$로 전환할 수 있다.
  ② 갑이 소득세를 냈다면 주식배당금을 받았거나 동시에 받지 않은 경우가 아니다.
⇒ &는 교환법칙이 성립하므로 ③ $\sim r \to \sim (q \& p)$로도 변형이 가능하다.
  ③ 갑이 소득세를 냈다면 주식배당금을 받지 않았거나 동시에 받은 경우가 아니다.
⇒이를 배분법칙을 사용하면, ④ $\sim r \to (\sim q \& p)$이 된다.
  ④ 갑이 소득세를 냈다면 주식배당금을 받지 않았거나 동시에 주식배당금을 받은 경우가 아
    니다.

그러나 ⑤는 [갑이 소득세를 냈다면 주식배당금을 받았거나 주식배당금을 받지 않은 경우이다]
로서 대우가 아니다.

[문] 다음 〈보기〉의 진술이 참이라 할 때, 반드시 참이 되지 않는 것은?

〈보기〉

범인이 자의(自意)로 실행에 착수한 행위를 중지하였거나 그 행위로 인한 결과발생을 방지한 때에는 형을 감경(減輕) 또는 면제(免除)한다.

① ~(r∨s)→~(p∨q)

② ~(r&s)→~(p&q)

③ ~(s&r)→~(q&p)

④ (~s & ~r)→~(q&p)

⑤ (~s & ~r)→(q∨p)

[해설] 답: ⑤

형법의 중지범(中止犯) 조항으로서 선언명제와 가언명제가 혼합된 명제이다. 이것이 참이라 할 때, 이것의 대우는 반드시 참이 된다.

■ 〈보기〉의 진술을 기호로 표현하면, 범인이 자의로 실행에 착수한 행위를 중지하였거나(p) 그 행위로 인한 결과발생을 방지한 때(q)에는 형을 감경(r) 또는 면제한다(s). ⇒ (p∨q)→(r∨s)

■ (p∨q)→(r∨s)가 참이라면 그 대우도 참.

~{형을 감경(r) 또는 면제(s)} → ~{범인이 자의로 실행에 착수한 행위를 중지했거나(p) 그 행위로 인한 결과발생을 방지한 경우(q)}

  ○ 대우: ~(r∨s)→~(p∨q)

  ○ 대우에서 포괄선언이므로 ~(r&s)→~(p&q), 교환법칙: ~(s&r)→~(q&p)

  ○ 배분법칙: (~s & ~r)→~(q&p)

■ 그런데 선택지 ⑤인 (~s & ~r)→ (q ∨p) 경우는 후건에서 잘못됨.

이를 해독(decoding)하면 [형을 감경하지도 않았고 면제하지도 않았다면, 범인이 자의로 실행에 착수한 행위를 중지했거나 그 행위로 인한 결과발생을 방지한 때이다]가 됨.

【참고】

■ 치환을 통한 단순화
 ○ $(p \lor q) \to (r \lor s)$에서 $(p \lor q)$를 P, $(r \lor s)$를 Q로 놓으면 $P \to Q$,
 ○ 대우는 $\sim Q \to \sim P$.
 ○ $P=(p \lor q)$, $Q=(r \lor s)$를 각각 대입하면 $\sim(r \lor s) \to \sim(p \lor q)$. ○ 그러므로 ⑤는 부당.

■ 타당한 형식(가언논증)
 ○ 전건긍정식: $(p \lor q) \to (r \lor s)$. $(p \lor q)$. $\therefore (r \lor s)$.
 ○ 후건부정식: $(p \lor q) \to (r \lor s)$. $\sim(r \lor s)$. $\therefore (p \lor q)$.

[문] 다음 〈보기〉의 논증과 동일한 형식의 오류를 범하고 있는 것은?

〈보기〉

수사학은 심리술을 가르치거나 설득술을 가르친다. 수사학은 심리술을 가르친다. 그러므로 수사학은 설득술을 가르치지 않는다.

① 뉴턴은 수학자이거나 과학자이다. 뉴턴은 수학자가 아니다. 그러므로 뉴턴은 과학자이다.
② X당의 갑 후보는 나쁜 사람이거나 착한 사람일 것이다. 그 후보는 선거운동을 하면서 자신에게 유리한 지역감정을 부추기고, TV방송토론에 참석하지 않는 경우에도 벌칙조항이 없다는 공직선거법을 이용하여 유권자들의 알권리를 교묘하게 피하는 등 수단방법을 가리지 않았다. 따라서 X당의 갑 후보는 착한 사람이 아니다.
③ 만약 청이가 돈이 있었다면, 바닷물에 몸을 던지지 않았을 것이다. 청이는 돈이 없다. 따라서 청이는 바닷물에 몸을 던졌다.
④ 김 박사는 연구를 좋아하지 않거나 강의를 좋아한다. 김 박사는 연구를 좋아하지 않는다. 따라서 김 박사는 강의를 좋아한다.
⑤ 모든 말은 조류가 아니다. 백마는 말이 아니다. 따라서 백마는 조류이다.

[해설]

<보기>의 논증 [수사학은 심리술을 가르치거나(p) 설득술을 가르친다(q). 수사학은 심리술을 가르친다(p). 그러므로 수사학은 설득술을 가르치지 않는다(~q).] ⇒ [p∨q. p ∴~q]으로 부당한 논증이다. 즉 양도논증이 타당하기 위해서는 선언지 중 하나가 제거되고 나머지 것이 결론이 도출되는 [p∨q, ~p ∴q]와 같은 형식을 가져야 한다. ③과 ⑤는 양도논증의 형태가 아니라는 점에서 일단 동일한 형식의 오류가 아니다. 탈락이다. ②의 경우 애매한 점이 있다. 해석에 따라 [p∨q. ~q ∴p]의 형식이 될 수 있고, [p∨q, p ∴~q]의 형식으로 전환될 수 있다. ④는 명확히 [p∨q. ~p ∴q]의 형식이고, 타당한 형식이다. 답은 ②가 된다. 간단한 문제 같지만, 약간 까다로운 면이 있다.

✔ 유사기출문제: 2009년 입법고시(언어논리영역, 가책형 30번)

[p∨q. p ∴~q]

① p∨q, ~p ∴q 　　　　② p∨q, p ∴~q

③ p→q, q ∴p 　　　　④ p∨q, ~p ∴q

⑤ A=~B C=~A ∴C=B

[문] 다음 글을 읽고 논증에 대한 반박의 〈보기〉 진술에 대한 설명으로 옳지 않은 것은?

형식논리학에서는 축약논증에 관심이 없기 때문에 축약논증은 아예 언급될 여지가 없다. 하지만 다음 논증을 살펴보자.

두 아들을 둔 어머니는 비가 오면 옷감장수인 아들 때문에 슬프고, 해가 쬐면 우산장수인 아들 때문에 슬프다. 그리하여 그녀는 언제나 슬프다.

위 논증은 [(두 아들을 둔 어머니는) 비가 오면(p) 옷감장수인 아들 때문에 슬프고(q), 해가 쬐면(r) 우산장수인 아들 때문에 슬프다(q). 그리하여 그녀는 언제나 슬프다(q)]이다. 여기서 [날씨는 비가 오거나 해가 쬘 뿐이다(p∨r)]라는 전제가 생략되어 있다. 이러한 논증에 대한 반박은 일반적으로 선언지를 찾아 지적하는 방법, 상반된 명제를 구성하는 방법, 관계의 부적절성을 비판하는 방법들로 이루어진다.

〈보기〉

비가 오면 우산장수인 아들 때문에 기쁘고 해가 쬐면 옷감장수 아들 때문에 기쁘다. 그리하여 그녀는 언제나 기쁘다.

① 보기의 논증은 상반된 명제를 구성하여 반박하고 있다.
② 보기의 논증은 언제나 날씨는 [비가 오거나 해가 쬘 뿐이다]는 전제가 생략되어 있다.
③ 보기의 논증은 부당한 형식을 지적하는 방식으로 반박하고 있다.
④ 보기의 논증은 딜레마 상황을 반박하는 논증이란 성격을 가지고 있다.
⑤ 보기의 논증으로 반박되는 경우에도 어떤 논증을 신뢰할 것인가라는 문제는 남게 된다.

[해설] 답: ③

보기의 논증도 형식논리의 입장에서 보게 되면, [(p→q)&(r→q) ∴ q]의 형식으로 부당한 논증이다. 명제의 구성을 달리하여 내용 면에서 대비되는 논증을 통해 반박하고 있다.

[문] (가), (나), (다)의 논증형태를 〈보기〉에서 골라 옳게 짝지어진 것은?

(가) 군주가 인의를 버리고 사사로운 이익을 추구하여 정사(政事)를 돌본다면 신하들은 거짓된 지혜와 술수를 통해 자신의 이익을 도모하게 된다. 만일 신하들이 거짓된 지혜와 술수를 통해 자신의 이익을 도모한다면 국가는 점점 쇠퇴하여 멸망하게 될 것이다. 따라서 군주가 인의를 취하지 않고 사사로운 이익을 도모하여 정사를 행한다면 국가의 쇠퇴와 멸망은 불을 보듯 뻔하다.

(나) 군주가 인의를 버리고 사사로운 이익을 추구하여 정사(政事)를 돌본다면 신하들은 거짓된 지혜와 술수를 통해 지신의 이익을 도모하게 된다. 신하들이 거짓된 지혜와 술수를 통해 자신의 이익을 도모한다면 군주는 인의를 버리고 사적 이익을 추구하여 정사(政事)를 돌보게 된다. 그런데 지금 조선의 신하들은 거짓된 지혜와 술수를 통해 자신의 이익을 도모한다. 따라서 군주는 인의를 취하지 않고 사사로운 이익을 도모하여 정사(政事)를 행하게 될 것이다.

(다) 당신에게 있어 그날 그 사람을 만난 일이 당신에게 좋은 것인지 나쁜 것인지 판단이 애매하게 생각될지 모르겠다. 당신이 좋은 것과 나쁜 것의 분별이 사람과 시공간에 상대적이라는 생각을 가지고 있을 수 있기 때문이다. 하지만 세상사는 좋은 것과 나쁜 것이 있다. 그날 당신이 그 사람을 만난 일은 결코 나쁜 것이 아니었다. 좋은 것이었다.

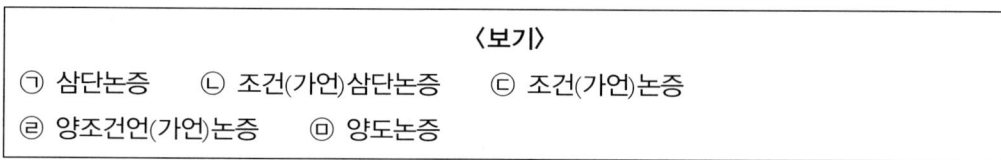

〈보기〉
㉠ 삼단논증　　㉡ 조건(가언)삼단논증　　㉢ 조건(가언)논증
㉣ 양조건언(가언)논증　　㉤ 양도논증

	(가)	(나)	(다)
①	㉢	㉡	㉠
②	㉡	㉣	㉤
③	㉢	㉡	㉤
④	㉡	㉣	㉠
⑤	㉡	㉠	㉤

[해설] 답: ②

(가): 가언(조건)삼단논증(ⓛ)   (나): 양조건언(가언)논증(ⓔ)   (다): 양도논증(ⓜ)

○ (가)진술: 가언(조건)삼단논증: ⓛ

군주가 인의를 버리고 사사로운 이익을 추구하여 정사(政事)를 돌본다면(p) 신하들은 거짓된 지혜와 술수를 통해 자신의 이익을 도모하게 된다(q). 만일 신하들이 거짓된 지혜와 술수를 통해 자신의 이익을 도모한다면(q) 국가는 점점 쇠퇴하여 멸망하게 될 것이다(r). 따라서 군주가 인의를 취하지 않고 사사로운 이익을 도모하여 정사를 행한다면(p) 국가의 쇠퇴와 멸망은 불을 보듯 뻔하다(r).

⇒ (p→q), (q→r) ∴ p→r

○ (나)진술: 양조건언(가언)논증: ⓔ

군주가 인의를 버리고 사사로운 이익을 추구하여 정사(政事)를 돌본다면(p) 신하들은 거짓된 지혜와 술수를 통해 지신의 이익을 도모하게 된다(q). 신하들이 거짓된 지혜와 술수를 통해 자신의 이익을 도모한다면(q) 군주는 인의를 버리고 사적 이익을 추구하여 정사(政事)를 돌보게 된다(p). 그런데 지금 조선의 신하들은 거짓된 지혜와 술수를 통해 자신의 이익을 도모한다(q). 따라서 군주는 인의를 취하지 않고 사사로운 이익을 도모하여 정사(政事)를 행하게 될 것이다(p).

⇒ (p→q)&(q→p), q ∴ p

○ (다)진술: 양도논증: ⓜ

당신에게 있어 그날 그 사람을 만난 일이 당신에게 좋은 것인지 나쁜 것인지 판단이 애매하게 생각될지 모르겠다. 당신이 좋은 것과 나쁜 것의 분별이 사람과 시공간에 상대적이라는 생각을 가지고 있을 수 있기 때문이다. 하지만 세상사는 좋은 것(p)과 나쁜 것이 있다(q). 그날 당신이 그 사람을 만난 일은 결코 나쁜 것이 아니었다.(~q). 좋은 것이었다(p).

⇒ (p∨q), (~q) ∴ p

[문] 여러 명제들로 구성된 논증의 논리흐름도가 다음과 같은 복합논증이 있다. 논증이 타당한 형식이 되기 위해 ⓐ, ⓑ에 들어갈 명제는 무엇인가를 임의의 논증을 구성하여 설명하시오.

$p \lor q$ ~q, p, p→r, r→s, [ⓐ] →~p, [ⓑ], ~p

[해설] 예시 답안

공통적으로 p→s. 논리적 흐름의 전후관계에서 a는 결론으로서 가져야 할 명제이고, b는 전제로서 가져야 할 명제이다. 이는 생략될 수 없다. 만약 생략된다면 논리 흐름이 이상해진다. 즉, 부정확한 논증이 된다.

A검사는 [철이(p)나 영희(q) 둘 중에 한 사람이 범인이라고 보고 영희가 범인이 아니라고(~q), 판단하여 철이가 범인이라(p) 주장한다. 그런데 철이가 범인이라면(p) 철이는 유죄가 될 것이다(r). 그러나 유죄가 되려면(r) 범죄를 증명할 증거가 있어야 한다(s). 범죄를 증명할 증거가 없다면[(~s)], 철이는 무죄가 된다(~p). 그런데 A검사는 범죄를 증명할 증거가 없다[(~r)]. 따라서 철이는 무죄가 될 것이다(~p).]

✔ 참고로 복합논증과 관련된 문제는 PSAT 언어논리시험과 관련하여 출제 비중이 매우 높다. 가령 2008년 행정(기술)·외무고시·견습직원선발시험(꿈책형): 15, 32 등. 2009년 행정(기술)·외무고시·견습직원선발시험(경책형): 14, 15, 17, 18, 34, 35, 37 등. 2010년 행정(기술)·외무고시·견습직원선발시험 (수책형): 19, 20, 31, 32 등에서와 같이 일일이 소개하기 어렵다. 이는 올바른 판단을 이끌어내는 사유흐름(논리적 흐름)에 관련되기 때문이다.

출제유형과 관련하여 다음과 같은 기출문제[2009년 행정(기술)·외무고시·견습직원선발시험(언어논리영역, 경책형 37번)] 하나를 예로 들어 보기로 한다.

[문] 다음에 나타난 논증 구조를 올바르게 도식화한 것은?(단, ↓는 밑줄 위의 문장들이 화살표가 가리키는 문장을 논리적으로 지지함을 의미한다)

ⓐ 어떤 행위에 의해 직접적으로 영향을 받을 사람 모두가 그 행위가 이루어지길 선호한다면 그 행위는 도덕적으로 정당하다. ⓑ 체세포 제공자는 자연임신에 의해 아이를 낳을 경우 자신의 유전자를 반만 물려줄 수 있지만 복제기술을 이용할 경우 자신의 유전자를 온전히 물려줄 수 있다는 이유에서 복제기술을 선호할 것이다. ⓒ 복제기술을 통해 태어날 인간은 복제기술이 아니었다면 태어나지 못했을 것이므로 복제기술의 사용을 선호할 것이다. ⓓ 복제기술에 의해 직접적으로 영향을 받을 사람은 자기 체세포를 이용하여 복제기술을 통해서 아이를 가지려는 사람들과 복제기술을 통해서 태어날 인간뿐이다. ⓔ 체세포 제공자와 복제기술로 태어날 인간은 모두 복제기술의 사용을 선호할 것이다. ⓕ 복제기술을 인간에게 사용하는 것은 도덕적으로 정당하다.

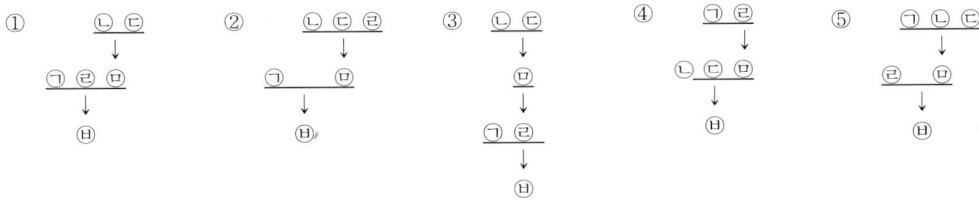

[해설] 답: ①

위 논증은 삼단연언논증(A=B, C=B, A+C=B)과 가언논증(전건긍정식)이 혼합되어 하나의 논증을 형성하고 있다. 이러한 유형의 문제는 복합본증에서의 뿌리명제 개념을 생각하면 간단하게 해결할 수 있다. 뿌리명제란 어떤 명제가 결론이 되는 동시에 새로운 전제를 만들어내는 재료로서 기능하는 명제를 말한다. 위 복합논증에서 뿌리명제로 역할하는 진술은 ⓔ이다. ⓑ과 ⓒ의 연언에서 가지는 결론이자 동시에 후건부정식에서 ⓓ과 함께 전건 ⓐ이 참임을 지지하는 재료로 기능하고 있다. 따라서 ①이 올바르다. 요컨대 문제에 대한 답은 ①이다. 여기서 답을 ②로 생각하기 쉽다. 하지만 ⓔ은 ⓑ과 ⓒ의 결론이라는 점에서 단지 전제로만 기능하는 진술은 아니며, 전건부정식의 재료로 사용되는 뿌리진술(명제)이다. 이때 ⓔ은 ⓑ ⓒ, ⓓ 세 명제로 가지는 결론이 아니다.

제3절 비형식논리학

　형식논리와 대비되는 비형식논리학으로 분류되는 논의들도 기본적으로 사유하는 방식과 관련하여 범주화 틀과 사유원칙(동일률, 배중률, 비모순율)의 틀에 그 뿌리를 두고 있다는 점은 공통적이다. 다만 논증을 구성하는 명제들의 내용에 관심을 가지는 입장으로서의 비형식논리학은 형식논리학과 다음과 같은 차이가 있다.

　첫째, 논증이 가진 내용에의 관심이다. 여기서 내용에의 관심은 크게 두 가지를 말한다. 하나는 참/거짓이다. 즉, 논증이 틀림/맞음, 옳음/그름 등에 대한 관심이다. 이는 참된 판단과 연계되어 가지는 논증의 정당성에 관련된 문제이다. 다른 하나는 의미(meaning)이다. 논증을 구성하는 각 명제들, 그리고 전체로서의 논증이 가진 목적, 의도, 효과 등과 같은 것들이다. 이는 언어적 의미를 파악하는 해석과 관련되는 문제이다.

　화자(필자)와 청자(독자)는 서로 언어를 통해 의사소통을 할 수밖에 없고, 이때 언어가 가진 의미를 다룰 수밖에 없는 불가피성이 있다. 비형식논리학에서는 불가피성에서 가지는 문제를 소극적인 방식으로 제거해버린다. 하지만 통합적 입장에서는 오히려 문제에 의도적이고 적극적으로 대응한다. 가령 [p→q, p, q]라는 논증에서 형식논리학은 각 명제들이 가진 내용을 고려하지 않고, 형식을 토대로 타당성만을 평가하지만, 비형식논리학에서는 각각의 명제들이 가진 내용에 관심을 가진다. 진짜인가, 가짜인가, 주장 또는 판단의 의미가 무엇인가 등을 정면으로 다룬다. 논증의 구현 또는 의도가 '사람 대 사람' 간에 이루어지는 합리적 의사소통에 있다고 할 때, 논증은 의미의 상호교류의 수단이다. 이에 형식뿐만 아니라 의미가 더욱 중요해진다. '사람과 기계'가 의사소통하는 경우에는 형식이 무엇보다 중요하게 될 것이다. 약속된 형식이 없다면 의사소통 자체가 어렵기 때문이다. 하지만 '사람 대 사람' 간에 이루어지는 의사소통에서는 의미 전달이 더 중요해진다. 형식은 화자와 청자 간에 이루어지는 의사소통에서 어떻게 하면 논증의 의미를 보다 원활하고 명확하게 전달하고 수용할 것인가에 대한 도구적 또는 수단적인 것에 불과하다.

　둘째, 일상의 진술 또는 논증에 관심을 가진다. 명제논리학과 술어논리학에서 살펴보았듯이 형식논리학은 일상 언어가 가진 애매모호성을 제거하기 위해 특정한 의미를 가진 언어 또는 기호를 중시한다. 이러한 점에서 탈(脫)일상 언어적 경향을 보인다. 하지만 비형식논리학은 일상에서 사용하는 논증에 관심을 가진다. 즉, 형식논리학이 인공적 언어에 관심을 갖는다고 하면 비형식논리학은 일상적 언어에 관심을 가진다. 이에 경제논리, 정치논리, 법리 등 다양한 분야에서 가지는 논증들에 대한 정당성(건전성) 문제에 대한 연구들이 시도된다. 또한 축약, 암시, 은유 등의 논증들에도 관심을 기울인다. 이에 참/거짓에 대한 판별가능성 문제, 해석에 관련된 주관성 문제 등 해결해야 할 여러 과제들을 안겨주고 있다. 특히 연구대상의 경계를 광범위하게 만든다. 연구방법에서도 다학문적 접근방법이 요구된다. 예컨대 논증이 가진 내용은 거시적으론 문화, 지적 패러다임, 사회적 상황, 언어체계 등과 밀접한 관련성을 가진다. 미시적으론 개개인이 처한 상황, 논증을 구사하는 사람의 언어적 습관과 사고방식 등과도 관계된다. 이에 논증에 대한 연구가 문화, 정치, 경제, 사회 등 전 영역에 걸친 종합적 연구가 요구되고, 인식론적 연구와 더불어 언어적 측면에서 의미론, 구문론(언어사고방식과 문법), 언어행위론, 수사학, 화용론(화자와 청자) 등 범학문적 접근이 요구된다. 이러한 요인이 비형식논리학을 산발적 양상의 모습으로 만들고 있다.

이하에서는 비형식논리학으로 분류되는 다양한 논의들을 하나로 포섭하여 논증의 분류, 논증의 정당성, 논증과 설득력, 추론의 오류에 대한 내용을 살펴보기로 한다.

Ⅰ. 의의

비형식논리학을 논증의 형식에만 관심을 가지는 형식논리학과 대비하여 논증을 구성하는 명제들의 내용에 관심을 가지는 일체의 논의들을 통칭하여 사용하기로 한다. 어떤 주장 또는 판단에 관련하여 사람들은 그것이 정당한 것이어야 한다는 것을 요구한다. 예를 들어 [인간은 남성과 여성으로 구성된다. 그 사람은 남성이다. 그러므로 그는 여성이 아니다]라는 논증이 있을 때, 형식도 타당하고, 내용도 참인 것이어야 한다. 즉, 우연히 가진 결론이 아닌 전제들로부터 가진 결론이어야 하며, 전제와 결론을 구성하는 명제들의 내용도 참인 경우이다. 하지만 내용(의미)에 관심을 가지는 경우, 논증의 내용(의미)에 관련하여 진위판별이 불가능하거나 또는 한계를 가진 것들이 많다(이러한 문제로 형식논리 입장이 주류를 이루는 주된 요인이 되고 있고, 한편 후술되는 논증과 설득력에서와 같이 증명의 문제가 아닌 설득의 문제로 보는 논의가 존재한다).

비형식논리학적 연구에 복잡하게 얽혀 있고 해결하기 어려운 여러 문제들을 지니고 있지만, 논증이 가진 의미와 내용이 가지는 진위 등의 문제를 각 분과학문들에 위임하고 논리학적 논의에서 무시될 수 없다. 어떤 주장 또는 논증은 개인적 차원에서뿐만 아니라, 인류차원에서도 큰 영향을 미친다. 판단의 과잉/과소 문제와 상대성 문제는 분과학문들에서도 직면하는 문제이다. 특히 21세기 인류가 처한 다양한 문제해결에 논리적 대화를 통한 합리적 문제해결을 강요받고 있다는 점도 논증에 대한 연구가 형식뿐만 아니라 내용에 대한 연구도 논리학적 관점에서 논의를 필요로 한다.

II. 일상의 논증과 분류(유형)

현실에 존재하는 논증은 다양하지만, 형식과 내용의 통합적 시각에서 다음과 같이 분류할 수 있다.

1. 분류방법

■ **형식**: 전제들이 참이면 결론도 참이 되는가 여부
- 타당한 논증(valid argument): 전제들이 참이면 결론도 필연적으로 참이 되는 형식. 전제로부터 도출된 결론이 필연인 형식.
- 부당한 논증(invalid argument): 전제들이 참이면 결론도 필연적으로 참이 되지 않는 형식. 전제로부터 도출된 결론이 필연이 아닌 형식.

■ **내용**: 전제들과 결론을 구성하는 명제들이 가지는 참/거짓 여부.
- 참인 논증: 전제들과 결론으로 사용된 명제들 모두가 참인 경우
- 거짓인 논증: 전제들과 결론에서 하나라도 거짓인 경우.

		형식	
		타당	부당
내 용	[T/T]	① [T/T] + 타당	⑤ [T/T] + 부당
	[T/F]	② [T/F] + 타당	⑥ [T/F] + 부당
	[F/T]	③ [F/T] + 타당	⑦ [F/T] + 부당
	[F/F]	④ [F/F] + 타당	⑧ [F/F] + 부당

2. 유형

- Type Ⅰ(논리형): 타당한 형식에서 전제와 결론의 내용(참/거짓)으로 가지는 4가지.
  {타당} + {① [T/T] ② [T/F] ③ [F/T] ④ [F/F]}
- Type Ⅱ(비논리형): 부당한 형식에서 전제와 결론의 내용(참/거짓)으로 가지는 4가지.
  {부당} + {⑤ [T/T] ⑥ [T/F] ⑦ [F/T] ⑧ (F/F)}

논리형	Type Ⅰ (4가지) 타당한 형식	Type Ⅱ (4가지) 부당한 형식	비논리형
	[T/T]	[T/T]	
	[T/F]	[T/F]	
	[F/T]	[F/T]	
	[F/F]	[F/F]	

[Type Ⅰ: 논리형]

① 사람은 죽는다(T). 소크라테스는 사람이다(T). 그러므로 소크라테스는 죽는다(T).

⇒ [A=B, C=A ∴ C=B] 전제들이 참이면 필연적으로 결론이 참이 됨.

⇒ 내용적으로 범주화, 사유원칙에 위배됨이 없음. 과학적 지식에 부합.

⇒ 내용도 참이고 형식도 정확한 논증. <u>건전한 논증(sound argument).</u>

② 사람은 죽는다(T). 어류는 사람이다(F). 그러므로 어류는 죽는다(T).

⇒ [A=B, C=A ∴C=B] 전제들이 참이면 필연적으로 결론이 참이 됨.

⇒ 내용적으로 [어류는 사람이다(F)]라는 명제는 과학적 지식에 위배.

⇒ 전제의 한 명제가 거짓으로 구성된 불건전한 논증(unsound argument)임.

⇒ 내용상의 오류 수정: 만약 [어류는 죽는다]라는 결론을 도출하려고 하면(건전한 논
   증으로 만들기 위해선), [생명체는 죽는다. 어류는 생명체이다. 어류는 죽는다]와
   같이 연역적으로 도출되어야 함.

③ 태양의 에너지는 불변이다(F). 불변은 변화가 있다(F). 그러므로 태양의 에너지는
   변화가 있다(T).

⇒ [A=B, B=C ∴A=C] 전제들이 참이면 필연적으로 결론이 참이 됨.

⇒ 내용적으로 전제들은 과학적 지식에 위배. 결론인 명제는 부합. 불건전한 논증.

④ 2000년에 임진왜란이 일어났다(F). 임진왜란으로 사상자는 없었다(F). 그러므로 2000
　년 임진왜란으로 다치거나 죽은 사람은 없다(F).
⇒ [A=B, B=C ∴A=C] 전제들이 참이면 필연적으로 결론이 참이 됨.
⇒ 내용적으로 전제들과 결론은 경험적 사실에 위배. 불건전한 논증.

[Type Ⅱ: 비논리형]
⑤ 지구는 둥글다(T). 사람은 죽는다(T). 그러므로 태양은 둥글다(T).
⇒ [A=B, C=D ∴ E=B] 부당한 형식.
⇒ 내용적으로 세 명제들은 과학적 지식에 근거하여 모두 참임.
⇒ 명제들 간에 관계가 없는 독립적 진술들로 구성된 논증.
⇒ 결론은 무효이거나 근거 없는 것으로 부당한 논증(invalid argument).
⇒ 전제와 결론을 구성하는 명제들의 조합에 논리가 존재하지 않는 전형적인 무(無)논
　리 논증.

⑥ 지구는 둥글다(T). 둥근 것은 원이다(T). 그러므로 지구는 이차원이다(F).
⇒ [A=B, B=C ∴ A=D]: 부당한 형식.
⇒ 내용적으로 전제들은 모두 참이지만 결론은 과학적 지식에 근거해 거짓.
⇒ 전제와 결론 간의 관계가 잘못된 부당한 논증.
⇒ 결론 명제의 수정이 필요한 논증[그러므로 지구는 원이다(T)].

⑦ 물질의 어는점과 녹는점은 물질의 양에 관계하여 변동한다(F). 물질의 양과 관계하
　여 변동하지 않는 것은 물질의 특성이다(T). 따라서 물질의 어는점과 녹는점은 물
　질의 특성이다(T).
⇒ [A=B, ~B=C ∴ A=D] 부당한 형식.
⇒ 내용적으로 과학적 지식에 근거해 전제들이 거짓/참이 섞여 있는 논증.
⇒ 전제로 사용된 잘못된 명제의 수정이 필요한 논증.
예) 물질의 어는점과 녹는점은 물질의 양에 관계없이 항상 일정하다(T).

⑧ 물질의 어는점과 녹는점은 물질의 양에 비례하여 변동한다(F). 물질은 액체와 고체로 구분된다(F). 따라서 물질은 기체가 존재하지 않는다(F).

⇒ [A=B, C=D ∴ C=E] 부당한 형식.

⇒ 내용적으로 과학적 지식에 근거하여 전제들과 결론이 모두 거짓.

⇒ 전제와 결론으로 사용된 명제들의 내용과 형식에의 대폭적 수정이 필요한 논증. <u>가치 없는 논증</u>.

III. 논증의 정당성

1. 논증의 정당성과 두 가지 요건

누구라도 논증을 구사하는 경우 정당성을 가지기 위해 노력할 것이다. 한편 어떤 논증을 평가하는 경우에도 마찬가지로 정당성을 요구할 것이다. 여기서 정당(正當)이란 통상적으로 바르고 마땅한 것을 뜻한다. 즉, 이치에 부합하여 당연한 것으로 간주되는 것이다. 이러한 의미를 받아들이면, 만약 어떤 논증이 정당하다고 하면, 인식자는 그것을 당연한 것으로 받아들이는 효과를 가지게 될 것이다. 정당(正當)이 가진 이러한 효과 또는 성질은 인식론적 차원에서뿐만 아니라, 다양한 현실적 상황(문제)들을 해결하는 과정에서도 지대한 힘을 발휘하게 될 것이다. 개인이 가진 이해관계와 감정적 요소와 관련 없이 누구나 그 논증을 당연한 것으로 받아들이게 만들 것이며, 물리적 방법이 아닌 이성적 방법으로 해결이 가능하도록 만들 것이기 때문이다.

그렇다면 어떤 논증이 어떤 조건을 가질 때 정당의 성질을 발생시킬 수 있을까? 즉, 정당을 발생시키는 또는 정당성을 성립시키는 논증이 가져야 할 요건이다. 이는 논증이란 대상(사물)과 그것을 인식하는 인식자 간의 상호작용의 관계라는 점에서 전술된 앎에 대한 인식론적 논의와 연계되며, 후술되는 가치론과 규범론 및 정의론 등과도 연계되는 복잡한 문제이다. 이에 대응하여 객관성과 필연성 원리를 도입하고, 부합과 적절 등의 파생적 원리들을 도입하여 처리하는 방식을 취하고 있다. 가령 형식논리학의 입장에서는 논증의 형식만을 토대로 객관성과 필연성을 확보하려는 태도를 취한다. 형식논리를 추구하는 입장에서는 논증의 정당성 문제를 간단히 정리한다. 이는 다시 두 입장이 있다. 하나는 정당성의 문제를 가치적인 것으로 간주하여 아예 배제하는 입장이다. 정당성이란 용어를 아예 사용하지 않는다. 다른 하나는 명제들이 가진 내용 측면에서의 참(진실)/거짓을 판별하는 것이 현실적으로 여러 문제들을 가지고 있기 때문에 논증의 형식만을 보고 형식이 타당하면 정당한 논증으로 보는 입장이다. 즉, 정당성은 논증에서 마땅히 따라야 할 객관적 법칙에 부합하고 있는가에 대한 확인으로 이루어진다. 그리하여 타당한 논증이면 정당한 논증이란 견해를 취한다.

하지만 형식 면에서만 타당성을 판별하여 정당성을 부여하는 입장에서도 문제점을 가지고 있다. 전제와 결론의 관계가 논리적으로 어떤 함축성을 가지고 있는가를 식별하여 그러한 전제들이라면 그러한 결론을 가질 수밖에 없다는 필연성 여부를 통해 이루어진다. 논리적 함축성은 기본적으로 범주화와 사유원칙(동일률, 배중률, 비모순율)에 토대를 둔다. 하지만 이러한 사유원칙들 자체에 한계가 있다. 그 개념들이 가지는 이데아 성질에서 현실에 부합되지 않는 측면이 있고, 개념들이 가진 주관성 문제를 완전히 탈피할 수 없기 때문이다. 이러한 문제는 인간의 제한적 인식(이성)능력으로 가지는 원천적 문제이기도 하지만, 이러한 사유원칙들을 금과옥조로만 간주할 수만은 없다. 또한 일상의 논증들에 매우 협소한 영역에 국한되어 적용될 수밖에 없는 한계를 가지고 있다. 특히 사람들은 정당성에 관련하여 외형적으로 그럴듯한 형식을 완벽하게 갖춘 타당한 논증이라도 내용 면에서 그것이 거짓이면, 그것을 정당하다고 평가하지 않는다. 문명적 사회에서 동서고금에 보편적이다. 가령 사람들은 잘못된 행위보다도 오히려 그 잘못된 행위를 은폐하거나 감추려는 거짓을 더 싫어하고 배척한다. 인간이 지닌 본연적 이성의 작동으로 가지는 태도이다. 누군가 진실을 은폐하거나 왜곡할 수 있을지는 몰라도 거짓을 용납하지 않는 이성의 작동 자체는 막지 못한다. 이에 정당성은 참(진실)과 떼어내 생각할 수 없다. 누군가의 주장 또는 판단은 진실될 것이 요구된다.

이에 정당성을 발효시키는 요건과 관련하여 다음을 생각할 수 있다. 우선 누군가의 주장 또는 판단은 어떤 전제들로부터 결론을 이끌어낸 추론적인 것이어야 한다. 검증이 가능하고, 재생가능성이 있어야 하기 때문이다. 그래야만이 그 주장 또는 판단을 신뢰할 수 있게 될 것이다. 이때 주장으로 가진 결론은 전제들로부터 도출이 필연적인 것이어야 한다. 만약 형식 면에서 부당한 결론이라면, 그것을 정당한 주장이라고 말할 수 없기 때문이다. 그런데 어떤 주장을 가진 전제들과 결론은 내용적 측면에서 진실한 것이어야 한다. 만약 거짓된 명제들로 가진 주장을 정당하다고 받아들일 수 없기 때문이다. 형식이 정확하다고 하여 내용도 진실이란 것을 보장하지는 않는다. 거짓 전제들 또는 거짓 자료

(사실)들로부터 도출된 결론이 타당한 형식을 가질 수 있고, 이러한 논증을 정당하다고 평가할 수는 없다. 이러한 점에서 어떤 논증이 정당성을 가지기 위해선 전제들과 결론의 묶음에서 형식이 타당하고, 논증을 구성하고 있는 각 명제들이 참일 것이 요구된다. 즉, 형식이 타당하고 내용도 참(진실)이어야 한다는 두 가지 요건을 충족하는 경우가 되어야 한다. 건전한 논증(sound argument)일 것이 요구된다. 예컨대 누군가 [갑은 임원이다]라는 주장을 하는 경우, [갑은 임원이거나 사원 둘 중에 하나이다. 사원이 아니다. 그러므로 갑은 임원이다]라는 논증을 통해 가진 것이어야 하고, 이때 논증이 가진 형식이 타당하고, 각 명제들이 참으로 밝혀진 것들이어야 한다.

【참고】

이는 필자가 논증에 대해 정당성을 부여하는 성향을 알아보기 위해 무작위로 대한민국 수도권에 거주하는 고등학교 이상 남녀를 대상으로 조사한 내용을 요약한 것임. 이는 정밀한 조사설계로 이루어진 연구내용이 아님을 밝혀둠.

다음 진술(논증)들을 읽고 질문에 답하시오.

[논증 1] 갑이란 국가에서 A는 80살을 살았다. 그리고 B는 90살을 살았다. 그러므로 국민이 가진 평균수명은 85살이다.
[논증 2] 사람이 죽는 것은 자살 아니면 타살이다. 그런데 타살이 아니다. 그러므로 자살이다.
[논증 3] 동물은 죽는다. 사람은 동물이다. 그러므로 사람은 죽는다.

※ 질문 1: 당신은 논증(추론)들에 대하여 정당성이 있다고 생각하는가?
　　　　　① 없다. (　　) ② 있다. (　　) ③ 있는 것도 있고, 없는 것도 있다. (　　)
　　　　　④ 잘 모르겠다. (　　)
※ 질문 2: ③에 표시를 한 경우에 답해주시오.
　　　　　정당성이 있는 것 (　　　) 　정당성이 없는 것 (　　　)

답변(요약)

- [질문 1]에서 사람들은 압도적으로 ③이라 답했다. [질문 2]에서는 정당성이 있는 것으로 [논증 1]과 [논증 3]을 들었고, [논증 2]는 정당하지 않다고 답했다.
- [논증 1]의 경우 귀납형식으로서 타당한 형식이 아니지만 정당성을 긍정하는 답이 부정하는 답보다 약간 많았다. 반면 [논증 2]는 형식이 타당하다. 양도논증으로서 대립되는 하나를 제거하여 결론을 도출하고 있다. 논리원칙에 충실한 타당한 논증이지만 약 60%가 정당성을 부

여하지 않았다. [논증 3]은 거의 모든 사람이 정당성을 부여했다.

○ [논증 1] 귀납논증과 정당성

부당한 형식이다. 하지만 정당성을 부여하는 사람이 많았다.

○ [논증 2] 양도논증과 정당성

타당한 형식이지만, 대부분의 사람들이 선언지에서의 배중률(이분법)에 대하여 자연사와 사고사 등도 있다고 생각하고 정당성을 부여하지 않았다.

○ [논증 3] 연역논증과 정당성

타당한 형식이다. 거의 모든 사람이 내용도 참이라 하여 정당성을 부여했다.

결론

[논증 1]과 [논증 2] 및 [논증 3]에 대한 정당성 부여에서 사람들은 자신의 배경적 지식을 토대로 정당성을 판별하는 경향을 보였으며, 형식보다는 진술이 가지는 참/거짓을 토대로 정당성을 판별하려는 태도가 강하게 나타났다.

2. 논증의 정당성 요건 충족의 한계와 현실

형식이 타당하고, 내용도 진실하여야 한다는 정당성 조건을 가지고 있음에도 현실에서는 적용이 원만하지 않다. 정당성 판별과 관련하여 적용되는 방식은 대표적으로 두 가지가 존재한다. 하나는 지식을 적용하는 방식이다. 이때의 지식은 분과학문들이 가지고 있는 지식체계에 정합된 앎을 말한다. 가령 DNA에 관련된 지식이 그 예이다. 다른 하나는 합의적 기준방식이다. 사회구성원들 모두에게 판단기준으로 적용하자고 약속된 어떤 기준이다. 이때의 합의는 정의 또는 공리적 전제들의 합의는 물론 사회적 의사결정에 관련된 체제로 가진 경우도 이에 속한다. 이러한 두 가지 방식은 현실에서 생각하는 방식에 의존되어 정당성을 상대적이고 가변적인 것으로 만든다. 지식적용의 방식은 지적 패러다임에 의존되며, 합의적 방식의 정당성은 민주주의 원리로 해결된다.

<현실에서 나타나는 정당성의 부여에 대한 행태>

정당성	간주의 정당성 (강한 정당성)	공리정당성	공리적 근거, 배타적 효력. 예) 이데아 명제
		단정정당성	단정적 근거, 강한 경쟁력. 예) 과학명제, 판결명제
	추성의 정낭성 (약한 정당성)	유력정당성	유력한 근거, 약한 경쟁력. 예) 과학명제, 판결명제
		개연정당성	개연적 근거, 가능성 효력. 예) 추측명제

논증의 정당성과 관련하여 생각하는 방식에 초점을 두고 고찰해보자. 다음은 중·고등학생들의 교육을 위한 교과서에 실린 진술이다. 진술을 분석하면 다음과 같은 두 차원에서 논증이 존재한다는 것을 알 수 있다.

> 건조시킨 식물체를 시험관에 넣고 불에 태우면 날아가는 원소와 재로 남는 원소들이 있다. 날아가는 원소는 탄소, 수소, 산소, 질소이다. 그리고 재로 남는 원소는 황, 인, 칼슘, 칼륨, 철, 마그네슘이다. 따라서 식물체를 구성하는 원소는 탄소, 산소, 수소, 질소, 황, 인, 칼슘, 칼륨, 철, 마그네슘이다.

① 함축논증(사고하는 아이디어 차원에서 가지는 드러나지 않은 논증)

건조시킨 식물체를 시험관에 넣고 불에 태운다면, 날아가는 원소와 재로 남는 원소들이 있다. 날아가는 원소와 재로 남는 원소들을 관찰하면, 식물체를 구성하는 원소들을 알 수 있다. 그러므로 건조시킨 식물체를 시험관에 넣고 불에 태운다면, 식물체를 구성하는 원소들을 알 수 있다.

② 진술논증(논증구성 차원에서 가지는 전제들로부터 추론된 결론이 표현되어 드러나는 논증)

○ 물체를 구성하는 원소(p)는 날아가는 원소(q) 또는 재로 남는 원소(r)들이 있다.

○ 날아가는 원소는 탄소, 수소, 산소, 질소이다(q=A).

○ 재로 남는 원소는 황, 인, 칼슘, 칼륨, 철, 마그네슘이다(r=B).

○ 따라서 식물체를 구성하는 원소는 탄소, 산소, 수소, 질소, 황, 인, 칼슘, 칼륨, 철, 마그네슘이다(p= A&B).

일반적으로 우리의 주된 관심 대상은 ②에 두고 있다. 하지만 그보다 중요한 것은 ①의 함축논증이다. ②의 논증에 전제적 성격으로 기능하기 때문이다. 즉, 전제에 대한 전제(presupposition)라는 성격을 가지고 있다. 함축논증은 예단 또는 상상적 요소가 개입된 가정[146]의 설정장치로서 간주 또는 추정의 논리를 전개시킨다. 만약 함축논증에 문제가 있다면, 이를 기초로 전개된 ②의 논증에 정당성을 부여할 수 없을 것이다.

---

146) 여기서 전제와 가정은 성격이 다르다. 이에 대해서는 전술된 내용이지만, 간략히 언급하기로 한다. 전제(前提)는 정의 또는 공리적 성격을 선언적 목적에서 이루어지지만, 가정(假定)은 그 목적이 단순화에 있다. 즉, 가정(假定)이란 복잡성에 대응하여 단순화 또는 논리전개를 위해 사용하는 장치이다. 가령 어떤 것을 압축하여 축소하거나(환원적 가정) 또는 추론을 위해 어떤 것을 임시로 설정하여(조건적 가정) 통제한다.

[문] 다음 (가)와 (나)의 진술에 대하여 정당성을 평가한 것으로 적절한 것은?

> (가) 내가 지구표면의 늘 그 자리에 있는 데에도 해는 뜨고 진다. 나무의 그림자는 해의 움직임에 따라 방향이 바뀐다. 따라서 태양이 지구를 돌고 있다.
>
> (나) 달에 의해 태양이 가려진다. 북극성의 거리와 방향이 시간과 계절에 따라 달라진다. 그러므로 지구가 태양을 돌고 있다.

① 형식논리 입장에서는 두 진술 모두 정당한 것으로 평가된다.
② 반증주의 입장에서는 두 진술 모두 정당성을 가지는 진술로 평가된다.
③ 형식도 정확하고 내용도 참인 건전한 논증을 정당한 것으로 보는 입장에서는 두 논증 모두 정당성이 부인된다.
④ 논증을 설득력으로 보는 입장에서는 두 진술 모두 정당성이 인정된다.
⑤ 전제들과 결론 간의 관계가 객관적이고 필연적이어야 정당성을 부여할 수 있다는 입장에서는 두 진술 모두에 정당성이 부여된다.

[해설] 답: ③

두 논증 모두 부당한 형식이다. 모두 귀납형식을 가지고 있다.
① 형식논리 입장에서는 두 진술 모두 부당한 것으로 평가된다.
② 반증주의 입장에서는 실증을 통해 진술이 참으로 입증되는 경우에도 가설적인 것으로 간주된다.
④ 논증을 설득력으로 보는 입장에서는 정당성이 인정될 여지가 없다. 단지 설득의 문제로 본다
⑤ 전제들과 결론 간의 관계가 객관적이고 필연적이어야 정당성을 부여할 수 있다는 입장에서는 두 진술 모두 부당한 논증이 되어 정당성이 부정된다.

[문] 다음 글의 내용에 부합하지 않는 것은?

나는 형식논리학의 입장을 지지하면서 어떤 논증에 대하여 [그것은 정당한 논증이다]라고 말하는 사람을 무지한 사람이거나 아니면 말을 함부로 하는 경박한 사람이라 생각할 수밖에 없다. 가령 [70세 여성이라면 아이를 낳을 수 없다. 그녀는 70세 여성이다. 그러므로 그녀는 아이를 낳을 수 없다]라는 논증에서, 이는 전건긍정식으로 전제들이 참이면 결론도 참이 되는 타당한 형식을 가지고 있다. 이러한 경우 [정당한 논증이다]라고 말하는 경우이다. 하지만 논증의 정당성 문제는 근본적으로 형식의 타당성과는 다른 문제이다. 정당성은 인간이 지닌 본연적 이성에 합치되는 내용적 증거가 요구된다.

많은 사람들은 70세 여성이 아이를 낳는다는 것을 불가능하다고 생각한다. 의학적 또는 생물학적 지식이 많은 사람들에서도 예외가 아니다. 그런데 인도에서 남자 아이가 없어 고민하던 76세의 남성이 70세의 부인을 설득하여 인공수정을 통해 쌍둥이를 낳았다. 인공수정을 했기 때문에 시술과정의 의료기록과 분만을 직접 도운 의료진들이 있어 진실 왜곡의 가능성은 없다. 명증성을 갖는 근거를 가지고 있기 때문이다. 이 사건은 언론의 관심을 받아 세계 각국에서 보도되기도 했던 사건이다. 이러한 사실에서 논증의 형식이 타당하다고 하여 [그것이 정당한 것이다]라고 말할 수 있겠는가? 논증의 형식이 타당하다고 하여 그것을 정당한 논증이라 말하는 것을 단지 실수로 치부할 문제가 아니다. 분명 일반의 성격을 가진 과학적 지식이 어떻게 생성되고, 그 일반지가 어떤 성격을 가지고 있는지를 잘 모르는 사람이거나 아니면 적합한 말을 신중하게 생각하지 않는 경박한 사람이다.

우리가 어떤 논증을 정당한 것이라고 말하기 위해서는 신중하고 조심스럽게 이루어져야 한다. 그 효과가 상상하지 못한 개인과 집단의 운명은 물론 인류에 중대한 결과를 가져올 수도 있기 때문이다. 갈릴레오 갈릴레이는 다음과 같은 말을 남겼다. '우리에게 감각, 지성, 이성을 부여한 신이 이것을 사용하지 못하도록 하셨다고는 믿고 싶지 않다.'

① 논증이 가진 형식만으로 정당하다 정당하지 못하다는 판단은 옳지 못하다.
② 일반화된 과학적 일반명제를 전제로 연역적으로 추론하는 경우에 예외가 있을 수 있다.
③ 형식논리 입장을 따르면서 정당성이란 용어를 사용하는 것은 옳지 못하다.
④ 논증의 정당성은 형식의 타당성과는 다른 차원이다.
⑤ 논증의 정당성은 시공간에서 불변이고 참인 명제들로 타당한 형식을 가진 경우에 가질 수 있다.

[해설] 답: ⑤

주어진 글의 핵심 요지는 형식논리 입장에서 정당성이란 용어를 사용하는 것에 대한 비판이다. ⑤의 경우 주어진 글에서는 정당성에 대한 요건이 언급되고 있지 않다. 부합되지 않는다.

Ⅳ. 논증과 설득력

1. 설득력 논의의 배경

논증을 설득의 관점에서 접근하는 배경에 대해 살펴보기로 한다. 전통적으로 논리학은 이성적 사유를 기초로 참/거짓의 증명 문제를 해결하려 노력해왔다. 하지만 논리학이 증명에 관한 도구로서 계속 그 위치를 점유해야 하는가에 대하여 회의를 가지는 입장들이 존재한다.

논리학을 공부하고 연구하여 논리에 정통한 지식을 가짐으로써 어떤 반박도 용납하지 않는 논증을 구성하는 것이 가능할 수 있다고 생각하는 사람이 있을 수 있다. 하지만 이러한 상상은 비현실적이다. 현실에서 반박으로부터 자유로운 논증은 존재하지 않는다. 대부분의 경우 주장에 대한 참/거짓을 증명할 결정적 증거를 갖고 있지 못하고, 그러한 증거가 있다고 해도 찾기 힘들다. 설령 찾았다 해도 그 증거를 믿어야 할 것인지 신뢰성에 관해 반박 논리가 있을 수 없는 무적의 증거는 찾기 어렵다. 관점에 따라 그 증거에 대한 해석을 달리할 수 있다.

플라톤에 의하면 인간의 이성은 진리를 볼 수 있는 눈이고, 기하학적 사유를 할 수 있는 능력이다. 그런데 물리학자이면서 수학자인 앨런 크로모는 이성의 눈으로 본 기하학을 수사학이라 말한다. 수사학은 말이나 글을 정연하게 꾸미는 일 또는 그러한 방법에 대해 연구하는 학문이다. 즉, 그럴듯한 진술이 무엇이고 그러한 진술을 이루는 방법을 연구하는 것이 수사학이다. 심리학자이자 통계학자인 로버트 에이블슨(R. Abelson)은 통계학의 본질을 수사학이라 말한다. 오늘날 우리는 흔히 어떤 주장 또는 판단에 관련된 논증에 통계적 자료들을 활용하거나 통계적 증명방법을 흔히 사용한다. 가령 99%의 친자라는 유전자 검사와 같은 경우이다. 그런데 통계학 자체가 수사학이라는 주장이다.

변호사 출신인 페렐만(C. Perelman)은 증명의 논리학을 폐기하고 논리학을 설득의 관점에서 접근하는 설득의 논리학을 강조한다. 그는 논증을 전제들과 결론의 묶음이란 시각이 아닌 '다른 사람의 지지를 얻어내기 위해 사용하는 진술'로 접근한다. 소위 논변론이다. 법정에서 원고와 피고가 치열히 논쟁하는 상황에서 배심원 또는 재판관은 실체적 진실을 판단하고자 하지만, 막상 쌍방이 내세우는 주장과 반박들을 종합하여 실체적 진실이 무엇인가를 판별하는 것은 쉽지 않다. 예를 들어 동일한 대상(문제)에 관련하여 갑은 [p→q, p ∴ q]라고 말하고, 을은 갑의 q라는 주장에 대하여 [q→r, ~r ∴ ~q]라고 반박하는 경우 형식만으론 어느 것을 선택할 수 없다. 둘 다 타당한 형식이기 때문이다. 이러한 경우 어느 것을 선택해야 하는 상황이라면 내용에서 보다 설득력을 가진 진술을 택할 수밖에 없게 된다.

2. 설득력의 의의

설득력이란 '논증이 다른 사람들의 판단 또는 행동에 미치는 영향력'을 말한다. 요컨대 다른 사람들로부터 지지(동의)를 얻거나 또는 이끌어내는 논증이 가진 힘이다. 논증은 목적 지향적인 인간행위의 산물로서 다른 사람들에게 어떤 영향을 미치려는 의도를 지니고 만들어진다. 이때 설득력이 강할수록 그만큼 화자의 목적 달성은 용이하게 될 것이다. 반면 목적 달성에 부정적 효과를 발생시켰다면, 그것은 논증이 가진 설득력에 문제가 있는 것으로 볼 수 있다.

인간(人間)의 삶과 관련하여 등장하는 현실적 상황에서 무엇을 판단하거나 주장하는 논증은 필연적이다. 필연성은 논증의 설득력에 대한 관심을 증폭시킨다. 가령 사회적 관계에서 발생하는 다양한 문제해결에 설득력은 중대한 영향을 미친다. 이러한 이유로 논증을 화자와 청자 간에 이루어지는 일체의 상호교류 수단으로 확장하여 언어적 스킬(language skill), 이미지 메이킹(image making) 등과 같은 다양한 것들이 이야기되기도 한다.

정부의 정책에서 설득력은 중요하다. 정책이 설득력을 가질 때, 국민들로부터 지지(동의)를 얻을 수 있고, 정책의 효과가 배가된다. 정책은 바람직한 사회상태의 유지 또는 달성이라는 가치판단의 성격을 가지고 있다. 또한 정책은 비용부담자와 수혜자를 발생시켜 사회구성원들 간 자원배분 효과를 발생시킨다. 가치와 실리의 문제가 결부된 정책의 속성상 모든 사람을 만족하는 정책은 존재할 수 없다. 정책과정을 둘러싸고 다양한 향상들이 나타나고, 정부의 판단에 관련된 논증이 국민으로부터 지지(동의)를 이끌어내는 설득력은 중요한 의미를 가진다.

3. 설득력에 영향을 미치는 요인

어떤 논증이 가진 설득력은 다양한 요인들이 복합적으로 작용한다.

(1) 수사학적 시각에서는 이러한 요인들을 크게 세 가지 측면으로 분류하여 이해한다. 하나는 로고스(logos)이다. 이는 이성(reason) 또는 논리(logic)라는 말로 대체해도 무방할 것이다. 가령 논증이 논리적인가 비논리적인가는 설득력에 영향을 미친다고 본다. 이에 설득력을 강화시키는 데 논리적 스킬이 사용된다. 가령 연역적 추론방식을 통해 결론이 객관적이고 필연적인 타당한 형식, 주장을 내세우고 이를 뒷받침하는 사실들을 근거로 설득력을 높이는 방식, 증명된 또는 증명이 필요 없는 자명한 사실들을 통해 주장 또는 판단을 강화시키는 방법 등이 예이다.

다른 하나는 파토스(pathos)이다. 이는 이성과 대립되는 감정(emotion/feeling) 또는 감각(sense)이란 용어로 대체해도 무방하다. 인간의 감정 또는 정서는 설득력의 중요한 변수로 본다. 흔히 일상에서 다양한 감각적 스킬들이 사용된다. 가령 선의를 담은 본심(진정성), 이미지 메이킹, 언어술, 간절한 호소와 애절함을 표현하여 동정심을 유발, 강한 신념의 표현, 스토리 구성을 통해 심리적 자극을 통해 공감대를 이끌어내는 경우들이 예이다.

마지막으로 에토스(ethos)이다. 이는 윤리(ethics) 또는 직업 등에서 가지는 요인으로 사회적 통념이라는 말로 대체해도 무방하다. 일상에서 흔히 윤리적 스킬들이 사용된다. 학식과 인품, 사회적 관습과 법규범, 사회의 지배적 이념, 종교적 도덕률 등을 활용하여 설득력을 높이려는 경우들이 예이다.

여기서 파토스와 에토스는 설득력의 요인으로 작용하는 영향력 추론에 오류가 존재한다는 점에서 로고스적인 도구, 즉 논리적 도구(tool)가 주된 관심사항이다.

(2) 설득력은 논증을 매개로 한 화자와 청자의 상호교류에서 가지는 상호작용의 결과물이다. 따라서 다양한 관점에서 연구들이 이루어져 왔다. 문화심리학자 리처드 니스벳의 연구에 의하면, 동일한 논증도 서로 다른 문화적 배경에서 가진 배경지식체계(사변적인 이론지식과 경험적 지식체계)에 설득력이 영향을 받는 것으로 조사된다. 또한 사람들은 사회적 관계에서 여러 이유로 자기의 판단 또는 의견을 피력하게 된다. 이때 동일한 논증도 어떤 상황인가에 따라 설득력은 달라진다. 가령 [1:1]인 경우도 있을 수 있고, 불특정 다수를 상대로 한 [1:n]의 경우도 있을 수 있다. 또한 법정공방에서와 같이 갑론을박의 논쟁적 상황일 수도 있다.

이처럼 복잡 다양한 요인들은 논증 자체가 가진 변수와 논증 외의 변수들로 대별하여 다음과 같이 요인들을 정리할 수 있다.

먼저 논증이 가진 내생요인(논증변수)을 살펴보자.

모든 경우에 획일적으로 적용되는 것은 아니지만 일반적으로 논증의 대상이 무엇인가에 따라 설득력 정도가 영향을 받는다. 가령 밀접한 이해관계가 있는 논제이고, 이해관계에 의존되어 설득력에 영향을 미친다. 표현기법은 누구나 이해하기 쉬운 단어들로 진술되는 것이 유리하다. 논증형식은 익숙한 삼단논증과 같은 경우가 보다 유리하다. 논증내용은 청자의 납득을 위해 논증을 강화 또는 뒷받침하는 사실적 자료를 사용하거나 또는 유리하다. 이를 환원하면 논증이 가진 형식이 타당하고 내용 면에서도 증명력이 강한 논증일수록 설득력은 강화된다고 이야기할 수 있다.

다음으로 논증의 외생요인(상황변수)을 살펴보자.

화자와 청자의 심리적 교류 상태와 사고방식의 동일성 여부가 설득력에 큰 영향을 미친다. 일반적으로 사고방식이 서로 일치하거나 유사한 경우 설득력이 강화된다. 또한 공인된 또는 묵시적인 사회적 의사결정체제에 부합되는 논증일수록 설득력이 강화된다(사회적 의사결정에 여론을 형성하는 인터넷, 소셜네트워크, 언론매체 등의 역할이 중요해지고 있다). 그리고 시공간적으로 사회가 보유한 지식체계와 사회적 분위기도 영향을 미친다. 지식체계와 사회분위기는 논증에 대한 평가의 방향성과 기준으로 기능한다. 여기서 논증의 외생요인(상황변수)은 설득력의 요인으로 작용하는 영향력 추론에 오류가 존재한다는 점에서 논증이 가진 내생요인(논증변수)이 주된 관심사항이 될 것이다.

4. 설득의 기술(技術)

설득의 기술은 청자의 태도나 행동을 변화시키는 데 필요한 지지 또는 동의를 얻어내는 수단 또는 도구를 말한다. 시간과 공간적으로 형성된 문화적 맥락성에 바탕을 두고 다양한 관점에서 스킬들이 논의된다. 논변술, 언변술, 심리술, 표현술 등이 예이다.

다만 설득도 인간의 인식활동이고, 인식활동은 사유와 감각기관으로 행해진다는 점에서 설득의 기술은 크게 세 가지로 구분할 수 있다. 하나는 이성적 사유와 관련된 논리적 스킬이고, 다른 하나는 감성과 관련된 감각적 스킬이다. 그리고 마지막으로 둘을 혼합한 통합스킬이다. 다만 좋은 논증은 경쟁적 논증 또는 반박으로부터 버틸 수 있는 힘을 가진 논증이라고 보게 되면, 논리적 스킬이 주된 관심이 될 것이다.

	구분	인식기관	주요 수단	논증의 특징	
설득의 방법	논리적 스킬	사유(이성)	말/글/기호/통계자료	형식과 내용에 관심 정형적 사유의 틀	통합스킬
	↕				
	감각적 스킬	감각(감성)	표정/행위/의상/영상	자유로운 형식과 내용	
	※ 문화(정신과 물질을 포함한 사유방식과 생활양식의 총체)				

설득의 방법인 기술과 관련하여 어느 것이 좋은가는 논증의 목적, 대상(화자/수용자), 시대적 상황과 같이 주어진 상황(문제)을 종합적으로 고려하여 결정하는 것이 바람직하다. 그러나 판단을 식별선의 사유를 통해 어떤 것을 확정하거나 결정하는 인식활동이라 할 때, 논리적 스킬을 기초로 할 수밖에 없다. 특히 다양한 사회문제를 물리적 방식이 아니라 합리적 토론을 통해 대안을 모색하는 것이 바람직한 문제해결방식이라 한다면, 설득력에 관련된 논리적 스킬은 중요한 의미를 가진다.

1) 논리적 스킬

논리적 스킬이란 설득 또는 동의구조를 형성시키기 위해 이성에 호소하여 설득력을 획득 또는 확보하는 방식이다. 논증을 표현하는 주요 수단은 통상 언어라고 지칭되는 문자와 기호 및 자료 등이며, 전제들로부터 도출되는 결론이 객관성과 필연성을 가지도록 건전한 논증이 중요시되는 특징을 보인다.

논리적 스킬이 가지는 강점은 주장의 정당성을 강화하는 논증을 구성할 수 있다는 점이다. 즉, 형식과 내용에의 건전성을 강화하기 위해 타당한 논증 형식을 채택하고, 필요하다면 신뢰할 수 있는 객관적 자료들을 제시하거나 증명력을 증가시키기 위한 적절한 뒷받침 진술들을 첨가할 수 있다. 하지만 약점도 가지고 있다. 우선 설득은 청자가 납득이 되어야 한다. 납득은 이해를 전제로 가능하다. 하지만 배경지식에 기초하여 화자가 논증을 이해하기 어려운 경우가 발생한다는 점이다. 사고방식이 서로 다른 문화권의 사람들 간에서 흔히 나타난다. 또한 증명력에 관련하여 화자에게 확신을 주는 강한 증명력을 확보하는 것이 시간과 비용 등 다양한 측면에서 어려움을 가지는 문제가 있다.

【참고】 논리적 스킬의 예

■ **혼란술**

혼란술이란 상반된 주장이 대립한 경우 판단을 유보하거나 또는 기존 판단을 고수하려는 심리적 경향을 이용한 감각적 스킬을 말한다. 가령 선거를 치르는 A와 B 두 후보 간 치열한 공방을 거듭하는 가운데 A가 B의 부도덕한 행위를 주장하자, B가 A는 근거 없는 인신공격성 네거티브 전략을 펴고 있다 또는 뭐 묻은 개가 뭐 묻은 개를 비난한다는 식으로 반박한다면, 유권자들은 누구 말이 옳은지 판단이 어려워 추론이 유보되거나 또는 기존의 생각을 고수하는 경향을 보이게 된다.

■ **표상조작술**

표상조작술이란 표상 자체를 인위적으로 조작하여 논증을 구성하는 논리적 스킬을 말한다. 가령 [2010년 소비자 물가지수는 5%였다. 2011년 물가지수는 3%였다. 따라서 2010년 대비 2011년 물가는 안정적이다]라는 결론을 가진 경우 그럴듯한 논증(판단)이다. 하지만 이런 경우를 생각해보자. 만약 물가지수를 추출하는 상품의 품목 자체를 변화시키는 경우, 물가지수는 달라질 수 있다. 즉, 물가지수를 인위적으로 조정할 수 있다는 의미가 된다. 가령 가격 상승폭이 큰 품목을 제외하고, 가격 상승폭이 낮은 품목을 넣는 경우이다. 이처럼 물가지수라는 표상 자체를 인위적으로 조작하여 결론을 도출하는 경우를 표상조작술이라 부를 수 있을 것이다. 표상조작술은 잘못된 자료를 근거로 결론을 도출하는 것이 아니기 때문에 외형으로 드러난 논증 자체만으론 오류가 발견되지 않는다.

---

2) 감각적 스킬

감각적 스킬이란 설득 또는 동의구조를 형성시키기 위해 감성에 호소하여 설득력을 획득 또는 확보하는 방식이다. 논증을 표현하는 주요 수단은 말투와 행위, 의상과 표정, 영상자료 등과 같이 감각기관에 즉각적으로 인지되는 표현적 수단들로 이루어지며(이러한 것들은 비언어적인 것으로 부르지만, 의사소통의 도구라는 점에서 넓은 의미의 언어에 해당한다), 타당한 형식과 내용이 비교적 자유로운 특징을 보인다. 감각적 스킬이 가지는 강점은 논리적 스킬과 비교하여 즉각적으로 자신의 주장을 표현할 수 있으며, 화자의 배경지식에 관계없이 별 어려움을 느끼지 않고 전달될 수 있다는 점이다. 하지만 논증의 의미가 추상적이고 다양한 의미로 해석될 수 있고, 감성에 치중하여 알맹이가 없는 공허한 공감대를 형성할 수 있다는 점이다.

【참고】감각적 스킬의 예

■ 타당성 평가 회피술

타당성 평가 회피술은 타당성을 평가하기 곤란한 방식으로 논증 또는 진술함으로써 타당성에 대한 논란 또는 비판으로부터 회피하는 방법을 말한다. 가령 구어체를 사용하는 경우 문법과 어법에서 비교적 자유롭다. 또한 토속어, 비속어, 의태어 등을 통해 진술하는 경우 타당성 평가가 곤란해진다. 특히 언어공동체가 가진 정서에 비추어 감히 타당성을 논하는 데 선뜻 나서기 힘든 민주주의, 민족주의 등에 관련된 내용들을 논증에 혼합함으로써 타당성 평가를 억압하는 방식의 경우이다.

■ 친밀술

친밀술이란 친한 사람의 말을 보다 신뢰하여 설득력 있게 받아들이는 심리적 경향을 이용한 감각적 스킬을 말한다. 사람들은 친한 동료, 친구, 측근, 심복 등의 말을 흔히 추론의 근거로 감안하는 경향을 가지고 있다. 이에 친밀감을 높여 설득력을 강화시키는 방법이다. 한비가 지은 『한비자』에 나오는 상고시대(중국 은나라시대) 탕왕에 대한 고사이다. 이윤이란 관료가 있었다. 그는 탕왕에게 자신이 생각한 정책을 시행해줄 것을 여러 번 제안했지만 매번 거절당했다. 그러자 이윤은 탕왕의 요리사로 들어간다. 주방에서 일하게 된 이윤은 요리사가 되고, 마침내 탕왕에게 식사를 날라다주는 역할을 하게 된다. 그래서 탕왕과 친해졌고, 이윤이 전에 주장했던 동일한 정책을 제안하니 탕왕이 그의 의견을 받아들여 시행했다고 한다.

---

3) 혼합적 스킬

혼합적 스킬이란 설득 또는 동의구조를 형성시키기 위해 이성과 감성 모두에 호소하여 논증을 구성하는 방식이다. 일상에서 대부분의 논증들은 혼합적이다. 대표적인 것이 스토리텔링 방식이다. 혼합적 스킬이 가지는 강점은 논리적 스킬과 감각적 스킬이 가지는 강점만을 취합하여 논증을 구성할 수 있다는 점이다. 또한 수용자 또는 청자의 범주가 포괄적인 경우에도 선별하여 사용하는 부담감이 없다. 그리고 시, 소설, 영화, 그림, 연극, 드라마, 에세이 등과 같이 다양한 전달수단으로 가능하다는 점이다.

【참고】 토론에의 스킬(skill)

1. 토론과 설득의 의의(意義)

어떤 안건에 대하여 사람들은 각기 찬성과 반대의 견해들을 가지게 된다. 이에 어떤 주제를 놓고 토론을 하게 되는 경우 자신의 주장을 동의하게 만드는 설득력은 중요하다. 이러한 이유로 토론과 관련하여 설득의 심리, 설득의 논리, 설득과 소통 등 다양한 관점에서 연구들이 있어 왔다. 이에 이러한 주장들이 가지는 내용을 종합하여 토론에서 원칙 또는 스킬들을 간략히 살펴보기로 한다.

2. 토론의 스킬[147]

(1) 안건의 원칙: 주어진 주제 또는 안건에 대해서만 이야기한다는 스킬이다. 만약 논점이 이탈하거나 관련성이 약한 내용은 상대방(청자)의 초점을 약화시켜 설득력이 감소된다.

(2) 두괄식의 원칙: 자신이 주장하는 내용을 먼저 말하는 것이 상대방(청자)의 초점을 집중시키게 하여 설득력이 강화될 수 있다. 가령 안건에 대해 찬반입장을 먼저 말하면, 이에 대한 이유와 근거들에 대하여 관심을 유발시킨다. 다만 청중의 태도가 가지는 분위기 또는 상황에 따라 탄력적으로 적용한다. 예컨대 토론장에 따라서는 두괄식의 진술형태에서 청자가 주의를 집중하지 못하게 만드는 상황적 요인에 의해 주장을 듣지 못했거나 또는 소홀히 할 경우가 있다. 이러한 경우 양괄식으로 주장을 반복하여 강조하는 것이 설득력을 강화시킨다.

(3) 이유 제시와 설명의 원칙: 자신의 견해 또는 주장을 펼치는 이유에 대해서 말하고, 이유를 이해시키기 위한 부가적 설명을 통해 설득력을 높이는 스킬이다. 가령 "나는 그것을 찬성하는 입장이다(견해). 다수가 그것을 지지하기 때문이다(이유) 또는 인권을 보장하는 것은 인류의 보편적 가치이기 때문이다(이유)"라고 말한 경우에 이유(근거)를 뒷받침하는 설명이 뒤따를 때 설득력을 강화시킬 수 있다.

(4) 반론고려/반론꺾기: 자신의 견해를 펼치는 경우 주장에 대한 반론을 사전에 탐색하여 예측하고 이를 대비하는 논증을 구성하여 진술하는 스킬이다. 이러한 경우 청자가 화자의 진술을 들으면서 가질 수 있는 반론 성격을 가진 의문을 사전에 해소시킴으로써 설득력을 높일 수 있다. 또한 유사한 반론이 등장한 경우 이를 정확하고 신속하게 반박함으로써 토론에 유리한 국면을 조성할 수 있다.

(5) 자신의 주장과 상대방 주장을 비교한 대안 제시: 토론과정에서 자신의 주장과 상대방의 주장을 객관적으로 비교 검토하여 대안을 제시하는 스킬이다. 이때 대안은 제약 또는 한계가 고려된 예외적 경우를 생각하여 모색된 것일 때 설득력을 강화시킬 수 있다.

---

147) (1), (2), (3)의 준수로 논증이 된다. 또한 이것들은 토론에서 가져야 할 토론자의 규칙 또는 의무로 간주되기도 한다.

3. 결어

설득에는 감성, 토론자의 이미지, 토론상황의 맥락 등이 중요한 영향을 미친다. 때론 토론이 격렬해져 물리적 충돌이 발생하는 경우들도 발생한다. 자칫 토론을 통해 나쁜 감정만을 얻게 된다. 그리하여 토론은 설득준비가 된 사람하고 하라는 말까지 등장한다. 토론에 임하는 경우 다른 생각을 좋아하고, 다른 사람의 말을 경청할 수 있으며, 자신의 주장과 다른 사람의 주장을 객관적으로 비교 평가할 수 있는 합리성이 요구된다.

【참고】 언어적 스킬(skill): 서비스 대화법

1. 언어적 스킬의 의의(意義)

말 한마디로 천 냥 빚을 갚는다는 옛 속담과 같이 사람 간에 가지는 의사소통에서 적절한 언어사용은 대인관계에 중대한 영향을 미친다. 일상에서 어떤 일을 추진하는 과정에서 적절하지 못한 언어사용으로 새로운 문제를 발생시키거나 또는 문제해결을 어렵게 만드는 경우를 흔히 목격한다. 동일한 문제에서 어떤 사람은 이를 잘 해결하지만 어떤 사람은 갈등을 야기 또는 확장하여 문제해결을 더 어렵게 만들기도 한다. 이러한 점에서 적절한 언어사용과 대화법이 필요하다. 이에 언어적 스킬을 '고객과의 대화'에 초점을 두고 바람직한 대화기법과 피해야 할 대화기법을 간략히 살펴보기로 한다.

2. 대화법

1) 바람직한 대화법

(1) 의뢰형 대화법

의뢰형 대화법은 명령적이 아닌 질문형 또는 권유형의 문장으로 말하는 기법을 말한다. 가령 "~해주시겠습니까?" 또는 "~하시는 것은 어떻습니까?"라고 말하는 경우이다.

(2) 맞장구 화법

맞장구 화법은 상대방의 말을 경청하면서 '저런! 그랬어요? 그랬군요!' 등과 같이 맞장구를 치는 대화법이다. 맞장구에는 동의, 공감, 상대방의 말을 정리해주는 맞장구, 재촉, 몸짓과 표정, 리액션의 소리와 제스처 등 다양한 형태로 가능하다. 하지만 부절적한 타이밍 또는 과도한 맞장구로 역효과를 가져올 수 있다.

칼 로저스는 대화에서 경청을 강조하고 적극적 경청의 방법으로서 환언, 요약, 감정반영을 이야기하고 있다. 환언은 "~라는 말씀이시죠?"라고 확인하는 것을 말하고, 요약은 이야기 내용을 전체적으로 요약하여 화자에게 말하는 것을 말하며, 감정반영은 "~심정을 충분히 이해합니다"라는 식으로 맞장구 하는 것을 말한다.

(3) Yes→ but 대화법

Yes→ but 대화법은 상대방의 말에 긍정하고 난 후에 부정하는 기법을 말한다. "I'd like to but~"과 같이 요청에 대한 정중한 거절의 경우에도 사용된다. 가령 "~그렇게 하도록 하겠습니다. 하지만 지금은 상황이 곤란하여 확답을 못 드리겠습니다. 상황이 나아지는 대로 최선을 다 하도록 하겠습니다"라는 경우이다.

(4) 쿠션화법

쿠션화법은 충격을 완화시키기 위해 인지시간을 늘리는 기법을 말한다. 가령 상대방에게 말을 건네는 경우 '실례합니다!'라고 인사말을 꺼내어 당황을 야기하지 않도록 하거나 또는 "~불편하시겠지만, ~안 좋은 소식이라 마음이 안 좋습니다" 등과 같이 어떤 충격적인 소식을 전하는 경우 상대방이 그 내용을 수용할 수 있는 마음가짐을 가지도록 미리 짐작할 수 있는 말을 꺼내고 전달하는 경우이다.

(5) 아론손 대화법

아론손 대화법은 나쁜 것을 먼저 말하고 좋은 것을 나중에 말하는 화법을 말한다. 사람들은 나중에 것을 처음의 것보다 더 강하게 기억하고 잘 기억한다는 인지이론을 활용한 기법이다. 가령 "이 제품은 품질이 좋지만 가격이 비싸다"고 말하는 것이 아니라, 문장순서를 바꾸어 "이 제품은 가격이 비싸지만 품질은 좋다"라고 말하는 경우이다.

(6) I-message법[나-전달법]

I-message법은 표현을 상대방(You-message)에 초점을 두는 것이 아니라, 나(I)에 초점을 둔 표현 기법을 말한다. 상대방의 무시, 반항 등의 감정을 누그러뜨리는 심리적 효과를 의도하는 기법이다. 가령 주차하고 있는 나의 자동차에 타인의 자동차가 들이받은 경우 "이것 보세요! 운전을 어떻게 하는 거예요?"라고 상대방의 잘못을 지적하는 것이 아니라, "이곳에 주차하는 경우 사고가 날지는 전혀 생각지 못했는데 어디 다치시지 않으셨습니까?"라고 말한다거나 또는 "당신 이래도 됩니까?"라고 따지는 경우에 "너나 잘하세요!"라고 대응하는 것이 아니라, "그랬군요! 제 생각은 그렇게 하는 것이 보다 낫다고 생각했습니다"라고 말하는 화법이다.

(7) 칭찬화법

칭찬화법은 상대방의 장점 또는 좋은 점을 말하는 기법을 말한다. 다만 칭찬이 적절하지 못하거나 과잉된 경우 오히려 역효과를 가져올 수 있다. 칭찬은 어떤 행동, 옷, 머리 등과 같이 구체적인 것을 들어 행해져야 한다. 결과뿐만 아니라 과정도 언급하여 칭찬하거나 또는 공개적이지만 제3자를 통해 그가 들을 수 있도록 간접적 화법으로 행할 수도 있다.

2) 피해야 할 대화법

(1) 특정인과 징시긴 대화

여러 사람들과 함께하는 상황에서 특정인과만 대화를 하는 것은 다른 사람들에게 비호감을 주는 경우가 많다. 불가피하게 장시간 특정인하고만 대화하는 경우에도 다른 사람들에게 목례 등의 메시지를 통해 편향적이 아님을 보여줄 필요가 있다. 그렇다고 경망하게 모든 사람을 돌아다니며 일일이 대화하는 것 역시 비호감을 줄 수 있다.

(2) 교육적 언어의 사용
훈계 또는 가르치려는 언어사용은 바람직하지 않다. 상대방이 무시, 경멸당하는 느낌을 가질 수 있기 때문이다.

(3) 결점지적과 책임 떠넘기기식 대화
가능한 상대방의 결점을 지적하는 직접적 대화법은 바람직하지 않다. 필요한 경우 우회적으로 말하는 것이 필요하다. 특히 책임을 상대방에게 떠넘기기 식의 대화는 갈등을 조장하거나 확대시킨다.

3. 결어
사람 간 상호교류의 과정에서 행해지는 대화와 관련하여 바람직한 대화법과 피해야 할 대화법을 살펴보았다. 대화에서 적절한 존칭어와 겸양어 및 호칭이 사용되어야 하고, 상황에 적합한 행동과 목소리(voice: 리듬과 강세)도 기본적으로 갖추어야 할 것들이다.

언어적 스킬에 있어 무엇보다 중요한 것은 진심이 담긴 것이어야 한다. 마치 기계처럼 형식적인 대화 또는 형식적인 화법은 오히려 상대방으로 하여금 거부감을 일으키기 쉽다. 이러한 점에서 대화(對話)를 단지 언어가 교환되는 장(場)으로 생각하여 기법만을 사용하는 것은 경계되어야 한다. 즉, 대화(對話)는 심리교류의 장(場)이다. 마음과 마음이 교환되는 마당이다. 이러한 점에서 언어적 스킬의 궁극적 지향점은 사람과 사람의 마음들이 합치되는 공명(共鳴) 상태에 이르도록 하는 것이다.

【참고】 이미지 스킬(skill)

1. 이미지(image)의 의의(意義)
이미지란 인식대상에 대한 일차적 인식물로서 가지는 형상을 의미한다. 일차적 인식물은 보다 정밀하게 인식하는 이차적 인식과 같은 후속적 인식에 영향을 줄 수 있다는 점에서 개개인의 인식에 중대한 영향을 미친다. 여기서 인식대상은 국가 또는 사회와 같은 추상적인 것일 수도 있고 개인 또는 집단과 같은 오감각에 의해 포착될 수 있는 구체적인 것일 수도 있다. 여기서는 개인에 초점을 두고 살펴보기로 한다.

2. 이미지(image)의 기능
○ 자각 기능: 자신에 대한 성찰적 지표로 기능한다.
○ 타인평가 기능: 품위, 세련, 신뢰 등의 평가지표로 기능한다.

○ 사회적 기능: 타인과의 관계에서 매너 또는 예를 창조해 사회질서를 유지하는 기능을 수행한다.

3. 이미지(image)의 결정요소
○ 표정: 미소, 짜증, 진지, 유쾌, 발랄
○ 의상: 단정, 상황에 맞는 옷(정장· 캐주얼 복장)
○ 행동: 몸짓, 걸음걸이, 체형
○ 목소리: 색깔, 속도, 억양
○ 냄새: 체취, 향
○ 지식: 박학다식, 무식
○ 언어(말과 글): 어휘, 유머, 재치, 문장

4. 결어
이미지(image)는 사회적 생활인으로서 개인의 삶에 중요한 영향을 미친다. 상황에 적합하게 자신에 대한 컬러(color)에 맞게 좋은 이미지를 만들어 관리하는 것이 필요하다. 하지만 개인적으로 내면을 중시하지 않는 깊이 없는 얄팍한 사람이라는 역효과를 가져올 수 있으며, 사회적 차원에서 외모지상주의와 처세술적인 가식적 이미지관리술로 사회적으로 불신을 조장하는 역기능 측면도 존재한다. 따라서 이미지의 형성과 관리는 위선적이거나 가식적인 것이 아닌, 삶에 대한 깊은 성찰적 사고를 통해 진심이 바탕이 되는 것이 필요하다. 가장 좋은 이미지에 진실보다 더 위대한 이미지는 없기 때문이다.

[문] 다음 글의 주장과 부합되기 어려운 성격이 다른 것을 고르면?

전제들로부터 도출되는 결론은 객관적이고 필연적이어야 한다. 예를 들어 A=B와 B=C라는 두 전제가 참이라면 A=C도 참이 된다. 이때 B는 두 전제 속에 공통적으로 들어 있다. 전제와 결론의 증명 역할을 담당하고 있다. p→q, p라는 두 전제가 있다고 하면 결론은 q가 되어야 한다. 이것 역시 p가 결론이 옳다는 증명 기능을 수행하고 있다. [모든 x에 대하여 타당하다. x라면 y이다. A는 x에 속한다]라는 전제가 참이라면 결론은 A=y가 된다. 이때 [x라면 y이다]라는 전제는 [A는 x에 속한다]라는 판단의 증명 기능을 수행하고 있다. 그런데 내용적으로 들어가 보면, 명제들이 참/거짓인가를 증명하는 것에 문제가 있다. 이러한 이유로 논증을 설득의 문제로 접근하려는 입장이 등장한다.

하지만 과연 논증을 설득의 문제로만 보아야 하는가? 원고 A와 피고 B가 법정에서 치열한 논쟁을 하고 있는 상황에서 A가 설득력 있는 법리를 피고 있다고 하여 B를 유죄로 판단할 수 있겠는가?

① 논증은 도출된 결론이 옳다는 증명의 기능을 가져야 한다.
② 형식논리학이 결론이 타당하다는 증명적 기능을 가진 형식들을 탐구하는 것은 소망스럽다.
③ 논증을 구성하는 전제들과 결론이 가진 내용에서의 참/거짓 판별은 분과학문들에서 축적된 지식들로 평가될 수 있다.
④ 논리학은 논증을 통해 어떤 것이 참이라는 것을 증명하려는 것이 아니고, 논증이 얼마나 지지 또는 동의를 이끌어내는가라는 설득의 관점에서 접근되어야 한다.
⑤ 일상적 주장들에서 당위적 문제와 더불어 참/거짓의 사실적 문제도 다루어야 한다.

[해설] 답: ④

[논증을 설득의 문제로 접근할 수는 없다]는 것이 주장이다. 즉, 선택지 ④에 대응한 반론이다.

[문] 다음 글이 뒷받침하고자 하는 주장으로 가장 적절한 것은?

동서고금을 통해 무적의 논증은 존재하지 않았고, 향후에도 그럴 가능성은 희박하다. 논증은 인간의 창조물이기 때문이다. 치열한 반박과 재반박의 논쟁 과정을 거쳐 오늘날 정설이 된 빅뱅이론도 그것이 계속 그 자리를 유지할 것인가에 대해서 확신할 수 없다. 우리는 절대적으로 불변인 논증이 아니라 상대적으로 강한 논증만을 가지고 있을 뿐이다. 생사(生死)를 구분하는 경우 의식, 호흡, 맥박의 유무를 가지고 판별한다. 이것들 각각은 뇌사설, 호흡정지설, 심장정지설이란 논증들로 나타난다. 이때 어느 하나만을 충족하는 경우 죽음으로 판별하자는 입장이 있을 수 있고, 반면 둘 또는 세 가지 모두를 충족하는 경우 사망이라 하자는 입장이 있을 수 있다. 어느 것을 기준으로 할 것인가는 사회가 가진 의사결정체제에 의해 결정된다. 이러한 사회적 의사결정체제는 시간적으로 영원불변하지도 않고, 공간적으로 보편적이지도 않다. 만약 어느 사회가 있고, 사회구성원들이 죽음에 대하여 생사일여(生死一如)로 생각하고 있다면, 의학적 또는 생물학적 지식에 기초한 죽음에 대한 개념은 소각된다.

누군가 논증을 반박하면 할수록 오류를 범하거나 또는 자기모순에 빠지게 되는 논증을 구성하게 되는 경우가 있다. 동일률, 배중률, 모순율의 사유원칙은 마치 신주단지처럼 사고체계 깊숙한 곳에 모셔져 논증의 구성과 평가에 막강한 영향력을 행사한다. 하지만 이것들은 사회구성원들이 가진 개념적 틀 또는 약속체계로서의 판단기준 틀에 의한 딜레마 장치를 담아놓은 원칙일 뿐, 반박에서 자유로운 논증을 만들어주는 것은 아니다.

① 누군가 누구도 동의하지 않을 수 없고 또는 반박이 불가능한 절대적 논증이 있다고 생각한다면, 그 생각은 무지(無知)한 사람 또는 오만(傲慢)의 소치이다.

② 정형화된 논증의 틀은 그 자체가 인간의 신앙, 직관, 창의, 상상 등의 자율성을 억압하는 성향을 가지고 있다.

③ 과학자들은 과학적 탐구의 결과를 바탕으로 한 논증을 절대적인 것으로 생각하지 않는다.

④ 과학적 논증을 신뢰할 수 있는 것은 반박의 문이 항상 개방되어 있고, 그 반박으로부터 살아남은 것이기 때문이다.

⑤ 올바른 논증의 틀은 사회구성원 다수가 참여하여 논의하는 과정을 통해 합의된 것들로 확립되어야 한다.

[해설] 답: ①

주장의 뒷받침이란 주장이 가진 타당성 또는 정당성을 강화하기 위한 근거를 말한다. 주어진 글은 선택지 ①의 뒷받침 내용(근거)이다.

✔ 유사기출문제: 2010년 입법고시(언어논리영역, 가책형 35번)

[문] 다음의 주장을 반박하는 논증으로 타당한 것은?

> 모든 사람은 자기실현의 기회를 보장받고 이것을 실현할 수 있는 동등한 권리가 주어져 있다.

① 모든 사람은 자기실현의 기회를 보장받고 이것을 실현할 수 있는 동등한 권리가 주어져 있다면, 부자이건 빈자이건 누구나 자기 꿈을 실현할 기회가 동등할 것이다. 하지만 누구에게나 자기실현의 기회를 보장받고 이것을 실현할 수 있는 동등한 권리가 주어져 있지는 않다. 따라서 모든 사람은 자기실현의 기회를 보장받고 이것을 실현할 수 있는 동등한 권리가 주어져 있다는 주장은 부당하다.

② 모든 사람은 자기실현의 기회를 보장받고 이것을 실현할 수 있는 동등한 권리가 주어져 있다면, 성별에 차별 없이 누구나 자기 꿈을 실현할 권리가 동등할 것이다. 그런데 성별에 동등한 권리가 부여되고 있는 경우가 있다. 따라서 모든 사람은 자기실현의 기회를 보장받고 이것을 실현할 수 있는 동등한 권리가 주어져 있다는 주장은 부당하다.

③ 모든 사람은 자기실현의 기회를 보장받고 이것을 실현할 수 있는 동등한 권리가 주어져 있지 않다면, 인종에 관계없이 누구나 자기 꿈을 실현할 권리가 동등할 것이다. 그런데 인종에 관계없이 누구나 자기 꿈을 실현할 권리가 동등하지 않다. 따라서 모든 사람은 자기실현의 기회를 보장받고 이것을 실현할 수 있는 동등한 권리가 주어져 있다는 주장은 부당하다.

④ 모든 사람은 자기실현의 기회를 보장받고 이것을 실현할 수 있는 동등한 권리가 주어져 있지 않다면, 종교와 사상에 차별 없이 누구나 자기 꿈을 실현할 권리가 동등할 것이다. 그런데 모든 사람은 자기실현의 기회를 보장받고 이것을 실현할 수 있는 동등한 권리가 주어져 있지 않다. 따라서 모든 사람은 지기실헌의 기회를 보장받고 이것을 실현할 수 있는 동등한 권리가 주어져 있다는 주장은 부당하다.

⑤ 모든 사람은 자기실현의 기회를 보장받고 이것을 실현할 수 있는 동등한 권리가 주어져 있다면, 심신이 건강한 사람이건, 건강하지 못한 사람이건 남녀노소 누구에게나 권리는 동등할 것이다. 그런데 심신이 박약하거나 청소년인 사람들은 권리가 동등하지 않다. 따라서 모든 사람은 자기실현의 기회를 보장받고 이것을 실현할 수 있는 동등한 권리가 주어져 있다는 주장은 참이 아니다.

[해설] 답: ⑤

후건부정식으로 반박 또는 반증을 제시하는 형식을 고르는 문제이다. 즉, 주장(p)에 대하여 (p)/[p→q ~q ∴ ~p]의 형식을 가진 논증을 찾는 문제이다. 주의할 점은 이때 논증을 구성하는 형식(방식)은 두 가지가 가능하다.

(1) 주장을 참으로 전제하여 논증 구성: 주장이 옳다고 하면(p) 미성년자에게도 적용되어야 한다 (q). 그러나 미성년자는 성인과 동등한 권리를 가지고 있지 않다(~q). 그러므로 갑의 주장은 옳지 못하다. ⇒ (p)/[p→q ~q ∴ ~p]

(2) 주장을 거짓으로 전제하여 논증 구성: 주장이 거짓이라면(~p) 미성년자에게 적용되지 않아야 한다(~~q). 그러나 미성년자에게도 적용된다(q). 그러므로 {~p는 부당하고 p가 타당하므로} 갑의 주장은 옳다. ⇒ (p)/[~p→~q. q ∴ p]

① [p→q, ~p ∴ ~p], ② [p→q, q ∴ ~p], ③ [~p→q, ~q ∴ ~p], ④ [~p→q, ~q ∴ ~p], ⑤ [p→q, ~q ∴ ~p]

[문] 다음의 주장을 반박하는 논증으로 타당한 것은?

> 모든 사람을 만족하는 정책은 존재하지 않는다.

① 모든 사람을 만족하는 정책은 존재하지 않는다는 주장이 참이라면, 정책에 반대하는 사람이 없어야 한다. 그런데 모든 정책은 모든 사람을 만족시키지 못한다. 따라서 모든 사람을 만족하는 정책은 존재하지 않는다는 주장은 거짓이다.

② 모든 사람을 만족하는 정책은 존재하지 않는다는 주장이 참이라면, 정책에 불만족을 가진 사람이 없어야 한다. 그런데 정책에 불만족을 가진 사람이 있다. 따라서 모든 사람을 만족하는 정책은 존재하지 않는다는 주장은 거짓이다.

③ 모든 사람을 만족하는 정책은 존재하지 않는다는 주장이 거짓이라면, 정책에 불만족을 가진 사람이 없어야 한다. 그런데 정책에 불만족을 가진 사람이 있다. 따라서 모든 사람을 만족하는 정책은 존재하지 않는다는 주장은 거짓이다.

④ 모든 사람을 만족하는 정책은 존재하지 않는다는 주장이 거짓이라면, 정책에 불만족을 가진 사람이 있어야 한다. 그런데 정책에 불만족을 가진 사람이 있다. 따라서 모든 사람을 만족하는 정책은 존재한다는 주장은 거짓이다.

⑤ 모든 사람을 만족하는 정책은 존재하지 않는다는 주장이 거짓이라면, 정책에 반대하는 사람이 있어야 한다. 그런데 모든 사람을 만족하는 정책은 존재하지 않는다. 따라서 모든 사람을 만족하는 정책은 존재한다는 주장은 거짓이다.

[해설] 답: ②

후건부정식(후건을 부정하여 부정의 전건을 도출하는 방식)으로 논증을 구성. 두 가지 형식이 가능하다.

(1) 주장을 참으로 전제하여 논증 구성: (p)/[p→q, p ∴ q], (p)/[p→~q, q ∴ ~p]

(2) 주장을 거짓으로 전제하여 논증 구성: (p)/[~p→q, ~q ∴ p] (p)/[~p→~q, q ∴ p]

이 방식(형식)은 참 아니면 거짓이 되는 것을 활용하는 경우이다(귀류법).

① [p→q, ~p ∴ p] **부당**, ② [p→~q, q ∴ ~p] 타당, ③ [~p→~q, q ∴ ~p] 부당, ④ [~p→q, q ∴ ~p] 부당, ⑤ [~p→q, ~p ∴ ~p] 부당. 자세한 내용은 전술된 「명제논리학의 타당한 형식」을 참조.

[문] 다음의 주장을 지지하는 논증으로 타당한 것은?

경제는 심리이다.

① 경제가 심리라는 주장이 참이라면, 기업의 시설투자는 심리에 의해 일어날 것이다. 기업의 시설투자는 심리에 의해 일어난다. 따라서 경제가 심리라는 주장은 옳다.

② 경제가 심리라는 주장이 옳다면, 소비자의 소비는 심리에 의존된다. 그런데 소비자의 소비가 충동적인 사람이 있다. 따라서 경제가 심리라는 주장은 타당하다.

③ 경제가 심리라는 주장이 거짓이라면, 사회적 분위기는 경제에 아무런 영향을 미치지 못할 것이다. 그런데 사회적 분위기가 경제에 영향을 미친다. 따라서 경제는 심리라는 주장은 참이다.

④ 경제가 심리라는 주장이 옳지 않다면, 소비자의 선호는 소비에 영향을 미치지 못할 것이다. 그런데 경제가 심리이다. 따라서 경제가 심리가 아니라는 주장은 옳지 못하다.

⑤ 경제가 심리라는 주장이 옳지 않다면 정책문제의 파악에 생산자와 소비자의 심리를 고려할 필요가 없다. 그런데 경제는 심리이다. 따라서 경제가 심리가 아니라는 주장은 옳지 못하다.

[해설] 답: ③

① [p→q, q ∴ p] 부당, ② [p→q, q ∴ p] 부당, ③ [~p→~q, q ∴ p] 타당, ④ [~p→~q, p ∴p] 부당, ⑤ [~p→~q, p ∴p] 부당

※ 지지와 관련하여 명제가 참이라는 것을 논리적으로 입증하는 방식은 다음과 같은 것들이 가능하다.

〈후건부정식 논리(후건을 부정하여 부정의 전건을 도출)〉

(1) 이것은 참 아니면 거짓이 되는 것을 활용하는 방식이다(귀류법).

예) 따라서 경제는 심리라는 사실은 옳다. 경제가 심리가 아니라면 사회적 분위기는 경제에 아무런 영향을 미치지 못할 것이다. 그런데 사회적 분위기가 경제에 영향을 미친다. 따라서 경제는 심리이다. ⇒ (p)/[~p→~q. q ∴p].

※ 수학적 증명에서의 응용: [명제 p가 참이라는 것을 증명하시오]
(p)/(~p→~q, p ∴ p)의 논리를 적용하여 증명. 이때 입증(증명)을 위해 도입되는 증명사 기능의 다른 명제 q가 중요하다. 즉, 참이라는 것이 증명된 q를 가지고 p를 입증하게 되면 논리적으로 가능하지만, 참이라는 것이 증명되지 않은 q를 가지고 p가 참이라는 것을 입증(증명)할 수는 없다. 실증을 중시하는 과학자들은 이론(p)을 다른 이론(q)으로 증명하는 것은 문제가 있다고 비판하기도 한다.

〈전건긍정식 논리(전건을 긍정하여 후건을 도출하는 방식)〉 ⇔ p의 위치에 주의

(2) 주장(p)을 참으로 전제하여 전건긍정식으로 논증을 구성.

예) 경제가 심리라는 주장은 옳다. 투자심리가 기업의 투자결정에 영향을 미친다면, 경제는 심리라는 주장은 옳다. 그런데 투자심리가 기업의 투자 결정에 영향을 미친다. 따라서 경제가 심리라는 주장은 옳다. (p)/[q→p, q ∴ p]

(3) 귀류법을 활용한 논증 구성.

예) 경제가 심리라는 주장이 옳다. 투자심리가 기업의 투자결정에 영향을 미친다면, 경제는 심리가 아니라는 주장은 옳지 않다. 그런데 투자심리가 기업의 투자 결정에 영향을 미친다. 따라서 경제는 심리가 아니라는 주장은 잘못이고, 경제가 심리라는 주장이 옳다. (p)/[{q →~(~p)} q ∴~(~p)≡p]

[문] 다음 (가)~(다)는 귀류법에 의거한 논증이다. 각 논증에서 반론하고 있는 주장을 〈보기〉
에서 연결한 것으로 바른 것은?

> (가) 인간이 만든 정책들은 완전하지 않다는 것이 확실해 보인다. 정책이 완전하지 못한 것
> 은 정책을 입안하고 결정한 사람들이 과제를 완벽하게 하지 못한 것이 원인이다. 만약
> 정책을 세계에 비유하는 유비추리가 옳다면 정책의 불완전성은 신의 불완전성을 의미
> 한다. 그러나 신이 불완전하다는 결론은 말도 되지 않는다. 그렇다면 무엇이 잘못되었
> 는가?
>
> (나) 만일 토끼와 거북이가 경주를 하되 출발할 때 거북이가 조금이라도 앞서 있다면, 토끼
> 는 거북이를 결코 앞지르지 못할 것이다. 왜냐하면 토끼가 거북이가 있던 지점에 도착
> 했을 때 거북이는 아무리 짧은 거리일망정 그 지점에서 조금이라도 앞으로 나가 있을
> 것이기 때문이다. 그리고 이러한 현상은 무한히 계속될 것이다. 토끼는 거북이를 결코
> 앞지르지 못할 것이다. 그런데 과연 그런가?
>
> (다) 인간이 창조되었다는 것은 사실이 아니다. 만약 인간이 진화하지 않고 창조되었다면 현
> 재 지구상에 존재하는 인간과 동일한 인간이 수천만 년 전에도 존재해야 한다. 그러나
> 현재 지구상에 존재하는 현생인류는 수천만 년 전에 존재하지 않았다. 따라서 인간은
> 진화한다.
>
> ※ 귀류법: 상대방의 주장을 참으로 가정할 경우, 이 주장을 전제로 삼아 도출되는 결론이
> 불합리하다는 것을 증명함으로써 상대방의 주장이 참이 아니라는 것을 논증하는 간접논
> 증의 한 형식.

〈보기〉

ㄱ. 인간은 창조되었다.

ㄴ. 유전법칙은 불변이다.

ㄷ. 세계의 불완전성은 신의 불완전성을 의미한다.

ㄹ. 유비추리는 옳다.

ㅁ. 세계는 자연수로 구성되어 있다.

ㅂ. 공간과 시간은 무한히 분할된다.

	(가)	(나)	(다)
①	ㄱ	ㄷ	ㅁ
②	ㄴ	ㄷ	ㅂ
③	ㄷ	ㅁ	ㄴ
④	ㅁ	ㅂ	ㄴ
⑤	ㄹ	ㅂ	ㄱ

[해설] 답: ⑤

주장(p)을 가설로 설정하면 귀무가설이 된다. 그러나 이 주장(p)을 부정하는 가설을 설정하면 (~p) 대립가설이 된다. 이때 대립가설이 참으로 증명되면 (~p)이 참이 아니게 되고, p가 참이 된다. 이러한 증명방식을 귀류법이라 한다. 문제에서 (가), (나), (다)의 주장과 대립되는 명제(주장)를 찾아 연결하면 된다. (가) 유비추리는 옳다. ↔ 옳지 않다 (나) 시간과 공간은 무한히 분할되자 않는다. ↔ 분할된다(피타고라스학파의 자연수로 세계가 구성되어 있다는 생각에 대한 무한 개념을 들어 비판: 제논의 역설). (다) 인간은 창조되었다 ↔ 진화되었다. 따라서 답은 ④가 된다.

✔ 유사기출문제: 2009년 입법고시(언어논리영역, 가책형 27번)

[문] 다음 글의 논지를 약화시키는 진술로 가장 부적절한 것은?

형식논리를 추종하는 일부의 사람들은 인간의 판단과 관련하여 객관적인 사유법칙을 통해 판별하여야 함을 주장한다. 그리하여 논증의 형식에만 관심을 두고 판별해야 한다고 주장한다. 만약 어떤 논증이 타당하다면 사람들은 그것을 받아들이지 않을 수 없게 될 것이라 말한다. 그렇지만 많은 사람들이 그렇게 생각하지 않는다. 예를 들어 '사람은 남자이든 여자이든 둘 중에 하나이다. 그 사람은 남자가 아니다. 그러므로 여자이다'라는 주장은 전제들이 참이면 결론은 필연적인 타당한 형식이다. 그런데 많은 사람들이 남성과 여성의 중간적 속성을 가진 사람들도 존재할 수 있다는 경험적 지식을 근거로 동의하지 않는다. 결국 어떤 논증이 설득력을 가지는가라는 질문이 등장할 수밖에 없다. 요컨대 논증이 가진 형식의 타당성도 궁극적으로는 설득력(지지/동의)의 문제로 귀결되고 만다. 실제 많은 연구결과 보고서들이 사람들은 자신의 배경지식과 생활 속에서 탑재된 사고방식에 의해 논증을 평가하고 있으며, 타당한 형식을 가진 동일한 논증의 경우에도 문화권마다 상대적 차이를 가지고 있음을 보여준다. 형식만으로 객관적 사유법칙을 발견하고 논증의 질서를 확립하고자 하는 형식논리는 현실에서 여지없이 깨지고 만다. 다양한 연구들에 의하면 일반적으로 어떤 논증에 대하여 그 내용이 진실하고 형식이 타당한 경우, 즉 건전한 논증인 경우, 감정과 관계없이 동의하는 행태를 표출하는 것으로 조사된다. 반박할 수 있는 증거를 찾을 수 없고, 형식이 타당하여 전제들이 참이면 결론도 반드시 참이 될 수밖에 없기 때문일까?

① 논증을 설득의 관점에서 보는 것은 객관적 사유법칙의 발견을 포기하게 만든다.
② 얼마나 심리적으로 납득시키는가를 토대로 논증을 평가할 수는 없다. 동정론을 유발하는 등 진실의 문제가 아닌 심리적 문제가 되기 때문이다.
③ 논증을 형식으로 다루는 것은 사람들이 가진 생각과는 거리가 있다.
④ 인류의 문화가 수렴되는 경향을 보이므로 문화권마다 상대적 차이 문제는 점차 좁혀질 것이고, 형식논리가 객관성 확보에 공헌할 것이다.
⑤ 현실에서 무수한 논증들 중 내용의 참/거짓 증명이 어려운 것들은 형식으로 평가할 수밖에 없다.

[해설] 답: ③

글의 요지는 형식논리가 현실에 부합되지 않는다는 주장이다. 선택지 ③의 경우 논지에 부합되는 진술이다.

✔ 유사기출문제: 2010년 행정(기술)·외무고등고시·견습직원선발시험(언어논리영역, 수책형 40번)

[문] 입론인 (가)와 반론인 (나)에서 (가)의 주장에 부합되지 않는 것은?

> (가) 어떤 주장의 정당성은 진실성 여부에 의해 승인되는 것이 아니라 공동체의 약속체계에
> 의해 정당성이 승인되어 왔다. 누군가의 말이나 글이 언어체계에 부합하지 않으면 약속
> 위반이기 때문에 정당성을 승인하지 않듯, 정당성 승인이 공동체의 약속체계에 의해 일
> 어난다. 그러나 엄밀히 약속과 진실은 서로 다른 문제이다. 정당성은 진실 여부에 의해
> 승인되어야 한다. 지금 참이라고 간주되는 그 주장이 당장 내일에는 참이 아닌 것으로
> 판명될 수 있다. 정당성은 약속체계보다 진실을 더 소중히 하여 부여되어야 한다.
>
> (나) 어떤 주장에 대한 정당성이 진실에 의해 이루어져야 한다면 사회적 차원의 통념과 언어
> 적 관념에 의해 정당성이 결정되어서는 안 될 것이다. 그러나 우리가 정당성을 부여할
> 때 사회적 관계에서 자유로울 수 있을까? 정당성이 진실에 의해 이루어지기 위해서는
> 우리의 생각이 사회적 관계에서 자유로워야 한다. 하지만 우리는 그럴 수 없다. 진실에
> 의한 정당성 승인도 약속에 의한 정당성 승인과 본질에서는 동일하다. 지식의 패러다임
> 과 같이 문화적 맥락에서 결정되기 때문이다.

① 정당성을 공통체인 사회적 차원의 승인에 의해 해결하는 것은 진실한 것을 정당하다고 말하
   는 것이 아니라 진실한 것으로 판단하자는 강요에 불과한 것이다. 진실을 사회적 약속에 매
   몰시켜 진실을 외면해서는 안 된다.

② 과학자의 연구는 정상과학이라 간주되는 어떤 틀 안에서 이루어진다. 그런데 이상 현상이 발
   견되어 정상과학의 틀 안에서는 풀 수 없는 질문이 발생하게 되면 연구자는 연구의 방향과
   방법을 달리하여 그것을 풀게 된다. 그런데 이 같은 비정형적 접근방법이 사회적으로 승인된
   정형화된 형식이 아니라 하여 진실성을 무시하고 정당성을 박탈할 수는 없다.

③ 약속에 의한 정당성 승인이 견고한 사회는 여러 문제를 발생시킨다. 만약 모든 사람이 타당
   한 형식으로 간주되는 특정한 틀로 사유를 한다면 인간들의 생각과 행동은 마치 주입된 프
   로그램에 의해 움직이는 로봇과 같이 획일화될 것이다. 너의 생각이 약속된 틀에 정합되지
   않으면 너의 생각은 고려해볼 가치도 없는 것으로 판정해버리겠다는 것은 역동적 사회발전
   에 장애를 초래한다.

④ 역사적으로 공동체 사회가 지향하는 지배적 가치에 부합되거나 상치되는 것에 정당성이 부
   여되지 않은 것은 사실이다. 그리고 그러한 정당성이 진실과 배치되는 경우들이 있었다는
   것도 사실이다. 하지만 인류의 발전은 진실에 의한 정당성 승인과 약속에 의한 정당성 승인
   이 상호 보완적으로 작동함으로써 이루어져 왔다는 것도 또한 사실이다.

⑤ 주장 또는 판단은 언어로 표현되며 그 속에는 의미가 담겨져 있나. 이것을 표의(表意)라고
   할 때, 표의는 사회적 합의 틀 또는 의사결정의 지배적 틀에 의해 결정되는 것만은 아니다.

표의가 부여되는 사회적 의사결정 구조를 들여다보면 영향력 있는 소수의 사람들에 의해 이루어진다. 약속에 의한 정당성 승인 체계가 가진 사회구조적 측면을 고려하지 않을 수 없다.

[해설] 답: ④

선택지 ④는 (나)의 입장에서 가지는 진술이다.

[문] 전제들이 참이면 결론도 반드시 참이 되는 논증을 구성하려고 한다. 빈칸 ㉠과 ㉡에 들어 갈 적절한 진술로 쌍을 이루고 있는 것을 고르면?

- 그리스 정부가 디폴트(default: 채무불이행)를 선언했다면 다른 국가로 경제적 영향이 파급되었다. ㉠ (_____). 그러므로 그리스 정부는 디폴트를 선언하지 않았다.
- 우주가 팽창하고 있다면 은하계 간의 거리가 멀어지는 것이 관찰될 것이다. 우주는 팽창하고 있다. 따라서 ㉡ (_____).

---

① ㉠ 다른 국가로 영향이 파급되어도 세계경제시스템에는 큰 충격이 없을 것이다.
  ㉡ 과학자들의 노력이 있었다.
② ㉠ 몇몇 국가에는 경제적 위기가 초래되지 않을 것이다.
  ㉡ 우주가 가속도로 팽창하고 있지 않다.
③ ㉠ 유럽경제에 경제적 위기가 도래할 것이다.
  ㉡ 은하계 간의 거리가 멀어지는 것이 관찰되었다.
④ ㉠ 다른 국가로 영향이 파급될 것이다.
  ㉡ 관찰에 오류가 있지는 않다.
⑤ ㉠ 다른 국가로 경제적 영향이 파급되지 않았다.
  ㉡ 은하계 간의 거리가 멀어지는 것이 관찰된다.

[해설] 답: ⑤

㉠ 후건부정식이어야 함. ㉡ 전건긍정식이어야 함.

✔ 유사기출문제: 2010년 행정(기술) · 외무고시 · 견습지원선발시험(언어논리영역, 수책형 31, 32번 등)

V. 추론(推論)과 오류

전술된 형식논리학에서는 추론의 오류에 대해서는 언급되지 않는다. 단지 형식만 가지고 타당성을 평가하기 때문이다. 이러한 점에서 추론에 대한 논의, 특히 오류의 문제는 논증을 구성하는 진술의 내용을 고려하는 비형식논리학적 관점에서 논의되는 것임을 언급한다. 오늘날의 사회는 매우 복잡하다. 정보통신수단의 발달은 의사소통의 장(場)을 계속 확장시키고 있고, 사람들은 각기 온라인과 오프라인의 영역을 통해 매우 다양한 의견들을 주창하고 있다. 이러한 시대적 상황에서 각자 정확하고 올바른 정보를 생산할 추론능력이 필요하고, 또한 부정확한 지식 또는 잘못된 정보를 가릴 수 있는 추론에 대한 판단능력이 요구된다. 그러므로 논리적 추론의 중요성에 대해 이론(異論)을 제기하는 사람은 없을 것이다. 여기서는 주어진 문제들을 객관적이고 합리적으로 판단하기 위한 추론에 대해 살펴보기로 한다.

1. 추론의 개념

추론(inference)이란 일반적으로 몇 가지 전제에서 결론을 이끌어내는 인간의 사유활동으로 규정된다. 하지만 전제들로부터 결론을 이끌어내는 사유활동은 간단하지가 않다. 대상과 인식자에게 탑재된 인식체계에 의존되어 다양하고 때론 복잡하게 진행된다. 추론은 다음과 같은 두 가지 경우를 의미하여 사용되고 있다.

추론(inference)
몇 가지 전제에서 결론을 이끌어내는 인간의 사유활동.
① 둘 이상의 명제를 전제로 하여 그들 상호 간의 관계로부터 판단을 이끌어내는 사유활동.
② 여러 사실(단서)들로부터 아직 밝혀지지 않은 사실을 미루어 헤아리는 예측의 사유활동. ⇔ 추리(推理)와 동의어로 사용되기도 함.

추론의 개념과 관련하여 다음을 생각해보자. 한 아이의 어머니를 놓고 서로 엇갈린 주장을 하고 있는 상황이다. 전해지는 솔로몬 대왕은 진짜 엄마라면 자식을 양보할망정 죽기를 바라지는 않을 것이라는 모성애의 속성을 근거로 서로 자기 자식이라 주장하는 두 사람에게 [아이를 반으로 갈라 가지라]고 거짓 판결을 내림으로써 진짜 부모가 누구인지를 판단했다. [인간이라면 모성애가 있다]는 경험적 법칙을 토대로 추론한 예이다. 하지만 모성애에 예외가 있다면 큰일이 나타날 것이다.

오늘날에는 유전자 검사를 통해 친자관계를 판단할 수 있다. 통계학적으로 99%는 100% 의미로 해석되는 것이 일반적이다. 유전자 검사과정에 오류가 없다고 하면, 99% 신뢰할 수 있는 명증 근거가 마련될 수 있다. 하지만 안타깝게도 현실에서 유전자와 같은 정밀한 지식을 적용할 수 있는 사례는 예외적이다. 친자확인 관계인 사건에서도 대부분의 경우 논리적으로 추론하여 아이의 부모를 찾아야만 한다. 가령 유기된 아이는 존재하지만, 아이의 부모가 누구인지를 모르는 경우이다.

논리적 추론을 시도하는 경우, 마치 퍼즐조각들을 맞추어 하나의 그림을 완성하듯 실마리(단서)들을 얻어 결론을 도출해야 할 것이다. 이때 두 가지 오류를 범할 가능성이 있다. 하나는 단서 자체가 잘못되어 발생할 수 있는 오류이고, 다른 하나는 추론에의 오류이다. 추론오류는 복잡한 내용이 있으므로 후술하기로 하고, 전자에 초점을 두고 살펴보기로 한다. 가령 진술자들이 공모(또는 통모)했다면, 진술이란 자료는 판단 오류를 유혹할 것이다. 자료와 관련하여 거짓말탐지기 경우를 살펴보자. 아이의 부모를 찾기 위해 갑과 을 두 사람을 대상으로 거짓말탐지기를 사용했다고 하자. 이때 거짓말탐지기 결과 자료를 근거로 진짜 부모라고 판단할 수 있는가? 과학적 조사방법을 통해 충분한 정도의 실험으로 거짓말 탐지기의 정확도를 조사해보니 다음 표와 같았다고 하자. 주의할 점은 '당신의 자식입니까?'라는 질문에 진짜 부모도 'No'라고 답변할 수 있다. 'Yes'라고 답변하는 경우와 'No'라고 답변하는 두 경우가 있다. 따라서 모두 네 가지 경우가 있다.

<거짓말탐지기의 통계적 자료>

	네	아니오		오류
진짜 부모	yes	no (35% 오류)	→	거짓을 진실로 판별(35%)
가짜 부모	yes	no (5% 오류)	→	진실을 거짓으로 판별(5%)

표에 의하면 가짜 부모가 답변한 것을 알아내는 정확도는 95%로 높은 정확성을 보이

고 있다. 오류는 3%에 불과하다. 반면 진짜 부모가 no라고 답변한 질문에 그것을 거짓으로 판별하는 오류가 35%로 나타났다. 즉, 거짓을 진실로 판별할 가능성이 35%인 셈이다. 여기서 통계학적으로 진짜 부모의 경우에서 1종 오류(귀무가설이 옳지 못한데도 채택)가 35%이고, 가짜 부모의 경우에서 2종 오류(귀무가설이 옳은데도 기각)가 5%로 나타난다. 이러한 과학적 조사에 의할 때, 신뢰도에 관련된 유효수준이 문제 된다.

【참고】경우의 수를 제거하여 결론을 도출: 범위의 축소와 추적 추리

어느 한 회사의 직원 30명이 1박 2일의 워크숍을 떠났다. 모두 회사 유니폼을 입고 있었고, 그 유니폼에는 등번호가 각각 1번부터 30번까지 인쇄되어 있었다. 그런데 그날 밤 살인사건이 발생했다. 26번이 살해당했다. 유일한 목격자는 숙박관리인인데, 그 사실을 안 범인에게 살해공격을 받았고, 다행히 목숨을 잃지는 않았다. 하지만 큰 부상으로 병원에서 치료 중이다. 유력한 해결단서를 목격자가 가지고 있는데, 그 목격자의 부상이 심해 몸을 움직이지도 못하고 말도 못하는 상태이다. 의식만이 돌아온 상태이다.

의사는 환자를 위해 형사가 원하는 질문 수를 위해 10개 이내로 한다는 것을 조건으로 면회를 허가했다. 다음은 목격자와 형사 간에 이루어진 대화내용이다. 형사는 다음 질문으로 범인의 번호를 알아냈다.

질문 1: 제 말이 들리시면 눈을 한 번 껌벅여 주십시오.
답변 1: 껌벅.
질문 2: 그러면 Yes는 천천히 한 번 껌벅여주시고, No라는 답변은 두 번 껌벅여 주십시오. 얼굴을 보았나요?
답변 2: No.
질문 3: 등판에 숫자를 보았습니까?
답변 3: Yes.
질문 4: 홀수입니까?
답변 4: No.
질문 5: 15 이하입니까?
답변 5: No
질문 6: 3의 배수입니까?
답변 6: No.
질문 7: 4의 배수입니까?
답변 7: No
형사 왈: 아! 네 알았습니다. 22번이군요!

2. 추론의 방식과 유형

현실에서 행해지는 추론방식은 전제들로부터 결론을 도출하는 사유의 흐름 또는 형식이 가진 성격을 기준으로 크게 다섯 가지로 구분할 수 있다.

1) 연역추론

연역추론은 일반범주에서 그 범주에 속한 하위범주 또는 개별의 결론을 도출하는 추론을 말한다. 가령 [동물은 죽는다(동물범주). 사람은 동물이다. 그러므로 사람은 죽는다(사람범주)]와 같은 경우이다. 연역추론은 일반에 관한 명제[148]를 통해 그 범주에 속하는 개별 또는 부분에 관한 결론을 도출한다. 전제들이 참이면 결론도 필연적으로 참이 되는 특징이 있다. 전술된 타당한 형식의 추론들이 이에 해당한다.

2) 귀납추론

귀납추론은 연역추론과 달리 개별 또는 부분의 범주에 관련된 전제들로부터 그것을 포함하는 큰 일반범주의 결론을 도출하는 추론을 말한다. 가령 [사람은 죽는다(사람범주). 개도 죽는다(개범주). 그러므로 동물은 죽는다(동물범주)]와 같은 경우이다. 귀납추론은 전제들의 참 여부에 관계없이 전제들로부터 필연적으로 결론이 도출되지 않는다는 점에서 부당한 논증(부정확한 논증)으로 간주된다. 즉, 결론에 예외가 있을 수 있다. 부연하면 귀납추론을 논리적으로 받아들일 수 있는 정당화의 문제를 지칭하여 '귀납의 문제'라고도 한다. 참고로 귀납의 문제와 관련하여 표본과 모집단의 관계에서 통계적 처리가 활용된다.

---

148) 여기서 일반명제의 생성은 정의 또는 공리를 통해 가지거나 또는 후술되는 귀납적 방식으로 만들어진다.

【참고】 귀납적 추론사고와 연역적 추론사고를 통한 명제의 증명 방식

1. 귀납적 증명

○ 가설(귀무가설설정: 참이라고 일단 가정): 인류가 사용하는 숫자 '0'은 인도에서 처음 사용했다.

○ 관찰(증명: 검증=입증/반증): 전제(단서)들의 수집.

- 단서 1: 로마는 1부터 10의 숫자를 Ⅰ, Ⅱ, Ⅲ, Ⅳ, Ⅴ, Ⅵ, Ⅶ, Ⅷ, Ⅸ, Ⅹ으로 표현했다.
- 단서 2: 중국과 우리나라의 경우에도 一, 二, 三, 四, 五, 六, 七, 八, 九, 十으로 표현했다.
- 단서 3: 6세기경 인도에서 빈 것 또는 없다는 것을 나타내는 숫자로 0을 사용했다.
- 단서 4: 9세기 유럽에서는 0, 1, 2, 3, 4, 5, 6, 7, 8, 9, 10을 아리비아숫자라고 불렀다.
- 단서 5: 아리비아를 통해 숫자 0이 전해져 아리비아숫자로 부른다는 문헌이 있다.

○ 결론(귀무가설 채택): 오늘날 인류가 사용하는 숫자 0은 인도에서 처음 사용한 것이다.

2. 연역적 증명

주장(p)을 가설로 설정하면 귀무가설이 된다. 그러나 이 주장(p)을 부정하는 가설을 설정하면 (~p) 대립가설이 된다. 이때 대립가설이 참으로 증명되면 (~p)이 참이 아니게 되고, p가 참이 된다. 이러한 증명방식을 귀류법이라 한다는 것은 전술되었다(예: 논리적 증명방식과 관련된 전 건긍정식과 후건부정식).

3) 가정추론

(1) 의의

가정추론이란 '어떤 전제를 가립(假立) 또는 가유(假有)하여 그것으로부터 결론을 도출하는 추론'을 말한다. 예를 들어 보자. 뉴턴은 물체의 운동에는 어떤 힘(Force)이 존재해야 가능하다는 것을 전제로 하여, 힘(F)은 '질량(m)×가속도(a)'라는 관계식을 제시했다(가속도는 1초당 속도의 변화율이다). 그런데 이러한 관계식이 성립하려면 세계가 기계처럼 작동한다는 전제가 필요하다(가립). 또한 질량이 만약 0이라면, 이때에는 어떻게 되는가? 힘과 가속도는 실제에서 없는 개념이 되어버린다. 그러나 우리는 질량이 있다고 가정한다(가유). 다른 예로 [삼각형의 세 내각의 합은 180도이다]라는 것은 평면이란 가립에서 성립한다. 완전경쟁시장은 현실에서 존재하지 않는다. 하지만 그것이 있다는 가유에서 논리(이론)를 전개한다.

인간의 행위는 심리에 기초한다는 심리학에서의 전제와 같이 어떤 것을 일단 존재하거나 또는 성립하는 것으로 간주하여 추론을 전개하는 가정추론은 이론(지식)체계의 구성과 관련하여 제한된 인식능력, 불확실성, 불완전한 정보 등의 이유로 필수불가결한 추론적 사유이다. 다만 논리전개에서 지나친 단언적 또는 단순화로 인해 정당성과 비현실성 등의 문제가 발생한다.

(2) 분류

가정추론은 가립과 가유의 수단적 성격을 기준으로 환원형과 제어형으로 분류될 수 있다.

환원형(reductive form)이란 복잡/다양한 사실(현상)들을 본질로 접근한 가정을 통해 단순화하여 행하는 추론방식을 말한다. 가령 세계를 물질로 일원화하는 일원론적 환원주의, 물질과 정신으로 이원화하는 이원론적 환원주의 등과 같은 경우들이 예이다. 이러한 환원형은 가정의 수를 기준으로 일원론적 환원가정, 이원론적 환원가정, 다원론적 환원가정으로 세분화된다.

다음으로 제어형(control form)은 복잡/다양한 사실(현상)들을 통제하여 단순화하여 행하는 추론방식을 말한다. 대표적인 예가 복잡한 현상을 추상화한 모형을 통해 결론을 도출하는 경우이다. 즉, 복잡 다양한 변수들로는 추론에 어려움이 발생하여 일정 변수들을 일정한 상태로 간주하거나 또는 어떤 상태라고 미리 설정하는 가정을 통해 모형을 구축하고, 모형을 토대로 하여 전제들로부터 결론을 도출하는 경우이다.

【참고】 가정의 유형: 단순화를 위한 환원과 제어

- 환원적 가정(reductive-hypothesis)
  ○ 유물론: 현상의 본질을 물질로 환원. 유심론: 현상의 본질을 마음으로 환원.
  ○ 주역(周易): 현상의 본질을 음과 양으로 환원.
  ○ 다원론적 정책결정론: 정책과정에 참여하는 다수 집단들의 상호작용으로 환원.
- 제어적 가정(control/conditional-hypothesis)
  ○ 모형: 시장상태를 완전시장을 가정하여 결론을 도출.
  ○ 다변수통제: 복잡한 변수들을 일정한 상태로 가정하여 결론을 도출.
  ○ 모형과 다변수통제 두 방법의 혼합.

【참고】 가정추론과 다양한 제어방식

1. 증명의 통제: 증명되지 않은 것을 진술 또는 자료들을 참으로 전제하여 결론 도출.
   한국의 경우 사회의 구성원들을 조사한 통계에 의하면 스스로 자신이 서민이라 생각하는 사람이 성인남녀의 70%에 육박한다. 그리고 그들은 대부분 성장보다는 분배정책에 더 관심이 많은 것으로 나타났다. 이들은 대통령으로 서민적인 사람에게 자신의 한 표를 행사한다. 그러므로 후보자는 특권층 세력과 대립 각을 세우고, 세련되거나 전문적인 용어보다는 투박하고 일상적인 용어를 사용하는 것이 보다 당선에 유리하다.
2. 변수의 통제: 일정한 변수를 통제하기 위해 조건을 설정하여 결론을 도출.
   ○ 마찰력과 공기 저항이 없다면, 위치에너지와 운동에너지의 총합은 항상 일정하다. ⇔ 역학적 에너지 보존법칙.
   ○ 경제학에서 소비자가 자기의 효용이 극대화되도록 선택하는 합리적 소비를 상정.
3. 범주의 통제: 발생 가능한 경우의 수를 통제하기 위해 상황(시나리오)을 설정하여 통제.
   ○ 원전이 고장 날 경우는 A, B, C, D, E이다. A, B, C, D, E 모두 이상이 없다. 따라서 원전은 안전하다.
   ○ 현재 외환과 관련하여 나타날 경우는 세 가지이다. 하나는 현 상태가 지속되는 경우이고, 다른 하나는 외환부족이 해소되는 경우이다. 그리고 마지막으로 외환부족이 더 심해지는 경우이다. 최근 원화 가치가 하락하고 있고 환율이 올라가고 있다. 수입상품 가격이 올라간다. 따라서 외환부족이 심해질 것이다.

4) 유비추론

유비추론이란 '추상적이고 이해하기 힘든 대상을 어떤 공통적 속성을 구체적이고 이해하기 용이한 다른 대상을 통해 그것으로부터 결론을 도출하는 추론'을 말한다. 가령 [욕망은 바닷물이다. 바닷물은 마시면 마실수록 더 갈증이 난다. 따라서 욕망도 충족하면 할수록 더 충족해야 한다]의 경우이다. [욕망은 ~이다]라는 진술을 바닷물이라는 증명사(매개개념)를 통해 도출하고 있다. 어떤 공통적 또는 유사한 속성을 가진 다른 대상을 통해 추론한다는 점에서 [사람은 동물이다. 동물은 죽는다. 따라서 사람은 죽는다]와 같은 추론과는 성질이 다르다. 유비추론의 경우 모두 부당한 논증(부정확한 논증)이다. 욕망과 바닷물은 엄연히 대상이 다르다. 전제들의 참 여부를 떠나 참인 결론이 필연적으로 도출되지 않는다. 하지만 이해에 용이하다는 장점으로 흔히 사용된다.

5) 변증추론

변증추론이란 '서로 대립되는 정(正)과 반(反)의 관계를 통해 결론을 도출하는 추론'을 말한다.[149] 변증추론은 정(正)과 반(反)의 관계를 처리하는 방식과 관련하여 크게 두 가지 방식이 존재한다. 하나는 둘 중 하나를 제거하는 모순제거방식이다. 가령 [모든 사람은 죽는다 ↔ 모든 사람은 죽지 않는다]에서 두 진술은 동(同) 시공간에서 공존이 불가능하다. 둘 중 하나는 제거되어야 한다. 다른 하나는 둘을 절충 또는 통합하는 추론방식이다. 동(同) 시공간에서 공존이 가능한 경우이다. 가령 [인간은 선한 존재이다. ↔ 인간은 악한 존재이다. 인간은 선하기도 하고 악하기도 하다]의 경우이다. 일반적으로 변증추론은 헤겔의 정반합(正反合)의 관념을 바탕으로 후자를 지칭하여 사용되고 있다.

3. 추론의 오류

추론의 오류란 '형식뿐만 아니라 형식 외적인 원인에 의해 잘못된 근거 또는 이유를 가지고 결론이 도출되는 진술'을 말한다. 즉, 전제와 결론으로 사용되는 명제들의 관계에서 발생하는 오류뿐만 아니라 자료, 논리전개 심리, 언어 등 형식 외의 성격을 가진 오류들을 포괄적으로 지칭한다.[150]

추론 오류들은 논자와 관점에 따라 다양한 것들이 소개되고 있고, 새로운 것들이 계속 발견되고 있다. 때론 명칭들이 합의되어 있지 않아 혼란을 주는 경우가 있다. 이러한 점에서 명칭에 연연하지 말고 오류의 원인이 가지는 성격에 초점을 두고 살펴볼 필요가 있다(이에 대해서는 후술되는 [보론]을 참조하기 바란다). 이하에서는 일상적 차원에서 흔하게 발견되고, 추론에서의 논리적 사유와 관련하여 학문적 차원에서 중요시되는 오류들을 중심으로 살펴보기로 한다.

■ 비약오류(fallacy of leap)

비약오류란 전제를 뛰어넘어 결론을 도출함으로써 발생하는 오류를 말한다. 가령 수학 문제를 푸는 과정에서 특정 단계를 뛰어넘어 답이 도출된 경우이다. 비약오류는 일상

---

149) 참고로 공존이 가능한 대비관계를 공존이 불가능한 대반관계로 착각하여 비모순율 사고에 의해 하나를 제거하려는 대립과 갈등의 투쟁적 역사를 만들어낸다는 역사관 등 변증에 대해서는 그 개념과 내용의 타당성을 둘러싸고 철학적인 관점에서 복잡한 논의들이 있다.

150) 논리적 사유에 기초하면 오류들은 형식오류와 비형식오류로 대별할 수 있다. 형식논리의 입장에서는 추론오류는 언급될 여지가 없다. 즉, 기호적 표현에서 형식이 정확하면 타당, 부정확하면 부당으로 평가하면 그만이기 때문이다. 형식만 보기 때문이다. 하지만 기호를 포함한 한국어, 영어 등과 같이 일상의 언어적 표현에서는 의미가 해석되어야 하고, 이때 논증이 가진 형식과 비형식적 측면에서 발생하는 (추론)오류가 문제된다.

의 추론들에서 가장 흔히 발견되는 오류이다. 가령 문제풀이의 논리전개과정에서 일부 단계가 생략되어 있는 경우, 일상에서 흔히 성장과정에 문제가 있어 성격에 문제가 있다고 말하거나 또는 부잣집 아들로 귀하게 자라 행동이 거만하고 가난한 사람의 심정을 알지 못한다고 말하는 진술들이 예이다.

예를 들어 [고대의 자료들을 통해 수학과 논리학의 존재가 확인된다. 그 당시의 수학과 논리학은 현대의 수학과 논리학에 차이가 없다 따라서 고대인들의 지적능력이 현대인들에 비해 떨어지지 않는다]라는 추론은 비약(jumping)이다. 고대와 현대의 수학과 논리학이 차이가 없다고 하여 고대인과 현대인이 동일한 지적 능력을 가지고 있다는 것은 추론될 수 없다. [수학과 논리학]과 [지적 능력] 간의 관계가 비약되고 있다. 엄밀히 보면 전제들과 결론 간의 관계가 연결되는 명제가 없어 무관계 상태이다.

■ 일반화 오류

일반화 오류란 개별들로부터 전체에 대한 결론을 생성하는 귀납추론에서 발생하는 오류를 말한다. 몇 개의 사례들을 연구하여 도출된 어떤 앎(표본)을 다른 모든 사례(모집단)에도 적용할 수 있는가라는 문제와 관련되어 일반화 오류는 중요하게 다루어진다.

예를 들어 보자. [갑과 을을 조사해보니 갑은 100살을 살았고 을은 60살을 살았다. 그리하여 A는 이를 토대로 인간의 평균수명은 80살이다]라는 결론을 추론했다고 하자. 이때 갑과 을의 개별적 사례들을 가지고 전체(범주)로서의 인간을 대상으로 한 앎을 도출하고 있다. 이러한 귀납추론은 전제인 개개의 사실들이 참이었다 해도 결론이 반드시 참이란 보장이 없다. [갑은 100살을 살았다. 을은 60살을 살았다. 그러므로 인간의 평균수명은 80살이다]라는 논증에서 갑과 을 두 사람만이 가지는 평균수명은 80살이 맞다. 하지만 이들 두 사람의 평균이 80살이라 하여, 인간 모두의 평균수명을 80살이라고 말할 수는 없다.

이처럼 귀납추론에서 범주에 관련하여 발생하는 일반화는 비약오류와 매우 동일한 성격을 가지고 있다 그리하여 일반화 오류는 비약오류와 동일한 의미로 사용되기도 한다. 하지만 비약오류와 차이점은 전제와 결론 간에 관계는 있지만, 진술이 지시하는 범주와 관련하여 그 관계가 일치하지 않는 오류라는 점에서 구별된다.

■ 구성의 오류

구성의 오류(fallacy of composition)란 부분과 전체의 관계를 동일시하여 추론하여 발생하는 오류를 말한다. 전체에 맞는다고 하여 부분에서도 반드시 맞는 것은 아니다. 가령 [A대학교는 우수한 대학이다(전체). 따라서 그 대학의 공과대학은 우수하다(부분)]라고 추론하는 경우이다. 반대로 부분에 맞는다고 하여 전체에도 맞는 것은 아니다. [A대학의 공과대학은 우수하다. 따라서 A대학은 우수한 대학이다]라고 추론하는 경우이다. 요컨대 전체로서의 학교와 부분(개별)으로서의 공과대학은 동치관계(同値關係)가 아니다. 통계학적으로 말하면 전체와 부분 간에 가지는 평균과 편차가 클 수 있다. 이러한 점에서 관계오류라고 부르기도 한다.

각각의 나무로 구성된 숲과의 관계에서 각각의 나무와 숲이 가지는 표상이 항상 동일한 관계를 가지는 것은 아니다. 하지만 일상에서 우리는 생각에서 구성의 오류를 범한다. 가령 60㎞의 거리를 한 시간에 달린 자동차가 있는 경우, 시속 60㎞를 달리는 자동차라고 표현한다. 이때 시속 60㎞라는 표상이 가진 의미를 출발점부터 도착점까지 동일한 속도로 달리는 것으로 간주하는 경향이다. 시간과 공간을 분할하면, 매 순간마다 속도가 다르다. 평균적 속도가 그렇다는 것을 사실을 망각할 때가 많다.

일반화오류와 구성오류는 모두 관계오류라는 점에서는 성격이 동일하지만(이러한 이유로 동일한 것으로 사용하는 사람도 있다), 개별들을 종합하는 추론에서 가지는 일반화오류와 달리 구성오류는 분할(부분)과 종합(전체)의 양 관계에서 분석적 사고에 관련되어 오류가 발생한다는 점에서 차이가 있다.

오늘날 각 분과학문들의 성립과 각 분과학문들에서 가진 지식체계의 구축과 관련하여 구성오류는 중요한 의미를 가진다. 경제학의 예를 들어 보자. 경제학은 일반적으로 미시경제학과 거시경제학 두 체계로 구축되고 있다. 거시경제학을 단지 미시 경제학의 단순한 종합의 연장선상으로 보지 않는다. 거시와 미시 각각을 독자적으로 취급한다. 이유는 구성오류가 존재하기 때문이다. 예를 들어 [전자제품 가격이 상승하면 전자제품을 생산하는 기업들은 이윤이 증가한다]라는 판단이 전자산업부문에서 참이라고 하자. 그러나 모든 물가가 일제히 오른다면 특별히 전자산업부문에서 이윤이 증가한다고 말할 수 없다. 생산요소가격(임금, 자재 등)이 오르기 때문이다.

이번에는 심리학과 사회(심리)학의 관계를 생각해보자. 만약 개인들의 합이 사회라는 등식이 항상 성립한다면, 사회현상을 탐구하는 사회학은 필요가 없다. 개인현상을 연구하는 심리학의 연구결과들을 합하면 되기 때문이다. 그런데 개인들의 합이 곧 사회라는 등식이 항상 성립하지는 않는다. 개인들의 합이 사회 전체적으로 보면 플러스(+) 또는 마이너스(-)의 시너지 효과가 발생할 수 있다. 세계는 부분과 전체가 상호작용하는 관계성을 가지고 있다. 부분은 전체에 자유롭지 못하고, 전체는 부분에서 자유롭지 못하다. 서로 영향을 주고받는다. 이러한 점을 감안하지 못하고 부분 또는 전체에만 집착하여 추론하는 경우 구성오류가 발생한다.

■ **자기모순의 오류**(self-contradiction error)

자기모순의 오류는 "견해 또는 주장의 모순된 것을 취하여 발생하는 오류"를 말한다. 가령 누군가 오른 손에는 창, 왼손에는 방패를 들고 [이 창은 모든 방패를 뚫을 수 있고, 이 방패는 모든 창을 막을 수 있다]고 말하는 경우이다. 이러한 자기모순의 오류는 자가 당착의 오류[151]라고 불리기도 한다. 주의할 것은 논리 전개에서 두 진술이 동 시간대와 동 공간에서 공존할 수 없는 모순 상태이어야 한다는 점이다. 가령 [이 창은 모든 방패를 뚫을 수 있다. 이 방패는 모든 창을 막을 수 있다]는 두 진술이 있다고 할 때, 두 진술이 시간적으로 차이를 가져 10년 전에 [이 창은 모든 방패를 뚫을 수 있다]라고 말하고, 현재 [이 방패는 모든 창을 막을 수 있다]라고 말하는 경우, 각각 독립적 진술이 될 수 있다. 즉 모순관계가 아닐 수 있다.

모순(contradiction)은 논리적 추론에서 중요한 개념으로 다뤄지는 개념이다. 이때 모순을 어떻게 보느냐는 중요하다. 모순에 대한 내용은 전술되었기에 간략히 참고해야 할 내용을 언급하기로 한다.

【참고】 모순과 귀류법

어느 날 갑은 자신에게 찾아 온 을에게 다음과 같은 제의를 한다. [두 개의 쪽지가 있다. 둘 중에 하나를 집어 그것이 ○이면 당신이 부탁한 것을 들어줄 것이지만, X이면 당신 부탁은 들어주지 않겠다.] 사실 갑은 을의 부탁을 들어주지 않겠다는 마음에서 두 쪽지 모두 X가 표시된 것을 놓고 제의를 했다. 그러자 을은 갑의 수작을 알아채고 쪽지를 하나 집어보지도 않고 잘게 찢어버렸다. 그리고 하나 남은 쪽지를 가리키며 [만약 저것이 ○이면 내가 집은 쪽지가 X이니

---

151) 자기당착이란 앞과 뒤가 서로 일치하지 않는 경우를 일컫는 말이다. 흔히 지식의 유희에 빠져 어떤 것을 함부로 참으로 여기는 어리석은 실수를 빗대어 사용되기도 한다.

저것을 펼쳐보자]라고 말했다. 이에 갑은 꼼짝없이 을이 ○을 집었다고 인정할 수밖에 없다. 을이 X를 집었다면 자기모순이 되기 때문이다.

A라는 주장이 있다고 하자. 그러면 A와 모순되는 B와의 관계에서 둘 중 하나는 거짓이다. 이러한 관계를 이용해 전건긍정식과 후건부정식으로 논증을 구성할 수 있다. 또한 양도논증으로도 논증을 구성할 수 있다. 후건부정식으로 논증을 구성하는 경우를 예로 하면 [A 주장이 옳다면 B 주장은 거짓이다. 그런데 B가 참이다. 그러므로 A의 주장은 거짓이다]라는 논증이다. 요컨대 주장 [A]를 p라고 하면, [(p)/p→~q, ~q ∴ ~p]으로 논증을 구성하여 A 주장이 잘못되었다는 것을 반론하는 논증이다.

【참고】 모순과 세계관

논리적 사유에서 비모순율 원칙(귀무가설과 대립가설 간에 가지는 경쟁가설의 배제원칙)에 의해 두 개 중 하나는 제거되어야 한다. 흔히 헤겔의 변증법 사고를 정(thesis) ↔ 모순 ↔ 반(antithesis) → 합(synthesis)으로 이해한다. 하지만 기본적으로 제거라는 개념이 함축되어 있다. 마르크스 역시 마찬가지이다. 그는 모순 관계에서 발생하는 대립 상황에서 하나가 제거되는 과정을 통해 필연적 공산사회의 도래를 주장했다. 하지만 동양에서는 흔히 모순된 것들 중 하나를 제거하는 것이 아니라 수용 또는 통합하여 결론을 도출하는 경우가 많다. 이는 전술된 양도논증의 두 진술 간 관계에서 정반(正反)의 대반관계로 보는 세계관이 아니라, 대비관계로 보는 사고방식에 기인한다. 가령 선과 악은 대비(對比)관계이지 대반(對反)관계가 아니다. 요컨대 [선하다]와 [선하지 않다]라는 두 진술은 대반관계이지만, [선하지 않다]라는 것이 곧 [악하다]를 의미하지는 않는다.

일상에서 언어적 의미에 관련하여 두 진술이 서로 공존할 수 있음에도 서로 공존할 수 없는 모순적 관계로 인식하는 오류가 흔히 발견된다. 예컨대 [인간이 선하다면 그것은 본성이 착하기 때문이다. 그런데 본성이 착하지 않다. 그러므로 인간은 악하다]라는 논증에서 신과 악은 모순 관계로 규정되고 있다. 하지만 선하지 않다고 하여 그것이 반드시 악이라는 의미는 아니다. 따라서 전제에서 [인간은 선하거나 또는 악하다]로 교정되거나 또는 결론에서 [인간은 선하지 않다]라는 것으로 수정되어야 한다. 예를 하나 더 들어 보자. [서민들 생활이 나빠진다면 자유무역협정 때문이다. 자유무역협정이 없었다면 서민들 생활이 좋아졌을 것이다]라는 논증(진술)은 오류를 범하고 있다. 이때 [나빠지지 않는다]라는 것을 [좋아졌다]라고 추론하는 것은 오류이다.

■ 순환오류

순환오류란 두 진술의 인과관계에서 인과의 순환적 성격을 가진 증명사를 사용하여 발생하는 오류를 말한다. 예를 들어 [계란이 먼저이다]와 [닭이 먼저이다]라는 두 진술에서 [닭이 알을 낳는다]라는 증명사적 명제를 통해 [닭이 먼저이다]라는 추론을 하는 경우이다. 이때 [알이 있어야 닭이 있다]라는 증명사적 명제로 대체하면 결론이 달라진다.

이러한 순환오류를 해소하는 방법 중 하나는 두 명제를 포함하는 상위 범주의 명제를 도입하여 논증을 구성하는 방법이다.

【참고】지구와 태양, 그리고 맷돌과 등잔불

지구가 태양을 도는가? 아니면 태양이 지구를 도는가? 맷돌을 들어 등잔불 주위로 한 바퀴 돌리면 맷돌 손잡이의 그림자가 한 바퀴 이동한다. 반대로 등잔불을 들어 맷돌 주위로 한 바퀴 돌리면 맷돌 손잡이 그림자가 한 바퀴 이동한다. 과연 맷돌이 도는가 아니면 등잔불이 도는가? 주의 깊게 햇살과 그림자의 관계를 관찰했다. 창문으로 들어오는 햇살을 바라보았다. 시간이 지남에 따라 그림자가 달라진다. 그런데 창문은 가만히 있다. 이것은 명백하다. 그러므로 햇살이 이동하는 것이다. 즉, 태양이 지구를 돈다. 그런데 의혹이 생긴다. 지구는 가만히 있는데 어찌 북두칠성의 위치가 달라진단 말인가? 그렇다면 북두칠성이 움직인다는 말인가? 그렇다면 지구도 움직일 수 있다는 이야기가 아닌가? 석연치 않다.

전에 추론을 꼼꼼히 생각해보았다. 문득 [창문은 가만히 있다]라는 것에 문제가 있다는 것을 알게 되었다. 창문이 지구 위에 있고, 지구가 돌면 창문도 돌게 되기 때문이다. 태양이 가만히 있는데 창문이 돌면 그림자가 이동할 수밖에 없다. 다시 생각해야만 한다. 낮과 밤이 생기는 이유는 세 가지 경우 중 하나이다. 하나는 태양이 지구를 도는 경우이고, 다른 하나는 지구가 태양을 도는 경우이다. 그리고 태양도 지구도 돌지만 서로 도는 속도가 달라 낮과 밤이 생기는 경우이다. 어느 것이 맞을까?

■ 유비오류

유비오류란 유비추론에 의한 오류이다. 즉, A에 대하여 서로 다른 범주 또는 대상인 B를 비유하여 결론을 도출하는 경우에 A와 B 간에 유사성이 없거나 또는 유사성이 있어도 차이를 경시함으로써 발생하는 오류를 말한다. 예를 들어 인간의 성품을 물(水)로 비유하거나 또는 우주를 유기체 생물로 비유하여 결론을 도출하는 경우이다. 일상생활에서 이해가 어려운 전문적 분야 또는 추상적인 대상을 쉽게 설명할 수 있다는 강점에서 흔히 비유를 통해 결론을 유추한다. 유비추론은 전제들로부터 결론이 필연적임을 보장하지 못한다.

주의할 점이 있다. 전제와 결론 간의 관계가 타당한 경우가 있어 건전한 추론으로 혼동하기 쉬운 경우가 있다는 점이다. 가령 [인간의 마음은 물(水)이다. 물(水)은 어는점과 녹는점의 특성을 가지고 있다. 따라서 인간의 마음도 어는점과 녹는점의 특성이 있다]와 같은 논증이다. 이는 전형적인 삼단논증형태이다. 논증의 경우 대전제와 소전제가 참이면 결론은 참이 된다. 하지만 [인간의 마음은 물(水)이다]라는 대전제에서 비유가 사용되고 있다는 점에 의미상으로 결론이 참임을 보장하지 못한다.

　전제 또는 결론이 함축되어 있거나 생략된 (유비)추론의 경우들을 살펴보자.

　a: 돈은 바닷물과 같다. 마시면 마실수록 갈증이 난다. - 쇼펜하우어-

　b: 인간을 포함한 우주가 전적으로 완벽하지 못하다는 것은 확실해 보인다. 건물이 불완전하면 건물은 붕괴되는 것처럼 우주도 언젠가 붕괴될 것이기 때문이다. 그런데 신이 우주를 창조했다고 하면 우주는 완벽해야 한다. 신이 불완전한 존재라고는 생각하기 어렵기 때문이다. 그렇다면 논리적으로 신이 우주를 창조했다는 것은 부정된다. 그러나 우주가 완벽하지 못하다는 생각이 잘못된 것일 수 있다. 또는 신은 불완전 존재임에도 완전한 존재라고 생각하는 것이 잘못일 수도 있다. 또는 신은 완전한 존재이지만 일부러 불완전한 인간과 우주를 창조한 것일 수도 있다.

　c: 국가는 악마와 천사의 얼굴을 동시에 가지고 있다. 악마는 폭력과 피를 부르고 천사는 사랑과 평화를 퍼트린다.

　a의 경우 돈을 바닷물에 비유하여 속성을 도출하고 있다. b에서는 우주를 건물에 비유하여 신이 창조했다는 주장에 대한 반어적 결론을 도출하고 있다. 그리고 c에서는 국가가 악마와 천사로 비유되고 있다. 이것들은 필연성을 가지지 못한다.

　다른 예를 하나 더 들어 보자.

　생물체는 투입과 산출기능을 수행하는 시스템을 가지고 있다. 시스템은 여러 요소들로 구성되어 있고, 그 요소들은 각기 어떤 (잘 변하지 않는) 기능을 수행한다. 만약 생명체를 구성하는 어떤 요소가 제 기능을 수행하지 못한다면, 생명체는 고장이 난다. 마찬가지로 사회도 마치 살아 있는 생물체와 같다. 그리하여 만약 특정 사회가 고령화 사회로 진입하면 노동인력 등의 저하로 투입기능이 약화되고, 투입기능이 약화되면 산출물이 감소하여 문제가 발생한다.

　진술은 사회를 유기체적 시스템으로 간주하여 고령화 사회에서 가지는 사회적 변화를 추론하고 있다. 하지만 사회와 유기체적 시스템 간에 공통된 어떤 유사성을 가지고 있을

지는 몰라도 동일한 것은 아니다. 그렇기 때문에 전제와의 관계에서 결론 도출이 필연성을 갖지 못한다. 이처럼 유비추론은 광범한 영역에서 흔히 사용되는 추론방식이지만, 오류를 가지고 있다.

【참고】 사회분석에의 시스템적 접근방법의 응용

사회를 분석하는 대표적 시각으로 기능론적 시각과 갈등론적 시각이 있다. 기능론적 시각에서는 시스템적 시각을 사회에 적용하여, 사회질서와 통합을 위해 어떤 기능이 필요한지 또 어떤 사회가 붕괴되고 번영하는지 등을 설명한다. 생태학자 오덤(Eugene P. Odum)의 말을 빌리면 시스템 접근(system approach) 사고를 통해 사회를 분석하면 다양한 구성요소들이 결합하여 보다 큰 전체를 이루고, 이때 한 단계 낮은 차원에서는 발견하지 못했거나 존재하지 않았던 새로운 사실들을 발견할 수 있다. 그리하여 시스템적 분석의 일반적 특징은 사회를 기능 중심으로 상부시스템과 하부시스템(subsystem)으로 분할(분류)하는 부분과 전체를 동시에 분석한다. 한편 내부와 외부의 경계를 통해 환경과 시스템 간의 상호작용과 환류(feedback)[152]를 통해 전체적인 문제(problem)에 주목한다.

사회를 분석하는 방법으로 시스템적 분석기법이 본격적으로 도입된 것은 1950년대와 1960년대이다. 1950년에 시스템이론가들은 네거티브 피드백(negative feedback: 변화에 대항하여 안정에 초점)에 초점을 두어 연구했다. 이에 1960년 시스템 사고가 지나치게 현상유지적인 보수성에 대한 비판이 등장한다. 그리하여 포지티브 피드백(positive feedback: 확장과 팽창의 변화에 초점)의 개념을 도입한다. 기존에 가졌던 필연적 법칙에 근거한 기계적 인과관계론의 폭을 넓혀 불규칙하고 우연적 요소가 가미된 인과관계에 대한 이해에 기여했다는 평을 받고 있다 예를 들어 포지티브피드백 개념을 도입하면 A가 군사력을 강화하면 B 역시 군사력을 강화하여 계속되는 팽창적 또는 확장적 과정을 보다 잘 설명할 수 있다.

【참고】 유비추론도 참일 수 있다는 반론: 만법귀일(萬法歸一) 사상

유비추론이 옳지 못하다고 하면, 진리가 무수하게 있어야 한다. 하지만 진리는 하나이다. 그러므로 유비추론이 옳지 못하다는 주장은 잘못된 것이다. 모든 사물의 이치는 하나이다. 천 개의 강에 뜬 달의 형상은 천 개이지만 그 근원은 본래의 달 하나이다.

---

152) 1950년에 시스템이론가들이 네거티브 피드백(negative feedback: 변화에 대항하여 안정을 유지↔ 변화 축소 기능)에 초점을 두어 연구를 시작하자 1960년 시스템 사고가 지나치게 보수적이란 비판과 함께 포지티브 피드백(positive feedback: 변화를 적극 유도하여 확장과 팽창을 이룸 ↔ 변화확장 기능)의 개념을 도입한다. 그리하여 기존에 가졌던 필연적 법칙에 근거한 기계적 인과관계론의 폭을 넓혀 불규칙하고 우연적 요소가 가미된 인과관계에 대한 이해에 기여했다. 예를 들어 포지티브 피드백의 개념을 도입하면 A가 군사력을 강화하면 B 역시 군사력을 강화하여 계속되는 팽창적 또는 확장적 과정이 보다 잘 이해된다. 이러한 두 피드백 사고를 판단에 접목하면 인간의 심리에 팽창 억제와 팽창조성이라는 상호 모순된 것이 상호작용하여 이루어진다는 것을 통찰할 수 있게 해준다.

■ 허수아비 공격의 오류

허수아비 공격의 오류란 어떤 판단의 근거 또는 주장을 자기 멋대로 또는 자기 나름대로 재구성해놓고 그것을 대상으로 논리를 전개하는 오류이다. 즉, 어떤 논증 또는 주장 자체가 가진 오류가 아니라, 타인의 주장 또는 논증을 재구성해 놓고, 논증을 반박하거나 비판하는 경우이다. 이를 형식으로 표현하면, 입론 p를 q로 재구성하여 (p≠q)/(q→r, ~r ~q)라고 논증하는 경우이다. 주장하는 논증은 타당하지만 마치 허수아비를 공격하는 꼴이다. 예로 A의 [인간의 지능 지수는 평균적으로 다른 동물들보다 높다(p)]라는 것을 [인간의 지능지수는 다른 동물들보다 높다(q)]로 재구성하여 [그의 주장은 반증이 존재하여 받아들일 수 없다]라고 논증하는 경우이다.

■ 가정오류

가정오류란 가정추론에서 논리전개를 위해 설정된 가정에 위배되는 결론을 도출하는 오류를 말한다. 가령 일상의 논술과 토론에서 어떤 것을 가정하여 자신의 주장을 전개하다가 가정이 무시되거나 또는 잊어버려 엉뚱하거나 위배되는 결론을 도출하는 경우가 예이다(가정의 망각 또는 무시). 이론의 생산과정에서도 가정오류가 흔히 발생한다.

가정오류는 명확히 포착되는 경우들이 있지만, 때론 가정이 함축되어 있어 오류를 포착하기 어려운 경우들이 있다. 전술된 내용이지만, 가정은 흔히 복잡/다양한 가능성 또는 현상들을 단순화하여 분석하기 위해 도입된다. 가정하는 방식은 크게 환원적 가정과 전제적 가정으로 대별할 수 있다. 환원적 가정(reductive hypothesis)이란 현상을 본질로 접근하여 근원적인 것을 추적하여 단순화하는 방식이다. 가령 물질적 일원주의, 물질과 정신으로 이원화하는 이원주의 등과 같은 경우들이 예이다. 다음으로 전제적 가정 (condition hypothesis)은 논리를 전개시키기 위해 일단 복잡한 변수들을 통제하거나 제한하여 단순화하는 방식이다. 가령 수요공급이론을 위해 완전경쟁시장을 가정하여 상품가격의 기능을 추론하는 경우이다. 다음 문제를 생각해보자.

질문: 생산물 시장의 형태는 크게 완전경쟁시장과 불완전경쟁시장으로 나눈다고 할 때, 완전경쟁시장에서 나타나는 주요 판매방법과 경제의 예로 바르게 짝지어진 것은?(단, 완전경쟁시장은 다음 네 가지 조건을 모두 충족한다)

대다수의 판매자와 구매자: 구매자와 판매자의 수가 아주 많다.
ㅇ 상품의 동질성: 거래되는 상품은 질적인 면에서 동일하다.
ㅇ 기업의 자유로운 진입과 퇴거: 모든 생산요소가 여러 경제부분에 자유롭게 이동할 수 있다.
ㅇ 완전한 정보: 수요자, 공급자, 생산요소, 소유자, 시장조건에 대하여 완전한 정보를 가지고 있다.

	주요 판매방식	한국 경제의 예
①	경매	채소, 곡물
②	홍보	전기, 수도
③	비가격경쟁	휴대전화, 정유
④	가격과 비가격경쟁	미용, 요식업, 주식
⑤	역경매	골동품, 미술품

　　문제에서 완전경쟁시장은 다음과 같은 네 가지 조건을 충족하는 시장형태이다. 대다수의 판매자와 구매자, 상품의 동질성, 기업의 자유로운 진입과 퇴거, 완전한 정보라는 조건이다. 이러한 전제적 조건을 토대로 하면, 문제는 답이 없다. ①을 정답으로 고른 경우에도 오류를 범하게 된다. 가령 채소와 곡물 시장이 완전경쟁시장이라면 네 가지 조건이 충족된 시장이어야 한다. 하지만 네 가지 조건이 모두 충족되지는 않는다. 동일한 품종의 농산물이라도 상품들 간에 이질성을 가지고 있고, 공급자와 수요자들 모두 완전한 정보도 갖고 있지 않다. 또한 현실적으로 기업(생산자)의 자유로운 진입과 퇴거도 가능하지 않다. 따라서 채소류와 곡물류의 농산물 시장은 완전경쟁시장이 아니다. ④의 경우도 마찬가지이다.

　　만약 [완전경쟁시장에 가장 가까운 시장에서 나타날 수 있는 주요 판매방법과 경제의 예로 적절한 것끼리 연결된 것을 고르면?]이란 질문으로 대체되는 경우 ①이 답이 될 수 있다. 하지만 문제에서와 같이 [완전경쟁시장에서 나타나는 주요 판매방법과 경제의 예로 옳은 것은?]이란 질문에는 답이 없다.

　　시중의 많은 경제학 교과서들에서 완전경쟁시장을 설명하면서 주요 판매방법의 예를 경매, 시장의 예를 농산물을 예로 든다. 그리하여 착각을 유도하는 경향이 있다. 하지만 주의할 점은 완전경쟁시장은 현실에서 존재할 수 없는 이상적 시장이다. 이론 전개를 위해 도입된 가상의 시장일 뿐 현실에서는 존재하지 않는다. 가정이 비현실적임에도 완전경쟁시장을 상정하는 이유는 이러한 가정을 통해 구축된 모형에서 도출된 결론들이 현실을 설명하고 예측하는 데 유용성을 가지고 있기 때문이다. 특히 경쟁상황의 설명에 유용하다. 이러한 가정의 비현실성으로 고급미시경제이론에서는 가정을 완화하여 불완전한 정보 또는 불확실성하에서 생산량과 가격이 어떻게 결정되는가를 다루기도 한다.

■ 논점일탈의 오류

논점일탈의 오류란 논리 전개에서 주제를 벗어나거나 혹은 논의해야 할 내용을 빠뜨리는 것을 말한다. 즉, 동문서답(東問西答)과 같이 엉뚱한 말을 하거나 논의해야 할 내용을 다루지 않는 경우이다. 예컨대 논제(論題) 또는 주제(主題)가 [에너지를 생산하는 데있어 원자력발전소가 가진 장단점]이라 할 때, 이와 관련이 없는 논증을 구성하거나 또는 서론-본론-결론의 전개에서 장단점과 같은 중요 내용을 빠트리고 전개하는 경우이다.

논점 일탈은 논리전개와 관련하여 일반적으로 명백히 포착되지만, 간혹 부분에만 신경을 써 논점일탈을 포착하지 못하는 경우가 있다. 다음 예를 살펴보자.

A는 인류에게 식인풍습의 존재를 주장한다. A의 주장에 대한 정당성을 고찰할 필요가 있다. 식인풍습이 존재했다면 그에 대한 증거가 있어야 한다. 그런데 그의 주장의 근거들은 고고학적 또는 인류학적 증거들이 아니다. 단지 추측에 불과한 가설들뿐이다. 가설도 허구적인 전설 또는 신화(mythology)뿐이다. 그렇기 때문에 식인풍습이 존재했다는 A의 주장은 신뢰할 수가 없다.

진술에서 [A는 인류에게 식인풍습의 존재를 주장한다. A의 주장에 대해 진실성 여부를 고찰할 필요가 있다]라고 A 주장을 입론(立論)으로 설정하여, 주장이 가진 정당성 여부를 살펴보겠다는 관점을 제시하고 있다. 그리고 제시된 관점과 호응하는 논증이 이루어지고 있다. 이를 기호로 표현하면 [(p)/(p→q, ~q ∴ ~p)]의 형식이다. 논점 일탈이 일어나지 않고 있다.

그런데 다음 진술을 살펴보자.

A는 인류에게 식인풍습의 존재를 주장한다. A의 주장에 대해 진실성 여부를 고찰할 필요가 있다. 인류가 가진 다양한 풍습은 문명과 비문명이란 두 가지 관점에서 양자의 문화적 양상들을 종합적으로 분석하는 것이 필요하다. 문명은 3가지 요소를 가지고 있다. 하나는 지(知)에 관련된 것이고, 다른 하나는 선(善)과 관련된 것이며, 마지막으로 미(美)에 대한 것이다. 만약 세 가지 요소 중 하나라도 결여된다면 그것은 비문명이다. 그

렇기 때문에 식인풍습이 존재한다고 하여 그것이 문명인지 비문명인지 분명히 구별되지 않는다. 식인풍습이 있는 사회에서도 문명적 요소를 가지고 있을 수 있기 때문이다.

진술에서 A 주장을 입론(立論)으로 설정하여 이것이 가진 진실성 여부를 고찰하겠다는 관점을 제시하고 있다. 그러면 관점과 호응되는 진술이 있어야 한다. 그런데 식인풍습의 존재 여부와 관련하여 문명과 비문명의 관련성에 관점을 둔 논술을 하고 있다. 요컨대 제시된 논점과 호응되지 않는 진술을 하고 있다.

【참고】 초점(焦點)의 오류

초점의 오류란 논의가 지엽적인 것에 집중되어 전체적인 논의가 이루어지지 못하는 오류를 말한다. 전체적 맥락을 벗어난 논리전개라는 점에서 논점일탈의 오류와 공통성을 가지고 있지만, '말꼬투리'를 잡아 그것에 중심을 두고 글을 전개해나가거나 또는 어떤 하나의 지엽적인 말 또는 문구를 가지고 논증을 이끌어나가는 경우이다. 어떤 진술의 앞뒤를 다 자르고 특정 문구에 초점을 두고 논리를 전개하는 경우들을 일상에서 흔히 목격한다.

■ **성숙(成熟)오류**

성숙오류란 어떤 주장이 변화되었는데, 변화되지 않은 주장을 대상으로 논리를 전개함으로써 발생하는 오류를 말한다. 즉, 변화된 견해(주장)를 모른 채, 변화되지 않은 견해(주장)를 가지고 논의하는 오류이다. 가령 특정 논증은 시간이 지남에 따라 수정되거나 보완될 수 있다. 또한 반박과 재반박의 과정에서 변화되기도 한다. 이때 변화된 것을 모르거나 무시한 채 과거의 논증을 토대로 논증을 구성하는 경우이다.

갑: 정부발표에 의하면 ～이다.
을: 정부가 전에 발표한 내용을 수정해 다시 발표했습니다.
갑: 아 그래요?

■ **무지(無地)에 호소하는 오류**

무지에 호소하는 오류란 어떤 것에 대하여 아직 알지 못하고 있다는 사실을 전제로 자신의 견해(주장)를 도출하는 오류를 의미한다. 즉, 아직 증명된 사실 혹은 입증/반증 사례가 없다는 것을 전제로 결론을 도출하는 경우이다. 예를 들어 [귀신은 아무리 찾아

보아도 발견할 수가 없다. 따라서 귀신은 없다]고 추론하거나 또는 [귀신의 부존재는 증명되지 않았다. 따라서 귀신은 존재한다]라는 경우이다.

　　<일상 진술들의 예>
　"북한산에서 6개월간 반달곰 추적을 했음에도 발견하지 못했다. 따라서 북한산에 반달곰은 없다."
　"무죄라는 증거는 어디에도 없다. 따라서 그는 유죄이다."
　"신이 존재한다는 증거는 그 어디에도 없다. 따라서 신은 존재하지 않는다."

■ 의도 확대 또는 축소의 오류

　의도 확대 또는 축소의 오류란 겉으로 드러난 행동을 가지고 그 사람의 동기 또는 의도를 확대하거나 축소하여 추론하는 오류를 말한다. 즉, 행동(현상)을 통해 내면인 의도(심리)를 파악하는 경우에 발생하는 오류이다. 예를 들어 A판사는 평소 사형폐지에 대한 소신을 가지고 있는 사람이지만 반인륜적 범죄인 연쇄적 살인자를 재판하면서 피고에게 사형을 선고하자, 그 판결(사실)을 가지고 사형폐지에 대한 소신을 바꾼 것이라 추론하는 경우이다. 사형제는 현재 5대4로 합헌제도임을 유지하고 있고, 실정법상 요건이 충족되면 판사는 자신의 개인적 소신과는 다르더라도 사형을 선고해야만 한다. 또한 누군가 담배를 피운다는 사실과 담배는 폐암을 유발하는 물질이 들어 있다는 사실을 근거로 [그 사람은 폐암에 걸리고 싶어 담배를 피운다]라고 추론하는 경우이다.

■ 기본적 귀인오류(fundamental attribution error)

　기본적 귀인오류란 어떤 행위의 원인을 판단함에 있어 상황적 맥락의 힘(power)보다 행위자의 성격과 같은 요인을 더 중요하게 생각하여 발생하는 오류를 말한다. 가령 누군가 살인을 하였다고 할 때, 그 살인을 한 범죄행위의 원인을 그 사람의 성격이 포악하기 때문이라는 결론을 도출하는 경우이다. 다음 두 논증을 생각해보자.
　a: 성격이 포악하면 범죄를 저지른다. 갑은 살인을 했다. 따라서 갑은 포악하다.
　b: 범죄자라면 성격이 포악하다. 갑은 범죄자이다. 따라서 갑은 성격이 포악하다.

　a의 경우는 후건긍정식으로 부당한 형식이다. 반면 b는 전건긍정식으로 타당한 형식

이다. 그런데 b에서 범죄행위를 저지르게 된 원인이 그 사람의 성격에 의한 것이 아니라, 행위 당시 그를 둘러싼 상황에 의해 이루어질 수 있다. 예컨대 동양계 유학생이 대학교에서 무차별 총기 사건을 저지른 경우, 그를 둘러싼 인종차별과 같은 상황이 그러한 행위를 유발할 수 있다. 이러한 기본적 귀인오류 현상은 동양인들보다 서양인들에게서 흔히 나타나는 것으로 조사되고 있다. 이에 대하여 동양인(한국인/일본인/중국인)들은 상황적 맥락을 중요시하는데, 서양인들은 개개인의 속성을 중시하는 사고방식의 차이가 원인으로 해석된다.

【참고】 상황오류(situation error)

상황오류란 기본적 귀인오류와 달리 개인의 특성을 소홀히 하여 상황적 맥락만으로 추론함으로써 발생하는 오류를 말한다. 예컨대 동일한 상황에서도 사람에 따라 다른 행동을 표출할 수 있다. 즉, p이면 q의 추론에서 결과의 q를 야기한 원인인 행위 p가 상황에 의한 것이 아니라, 갑의 개인적 속성(성격)에 의해 이루어질 수 있다.
그가 처한 정황으로 볼 때 그가 범인이다.
그의 친일적 행위는 식민지라는 시대적 상황에 의한 것이다.
동양인 총기 난사사건은 유색인종에 대한 차별이 존재하는 사회적 상황으로 발생했다.
범죄건수가 급격히 증가한 것은 극심한 경제적 불황 때문이다.
그것은 갑의 행위이다. 갑이 처한 상황이 다급했기 때문이다. 따라서 갑이 범인이다.
위기상황이 발생하면 판단능력이 급격히 감소한다.
여기서 [위기상황이 발생하면 판단능력이 급격히 감소한다]라는 명제를 가지고, 오류의 문제를 좀 더 구체적으로 살펴볼 필요가 있을 것 같다. 명제에서 후건의 판단능력 감소는 개인마다 다르다. 위기상황이 발생한다고 하여 누구나 판단능력이 급격하게 감소되는 것은 아니다. 이러한 점에서 이 명제는 경험적 직관으로도 참이 아닌 명제라는 것을 감지할 수 있다. 좀 더 확실하게 만약 이 명제가 참이라면, 그 대우도 참이다. 따라서 [판단능력이 급속히 감소하지 않으면 위기상황이 발생하지 않는다]라는 명제도 참이 된다. 그러나 판단능력이 급속히 감소하지 않는 경우에도 위기상황은 발생한다. 분명이 잘못된 명제이다. 그런데 인문학과 사회과학에서는 이러한 명제들이 대부분이다. 가령 국가 위기상황에서 정책담당자들이 보여준 많은 실증적 연구들에서 [위기상황이 발생하면 판단능력이 급격히 감소한다]는 명제를 추출한다. 이때 명제가 가진 의미는 모든 사람이 그렇다는 것을 뜻하는 것이 아니라 평균적으로 그렇다는 개념이다. 이러한 점에 유의할 필요가 있다.

■ 대중에 호소하는 오류

대중에 호소하는 오류란 다수의 사람들이 받아들이는 어떤 견해(주장)를 옳은 것으로 추론함으로써 발생하는 오류를 말한다. 가령 소비자 중 60%가 특정 상품을 구매하고 있다는 것을 근거로 다른 기업의 상품보다 우수하다고 주장하는 경우이다. 상품이 우수해서가 아니라, 마케팅 등 다른 요인에 의해 60%의 대중인 소비자가 선택할 수도 있다.

■ 비하(卑下)와 숭배(崇拜)의 오류

비하와 숭배의 오류란 어떤 대상을 낮추고 깎아내리거나 혹은 어떤 대상을 절대시하여 우러러 받드는 인간 성향에 기인되어 발생하는 오류를 말한다. 비하(look down)와 숭배(look up)는 인식활동에 선입견과 편견 등을 작동시켜 오류를 야기한다. 가령 어떤 견해를 하찮은 것으로 간주하거나 또는 반대로 절대시하여 발생하는 오류이다.

■ 권위(權威)에 호소하는 오류

권위에 호소하는 오류란 권위를 가진 어떤 대상을 빌려 자신의 견해를 도출하는 데서 기인하는 오류를 말한다. 가령 누군가의 권위를 빌려 그의 말을 인용하여 자신의 주장이 타당하다는 것을 주장하거나 추론에 활용하는 경우이다. 역사적 예로 오늘날 모든 물체의 낙하속도는 중력가속도($g=9.8\text{m/s}$)로 일정하다는 것이 밝혀지고 있지만, 인류는 오랜 기간 아리스토텔레스가 말한 [무거운 물체와 가벼운 물체를 같은 높이에서 동시에 떨어트리면 무거운 물체가 먼저 떨어진다]는 명제를 판단의 근거로 사용했다. 권위에 호소함으로써 발생하는 오류는 다시 권위의 적합성과 부적합성을 기준으로 두 가지로 세분화된다. 하나는 적합한 권위자이긴 한데, 권위 자체에 내재한 요인으로 발생하는 경우이다. 예컨대 [뉴턴의 관성법칙에 의할 때 우주공간에서 물체의 운동은 다른 힘이 작용하지 않는 한 지속한다]라는 진술을 인용하는 경우, 뉴턴이라 하여 모든 자연현상(우주)에 지식을 가지고 있을 수는 없다. 그러한 내재적 요인을 무시한 채 뉴턴의 견해를 반드시 참이라는 것을 전제해버리면 권위에 호소하는 오류가 발생한다. 다른 하나는 아예 부적합한 권위를 도입하여 발생하는 경우이다. 예컨대 [맹자에 의하면 우주는 둥글다]와 같이 맹자는 자연과학에서 권위를 가지고 있지 못함에도 자연과학분야의 진술에 인용하는 경우이다.

[보론] 추론의 오류에 관련하여

　추론의 오류들은 논자와 관점에 따라 다양한 것들이 소개되고 있고, 새로운 것들이 계속 발견되고 있다. 때론 명칭들이 합의되어 있지 않아 혼란을 주는 경우가 있다. 이러한 점에서 명칭에 연연하지 말고 오류의 원인이 가지는 성격에 초점을 두고 이해하는 것이 필요하다. 요컨대 오류의 유형에 대한 명칭보다는 오류의 원인과 성격에 대한 개념적 이해가 필요하다.

오류의 분류(오류발생의 요인이 가진 성격을 기준)

　현실에서의 다양한 추론오류에 대한 분류는 논자와 관점에 따라 다양하게 구분되고 있다. 일반적으로 오류발생의 요인을 자료, 심리, 언어, 논리전개 등으로 나누어진다. 다만 실제에서는 심리, 언어, 논리(관계)가 명확히 구별되지 않는다. 혼합적으로 작용한다.

■ 자료에 의한 오류(자료오류)
　자료오류란 그릇된 자료로 발생하는 추론오류를 말한다. 가령 넓은 의미로는 단순한 오타도 포함되지만, 일반적으로 잘못된 통계자료, 잘못 처리된 자료 등으로 발생하는 오류에 관심을 가진다.

■ 심리적 요인에 의한 오류(심리오류)
　심리오류란 심리적 요인에 기인되어 발생하는 추론오류를 말한다. 가령 평상시와는 다른 비정상 또는 이상심리상태에서 추론에 오류가 발생하거나 또는 책임회피와 같은 방어기제의 발동(무의식 작동), 감성에 치우친 성향 등으로 가지는 추론 오류들이다. 가령 아전인수식으로 추론하거나 성공은 자신의 내적 요인에서 찾고 실패는 외적 요인으로 돌리는 편향적 판단 등이 예이다.

■ 언어에 내재된 요인에 의한 오류(언어오류)
　언어오류란 언어가 가지는 내재적 속성에 기인하여 발생하는 추론오류를 말한다. 즉, 문법과 어법 등 언어체계가 지니는 가변성, 단어가 가진 다의미성 등으로 발생하는 추론오류이다. 가령 진술의 의미를 잘못 이해하고 그 잘못된 이해를 바탕으로 추론하는 경우이다.

■ 논리적 사유의 작동 요인에 의한 오류(논리전개오류)
　논리전개오류란 논리를 구성하고 펼치는 연속적 사유과정에서 발생하는 추론오류를 의미한다. 가령 논리를 전개하다 자기모순에 빠지거나 또는 관련성 없이 비약(점프, 멀리뛰기)하는 경우 등이다. 비형식논리학의 관점에서 가장 관심이 집중되는 오류 유형이다.

　※ 출제 유형과 관련하여 기출문제[2010년 입법고시(언어논리영역, 가책형 33번)]를 소개하기로 한다.

[문] 다음 글에서 이황이 경계한 오류와 가장 가까운 오류를 범하고 있는 것은?

> (가) 기대승: 심(心)을 가지고 말할 것 같으면 허령불매(虛靈不昧)한 것이 곧 심의 본연의 체(體)입니다. 주자가 심을 논한 곳마다 매양 허령이라 말하고, 혹은 허명(虛名), 혹은 신명(神明)이라고 말하기도 하였으나, 이는 모두 오로지 심의 본체를 가리켜 말한 것이고, 일찍이 허와 령을 리와 기에 분숙하지는 않았습니다. 대개 허령한 것은 기(氣)이고, 허령해지는 소이는 리(理)입니다.
>
> (나) 이황: 천명도(天命道) 속에 리와 기 두 글자를 허와 령 두 글자 밑에 나누어 주석한 것은 나도 정지운의 본설을 그대로 두기는 하였으나, 그 분석한 바가 너무 쇄세(瑣細)하다는 의심이 들어 이 구절을 볼 때마다 먹물을 찍어 지우고자 했던 적이 여러 번 있었습니다. 그런데도 오히려 새로운 설을 창시한 것을 기뻐하며 그대로 두었습니다.
>
> 그러나 지금 공이 변론한 글을 받고서야 마음이 석연해졌으니, 정지운에게 말하고서 지워버리겠습니다. (…) 그런데 허령을 논한 곳에 허를 리라고 말한 데 이르러서는 역시 근본한 곳이 있으니, 리·기 두 글자를 허·령에 나누어 주석한 잘못 때문에 이것까지 아울러 잘못으로 여겨서는 안 될 것 같습니다.

① 코페르니쿠스 이론은 관찰되는 현상에 맞아떨어진다. 그러나 그가 의존한 일부 원리들은 어리석은 주장들을 포함하고 있다. 예를 들어, 그는 지구가 삼중의 운동을 한다고 가정하였는데 이것은 틀린 주장이다. 따라서 코페르니쿠스의 이론은 받아들 수 없다.

② A대학교에서는 전국에서 가장 우수한 철학박사 학위자들을 배출하고 있다. 그러므로 그 학교에서 최근 학위를 받은 홍길동 역시 뛰어날 것이다.

③ B야구팀은 전국에서 가장 우수한 선수로만 구성되어 있다. 그러므로 B팀은 올해 전국체전에서 우승할 것이다.

④ 민주주의 국가라면 언론의 자유가 보장되어야 한다. 언론의 자유가 보장되지 않으면 민주주의 국가가 아니기 때문이다.

⑤ 너는 담배를 피우고 싶어 한다. 그런데 담배는 폐암의 원인이다. 나는 네가 폐암에 걸리고 싶어 한다는 것을 도저히 납득할 수가 없다.

[해설] 답: ②

문제를 해설하면, 우선 질문에서 이황이 경계한 오류와 동일한 것이 아니라 가장 가까운 오류를 선택하라는 것에 주목할 필요가 있다.

주어진 글 후단부분에서 이황이 경계하는 것은 부분과 전체에서 가지는 구성(관계)의 오류와 원인이 가진 성격과 관련하여 가장 관련성이 깊다. 즉, 부분이 잘못되었다 하여 전체가 잘못되었다고 생각하지 말 것을 경계하고 있다. 이러한 점에서 선택지를 고르면 구성(관계)오류는 ②이다. 답 ②이다.

①은 허수아비공격의 오류라고 볼 수 있고, ③은 전제와 결론 간에 인과관계가 필연적이지 못하다. 이를 합성오류라고 부르기도 하지만, 논리의 비약이란 오류원인의 성격도 가지고 있다. ④의 경우는 예로 달걀이 먼저인가 아니면 닭이 먼저인가라는 말처럼 인과(因果)의 전후관계에서 가지는 순환오류의 경우이다. 순환오류는 현상은 본질로 원인이 설명되어야 함에도 또 다른 어떤 현상을 가지고 원인이라 추론하는 데에서 흔히 발생한다. 정반 → 합 → 정반 → 합의 연속적인 진행의 변증법적 추론도 일종의 순환오류로 볼 수 있다. ⑤는 의도의 확대 또는 축소의 오류이다.

부연하여 '논리란 관계이다'라는 정의의 입장에서 보면, 논리전개의 오류는 전제들과 결론 간에 가지는 관계에서의 오류라고 볼 수 있다. 즉, 관계오류이다. 이때 관계오류는 전제들 사이에서 발생할 수 있으며, 전제들과 결론 간에서 발생할 수 있다.

제4절 논증으로의 전환과 평가

Ⅰ. '논증으로의 전환'이란?

논증으로의 전환이란 '주어진 글(진술)에서 전제와 결론을 추출하여 나타내는 것'을 말한다. 추론을 몇 가지 전제에서 결론을 이끌어내는 일체의 사유활동을 의미한다고 할 때, 청자의 입장에서 화자의 어떤 글 또는 진술을 토대로 추론하는 경우 주어진 글을 논증으로 전환하면 유용하다.

일상에서의 글 또는 진술들은 그 형식이 자유롭다. 화자가 청자(메시지 수용자)를 고려하여 부가적인 설명을 제공하거나 또는 맥락의 흐름에서 특정 진술을 생략하기도 한다. 중요하다고 생각되는 것은 그것을 강조하기 위해 반복적으로 진술을 구사하기도 한다. 이에 어떤 진술 또는 주장을 논증 형식으로 간결하게 나타내게 되면, 즉 형식을 드러내면 주어진 글을 토대로 추론이 명확하게 진행될 수 있다. 이러한 이유로 복잡하거나 또는 애매모호한 진술인 경우 논증으로 전환해야 하는 수고스러움이 필요할 때가 있다.

Ⅱ. 논증으로의 전환과 평가

논증으로 전환하는 과정은 일반적으로 ① 글의 이해와 요약 → ② 논증(전제들과 결론)의 추출 → ③ 진술의 건전성 또는 타당성의 확인 및 평가의 단계로 진행할 수 있다. 각 단계를 다음 글(진술)을 예로 살펴보기로 한다.

> 지식의 기원에 대하여 두 가지 견해가 있다. 하나는 지적 호기심설이고, 다른 하나는 필요설이다. 여기서 지적 호기심설은 지식을 생성한 사람들의 숭고한 행위로 수혜를 보는 미안함을 정당화시키려는 방어기제의 작동이거나 무지의 소치로 가지는 것이다. 지식은 자신의 생사에 직결되는 무겁고도 진중한 생활의 일부로서 필요에 의해 등장한 것이다.
> 고대의 지구환경은 위험 그 자체였다. 고대인들은 안전을 도모할 수 있는 지식이 필요했고, 지식의 등장으로 문명이 등장했다. 만약 뉴턴의 중력 발견이 "사과가 왜 떨어질까?"라는 지적 호기심에서 이루어진 것이라 한다면, 그 지적 호기심은 사과나무 밑에 누워 생각할 수 있는 안전한 환경에서 비로소 가질 수 있는 것이다. 매서운 추위와 배고픔, 위험한 동식물들로 생명에 위협이
> 존재하는 긴장된 상황에서 지적 호기심은 발동할 수 없다. 우리가 살아가고 있는 오늘날에도 마찬가지이다. 개인차원이든 집단차원이든 생명의 위협이 도처에 산재해 있고 해결해야 할 다양한 치명적 문제들에 직면해 있다. 기후문제와 같은 생태계 문제는 인류에게 예견되는 미래의 사건이 아니다. 현재의 사건이다.

지금 문제를 해결하기 위해 지식생산에 몰두하는 사람이 있다면 우리는 그에게 무한한 감사를 보내야 한다. 그의 고생과 노력으로 우리의 문제들은 해결할 가능성을 가질 수 있게 되기 때문이다. 지금 우리가 필요로 하는 지식을 아무런 대가 없이 제공해주고 있다. 진정으로 감사하는 생각을 한다면 그의 고생과 희생적 행위를 개인적 지적 호기심 충족으로 치부할 일이 아니다. 이는 이성적 인간으로서 가져야 할 정당하고 품위 있는 올바른 태도가 아니기 때문이다.

1. 글의 이해와 요약

글을 요약하는 방법은 주어진 글에서 명제들을 도출하여 이를 토대로 시도하는 것이 보다 용이하다. 즉, 논증을 이루는 필수성분인 전제와 결론의 관점에서 접근하여 추출하는 방식이다. 이때 주의할 점은 원형(주어진 글)에 다른 질료들을 개입시키지 않아야 한다. 즉, 명제의 도출은 주어진 글에서만 이루어져야 한다. 또한 일상의 논증들에서는 특정 명제가 생략되는 경우가 많다.

[본문]

지식의 기원에 대하여 두 가지 견해가 있다. 하나는 지적 호기심설이고, 다른 하나는 필요설이다. 여기서 지적 호기심설은 지식을 생성한 사람들의 숭고한 행위로 수혜를 보는 미안함을 정당화시키려는 방어기제의 작동이거나 무지의 소치로 가지는 것이다. 지식은 자신의 생사에 직결되는 무겁고도 진중한 생활의 일부로서 필요에 의해 등장한 것이다.
고대의 지구환경은 위험 그 자체였다. 고대인들은 안전을 도모할 수 있는 지식이 필요했고, 지식의 등장으로 문명이 등장했다. 만약 뉴턴의 중력 발견이 "사과가 왜 떨어질까?"라는 지적 호기심에서 이루어진 것이라 한다면, 그 지적 호기심은 사과나무 밑에 누워 생각할 수 있는 안전한 환경에서 비로소 가질 수 있는 것이다. 매서운 추위와 배고픔, 위험한 동식물들로 생명에 위협이 존재하는 긴장된 상황에서 지적 호기심은 발동할 수 없다. 우리가 살아가고 있는 오늘날에도 마찬가지이다. 개인차원이든 집단차원이든 생명의 위협이 도처에 산재해 있고 해결해야 할 다양한 치명적 문제들에 직면해 있다. 기후문제와 같은 생태계 문제는 인류에게 예견되는 미래의 사건이 아니다. 현재의 사건이다.
지금 문제를 해결하기 위해 지식 생성에 몰두하는 사람이 있다면 우리는 그에게 무한한 감사를 보내야 한다. 그의 고생과 노력으로 우리의 문제들은 해결할 가능성을 가질 수 있게 되기 때문이다. 지금 우리가 필요로 하는 지식을 아무런 대가 없이 제공해주고 있다. 진정으로 감사하는 생각을 한다면 그의 고생과 희생적 행위를 개인적 지적 호기심 충족으로 치부할 일이 아니다. 이는 이성적 인간으로서 가져야 할 정당하고 품위 있는 올바른 태도가 아니기 때문이다.

[요약문]

지식의 기원에 대하여 두 가지 견해가 있다. 하나는 지적 호기심설이고, 다른 하나는 필요설이다. 지식의 생산은 자신과 인류의 생사에 직결되는 무겁고도 진중한 생활의 일부로서 필요에 의한 것이다. 만약 뉴턴의 중력 발견이 "사과가 왜 떨어질까?"라는 지적 호기심에서 이루어진 것이라 한다면, 그 지적 호기심은 사과나무 밑에 누워 생각할 수 있는 안전한 환경에서 비로소 가질 수 있는 것이다. 매서운 추위와 배고픔, 위험한 동식물들로 생명에 위협이 존재하는 긴장된 상황에서 지적 호기심은 발동할 수 없다. 지금 문제를 해결하기 위해 지식생성에 몰두하는 사람이 있다면 우리는 그에게 감사를 보내야 한다. 지금 우리가 필요로 하는 지식을 아무런 대가 없이 제공해주고 있기 때문이다. 감사하는 생각을 한다면 그의 고생과 희생적 행위를 개인적 지적 호기심 충족으로 치부할 일이 아니다.

2. 논증의 추출

논증을 추출하는 작업은 추출된 전제와 결론들의 관계를 전제적 논리구조의 관점에서 조합하여 형식으로 나타내는 작업으로 진행한다. 예컨대 예시된 글은 3개의 단락으로 구분된다. 이때 각 단락에서 사용된 논증을 추출한다. 이때에도 주의할 점은 논증은 원형(주어진 글)에서 추출되어야 하며, 외부적 질료들을 개입시키지 않아야 한다.

[논리적 구조]

■ 주장 제시
지식의 기원에 대하여 두 가지 견해가 있다. 하나는 지적 호기심설이고, 다른 하나는 필요설이다. 지식의 기원은 필요설이 옳다.

■ 주장의 뒷받침
만약 뉴턴의 중력 발견이 "사과가 왜 떨어질까?"라는 지적 호기심에서 이루어진 것이라 한다면, 그 지적 호기심은 사과나무 밑에 누워 생각할 수 있는 안전한 환경에서 비로소 가질 수 있는 것이다. 매서운 추위와 배고픔, 위험한 동식물들로 생명에 위협이 존재하는 긴장된 상황에서 지적 호기심은 발동할 수 없다.

■ 결론
지금 문제를 해결하기 위해 지식 생성에 몰두하는 사람이 있다면 우리는 그에게 감사해야 한다. 지금 우리가 필요로 하는 지식을 아무런 대가 없이 제공해주고 있기 때문이다. 감사하는 생각을 한다면 그의 고생과 희생적 행위를 개인적 지적 호기심 충족으로 치부할 일이 아니다.

[논증의 추출(논증의 구조)]

■ 주장 제시(선택논리)
○ 지식의 기원에 대하여 두 가지 견해가 있다. 하나는 지적 호기심설이고, 다른 하나는 필요설이다.
○ 지식의 기원은 필요설이 타당하다. ⇒ 양도논증형태 {p∨q. (~p). ∴q}

> ■ 주장의 뒷받침(입증논리)
> 만약 뉴턴의 중력 발견이 "사과가 왜 떨어질까?"라는 지적 호기심에서 이루어진 것이라 한다면(p), 그 지적 호기심은 사과나무 밑에 누워 생각할 수 있는 안전한 환경에서 비로소 가질 수 있는 것이다(r). 매서운 추위와 배고픔, 위험한 동식물들로 생명에 위협이 존재하는 긴장된 상황에서(~r) 지적 호기심은 발동할 수 없다(~p). ⇒ 후건부정식형태 {p→r. ~r ∴~p}
>
> ■ 결론(제안논리)
> 지금 문제를 해결하기 위해 지식생성에 몰두하는 사람이 있다면(p) 우리는 그에게 무한한 감사를 보내야 한다(q). 감사하는 생각을 한다면(q) 그의 고생과 희생적 행위를 개인적 지적 호기심 충족으로 치부할 일이 아니다(r). ⇒ 가언삼단논증형태 {p→q. q→r (∴p→r)}

3. 논증의 평가

논증의 평가는 범주, 사유원칙(동일률, 배중률, 비모순율)을 기초로 평가한다. 일차적으로 추론이 가지는 형식이 타당한가를 중심으로 평가한다. 즉, 타당의 원리를 기본으로 한다. 다만 의미적 해석에서는 추론에 오류가 없는가를 검토한다. 전제와 결론들로 사용된 각 명제들의 참/거짓 여부에 대해서는 자명한 사실에 배치되거나 또는 명백한 반증이 존재하는 경우가 있는 경우에만 적용한다.

우선 형식에서 전체적인 관점에서 부당성을 가지고 있는가를 검토한다. 만약 전체적 흐름에서 가지는 논리구조가 마치 동전을 쌓아올린 동전 탑에서 찌그러진 동전이 끼여 탑을 이루고 있듯, 논리구조가 위배된다면 부당한 글로 평가될 수 있다. 예시된 글에서 추출된 논증을 토대로 타당성을 평가하면 양도논증, 후건긍정식, 가언삼단논증으로 구성되어 있다. 생략된 명제들을 감안하면 타당한 형식을 지니고 있고, 전제적으로도 조합되고 있다. 다음으로 내용에서 추론과 관련하여 오류가 발견되지 않는다. 또한 명확한 반증이 발견되지 않는다. 따라서 유효한 진술 또는 강한 논증으로 평가할 수 있다.

예를 하나 살펴보자.

고대인들의 지적 능력은 현대인들에 비해 떨어지지 않는다는 것은 사실이다(p). 만일 고대인들에게 지적능력이 없었다면 수학과 논리학은 존재할 수 없다. 그런데 수학과 논리학이 존재했다. 피라미드와 같은 건축물들은 기하학적 지식이 필요하다. 그리고 아리스토텔레스의 논리학 문헌이 그것을 입증한다. 그러므로 고대인들의 지적능력은 현대인들에 비해 떨어지지 않는다.

진술은 그럴듯하지만, 논증으로 번역하여 살펴보면 다음과 같은 부당성이 발견된다. 문제는 정확한 번역이다. 논증을 다음과 같이 번역하는 경우 타당한 논증이 된다.

- 고대인들의 지적 능력은 현대인들에 비해 떨어지지 않는다는 것은 사실이다(p).
- 만일 고대인들에게 지적능력이 없었다면(~p) 수학과 논리학은 존재할 수 없다(q).
- 그런데 수학과 논리학이 존재했다(~q).
- 그러므로 고대인들의 지적능력은 현대인들에 비해 떨어지지 않는다(p).

입론 p에 대하여 입증논리로 타당한 형식이다. 즉, (p)/(~p→~q, q ∴ p)와 같이 입론을 거짓으로 전제하여 후건부정식의 형식을 입론이 귀류법을 통해 참임을 밝히고 있다.

하지만 입론의 p와 전제로서 상정된 p는 서로 다른 의미를 가지고 있다. 즉, [고대인들의 지적 능력은 현대인들에 비해 떨어지지 않는다(p)]라는 명제와 [고대인들에게 지적능력이 없다(~p)]라는 논증은 의미가 다르다. [지적능력이 있다/없다]라는 논증과 [차이가 있다/없다]는 논증은 의미가 다르기 때문이다.

[문] 다음 글을 요약한 것으로 가장 적절한 것은?

> 지구 반대편 먼 곳에서 발생하는 화산폭발이 우리나라와 무관할 것 같지만 우리나라의 경제에 영향을 미친다. 화산이 폭발하면 화산재가 분출된다. 화산재가 분출하면 항공운행이 중단된다. 항공운행이 중단되면 국가 간 교역량이 감소한다. 국가 간 교역량이 감소하면 경제성장이 둔화된다. 경제성장이 둔화되면 실업률이 증가한다. 실업률이 증가하면 가계소득이 감소한다. 가계소득이 감소하면 경제가 불황에 빠지게 된다. 경제가 불황에 빠진다면 국민은 고통을 받게 된다. 국민의 고통은 정부가 해소할 의무를 발생시킨다. 지금 아이슬란드에서 화산폭발이 발생했다. 우리나라의 경제에 영향을 미칠 것이다. 따라서 정부는 면밀히 사태추이를 관찰하고 필요한 대비책을 강구할 필요가 있다.

① 지구 반대편 먼 곳에서 발생한 화산폭발은 우리나라의 경제에 영향을 미친다. 지금 아이슬란드에서 화산폭발이 발생했다. 우리나라의 경제에 영향을 미칠 것이다.

② 화산이 폭발하면 경제가 불황에 빠지게 된다. 경제가 불황에 빠진다면 국민은 고통을 받게 된다. 국민의 고통은 정부가 해소할 의무를 발생시킨다. 따라서 정부는 사태추이를 관찰하여 필요한 대비책을 강구할 필요가 있다.

③ 지구 반대편 먼 곳에서 발생한 화산폭발은 우리나라의 경제에 영향을 미친다. 국민의 고통은 정부가 해소할 의무를 발생시킨다. 따라서 정부는 면밀히 사태추이를 관찰하고 필요한 대비책을 강구할 필요가 있다.

④ 지구 반대편 먼 곳에서 발생한 화산폭발은 우리나라의 경제에 영향을 미친다. 지금 아이슬란드에서 화산폭발이 발생했다. 우리나라의 경제에 영향을 미칠 것이다. 그 영향은 국민에게 고통을 준다. 국민의 고통은 정부가 해소할 의무를 발생시킨다. 따라서 정부는 사태추이를 관찰하고 필요한 대비책을 강구할 필요가 있다.

⑤ 지구 반대편 먼 곳에서 발생하는 화산폭발이 우리나라와 무관할 것 같지만 우리나라의 경제에 영향을 미친다. 화산이 폭발하면 화산재가 분출된다. 국가 간 교역량이 감소한다. 국가 간 교역량이 감소하면 경제성장이 둔화된다. 경제성장이 둔화되면 경제가 불황에 빠지게 된다. 지금 아이슬란드에서 화산폭발이 발생했다. 우리나라의 경제에 영향을 미칠 것이다.

[해설] 답: ④

복합논증으로 구성된 글의 요약.

[논증 1] 지구 반대편 먼 곳에서 발생하는 화산폭발이 우리나라와 무관할 것 같지만 우리나라의 경제에 영향을 미친다. 지금 아이슬란드에서 화산폭발이 발생했다. 우리나라의 경제에 영향을 미칠 것이다.

[논증 2] 화산이 폭발하면 화산재가 분출된다. (…) 경제가 불황에 빠진다면 국민은 고통을 받게 된다. 국민의 고통은 정부가 해소할 의무를 발생시킨다. 따라서 정부는 면밀히 사태추이를 관찰하고 필요한 대비책을 강구할 필요가 있다. ⇒ [논증 1]과 [논증 2]의 두 논증을 복합하여 요약한 것은 ④이다.

[문] 다음의 논증을 기호로 전환할 때, 논리구조에서 나타날 수 없는 것을 〈보기〉에서 모두 고르면?

> 신이 존재한다면 신은 유한자이거나 무한자 중 둘 중 하나이어야 한다. 신은 유한자가 될 수 없다. 신이 유한자라면 우주를 만들 수 없기 때문이다. 우주는 안과 밖의 경계가 있는 유한적이다. 유한자라면 밖을 만들 수 없다. 따라서 신이 존재하려면 무한자이어야 한다. 그런데 신이 무한자라면 어떠한가? 이때 신은 경계를 가지지 않는다. 무한자이기 때문이다. 그런데 공간은 유한적이다. 극락과 사바세계, 육도의 세계, 천당과 지옥의 세계, 서로 다른 공간을 가진 다차원적 우주라고 생각하는 공간들 역시 모두 유한적이다. 그러므로 신이 존재한다면 유한의 우주를 포괄하는 더 넓은 무한 공간에 존재해야 한다. 그렇기 때문에 신은 무한자도 아니다. 결국 신은 존재하지 않는다.

〈보기〉

㉠ $p \rightarrow \sim q$, $\sim q \rightarrow \sim r$ ∴ $p \rightarrow \sim r$

㉡ $p \rightarrow (q \lor r)$, $\sim q$ ∴ r

㉢ $r \rightarrow \sim s$, s ∴ $\sim r$

㉣ $p \rightarrow q$, p ∴ q

㉤ $p \rightarrow (q \lor r)$, $\sim (q \& r)$ ∴ $\sim p$

① ㉠, ㉡   ② ㉠, ㉢   ③ ㉠, ㉣   ④ ㉡, ㉢   ⑤ ㉣, ㉤

[해설] 답: ③

신이 존재한다면(p) 신은 유한자(q)이거나 무한자(r) 둘 중 하나이어야 한다. 신은 유한자가 될 수 없다(~q). 신이 유한자라면 우주를 만들 수 없기 때문이다. 우주는 안과 밖의 경계가 있는 유한적이다. 유한자라면 밖을 만들 수 없다. 따라서 신이 존재하려면 무한자이어야 한다(r). 그런데 신이 무한자라면(r) 어떠한가? 이때 신은 경계를 가지지 않는다(~s). 무한자이기 때문이다. 그런데 공간은 유한적이다. 극락과 사바세계, 육도의 세계, 천당과 지옥의 세계, 서로 다른 공간을 가진 다차원적 우주라고 생각하는 공간들 역시 모두 유한적이다. 그러므로 신이 존재한다면 유한의 우주를 포괄하는 더 넓은 무한 공간에 존재해야 한다. 그렇기 때문에 신은 무한자도 아니다(s). 결국 신은 존재하지 않는다(~p).

⇒ 유신론과 범신론의 부정 논증: $p \rightarrow (q \lor r)$, $\sim (q \& r)$ ∴ $\sim p$의 형태(후건부정식)

※ $p \rightarrow (q \lor r)$ 【$\{p \rightarrow (q \lor r)$. $\sim q$. $r\}$ & $\{r \rightarrow \sim s$. s. $\sim r\}$】 $\sim (q \& r)$ ∴ $\sim p$

[문] 다음의 글의 서론 부분에서 제기된 사안에 대하여 본론과 결론의 내용을 제시된 기호로 전환할 때, 나타나지 않는 것은?

만약 당신이 느낀 특별한 순간에서의 감정을 지시하여 [행복]이라 이름을 붙였다고 하자. 이후 그 감정을 다시 느끼게 되면 그때 당신은 그것을 다른 사람에게 [행복]이라 말할 것이다. 그런데 이때 당신이 말한 [행복]이란 것은 당신이 착각할 수 있고, [행복]이 아닌 다른 [즐거움] 또는 [쾌락]과 같은 용어와 혼동하여 당신이 말할 수도 있다. 그렇다면 우리는 당신이 올바르게 용어를 사용한 것인가를 어떻게 판별할 것인가?

만약 [행복]이라는 지시어가 당신만의 감정을 지칭하는 것이라면 판단할 기준이 없다. 판단할 기준이 없다면 올바른 사용 여부를 판별할 수 없다. 따라서 [행복]이라는 지시어가 당신만의 감정을 지칭하는 것이라면 올바른 사용 여부를 판단할 수 없다. 하지만 [행복]이란 용어가가진 감정이 무엇인지 타인과 공유하고 있다면 그것은 올바른 사용 여부를 판단할 수 있게된다. 왜냐하면 당신과 우리 사이에서 가지는 공유된 의미가 존재하면 당신과 우리 모두 인정할 수 있는 판단기준을 가질 수 있고, 판단기준을 가지고 있다면 그것은 올바른 사용 여부를 판단할 수 있기 때문이다. 그렇기 때문에 감정을 나타내는 용어라 할지라도 그것이 지시하는 감정이 우리와 공유하고 있는 용어라면 당신의 올바름에 판별기준이 마련될 수 있어판단이 가능하다. 하지만 일상에서의 감정용어들은 타인과 공유된 의미를 가지기 어렵다. 그리하여 판단이 사실상 불가능하다. 이러한 이유로 감정용어들은 올바른 사용 여부에 대한 판단이 사실상 무의미해진다.

<기호는 각각 다음으로 표현한다>

- ▪ p: 행복을 지시하는 단어는 당신만의 감정을 지칭하는 것이다.
- ~p: 행복을 지시하는 단어는 타인과 공유하는 감정을 지칭하는 것이다.
- ▪ q: 그것은 판단기준이 있다.
- ~q: 그것은 판단기준이 없다.
- ▪ r: 그것은 올바른 사용 여부를 판단할 수 있다.
- ~r: 그것은 올바른 사용 여부를 판별할 수 없다.

---

① $p \rightarrow \sim q$, $\sim q \rightarrow \sim r$ ∴ $p \rightarrow \sim r$
② $\sim p \rightarrow q$, $q \rightarrow r$ ∴ $\sim p \rightarrow r$
③ $\sim p \rightarrow r$
④ $p \rightarrow \sim r$
⑤ $\sim p \rightarrow \sim q$, $\sim q \rightarrow \sim r$ ∴ $\sim p \rightarrow \sim r$

[해설] 답: ⑤

<글의 구조>

[①]: 서론(문제제기) - 감정용어의 올바른 사용 여부에 대한 판별 문제.

[②]: 본론(논증의 구성)

②-1: $p \rightarrow \sim q$, $\sim q \rightarrow \sim r$ $\therefore$ $p \rightarrow \sim r$

②-2: $\sim p \rightarrow q$, $q \rightarrow r$ $\therefore$ $\sim p \rightarrow r$

②-3: $\therefore$ $\sim p \rightarrow r$

만약 [행복]이라는 지시어가 당신만의 감정을 지칭하는 것이라면(p) 판단할 기준이 없다(~q). 판단할 기준이 없다면(~q) 올바른 사용 여부를 판별할 수 없다. 따라서 [행복]이라는 지시어가 당신만의 감정을 지칭하는 것이라면 올바른 사용 여부를 판단할 수 없다(~r).

$\Rightarrow$ $p \rightarrow \sim q$, $\sim q \rightarrow \sim r$ $\therefore$ $p \rightarrow \sim r$

하지만 [행복]이란 용어가 가진 감정이 무엇인지 타인과 공유하고 있다면(~p) 그것은 올바른 사용 여부를 판단할 수 있게 된다(r). 왜냐하면 당신과 우리 사이에서 가지는 공유된 의미가 존재하면(~p) 당신과 우리 모두 인정할 수 있는 판단기준을 가질 수 있다(q). 판단기준을 가지고 있다면(q) 그것은 올바른 사용 여부를 판단할 수 있기 때문이다(r).

$\Rightarrow$ $\sim p \rightarrow q$, $q \rightarrow r$ $\therefore$ $\sim p \rightarrow r$

그렇기 때문에 감정을 나타내는 용어라 할지라도 그것이 지시하는 감정이 우리와 공유하고 있는 용어라면(~p) 판별기준이 마련될 수 있어 당신의 올바름에 대한 판단이 가능하다(r).

$\Rightarrow$ $\therefore$ $\sim p \rightarrow r$

[③]: 결론

$\Rightarrow$ $p \rightarrow \sim r$

일상에서의 감정용어들은 타인과 공유된 의미를 가지기 어렵다(p.) 그리하여 판단이 사실상 불가능하다(~r).

[문] 다음 글에서 말하는 추론 오류를 〈보기〉에서 쌍으로 고르면?

아리스토텔레스의 [무거운 물체와 가벼운 물체를 같은 높이에서 동시에 떨어트리면 무거운 물체가 먼저 떨어진다]는 명제에 대하여, 갈릴레오는 이런 사유(생각)를 했다. 만약 무거운 물체와 가벼운 물체를 서로 붙여 단단히 묶어 떨어트린다면 어떻게 될까? 이때 무거운 물체(A)를 2kg이라 하고, 가벼운 물체(B)를 1kg이라 하자. 그러면 이 둘을 합치면 3kg이므로 무거운 물체 하나를 떨어뜨릴 때보다 더 빨리 떨어져야 한다. 그런데 모순이 발생한다. 무거운 물체(A)는 2kg에 대한 속도를 가지고 있고, 가벼운 물체(B)인 1kg도 속도를 가지고 있다. 각각의 낙하 속도들의 관계에서 무거운 물체가 가진 속도는 가벼운 물체가 가진 속도에 의해 감속의 효과를 발생시키기 때문이다. 따라서 무거운 물체 혼자 떨어지는 경우보다 가벼운 물체를 붙여 떨어트리는 경우 오히려 더 늦게 떨어질 수 있다. 이에 더 늦게 떨어지는 경우는 아리스토텔레스의 명제와 상호 모순이다. 이에 갈릴레오는 순수하게 사유만으로 행한 논리 실험(사고실험)으로 아리스토텔레스의 명제에 논리적 모순점이 있다는 것을 발견하고, 경험적 실험을 실행하여 확신을 가지게 되었다. 그리고 많은 사람들이 보는 가운데 피사의 탑에서 실험을 통해 아리스토텔레스의 명제가 잘못된 것이라는 것을 증명하려 했다. 하지만 사람들은 그 실험 결과를 믿지 않았다. 심지어 조작된 것 또는 잘못된 실험이라 평가 절하했다.

ㄱ. 소비자는 결코 멍청하지 않다. 자사의 제품은 소비자평가에서 2년 연속 최우수상품으로 선정되었다. 이러한 사실은 우리의 상품이 우수하다는 것을 입증한다.

ㄴ. 옛 성인의 말씀에 따르면 물이 위에서 아래로 흐르듯 인간의 본성은 고유한 성질이 있고, 그 고유한 성질의 본래의 것은 선하다. 그러므로 당신이 주장하는 인간 본성이 마치 하얀 백지장처럼 원래 성질을 가지고 있지 않다는 주장은 옳지 못하다.

ㄷ. 어린아이 같은 사람이 주장하는 것을 어떻게 신뢰할 수 있다는 말인가?

ㄹ. 그가 범인임이 분명하다. 모든 정황적 사실들이 모두 그를 가리키고 있다.

ㅁ. 그 국가는 세계에서 가장 국민소득이 높은 나라이다. 그 나라 사람 갑은 가나 국민인 을보다 연간 소득이 높다.

① ㄱ, ㄴ   ② ㄱ, ㄷ   ③ ㄴ, ㄷ   ④ ㄴ, ㄹ   ⑤ ㄷ, ㅁ

[해설] 답: ③

주어진 글에는 권위에 호소하는 오류(아리스토텔레스의 견해를 반드시 참이라고 전제해버리면 오류가 발생)와 비하의 오류(갈릴레오의 견해를 하찮은 것으로 간주)를 내용으로 하고 있다.

ㄱ: 대중에 호소하는 오류

ㄴ: 권위에 호소하는 오류

ㄷ: 비하(숭배)의 오류

ㄹ: 정황오류

ㅁ: 구성의 오류(관계오류)

[문] 다음 글의 논리 전개 방식에서 발생할 수 있는 오류원인이 동일한 것을 고르면?

> 명당(明堂)이기 위해서는 최소한 두 가지 조건 중 하나라도 충족해야 한다. 하나는 지형의 형세가 장풍득수의 형상을 가지고 있어야 한다. 풍(風)은 살(殺)이고 수(水)는 생(生)이다. 그렇기 때문에 바람을 막고 물을 얻는 형상을 가지고 있어야 한다. 다른 하나는 용수배합이다. 용(龍)은 양으로서 위로 올라가는 기(氣)이다. 반면 수(水)는 음으로서 아래로 내려가는 기(氣)이다. 모든 생명체는 양 또는 음만으로 존재할 수 없으며, 양과 음이 잘 교합되어 기의 순환이 원활한 형상을 가지고 있어야 한다. 만약 두 가지 조건을 모두 갖춘 곳이라면 그야말로 최상의 명당이다.
>
> 지금 우리가 보고 있는 이곳은 좌로 용이 길게 누워 있는 좌청룡 모습이고, 우로 호랑이가 눈을 부릅뜨고 경계하는 우백호 형상을 가지고 있다. 지형의 경사가 물을 방출하는 것이 아니라 모으는 형상이다. 또한 용과 수가 절묘한 교합을 이루어 음과 양의 기들이 아늑함을 방출하고 있다. 그러므로 천기(天氣)를 감히 말하건대 이곳은 보기 드문 최상의 명당자리이다.

① 술을 많이 마시면 간에 해롭다. 갑은 간이 건강하지 못하다. 따라서 갑은 술을 많이 마신다.

② 자존심은 미친 소녀가 입에 물고 다니는 꽃과 같다. 그 꽃은 소녀의 생명이다. 소녀에게 놀리거나 돌팔매 짓을 해도 그는 아무렇지 않게 웃고 만다. 그러나 소녀에게서 꽃을 빼앗으면 소녀는 사나운 얼굴로 광폭해진다. 이처럼 자존심은 생명과 같은 것이다. 이에 당신이 누군가의 자존심을 상하게 한다면 당신은 광폭함의 경험을 면치 못할 것이다. 당신이 누군가에게 제정신이 아니게 하여 그의 신세를 망치는 행위를 유발하려 한다면 그의 자존심을 빼앗아라.

③ A부처 김 사무관은 금고형을 확정받고 파면되었다. B부처 이 사무관은 금고형을 언도받고 곧장 파면되었다. 그러므로 금고 이상의 형이 확정된 공무원은 파면된다.

④ 금고형 이상의 형이 확정된 공무원은 파면된다. 김 사무관은 형이 확정되지 않았다. 따라서 무죄추정의 원칙에 의해 김 사무관에게 파면의 징계처분을 내릴 수 없다.

⑤ 독과점 시장형태라면 완전경쟁시장과는 달리 독과점이윤이 창출된다. A기업이 생산하는 상품시장은 독과점 시장형태가 아니다. 그러므로 독과점이윤이 창출되지 않는다.

[해설] 답: ②

주어진 글의 논리 전개방식은 유비추론방식(유비오류)이다. 참고로 형식은 전건긍정식의 형태를 중심으로 한 연언과의 복합논증으로 타당하다. 선택지에서 유비추론형식은 ②이다.

① 형식: 가언논증의 후건긍정식(오류)

③ 형식: 귀납추론(비약오류)

④ 형식: 귀류법 [(p→q)∨(~p→~q), ~p ∴ ~q]. 타당. 의미: [금고형 이상의 형이 확정되었다면 공무원은 파면된다. ↔ 금고형 이상의 형이 확정되지 않았다면 공무원은 파면되지 않는다. 김 사무관은 형이 확정되지 않았다. 따라서 김 사무관은 파면되지 않는다.]

⑤ 형식: 가언논증의 전건부정식(오류)

[문] 다음 글의 논지 전개 방식에서 발생할 수 있는 오류 원인이 동일한 것을 고르면?

> 사무관 갑은 담당 업무 수행에 좋은 평가를 받을 때는 자신이 그 만큼 능력이 있기 때문이라고 생각하고, 나쁜 평가를 받을 때에는 운이 나빴기 때문이라고 생각한다. 이처럼 공무원들은 자신에 대한 긍정적 평가에 대해서는 자신의 탓으로 생각하고, 부정적 평가에 대해서는 운으로 그 원인을 돌리는 경향이 있다.

① 사람들은 일반적으로 당면한 위기 상황을 판단함에 있어 자기에게 유리하거나 또는 좋은 방향으로 생각하는 경향을 가지고 있다. 이러한 현상은 좌절보다는 희망이 심리적 고통을 덜어주기 때문이다. 갑은 현실의 위기 상황에서도 항상 긍정적으로 판단한다.

② 인간의 면역체제는 크게 두 가지이다. 하나는 바이러스를 잡아먹는 항체를 구성하여 보호하는 항체면역이고, 다른 하나는 감염된 세포를 스스로 파괴하여 다른 세포로 감염되는 것을 막는 세포면역이다. 항체가 만들어지는 데 소요시간은 15일 정도 걸리고, 세포면역이 작동하는 데에는 7일 정도가 소요되는 것으로 밝혀져 있다. 하지만 2,000만 명 이상의 목숨을 앗아간 스페인 독감 H1N1 타입과 최근 우리나라를 비롯하여 세계 각지에서 발생한 H5N1 타입의 경우에서는 몸 전체의 세포들을 감염시키고 급속하게 세포들을 파괴해 면역체계가 발동할 시간적 여지를 주지 않는다. 위험을 관리하는 가장 좋은 방법은 백신을 접종하는 방법이다.

③ 사무관 갑은 조류인플루엔자 H5N1에 감염되었다. 갑의 폐는 바이러스에 의해 급속히 세포들이 파괴되었다. 5일이 지나자 폐의 세포들이 거의 파괴되어 익사 직전의 상태와 같은 호흡곤란 증상을 보였다. 그러므로 조류인플루엔자(Bird Flu) H5N1에 감염된 사람들은 감염된 후 최소한 48시간 내 항생제 투여 조치가 요구된다.

④ 항생제는 일반적으로 같은 타입의 유전자에 대하여 교차방어가 가능하다. 가령 H형 유전자는 H1에서 H16까지 모두 16종이 알려져 있다. 이때 H형 유전자에 대항하는 H형 항생제는 H형 타입에 교차방어 기능을 수행한다. 그런데 H1N1과 H5N1 타입의 항생제는 서로 교차방어가 되지 않는다. H1N1 타입에 감염된 사람이 H5N1 타입의 백신을 맞은 경우 효과를 보지 못한다.

⑤ 치사율이 50%인 조류인플루엔자(Bird Flu)가 세계에 확산되는 예상 속도는 5개월이다. 접종할 백신의 양을 생산하는 데 소요되는 예상 시간은 6개월이다. 따라서 백신을 충분히 확보하기 위해서는 사전에 생산하여 비축할 필요가 있다.

[해설] 답: ③

주어진 글의 논리 전개방식은 귀납적 추론방식이다. 이에 일반화 오류가 존재한다. 선택지에서 귀납적 추론형식은 ③이다.

✔ 유사기출문제: 2009년 입법고시(언어논리영역, 가책형 25번)

※ 다음 글을 읽고 물음에 답하시오.

18세기에는 뇌 골격의 크기가 남성이 크다는 이유로 남성의 지능이 우수하다는 보고서들이 나왔다. 하지만 뇌 골격의 크기가 지능발달 정도를 판단할 수 있는 근거가 될 수 없다는 비판을 받게 된다. 코끼리의 뇌는 인간의 것보다 더 크다. 그렇다면 코끼리 지능이 인간보다 더 높은 지능을 가져야 한다는 이야기가 되기 때문이다. 20세기에 들어 좌뇌는 이성과 수리에 관한 사고를 담당하고, 우뇌는 감성과 언어를 담당한다는 보고서들이 발표된다. 그리고는 남성 집단의 수학점수가 여성 집단에 비해 높다는 통계적 조사를 근거로 남성은 이성적이고, 여성은 감성적이라는 결과가 발표된다. 하지만 통계적 오류가 지적되었다. 0점에서 100점의 영역에서 남성 집단은 60점을 축으로 좌우 대칭을 가지는 정규분포이고, 여성 집단은 50점을 축으로 좌우 대칭을 가진 정규분포에서 두 집단 간 수학점수 평균은 다르다. 하지만 두 집단을 하나의 정규분포표로 나타내면 겹치는 영역이 있다. 이때 겹치는 영역에서는 남녀 두 집단 간 평균 차이는 없게 된다. 즉, 남녀 집단 구별이 되지 않는다. 그렇기 때문에 <u>남성 또는 여성 범주에 속한 개인을 두고 그가 남성이기에 수학을 잘할 것이다. 또는 그가 여성이기에 언어를 잘할 것이라고 추론하는 것은 오류가 있다는 지적이다.</u>

사람들은 통상 의상, 몸가짐, 말투 등과 같은 드러난 행동양식을 가지고 남성 또는 여성이라 판단한다. 사회적 통념으로서의 어떤 젠더(gender)에 관한 체계를 가지고 있다는 것을 뜻한다. 과학계에서는 남녀 성별 분별에 두 가지 방법을 제시한다. 하나는 형태적인 생식기이다. 가령 태어난 아이 또는 태어날 아이의 생식기를 통한 성별(gender/sex) 판별방법이다. 생식기는 남녀 성별을 분별하는 가장 손쉬운 방법이다. 하지만 생식기로 판별하는 데에도 문제가 발생한다. 남성과 여성의 두 집단 사이에 존재하는 간성 또는 중성의 복잡한 성(性)들이 존재한다. 어떤 학자는 한 사람이 암수 생식기를 동시에 가지고 있는 간성(間性)인 사람의 비율을 1%로 추정하기도 한다. 특히 외양은 자연적이든 인위적이든 변화될 수 있다. 이에 생식기와 같은 외양에 추가하여 내면적인 판별기준을 제시한다. 대표적인 것이 DNA에 의한 구분방법이다. 가령 인간은 46개의 염색체를 가지고 있고 그중 XY라는 염색체를 가지고 있다면 남성, XX를 가지고 있다면 여성으로 구분하는 방법이다. 2009년 여성육상에서 금메달을 받은 사람이 난소와 같은 여성 생식기를 가지고 있지 않다는 것을 근거로 여성이 아니라고 판단되고 금메달이 박탈되었다. 또 다른 한 사람은 염색체가 XY라는 이유로 여성이라 볼 수 없다는 점을 들어 금메달이 박탈되었다.

[문 1] 글의 내용을 포괄하는 진술로 가장 적절한 것은?

① 남성과 여성의 뇌기능 비교

② 외양적 판별방법이 가진 문제점

③ 남녀 범주화와 분류방법에의 문제점

④ 과학적 지식이 제공하는 남녀 성별의 판별방법

⑤ 사회적 통념에 의해 판별되는 남녀 구분의 문제점

[문 2] 밑줄 친 부분과 동일한 원인의 성격을 가진 추론 오류는?

① 아인슈타인은 자신의 이론에 대하여 검증이 필요하다는 것을 언급하고 있다는 점에서 이론은 참이 아니다.

② 갑에 대한 무죄의 증거를 발견할 수 없으니 그는 유죄이다.

③ 사형폐지에 대한 소신을 밝혀온 A판사가 사형을 선고했다는 것은 소신이 바뀌었다는 것을 말해준다.

④ A대학교 인문계열 출신 학생들이 우수하다는 것은 명백한 참이기에 A대학은 우수하다.

⑤ 완전경쟁시장에서의 수요공급이론은 불완전한 정보를 가정하고 있는데 불완전한 정보에서 소비자와 생산자는 효용과 이윤을 극대화할 수 있는 선택을 할 수 없다. 따라서 이론은 잘못된 것이다.

[해설] 답: ③, ④

[문 1] '글의 내용을 포괄하는 진술로 가장 적절한 것은?'의 질문은 논의의 내용들을 포괄하는 가장 강한 진술을 고르라는 의미가 된다. 글의 내용에 대한 가장 강한 진술은 ③ 남녀 범주화와 분류방법에의 문제점이다.

[문 2] 밑줄 친 진술은 [부분이 맞더라도 전체에서는 맞지 않는 경우가 있다] 또는 반대로 [전체에는 맞더라도 부분이 맞지 않을 수 있다]는 구성의 오류(관계오류)를 말하고 있다. 선택지에서 관계오류(구성의 오류)는 ④이다. 선택지들은 각각 ① 초점의 오류, ② 무지(無地)에 호소하는 오류, ③ 의도 확대 또는 축소의 오류, ④ 구성오류, ⑤ 허수아비 공격의 오류에 관련된 진술이다.

[문] A와 B가 다음과 같은 판단성향을 가지고 있을 때, 〈보기〉의 세 가지 질문과 평가방식으로 선택형 시험(객관형 시험)을 치르게 하고 평가를 점수화하여 선발한다고 할 경우, 누가 선발될 것인가를 추론 한 것으로 가장 적절하지 않은 것은?(단 A와 B는 자신의 판단성향을 유지하여 정답을 선택한다. 그리고 합격자는 상대평가를 적용한다)

〈A와 B의 판단성향〉

○ A는 판단에 완전한 정보를 획득한 후에 비로소 정답을 골라내려는 성향을 가지고 있다. 완전하지 않은 정보로는 결론을 내리지 않는다.

○ B는 불완전한 정보를 가지고 자신의 직감과 상상력을 가미하여 답을 선택하는 경향을 가지고 있다.

〈보기: 질문과 평가방식〉

1. 질문 속에 답을 추론하는 데 필요한 정보를 온전히 제공, 시간 무제한(한 정답에 2.5점 부여).
2. 질문에 정보를 불완전하게 제공하고 답을 하는 시간을 제약(한 정답에 2.5점 부여).
3. 판단에 필요한 정보를 온전하게 제공하는 문제와 불완전가게 제공하는 문제를 반반으로 질문. 단, 판단오류의 경우 패널티를 부과: 한 오답마다 2.5점 감점.
※ 질문은 모두 40문항으로 하고 선택지는 5가지 중 하나를 선택하도록 구성한다.

---

① '1'의 <질문과 평가방식>의 경우에서는 A가 합격자가 된다.

② '2'의 <질문과 평가방식>의 경우에서는 B가 합격한다.

③ '3'의 <질문과 평가방식>의 경우에서는 B가 합격한다.

④ B의 경우 40문제를 모두 행운으로 맞힐 확률은 $(\frac{1}{5})^{40}$ 이다.

⑤ 만약 합격하는 점수가 최소한 65점 이상이 되어야 한다면 세 가지 질문과 방식에서 '1'의 경우를 제외하고 A는 합격할 가능성이 없다.

[해설] 답: ③

① '1'의 <질문과 평가방식>의 경우 질문에 대한 완전한 정보를 주고 시간도 무제한이기 때문에 A가 합격자가 된다. A는 완전한 정보를 가지고 판단을 한다. 반면 B는 불완전한 정보를 가지고 판단한다. B는 판단 성향으로 완전한 정보를 주어도 이를 활용하지 않기 때문에 오류가 발생할 개연성을 가지기 때문이다.

② '2'의 <질문과 평가방식>의 경우 제공되는 정보가 답을 추론하는 데 불완전하고 답을 하는 시간 역시 제약되어 있다. A와 B는 이들 제약조건들 속에서 점수를 획득하게 된다. 이 경우 A는 질문들에 답을 하나도 못한다. 결코 완전한 정보를 얻을 수가 없기 때문이다. 반면 B는 불완전한 정보를 가지고 답을 선택한다. 이때 B는 행운적 요소를 가지고 있다. 그러므로 B가 합격한다. 요컨대 B그룹에서 선발자가 나오게 된다.

③ '3'의 <질문과 평가방식>의 경우 판단에 필요한 정보를 모두 제공하는 문제와 불완전한 정보를 가지고 판단하는 문제를 반반으로 질문하고, 판단오류에 패널티를 부가하여 점수를 처리하는 평가방식이다. 즉, 완전한 정보제공문제와 불완전한 정보제공 문제를 각각 1/2로 출제하고 오답을 말한 경우에 한 오답에 2.5점씩 감(-)하여 점수화하는 것이다.

A가 얻을 수 있는 감점과 득점의 점수범위는 $-50 \leq A \leq 50$이 된다. 20문제만을 답하여 모두 맞히는 경우 50점, 모두 틀리는 경우 -50점이 된다. 그런데 완전한 정보를 통해 답하는 성향을 가지고 있기 때문에 불완전한 정보로 주어지는 문제는 판단을 보류한다. 그러므로 최대 점수는 0점이다. 반면 B는 불완전한 정보로 주어지는 문제이든 완전한 정보로 주어지는 문제이든 판단이 보류되지 않는다. 그러므로 그가 얻을 수 있는 점수의 범위는 "$-100 \leq B \leq 100$"이 된다. 최댓값이 100점이고, 최솟값은 -100점이 된다. 이때 B가 얻게 되는 점수는 자신의 실력과 행운적 요소에 의존된다.

④ '3'의 <질문과 평가방식>의 경우 행운적 요소를 제거하는 데 가장 효과적인 선발방식이 될 수 있다. 총 40문제에 각각 5개의 선택사항이 있을 때, 각 문제당 행운으로 모두 정답을 맞힐 확률은 1/5이다. 그런데 40번 연속으로 정답을 맞혀야 하므로 확률은 $(\frac{1}{5})^{40}$이 된다.

⑤ A가 얻을 수 있는 감점과 득점의 점수범위는 '2'의 경우는 0점이다. 판단이 보류되기 때문이다. '3'의 경우는 $-50 \leq A \leq 50$이 된다. 그런데 완전한 정보를 통해 답하는 성향을 가지고 있기 때문에 불완전한 정보로 주어지는 문제는 판단을 보류한다. 20문제만을 답하여 모두 맞히는 경우 50점, 모두 틀리는 경우 -50점이 된다. 그런데 여기서 합격하는 점수가 최소한 65점 이상이 되어야 한다면 A의 경우 합격할 가능성이 없다.

[문] 다양한 각 분야의 전문가들로 인사정책에 대한 심의/의결기구인 인사정책위원회를 구성하여야 한다. 현재 각 분야에서 거론되고 있는 위원후보자들은 모두 30명이다. 이 중 A분야에서 3명이 위촉되어야 하는데 모두 A, B, C, D, E, F의 6명 후보자들이 존재한다. 이때 인사담당자의 재량권을 없애기 위해 위촉에 필요한 조건을 제시하려 한다. 다음의 조건에 어떤 추가적 조건이 필요한가?

[업무지침]

- B는 위촉하지 않는다.
- B를 위촉하지 않으면 C 또는 E를 위촉한다.
- A를 위촉하면 B와 C도 위촉한다.
- A를 위촉하지 않으면 D를 위촉한다.
- C와 E를 함께 위촉하면 D는 위촉하지 않는다.
- D 또는 E를 위촉하면 F도 위촉한다.

---

① C를 위촉하면 D 또는 F를 위촉하지 못한다.
② D를 위촉하면 E 또는 F를 위촉하여야 한다.
③ C 또는 D를 위촉하면 E 또는 F도 위촉한다.
④ D를 위촉하면 A 또는 C를 위촉하여야 한다.
⑤ C를 위촉하면 A 또는 B를 위촉하지 못한다.

[해설] 답: ①

6명 중에서 3명을 위촉하는 경우의 수는 6명 중에서 3명을 택하는 것이 되므로 $_6C_3$이고, 모두 15가지가 된다. 이때 재량권을 부여하지 않으려면 14가지 경우를 통제하는 조건을 설정하면 된다. 먼저 위 6가지 조건에 의해 나타날 수 있는 경우는 CDF, DEF의 2가지이다. 따라서 이 두 가지에서 마지막 조건을 하나 더 설정하면 된다. 가령 [C를 위촉하면 D 또는 F를 위촉하지 못한다]라는 조건을 추가하게 되면 DEF만 남게 된다. 참고로 이러한 정책결정의 경우 정책결정자와 집행자 간에 재량권통제에 관련하여 (논리)게임적 성격을 지닌다.

[문] A부처는 체육대회를 개최하면서, 산하 10개 팀이 참가하는 족구시합을 개최할 예정이다. 참가 팀에게 1에서 10까지의 번호를 추첨하여 추첨된 번호표에 따라 제1번 팀과 제2번 팀이 먼저하고, 승리한 팀이 제3번 팀과 시합을 한다. 여기서 이긴 팀이 다시 제4번 팀과 겨루는 방식으로 총 9차례 이루어졌다. 이 대회에 알려진 사실은 〈보기〉와 같다. 이러한 사실을 참이라 할 때, 다음 중 반드시 참인 것은?

〈보기〉

가. 제1번 팀과 제4번 팀이 시합했다.
나. 제5번 팀과 제6번 팀이 시합했다.
다. 제7번 팀과 제9번 팀이 시합했다.
라. 10개의 팀 중 7개 팀은 단 한 경기도 이기지 못했다.

---

① 한 경기 이상 이긴 팀은 제1번 팀, 제3번 팀, 제7번 팀이다.
② 제1번 팀은 2번의 경기를 이겼다.
③ 제4번 팀은 한 번의 경기를 이겼다.
④ 제7번 팀은 4번의 경기를 이겼다.
⑤ 최종 승리 팀은 제9번이다.

[해설] 답: ④

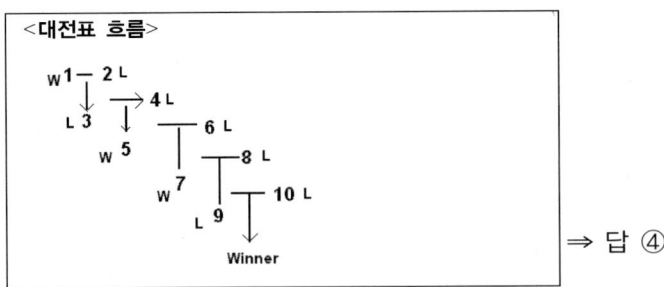

⇒ 답 ④

※ (라)의 [10개의 팀 중 7개 팀은 단 한 경기도 이기지 못했다]는 사실에 의해 10번 팀도 패자이다.

[문] 다음의 논증과 동일한 논리전개 방식을 고르면?

20세기 인류는 두 번이나 세계전쟁을 치렀습니다. 지금도 세계 곳곳에서 크고 작은 테러와 전쟁으로 수많은 사람들이 죽어가고 있습니다. 저도 대화와 토론을 통해 문제를 해결해야 한다는 주장에는 동의합니다. 인간의 문제를 논리적 대화를 통해 해결해야 한다는 당위성에 이론(異論)이 있을 수 없습니다. 하지만 그것이 이성에 기초하여 가능하다는 점에서는 회의적이지 않을 수 없습니다. 우리가 살아가는 사회는 이런저런 이유로 다양한 주장들이 등장합니다. 첨예한 이해관계가 상충되는 경우라면 더 이상 대화가 불가능한 상황으로 빠져들 것입니다. 각자 폭력적 방법을 시도하는 상황이 초래될 것입니다. 그리고 그 폭력 속에서 변질된 정당성들을 주장하게 될 것입니다. 도박사들은 도박에서 벗어나지 못합니다. 도박사들이 이성이 없어서가 아닙니다. 잘못된 추론(gambler's fallacy)을 하기 때문입니다.

① 인간이 물질적 법칙에 지배받는 존재라고 하면 인간의 사유도 무질서하거나 무작위적일 수 없다. 일정한 법칙으로 작동할 것이다. 이러한 명제에 예외적 경우를 들어 반론하는 사람도 있지만, 예외적 경우가 존재한다는 것 자체가 역으로 일반적 규칙이 존재한다는 것을 입증한다. 자연현상과 마찬가지로 인간현상이 가지는 이중성도 역설적이지만 일반적 규칙이 존재하여 가지는 현상이다. 인간의 사유는 무질서하거나 무작위적일 수 없다. 간혹 진실이라는 놈은 광기(狂氣)적 관심과 엉뚱한 상상에 의해 발견당한다는 말에 현혹되어 사유원리를 무시하거나 파괴하려는 것은 매우 위험하다. 위상논리학, 변증논리학 등의 분파들도 근원적으로 사유원리를 부정하거나 이탈하지는 않는다. 확률적 문제로 간주될 뿐이다.

② 인간의 모든 문제는 폭력이 아니라 논리적 대화의 문제이다. 논리적 대화는 이성의 문제이다. 따라서 인간의 모든 문제는 이성의 문제이다.

③ 인간의 이성에 한계가 있다면, 논리적 대화는 한계를 가질 것이다. 논리적 대화가 한계가 있다면 폭력은 불가피할 것이다. 그러므로 인간의 이성에 한계가 있다면 폭력은 피할 수 없다.

④ 인간의 이성은 기하학적 이성이거나 도덕적 이성이다. 그런데 현실에서 드러나는 인간행위들을 보게 되면 우리의 이성은 결코 도덕적이지 않다. 인간의 이성은 기하학적 이성일 수밖에 없다.

⑤ 신이 이성을 우리에게 부여했다면, 우리에게 이성을 사용하라는 허락일 것이다. 이성을 사용하지 말라고 했다면, 신이 우리에게 이성을 부여하지 않았을 것이다.

[해설] 답: ⑤ 후건부정식

① 전건긍정식 논증, ② 삼단논증, ③ 가언삼단논증, ④ 양도논증

제4장 가치적 접근

가치적 접근이란 '대상(문제)에 대한 의미에 관련된 내면에서의 사유활동과 외부로 나타난 진술이 가진 정당성 또는 타당성을 평가하려는 태도'를 말한다. 즉, 사유에 대한 내면과 사유로 가진 진술에 대한 윤리와 도덕적 관점에서의 확인이다. 우리는 존재와 당위로 구성된 세계에서 살아간다. 누군가의 행위(진술)를 판단한다고 할 때, 단순히 드러난 형상만으로 [그것은 A이다]라는 사실만을 인식할 수 없다. 그 행위가 가지는 도덕적 측면에서의 평가가 필요하다. 이러한 점에서 사실과 관련된 존재론적 측면에서의 플라톤이 말한 수학적(기하학적) 이성과 더불어 삶에 관련된 가치적 측면에서의 도덕적 이성이 요구되는 이유이기도 하다. 우리의 사유는 사실적 생각에서 머무는 경우는 드물다. 가령 존재적 차원에서 가지는 대상 A에 대하여 [A는 B이다]라는 정보산출은 궁극적으로 처방적 측면에서 [A는 B이어야 한다]는 생각으로 전이된다.

인간이 행하는 인식활동에 목적성을 가지고 있다면, 우리의 인식은 그 목적과 그 목적으로 행한 행위의 결과에 대한 정당성 문제를 어떻게 다룰 것인가라는 것으로 귀결될 수밖에 없다. 특히 정부의 정책과 관련된 공적 업무의 수행은 예외 없이 목적성에서 가치적 성격을 가진다는 점에서 정책결정과 관련된 가치적 측면에서의 도덕적 확인은 중대한 의미를 가진다.

이하에서는 기초적인 가치론적 논의들을 살펴보고, 규범론과 정의론에 대해 살펴보게 될 것이다.

제1절 가치론적 논의

Ⅰ. 가치론의 배경

가치에 대한 논의는 인간의 삶과 관련하여 소망해야 할 것과 관련된 지향점으로서 문명과 함께 지속되고 있다. 다만 지식사 측면에서 체계적이고 본격적인 논의는 근대 칸트에 의해 촉발되었다는 것으로 평가되고 있다. 가치에 관련하여 앎(지식)의 관점에서 논의되고 있는 내용을 살펴보기로 한다.[153]

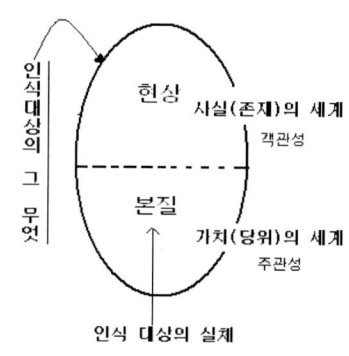

<인간의 인식, 그리고 사실과 가치>

칸트는 『순수이성비판』에서 존재(sein=being)를 현상적인 것과 본체(본질)적인 것으로 나누어, 전자를 객관적인 사실로, 후자를 주관적인 가치로 대별하였다.

칸트에 의하면 인간의 인식 대상으로서 그 무엇은 현상(phenomenon)과 본질(substance) 두 부분으로 구성되어 있다. 현상은 인식대상인 그 무엇에서 드러나는 것이고, 본질은 인식대상인 그 무엇의 실체이다. 그런데 우리가 지향하는 것은 궁극적으로 실체에 대한 앎이다. 그런데 실체에의 접근은 현상을 통해 추론적 사유를 통해 이루어진다. 이때 추론과정에서 지향하거나 혹은 지향해야 할 그 어떤 인식자의 가치가 개입되어 본질에 대한 앎은 주관성(subjectivity)을 가지게 된다고 보았다. 가령 A라는 사람에 대해 알려고 한다고 하자. 그러면 A에게서 드러나는 현상(관찰되는 것들)을 가지고 추론적 사유를 통해 그가 가진 실체에 접근한다. 그런데 이 과정에서 가치가 개입되어 결국 A가 가진 참으로서의 실체(본질)를 주관적으로 인식하게 된다는 이야기이다.[154]

이러한 칸트의 주장은 이후 다양한 논의들을 촉발시켰다. 특히 자연과학분야에 비해 상대적으로 주관성 문제가 크게 부각되는 인문사회분야에서 논의가 활발히 등장했다. 가치개입에 따른 주관성 문제에 관련하여 세 가지 입장들로 구분할 수 있다.

---

153) PSAT에 관련하여 수험생 입장에서 가치론이 가지는 의미는 문제해결과 관련하여 주관적 요소의 개입을 경계하여 타당의 원리에 부합되는 사유가 요구된다는 메시지로서 의미를 가질 것이다. 하지만 공직 수행에 있어 가치는 매우 중요한 의미를 가진다.

154) 만유인력의 법칙과 같은 자연현상에 대한 앎을 가지는 경우도 마찬가지이다. 그리하여 그는 어떤 앎을 신뢰할 것인가라는 방법론과 관련하여 관찰에 의한 객관성과 더불어 추론에서의 필연성을 강조한 이유이기도 한다. 객관성과 필연성은 오늘날에 인식자 입장에서 인식하는 방법, 그리고 누군가가 인식한 인식물(진술)에 대한 평가와 관련하여 일반원리로 적용하고 있다는 것은 전술되었다.

하나는 연구자가 자신의 가치를 배제하는 몰가치적 태도를 통해 인식을 행하자는 입장이다. 자연과학적 연구방법론을 강조한다. 이러한 사조를 흔히 행태주의라고 부른다. 막스 베버가 대표적 주장자이다. 그는 연구자(학자)가 자신의 가치를 개입하는 것은 악마의 짓이라고 혹평한다. 다른 하나는 연구자가 제3자적 위치에서 인식을 행하자는 입장이다. 즉, 심판과 같이 중립적 또는 관조적 입장을 강조한다. 그리고 마지막으로 연구자가 자신의 가치를 배제하는 것이 사실상 불가능하다는 입장에서 연구자가 가치를 적극적으로 반영하여 인식물을 산출하자는 입장이다.

현상학파에서는 인식에의 가치 개입으로 인한 인식물의 주관성을 인정하면서 본질 파악에 있어 의식에 투영된 현상을 받아들이지 말고 인식대상으로부터 획득하는 재료들을 있는 그대로 포착하여 사변적 구성을 통해 기술(記述)하는 방식으로 주관성이 극복될 수 있다고 주장한다. 요컨대 인문사회분야의 경우 자연과학적 연구방법의 적용에 한계가 있으므로 대상으로부터 사상(事象)을 포착하여 원형을 훼손하지 않는 있는 그대로의 추론으로 주관성이 극복될 수 있다고 본다.

신칸트학파에서는 가치는 배제되어야 할 것이 아니라, 가치가 오히려 적극적으로 포섭되어 연구대상으로 다루어져야 할 것임을 강조한다. 연구자가 자신의 가치를 배제하는 것이 사실상 불가능하고, 사회문제를 해결하는 처방적 측면에서 가치를 배제한 보고서는 무용한 것이라는 점을 강조한다. 연구자는 호오(好惡)와 당위(當爲)에 관련된 가치를 적극적으로 반영하여 문제해결에 필요한 대안을 제시해야 한다는 입장을 취한다. 다만 연구자는 관점을 제시하는 등의 방법으로 가치를 명확하게 선언하는 것이 필요하다고 본다. 가령 미국의 경우 베트남 참전에 관련된 반전 시위로 인한 갈등, 인종차별, 슬럼가의 범죄문제 등을 해결하기 위해서는 가치문제를 적극 탐구하여 적절한 대안을 제시해야 한다는 입장이다.

한편 공리주의자[155]들은 주관적인 가치를 객관화하기 위해 계량화 기법들을 시도한다. 가령 최대 다수의 최대 만족이란 말로 유명한 공리주의자 벤담은 호오(好惡)에 관련된 만족과 같은 감정적 요소를 길이와 면적과 같은 측정단위를 통해 행복 또는 만족도를 측정하고자 했다. 오늘날 행복지수와 같은 계량화 기법들이 개발되어 활용되고 있는 것도 이러한 아이디어의 연속선상에 있는 것들이다. 1930년대 경제학자 힉스(J. R.

---

155) 참고로 최대의 만족을 위해 희소한 자원을 어떻게 선택할 것인가라는 것을 기본과제로 삼는 공리주의적 사유가 오늘날의 주류경제학이다.

Hicks)와 알렌(R. G. D. Allen) 등은 만족(효용)정도를 서수적으로 이해함으로써 현대적 의미의 소비자 이론을 정립시켰다. 이들은 주관적 요소를 객관적인 수치로 측정하는 것이 사실상 불가능하다는 입장에서 기수적이 아닌 서수적(순서)으로 객관성을 확보하려는 아이디어를 접목했다. 가령 효용수준 3과 한계비용 5 등과 같이 겉으로 보기에는 기수적으로 표현되는 단위이지만, 그 내용은 서수적(선호의 순서) 의미를 가지고 있다. 효용론자로 지칭되는 이들은 인간이 가치를 부여하는 원리를 효용의 극대화, 즉 만족감의 극대화에서 이루어진다고 본다. 이때 만족감은 주관적인 것이고 사람에 따라 상대적이지만 무작위적이지도 않고 무질서하지도 않다고 본다. 안정된 선호 체계가 있어 일관되고 연속성을 가진다고 보았다. 매번 행해지는 거래에의 선택에 일정한 패턴을 통해 개인의 효용함수를 도출하고, 소비자의 선택 원리를 설명하고 있다.[156] 자유로운 거래라는 조건에서는 상품의 가치는 효용이고, 효용은 가격이란 등식을 도출한다. 즉, 누군가 어떤 골동품이 가치가 있다고 생각하면, 효용수준이 높아지고, 효용수준이 높으면 그는 높은 가격을 주고 거래를 시도할 것이다. 하지만 인간이 가진 가치(value)를 지나치게 경제적 관점에서만 바라보아 가격(price) 개념으로 이해하고 있다는 점에서 비판된다.

II. 가치(價値)의 의의(意義)

가치(value)에 대한 정의는 논자와 관점에 따라 매우 다양하다. 가령 주관적인 소중함 또는 귀중함으로 뜻하여 값 또는 값어치라는 의미로 사용하기도 하고, 욕망의 추구 대상으로서 그것이 가지는 중요성 또는 효용의 정도를 의미하여 사용하기도 한다. 한편 진선미(眞善美)와 같이 정신행위의 목표로 간주되어 추구되는 것을 지칭하여 사용하기도 한다. 여기서는 가치란「인간의 주관적 요구로 정신행위의 목표로 추구되는 그 무엇」을 뜻하여 사용하기로 한다. 구체적으로 말하면 인간은 누구나 감성과 이성의 요구에 의해 좋은 것 또는 바람직한 것에 대한 관념을 가진다. 즉「호오(好惡) 또는 당위(當爲) 등에 관련된 관념」이다. 가령 진선미, 자유와 평등, 사랑, 평화, 통합 등과 같은 것들이다. 이러

---

156) 인간의 이기적 합리성과 시장경제체제를 상위전제로 하위전제인 인간의 선호체계에 대한 기본가정(공리) 세 가지를 설정하여 효용함수를 도출한다. ① 완비성: 상품의 비교·평가가 가능하다. 즉, 선택이 불가능한 상황이 아니어야 한다. ② 이행성: 세 상품 중 좋아하는 선호도가 X≤Y≤Z일 때, X→ Y→ Z로 선택이 이행되고, 이때 선택의 우선순위가 일관성을 가진다. ③ 연속성: 함수의 기본 성립 조건으로, 상품묶음(x, y, z)과 선택의 대응관계가 연속적이다. 이에 대한 자세한 내용은 미시경제학 교과서들을 참조.

한 가치들은 소망스러움 또는 바람직한 것으로 간주되어 무엇을 선택하고 결정하는 판단의 기준으로 작동한다는 점에서 의미를 가진다.

우리가 행하는 대부분의 판단 또는 의사결정은 가치적이다. 가치는 개인적 차원과 사회적 차원, 그리고 사적 영역과 공공 영역을 불문하고 판단 또는 의사결정에 중대한 영향을 미친다. 어떤 대상을 인식할 때 [A는 B이다]와 같이 사실적인 것만을 수행하는 경우도 있지만, 대부분의 경우 호오와 당위에 관련된 어떤 가치를 기준으로 적용하여 인식하고 판단한다. 가치 반영을 통해 유익한 것 또는 유해한 것, 그리고 해서는 안 될 것과 해야 할 것 등을 식별하게 된다. 사적인 경제활동에서 사람들은 가격을 통해 거래를 이룬다. 이때 실물시장, 금융시장, 노동시장 등에서 이루어지는 거래 가격은 가치가 반영되어 형성된다. 또한 부가가치, 작품가치 등과 같이 가치란 말을 흔히 사용하고 있다. 일상에서 [A기업 좋다. A기업은 정직하다. 또는 미국 월가의 금융회사들이 싫다. 미국 월가의 금융회사들은 탐욕적이다] 등과 같은 말들을 흔히 목격한다. 한편 일반을 대상으로 한 공공 정책결정에서도 가치는 판단기준으로 작용하여 정책의 방향(목표)과 수단의 선택에 지대한 영향을 미친다. 사회문제를 진단하고 정책을 결정하는 정부활동에 있어서 정부가 어떤 사회 상태가 바람직한가라는 것을 인식하고, 그것을 달성하기 위한 목표설정과 일련의 정책수단들을 결정하는 과정에 가치가 개입된다.

이처럼 개인차원과 집단차원에서 가치는 정신행위의 지향점 또는 목표점으로 기능하여 판단에 기초를 이루는 중요한 의미를 가진다. 만약 누군가 가치 관념을 가지고 있지 않다면, 그 사람은 기계와 별로 다를 것이 없거나 또는 매우 즉흥적이고 충동적인 행위를 표출하게 될 것이다. 정신행위의 기준점이 존재하지 않거나 또는 그것이 불분명하기 때문이다. 특히 특정 개인 또는 집단이 어떤 가치를 보유하고 있는가를 통해 그 정체성을 들여다볼 수 있는 하나의 지표(指標)로 활용할 수 있다는 점에서 의미를 가진다.

가치의 구성요소와 가치판단의 성격

가치는 감성에 바탕을 두는 심미적 요소와 이성에 뿌리를 두는 윤리적 요소로 구성된다. 이를 토대로 가치판단은 두 가지로 세분화할 수 있을 것이다. 하나는 감성적 판단이다. 이것은 호오(好惡)와 관련된 가치를 기준으로 감각이 수용한 느낌을 토대로 행하는 결정이다. 다른 하나는 도덕적 판단이다. 이것은 바람직한 것과 관련된 당위(當爲)에 관련된 가치를 기준으로 옳고 그름을 식별하여 선택을 행하는 결정이다. 감성적 판단은 주로 개인적 차원에서 수용성 문제에 관심이 집중된다. 가령 정서적인 측면에서 싫거나 좋은 감정 같은 것들이다. 반면 도덕적 판단은 사회적 차원에서 작동하는 규범에 관심이 집중된다. 가령 공정, 정의, 실용 등에 대한 관념 같은 것들이다. 이에 후술되는 규범론과 정의론은 넓은 의미에서 가치론적 논의에 포함된다. 하지만 가치판단의 이념적 구분과는 달리 현실에서의 가치판단은 감성적 판단(susceptible judgement)과 도덕적 판단(moral judgement)이 복합되어 있다. 가령 예술작품을 감상하는 경우 심미적 가치판단을 행한다. 이때 도덕적 가치판단이 개입된다. 작품을 만든 사람의 매국노일 경우 그림의 가치는 상당히 낮게 평가된다.

사실판단과 가치판단, 그리고 처방

가치판단을 사실판단과 대비하여 사용하지만, 처방과 관련된 판단은 가치개입을 회피할 수 없으며, 때론 적극적인 가치개입이 요청된다.

판단	㉠ 먹이사슬의 중간에 속하는 A의 개체수가 급격히 줄어들고 있다. ㉡ 갑의 혈압은 130/80이다. ㉢ 물가가 전년대비 7%로 상승했다. ㉣ 극장에서 청년이 총기를 난사하여 60여 명의 사상자가 발생했다.	■ 사실판단
	㉠ 생태계가 건강하지 못하다. ㉡ 갑은 혈압이 정상이다. ㉢ 물가상황이 나쁘다. ㉣ 불행한 사건이다.	■ 가치판단
	㉠ 생태계 보존을 위해 A와 B 조치가 필요하다. ㉡ 갑은 혈압을 현재 상태로 유지하기 위해 A와 B가 필요하다. ㉢ 물가관리 대책으로서 A와 B 조치가 필요하다. ㉣ 사건 재발을 막기 위해 A와 B 조치가 필요하다.	■ 처방 -사실판단을 통한 가치판단 -사전적 예방 조치 또는 사후적 복구조치

가치와 정책

미국의 트루먼 대통령은 1945년 8월 일본 히로시마에 원폭투하를 결정한다. 이 결정에 그는 자서전에서 당시의 심정을 이렇게 서술하고 있다. 「원폭투하로 인해 발생하는 무고한 생명들에 대한 희생문제를 고민하지 않을 수 없었다.」

정부의 활동은 바람직한 사회 상태를 유지 또는 달성할 책무가 헌법과 법률에 의해 주어지고, 한편으로 국민들의 기대에 부응하는 암묵적 규범에 의해 이루어진다. 이때 주어진 목적은 추상적이고, 일반의 성격을 가진다는 점에서 정부의 판단에 재량적 여지를 갖는 판단여지성이 농축되어 있다. 하지만 이러한 재량권은 역설적으로 자의적 판단의 문제를 야기하고, 한편으로 하나의 문제에 가치가 서로 상충되는 경우에 직면하여 선택에의 딜레마 상황에 봉착하기도 한다. 2012년 중동지역에서 발생하는 정치 사태에서 무고한 시민들이 희생되는 상황에서 국제사회는 인간존엄과 같은 가치를 수호하기 위해 어떤 조치를 취할 것인가? 그 상황을 지켜만 볼 것인가 아니면 무고한 희생을 막기 위해 무력을 동원하여 독재정권을 제거할 것인가? 선택이 쉽지 않다. 또한 개발과 환경보존, 성장과 배분 등과 같은 가치들이 서로 상충적인 관계를 가지고 있을 때, 어떤 가치를 우선할 것인가? 그 선택이 쉽지 않다.

특히 모든 정책은 가치판단이며, 정책의 객체인 정책대상자(국제관계와 국내관계를 포함한 정책으로부터 영향을 받거나 또는 관심을 가진 사람 또는 집단)들로부터 정책의 소망스러움 또는 바람직함에 대한 가치평가를 받게 된다. 이때 정책대상자들의 가치평가에 의존되어 정책에 대한 지지와 반대가 등장할 수 있고, 이러한 상황은 정책의 형성과 정책의 집행에 큰 영향을 미친다. 이러한 점에서 국민이 가진 가치 관념은 정책의 성패에 지대한 영향을 미친다. 이러한 이유로 최근에는 가치를 구성하는 심미적 요소와 윤리적 요소에서 심미적 요소에 직접 정부가 간여하여 기존의 국민이 가진 가치를 변화시키거나 또는 정책에 유리한 가치 형성을 유도하는 전환정책들이 시행되기도 한다. 가령 (2013년) 여성문화가족부에서는 국민들이 가진 다문화에 대한 인식의 제고를 위해 인식개선팀을 설치하고, 일반국민을 대상으로 다문화에 대한 감성적 수용성을 제고하기 위한 문화행사, 전문강사육성, 체험프로그램 등의 정책들을 실행하는 경우가 예이다.

Ⅲ. 가치의 분류(分類)

가치를 '인간의 감성과 이성의 요구에 의해 가지는 호오(好惡)와 당위(當爲)에 관련된 관념'이라 할 때, 가치는 관점에 따라 다양한 기준으로 분류할 수 있을 것이다. 여기서는 세 가지만 살펴보기로 한다.

1. 물질적 가치와 정신적 가치

가치의 성격을 기준으로 물질과 정신으로 대비하여 물질적 가치와 정신적 가치로 구별된다. 가장 일반적인 분류이다. 흔히 빵과 자유로 비유된다.

물질적 가치란 인간의 의식 밖에 존재하는 물질에 대하여 가지는 가치를 말한다. 가령 금품, 의식주 등과 같은 것들이다. 물질은 사람이 살아가는 데 필요한 것들로서 만약 이것들이 결핍되면 불편함을 느끼게 되고, 심하면 생존까지 위협당할 수 있다. 이러한 이유로 사람들은 어떤 대상에 의미를 부여하여 호오와 당위의 관념을 형성한다. 물질적 가치는 흔히 경제적 가치 또는 세속적 가치로 불리기도 한다.

정신적 가치란 물질과 대비되는 인간의 의식에 존재하는 관념에 대하여 가지는 가치를 말한다. 가령 자유, 평등, 정의, 인권, 평화 등과 같은 관념들이다. 정신적 대상들 역시 사람이 살아가는 데 필요하다. 만약 이것들이 결핍되면 심리적 고통 또는 불편함을 느끼게 되고, 심하면 생존까지 위협당할 수 있다. 흔히 인간은 빵만으로 살 수 없다는 말로 표현하곤 한다. 이러한 이유로 사람들은 어떤 대상에 의미를 부여하여 관념을 형성한다. 정신적 가치는 흔히 비경제적 가치 또는 비세속적 가치로 말해지기도 한다.

물질적 가치와 정신적 가치는 생각과 행동의 준거(準據)로서 기능한다. 사람마다 어떤 가치를 더 지향하는가는 상대적 차이가 나타난다.

2. 본래적 가치와 도구적 가치

가치의 성격이 그 자체로서의 가치인지 아니면 어떤 가치를 추구하기 위한 수단적 가치인지를 기준으로 본래적 가치와 도구적 가치로 구분된다.

본래적 가치란 인간이 지닌 감성과 이성에 근원하여 자연발생적으로 가지는 가치를 말한다. 예컨대 진선미(眞善美)와 인의예지(仁義禮智)와 같은 것들이다. 흔히 본래적 가치는 인간이 인간답게 살아가기 위해 추구되는 인간존엄, 자유, 평등, 평화, 행복추구와 같은 천부인권적 권리들이 열거되고, 어떠한 경우에도 훼손할 수 없는 가치로 주장되기도 한다. 반면 도구적 가치란 본래적 가치를 얻기 위해 방편으로 가지는 가치를 말한다. 예컨대 표현의 자유, 상대적 평등, 효율, 정당방위, 법적안정, 신의성실 등과 같은 것들이다.

어떤 가치가 본래적 가치인가 도구적 가치인가는 시간과 공간에서 상대적 구별이다.

가치체계가 피라미드 구조를 형성한다고 하면, 다양한 가치들은 상하의 수직과 좌우의 수평 관계들을 형성한다. 이때 하나의 가치는 상위의 목표(goals)가 되는 본래적 가치가 될 수도 있고, 더 상위의 가치를 달성하기 위한 하위목표가 되는 도구적 가치들이 될 수도 있다. 요컨대 계층구조에서 각 가치들은 하위가치에는 목표가 되지만, 상위 목표에 대해서는 수단이 될 수 있다. 또한 다른 것들과 대등한 관계를 가질 수도 있다.

3. 보편적 가치와 특수적 가치

시간과 공간에서 사람들에게 일반성을 가지는가, 아니면 개별성을 가지는가에 따라 보편적 가치와 특수적 가치로 구별된다.

보편적 가치란 시간과 공간에서 사람이라면 누구나 가지는 가치를 말한다. 가령 인간 존엄, 사랑(자비), 평화 등과 같은 가치들이다. 반면 특수적 가치란 사람에 따라 개별성을 가지는 것을 말한다. 가령 우정, 권력, 명예, 돈 등과 같은 것들이다.

전자의 것들은 논리적으로 인류에게 기피되지 않는 보편성을 가지지만 후자의 경우는 사람에 따라 다르다는 차이점이 식별될 수 있다. 하지만 현실에서 상대적으로 구별될 뿐이다. 이러한 이유로 보편적 가치에 대해 그 존재를 부정하는 견해와 긍정하는 견해가 있다. 존재를 부정하는 견해는 고금역사를 통해 가치는 시간과 공간 측면에서 변모되어 왔다는 점을 든다. 하지만 보편적 가치의 존재를 인정하는 입장에서는 사랑(자비), 평화, 행복, 인간존엄과 같은 가치들은 늘 추구되어온 것들이라 주장한다. 이러한 입장 차이에 따라 전자의 경우 상대적 윤리관을 취하게 되고, 후자의 경우는 절대적 윤리관 입장을 취하게 된다.

이와 관련하여 부연 내용을 언급하기로 한다. 지식과 관련된 맥락에서 이루어지는 가치에 대한 논의들은 크게 세 범주로 구분할 수 있다. 하나는 객관론(또는 존재론)이다. 이는 가치는 실제로 존재하며 객관성을 가진다고 보는 입장이다. 이 입장에서는 가치는 실제로 존재하며, 질적인 주관적 요소이지만 이에 대한 일반지식이 가능하다고 본다. 나아가 계량화를 통해 객관적 측정을 시도한다. 다른 하나는 주관론(또는 명목론)이다. 이 입장은 객관론과 달리 가치는 주관적인 것으로 인간의 의식(마음)을 반영하는 명목적인 것일 뿐이라고 본다. 즉, 가치는 관념적인 것으로 주관적이어서 인식의 대상이지만 지식의 대상이 될 수 없다고 본다. 즉, 가치의 존재 자체에 대해서는 부정하지는 않는다. 가치에 의한 현상 자체는 인정한다. 단지 개별적이고 상대적인 것으로 보아 일반지를 가질 수 없다고 본다. 마지막으로 절충론 또는 통합론이다. 객관론과 주관론의 절충 또는 통합적 시각으로 가치를 보는 입장이다. 즉, 가치는 인간 현상에서 존재하며 주관성과 객관성이 혼합된 것으로 본다. 이 입장에서는 인간의 본성, 사회적 통념, 언어적 관념 등에 의해 보편적인 가치와 특수적 가치가 공존하는 것으로 간주된다. 오늘날 절충론 또는 통합적 입장이 주류적이다.

4. 심미적 가치와 도덕적 가치

가치를 형성하는 요인의 성격을 기준으로 심미적 가치와 도덕적 가치로 구분된다. 심미적 가치는 감정 요소로 인해 가지는 관념으로서 주로 호오와 관련되는 것을 말한다. 가령 좋은 것과 싫은 것에 대한 관념으로 하고 싶은 것 또는 가지고 싶은 것에 대한 가치판단에 영향을 미친다. 반면 도덕적 가치는 이성 요소로 가지는 관념으로서 주로 당위에 관련되는 것을 말한다. 가령 바람직하여 해야 할 것 또는 바람직하지 못하여 하지 말아야 할 것에 대한 가치판단에 영향을 미친다.

심미적 가치와 도덕적 가치의 구분은 내면의 가치판단의 과정에서 발생할 수 있는 갈등과 관련하여 의미를 가진다. 또한 누군가의 판단에 대한 도덕적 평가와 관련하여 의미를 가진다. 가령 인지주의(認知主義) 관점에서 피아제(piaget)는 누군가 어떤 것에 대하여 [그것이 옳다/그르다]를 판단하는 데에는 인지능력이 뒷받침되어야 한다고 주장한다. 적어도 자신과 타와의 관계를 인지할 수 있는 형식조작의 인지 능력이 전제되어야 한다. 갓난아이 또는 의사무능력자에게 강요적인 타율적 도덕적 판단을 기대할 수는 있을지 모르지만, 자율적인 도덕적 판단은 기대할 수 없다. 또한 청소년들은 형식을 인지할 수 있는 능력을 옳은 것을 고르는 문제들을 푸는 사회화 과정에서 서서히 획득해간다. 그렇기 때문에 미성년자와 같이 인지능력이 미성숙된 행위무능력자를 성인(成人)과 동일 선상에서 이야기할 수 없다고 본다. 한편 콜버그(kohlbog)에 의하면 모든 인간에게 동일한 수준의 내면적 인간 속성인 도덕성을 기대할 수 없다고 본다. 사람들의 지능 성장 단계에 따라 [인습 전 단계 → 인습단계 → 인습 후 단계]를 가진다. 여기서 인습(convention)이란 많은 사람들이 공통적으로 가지는 생각 또는 행동으로서 사회적 통념, 관례, 관습, 습관 등을 말한다. 이러한 인습(人習)을 알지 못하는 지적 수준을 가진 사람에게 자율적인 도덕적 판단을 기대할 수는 없다고 본다. 나아가 사람들이 도덕적 판단을 할 때 기준으로 삼는 것은 다음과 같은 6가지가 있다고 설명한다. ① 벌과 복종(결과예상), ② 욕구충족(필요성, 유용성), ③ 타자관계 의식(사회적 통념), ④ 법적 질서(형법과 민법 등), ⑤ 사회계약(헌법, 신의성실의 원칙 등), ⑥ 보편도덕원리(진리)가 그것이다. 인지주의 관점에서 도덕적 판단의 기준으로 가장 바람직한 것은 가장 높은 단계인 보편도덕원리를 인지할 수 있는 능력을 획득하여 자율적으로 판단을 이루는 경우가 될 것이다. 도덕적 자아개념을 성찰할 수 있는 인성을 획득하여 자율적으로 행해질 수 있는 경우이기 때문이다.

Ⅳ. 가치평가의 원칙

어떤 주장이 가진 가치를 평가하는 어떤 일반원리가 있다면 유용할 것이다. 다음과 같은 원칙들을 적용할 수 있을 것이다.

1. 진실의 원칙

진실의 원칙이란 '어떤 주장이 참에 근거하여 이루어졌는가를 평가기준으로 따르는 것'을 말한다. 요컨대 의견(opinion)이 진실(true knowledge)을 압도해서는 안 된다는 원리이다. 가령 어떤 주장이 존재한다고 하자. 그런데 그 주장이 진실에 배치되거나 또는 진실에 반하는 것이라면, 비록 그 주장이 감성의 요구에 합치되어 만족되는 경우에도 정당한 것이란 가치평가를 할 수 없다. 비록 그 주장이 선한 목적(의도)을 가진 것이라 할지라도 그것을 정당한 것으로 평가할 수는 없다.

진실의 원칙은 보편적이고 일반적으로 지켜져야 할 기본적 태도로서 아무리 강조해도 지나침이 없을 것이다. 인간을 문명적 존재 또는 이성적 존재라고 말할 수 있는 것은 바로 판단에 진실의 원칙을 존중하는 데에서 찾아질 수 있다. 만약 어떤 판단이 진실(사실)에 반하는 판정 또는 판단이라면 그것이 선하다는 이유로 또는 아름답다는 이유로 정당한 것이라 평가할 수 없다. 비록 좋은 결과를 가져온 결정이라 해도 마찬가지이다. 이에 플라톤(Platon)은 인간이 지향해야 할 가치로 진선미(眞善美)를 주장했다.[157] 이러한 세 가치들 간에 어느 것을 우선적으로 선택해야만 하는 상황이라면 진→선→미의 순서로

---

157) 참고로 오늘날 문명의 3대 요소로 플라톤이 말한 진(Truth: 지식), 선(goodness: 윤리), 미(Beauty: 예술)를 들고 있다.

해야 할 것을 주장했다(『향연』). 현실의 세계는 진실과 거짓, 선과 악, 그리고 아름다움과 추함이 공존하는 세계이다. 이때 착한 것도 아름다운 것도 진실(확인된 사실)에 우선할 수 없다. 선(善)과 미(美)는 개인마다 주관적이고 시공간에 상대성을 가지기 때문이다.

그런데 문제는 가치평가에서 주로 문제되는 것은 참된 지식이 적용될 수 없는 영역에 관련하여 등장한다는 점이다. 진실의 원칙을 적용하려 해도 할 수가 없다. 또한 참의 증명에 불완전을 가지고 있다는 점이다. 완전한 참은 이데아 세계에서나 가능하다. 과학적 방법에 의한 증명은 완전한 참을 확실히 담보하는 것은 아니다. 이러한 점에서 오늘날 객관성과 필연성의 원리가 적용되고 있다는 것은 주지(周知)하는 내용이다.

2. 상위가치의 원칙

상위가치의 원칙이란 '어떤 주장에 내재된 가치를 추출하여 등급을 식별하여 상위가치에 위배됨이 없는가를 평가기준으로 따르는 것'을 말한다. 즉, 어떤 주장이 수단적인 하위 가치에는 적합하지만 상위가치에 위배되는 경우 그것을 정당한 가치로 평가할 수 없다는 원리이다. 가령 특정법률을 제정하는 경우 그 법률이 추구하는 보호법익이 상위 체계인 헌법 가치에 반하는 경우라면 그 법률이 추구하는 가치가 정당한 것이라고 평가할 수 없다는 원칙이다.

일반적으로 가치의 등급은 학설 또는 사회적 통념에 의거해 결정된다. 만약 객관성 문제가 해소되지 않는 첨예한 대립이 존재하는 경우 가치가 지시하는 범주의 크기에 따라 등급이 결정된다. 가령 개인적 자격으로 물건을 구매한 경우와 공무원 자격으로 물건을 구매한 경우 동일한 구매(판단)이지만 추구되는 목적의 범주가 다르다. 이때 공공의 목적은 사적 목적보다 범주가 크다. 따라서 사적 판단보다 높은 등급으로 판정된다. 이때 사적 판단은 개인의 만족도와 같은 특수적 가치로 평가해도 무방하지만, 공적 판단은 효율성, 형평성, 대응성, 공정성 등과 같은 보편적 가치들로 판단의 정당성이 평가되어야 할 것이다.

하지만 원칙의 적용에 있어 다음과 같은 문제들을 가지고 있다. 하나는 현실에서 존재하는 다양한 판단들을 모두 포섭하여 적용할 수 없는 한계가 있다. 가령 가치들을 추출하여 등급을 매기는 것이 긴단하지 않은 경우들이 많다. 또한 각 판단에 함축된 가치들은 그것이 하위적 가치추구이든 상위적인 가치추구이든 나름대로 의미 또는 중요성을 가지고 있다는 반론도 존재한다. 설령 가치의 등급에 객관성을 가지는 경우에도 동등한 가치 간에 충돌이 발생하는 경우 상위등급원리의 적용은 사실상 무용지물이 된다는 한계가 있다 다른 하나는 가치에 내재된 성질로 등급의 분별에 대한 상대성과 주관성 문제이다. 일반적으로 생명가치보다 귀중한 것은 없다는 데 동의한다. 그럼에도 인간답게 살아갈 수 있는 자유로운 삶이 하루일지언정 노예처럼 백년을 살아가는 삶보다 더 중요하다고 생각할 수 있다. 일본의 식민지화에 항거하여 한일병합에 스스로 목숨을 끊은 항일 애국자들은 생명의 가치보다 나라의 가치를 더 소중하게 생각한 사례들이다.

3. 위험비례의 원칙

위험비례의 원칙이란 '논증을 일단 받아들여 그때 가지는 얻는 것과 잃는 것의 기회비용을 감안하여 가치를 평가하는 기준으로 따르는 것'을 말한다. 즉 어떤 가치의 추구는 반드시 기회비용적 성격을 전제로 하여 충족되는 가치와 훼손되는 가치를 비교하여 평가하는 원리이다. 이것은 존재차원에서 모든 사람이 지향하는 가치가 있는 경우에도 그 가치의 실현과정에서 발생하는 효과는 순기능과 역기능을 동시에 발생시키는 이중성을 가지고 있다. 이러한 경우 기회비용을 따져 합리적인 가치를 선택할 수밖에 없고, 이때 합리적 선택이라면 주장의 가치평가를 정당한 것으로 간주하는 원리이다. 이 원리는 하나의 가치를 선택하면 그 대가로 선택되지 않은 가치에 대한 비용이 초래된다는 기회비용의 관점에서 적용하는 평가원리이다. 가령 자연보존과 개발이란 주장이 충돌되는 상황에서 빵의 문제가 긴급하고 중대하여 개발을 선택하는 경우, 희생하는 환경가치가 가진 본질적 내용이 훼손되어 회복이 불가능한 상태로 파괴된다면 인류는 지속가능한 상태를 유지하지 못할 것이기 때문에 그 주장은 위험비례원칙에 위배되어 주장을 정당한 것으로 평가하지 않는 경우이다.

위험비례의 원칙은 실용적 입장에서 가치에 내재적 성질을 고려한 평가원칙으로서 현실적으로 적용 가능성이 유용한 강점을 지닌다. 하지만 자의적 의미가 부여될 수 있다는 점에서 다음과 같은 문제들이 있다. 하나는 가령 국가안보의 가치추구로 언론자유의 가치를 훼손할 수밖에 없다는 주장의 경우, 보호되는 가치와 훼손되는 가치의 우열을 비교하기가 어렵다. 또한 어떤 주장이 가치적 측면에서 정당성을 부여받기 위해서는 위험상황이 명백히 현존하여 훼손되는 가치가 충분히 예견되어야 한다. 하지만 이러한 추정에 주관적인 자의(自意)가 개입될 수 있다.

【참고】 가치판단과 관련하여 등급원리의 적용에 대한 인식 조사

생명존중의 가치와 관련된 인식을 알아보기 위해 다음과 같은 위험상황을 설정한 질문을 통해 조사를 해 보았다(2011. 9～2012. 5). 참고로 충분한 표본과 정밀한 조사계획을 통해 이루어진 것이 아니라는 점을 코멘트하기로 하다.

[설정된 상황1] 육지에 도착하기만을 기다리는 막막한 꿈만을 가진 채, 바다를 떠도는 배가 한 척 있다. 그 배에는 모두 5개의 생명체가 타고 있다. 남녀 두 사람, 소, 돼지, 개이다. 그런데 배가 무거움을 견디지 못한다. 이 상태라면 배는 가라앉고 만다. 배의 무게를 줄여야 한다.

[질문1] 무게를 줄여 배가 가라앉는 상황을 타개하기 위해 어떤 개체 하나가 배에서 바다로 버려져야 한다면, 어떤 것을 버릴 것인가?
[질문2] 무게를 줄여 배가 가라앉는 상황을 타개하기 위해 개체들을 순차적으로 버려야 한다면 어떤 순서로 버릴 것인가?

[답변]

○ 질문1: 동물 중 한 마리를 버린다는 답변이 90%를 넘어 압도적. 미성년과 성인 간 차이 없음.
➡ 가치에 등급원리를 적용하여 가치문제를 해결한다.

○ 질문2: 세 집단 모두에게서 양을 버린다는 답변이 가장 높게 나왔음. 다음으로 소이고, 개.
➡ 계산적 이성과 친근함과 같은 선호의 감성이 결합된다.

[설정된 상황2] 육지에 도착하기만을 기다리는 막막한 꿈만을 가진 채, 바다를 떠도는 배가 한 척 있다. 그 배에는 모두 5명의 사람이 타고 있다. 이들 다섯 명은 서로 무게가 서로 다르고, 나이도 서로 다르다. 보유한 지식과 능력도 다르다. 그런데, 어찌된 것인지 배가 무거움을 견디지 못한다. 이 상태라면 배는 가라앉고 만다. 배의 무게를 줄여야 한다.

[질문] 무게를 줄여 배가 가라앉는 상황을 타개하기 위해 한 명이 배에서 바다로 버려져야 한다면, 선택을 하는 방법이 다음과 같을 때, 내려야 할 사람을 결정하는 방법으로 어느 것이 옳다고 생각하는가? 하나만 고르시오.

---
① 가위바위보로 결정   ② 팔씨름 게임에 의해서 결정   ③ 흑기사 인정
④ 늙고 쓸모없는 사람으로 결정   ⑤ 가장 무게가 많이 나가는 사람으로 결정.

[답변] ③ 흑기사 인정 ① 가위바위보로 결정 ② 팔씨름 게임에 의해서 결정 ④ 늙고 쓸모없는 사람으로 결정 ⑤가장 무게가 많이 나가는 사람으로 결정 등의 순으로 답변 수가 많았음.
➡ 대안 선택에 따른 결과는 자기의 선택이어야 한다는 자기책임의 원리가 적용되어야 한다는 인식태도를 보인다.

※ 생명의 가치에 동등성을 전제로 성립하는 해결방식 : ①, ②, ③.
※ 생명의 가치에 불대등을 전제로 성립하는 해결방식 : ④, ⑤.

[문] 다음과 같은 세 진술 ㉠, ㉡, ㉢에 들어갈 원칙을 〈보기〉에서 골라 적절하게 연결한 것은?

- 충(忠)을 택하자니 효(孝)가 손상되고, 효(孝)를 택하니 충(忠)이 훼손된다. 충 또는 효 중 어느 하나는 훼손될 것이다. 충과 효 어느 것도 훼손할 수 없다. 따라서 자살하는 것이 타당하다는 주장은 (㉠)에 위배된다.
- 헌법가치가 가진 추상성과 다의미성으로 구체적인 법률에 기술된 기준으로 판단을 내려야 한다는 주장은 (㉡)에 위배된다.
- 유무죄를 판단하는 과정에서 정황증거와 유전자검사증거가 서로 대립되는 상황에서 정황증거에 의해 판단되어야 한다는 주장은 (㉢)에 위배된다.

〈보기 1〉

(가) 진실의 원칙이란 어떤 주장이 참에 근거하여 이루어졌는가를 평가기준으로 따르는 것을 말한다.

(나) 상위가치의 원칙이란 어떤 주장에 내재된 가치를 추출하여 등급을 식별하여 상위가치에 위배됨이 없는가를 평가기준으로 따르는 것을 말한다.

(다) 위험비례의 원칙이란 '어떤 주장을 일단 받아들여 그때 가지는 얻는 것과 잃는 것의 기회비용을 감안하여 가치를 평가하는 기준으로 따르는 것'을 말한다.

---

① ㉠ - (가), ㉡ - (나), ㉢ - (다)
② ㉠ - (가), ㉡ - (다), ㉢ - (나)
③ ㉠ - (나), ㉡ - (가), ㉢ - (다)
④ ㉠ - (나), ㉡ - (다), ㉢ - (가)
⑤ ㉠ - (다), ㉡ - (나), ㉢ - (가)

[해설] 답: ⑤

㉠ ↔ 위험비례의 원칙: 충효의 가치는 생명의 가치와 동급의 가치가 아님.

㉡ ↔ 상위가치의 원칙: 법률이 추가하는 가치에 부합되는 경우에도 헌법적 가치에 위배되어서는 안 됨.

㉢ ↔ 진실의 원칙: 의견(opinion)이 진실(true knowledge)을 압도해서는 안 됨.

[문] 다음 (가), (나), (다), (라)의 주장들의 입장이 같은 것끼리 분류한 것으로 적절한 것은?

> (가) 만약 판단에 상대성을 인정하면, 유죄와 무죄를 판정해야 하는 배심원 또는 재판관은 판단기준을 가지고 있지 못한 상태가 된다. 이들은 언제든 자의적 판단을 할 수 있다. 판단의 자율성으로 자신이 선호하는 가치를 반영시킬 것이다. 그리하여 억울하다고 생각하는 사람들이 생겨날 것이다.
>
> (나) 모든 가치는 개개인에 대하여 상대적이다. 어느 것이 소망스럽다 또는 어느 것이 바람직하다는 것은 단지 나는 그것을 좋아한다거나 또는 나에게 그것이 유익하다는 것을 표명하는 의견일 뿐이다. 설령 시간적으로 공간적으로 사회구성원들이 가치에 대해 공통적 생각이 존재하는 경우에도 그것은 어디까지나 문화적 소산으로 가지는 일시적이고 부분적인 것이다.
>
> (다) 세상 만물은 제각기 속성을 가지고 있고, 이 속성을 통해 세상이 작동하는 원리를 깨달아야 한다. 인의예지(仁義禮智)의 사단은 양심에 기초하여 발현되는 것으로 칠정(七情)과 다른 것이다. 양심은 인간이 태어남으로 가지는 불변적인 것이다. 현실에서 경험되는 양심에 위배되는 것들은 단지 세속적 삶에 의해 나타나는 것일 뿐이다. 인간은 수양을 게을리하지 말아야 한다.
>
> (라) 가치는 시간에서 속간적(屬間的)이고, 공간에서 속지적(屬地的)이다. 그리고 속인적(屬人的)인 것도 분명한 사실이다. 만약 사회구성원들에 의한 자유로운 사회적 합의로 이루어진 약속된 가치체계가 존재한다면 가치의 대면성은 상당부분 희석(稀釋)될 수 있을 것이다.

① [(가) - (나) - (다)], [(라)]
② [(가) - (나) - (라)], [(다)]
③ [(나) - (다)], [(가) - (라)]
④ [(나) - (라)], [(가) - (다)]
⑤ [(다) - (라)], [(가) - (나)]

[해설] 답: ②

가치의 상대성: (가) - (나) - (라), 가치의 절대성: (다)

(라)의 경우 판별이 애매할 수 있기에 부연하면, [~가치의 대면성은 상당부분 희석(稀釋)될 수 있을 것이다]라는 진술에서 [대면(對面)]이란 용어를 통해 상대성을 주장하는 입장이라는 것을 추론할 수 있다.

[문] 다음 (가),(나),(다),(라)의 내용을 모두 포괄할 수 있는 진술로 적절한 것은?

> (가) 가치가 논리와 결합되면 주의(ism)가 만들어진다. 예를 들어 주의는 논리와 결합하여 정(pro)과 반(anti)을 등장시킨다. 가령 봉건주의↔반봉건주의, 나치즘↔반나치즘, 실용주의↔반실용주의, 환경보호주의↔개발주의, 자유무역주의↔보호무역주의, 이성주의↔반이성주의 등이 예들이다.
>
> (나) 디자인 세계에 두 조류가 있다. 하나는 간결주의이고, 다른 하나는 복잡주의이다. 두 조류는 각기 아름다움의 가치기준이 다르다. 간결주의는 미(美)가 간결함에 있다고 생각한다. 그리하여 디자인에 사물의 기능이 꼭 필요한 요소가 아니면 과감히 생략한다. 말쑥하게 정리된 클린개념(Clean Concept)을 통해 현실적 아름다움을 추구한다. 반면 복잡주의는 이와 반대이다. 아름다움은 복잡함에 있다고 본다. 그리하여 마치 맨 얼굴을 화장한 얼굴로 전환하듯 사물에 색상을 입히고 형태를 조작한다.
>
> (다) 가치는 상상의 용(龍)과 현실의 학(鶴)이 합해진 봉황(鳳凰)과 같다. 용은 이상으로서의 소망스러움을 표상하며, 학은 현실에서 존재하는 현재 위치를 표상한다.
>
> (라) 현실적 삶에서 이중적 태도가 흔히 목격된다. 생명존중가치를 보유하고 있으면서 나를 괴롭히는 여름밤의 모기들을 살려두지 않는다. 농작물을 밤사이에 게걸스럽게 먹어치우는 야생동물들을 사냥한다. 개를 유난히 좋아하는 사람이 보신탕을 먹고 만족스러운 포만감으로 미소를 머금은 채 음식점을 나온다.

① 가치는 이중성을 가지고 있다.
② 가치는 생각과 행동의 일치성을 조장한다.
③ 가치는 다양성과 풍요로움을 생성시킨다.
④ 가치는 분별을 통해 대립을 조성한다.
⑤ 가치는 논리적 관념물이다

[해설] 답: ①

⇔ 가치는 논리와 결합하여 정반의 이중성을 형성하고, 한편 가치는 경험과 결합하여 이상과 현실이란 이중성을 가진다.

[문] 다음 〈상황〉에 대하여 〈갑의 주장〉을 약화시키는 진술로 가장 부적절한 것은?

〈상황〉

1997년 제주도에 해군기지를 조성하려는 계획이 수립되었다. 그런데 정책에 대해 찬반논쟁이 발생하고, 우여곡절 끝에 정부는 2007년 해군기지 건설지역으로 강정마을을 확정하였다. 하지만 국방안보관의 차이, 이해관계 등으로 찬성과 반대 입장이 첨예하게 대립하여 2012년 10월 현재 계획 대비 27%의 공정률을 보이고 있다.

(가) 해군기지 조성사업이 필요하다는 입장

국가 안위를 위한 평화유지 방법으로 대화와 신뢰를 통한 평화체제 구축 등 다양한 방안들이 있을 수 있다. 하지만 국방문제는 일반 정책과 달리 사전적 전쟁 억지력이 중요하다. 전쟁을 억지하는 가장 확실한 방법은 군사력을 강화하여 비교우위에 서는 방안이다. 오늘날 군사력과 관련하여 각국에서는 해상 군사력의 우위를 점하기 위해 다각도로 노력하고 있다. 우리나라의 경우 북한과 대치하는 특수성으로 효율적 해군작전 수행을 위해 기지를 조성하는 사업이 필요하다.

(나) 해군기지 조성사업이 필요하지 않다는 입장

군사력 우위를 통한 전쟁 억지력은 좋은 안보정책이 아니다. 군사력 증강은 또다시 군사력 증강을 불러온다. 우리나라의 경우 OECD 국가들 중 국내총생산(GDP) 대비 평균 국방비 지출액은 과다하며, 해군의 군사력은 북한에 비해 열위에 있지 않다. 이러한 점에서 애초에 필요 없는 사업이 결정된 잘못된 것이었다. 특히 군항(軍港)으로서의 정책결정이 민군복합형 항구를 건설하여 지역 경제에 기여하도록 하겠다는 것을 내세워 주민들의 형식적 동의로 사업변경이 이루어진 것도 정책의 일관성 면에서 문제이다.

〈갑의 주장〉

민주주의 체제에서 궁극적인 정책결정권은 국민에게 있다. 따라서 국민의 의견이 반영되어야 한다. 만약 정부가 개별적 법률을 근거로 공권력 행사를 고집한다면, 헌법의 민주주의 이념을 정면으로 부인하고 주권을 국민으로부터 찬탈하는 결과를 가져오는 것이다.

---

① 어떤 정책이 필요한가라는 판단은 정책결정에 관련되어 정부의 합리적 판단이 요구된다. 만약 편익과 비용을 정확히 추산할 수 있고, 이를 통해 정책이 결정된다면 국민의 의견에 반하는 정책이라는 갑의 주장은 약화된다.

② 정책결정에 관련하여 대의민주주의 제도를 채택하고 있다는 주장을 하게 되면 갑의 주장은 약화된다.

③ 의견 수렴의 방법과 관련된 조사방법이 가진 한계를 지적하게 되면 갑의 주장은 약화된다.

④ 국가 안위라는 가치를 실현하기 위한 국방정책의 특성상 모든 정보를 공개할 수 없고, 삼권 분립에 의해 국방부의 결정이 적법하게 이루어진 것이라면 갑의 주장은 약화된다.

⑤ 만약 정책목적이 가진 방향이 시대적 흐름에 적합하고 적대국과의 군사력 비교우위에 적절하며 가장 좋은 실행 순간으로서 적시성을 가진 것이라면, 정부가 공권력 행사를 고집하는 것도 정당성을 가지게 되어 갑의 주장은 약화된다.

[해설] 답: ⑤

⑤는 [정부가 공권력 행사를 고집하는 것]에 대한 진술로서 논점일탈의 오류와 허수아비를 공격하는 오류를 가진 진술로서 엄밀히 갑의 주장과 무관계한 진술이며, 오히려 갑의 주장을 강화시키는 효과를 가질 수 있다.

[문] 다음 글을 토대로 추론한다고 할 때 가장 부적절한 진술은?

가치는 욕망(慾望)에 그 터전을 두고 있다. 만일 가치가 욕망에 터전을 가지고 있지 않다면 호오와 당위에 관련된 관념들을 가지지 않을 것이다. 이러한 관념이 없다면 어떤 것을 추구하거나 지양하는 태도 역시 가지지 않을 것이다. 그런데 욕망의 터전은 필요성과 유한성 조건을 통해 구축된 공간이다. 욕망의 대상은 다음의 두 가지 조건이 모두 충족됨으로써 대상화된다. 하나는 필요성(必要性)이고, 다른 하나는 유한성(有限性)이다. 공기는 필요성이 충족된다. 그러나 그것이 욕망충족에 장애가 발생하지 않는 경우라면 욕망의 대상화가 되지 않는다. 이때 두 조건의 상태를 욕망상황이라 할 때, 인간이 직면하는 욕망상황은 두 가지 측면에서 조성된다. 하나는 생물체적 측면이고, 다른 하나는 사회관계적 측면이다. 여기서 전자의 측면에서 구축되는 욕망을 개인적 욕망이라 하고, 후자의 측면에서 구축되는 욕망을 사회적 욕망이라 명명하자. 개인적 욕망은 생물체적 속성에 의해 보유되기 때문에 무인도에서 홀로 살아가는 로빈슨 크루소도 예외 없이 의식주에 관련되는 것들이 욕망으로 보유된다. 반면 사회적 욕망은 사회적(공동체)적 속성에 의해 생성되는 것으로 타자와의 관계에서 발생된다. 사회적 지위, 권력, 부, 명예 등과 같은 것들이다. 이것들은 타자와의 관계를 통해서만 등장한다.

① 생각과 행동에 억압을 당하는 상태라면 자유에 대한 가치가 형성될 것이다.
② 어떤 대상이 살아가는 데 필요하고 무한한 것이라면 그 대상에 대한 가치가 형성될 것이다.
③ 개인적 욕망을 가진 사람이라면 인간존엄의 가치는 보유하지 않을 것이다.
④ 사회적 욕망을 보유한 사람이라면 공정과 정의 같은 가치들을 형성하게 될 것이다.
⑤ 생물체적 측면과 사회관계적 측면에서 가지는 상황이 변한다면 내면에서 구축되어 가치체계 역시 변화할 것이다.

[해설] 답: ②

필요성과 유한성의 두 조건에서 [무한한 것]으로 진술되고 있음.

제2절 규범론과 정의론

I. 규범론

1. 규범의 의의

일상에서 우리의 판단에 관련하여 기준으로 기능을 수행하는 것들은 종교적 계율, 지배적 이념 또는 사상, 예절(에티켓), 조리, 관습, 법체계 등 매우 다양한 것들이 존재한다. 이러한 이유로 규범은 정신과 물질을 모두 포함하는 문화적 산물로 규정되기도 한다. 하지만 여기서는 인식자가 인식을 하든 하지 않든 관계없이 객관적으로 존재성을 인정할 수 있는 것에 초점을 맞추어 규범이란 '인식자에 관계없이 특정 사회의 구성원 모두에게 생각과 행위에 관련된 도덕적 판단기준으로 정립되어 작동하는 것'으로 정의하기로 한다. 요컨대 규범은 사회적 관계라는 공동체적 차원에서 가지는 공동의 판단기준이란 점, 그리고 그 본질이 도덕적 성격을 가진 기준이라는 점에서 모든 구성원들에게 적용되는 사회적 통념으로서의 조리와 관습, 그리고 강제성을 담보한 법의 형식으로 나타나는 것만을 지칭하여 사용하기로 한다.

사회에는 생각과 행위에 관련된 무수한 규칙들이 존재한다. 가령 언어적 활동에서 문법 또는 어법 등의 기준이 존재한다. 하지만 이 기준에 따르지 않았다 하여 도덕적 비난이 발생하지는 않는다. 강제적 징벌 효과도 발생하지 않는다. 어떤 때는 기준에 위배되는 언어적 사용이 재미로 간주되기도 하고, 어떤 때는 창조적 행위로 간주되기도 한다. 그렇지만 규범은 다르다. 규범은 사회적 구성원들 개개인이 가진 판단을 직접적으로 규율한다. 가령 누군가 관습과 예절에 어긋나는 판단을 했다면, 그는 인격에 문제가 있다거나 무례하다는 등의 도덕적 비난과 배척이 가해진다. 특히 법에 위배되면 도덕적 비난과 함께 강제적인 신체적 또는 경제적 징벌이 사회적으로 뒤따른다. 강력한 통제력으로 공동체를 유지하며, 한편으로 개인들은 타인에게 특정 행위를 안정적으로 기대하고 그 기대를 토대로 계획적인 삶 또는 자아실현을 도모할 수 있게 된다. 이러한 점에서 판단을 사실판단과 가치판단 및 도덕적 판단으로 구분하는 경우, 규범은 도덕적 판단과 밀접한 관련성을 가신다.

사회가 복잡해지고 급속히 변화하는 오늘날에 있어 개인들은 일차적으로 내면의 판단과 외연적으로 표출하는 행위의 기준으로 규범을 생각한다. 특히 사회문제를 해결하는 정책결정과 사회구성원들 간의 다양한 분쟁들을 해결하는 공적 판단에서 규범은 중요한 판단기준으로 작동한다. 법률에 정해진 규범은 선택적 기준이 아니라 강요적 기준으로 작동한다. 이러한 점에서 규범은 중요한 의미를 가진다.

2. 규범의 기원

인식자에 관계없이 사회구성원 모두에 각자의 생각과 행위에 관련된 도덕적 판단기준으로 정립되어 작동하는 것을 규범이라 할 때, 누구에 의해 어떤 규범이 언제 어디서 어떻게 왜 얼마나 생성되는가라는 질문은 규범에 대한 근원적 이해를 위해 필요할 것이다. 여기서는 범위를 좁혀 규범의 등장 요인에 대해서 살펴보자. 즉, 관습적 규범과 법규범이 인류에게 언제 어떻게 생성되었는가에 대한 기원이다.

규범이 어떻게 형성되었는가를 다룬 글들을 살펴보자.

(1) 마을에는 3종류의 벌(罰)이 있었다. 하나는 거짓말을 행한 사람에게 내리는 벌이었다. 가장 가혹한 형벌이 주어졌다. 원두막처럼 돌로 만든 빛 한 점 없는 좁고 어두운 방에 가두고, 방을 뜨겁게 달궜다. 그리고 일주일 동안 물만 주었다. 일주일을 버티지 못하고 죽는 사람이 있었다. 다른 하나의 형벌은 도둑질과 싸움 같은 짓을 행하는 사람에게 내리는 형벌이었다. 어두운 방에 가두는 것은 마찬가지이지만, 방을 뜨겁게 달구지는 않았다. 소량의 먹을 것도 넣어주었다. 마지막 또 다른 형벌은 상스러운 욕을 하거나 남녀 간 추잡한 행동을 한 사람에게 내리는 벌이었다. 홀로 일주일을 가두는 것은 마찬가지이지만, 그 방은 빛이 들어오는 창문이 있었고, 뜨겁게 달구지도 않았으며, 가족들이 소량의 음식도 원하면 가져다 줄 수 있었다. 마을 지도자는 이런 벌(罰)이 생긴 이유를 허죽과 베드로에게 이렇게 말했다. "먼 옛날 조상들이 어떤 이유인지 몰라도 전쟁을 하게 되었고, 전쟁에 패해 산속으로 피신하여 숨어 지내게 되었습니다. 적들은 끊임없이 은신처를 찾았습니다. 그들은 은신처를 알려주는 자에게 막대한 상금을 내걸기도 했습니다. 어느 날, 한 사람이 몰래 조상들이 숨어 지내는 은신처를 알려 주었습니다. 그의 수상한 행동을 의심한 부모님이 그를 불러 그를 추궁했습니다. 그러자 그는 오히려 자신의 친구를 모함했습니다. 언젠가 친구가 자신에게 은신처를 알려주고 상금을 받자는 제의를 했고, 자기는

그것을 거절했으며, 오늘 친구를 미행하여 친구가 적들과 만나는 것을 보고 왔다고 말을 한 것입니다. 그 말을 믿은 그의 부모는 그 사실을 마을 사람들에게 말했고, 그 청년의 친구는 배신자란 오명을 쓰고 죽었습니다. 며칠 후 대군(大軍)의 적이 은신처를 포위하고, 쳐들어왔습니다. 무참한 살육이 벌어졌고, 그때 많은 사람들이 죽었습니다. 겨우 살아남은 사람들은 적을 피해 더 멀리 피신해 산속으로 들어왔고, 대대로 이 땅에서 살게 된 것입니다."

(2) 역사적으로 사상과 이념은 통치와 밀접한 관련성을 가지고 한 사회의 규범들을 생성 변화시켜 왔습니다. 무릇 통치란 피치자가 통치자의 말을 듣게 하거나 또는 따르게 하는 것이 요체가 아니겠습니까? 그런데 통치자들은 자신의 권력이 한계가 있다는 것을 스스로 알게 됩니다. 통치자들에게도 권력은 획일적이지 않습니다. 마치 책에 물을 쏟으면 물이 스며드는 투과력 정도가 무한하지 않죠. 물론 많은 양의 물을 부으면 책 한 권이 모두 물에 젖게 되겠지만 그렇지 못한 경우에는 종이 몇 장만 젖게 될 것입니다. 역사적으로 아무리 강력한 권력을 가진 군주라 해도 민중 맨 밑에까지 자신의 힘이 미치지 않는다는 것을 알게 됩니다. 자신의 말을 듣고 따르는 범위의 한계에 대한 인식이지요. 이에 권력자는 어떤 통치적 이데올로기가 필요하고, 이러한 이유로 이념이 동원됩니다. 이념은 백성들의 판단과 행위에 관련된 규범을 작동시키는 데 아주 효율적입니다. 사회적 관습을 만들어 아주 저렴한 비용으로 권력을 유지시켜 줍니다. 잘 아시다시피 우리나라 고려시대에는 통치적 이념이 불교였습니다만, 조선시대에 들어서는 유교를 이념으로 통치하게 됩니다. 충(忠)과 효(孝), 충신불사이군(忠臣不事二君)과 같은 상위 규범을 중심으로 장유유서(長幼有序), 남녀유별(男女有別)의 수단적 중간규범을 통해 장자상속제도와 같은 구체적인 사회제도들을 정립시켰죠.

그렇다면 현대적 의미의 법과 관습들은 어떻게 등장했습니까? 근대 서양에서 등장한 국민국가에서 그 원형을 찾을 수 있을 것입니다. 이것들은 영국, 프랑스에서의 혁명과 미국의 독립전쟁 등을 통해 등장한 것들입니다. 사람들은 신적 질서로서의 천부인권과 자연 질서로서의 자연 사상을 통해 인간은 누구나 자유와 행복을 추구할 권리(인권)를 가지고 있지만, 권력의 현실에서 자연과 신은 우리에게 인간으로서 누려야 할 인권을 보장해주지 못한다고 보았습니다. 자유로운 사회계약적인 헌법과 제도 등을 통해 구체적으로 권리(시민권)를 보장받을 필요가 있다고 주장했습니다. 시민의 권리를 구체적으로 명시한 법과 제도가 등장하게 된 것이죠.

(3) 인간배아복제기술은 난치병 치료뿐만 아니라 생명공학 부분에서 세계적 경쟁력을 갖추기 위한 중요한 분야로 인식되고 있습니다. 1998년 ○○○ 교수는 38세의 한국인 남성들에게서 채취한 체세포를 이용하여 배아를 배양하는 데 성공했다는 결과를 발표했습니다. 그러자 종교단체와 시민단체들은 인간배아복제실험이 생명가치를 훼손하는 비윤리적 행동이라며 비난 성명을 발표했습니다. 나아가 인간배아복제연구를 금지하는 법 제정을 요구했습니다. 과학계에서 인간 복제는 금지되어야 하지만 인간 배아 복제는 불임, 유전적 원인에 의한 각종 질병치료를 위해 허용해야 한다는 여론이 있었습니다. 14일 이전의 인간 배아를 생명체로 볼 것인가를 두고 논란이 일어나기도 했죠. 이에 정부는 관련 법규를 정비할 필요성을 인식하게 되고 생명윤리위원회 기구를 설치하여 다양한 각계 인사들의 의견을 수렴하여 인간복제와 관련된 법규제정 작업을 시작했습니다.

위의 글들은 관습적 규범과 법규범이 어떻게 등장하는지를 기술하고 있다. 여기서 규범의 기원에 대하여 부연할 것이 있다. 하나는 우리가 지금 말하는 규범으로서의 관습과 법률의 기원은 인류역사의 전체적 시간대를 포함하는 이야기가 아니라는 점이다. 문자가 등장하기 전 선사시대에도 법률과 관습은 존재했을 것이라는 추정은 가능할 것이다. 하지만 고조선의 8조금법과 같이 추정(가설)을 입증할 단서를 찾는다는 것은 사실상 불가능하다. 따라서 규범의 범위를 도덕적 당위에 관련된 일체의 것을 포함하는 개념에서는 기원에 대한 논의가 달라질 수 있다. 다른 하나는 법과 관습은 모두 인간의 창조물이다. 이에 대하여 노자는 인간이 인위적인 의도를 통해 법과 관습들을 만들어내는 것에 반대한다(無爲而治, 無爲自然). 자연에 내재된 질서에 의한 규범을 강조한다는 점에서 자연적 규범형성설이라 부를 수 있을 것이다. 반면 이에 대비되는 인위적 형성설 입장이 있다. 인간의 의도를 통해 규범의 형성을 강조하는 주장이다. 공자는 인위적 규범의 필요성을 강조하고, 규범 형성에 평생을 바쳤다. 그가 형성하려는 규범은 인의예지신(仁義禮智信) 다섯 글자로 정립될 수 있다. 이것들을 다시 하나로 환원하면 예(禮)가 될 것이다. 한비자와 같은 법가사상가는 만민에게 평등하게 적용되는 강제력 있는 법을 가질 때 비로소 인위적 규범은 실효성이 확보될 수 있다고 주장하였다(法治). 홉스는 인간은 본래 이기적이어서 자연상태에서 인간은 서로 '만인 대 만인의 투쟁' 상황을 조성한다. 이기성을 억제하고 통제할 계약이 필요하고, 계약이 준수될 수 있도록 강력한 강제적 힘을 가진 정부(리바이던)가 필요하다고 주장했다.

3. 규범의 정당성 근거에 대한 문제

규범이 인식자와 관계없이 사회구성원들의 생각과 행동을 규율하는 판단기준으로서 존재하여 작동하고 있다면, 그것이 가진 정당성 문제는 중요하다. 가령 국가가 어떤 법률을 제·개정하거나 또는 적용하여 판단을 행한다고 하자. 이때 정당성의 문제는 매우 중대하다. 예컨대 형법에 [살인하지 마라]라는 조항을 삽입하게 되면(입법), 그것은 사회구성원들의 판단기준으로 작동한다. 그것은 정당성을 가져야만 한다. 만약 도덕적으로 정당성을 가지지 못한다면, 그 규범은 실효성을 가지기 어렵다. 이때 당신은 실정법체계의 상위 규범인 헌법을 기초로 하여 제정하려는 법규범의 정당성을 평가할 수 있을 것이다. 그렇게 되면 적어도 위헌으로 판단되지는 않을 것이다. 하지만 헌법 자체에 정당성이 문제될 수 있다. 이에 규범의 정당성 근거에 관련된 몇 가지 논의들을 살펴보기로 한다.

1) 신적 질서에서 정당성을 찾는 입장

규범의 정당성 근거를 신적 질서에서 찾는 입장이 있다. 예컨대 종교적 계명 또는 계율에서 정당성의 근거를 찾는다. 종교적 국가에서 가지는 정당성 논거이다. 가령 기독교 신학자들에 의한 자연법이론이 대표적인 경우이다. 토마스 아퀴나스는 기독교적 입장에서 규범을 세 가지로 나눈다. 신의 법(절대불변의 영원한 법)과 자연법(자연에 의한 질서법)과 실정법(인간에 의한 질서법)이다. 신의 법은 초자연적인 것으로 세계질서를 구현하는 보편타당성을 지닌다고 보았다. 신의 법에 의해 자연법은 정당성을 가지고, 자연법에 의해 실정법은 정당성을 가지게 된다고 본다. 역으로 실정법은 자연법에, 자연법은 신의 법에 위배되는 경우 정당성이 부인된다고 주장한다. 하지만 신적 질서에서 규범의 정당성을 찾는 이론은 그 적용에 있어 일반론으로서의 자격이 문제된다. 가령 불교국가와 회교국가 등에서는 기독교 국가와 서로 다른 신적 질서를 가지고 있고, 하위적인 규범으로서 서로 다른 계율들이 존재한다. 이와 같이 상대적이어서 일반적 적용이 문제된다.

2) 이성적 법칙에서 정당성을 찾는 입장

규범의 정당성 근거를 이성에서 찾는 입장이 있다. 이성의 보편타당한 일정한 법칙적 질서에 근거하여 등장한 규범들은 정당성을 가지게 된다는 입장이다. 대표적으로 근대 계몽사상가 또는 자연법 사상가들이다. 이들은 신(神)이 아닌 인간(人間)중심에서 세계를 고찰하고자 했으며 규범의 정당성을 이성에서 찾았다. 이들에게 있어 자연법은 신의 법에 종속된 법이 아니다. 인간의 이성으로서 가지는 산물로 규정된다. 그리하여 자연법은 보편타당하다고 주장했다. 특히 칸트와 헤겔은 이성을 절대시하여 이성의 입장에서 정당성 근거를 찾고 정당성을 판별하는 데에도 보편타당성을 가질 수 있다고 보았다.

칸트에 의하면 누구나 동물과 구별되는 이성만 가지고 있으면 상식적인 수준의 이성일지라도 도덕적 측면의 실천이성을 가진다고 보았다. 그가 말하는 실천이성이란 감각이 가지는 지각능력과 주관성을 통해 판단하는 능력보다 우월한 판단능력으로서의 이성이다. 이러한 실천이성에 의해 인간은 누구나 자신의 판단과 행위에 질서를 부여하는 능력을 가지고 있고, 인간에게 무엇을 해야 한다는 당위(當爲)적인 명령, 즉 정언적 명령을 내리게 되어 있다고 주장한다. 그리하여 실천이성으로 보편타당한 규범이 등장한다고 설명하고 있다. 헤겔 역시 규범의 정당성은 이성에서 찾아진다. 그는 역사적으로 규범은 진보과정을 밟으며 단계적 상승의 진보를 통해 점차 개인의 자의성과 특수성 같은 주관적인 것이 지양되어지고 보편적인 인륜성의 단계로 이른다고 설명한다. 인륜성 단계에서 규범은 주관적이고 개별적이었던 것이 공동체의 이성적인 질서에 부합되어 객관성을 확보한다고 말하고 있다. 한편 규범의 보편성 획득에 관련하여 하버마스(Habermas)는 인간은 다양성을 보편성으로 만들어가는 언어능력과 행위능력이 있다고 보고 모든 사람이 참여하는 담론을 통해 보편타당한 규범을 형성할 수 있다는 것을 주장했다. 소위 의사소통의 담론윤리론을 주장했다.

하지만 규범의 정당성을 이성으로 보는 견해에서 구체적으로 이성이 무엇인가라는 것이 문제된다. 이성이 무엇인가에 대해서 다양한 시각들이 존재하고, 무엇을 이성으로 보는가에 규범의 정당성 근거의 주장은 약화된다. 이에 대해서는 전술된 내용들이기에 간략히 언급하기로 한다.

전통적으로 이성은 진리(참된 지식)의 시각에서 접근된다. 플라톤에게 있어 이성은 기하학적 사유를 할 수 있는 정신적용 또는 정신능력을 의미한다. 이러한 이성은 참을 볼 수 있는 눈이며, 인간과 다른 생명체들 간에 구별되는 특징 중 하나이다. 하지만 이성은 누구나 보유하지만, 그 능력은 사람마다 동일하지 않다. 기하학적 사유를 할 수 있는 사람과 할 수 없는 사람이 있고, 할 수 있는 사람들 간에도 높은 단계를 가진 사람과 낮은 단계를 가진 사람이 존재한다. 이성을 도덕적 시각에서 접근하지 않는다. 이러한 시각에서의 이성을 진리적 이성으로 지칭할 수 있을 것이다.

또한 이성은 판단의 관점에서 접근되는 견해가 있다. 요컨대 목표와 수단에의 결정에 관련된 사유능력에서의 이성이다. 경제학 관점에서의 이성은 주어진 제약 속에서 이윤극대화(또는 효용극대화)를 달성하는 대안을 선택할 수 있는 능력이다. 만약 누군가 이윤(또는 효용)을 극대화할 수 있는 대안이 있음에도 그 대안을 선택하지 않았다면 이성에 부합되지 않는다. 사람들은 문제들을 해결하기 위해 대안을 마련하고, 이때 제약조건을 고려하고, 선택 가능한 대안들 중에서 기회비용 등 결과를 예측하여 최적의 수단을 선택하려 한다. 이러한 작업을 수행할 수 있는 능력을 이성으로 본다. 이러한 관점에서 인간 이성은 효율성을 추구하여 정보처리를 위한 사변적(speculative)이고, 계산(計算)할 수 있는 정신능력으로 구성된다. 그리고 사람마다 능력의 단계가 채점될 수 있을 것이다. 이와 같은 시각에서는 이성을 도덕적 사유를 할 수 있는 정신능력으로 접근하지 않는다. 목적 달성에의 목적 또는 목표달성을 효율적으로 달성하는 수단 또는 도구로 이성을 관념한다. 이에 이러한 시각에서의 이성을 흔히 도구적 이성으로 지칭하기도 한다.

한편 의지적 정신을 이성으로 보는 견해가 있다. 가령 자연현상을 관찰하면 인간의 생명활동은 놀라움을 가지고 있다. 자연상태에서 모든 물질은 엔트로피가 증가하는 경향을 가지고 있다. 즉 무질서가 증가하는 방향으로의 진행이다. 그런데 인간에게서 무질서로 이행하는 자연적 경향에 대항하는 창조적 활동이 전개된다. 창조적 활동은 기본적으로 질서화이다. 어지럽게 섞여 있는 무질서 상태는 유용성을 갖지 못한다. 이에 무질서에 대항하여 질서를 부여한다. 이러한 창조적 의지를 담은 정신적 요소를 이성으로 본다.

3) 인간 본성에서 정당성을 찾는 입장

규범의 정당성 근거를 인간본성에서 찾는 입장이 있다. 조선시대 퇴계 이황은 성리학적(주자학적) 관점에서 인간 본성에서 규범의 정당성 근거를 찾는다. 그에 의하면 인간에게 이(理)가 있고, 이(理)는 우주와 일체되는 것이다. 이것은 시간과 공간 그리고 누구나에게 절대적이고 보편성을 가진 것이라 보았다. 예컨대 이(理)는 천리(天理)로서 양심(良心)이다. 양심은 측은지심, 수오지심, 사양지심, 시비지심으로 구성된다. 이것들로부터 각각 인의예지(仁義禮智)라는 사단(四端)이 생성되어 도덕적인 규범(바르고 옳은 것이 있다고 해서 인간으로서 세상을 살아가면서 지켜야 할 틀)이 형성되고, 이러한 규범은 시간과 공간에도 불구하고 보편타당성을 가진다고 설명하였다.[158]

사단단지(항아리)

도 덕

道: 시비지심(지)과 수오지심(의)이 단초를 이룸.
德: 측은지심(인)과 사양지심(예)이 단초를 이룸.

역사적으로 인간본성론은 다양한 견해들과 충돌한다. 가령 순자에 의하면 인간은 이기성을 가진 존재이다. 이러한 이기성으로 자기이익적인 행동을 취한다. 규범은 어디까지나 상대적이고 자기적(自己的)인 것으로 보았다. 한비자와 상앙 등도 규범이 주관적이고 상대적이기에 보편적으로 적용할 수 있는 규범으로서의 법체계가 필요하다고 생각했다.

4) 실용적 입장에서 정당성을 찾는 입장

규범의 정당성 근거를 실용(필요성)에서 찾는 입장이 있다. 예컨대 규범의 정당성 근거는 자유, 평등, 평화, 행복 등과 같은 가치의 달성 또는 유지에 필요한 유용성에 있다고 본다. 개개인은 소망스러움과 바람직한 것으로 생각하는 가치들을 보유하고, 이러한 가치들이 때론 타인과의 관계에서 서로 상충되거나 대립한다. 이러한 갈등적 상황을 해소하지 못하면 누구도 자신의 가치를 제대로 실현할 수 없게 된다. 자아실현은 불가능하다. 이러한 문제를 해결하기 위해 규범이 필요하며, 규범으로 인해 개개인은 공동체 삶에서 각기 자신이 추구하는 가치를 실현할 수 있는 유용성을 가진다고 본다. 이러한 실용적 정당론의 입장에서 [살인하지 마라]라는 규범은 공동체 삶에 유용성을 가진다는 것을 근거로 정당성이 부여된다.

4. 도덕적 판단과 검사

어떤 주장이 가진 정당성 원리를 검사할 방법이 필요할 때가 많다. 사적 차원에서는

---

158) 도덕이 무엇인가에 관하여 많은 견해들이 존재하지만, 도(道)란 글자는 머리 수(首)에 사람이 걸어가는 형상이 합해져 있다. 즉, 이치를 생각하고 실천하는 것이 도가 된다. 반면 덕(德)은 마음에서 어진 것이 우러러 나와 행동하는 것이 된다.

물론이고, 공적 행정업무를 수행하는 과정에서도 업무담당자는 왜 나만 갖고 그러느냐는 정당성에 대한 항변 주장에 흔히 직면한다. 이러한 경우 정당성 원리를 검사할 방법이 있다면 유용할 것이다. 또한 A라는 카드회사와 카드 수수료를 부담하는 가맹점들 간에 대립이 발생하고 이들 간의 문제가 사회문제를 야기하는 경우, 정부는 이들 간의 관계에 개입하게 되고, 일차적으로 법, 관습(상거래관행)과 같은 규범들이 판단기준으로 적용된다. 그러나 법률에 위배되지 않고 관습(관행)에도 부합되어 규범을 근거로 주장들을 판단할 수 없는 경우가 있다. 도덕적으로 판단할 수밖에 없는 경우이다. 이러한 경우 다음과 같은 도덕판단검사(道德判斷檢査) 방법들을 활용할 수 있다.[159]

1) 진실검사(반증검사)

진실검사란 특정 도덕적 판단에 근거로 사용되는 사례들의 참/거짓을 확인하거나 또는 반대되는 사례들을 확인하여 부적절한 판단인가 여부를 검사하여 판단하는 방법이다. 가령 A의 주장에 반증적인 사례가 존재한다면, 정당성을 상실한다. 진실의 원칙을 적용한 검사방식이다.

2) 상위가치검사(포섭검사)

상위가치검사란 특정 도덕적 판단에 대하여 더 높은 등급 또는 큰 범주의 도덕원리를 적용해 판단해보는 방법이다. 가령 A 주장이 선택한 기업의 자유로운 활동의 보장이란 가치를 근거로 한 주장에 대하여 공공복리라는 상위범주의 가치를 적용하여 검사하는 방법이다. 상위가치의 원칙을 적용한 검사방식이다.

3) 위험비례검사(보편검사)

위험비례검사란 특정 도덕적 판단의 결과가 사회적으로 보편화될 때 나타날 수 있는 결과를 토대로 검사하여 판단하는 방법이다. 예를 들면 도로교통경찰관 A가 도로교통업무를 수행하던 중 신호를 무시하고 주행하는 차량들을 목격하고, 이에 B를 적발하여 범칙금을 부과하려 하자, B는 왜 나만 갖고 그러느냐며 부당하고 억울하다고 항변하고 있는 상황에서 B의 주장에 대해 위험비례검사(보편검사)가 이루어지면, 즉 B의 주장이 사

---

159) 참고로 전술된 논증에 대한 가치평가에의 일반원칙들이 적용될 수 있다. 진실의 원칙, 상위가치의 원칙, 위험비례의 원칙이다.

회적으로 보편화될 때 가지는 결과를 예측해보면, B의 주장은 정당성을 상실하게 된다. 위험비례원칙을 적용한 검사방식이다

4) 역할교환검사

역할교환검사란 특정 도덕적 판단에서 입장을 바꿔 그 판단을 받아들일 수 있는가를 검사하여 판단해보는 방법이다. 가령 음식점들이 카드 수수료를 낮추라고 시위하기 위해 영업을 하지 않는 것은 많은 회사원들이 식사를 하지 못하는 불편함을 초래하고, 업무에 지장을 주어 사회적으로 옳지 못한 행동이라는 주장에 대하여, 만약 판단자가 음식점 주인의 입장이라도 이러한 판단을 할 수 있는가를 스스로 검토하여 이것을 받아들일 수 없다면 정당하지 못한 주장으로 판단하는 방법이다. 예를 들면 공무원 A가 농산물 허위표시 단속업무를 통해 위반 업소들을 적발하였다. 이때 업소들이 먹고살기 힘들어 어쩔 수 없이 행한 것이니 선처를 바란다고 호소하는 상황에서 역할교환검사를 통해 주장을 받아들일 수 있다면 이를 근거로 적법한 범위 내에서 판단할 수 있을 것이다.

[문] 〈보기〉의 사례들은 법규범의 적용과 관련하여 가지는 판단의 갈등상황이다. 이것들 중 성격이 같은 것끼리 묶은 것으로 가장 적절한 것은?

〈보기〉

㉠ 공무원 A는 최근 금은방에서 유명 브랜드를 모방한 가짜 브랜드 액세서리를 판매한다는 제보를 받고 이에 실태조사를 하게 되었다. 조사한 금은방 50곳 중 49곳에서 가짜 상표를 부착하여 진짜 상품의 1/3에 해당하는 가격으로 판매하는 것을 적발하였다. 하지만 금은방 가게들은 하나같이 먹고살기기 힘들어 어쩔 수 없이 행한 것이다. 이에 단속 수위를 놓고 A는 고민 중이다.

㉡ 공무원 A는 금연구역에서 흡연하는 사람들을 목격하고, 이에 그 중 B를 적발하여 과태료를 부과하려 했다. 그러자 B는 왜 나만 갖고 그러느냐며 부당하고 억울하다고 항변하고 있다. 이에 A는 B에게 과태료를 부과해야 하는지 말아야 하는지 고민이다.

㉢ A는 모회사에서 2명을 모집하는 공개채용 공고를 보고 이에 응시하였다. 응시자는 모두 10명이었다. 채용기준은 필기시험 50%와 면접시험 50%가 반영된다. 단 면접시험의 경우 면접관 3명 중 한 명이라도 불가(不可)라고 판정한 경우 다른 면접관의 높은 점수에도 불구하고 응시자는 불합격 처리된다. 이에 응시자들은 각기 면접시험이 합격과 불합격에 중요한 변수로 간주하고, 인맥을 동원하는 등 각종 로비들을 하고 있다는 소문이 들려온다. 이에 A는 자신도 로비를 해야 하는지 하지 말아야 하는지 갈등 중이다.

㉣ A는 상사 B로부터 C라는 사람의 뒷조사를 지시받았다. 이때 A와 B는 뒷조사가 불법이라는 사실을 안다. 이에 A는 B의 명령을 거부할 것인가? 아니면 따를 것인가를 두고 고민 중이다.

㉤ 지방검찰청 검사 A는 특정 사건을 맡아 수사를 하던 중 자신의 절친한 친구 B가 범죄에 연루되어 있음을 알게 되고, 이에 A는 친구 B를 기소해야 할 상황에서 고민이다.

---

①   [(㉠)],   [(㉡ - ㉢ - ㉣ - ㉤)]

②   [(㉠ - ㉡)],   [(㉢ - ㉣ - ㉤)]

③   [(㉠ - ㉢)],   [(㉡ - ㉣ - ㉤)]

④   [(㉠ - ㉡ - ㉤)],   [(㉢ - ㉣)]

⑤   [(㉠ - ㉡ - ㉢ - ㉣)],   [(㉤)]

[해설] 답: ④

공적 업무를 담당한 개별자적 지위(법의 집행자 지위)로서 가지는 고민(㉠, ㉡, ㉢). 국민의 한 사람으로 보편자적 지위(법의 대상자 지위)로서 가지는 갈등(㉢, ㉣). 참고로 ㉣의 경우 상사와 부하 간에 상사의 명령이 부하의 가치에 반한다고 하여 부하가 그 명령을 거부할 수는 없다. 그러나 법규범에 반하는 불법적 명령은 부하에게 거부할 의무가 부여되어 있다. 판단(행동)이 위법 또는 적법의 문제가 된다.

[문] 갑, 을, 병, 정의 주장을 〈보기〉의 (가), (나), (다), (라)의 분류를 통해 짝지은 것으로 적절한 것은?

- 갑: 살생은 사안별로 상황에 따라 정당성을 평가해야 한다. 동물과 인간을 대상으로 한 살생 행위의 가치가 동등하다고 볼 수 없다.
- 을: 인간을 대상으로 한 살인은 정당성을 가지지 못하지만 동물을 상대로 한 살생은 정당성을 가질 수 있다. 동물과 인간에 대한 살생행위에 대한 가치는 다르게 보아야 한다.
- 병: 악 또는 적을 징벌하기 위한 살인은 정당성을 가진다. 살생행위는 본질적으로 동물이든 인간이든 생명가치의 훼손은 동일한 것이다.
- 정: 사람이든 동물이든 살생은 정당성을 가지지 못한다. 동물이든 인간이든 생명가치는 동등하다.

〈보기〉

도덕적 규범을 바르고 옳은 것이어서 인간으로서 지켜야 할 것이라 할 때, 사람들이 규범에 대하여 가지는 도덕적 태도는 [절대적이다-상대적이다]. 그리고 [차별적 적용이 필요하다-무차별적이 필요하다]라는 두 기준점으로 다음과 같이 네 가지로 분류할 수 있다.

(가) 절대적-무차별적 태도
도덕적 규범은 시간적 공간적으로 인간의 도리로서 절대성을 가진다. 살생을 금하는 규범은 사람생명이든 동물생명이든 모두에게 적용되어야 한다.

(나) 절대적-차별적 태도
도덕적 규범은 시간적 공간적으로 인간의 도리로서 절대성을 가진다. 살생을 금하는 규범은 사람과 동물을 동일한 가치로 대할 수 없다.

(다) 상대적-무차별적 태도
도덕적 규범은 시간적 공간적으로 인간의 도리로서 상대성을 가진다. 살생을 금하는 규범은 사람생명이든 동물생명이든 모두에게 적용되어야 한다.

(라) 상대적-차별적 태도
도덕적 규범은 시간적 공간적으로 인간의 도리로서 상대성을 가진다. 살생을 금하는 규범은 사람과 동물을 동일한 가치로 대할 수 없다.

① (가) - 정, (나) - 을, (다) - 갑, (라) - 정
② (가) - 정, (나) - 을, (다) - 병, (라) - 갑
③ (가) - 정, (나) - 갑, (다) - 을, (라) - 병
④ (가) - 정, (나) - 갑, (다) - 병, (라) - 을
⑤ (가) - 정, (나) - 병, (다) - 갑, (라) - 을

[해설] 답: ②

참고: (가) 불교적 윤리관 태도, (나) 기독교적 윤리관 태도, (다) 상대적 평등주의 윤리관 태도, (라) 상대적 개별주의 윤리관 태도.

[문] 다음 (가), (나)에서 이끌어낸 쟁점으로 가장 적절한 것은?

> (가) 도덕은 수단이 아니다. 그 자체가 목적이다. 그렇기 때문에 어떤 행위를 평가하는 데 있어 동기는 매우 중요하다. 갑이란 사람이 을에게 상해를 입힐 목적으로 폭력을 행사하였는데, 그 폭력으로 다친 을이 병원에서 치료를 받다가 암을 발견하여 목숨을 구하게 되었다 하여 갑의 폭력이 정당화될 수는 없다. 또한 갑이란 사람이 자신에게 처한 위험을 해소하고자 행동을 취한 결과 을에게 상해를 입힌 경우에 갑의 폭력행사를 도덕적이지 못한 것이라 하여 정당하지 못한 행위로 평가할 수는 없다.
>
> (나) 동기는 주관적이고 사람에 따라 상대적이다. 갑의 동기가 선의(善意)라 하여 그것이 타인들에게도 반드시 선한 것은 아니다. 갑이란 사람이 을을 도우려 어떤 행동을 취한 결과 정을 사망하게 한 결과가 발생하였다면 갑의 동기가 선하다고 하여 그의 행동을 정당한 것으로 평가할 수는 없다. 도덕이 삶을 살아가는 데 수단이 될 수는 없겠지만, 그렇다고 도덕 그 자체가 목적이 되는 경우 너무 공허하다. 현실적으로 도덕은 공동체 사회를 유지하고 발전하는 데 수단적 성격을 가질 수밖에 없다. 어떤 행위나 판단을 평가하는 데 있어 결과는 매우 중요하다. 의사가 환자에게 아무런 성분도 없는 알약을 특효를 가진 치료약이라고 속여 환자에게 처방하여 긍정적 치료효과를 보았다면, 그 거짓이 도덕적이지 못한 것이라 하여 의사의 판단 또는 행위를 정당하지 않은 것으로 평가할 수 없다.

① 도덕은 수단이 아니며 그 자체가 목적인가?
② 도덕은 이상인가 현실인가?
③ 도덕적 판단을 행위의 동기로 해야 하는가 결과로 해야 하는가?
④ 선의의 거짓말은 정당한 것인가 정당하지 못한 것인가?
⑤ 동기는 사람에 따라 주관적이고 상대적인가 아니면 객관적이고 절대적인가?

[해설] 답: ③

(가): 행위에 대한 도덕적 판단은 동기로 해야 한다. 칸트는 도덕의 도구주의를 비판한다. 그에 의하면 도덕은 A=B와 같은 무조건적인 정언명령이다. 즉, p라면 q라는 가언명령으로서 수단이 아니며 목적 그 자체이다. 실천이성과 선의지 및 자율의지에서 가지는 동기를 중시한다.

(나): 행위에 대한 도덕적 판단은 결과로 해야 한다. 공리주의는 행위로서의 동기가 아니라 결과를 중시한다.

[문] 다음 A, B, C의 주장에서 이끌어낸 쟁점으로 가장 적절한 것은?

■ A의 주장: 현재 해마다 반려동물들이 길거리에 버려지는 사건들이 늘어나고 있다. 자신이 키우다 경제 등의 이유로 동물을 유기한다면 이는 옳지 못하다. 따라서 이에 대한 법률제정이 필요하다. 반려동물들의 주인에게 각기 동물들을 등록하게 하고, 동물 몸에 개체인식정보를 담은 칩을 심어 반려동물에 대한 정부차원의 관리가 필요하다. 관리의 실효성을 위해 만약 주인이 등록을 하지 않는 경우 과태료를 부과하는 조치가 필요하다. 이러한 등록제의 시행은 반려동물들이 학대받거나 또는 버려지는 일이 줄어들 것이 기대되고, 잃어버린 경우에도 쉽게 개체식별정보를 통해 주인을 찾기가 용이하여 반려동물과 주인 모두에게 유익하게 될 것이다.

■ B의 주장: 만약 반려동물의 주인에게 각기 동물들을 등록하게 하고, 동물 몸에 개별 인식정보를 담은 칩을 심는 것은 정당하지 못하다. 인간이 자신의 신체에 대한 권리를 가진다면 이는 동물에게도 동등하게 적용되어야 한다. 이는 동물들의 입장이 아닌 인간중심에서 동물을 하나의 생명이 아닌 물건으로 바라보는 시각으로 비윤리성을 담고 있다.

■ C의 주장: 만약 주인이 등록을 하지 않는 경우 과태료를 부과한다면 문제가 발생한다. 우선 어린이가 주인이 될 수도 있다. 금치산자인 의사무능력자가 주인일 수도 있다. 이들이 법을 위반할 경우 과태료를 부과한다는 것은 민법과 형법 등 다른 법률체계에 부합되지 않는다. 특히 등록과 같은 번거로움과 경제적 비용을 주인에게 부과한다면 동물들을 기르려 하지 않는 결과가 발생할 수 있다. 이를 귀찮게 생각하거나 시간과 비용이 문제되어 기르지 않게 되고, 오히려 길거리에서 살아가는 동물들의 수를 늘리는 결과가 나타날 수 있다.

① 인간과 동물의 권리는 차등화할 수 있는가?
② 반려동물들의 관리를 위해 등록제 실시를 위한 법률제정이 필요한가?
③ 반려동물들이 학대받거나 또는 버려지는 일을 줄어들게 할 효율적인 관리방안은 무엇인가?
④ 개체인식정보를 담은 칩을 심는 과학기술의 적용은 실효성이 있는가?
⑤ 법률제정으로 수혜를 보는 사람과 비용을 부담하는 사람은 누구인가?

[해설] 답: ②

A의 등록제 시행을 위한 법률제정 주장에 대해 B와 C는 비도덕적이고, 실효성이 없을 것이란 점을 들어 반대하고 있다.

II. 정의론

1. 정의의 의의

어떤 것을 해석하고 판단함에 있어 논리적 사유를 통한 객관성과 합리성을 강조하는 이유는 '올바른 사유방식'과 관련된다. 그리고 '올바른'이란 수식어에 관련하여 객관성과 필연성의 원리로 해결해왔다. 즉, 올바른 사유와 관련된 수단적 차원에서 생각이 객관적이고 필연적이라면, '올바른' 것이라는 방법론적 처리이다.

하지만 올바른 사유와 관련하여 정의를 연계하지 않을 수 없다. 이런 사유를 하지 않고 그냥 넘어갈 수도 있을 것이다. 매일같이 일어나는 일상의 일들을 생각하는 것도 벅찬 것이 오늘날 우리가 처한 생활환경이기 때문이다. 하지만 정의(正義)를 올바른 사유와 연계하는 것은 두 가지 차원에서 요구된다. 하나는 실행차원에서의 문제이다. 일상에서 부딪히는 대부분의 문제들은 객관식 시험문제처럼 판단으로 나타날 득실의 결과가 이미 정해져 있는 것이 아니다. 어떤 결과가 나타날 것인가 득실을 예측하기 힘든 경우가 대부분이고, 예측한 경우에도 전혀 다른 결과가 발생할 수 있다. 어떤 문제가 가진 위협상황이 오히려 기회가 될 수도 있다. 이러한 이유로 정의 관념을 연계하지 않고는 판단을 내리는 것이 불가능한 경우들이 많다. 다른 하나는 삶의 목적론적 차원이다. 정의를 도외시한 삶에서 우리가 얻을 수 있는 것은 피상적 지식의 습득을 통해 경쟁에서 이겼다는 공허한 승리감뿐이다. 인간은 자신의 유한성을 인식하며, 자신을 들여다보는 성찰적 존재이다. 자신의 삶에 대해 반추(rumination)하는 존재이다. 이때 정의란 관념을 기준으로 자신을 평가하게 된다. 정의를 단지 유효(valid)하고 정확(correct)하다는 개념으로만 생각하지 않는다. 내면에서 우러나오는 바르고 옳은 것이란 관념적 도리에 비추어 정의를 생각한다. 이처럼 정의는 자신이 행하는 판단의 기준이며, 자신의 살아온 삶을 평가하는 하나의 지표로 기능한다.

여기서 구체적으로 인간이 관념하는 정의가 무엇일까라는 것을 살펴보자. 이 질문에 대한 답은 두 가지 관점에서 가능할 것이다. 하나는 실증적 차원에서 가지는 정의(正義)이고, 다른 하나는 규범적 차원에서 가지는 정의(正義)이다. 즉, 전자는 사람들이 정의를 어떻게 생각하고 있는가에 대한 내용이고, 후자는 정의란 이러한 것이어야 한다는 당위에 관련된 내용이다. 이에 관점과 논자에 따라 다양한 내용들이 주장되고, 때론 실증과 규범이 혼합되어 매우 복잡한 양상의 논의들이 존재한다. 우선 실증적 차원에서의 역사적 문헌과 유적 등의 문명사적 흔적들은 정의에 대한 사람들의 생각들이 시간적으로 가변적이고, 공간적으로 상대적이었다. 동서양 문명에서 종교, 사상과 어우러진 세계관과 윤리관 등과 연계되어 누적적으로 그 개념들이 축적되어 왔다는 것을 보여준다.

오늘날 우리가 가진 정의에 대한 생각은 서양적 정의 관념에 영향을 받고 있다. 과거 유불선 사상과 연계되어 옳음, 진리, 착함, 자비 등의 개념적 요소들로 정의를 생각하기보다는 서양적 관념으로 생각하는 것이 일반적이다. 이러한 점에서 정의에 대하여 서양적 관념에 초점을 두고 생각할 필요가 있을 것 같다.

20세기 이후 서양의 정의(Justice)는 옳음(right), 참(true), 의무(duty), 처벌(punishment), 공평(equity), 공정(fair), 질서(order/law) 등 다양한 개념적 요소들의 복합체로 관념된다. 이것들 각각이 가진 단어들은 그 의미가 다의미적이다. 가령 right라는 단어를 보면 틀리지 않음(↔wrong), 곧음, 권리, 오른쪽(↔left) 등과 같이 다양한 의미로 사용된다. 이러한 이유로 정의에 대한 관념이 매우 복잡하다.

서양에서 근대 시민국가 이후 정의에 대한 관념은 누구에게나 엄격히 지켜져야 한다는 강한 당위성이 함축된 관념적 뉘앙스를 담고 있다.[160] 정의는 인간세상의 법칙 또는 주어진 질서로서 옳고 참인 것으로 인간이 지켜야 할 의무적인 것으로 간주된다. 가령 정의를 공정하고 공평한 것이라 할 때, 이것들 중 하나라도 저촉되는 것은 부정의(不正義)가 될 것이다. 이러한 부정의는 누구이건 간에 모든 사람에게 공평하게 처벌되는 것이 마땅하다는 것으로 관념된다.

이러한 관념은 오늘날 동양인들이 가진 관념과 별반 다르지 않다. 이에 정의에 대한 접근은 다양한 관점으로 가능하겠지만, 세 부분으로 나누어 접근하는 방법이 효율적일 것이다. 하나는 옳은 것과 참이고, 다른 하나는 공정과 공평이다. 그리고 마지막으로 처벌과 보상 부분이다. 여기서 옳은 것과 참인 부분은 전술된 인식론과 연계되는 것이기에 생략할 수 있을 것이다.

나머지 두 부분의 논의에 대하여 통상적으로 공정과 공평에 관련된 논의는 경제적 시각에서 접근된다. 소위 경제적 정의론이다. 그리고 처벌과 보상에 대해서는 형사적 정의론으로 지칭되는 논의들이다. 이하에서는 이러한 두 정의론을 핵심적인 내용만 간추려 살펴보기로 하겠다.

---

160) 그리스 신화에 나오는 정의의 신(神) 디케는 눈을 감고 있다. 왼손에는 천평칭(저울)을 들고 있고 오른 손에는 칼을 들고 있다. 저울처럼 정확히, 공평히 판단하여 칼처럼 단호하게 행동함을 상징한다.

【참고】 서양의 정의관과 동양의 정의관이 가지는 특징

서양의 정의관

서양의 [Justice]의 관념에서 두 가지 특징이 있다. 하나는 이원론적 사유이다. 가령 정의를 구성하는 각각의 관념요소들은 그에 대비되는 뜻들을 가지고 있다. 질서↔무질서, 옳음↔그름, 정확↔부정확, 의무↔권리, 처벌↔보상, 공정↔불공정, 공평↔불공평이다. 이원론적 사유는 무엇을 취해야 하고 무엇을 버려야 하는지가 명확해진다. 다른 하나는 정의와 부정의의 관계인 제로섬 게임이다. 아래의 그림에서 보수의 총량은 일정하다. 정의와 부정의의 총면적은 100이다. 이때 만약 B에서 (50:50)의 비로 정의와 부정의가 양분되고 있는 상태에서 A 또는 C로 이동하였다고 하자. 그러면 [±A정의], [干 부정의]로 면적 값이 변동한다. 이때 면적변동 값의 합은 [0]이다. 즉, 정의가 +10만큼 변동하면 그에 대응하여 부정의는 -10으로 변화한다. 그림에서 만약 B에서 A로 이동한 경우 덜 정의로운 사회에서 더 정의로운 사회로 변동한 것을 의미한다.

정의와 부정의의 관계

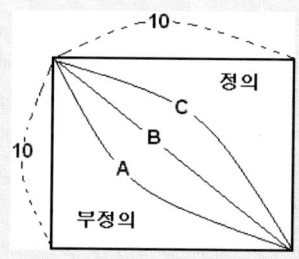

동양의 정의관

동양의 정의 관념은 두 가지 특징이 있다. 하나는 정의를 인간이 어떻게 살아야 하는가라는 윤리적 또는 인생론적인 관점에서 접근한다는 점이다. 이에 정의(正義)는 단지 도덕을 실천해야 하는 인간의 도리로서만 관념되지 않는다. 정의(正義)의 경험은 쾌감 또는 감동을 일으킨다. 하지만 부정의(不正義)를 보면 불쾌감과 역겨움을 일으키듯이 인간의 감정도 중요시된다. 다른 하나는 [정의-부정의]의 대립관계로 보지 않고, [정의-비정의]로 상대적으로 인식하는 경향이 있다. 가령 선하지 않다 하여 그것이 곧 악은 아니다. 선하지 않은 것일 뿐이다. 아름답지 않다고 하여 그것이 곧 추한 것이란 의미는 아니다. 단지 아름답지 않은 것일 뿐이다. 노자는 도덕경에서 장단(長短), 고저(高低)와 같은 비교인식은 어디까지나 상대적임을 지적한다. 가령 긴 것은 더 긴 것에 비교하면 짧은 것이며, 짧은 것은 더 짧은 것에 비교하면 긴 것이 된다는 상대성을 주장한다. 정의롭지 않다 하여 그것이 곧 부정의를 의미하는 것은 아니라는 의미로 이해될 수 있다. 공자는 모든 사람이 선한 행동을 하는 세상이 정의로운 사회이고, 정치란 세속적 삶에서 때가 묻은 인간 본성을 회복하여 선을 행하게 만드는 것이라 주장했다. 불교 사상은 누구나 자성을 가지고 있어 자비(慈悲)를 행할 정의로운 존재이다. 하지만 자성을 보지 못하여 업부를 쌓게 되면 연기(緣起)에 의해 저절로 죄과를 받게 된다. 자성이란 본래의 마음으로서 자비의 세계이고, 이것을 알게 되는 경지를 견성(見性)이라 한다. 사람들 각자가 견성을 하게 되면 저절로 정의가 실현된다.

【참고】 정의에 대한 다양한 시각

절대주의 정의관과 상대주의 정의관

절대주의는 정의가 시공간에서 영원불변의 절대성을 가지고 있다고 보는 태도를 말한다. 절대주의는 다시 강한 절대주의와 약한 절대주의 입장이 있다. 강한 절대주의 입장은 정의는 시공간을 초월하여, 개인이 가진 인식에 관계없이 늘 존재한다고 본다. 반면 약한 절대주의 입장은 정의는 그 본질이 절대성을 가지지만 현실의 현상세계에서 인간이 사회의 통념과 언어적 관념에서 규정되어 상대성을 가지는 경우가 있다고 본다. 즉, 본질세계에 존재하는 정의는 상수(常數)이지만, 인간의 인식에 의해 정의가 변수(變數)가 된다고 본다.

상대주의는 정의가 시공간에서 변화하는 상대성을 가지고 있다고 보는 태도이다. 상대주의 역시 강한 상대주의와 약한 상대주의 입장이 있다. 강한 상대주의는 모든 것은 인간의 인식에서 비롯되는 것으로 인간 개개인 자체가 만물의 척도이다. 그렇기 때문에 개인이 정의라고 생각하면 그것이 곧 정의가 된다. 정의는 개인의 주관적인 것으로 상대적이다. 정의에 대한 생각은 세계관과 가치관, 그리고 양심에 기초하여 각자의 몫이라고 본다. 반면 약한 상대주의는 정의가 인식자에 따라 주관적인 상대성을 가지지만, 개개인의 주관성이 사회적 또는 문화적 맥락에서 소멸되어 사회 전체적으로 어떤 일반성을 가진다고 본다. 가령 역사학자, 사회심리학자, 문화심리학자 등에 의하면 고대와 중세 및 근대 등 문화권마다 확률적 유형의 평균적 정의에 대한 관념이 존재한다고 본다.

자유와 평등의 이념적 스펙트럼과 정의관의 구분

이념적 스펙트럼에 기초하여 정의관을 구분하기도 한다. 자유와 평등을 서로 상충하는 관계로 보고 좌우 수평선을 그어 우측에 자유, 좌측에 평등을 놓는다. 그리고 자유를 보다 중시하는 관념을 자유주의적 정의관, 평등을 더 중요시하는 관념을 평등주의적 정의관으로 구분한다. 이를 극단적 자유 또는 극단적 평등 정의관, 중도적 정의관으로 세분하기도 한다. 자유주의적 정의관은 정의란 자유에 의존된다. 만약 자유가 존재하지 않는다면, 그것은 부정의(不正義)가 된다. 반면 평등주의적 정의관은 평등 여부가 정의의 기준이 된다. 불평등이 존재하면 부정의(不正義)가 된다. 이는 시장과 정부개입의 역할과 연계되어 정체 또는 정책적 이념의 논거로 활용되어 왔다. 가령 자유주의적 정의관에 의하면 정부의 역할이 작을수록 정의에 가까워진다. 반면 평등주의적 정의관에 의하면 복지를 실현하는 큰 정부일수록 더 정의에 부합된다. 하지만 이러한 분류에 대하여 다방면에서 비판받아 왔다. 모두에게 각자 기회의 평등은 공평해야 하지만(수평적 평등), 결과의 평등은 노력과 능력에 따라 차이(수직적 평등)가 존재하는 것이 정의라고 생각하는 주장이 유력하다. 한편 상대적 평등이 주장된다. 이는 흔히 차이는 인정하되 차별은 인정하지 않는다는 말로 표현되기도 한다.

2. 경제적 정의론(공정과 공평)

1) 의의

경제적 정의론은 사회구성원들 간에 추구하는 물질적 가치(↔정신적 가치)의 분배방식과 배분상태에 대하여 공정한 분배방법과 공평한 배분상태에 관심을 두고 논의되는 내용을 지칭한다.

삶에 필요한 물질의 배분방식과 배분상태에 관련된 문제는 중요하다. 자본주의와 사회주의라는 이데올로기 등장만 보더라도 경제적 정의는 단순한 배분문제를 넘어선다. 정치와 사회문화 등 모든 사회영역에 중대한 영향을 미친다. 인간 이성의 한계를 보여준 인류의 참혹한 상징적 사건들은 모두 경제문제와 관련되어 일어났다고 해도 과언이 아니다. 1914년 보스니아에서 열린 오스트리아 육군부대의 훈련에 참관한 황태자 부처가 세르비아 범슬라브주의 비밀결사단 청년에 의해 피살당하는 사건이 발생했다(사라예보 사건). 이에 오스트리아는 독일에 원조를 청하는 한편 세르비아에 선전포고함으로써 제1차 세계대전이 발발했다. 전쟁이 진행되던 1917년 당시 연합군 진영에 속해 있던 러시아에서 혁명이 발생했다. 차르제정을 붕괴시키고 평등을 표방한 소비에트 연방정부가 들어섰다. 러시아 혁명의 초기 시위에 등장한 구호들은 [빵]이었다. [가격을 인하하라, 굶주림을 없애라, 노동자에게 빵을 달라]는 구호들이었다. 경제적 어려움을 직접적으로 체감하는 여성들이 시위에 참여했다. 시위진압명령을 받은 카자크부대의 군인들은 진압에 소극적이었다. 자식과 가족들을 위해 어쩔 수 없이 길거리를 나올 수밖에 없었다는 여성들의 호소를 도외시할 수 없었고, 일부 군인들은 시위에 동참하는 현상이 벌어졌다.

1929년 10월 29일 뉴욕의 증시시장에서 주식가격이 대폭락하는 사건이 발생했다. 짧은 기간에 약 1,500만 명의 국내 실업자가 발생했다. 미국의 경제상황은 점점 악화되어 전 세계로 파급되었다. 각 국가의 투자가들은 너도 나도 공채와 주식들을 방매하기 시작했다. 미국에서 발생한 경제공황이 세계경제를 위기로 몰아넣었다. 공업제품들과 식료품들이 시장에 넘쳐흘렀다. 물가가 1/3 정도로 급락하고 세계의 무역량이 60% 이상 급감하였다. 그러자 미국은 목화밭을 갈아엎고, 캐나다에서는 밀을 바다에 버렸다. 브라질은 커피를 바닷물에 처넣었다. 미국 정부의 뉴딜정책이 도입되고, 유럽을 비롯한 자본주의 국가들은 공황을 타개하는 방안 中 하나로 적극적인 해외 시장을 개척하게 된다. 이로 인해 제국주의가 등장했다. 독일, 이탈리아, 일본은 상대적으로 국내 시장이 좁은 탓으로 강대한 군사력을 바탕으로 한 전체주의 국가를 수립하고 세계 제2차 대전을 일으켰다.

1997년 우리나라에서 발생한 외환위기는 많은 사람들을 고통으로 몰아넣었다. 당시 공정과 공평에 관련된 정의문제가 급격히 사회적 이슈로 부상했다. 사회안전망 등 배분적 정의에 관련된 다양한 논의들이 전개되었다. 많은 국민들이 상대적 박탈감을 이야기했다. 절대적 빈곤에서 가지는 심리상태가 아니라, 나보다 남이 더 많이 가지고 있는 것에서 느끼는 상대적 빈곤감을 지칭하는 사회심리학적 용어이다. 21세기에 들어서도 경제적 정의는 경제민주화에 관련되어 논의들이 계속되고 있다. 어떤 분배방식이 공정한 것이고, 어떤 배분상태가 공평한 것인가라는 문제는 작은 정부와 큰 정부, 경쟁과 공존 등과 같은 매우 민감한 성격을 가지고 조심스레 논의되고 있다. 이하에서는 원론차원에서 배분에 관련된 경제학적 기초 내용과 공정과 공평에 관련된 주요 논의들을 살펴보기로 한다.

2) 경제학 관점에서의 분배론

경제에 관련된 정의(正義)는 가치관과 세계관, 그리고 삶의 양식인 문화적 토양에 바탕을 두고 일어나는 사실적이고 현실적인 문제이다. 그렇기 때문에 사실이 어떠한가라는 실증적 연구와 바람직한 상태는 무엇인가라는 규범적 연구가 동시에 필요하다. 이에 관련된 경제학적 기초 개념들의 이해가 필요하다는 점에서 간략히 살펴보기로 한다.

경제학은 규범적 성격을 가진 정의(正義)의 문제와 결합이 되기 어려운 실증적 또는 계량적 학문으로 규정되는 경향이 있다. 주로 양적인 분석방법을 취하는 수량경제학적 이론들을 보면 더욱 그러한 생각을 가질 수 있다. 하지만 경제학은 응용학문으로서 실증적 연구를 통한 규범적 성격을 가진 학문이라는 점을 인식할 필요가 있다. 즉, 전술된 내용이지만 경제학은 정부(state)와 시장(market)의 역할과 관련하여 배분에 관련된 가장 체계적인 분과학문이다. 가령 소득분배에 관련된 이론들로서 한계생산성이론(노동과 자본의 투입을 각각 한 단위 증가할 때마다 나타나는 한계생산성에 의한 분배 몫을 설명하는 이론), 소득분배이론(소득의 격차에 관련하여 계층에 초점을 두어 계층별 분배를 설명하는 이론), 후생경제학이론(사회후생을 설명하는 이론) 등이 대표적인 것들이다. 요컨대 경제학은 실증적 연구와 규범적 연구(바람직하여 추구해야 할 것)들이 행해진다.

【참고】

이미 알고 있는 내용이겠지만, 일상에서 흔히 사용하는 용어들이라는 점에서 상기차원에서 몇 가지 경제학적 용어와 관련되는 개념을 설명하기로 한다.

1. 배분상태를 나타내는 지표(불평등 정도를 나타내는 척도)
■ 로렌츠 곡선: 불평등 상태를 기하학적으로 나타낸 것을 말한다. 시각적으로 인식할 수 있고, 필요에 따라 면적의 비율 등을 계산해 불평등 상태를 계량화하여 지표화할 수도 있다.

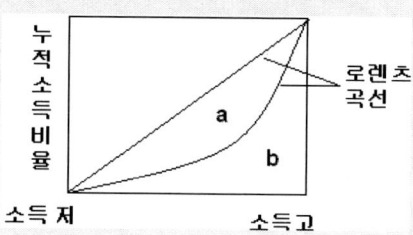

곡선(직선)을 도출하는 방식은 다음과 같다.
⇒ Y축{전체소득에서 차지하는 누적 비율($\updownarrow$)}
    사회구성원을 소득이 가장 낮은 사람부터 높은 사람까지 10등급으로 구분(십분위).
⇒ X축{소득의 저고($\leftrightarrow$)}
    각 등급에 해당하는 사람들이 전체소득 중 차지하는 비율이 얼마인가(%)를 조사.
⇒ 이들을 연결하여 로렌츠 곡선을 도출.
■ 지니계수: 불평등 정도를 수치로 표현한 값을 말한다. 위의 그림에서 로렌츠곡선과 대각선 사이의 면적(a)을 전체면적(a+b)으로 나누어 계산한다. ⇒ ($\frac{a}{a+b}$)

지니계수는 0과 1 사이의 값을 기지며 수치가 클수록 불평등분배를 의미한다. 가령 1인이 모든 소득을 점유하고 있다면 1의 값을 가진다. 완전불평등 상태를 의미한다. 이때 로렌츠 곡선은 대각선인 직선 형태이다. 학자들은 경험적으로 지니계수가 0.4를 기준으로 사회가 불안정해지는 상태로 접어든다고 본다. 2010년 기준으로 미국의 경우 0.4를 넘고 있으며, 우리나라는 0.337로 조사되고 있다.
■ 십분위분배율: 10등급으로 나눈 각 소득계층을 가지고 전체 소득 중 최하위 40%가 차지하는 점유율을 최상위 20%(9분위와 10분위로 구분된 사람들)가 차지하는 점유율로 나누어 산출된 불평등 지표를 말한다. 지니계수와 반대로 수치가 높을수록 평등한 분배상태가 된다. 참고로 소득계층을 5등급으로 나누어 계산하기도 한다. 이를 오분위분배율이라 한다.

2. 계층별 소득분배이론
계층별 소득분배이론이란 사회가 지닌 희소자원의 분배에 따라 사회구성원들을 부유층(상류)과 중산층(중산층), 그리고 가난한 계층(서민층)으로 구분하여 각 계층별 소득을 설명하는 이론을 통칭하여 사용되는 용어이다. 다각적인 관점에서 연구가 진행된다. 예를 들어 그릴리스키의 포괄적 계층별 소득이론에 의하면 근로소득의 차이에 큰 영향을 미치는 것이 학력이라 설명한다. 특히 가족 등 배경의 차이가 학력차이에 결정적인 영향을 미친다고 설명한다. 학력 차이의 근본 원인에 대하여는 개인의 성취욕과 추진력에 의해 50%가 설명될 수 있을 뿐, 나머지는 측정이 불가능한 질적 영역으로 본다. 소득격차에 대한 연구는 근로소득만이 아닌 자본소득으로 관심 비중이 옮아가고 있다. 금융소득과 주식배당금 등과 같은 것들이다.

3) 경제적 정의에 대한 견해들

인류는 규범론적 측면에서 오랜 기간 경제적 정의에 관련하여 다양한 논의들을 해왔다. 즉, 배분에 대하여 어떤 것을 정의라 말할 수 있는가에 대한 견해들이다. 미리 언급할 것이 있다. 경제적 정의는 공정을 함축한 공평의 문제로 단순화할 수 있다. 예를 들어 A라는 기업이 있다고 하자. A는 상품(또는 용역)을 생산하고 판매하게 될 것이다. 이때 A에게 수익이 발생했다고 하자. 그러면 그 수익을 투자자(주주), 근로자 등에 할당이 일어날 것이다. 여기서 수익발생을 위한 수단은 공정성을 가정할 수 있다. 만약 불공정 행위와 같은 수단을 사용하여 수익을 발생시키는 경우 위험이 존재하기 때문이다. 그렇기 때문에 통상 경제적 정의는 배분에 초점을 두고 논의되고 있다.

(1) 아리스토텔레스의 배분적 정의(distributive justice)

오늘날 신분제도가 존재하지 않고, 경제가 자본주의체제로 작동한다는 점에서 부합되지 않는 내용이지만, 그가 주장한 내용은 시사하는 점이 있다. 그가 주장한 공평한 분배의 특징은 분배의 영역을 공동체 질서와 관련된 일반 영역과 개별 영역으로 구분하여 공평을 논했다는 점이다. 전자는 차별적인 수직적 분배를, 개인적 영역에서는 수평적 분배가 정의라고 주장했다. 이에 대한 내용을 살펴보기로 한다.

① 전리품 배분과 관련된 공평(일반 영역에 의한 공평)

알렉산더 대왕의 스승이었던 그는 당시 수많은 정복 전쟁에서 획득한 전리품을 어떻게 분배할 것인가에 대한 해결책으로 다음의 방안을 제시했다. 그에 의하면 사회적 정의는 규범준수와 균등에 의해 달성된다. 규범준수라는 질서적 측면에서 차이성(시민과 노예의 차등)이 필요하고, 균등 측면에서 유사성(시민들 간에는 동등, 노예들 간에는 동등)이 필요하다고 주장했다. 그렇기 때문에 신분에 비례하여 배분이 이루어지는 것이 공평한 것(정의)이라 주장했다.

부연하면 당시에는 노예계급과 시민계급 등의 신분제도가 존재했다. 이러한 신분제도의 유지를 위해서 계급 간 배분의 차이를 인정한다. 즉, 시민들끼리 동등하게, 노예끼리 동등하게 배분하는 차이성이다. 시민계급과 노예계급의 수직적 분배가 적용되고, 같은 시민들 간 또는 노예들 간에는 동등한 분배가 이루어져야 한다고 주장했다. 이렇게 시민계급과 노예계급 간에는 차별하고, 같은 계급끼리는 동등하게 배분함으로써 신분제도가 흔들리지 않고, 그로 인해 공동체로서의 질서가 유지될 수 있다고 보았다. 즉, 규범체계가 흔들리는 배분은 정의가 아니라고 보았다. 이러한 배분적 정의를 "다른 것은 다른 것만큼 비례하여 다르게, 같은 것은 동등하게"라는 말로 표현될 수 있을 것이다.

이러한 아리스토텔레스의 배분적 정의론은 신분(계급)질서를 옹호한 보수적 배분방식이라는 평가가 있다. 또한 당시 전쟁에 나가 싸운 계급이 주로 시민계급이란 점을 들어 그들에게 역할에 상응하여 노예계급보다 더 배분할 것을 주장한 차등적 보상분배라는 점에서 공리주의적 사유의 뿌리라는 평가도 있다. 오늘날 실적을 중시하는 연봉제가 확산되는 경향이지만, 조직의 안전성을 위해 흔히 상위직급과 하위직급과 같이 직급 간에는 비례하여 차등적인 임금 결정이 이루어지고, 같은 직급 간에서는 원칙적으로 동일한 임금이 지급되는 임금제도가 운영되고 있다. 요컨대 비례적인 수직적 분배와 수평적 분배의 혼합적 임금체계이다.

② 물물교환과 범죄에 관련된 공평(개별 영역에 대한 공평)

개개인의 자율적 영역인 물물교환과 범죄 영역에 대해서는 신분차이에도 불구하고 모두를 균등하게 처리하는 것이 정의라고 주장했다(절대적인 수평적 공평). 즉, 신분이나 직위 등의 차이에도 불구하고 똑같게 대하는 것이 정의라고 주장했다.

(2) 공리주의의 배분정의론

공리주의자들에 의하면 배분의 정의는 각자가 행한 응분의 노력과 업적에 따라 분배되는 것일 때 달성된다고 본다. 즉, 각자가 행한 노력과 업적에 대응하여 배분되는 것이 공평한 것이라 주장한다. 공리주의 입장에서는 가장 바람직한 분배는 개인의 효용에 따라 필요한 것들이 모두 분배되는 것이지만, 제한된 자원으로 그러한 분배가 이루어질 수 없기에 사회적 차등은 존재할 수밖에 없다고 본다. 이에 차등은 '응분의 대가인 그의 몫'

으로 배분되는 것이 공평한 것이라 본다. 응분의 노력을 하지 않은 얄팍한 사람에게 그 사람이 누릴 수 있는 효용을 사회가 배분하는 것은 오히려 공평하지 못한 부정의(不正義)한 것으로 본다.

공리주의적 배분의 정의는 간단명료하다. 각자가 취하는 사회적 자원의 배분 몫은 각자의 노력과 업적에 달려 있다. 누군가 남들보다 더 많이 자신의 몫을 주장하려면 그에 상응한 응분의 노력과 업적이 있어야 한다. 그것이 배분에의 정의이다. 그러나 정의를 사회적 구조에서 발생하는 문제를 도외시하고 개인적 차원으로만 환원하려는 사고라는 점, 응분의 노력을 하려 해도 할 수 없는 장애자와 노약자와 같은 사각지대를 소홀히 한다는 점, 업적/노력에 대한 객관적 평가가 어려워 배분의 정의가 자의적 또는 주관적으로 평가될 수 있다는 점 등에서 비판받는다.

(3) 평등주의의 배분정의론

평등주의에서는 배분이 모든 사람에게 똑같게(수평) 균등하게 이루어지는 것이 정의라고 본다. 개인의 몫(배분)은 개인의 노력으로는 어쩔 수 없는 사회적 구조와 상황들 속에서 이루어지는 모순성을 가지고 있고, 궁극적으로 사회적 가치의 생산은 개인의 노력/업적보다는 공동체의 공공노력의 산물이라 본다. 그렇기 때문에 배분이 수평으로 똑같게 되지 않는 방식과 상태는 공정한 것도 공평한 것도 아니며 부정의(不正義)라고 본다.

평등주의적 배분의 정의는 공리주의자들이 주장하는 배분적 정의와 같이 간단명료하다. 한 사회의 자원배분을 모든 사람이 똑같이 하는 것이다. 하지만 공리주의의 비판에 대비된 관점에서 비판받는다. 우선 정의를 사회적·구조적 문제로 환원한다는 점, 노력을 하는 사람과 그렇지 않은 사람을 동등하게 대우한다는 점, 균등하게 사회구성원 모두에게 똑같이 배분하는 것이 말은 쉽지만 실행하기 어렵다는 점 등에서 비판받는다. 특히 열심히 일을 하는 사람과 게으른 사람 간에 동등한 배분이 이루어지는 것은 인간의 이기심에 비추어 무임승차와 도덕적 해이가 발생한다는 점에서 부정의(不正義)가 조성될 수 있다는 점이 지적된다.

(4) 롤스(J. Rawls)의 배분정의론

롤스는 공리주의자들과 평등주의자들이 가지는 배분적 정의를 결합하여 배분의 정의를 주장한다. 평등주의적 관점에서 사회구성원 개개인에게 최소한의 생활을 유지하는 배분이 행해지고(수평적 평등), 공리주의적 관점에서 개인의 응분의 대가를 배분받는 것(수직적 평등)이 배분적 정의라고 주장한다. 이러한 두 견해를 통합하여 누구나 최저로 가져야 할 배분상태인 제약 조건을 수평으로 하여 그 제약조건 이상에서는 공리주의자들이 주장하는 차등적 분배가 이루어지는 것이 정의라고 본다. 요컨대 국가에 의한 최소한의 생활 보장의 배분과 개개인의 업적과 노력에 따른 배분이 정의라는 입장이다. 국민 개개인이 최소한의 기초생활을 보장하는 복지국가 또는 사회안전망의 구축을 뒷받침하는 정의론이다.

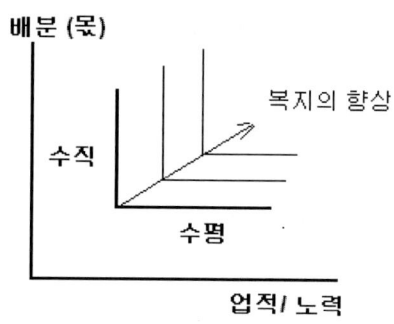

롤스의 배분적 정의론에 입각하면 보다 나은 사회로의 발전은 국가가 건전한 재정을 유지하면서 국민 개개인이 향유할 수 있는 최소한의 기초생활을 보장하는 배분이 증가하는 것이 된다. 이 정의론은 배분에 관련하여 평등주의와 공리주의의 배분적 정의론을 통합하였다는 점에서 강점을 가지지만, 역설적으로 양 측면에서 모두 비판을 받는다. 특히 정책적 측면에서 성장과 배분의 문제, 복지비용에 따른 조세저항과 긴진한 국가새성의 문제 등이 문제로 지적된다.

(5) 승인적(承認的) 배분정의론

승인적 배분정의론은 승인윤리설에 근거하여 배분에 있어 정의는 기본적으로 개개인의 기질에 의한 노력, 성실, 능력, 열정 등에 따라 차등적 분배가 이루어지는 것이어야 하지만, 이러한 차등적 분배가 무한히 가능한 것이 아니라 사회구성원들에 의해 승인되는 한도 내에서 이루어질 때 달성된다고 본다. 요컨대 개인 또는 기업의 자유로운 배분 방식과 배분상태는 사회적으로 용인되는 한도 내에서 이루어질 때 정의가 달성된다는 입장이다. 여기시 승인윤리설이란 개인은 각자 정당하다고 판단하는 도덕률을 지니고 있으며, 이러한 도덕률을 기준으로 사회적 생활을 수행하게 되는데 자유로운 평가가 이루어지면 사회적으로 승인되는 윤리기준을 가지게 된다고 보는 견해이다.

승인적 배분정의론에 의하면 개인적 차원의 배분정의는 사회적 차원에서 용인될 수 있는 상태에서만 가능하게 될 때 정의가 달성된다. 만약 사회구성원들이 용인할 수 없는 배분은 부정의(不正義)가 된다. 하지만 가변하는 사회적 상황에서 승인에 대한 객관적 기준점을 현실적으로 측정 가능하여 설정할 수 있는가에 대하여 의문이 제기된다.

> **【참고】 절차와 정의**
>
> 역사적 사실들에서 절차가 무시되거나 잘못이 있는 경우 그것이 개인적 선호에는 부합할지 몰라도 정의에는 부합되지 않는 경우들이 많았다. 이러한 점에서 어떤 판단 또는 행위가 최종적 상태의 정의가 달성되기 위해서는 절차상의 하자 또는 문제가 없어야 한다는 주장이 설득력을 가진다. 이에 헌법 제10의 [기본권] 조항과 제12조 [적법한 절차] 조항에 근거하여 국민 생활에 밀접한 영향을 미치는 공공의 판단과 행위에 관련해서는 민법과 형법 같은 실체법과 대응되는 민사소송법과 형사소송법 등 절차법이 시행되고 있다.
> 특히 1970년 이후 행정절차에 대한 관심이 높아져 1987년 공청회와 입법예고를 거쳐 확정된 행정절차법이 시행되고 있다. 행정절차는 통지(notice), 청문(hearing), 결정(decision)의 3단계 절차를 핵심요소로 하고 있다. 만약 이것들 중 하자가 존재하는 행정행위는 철회 또는 취소의 사유가 된다. 다만 절차상 하자의 사안이 경미한 경우 또는 효력이 철회되거나 취소되어 사회에 심각한 문제가 초래될 것이 예상되는 경우 하자를 사후적으로 치유할 수 있도록 하고 있다. 하자가 중대한 경우에는 아예 처음부터 효력이 발생하지 않는 무효로 간주된다. 그러나 절차에 관한 규범을 복잡하게 만들어 일반인들이 이해하기 어렵게 만들거나 또는 추상적으로 규정하여 자의적 해석이 가능하여 형식적으로 절차를 진행하는 요식(要式)의 경우들이 나타난다. 절차가 정당화의 도구로 전락되는 현상이다.

3. 형사적 정의론(처벌)

형사적 정의론은 정의를 실현하고 유지하는 데 관련된 처벌(punishment)에 초점을 둔 논의이다. 구체적으로 형사정책과 관련하여 어떤 행위에 대하여 어떤 징계가 가해져야 정의를 달성하는가에 대한 논의이다. 오늘날 대부분의 국가에서는 원칙적으로 자구적인 징벌행위는 금지하고, 법률에 의한 징벌주의를 채택하고 있다. 또한 범죄의 유형과 질 및 양태에 따라 이하에서 열거되는 정의관 또는 정의론들을 적절히 혼합하여 활용되고 있다.

1) 동기적(動機的) 정의관

동기적 정의관에 의하면 징벌은 판단자 또는 행위자의 동기에 의해 이루어져야 정의라고 본다(동기적 윤리설). 가령 곰을 사냥하다 오인하여 사람을 총으로 쏘아 사망하게 한 경우 행위의 목적과 동기가 살인이 아니기 때문에 살인에 해당하는 징벌을 하는 것은 정의가 아니게 된다. 또한 갑이란 사람이 자신에게 닥친 위험을 해소하고자 어떤 행동을 취한 결과 을이 다친 경우, 갑의 행위에 을을 다치게 할 의사가 없었기 때문에 그의 행위를 폭행 또는 상해죄로 처벌하는 것도 마찬가지이다.

2) 결과 및 예방적 정의관

결과 및 예방적 정의관에 의하면 공리주의자들의 입장으로서 규범위반자(범죄자)에 대한 처벌은 행위로 나타난 결과를 가지고 처벌하는 것이 정의라고 본다(결과주의 윤리설). 범죄자의 처벌은 처벌로 나타나는 결과가 중요하기 때문에 처벌의 목적은 범행의 재발을 막기 위한 것이 되어야 한다고 본다. 따라서 처벌에 관련하여 행해지는 형량은 처벌로 예견되는 결과인 갱생가능성에 따라 결정되는 것이 정의에 부합된다고 본다. 즉, 동기가 아닌 결과를 가지고 처벌하지만, 치유적인 갱생과 향후 재발에의 예방적 목적으로 처벌하는 것이 정의라는 주장이다.

3) 응보적 정의관

응보적 정의관에 의하면 징벌은 도덕적 균형을 이루는 응분에 비례하여 처벌할 때 달성되는 것으로 본다. 정의는 마치 균형을 이루는 저울처럼 모두가 상대방의 권리를 존중하면 도덕적 균형이 이루어지지만 누군가가 다른 사람의 권리를 침해하면 도덕적 균형이 깨져 불균형이 일어난다. 도덕적 불균형은 치유되어야 하는데, 불균형을 일으킨 원인자에 대한 처벌을 통해 도덕적 균형을 회복시켜야 한다. 그리하여 범행과 동등한 처벌이 정의를 실현하는 것이 된다고 본다. 흔히 응보론 또는 보복주의로 불리며 "이에는 이, 눈에는 눈"이란 말로 표현된다.

4) 보상적 정의관

보상석 성의관은 정의의 관심을 범죄자가 아니라 범죄로 인한 피해자에 둔다. 범행으로 발생한 부정의는 회복되어야 하는데, 이때 범행으로 피해를 입은 사람의 입장에서 당한 자의 권리 또는 재산상의 피해가 복구되어야 정의가 회복될 수 있다고 주장한다. 따라서 처벌 강도는 피해자의 의사와 보상차원에서 결정되어야 정의에 부합된다고 본다. 즉, 피해자가 선처를 요하는 경우와 강력한 처벌을 원하는 경우에 각각 다른 처벌(수단과 형량)이 있어야 정의가 실현된다는 입장이다.

[문] 다음 글을 이해한 진술로 가장 적절한 것은?

다음과 같은 시대적 상황이라고 가정해보자.

"애꾸눈 왕은 자신의 몸에 여러 가지 장식을 치장하고 살았다. 허리에는 청동 검을 차고 다녔다. 검은 그 자체로 무서움을 자아냈다. 또 허리에 청동방울을 달고 다니기도 하는데 애꾸눈 왕이 움직일 때마다 청동 방울이 딸랑딸랑 소리를 냈다. 신비감을 자아냈다. 허리뿐만 아니라 목에도 청동 거울을 매달고 다녔다. 청동 거울이 가슴 높이로 매달려 반짝반짝 태양 빛을 반사시켰다. 마치 애꾸눈에게서 광채가 뿜어져 나오는 것처럼 보였다. 이처럼 애꾸눈 왕이 자신의 몸에 다양한 장식들로 치장한 것은 의도가 있었다. 자신이 평범한 인간이 아닌 초인적인 그래서 카리스마 능력을 가진 사람이란 것을 내보이려 했던 것이다. 나라 안에 신료, 병사, 백성 누구 하나 왕에게 비위를 거스르는 말을 하는 사람이 없었다. 그는 신이었고, 신은 전지전능(全知全能)하여, 모든 것을 알고 모든 것을 할 수 있는 완벽한 존재로서, 잘못과 실수란 것이 있을 수 없었다. 신에 대한 비판은 부족하고 미천한 인간이 무지(無知)의 소산으로 일어나는 것이다. 나라에는 똑똑한 사람들이 사라져 갔다. 애꾸눈 왕에게 죽음을 당하기도 하고, 똑똑한 사람은 자신의 똑똑함을 내보이지 않는 사람으로 살아갔다."

이러한 상황에서 맹자라면 정의가 무엇인지 논하지 않았을 것이다. 목숨의 안위(安危)에도 아랑곳하지 않고 군주타도를 외쳤을 것이다. 맹자의 눈에는 애꾸눈 왕은 군주답지 못한 사람이고, 군주를 바꾸는 역성혁명은 정당한 것이다. 서양의 근대 자연법사상가들 역시 저항의 논들을 역설했을 것이다. 우리가 논의해야 할 것은 정의가 무엇인가에 대한 것이 아니다. 그런데 누군가 정의가 무엇인가를 논한다면, 그것은 자기합리화의 언어적 행위이거나 아니면 사람들의 판단을 보류 또는 중지하려는 정보술일 것이다.

① 주어진 사회적 상황에 대응하는 생각과 방식은 사람마다 다양할 수 있다.
② 부정의한 통치자에 대한 저항과 항변은 정당하다.
③ 인간은 누구나 존엄을 보장받을 권리가 있다.
④ 정의가 실종된 상황에서도 수혜를 보는 사람은 존재한다.
⑤ 정의가 무엇인지 논할 필요가 없다. 단지 실천이 문제될 뿐이다.

[해설] 답: ⑤

요지: 정의 여부는 누구나 판단할 수 있는 것으로 정의에 대한 논의는 실천에 대한 논의가 필요할 뿐이다.

[문] 경제적 관점에서의 배분적 정의와 관련하여 〈보기〉의 견해들을 다음의 〈상황〉에 적용하여 추론할 때 적절하지 못한 것은?

〈상황〉

A 축구팀은 우승자에게 상금 2억 원이 걸린 시합에 출전하여 우승하고, 상금을 수령하였다. 이때 비용을 제외한 금액이 총 1억 5천만 원이었다. 단 A팀은 감독과 코치 등 총 15명이 팀원이다.

〈보기〉

(가) 아리스토텔레스에 의하면 공공 영역에 대해서는 사회적 질서를 중시하여 다른 것은 다른 것만큼 비례하여 다르게, 같은 것은 같은 것만큼 동등하게 분배하는 것이 정의라고 본다. 반면 물물교환과 범죄에 관련된 개별 영역에서는 산술적으로 수평적 균등을 적용하는 것이 정의라고 본다.

(나) 공리주의에 의하면 누군가 남들보다 더 많이 자신의 몫을 주장할 때, 그것이 정의가 되기 위해서는 그에 상응한 노력과 업적이 있어야 한다. 배분에서 누군가 적은 몫을 가져갈 수 있고, 많은 몫을 얻을 수도 있다.

(다) 평등주의에 의하면 사회적 가치의 생산은 개인의 노력/업적보다는 공동체에 의한 공공 노력의 산물이라 생각한다. 그렇기 때문에 구성원들에게 수평적 균등으로 배분되는 것이 정의라고 본다.

(라) 롤스에 의하면 사회구성원은 각기 최저로 가져야 할 배분 몫이 존재하며, 이를 제약 조건으로 그 이상에서는 차등적 분배가 이루어지는 것이 정의라고 본다.

(마) 승인적 정의론에 의하면 주장하는 사람은 개인적 차원의 배분은 개개인의 기질에 의한 노력, 성실, 능력, 열정에 따라 차등적 분배가 이루어지는 것이 정의이지만, 이러한 분배가 무한히 가능한 것이 아니라 사회구성원들에 의해 승인되는 한도 내에서 배분이 이루어지는 것이 정의라고 본다.

---

① 아리스토텔레스의 견해에 따르면 만약 팀원 간에 분배에 대한 계약(규범)이 존재한다면, 그 규범에 의해 분배하는 것이 정의가 된다.

② 공리주의에 의하면 만약 팀의 승리에 대한 기여도가 다르다면 차등분배가 정의가 된다.

③ 평등주의적 입장에서는 팀의 승리에 대한 기여도에 관계없이 모두 동등하게 1천만 원씩 분배하는 것이 정의가 된다.

④ 롤스의 입장에 의하면 팀의 승리에 대한 기여도가 서로 다른 경우에도 상금의 일부분을 각 팀원에게 기본적 몫으로 분배하고, 나머지 상금을 가지고 기여도에 따라 차등 분배하는 것

이 정의가 된다.

⑤ 승인적 정의론에 의하면 팀의 구성원들이 승리에 기여한 정도에 따라 차등적으로 분배하는 것에 불만이 있더라도 실적에 따라 분배가 이루어지는 경우 정의가 된다.

[해설] 답: ⑤

팀원들의 용인에 위배되는 개별적 차등배분은 부정의(不正義)가 된다.

[문] 다음 글의 내용과 부합되지 않는 것은?

각 나라의 국민은 각각 그 나라의 보호하에서 얻는 수입에 될 수 있는 대로 정확하게 비례해서 갹출 되어야 한다. 어느 국가에 있어 정부의 비용과 각 개인의 부담 조세액이 가지는 관계는 마치 소유지의 경영비와 그 공동차지인의 관계와 같다. 공동차지인은 소유지에서 받는 각자의 이익에 비례해서 비용을 갹출할 의무가 있다. 과세의 공평 또는 불공평은 이것이 준수되는지 여부에 달려 있다. 각 개인이 가지는 수입은 지대, 이윤, 임금이고, 이 중 하나에만 부과되는 조세는 다른 두 가지 수입에 영향을 미치지 않는 한 반드시 불공평하다. 특히 공평을 구체적으로 달성하기 위해 세 가지 세부적 원칙이 필요하다. 혹시 모를 불공평이 야기될 수 있는 것을 차단하기 위해서도 필요하다. 첫째, 확실의 원칙이다. 각 개인이 지불해야 할 조세는 시기, 방법, 액수가 확정적이고 간단명료해야 한다. 둘째, 납세자의 지불에 대한 시기와 방법에의 편의원칙이다. 셋째, 징수의 행정비용의 최소화 수단이다. 조세는 국민 호주머니에 있거나 국민 호주머니에서 꺼내 보존하는 두 경우이다. 이때 국민 호주머니에 있는 것과 호주머니 밖에 있는 몫의 차가 가장 적게 되는 합리적 수단이 고안되어야 한다.

① 조세정책이 가지는 공평의 소망성 측면에서 수평적 과세액의 결정은 공평한 것이 아니다.
② 조세정책이 가지는 공평의 소망성 측면에서 주주에게 배당되는 배당금에 대해 과세를 하지 않는 것은 불공평하다.
③ 조세정책의 공평을 실현하는 측면에서 각 개인이 지불해야 할 조세의 시기, 방법, 액수 등은 행정부가 제정하는 법령이 요구된다.
④ 조세정책의 공평을 실행하는 측면에서 납세자의 편의가 고려되어야 한다.
⑤ 조세정책의 공평을 실현하는 측면에서 징수에 소요되는 행정비용이 최소화되어야 한다.

[해설] 답: ③

글에서 언급되지 않고 있다. 알 수 없다. 따라서 부합되지 않는다. 참고로 현행 헌법은 조세법률주의를 명문화하고 있다. 이때 법률은 국회(입법기관)가 제정하는 법률과 달리 법령은 법률(입법부인 국회), 시행령(대통령령), 시행규칙(총리, 부령)을 포함하는 용어이다.

[문] 다음 글을 읽고 질문에 답하시오.

언뜻 우문(愚問)이란 생각을 떠 올릴지 모르지만, 이타적 사회와 이기적 사회 중 어느 사회가 좋은가? 라고 물으면, 이타적 행위가 지배하는 사회가 당연히 좋은 사회라고 답변하게 될 것이다. 그러면 어떻게 이타적 사회를 구현할 수 있을까? 질문을 다시 던지면 혹자는 강력한 규범이 필요하다고 말한다. 가령 다음과 같은 주장이다.

「어떤 판단을 행할 때, 사람들은 의식적이든 무의식이든 목적이 담아진다. 가령 타인에게 이익을 주려는 것인가? 아니면 자신의 이익을 추구하는 것인가라는 동기이다. 여기서 타인(他人)이란 자신외의 다른 사람을 의미하는 것으로 하고, 이익을 타자가 원하는 것에 기여하는 것을 뜻한다고 하자. 이러한 의도의 존재여부를 기준으로 판단을 분류해보면 이타적 판단, 이기적 판단, 혼합적 판단, 중립적 판단이란 네 가지로 구분이 가능하다. 즉 개개인이 행하는 판단들은 이익이 자신 지향적인가? 아니면 타인 지향적인가? 관점에서 네 가지 종류들 중 하나로 판단을 하게 된다. 이것들 각각은 다음과 같이 정의된다. 이타적 판단은 타자에게 이익을 발생시키려는 판단, 이기적 판단은 자신의 이익을 고려한 판단, 혼합적 판단은 타자에게 이익을 주면서 자신의 이익도 의도하는 판단이다. 반면 무의식적 또는 본능적으로 행한 경우에는 중립적 판단이 된다.

그런데 사람들은 어떤 판단을 행할 때, 사회적 규범을 생각하게 된다. 기발한 생각이라 할지라도 그것이 규범과 상충된다면 판단억제가 일어난다. 이처럼 사회적 규범은 개개인의 특정 판단을 조장시키기도 하고, 소멸시키기도 한다. 따라서 강력한 실효성을 가진 규범을 통해 이기적 판단을 억제시키고, 이타적 판단을 조장해야 한다. 그렇게 되면 적어도 외부로 표출되는 이기적 행위를 억제할 수 있게 되고, 이로 인해 이타적 행위가 지배하는 좋은 세상을 만드는 일이 현실적으로 가능해질 수 있다.」

그런데 이러한 주장 즉, 강력한 사회적 규범의 존재가 이타적 행위를 가능하게 한다는 점에서 다음과 같은 경험적 사실들로 동의하기 어렵다. 조목조목 따져보기로 하겠다. 우선 어떤 행위는 행위자의 의도와 관련 없이 누구에게는 이타적 행위가 되고, 다른 누구에게는 이기적 행위가 되는 상대성을 가지고 있다. 예를 들어 무력에 무력으로 대항하자고 주장한 독립 운동가들 중 무력항쟁을 위해 조직된 의혈단의 고문으로 활동한 단재 신채호는 독립혁명 선언문에서 다음을 기록하고 있다. [고춧가루를 섞은 물을 주전자에 담아 코에 붓고, 손톱과 발톱을 뽑고, 생식기에 호수를 집어넣는 고문을 행하였다] 그리고 그는 이와 같은 일제치하의 천인공노할 만행에 대응한 폭력적 수단은 정당하다는 것을 밝히고 있다. ㉠ 정의롭지 못한 폭력에 정의를 회복하기 위한 폭력은 정당하다는 것이다. 의혈단의 젊은이들이 자신의 목숨을 희생하면서 행한 독립운동 행위는 분명히 일본정부 입장에서 보면 위협적인 테러행위로 규정될 것이다. 하지만 독립을 원하는 사람들에게는 분명 이타적 행위가 된다.

다음으로 우리는 이타적 판단, 이기적 판단, 중립적 판단을 행하며 살아가는 것뿐만 아니라 판단을 유보하는 경우도 있다. 이것은 휴머니스트이면서 동시에 타인을 망설임 없이 해치는 인간병기의 본능적인 이중적 심성을 가져서만 그런 것은 아니다. 행위에 따른 결과가 확실시 예견되는 경우가 있고, 결과가 불확실한 경우가 있다. 가령 갈증으로 숨져가는 사람에게 물을 주게 되면 그는 목숨을 유지할 것이 확실시 된다. 하지만 대부분의 경우 결과는 불확실하다. 이러한 불확실성의 경우 강력한 사회적 규범을 판단에 적용하게 되면 그는 판단을 유보할 수 밖에 없다. 자칫 이타적 행위가 아니 것이 되어버리는 결과를 발생시킬 수 있기 때문이다. 이는 단지 결과 책임에 대한 강력한 규범을 빠져 나갈 수 있다고 생각해서 하는 행동만은 아니다.

또한 사회학자인 교환이론가 블라우(Peter M. Blau)의 견해를 빌리면 사람들은 자신에게 이익을 주는 사람을 좋아한다. 그런데 이러한 일반명제를 고려하면 누구라도 사람들에게 이익을 주는 행위를 하려 할 것이다. 하지만 이러한 이익을 주고받는 관계에서 묵시적인 권력이 발생한다. 만약 내가 다른 한쪽에게 특정 이익을 가져다주고, 이러한 관계가 지속되면 그와 나 사이에는 의사결정 영향력이 불평등한 관계로 구조화된다. 나에게 일방적으로 수혜를 받는 사람은 외형적으로 나의 의견에 동조하거나 찬성하는 경향을 가지게 된다. 조건 없는 이타적 생각에 의한 기여일지라도 권력관계가 조성된다면 결국 그것은 이기적 행위가 될 뿐이다.

결론적으로 인간관계는 모두 상호의존적이다. 내가 있음으로 다른 사람이 있고, 다른 사람이 있음으로 내가 존재하게 된다. 이러한 상호관계에서 이타(利他)라는 행위가 현실에서 실천되는 경우에도 그 결과가 이기적으로 나타나는 경우가 있다. 반대로 판단자가 자신의 이익만을 의도한 경우에도 그것이 다른 사람에게 이익을 가져다주는 결과가 발생할 수 있다. 이러한 이유로 이타적 행위를 규범으로 강제한다하여 그것이 곧 이타적 세상이 되는 것은 아니다. 우리가 좋은 세상을 만들기 위해서는 각자의 행위가 가른 사람과의 관계에서 상호의존적임을 인식하고, 이를 현실적 삶에서 세련되게 처리하고 발전시켜나가는 것이 무엇보다 중요해진다.

[1] 밑줄 친 ㉠은 어느 정의관에 가장 부합되는가?

① 보상적 정의관   ② 응보적 정의관

③ 결과 및 향후 예방적 정의관   ④ 동기적 정의관

⑤ 다수의사 존중의 절차적 정의관

[2] 글의 내용과 부합되지 않는 것은?

① 강력한 규범으로 이타적 행위가 지배하는 세상을 만드는 일이 현실적으로 가능하다고 주장하는 입장이 존재한다.

② 필자는 강력한 사회적 규범으로 이타적 행위가 사회적으로 조장될 수 있다는 것이 동의하지 않는다.

③ 필자에 의하면 이타적 행위는 절대적이고, 보편적 가치추구행위이다.

④ 필자의 시각에 의하면 수단이 폭력이라 하여 그것이 가진 내용이 이기적 행위로 간주되지는 않는다.

⑤ 필자는 좋은 사회의 실현은 인간 상호의존적 관계를 인식하고, 그것을 세련되게 처리하고 발전시켜나가는 기술을 사회가 가지고 있는가를 중요하게 생각한다.

[해설] 답: [1] ②, [2] ③

[문] 다음 글에서 밑줄 친 ㉠ '선량한 주의의무'의 의미로 옳은 것은?

오늘날 '참인 진술'이 아닌 '설득력 있는 진술'이 강조되고 있는 형편이다. 물리학자이면서 수학자인 앨런 크로모는 기하학의 증명이란 궁극적으로 수사학이라 말하고 있다. 심리학자이자 통계학자인 로버트 에이블슨(Robert Abelson)도 통계학의 본질은 수사학이라 말하고 있다. 말이나 글을 정연하게 꾸미는 일 또는 방법에 대해 연구하는 분야가 수사학이다. 가령 진술이 그럴듯하다고 말하는 경우, 그럴듯한 진술 방법에 대한 연구를 하는 것이 수사학이다. 그런데 기하학과 통계학이 수사학이라는 것이다.

정책문제를 분석한 보고서를 토대로 정책을 결정해야 하는 상황에서 만약 당신이 보고서를 작성한 출처만을 기준으로 서명한다면, 당신은 정책결정자로서는 자질이 부족한 사람이다. 아무리 훌륭한 분석자 또는 기관이 작성한 보고서라도 오류는 존재할 수 있기 때문이다. 보고서에 잘못된 것이 있는가를 검토하는 작업이 있어야만 할 것이다. 정책보고서에 관련하여 가장 이상적인 검토는 보고서의 형식적 측면뿐만 아니라 내용도 참인가를 확인하는 경우가 될 것이다. 하지만 보고서 내용의 진위를 판별하는 작업은 사실상 불가능하다. 특히 신속한 정책결정이 요구되는 사안이라면 당신에게 허락되지 않는 사안이다. 그러나 당신에게 필수적으로 요구되는 것이 있다. 타당성 평가이다. 정책문제에서 측정하려는 것을 제대로 측정했는가? 진술들의 관계가 정확한가? 등을 통해 보고서의 유효성을 검토하는 작업이다. 그렇기 때문에 정책결정에서 당신은 ㉠ <u>선량한 주의의무</u>를 기울여야 한다. 만약 당신이 선량한 주의의무를 수행했다면, 국민은 정책결과에 대해 정책결정자로서 정치적·도의적 책임은 몰라도 최소한 법적 책임을 주장하지는 않을 것이다.

---

① 보고서를 토대로 정책을 결정할 경우, 형식과 내용에 잘못된 것이 있는가를 판별하는 작업이 있어야 한다.
② 보고서를 토대로 정책을 결정할 경우, 보고서를 작성한 출처를 기준으로 결정하지 말아야 한다.
③ 보고서를 토대로 정책을 결정할 경우, 보고서에 대한 타당성을 판별해야 한다.
④ 보고서를 토대로 정책을 결정할 경우, 그것은 정당성이 확보된 것이어야 한다.
⑤ 보고서를 토대로 정책을 결정할 경우, 법적 책임을 각오해야 한다.

[해설] 답: ③

[보론] 법적 판단기준의 정당성 문제

정책결정의 대표적 산출물은 법령의 형태로 나타난다. 어떤 사건 또는 문제(법률행위를 포함)를 해석하여 내용이 확정되면 판단기준을 설정해야 한다. 그런데 현실에서 법적 판단기준들은 서로 상충되는 내용의 것들이 혼재한다. 이러한 경우 어떤 판단기준을 기준으로 할 것인가라는 기준의 채택 또는 선정이 문제된다. 이에 관련하여 원칙들이 존재한다. 가령 상위법 우선원칙, 법치주의 원칙, 국내법 우선적 용원칙, 신의성실의 원칙, 피고인에게 유리한 법률을 적용해 판단해야 한다는 원칙, 비례원칙, 신법우선의 원칙[161] 등이다. 그렇다면 이러한 원칙들의 정당성은 어디에서 찾을 것인가?

■ 판단자의 재량은 정당성을 가질 수 있는가?

법적 기준을 적용하여 결과를 추론하는 경우 재량성을 가지는 경우가 있다. 예를 들어 외환은행의 대주주 자격을 상실한 론스타 사건에서 판단기준이 되는 법률이 [주주 자격을 가지지 못한 주주에게 주식매각명령을 할 수 있다]라고 규정되어 있다. 금융당국이 주식매각명령을 반드시 해야 하는 행위를 기속하지 않는다. 즉, 주식매각명령을 하거나 하지 않을 수도 있는 판단재량이 부여되고 있다. 또한 [○○한 자는 5년 이상의 징역에 처한다]에서와 같이 형량의 범위(판단의 정의역)를 넓게 규정하여 판단에 재량이 부여된다. 이러한 명시적 재량권의 부여는 개별 문제에 대한 탄력적 적용을 통해 정의실현에 합치된다는 사유에 기초된다. 하지만 사회적으로 판단의 객관성과 예측가능성이 저해되어 문제를 야기한다. 가령 형량의 범위를 포괄적으로 규정한 후자의 경우 판단을 받는 자는 판단자가 누구냐에 따라 형량이 달라진다. 판단자의 개인성향과 가치관 등에 의해 누구는 5년, 누구는 무기징역과 같이 형량이 달라지는 경우가 발생할 수 있기 때문이다. 그리하여 항소/상고 등의 재심을 청구하고(소송의 남발), 전관 변호인을 선임하게 만드는 재판행태에 영향을 미치기도 한다. 이러한 경우 양형판단기준과 같은 새로운 지침 등이 만들어진다. 소위 메타기준이다. 이때 만들어지는 메타기준의 정당성은 사회적 통념에 기초한 [이성원리]에 의해 평가될 수밖에 없다.

■ 법규해석에서 가지는 판단여지(判斷餘地)는 정당성을 가질 수 있는가?

판단기준이 가지는 추상성 또는 다의미성으로 해석상에서 주관적 요소가 개입될 수 있는 판단 여지가 발생한다. 언어 자체가 가진 다의미성으로 그것을 해석하는 사람에 따라 그것이 가진 내용이 달리 해석될 여지가 있다. 가령 법규의 해석(의미규정)은 문리적(언어적 체계) 해석을 근간으로 유추해석의 금지, 확대해석 금지 등의 해석 원칙들이 존재하지만 애매한 경우가 많다. 그리하여 법체계의 전체적 맥락성, 신의성실과 법적 안정성 등의 법적 가치, 입법목적(취지)의 고려가 해석에 반영된다. 이러한 이유로 해석자에 따라 내용이 달리 해석되는 경우가 발생하고, 자의적 판단이 행해질 여지가 발생한다. 이에 해석의 최종적 권위를 헌법재판소와 대법원에 부여하고 있다. 하지만 최종적 해석으로 권위를 법률에 의해 부여받고 있는 이들 기관들의 해석에 대한 정당성은 어디에서 찾을 것인가 하는 것이 문제된다. 오늘날 사회구성원들의 정치적 결단인 헌법과 다수결 결정에의 승복이란 [약속원리]에 의해 찾아지고 있다.

---

161) 참고로 형법은 다음과 같이 규정하고 있다. 제1조(범죄의 성립과 처벌) ① 범죄의 성립과 처벌은 행위시(行爲時)의 법률에 의한다. ② 범죄 후 법률의 변경에 의하여 그 행위가 범죄를 구성하지 아니하거나 형(刑)이 구법(舊法)보다 경(輕)한 때에는 신법(新法)에 의한다. ③ 재판확정 후 법률의 변경에 의하여 그 행위가 범죄를 구성하지 아니한 때에는 형의 집행을 면제한다.

불평등한 배분은 두 가지 측면에서 발생한다. 하나는 부를 축적하는 수단 측면이고, 다른 하나는 생산된 부를 가지고 몫을 분배하는 할당 측면이다. 가령 A라는 기업의 사업은 수단이고, 사업으로 발생된 수익을 자신과 투자자(주주) 및 근로자 등이 나누어 가지는 것이 할당이다. 이때 전자의 경우는 주로 공정성이 문제된다. 즉, 수단이 공적으로 정당해야 한다는 당위성이다. 오늘날 수단에 관련하여 원칙적으로 불공정행위와 같이 금지된 규범을 제외한 일체의 수단이 가능하다. 공정성에 관련하여 대기업에게 특수한 업종을 제한하거나 산업자본과 금융자본의 분리, 순환출자방식 등과 같은 것들이 사회적 의제로 대두되기도 한다. 반면 후자의 경우는 주로 공평과 문제된다. 대부분의 사회는 몫의 배분에 관해서도 원칙적으로 자율에 의하고 있다. 이에 관련하여 노동자, 주주(은행포함), 사용자 간에 몫에 대하여 사회적 의제가 되기도 한다. 그런데 공정과 공평은 마치 동전의 양면과 같다. 가령 부를 축적하는 수단 또는 방법에서도 모든 사람이 균등하게 수단을 보유할 수 있어야 한다고 주장될 수 있기 때문이다. 이에 몫의 배분에 관련된 공평성을 협의의 공평성으로, 수단에서의 동등성을 포함하는 공평성을 광의의 공평성으로 구분할 수 있을 것이다.

참고문헌

『과학혁명의 구조』, 토마스 새무엘 쿤, 김명자 역. 두산잡지BU. 1992.

『거시경제학』, 정운찬, 다산출판사, 1991.

『군주론』, 마키아벨리, 이동진 평역, 하누리, 2002.

『국부론』, 최호진 · 정해동 역, 범우사, 2002.

『글쓰기의 기초』, 방송대학보충교재 편집부, (주)예하미디어, 2005.

『노자강의』, 기세춘, 아이북스, 2008.

『논리－의미론적 예비학』, 에른스트 투켄트 저, 하병학 역, 철학과현실사, 1999.

『논리와 논술』, 김광수 외 3인 공저, 한국방송통신대학출판부, 1998

『논어』, 홍승직 역해, (주)고려원북스.

『대학국어』, 한국방송통신대학, 2009.

『담론윤리의 해명』, 위르겐 하버마스, 이진우 역, 문예출판사, 1997

『담론의 발견』, 고명섭, (주)도서출판 한길사, 2001 제3판.

『무비스님 직지강설』, 불광출판사, 2011.

『미시경제학』, 이준구, 범우사, 1993.

『민법강의 물권법』, 「채권법」, 곽윤직, 박영사, 2011.

『민족문화 대백과사전』, 한국정신문화연구원.

『바이블사이언스』, 이정모, 휘슬러, 2003.

『서양문명을 읽는 코드』, 「신」, 김용구, (주)휴머니스트 출판 클럽, 2011.

『세계문화사』, 조좌호, 박영사, 1987.

『생각의 지도(The Geography of Thought)』, 리처드 니스벳 지음, 최인철 옮김, 감영사, 2003.

『사회학(주관식대비)』, 김병옥 외 공저, 교서관, 1994.

『우리말 철학사전시리즈』, 우리사상연구소, 지식산업사, 2005.

『우리들의 완전 소중한 국어』, 최재형, 네오씽크, 2008.

『우리 시대, 또 다른 시각』「서평집」, 김성기 외 47인, 책세상, 2001.

『우리 문학 100년』, 김윤식, 현암사, 2001.

『의식혁명』, 데이비드 호킨스 지음, 이종수 옮김, (주)한문화멀티미디어, 2006.

『열린사회와 그 적들』, 칼 포퍼 지음, 이명헌 역, 민음사, 1998.

『이성의 기능』, 화이트 헤드 저, 도올 김용옥 역, 동나무, 1998.

『정책학강의』, 김성제, 도서출판 태학관, 1997.

『정책학원론』, 정정길, 대명출판사, 2000.

『정책학원론』, 노화준, 박영사, 2002.

『정책사례연구』, 박병식 외 3인 공저, 대영문화사, 2002.

『정치학』, 이극찬, 법문사, 1990.

『조사방법론』, 김해동, 법문사, 1991.

『지식의 고고학』, 미셸 푸코, 이정우 역, 민음사, 1992.

『철학의 이해』, 이정호 외 공저, 한국방송통신대학출판부, 2004.

『현대조사방법론』, 박용치, 경세원, 2001.

『현대행정학』, 손종호, 경기대학교 연구교류처, 1996.

『한비자』, 김원중 옮김, 현암사, 2003.

『현대인과 정보화 사회』, 성태경·김종한 등 공저, 무역경영사, 2000.

『한국문화상징사전』, 동아출판사.

『한국의 샤머니즘과 분석심리학』, 이부영, (주)한길출판사, 2012.

『한국경제론』, 송병락, 박영사, 1998.

『형법총론』, 배종대, 홍문사, 2011.

『현대 사상사』, 이병창, 먼빛으로, 2009.

『허죽과 베드로가 함께 찾아가는 세계』, 유병학, 인식의 전환, 2008.

『현대통계학』, 윤영선 외 2인 공저, 다산출판사, 1990.

『행정법 강의』, 박윤흔, 국민서관, 1993.

『EBS 한경TESAT 기본서』, 정순진·고범석 공저, 와우패스, 2011.

『NGO·NPO 법률가이드북』, 안상윤, 아르케, 2011.

『석학과 함께하는 인문강좌』, 오한혜정, 한국방송통신대학, 2010.

『논술세대를 위한 논술강의』, 도올 김용옥, 상생 케이블 방송, 2012.

『불교의 전래』, 불교케이블방송, 2012.

『PSAT 기출문제해설집』, 신현·김우진·복지훈, 박문각, 2011.

Data Source

농가경제통계. *농림부(농림축산식품부)*.

통계청 연간통계. *통계청*.

한국은행 연간통계. *한국은행*.

WORLD DEVELOPMENT REPORT. *WORLD BANK. 1988/99.*

FAO(Food and Agriculture Organization) *Various years Production year book FAO Statistic Series. Rome.*

OECD(Organization for Economic Co-operation and Development) *Various years. Development Co-operation. Paris.*

UNICEF(United Nations Children' Fund) *The State of the World's Children 1997. Oxford. U.K. WHO(World Health Organization) Various years. World Health Statistics. Geneva.*

유병학

성균관대학교 행정학과 졸업
제38회 행정고등고시 합격
농림축산식품부 농업정책과 정보화진흥담당관실 재직
온라인 공동체(NGO) 시민단체 초대 대표
정책학 강사(태학관, 기관 등 강의)

『현대사회의 재조명』
『크게 보는 고급 논술』
『정책학 원론』
『허죽과 베드로가 함께 찾아가는 세계』
등 다수

PSAT 시 험 대 비 형
유병학의
통시적
PSAT
❶

초 판 인 쇄 ㅣ 2013년 9월 16일
초 판 발 행 ㅣ 2013년 9월 16일

지 은 이 ㅣ 유병학
펴 낸 이 ㅣ 채종준
펴 낸 곳 ㅣ 한국학술정보㈜
주   소 ㅣ 경기도 파주시 문발동 파주출판문화정보산업단지 513-5
전   화 ㅣ 031) 908-3181(대표)
팩   스 ㅣ 031) 908-3189
홈 페 이 지 ㅣ http://ebook.kstudy.com
E - m a i l ㅣ 출판사업부 publish@kstudy.com
등   록 ㅣ 제일산-115호(2000. 6. 19)

ISBN   978-89-268-4601-8 13350 (Paper Book)
          978-89-268-4602-5 15350 (e-Book)

이담 Books 는 한국학술정보(주)의 지식실용서 브랜드입니다.

이 책은 한국학술정보(주)와 자작자의 지적 재산으로서 무단 전재와 복제를 금합니다.
책에 대한 더 나은 생각, 끊임없는 고민, 독자를 생각하는 마음으로 보다 좋은 책을 만들어갑니다.